TEACHER'S ANNOTATED EDITION

DESCUBRE 1B

Lengua y cultura del mundo hispánico

SECOND EDITION

VISTA HIGHER LEARNING
Boston, Massachusetts

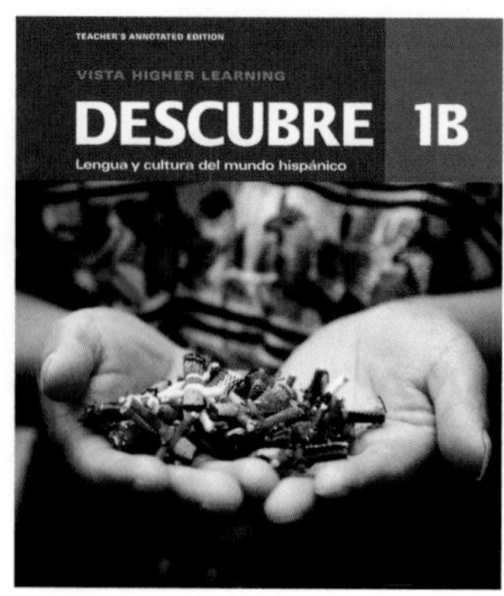

Publisher: José A. Blanco
President: Janet Dracksdorf
Vice President, Editorial Director: Amy Baron
Senior National Language Consultant: Norah Lulich Jones
Executive Editor: Sharla Zwirek
Editorial Development: Diego García, Erica Solari
Project Management: María Rosa Alcaraz, Sharon Inglis, Adriana Lavergne, Elvira Ortiz
Technology Editorial: Lauren Krolick, Paola Ríos Schaaf
Design and Production Director: Marta Kimball
Senior Creative Designer, Print & Web/Interactive: Susan Prentiss
Production Manager: Oscar Díez
Design and Production Team: Liliana Bobadilla, María Eugenia Castaño, Michelle Groper, Mauricio Henao, Andrés Vanegas, Nick Ventullo, Jhoany Jiménez, Fabián Montoya

Printed in Canada.

DESCUBRE Level 1B Student Edition ISBN: 978-1-61857-202-8
DESCUBRE Level 1B Teacher's Annotated Edition (TAE) ISBN: 978-1-61857-207-3

1 2 3 4 5 6 7 8 9 TC 17 16 15 14 13 12

Table of Contents

Level 1A and Level 1B Scope and Sequence T4
Level 1 Scope and Sequence T5
Level 2 Scope and Sequence T6
Level 3 Scope and Sequence T7
Program Overview. T8
Descubre 1B At-a-glance T10
How **Descubre** Works T21
Best Practices. T22
Differentiation T23
Assessment T24
Pacing Guide: Traditional Schedule T26
Pacing Guide: Block Schedule T28
Descubre and the *Standards for Foreign Language Learning* T30
Index of Cultural Resources T31

Front Matter to the **Descubre** Student Textbook

- Table of Contents of the Student Edition. iv
- Map of the Spanish-speaking World. x
- Map of Mexico xii
- Map of Central America and the Caribbean xiii
- Map of South America. xiv
- Map of Spain xv
- Video Program xvi
- Supersite. xviii
- Icons xix
- Studying Spanish. xx
- Getting Started xxvii
- Acknowledgments xxix
- Bios xxxi

Descubre 1A & 1B

1A

contextos	cultura	estructura	adelante
Lección 1 Hola, ¿qué tal?			
Greetings and leave-takings Identifying yourself and others Expressions of courtesy	**En detalle:** Saludos y besos en los países hispanos **Perfil:** La plaza principal	**1.1** Nouns and articles **1.2** Numbers 0–30 **1.3** Present tense of **ser** **1.4** Telling time	**Lectura:** *Teléfonos importantes* **Panorama:** Estados Unidos y Canadá
Lección 2 En la clase			
The classroom and school life Fields of study and school subjects Days of the week Class schedules	**En detalle:** La escuela secundaria **Perfil:** El INFRAMEN	**2.1** Present tense of **–ar** verbs **2.2** Forming questions in Spanish **2.3** Present tense of **estar** **2.4** Numbers 31 and higher	**Lectura:** *¡Español en Madrid!* **Panorama:** España
Lección 3 La familia			
The family Identifying people Professions and occupations	**En detalle:** ¿Cómo te llamas? **Perfil:** La familia real española	**3.1** Descriptive adjectives **3.2** Possessive adjectives **3.3** Present tense of **–er** and **–ir** verbs **3.4** Present tense of **tener** and **venir**	**Lectura:** *Gente... Las familias* **Panorama:** Ecuador
Lección 4 Los pasatiempos			
Pastimes Sports Places in the city	**En detalle:** Real Madrid y Barça: rivalidad total **Perfil:** Lionel Messi y Lorena Ochoa	**4.1** Present tense of **ir** **4.2** Stem-changing verbs: **e:ie, o:ue** **4.3** Stem-changing verbs: **e:i** **4.4** Verbs with irregular **yo** forms	**Lectura:** *No sólo el fútbol* **Panorama:** México

1B

contextos	cultura	estructura	adelante
Lección preliminar			
A brief overview of the contexts and grammar from Level 1A			
Lección 5 Las vacaciones			
Travel and vacation Months of the year Seasons and weather Ordinal numbers	**En detalle:** Las cataratas del Iguazú **Perfil:** Punta del Este	**5.1** **Estar** with conditions and emotions **5.2** The present progressive **5.3** **Ser** and **estar** **5.4** Direct object nouns and pronouns	**Lectura:** *Turismo ecológico en Puerto Rico* **Panorama:** Puerto Rico
Lección 6 ¡De compras!			
Clothing and shopping Negotiating a price and buying Colors More adjectives	**En detalle:** Los mercados al aire libre **Perfil:** Carolina Herrera	**6.1** **Saber** and **conocer** **6.2** Indirect object pronouns **6.3** Preterite tense of regular verbs **6.4** Demonstrative adjectives and pronouns	**Lectura:** *¡Real Liquidación en Corona!* **Panorama:** Cuba
Lección 7 La rutina diaria			
Daily routine Personal hygiene Time expressions	**En detalle:** La siesta **Perfil:** El mate	**7.1** Reflexive verbs **7.2** Indefinite and negative words **7.3** Preterite of **ser** and **ir** **7.4** Verbs like **gustar**	**Lectura:** *¡Qué día!* **Panorama:** Perú
Lección 8 La comida			
Food Food descriptions Meals	**En detalle:** Frutas y verduras de América **Perfil:** Ferran Adrià: arte en la cocina	**8.1** Preterite of stem-changing verbs **8.2** Double object pronouns **8.3** Comparisons **8.4** Superlatives	**Lectura:** *Gastronomía* **Panorama:** Guatemala
Lección 9 Las fiestas			
Parties and celebrations Personal relationships Stages of life	**En detalle:** Semana Santa: vacaciones y tradición **Perfil:** Festival de Viña del Mar	**9.1** Irregular preterites **9.2** Verbs that change meaning in the preterite **9.3** **¿Qué?** and **¿cuál?** **9.4** Pronouns after prepositions	**Lectura:** *Vida social* **Panorama:** Chile

Descubre 1

contextos	cultura	estructura	adelante
Lección 1 Hola, ¿qué tal?			
Greetings and leave-takings Identifying yourself and others Expressions of courtesy	**En detalle:** Saludos y besos en los países hispanos **Perfil:** La plaza principal	**1.1** Nouns and articles **1.2** Numbers 0–30 **1.3** Present tense of **ser** **1.4** Telling time	**Lectura:** *Teléfonos importantes* **Panorama:** Estados Unidos y Canadá
Lección 2 En la clase			
The classroom and school life Fields of study and school subjects Days of the week Class schedules	**En detalle:** La escuela secundaria **Perfil:** El INFRAMEN	**2.1** Present tense of **–ar** verbs **2.2** Forming questions in Spanish **2.3** Present tense of **estar** **2.4** Numbers 31 and higher	**Lectura:** *¡Español en Madrid!* **Panorama:** España
Lección 3 La familia			
The family Identifying people Professions and occupations	**En detalle:** ¿Cómo te llamas? **Perfil:** La familia real española	**3.1** Descriptive adjectives **3.2** Possessive adjectives **3.3** Present tense of **–er** and **–ir** verbs **3.4** Present tense of **tener** and **venir**	**Lectura:** *Gente... Las familias* **Panorama:** Ecuador
Lección 4 Los pasatiempos			
Pastimes Sports Places in the city	**En detalle:** Real Madrid y Barça: rivalidad total **Perfil:** Lionel Messi y Lorena Ochoa	**4.1** Present tense of **ir** **4.2** Stem-changing verbs: **e:ie**, **o:ue** **4.3** Stem-changing verbs: **e:i** **4.4** Verbs with irregular **yo** forms	**Lectura:** *No sólo el fútbol* **Panorama:** México
Lección 5 Las vacaciones			
Travel and vacation Months of the year Seasons and weather Ordinal numbers	**En detalle:** Las cataratas del Iguazú **Perfil:** Punta del Este	**5.1** **Estar** with conditions and emotions **5.2** The present progressive **5.3** **Ser** and **estar** **5.4** Direct object nouns and pronouns	**Lectura:** *Turismo ecológico en Puerto Rico* **Panorama:** Puerto Rico
Lección 6 ¡De compras!			
Clothing and shopping Negotiating a price and buying Colors More adjectives	**En detalle:** Los mercados al aire libre **Perfil:** Carolina Herrera	**6.1** **Saber** and **conocer** **6.2** Indirect object pronouns **6.3** Preterite tense of regular verbs **6.4** Demonstrative adjectives and pronouns	**Lectura:** *¡Real Liquidación en Corona!* **Panorama:** Cuba
Lección 7 La rutina diaria			
Daily routine Personal hygiene Time expressions	**En detalle:** La siesta **Perfil:** El mate	**7.1** Reflexive verbs **7.2** Indefinite and negative words **7.3** Preterite of **ser** and **ir** **7.4** Verbs like **gustar**	**Lectura:** *¡Qué día!* **Panorama:** Perú
Lección 8 La comida			
Food Food descriptions Meals	**En detalle:** Frutas y verduras de América **Perfil:** Ferran Adrià: arte en la cocina	**8.1** Preterite of stem-changing verbs **8.2** Double object pronouns **8.3** Comparisons **8.4** Superlatives	**Lectura:** *Gastronomía* **Panorama:** Guatemala
Lección 9 Las fiestas			
Parties and celebrations Personal relationships Stages of life	**En detalle:** Semana Santa: vacaciones y tradición **Perfil:** Festival de Viña del Mar	**9.1** Irregular preterites **9.2** Verbs that change meaning in the preterite **9.3** **¿Qué?** and **¿cuál?** **9.4** Pronouns after prepositions	**Lectura:** *Vida social* **Panorama:** Chile

2

contextos	cultura	estructura	adelante
Lección preliminar			
A brief overview of the contexts and grammar from Level 1			
Lección 1 En el consultorio			
Health and medical terms Parts of the body Symptoms and medical conditions Health professions	**En detalle:** Servicios de salud **Perfil:** Curanderos y chamanes	**1.1** The imperfect tense **1.2** The preterite and the imperfect **1.3** Constructions with **se** **1.4** Adverbs	**Lectura:** *Libro de la semana* **Panorama:** Costa Rica
Lección 2 La tecnología			
Home electronics Computers and the Internet The car and its accessories	**En detalle:** El teléfono celular **Perfil:** Los mensajes de texto	**2.1** Familiar commands **2.2** **Por** and **para** **2.3** Reciprocal reflexives **2.4** Stressed possessive adjectives and pronouns	**Lectura:** A comic strip **Panorama:** Argentina
Lección 3 La vivienda			
Parts of a house Household chores Table settings	**En detalle:** El patio central **Perfil:** Las islas flotantes del lago Titicaca	**3.1** Relative pronouns **3.2** Formal commands **3.3** The present subjunctive **3.4** Subjunctive with verbs of will and influence	**Lectura:** *Bienvenidos al Palacio de las Garzas* **Panorama:** Panamá
Lección 4 La naturaleza			
Nature The environment Recycling and conservation	**En detalle:** ¡Los Andes se mueven! **Perfil:** La Sierra Nevada de Santa Marta	**4.1** The subjunctive with verbs of emotion **4.2** The subjunctive with doubt, disbelief, and denial **4.3** The subjunctive with conjunctions	**Lectura:** Dos fábulas de Félix María Samaniego y Tomás de Iriarte **Panorama:** Colombia
Lección 5 En la ciudad			
City life Daily chores Money and banking At a post office	**En detalle:** Paseando en metro **Perfil:** Luis Barragán: arquitectura y emoción	**5.1** The subjunctive in adjective clauses **5.2** **Nosotros/as** commands **5.3** Past participles used as adjectives	**Lectura:** *Esquina peligrosa* de Marco Denevi **Panorama:** Venezuela
Lección 6 El bienestar			
Health and well-being Exercise and physical activity Nutrition	**En detalle:** Spas naturales **Perfil:** Las frutas y la salud	**6.1** The present perfect **6.2** The past perfect **6.3** The present perfect subjunctive	**Lectura:** *Un día de éstos* de Gabriel García Márquez **Panorama:** Bolivia
Lección 7 El mundo del trabajo			
Professions and occupations The workplace Job interviews	**En detalle:** Beneficios en los empleos **Perfil:** César Chávez	**7.1** The future **7.2** The future perfect **7.3** The past subjunctive	**Lectura:** *A Julia de Burgos* de Julia de Burgos **Panorama:** Nicaragua y La República Dominicana
Lección 8 Un festival de arte			
The arts Movies Television	**En detalle:** Museo de Arte Contemporáneo de Caracas **Perfil:** Fernando Botero: un estilo único	**8.1** The conditional **8.2** The conditional perfect **8.3** The past perfect subjunctive	**Lectura:** Tres poemas de Federico García Lorca **Panorama:** El Salvador y Honduras
Lección 9 Las actualidades			
Current events and politics The media Natural disasters	**En detalle:** Protestas sociales **Perfil:** El rostro de la revolución estudiantil chilena	**9.1** **Si** clauses **9.2** Summary of the uses of the subjunctive	**Lectura:** *Don Quijote de la Mancha* de Miguel de Cervantes **Panorama:** Paraguay y Uruguay

Descubre 3

3

contextos	enfoques	estructura	lecturas y cine
Lección 1 Las relaciones personales			
La personalidad Los estados emocionales Los sentimientos Las relaciones personales	**En detalle:** Parejas sin fronteras **Perfil:** Isabel Allende y Willie Gordon	**1.1** The present tense **1.2** **Ser** and **estar** **1.3** Progressive forms	**Literatura:** *Poema 20* de Pablo Neruda **Cultura:** *Sonia Sotomayor: la niña que soñaba* **Cinemateca:** *Di algo*
Lección 2 Las diversiones			
La música y el teatro Los lugares de recreo Los deportes Las diversiones	**En detalle:** El nuevo cine mexicano **Perfil:** Gael García Bernal	**2.1** Object pronouns **2.2** **Gustar** and similar verbs **2.3** Reflexive verbs	**Literatura:** *Idilio* de Mario Benedetti **Cultura:** *El toreo: ¿Cultura o tortura?* **Cinemateca:** *Espíritu deportivo*
Lección 3 La vida diaria			
En casa De compras Expresiones La vida diaria	**En detalle:** La Familia Real **Perfil:** Letizia Ortiz	**3.1** The preterite **3.2** The imperfect **3.3** The preterite vs. the imperfect	**Literatura:** *Autorretrato* de Rosario Castellanos **Cultura:** *El arte de la vida diaria* **Cinemateca:** *Adiós mamá*
Lección 4 La salud y el bienestar			
Los síntomas y las enfermedades La salud y el bienestar Los médicos y el hospital Las medicinas y los tratamientos	**En detalle:** De abuelos y chamanes **Perfil:** La ciclovía de Bogotá	**4.1** The subjunctive in noun clauses **4.2** Commands **4.3** **Por** and **para**	**Literatura:** *Mujeres de ojos grandes* de Ángeles Mastretta **Cultura:** *La ciencia: la nueva arma en una guerra antigua* **Cinemateca:** *Éramos pocos*
Lección 5 Los viajes			
De viaje El alojamiento La seguridad y los accidentes Las excursiones	**En detalle:** La ruta del café **Perfil:** El canal de Panamá	**5.1** Comparatives and superlatives **5.2** Negative, affirmative, and indefinite expressions **5.3** The subjunctive in adjective clauses	**Literatura:** *La luz es como el agua* de Gabriel García Márquez **Cultura:** *La ruta maya* **Cinemateca:** *El anillo*
Lección 6 La naturaleza			
La naturaleza Los animales Los fenómenos naturales El medio ambiente	**En detalle:** Los bosques del mar **Perfil:** Parque Nacional Submarino La Caleta	**6.1** The future **6.2** The subjunctive in adverbial clauses **6.3** Prepositions: **a**, **hacia**, and **con**	**Literatura:** *El eclipse* de Augusto Monterroso **Cultura:** *La conservación de Vieques* **Cinemateca:** *El día menos pensado*
Lección 7 La tecnología y la ciencia			
La tecnología La astronomía y el universo Los científicos La ciencia y los inventos	**En detalle:** Argentina: tierra de animadores **Perfil:** Innovar	**7.1** The present perfect **7.2** The past perfect **7.3** Diminutives and augmentatives	**Literatura:** *Ese bobo del móvil* de Arturo Pérez-Reverte **Cultura:** *Hernán Casciari: arte en la blogosfera* **Cinemateca:** *Happy Cool*
Lección 8 La economía y el trabajo			
El trabajo Las finanzas La economía La gente en el trabajo	**En detalle:** Las telenovelas **Perfil:** José Antonio Abreu	**8.1** The conditional **8.2** The past subjunctive **8.3** **Si** clauses with simple tenses	**Literatura:** *La abeja haragana* de Horacio Quiroga **Cultura:** *Carolina Herrera: una señora en su punto* **Cinemateca:** *Clown*
Lección 9 La cultura popular y los medios de comunicación			
La televisión, la radio y el cine La cultura popular Los medios de comunicación La prensa	**En detalle:** El mate **Perfil:** Las murgas y el candombe	**9.1** The present perfect subjunctive **9.2** Relative pronouns **9.3** The neuter **lo**	**Literatura:** *Sueños digitales* (fragmento) de Edmundo Paz Soldán **Cultura:** *Guaraní: la lengua vencedora* **Cinemateca:** *Sintonía*
Lección 10 La literatura y el arte			
La literatura Los géneros literarios Los artistas El arte Las corrientes artísticas	**En detalle:** Las casas de Neruda **Perfil:** Neruda en la pintura	**10.1** The future perfect **10.2** The conditional perfect **10.3** The past perfect subjunctive	**Literatura:** *Continuidad de los parques* de Julio Cortázar **Cultura:** *De Macondo a McOndo* **Cinemateca:** *Las viandas*

Program Components

Student Resources

- Student Edition with Supersite
- Cuaderno de práctica
- Cuaderno de actividades comunicativas
- Cuaderno para hispanohablantes
- eCuaderno *online interactive workbooks*
- vText *online interactive textbook*
- Downloadable eBook

Teacher Resources

- Teacher's Annotated Edition
- Teacher Supersite
- Teacher's Resource DVD with video programs (*Fotonovela, Flash cultura,* and *Panorama cultural*)
- Audio Program CDs
- Testing Program
- Activity Pack
- vText *online interactive textbook*
- Downloadable eBook

Supersite

Your source for integrated text-technology resources

Powerful tools that you can customize for your personal course management, along with the integrated content students need to improve—and enjoy—learning.

Focused uniquely on world language, with robust features that speak to you and your students' needs. How do we know? Feedback from our 20,000 language instructors and 1 million students.

Simplified experience so you can navigate easily, have flexible options, and quickly sort a wealth of information.

- **Stop Student Frustration:** Make it a cinch for students to track due dates, save work, and get access to all available Supersite resources.
- **Set-Up Ease:** Customize your class(es), create your own grading categories, plus copy previous settings to save time.
- **All-in-One Gradebook:** Save time with multi-level viewing, easy grade adjustment, and options to add outside grades for a true, cumulative grade.
- **Grading Options:** Choose to grade student-by-student, question-by-question, or spot check. Plus, use in-line editing and leave voice comments for targeted feedback.
- **Accessible Student Data:** Share information one-on-one with convenient views, and produce class reports in the formats that best fit you and your department.

Visit: **vistahigherlearning.com/supersite-demo-request/SE** for trial access.

Teaching and Learning All in One Place

Integrated text and technology resources with multiple levels of access. Contact your Modern Language Specialist to learn about features available at each level.

For Students

- Textbook activities with auto-grading and instant feedback
- Additional auto-graded activities for extra practice
- Streaming video with teacher-controlled subtitles and translations
- Internet search activities
- Recorded readings
- Textbook and Lab audio MP3s
- Auto-graded practice tests
- Partner Chat activities for synchronous communication and oral practice
- Pronunciation practice
- Online *eCuaderno* with audio record-submit activities and auto-grading for selected activities (*Cuaderno de práctica y actividades comunicativas*)
- vText—the online, interactive Student Edition

For Teachers

- A gradebook to manage classes, view rosters, set assignments, and manage grades
- A communication center for announcements and notifications
- Complete teacher resources, including answer keys, videoscripts, audioscripts, info gap activities, and worksheets
- Online assessments, plus the complete Testing Program in editable format
- MP3 files of the complete Audio Activities and Testing Audio Programs
- Grammar presentation slides
- Lesson plans
- Middle School Activity Pack
- Complete access to the Student Supersite
- Voiceboards for oral assignments, group discussions, homework, and projects
- vText—the online, interactive Student Edition
- Online tools to support communication and collaboration

Access on the go!

vText | Virtual interactive textbook for browser-based exploration.

- Links on the vText page to all mouse-icon textbook activities, audio, and video—a single platform for completing activities and accessing resources
- The perfect tool for classroom presentations
- Note-taking capabilities for students
- Easy navigation with searchable table of contents and page-number browsing
- Access to all Supersite resources
- iPad®-friendly

No Internet access? No problem. Try the downloadable eBook.

- Embedded audio for anytime listening
- Fast and responsive—no need to wait for pages to load
- Note-taking, highlighting, searching, and bookmarking capabilities
- Navigation bars to ensure students always know where they are
- Flip through or zoom in at the touch of a finger
- Links to the Supersite and program video when connected online
- Works on multiple devices and platforms, including iPad®, tablets, and smartphones (iPhone® and Android)

Beginning with the student in mind

Communicative Goals introduce the chapter's learning objectives.

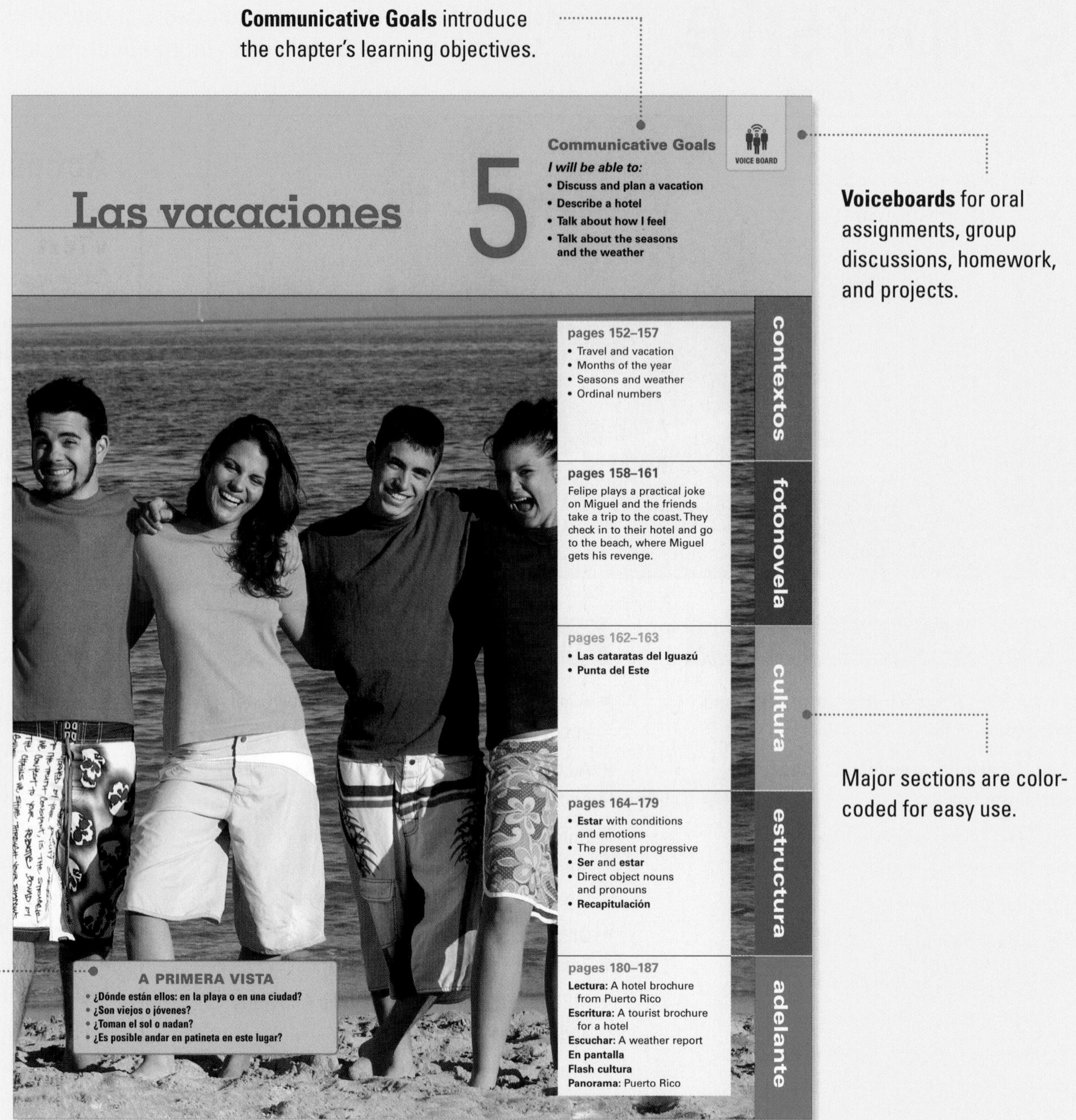

Voiceboards for oral assignments, group discussions, homework, and projects.

Major sections are color-coded for easy use.

A primera vista questions activate prior knowledge.

Vocabulary sets the stage for communication

Theme-related vocabulary is introduced through expansive, full-color illustrations and easy-to-reference lists.

Each **Contextos** section includes scaffolded, personalized communication practice.

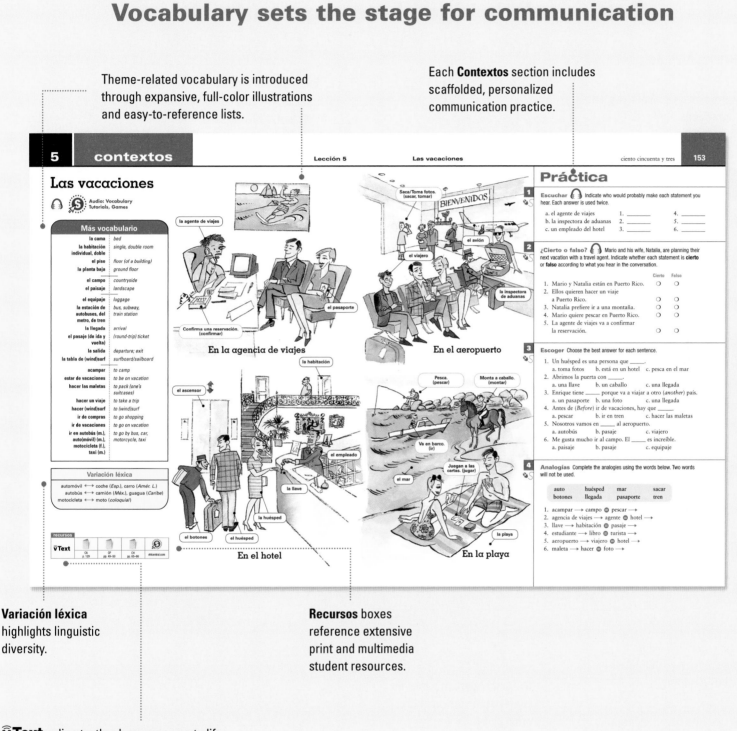

5 contextos Lección 5 Las vacaciones ciento cincuenta y tres 153

Las vacaciones

Audio: Vocabulary Tutorials, Games

Más vocabulario

la cama	*bed*
la habitación individual, doble	*single, double room*
el piso	*floor (of a building)*
la planta baja	*ground floor*
el campo	*countryside*
el paisaje	*landscape*
el equipaje	*luggage*
la estación de autobuses, del metro, de tren	*bus, subway, train station*
la llegada	*arrival*
el pasaje (de ida y vuelta)	*(round-trip) ticket*
la salida	*departure; exit*
la tabla de (wind)surf	*surfboard/sailboard*
acampar	*to camp*
estar de vacaciones	*to be on vacation*
hacer las maletas	*to pack (one's suitcases)*
hacer un viaje	*to take a trip*
hacer (wind)surf	*to (wind)surf*
ir de compras	*to go shopping*
ir de vacaciones	*to go on vacation*
ir en autobús (m.), auto(móvil) (m.), motocicleta (f.), taxi (m.)	*to go by bus, car, motorcycle, taxi*

Variación léxica

automóvil ⟷ coche (*Esp.*), carro (*Amér. L.*)
autobús ⟷ camión (*Méx.*), guagua (*Caribe*)
motocicleta ⟷ moto (*coloquial*)

recursos

vText	CA p. 129	CP pp. 49–50	CH pp. 65–66	vhlcentral.com

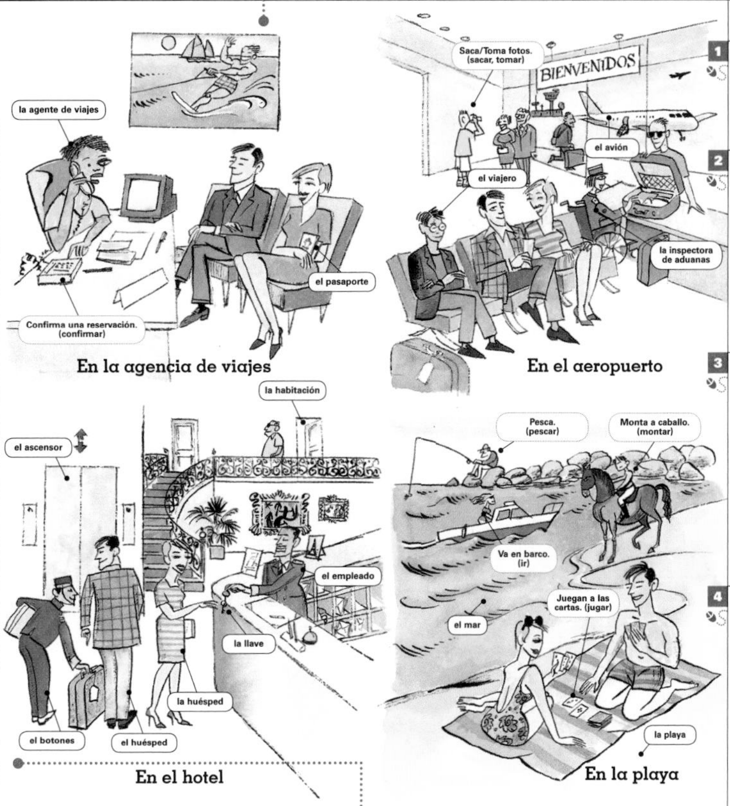

la agente de viajes
Confirma una reservación. (confirmar)
el pasaporte

En la agencia de viajes

Saca/Toma fotos. (sacar, tomar)
BIENVENIDOS
el avión
el viajero
la inspectora de aduanas

En el aeropuerto

la habitación
el ascensor
el empleado
la llave
la huésped
el botones
el huésped

En el hotel

Pesca. (pescar)
Monta a caballo. (montar)
Va en barco. (ir)
el mar
Juegan a las cartas. (jugar)
la playa

En la playa

Práctica

1 Escuchar Indicate who would probably make each statement you hear. Each answer is used twice.

a. el agente de viajes
b. la inspectora de aduanas
c. un empleado del hotel

1. _______ 4. _______
2. _______ 5. _______
3. _______ 6. _______

2 ¿Cierto o falso? Mario and his wife, Natalia, are planning their next vacation with a travel agent. Indicate whether each statement is **cierto** or **falso** according to what you hear in the conversation.

	Cierto	Falso
1. Mario y Natalia están en Puerto Rico.	❍	❍
2. Ellos quieren hacer un viaje a Puerto Rico.	❍	❍
3. Natalia prefiere ir a una montaña.	❍	❍
4. Mario quiere pescar en Puerto Rico.	❍	❍
5. La agente de viajes va a confirmar la reservación.	❍	❍

3 Escoger Choose the best answer for each sentence.

1. Un huésped es una persona que _____.
   a. toma fotos b. está en un hotel c. pesca en el mar
2. Abrimos la puerta con _____.
   a. una llave b. un caballo c. una llegada
3. Enrique tiene _____ porque va a viajar a otro (*another*) país.
   a. un pasaporte b. una foto c. una llegada
4. Antes de (*Before*) ir de vacaciones, hay que _____.
   a. pescar b. ir en tren c. hacer las maletas
5. Nosotros vamos en _____ al aeropuerto.
   a. autobús b. pasaje c. viajero
6. Me gusta mucho ir al campo. El _____ es increíble.
   a. paisaje b. pasaje c. equipaje

4 Analogías Complete the analogies using the words below. Two words will not be used.

auto	huésped	mar	sacar
botones	llegada	pasaporte	tren

1. acampar ⟶ campo ⊜ pescar ⟶
2. agencia de viajes ⟶ agente ⊜ hotel ⟶
3. llave ⟶ habitación ⊜ pasaje ⟶
4. estudiante ⟶ libro ⊜ turista ⟶
5. aeropuerto ⟶ viajero ⊜ hotel ⟶
6. maleta ⟶ hacer ⊜ foto ⟶

Variación léxica highlights linguistic diversity.

Recursos boxes reference extensive print and multimedia student resources.

vText online textbook pages come to life via links to practice activities, audio, and video programs.

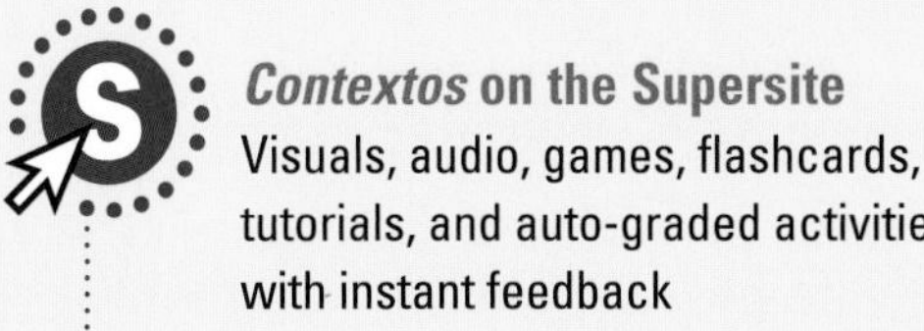

***Contextos* on the Supersite**
Visuals, audio, games, flashcards, tutorials, and auto-graded activities with instant feedback

Fotonovela bridges language and culture

Products, perspectives, and practices are featured in every episode.

Expresiones útiles boxes organize new, active structures by language function, showing how students can apply them in real, practical ways.

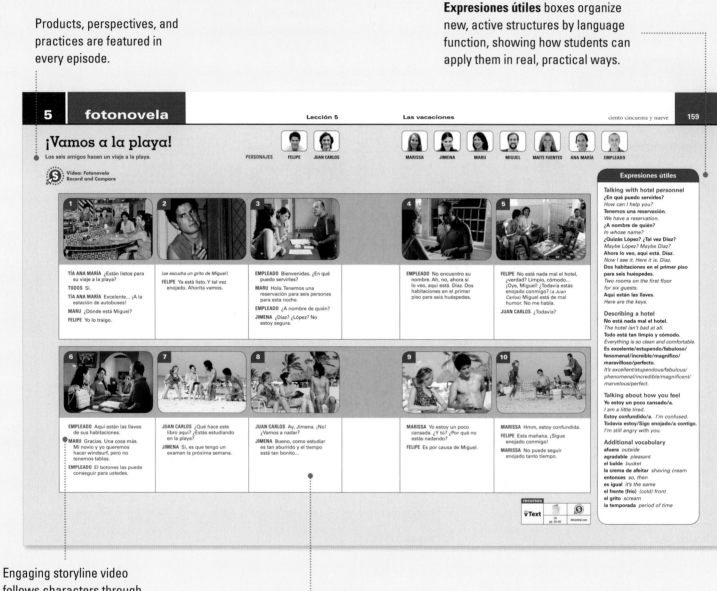

5 **fotonovela** | Lección 5 | Las vacaciones | ciento cincuenta y nueve 159

¡Vamos a la playa!

Los seis amigos hacen un viaje a la playa.

PERSONAJES: FELIPE, JUAN CARLOS, MARISSA, JIMENA, MARU, MIGUEL, MAITE FUENTES, ANA MARÍA, EMPLEADO

Video: *Fotonovela*
Record and Compare

1
TÍA ANA MARÍA ¿Están listos para su viaje a la playa?
TODOS Sí.
TÍA ANA MARÍA Excelente... ¡A la estación de autobuses!
MARU ¿Dónde está Miguel?
FELIPE Yo lo traigo.

2
(*se escucha un grito de Miguel*)
FELIPE Ya está listo. Y tal vez enojado. Ahorita vamos.

3
EMPLEADO Bienvenidas. ¿En qué puedo servirles?
MARU Hola. Tenemos una reservación para seis personas para esta noche.
EMPLEADO ¿A nombre de quién?
JIMENA ¿Díaz? ¿López? No estoy segura.

4
EMPLEADO No encuentro su nombre. Ah, no, ahora sí lo veo, aquí está. Díaz. Dos habitaciones en el primer piso para seis huéspedes.

5
FELIPE No está nada mal el hotel, ¿verdad? Limpio, cómodo... ¡Oye, Miguel! ¿Todavía estás enojado conmigo? (*a Juan Carlos*) Miguel está de mal humor. No me habla.
JUAN CARLOS ¿Todavía?

6
EMPLEADO Aquí están las llaves de sus habitaciones.
MARU Gracias. Una cosa más. Mi novio y yo queremos hacer windsurf, pero no tenemos tablas.
EMPLEADO El botones las puede conseguir para ustedes.

7
JUAN CARLOS ¿Qué hace este libro aquí? ¿Estás estudiando en la playa?
JIMENA Sí, es que tengo un examen la próxima semana.

8
JUAN CARLOS Ay, Jimena. ¡No! ¿Vamos a nadar?
JIMENA Bueno, como estudiar es tan aburrido y el tiempo está tan bonito...

9
MARISSA Yo estoy un poco cansada. ¿Y tú? ¿Por qué no estás nadando?
FELIPE Es por causa de Miguel.

10
MARISSA Hmm, estoy confundida.
FELIPE Esta mañana. ¡Sigue enojado conmigo!
MARISSA No puede seguir enojado tanto tiempo.

recursos: vText | CA pp. 59–60 | vhlcentral.com

Expresiones útiles

Talking with hotel personnel
¿En qué puedo servirles?
How can I help you?
Tenemos una reservación.
We have a reservation.
¿A nombre de quién?
In whose name?
¿Quizás López? ¿Tal vez Díaz?
Maybe López? Maybe Díaz?
Ahora lo veo, aquí está. Díaz.
Now I see it. Here it is. Díaz.
Dos habitaciones en el primer piso para seis huéspedes.
Two rooms on the first floor for six guests.
Aquí están las llaves.
Here are the keys.

Describing a hotel
No está nada mal el hotel.
The hotel isn't bad at all.
Todo está tan limpio y cómodo.
Everything is so clean and comfortable.
Es excelente/estupendo/fabuloso/fenomenal/increíble/magnífico/maravilloso/perfecto.
It's excellent/stupendous/fabulous/phenomenal/incredible/magnificent/marvelous/perfect.

Talking about how you feel
Yo estoy un poco cansado/a.
I am a little tired.
Estoy confundido/a. *I'm confused.*
Todavía estoy/Sigo enojado/a contigo.
I'm still angry with you.

Additional vocabulary
afuera *outside*
agradable *pleasant*
el balde *bucket*
la crema de afeitar *shaving cream*
entonces *so, then*
es igual *it's the same*
el frente (frío) *(cold) front*
el grito *scream*
la temporada *period of time*

Engaging storyline video follows characters through Descubre 1 and 2.

The story board provides an abbreviated version of the video episode.

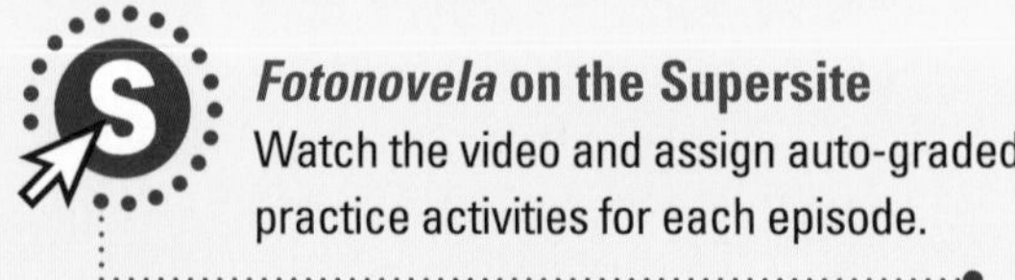
***Fotonovela* on the Supersite**
Watch the video and assign auto-graded practice activities for each episode.

Culture presented in context

En detalle explores the chapter concept in-depth through a variety of topics. The presentation is in English through Chapter 6 so focus can be on culture.

Perfil, Así se dice and **El mundo hispano** spotlight the diversity and unity of the contemporary Spanish-speaking world.

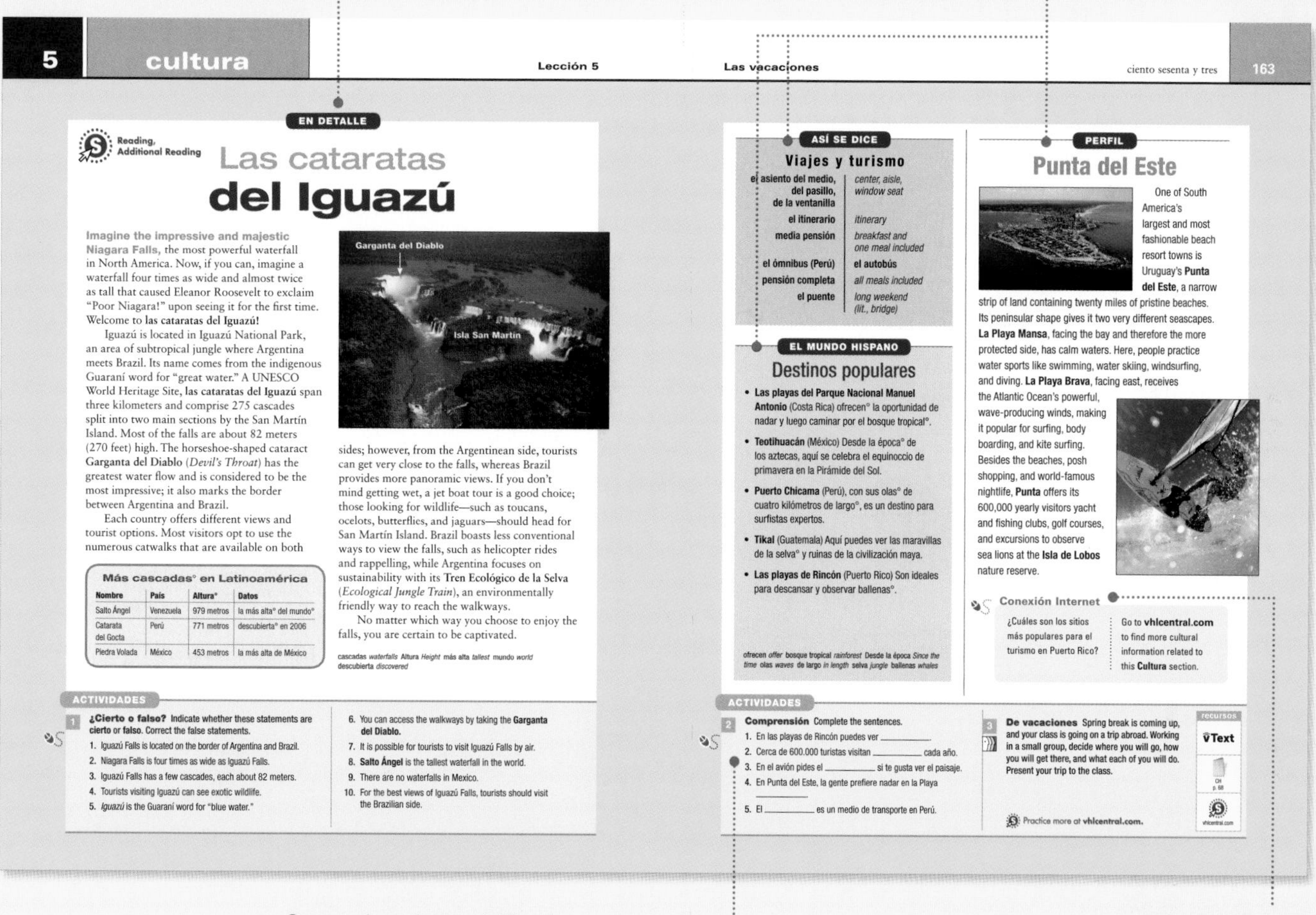

5 cultura — Lección 5 — Las vacaciones — ciento sesenta y tres 163

EN DETALLE

Reading, Additional Reading

Las cataratas del Iguazú

Imagine the impressive and majestic Niagara Falls, the most powerful waterfall in North America. Now, if you can, imagine a waterfall four times as wide and almost twice as tall that caused Eleanor Roosevelt to exclaim "Poor Niagara!" upon seeing it for the first time. Welcome to **las cataratas del Iguazú!**

Iguazú is located in Iguazú National Park, an area of subtropical jungle where Argentina meets Brazil. Its name comes from the indigenous Guaraní word for "great water." A UNESCO World Heritage Site, **las cataratas del Iguazú** span three kilometers and comprise 275 cascades split into two main sections by the San Martín Island. Most of the falls are about 82 meters (270 feet) high. The horseshoe-shaped cataract **Garganta del Diablo** (*Devil's Throat*) has the greatest water flow and is considered to be the most impressive; it also marks the border between Argentina and Brazil.

Each country offers different views and tourist options. Most visitors opt to use the numerous catwalks that are available on both sides; however, from the Argentinean side, tourists can get very close to the falls, whereas Brazil provides more panoramic views. If you don't mind getting wet, a jet boat tour is a good choice; those looking for wildlife—such as toucans, ocelots, butterflies, and jaguars—should head for San Martín Island. Brazil boasts less conventional ways to view the falls, such as helicopter rides and rappelling, while Argentina focuses on sustainability with its **Tren Ecológico de la Selva** (*Ecological Jungle Train*), an environmentally friendly way to reach the walkways.

No matter which way you choose to enjoy the falls, you are certain to be captivated.

Garganta del Diablo — Isla San Martín

Más cascadas° en Latinoamérica

Nombre	País	Altura°	Datos
Salto Ángel	Venezuela	979 metros	la más alta° del mundo°
Catarata del Gocta	Perú	771 metros	descubierta° en 2006
Piedra Volada	México	453 metros	la más alta de México

cascadas *waterfalls* Altura *Height* más alta *tallest* mundo *world* descubierta *discovered*

ACTIVIDADES

1 **¿Cierto o falso?** Indicate whether these statements are **cierto** or **falso**. Correct the false statements.

1. Iguazú Falls is located on the border of Argentina and Brazil.
2. Niagara Falls is four times as wide as Iguazú Falls.
3. Iguazú Falls has a few cascades, each about 82 meters.
4. Tourists visiting Iguazú can see exotic wildlife.
5. *Iguazú* is the Guaraní word for "blue water."
6. You can access the walkways by taking the **Garganta del Diablo.**
7. It is possible for tourists to visit Iguazú Falls by air.
8. **Salto Ángel** is the tallest waterfall in the world.
9. There are no waterfalls in Mexico.
10. For the best views of Iguazú Falls, tourists should visit the Brazilian side.

ASÍ SE DICE

Viajes y turismo

el asiento del medio, del pasillo, de la ventanilla	*center, aisle, window seat*
el itinerario	*itinerary*
media pensión	*breakfast and one meal included*
el ómnibus (Perú)	**el autobús**
pensión completa	*all meals included*
el puente	*long weekend (lit., bridge)*

EL MUNDO HISPANO

Destinos populares

- **Las playas del Parque Nacional Manuel Antonio** (Costa Rica) ofrecen° la oportunidad de nadar y luego caminar por el bosque tropical°.
- **Teotihuacán** (México) Desde la época° de los aztecas, aquí se celebra el equinoccio de primavera en la Pirámide del Sol.
- **Puerto Chicama** (Perú), con sus olas° de cuatro kilómetros de largo°, es un destino para surfistas expertos.
- **Tikal** (Guatemala) Aquí puedes ver las maravillas de la selva° y ruinas de la civilización maya.
- **Las playas de Rincón** (Puerto Rico) Son ideales para descansar y observar ballenas°.

ofrecen *offer* bosque tropical *rainforest* Desde la época *Since the time* olas *waves* de largo *in length* selva *jungle* ballenas *whales*

PERFIL

Punta del Este

One of South America's largest and most fashionable beach resort towns is Uruguay's **Punta del Este**, a narrow strip of land containing twenty miles of pristine beaches. Its peninsular shape gives it two very different seascapes. **La Playa Mansa**, facing the bay and therefore the more protected side, has calm waters. Here, people practice water sports like swimming, water skiing, windsurfing, and diving. **La Playa Brava**, facing east, receives the Atlantic Ocean's powerful, wave-producing winds, making it popular for surfing, body boarding, and kite surfing. Besides the beaches, posh shopping, and world-famous nightlife, **Punta** offers its 600,000 yearly visitors yacht and fishing clubs, golf courses, and excursions to observe sea lions at the **Isla de Lobos** nature reserve.

Conexión Internet

¿Cuáles son los sitios más populares para el turismo en Puerto Rico?

Go to **vhlcentral.com** to find more cultural information related to this **Cultura** section.

ACTIVIDADES

2 **Comprensión** Complete the sentences.

1. En las playas de Rincón puedes ver ________.
2. Cerca de 600.000 turistas visitan ________ cada año.
3. En el avión pides el ________ si te gusta ver el paisaje.
4. En Punta del Este, la gente prefiere nadar en la Playa ________
5. El ________ es un medio de transporte en Perú.

3 **De vacaciones** Spring break is coming up, and your class is going on a trip abroad. Working in a small group, decide where you will go, how you will get there, and what each of you will do. Present your trip to the class.

Practice more at **vhlcentral.com.**

recursos — vText — CH p. 68 — vhlcentral.com

Comprehension activities in Spanish solidify learning.

Conexión Internet features additional cultural explorations online via the Supersite.

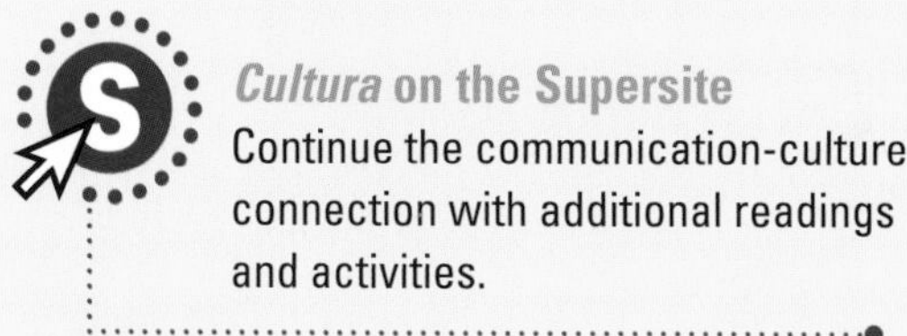

Cultura **on the Supersite**

Continue the communication-culture connection with additional readings and activities.

Grammar as a tool not a topic

Clear and concise explanations followed by visually appealing examples.

Sidebars connect previous and current learning.

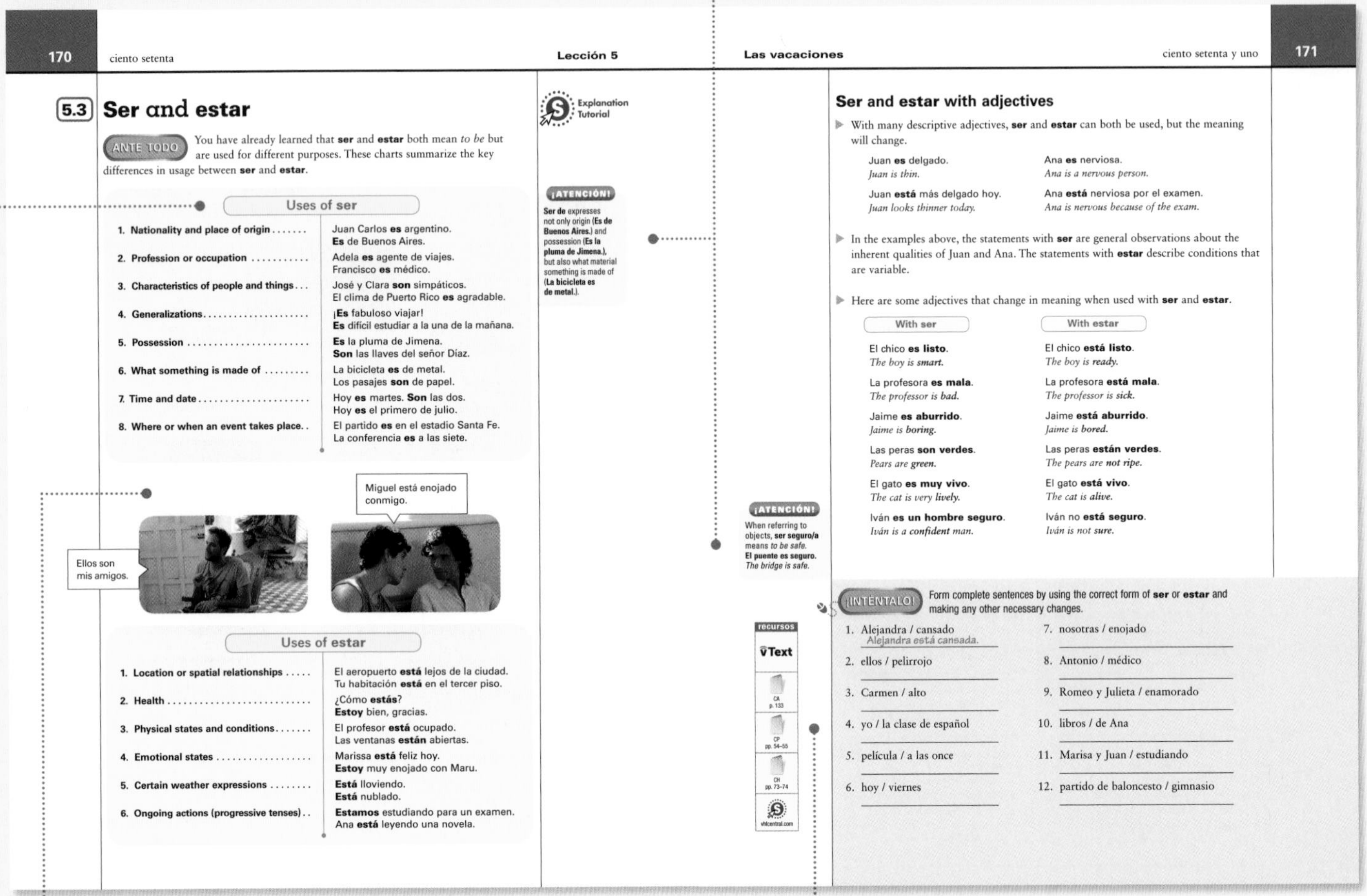

170 ciento setenta | Lección 5 | Las vacaciones | ciento setenta y uno 171

5.3 Ser and estar

ANTE TODO You have already learned that **ser** and **estar** both mean *to be* but are used for different purposes. These charts summarize the key differences in usage between **ser** and **estar**.

Explanation Tutorial

Uses of ser

1. **Nationality and place of origin**	Juan Carlos **es** argentino. **Es** de Buenos Aires.
2. **Profession or occupation**	Adela **es** agente de viajes. Francisco **es** médico.
3. **Characteristics of people and things**	José y Clara **son** simpáticos. El clima de Puerto Rico **es** agradable.
4. **Generalizations**	¡**Es** fabuloso viajar! **Es** difícil estudiar a la una de la mañana.
5. **Possession**	**Es** la pluma de Jimena. **Son** las llaves del señor Díaz.
6. **What something is made of**	La bicicleta **es** de metal. Los pasajes **son** de papel.
7. **Time and date**	Hoy **es** martes. **Son** las dos. Hoy **es** el primero de julio.
8. **Where or when an event takes place**	El partido **es** en el estadio Santa Fe. La conferencia **es** a las siete.

¡ATENCIÓN! **Ser de** expresses not only origin (**Es de Buenos Aires.**) and possession (**Es la pluma de Jimena.**), but also what material something is made of (**La bicicleta es de metal.**).

Ellos son mis amigos.

Miguel está enojado conmigo.

Uses of estar

1. **Location or spatial relationships**	El aeropuerto **está** lejos de la ciudad. Tu habitación **está** en el tercer piso.
2. **Health**	¿Cómo **estás**? **Estoy** bien, gracias.
3. **Physical states and conditions**	El profesor **está** ocupado. Las ventanas **están** abiertas.
4. **Emotional states**	Marissa **está** feliz hoy. **Estoy** muy enojado con Maru.
5. **Certain weather expressions**	**Está** lloviendo. **Está** nublado.
6. **Ongoing actions (progressive tenses)**	**Estamos** estudiando para un examen. Ana **está** leyendo una novela.

Ser and estar with adjectives

- With many descriptive adjectives, **ser** and **estar** can both be used, but the meaning will change.

Juan **es** delgado. *Juan is thin.*	Ana **es** nerviosa. *Ana is a nervous person.*
Juan **está** más delgado hoy. *Juan looks thinner today.*	Ana **está** nerviosa por el examen. *Ana is nervous because of the exam.*

- In the examples above, the statements with **ser** are general observations about the inherent qualities of Juan and Ana. The statements with **estar** describe conditions that are variable.
- Here are some adjectives that change in meaning when used with **ser** and **estar**.

With ser	With estar
El chico **es listo**. *The boy is **smart**.*	El chico **está listo**. *The boy is **ready**.*
La profesora **es mala**. *The professor is **bad**.*	La profesora **está mala**. *The professor is **sick**.*
Jaime **es aburrido**. *Jaime is **boring**.*	Jaime **está aburrido**. *Jaime is **bored**.*
Las peras **son verdes**. *Pears are **green**.*	Las peras **están verdes**. *The pears are **not ripe**.*
El gato **es muy vivo**. *The cat is very **lively**.*	El gato **está vivo**. *The cat is **alive**.*
Iván **es un hombre seguro**. *Iván is a **confident** man.*	Iván no **está seguro**. *Iván is not **sure**.*

¡ATENCIÓN! When referring to objects, **ser seguro/a** means *to be safe*. **El puente es seguro.** *The bridge is safe.*

¡INTÉNTALO! Form complete sentences by using the correct form of **ser** or **estar** and making any other necessary changes.

1. Alejandra / cansado Alejandra está cansada.
2. ellos / pelirrojo
3. Carmen / alto
4. yo / la clase de español
5. película / a las once
6. hoy / viernes
7. nosotras / enojado
8. Antonio / médico
9. Romeo y Julieta / enamorado
10. libros / de Ana
11. Marisa y Juan / estudiando
12. partido de baloncesto / gimnasio

recursos vText CA p. 133 CP pp. 54–55 CH pp. 73–74 vhlcentral.com

Fotonovela shows grammar in context.

¡Inténtalo! begins practice of new grammar forms.

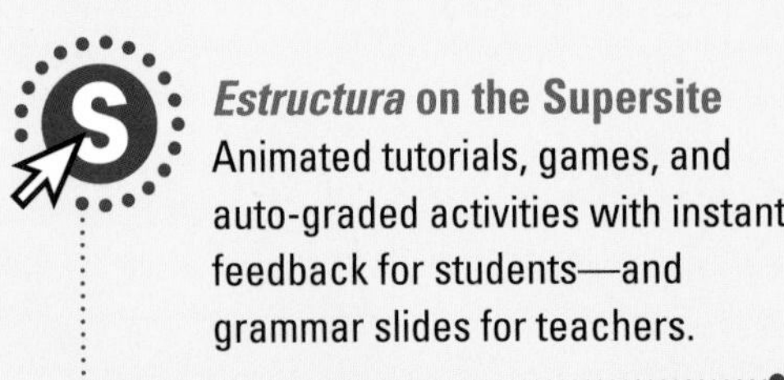

***Estructura* on the Supersite**
Animated tutorials, games, and auto-graded activities with instant feedback for students—and grammar slides for teachers.

Visually engaging and carefully scaffolded formats

Práctica sections include contextualized, personalized activities.

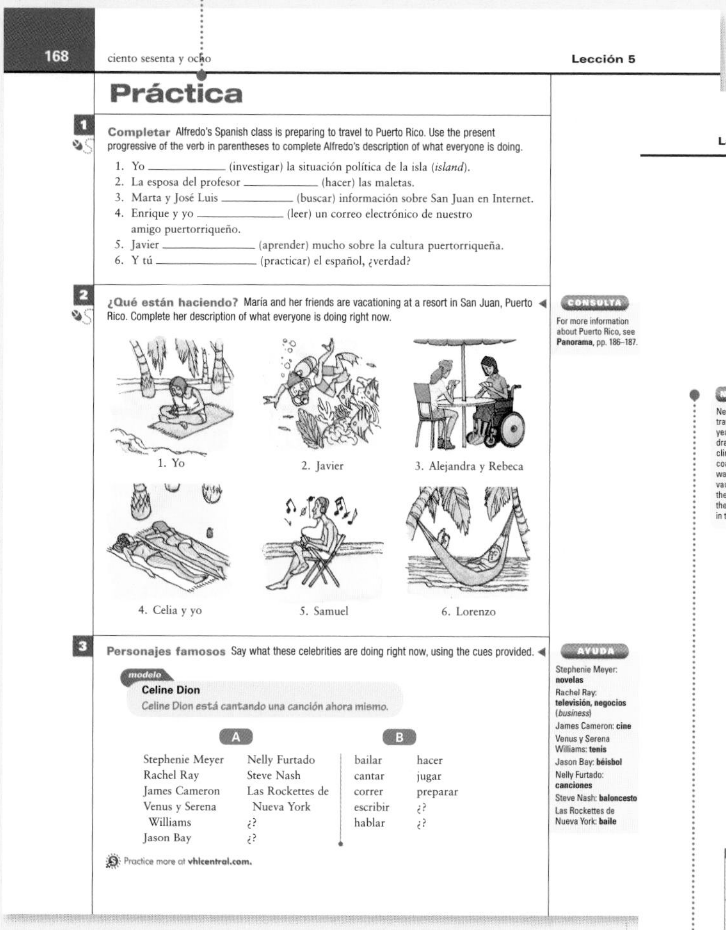

Comunicación sections feature pair and group activities for interpersonal and presentational practice.

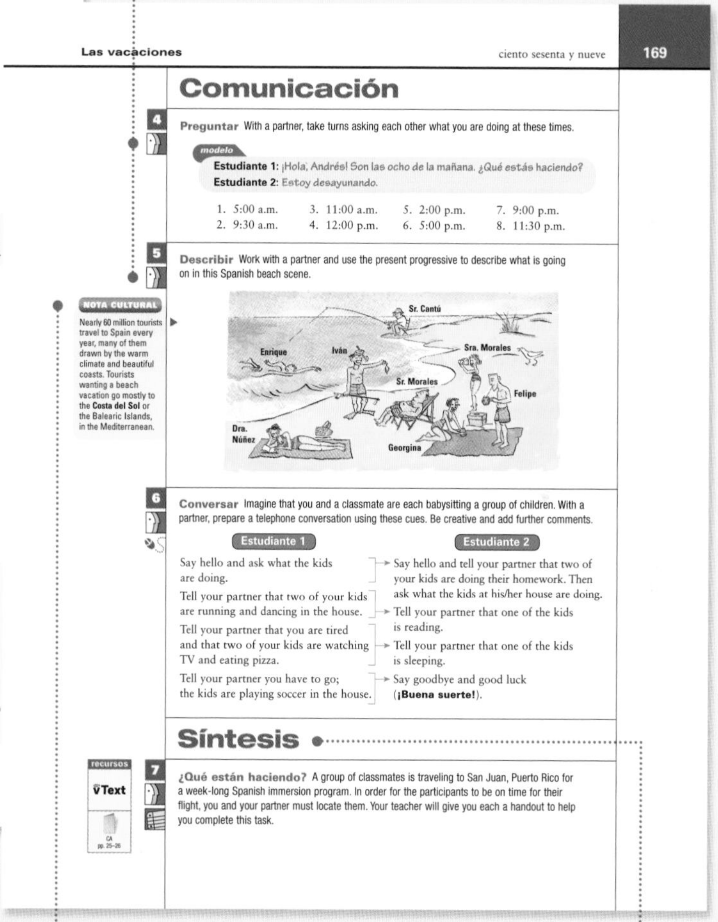

168 ciento sesenta y ocho **Lección 5**

Práctica

1 **Completar** Alfredo's Spanish class is preparing to travel to Puerto Rico. Use the present progressive of the verb in parentheses to complete Alfredo's description of what everyone is doing.

1. Yo ________ (investigar) la situación política de la isla (*island*).
2. La esposa del profesor ________ (hacer) las maletas.
3. Marta y José Luis ________ (buscar) información sobre San Juan en Internet.
4. Enrique y yo ________ (leer) un correo electrónico de nuestro amigo puertorriqueño.
5. Javier ________ (aprender) mucho sobre la cultura puertorriqueña.
6. Y tú ________ (practicar) el español, ¿verdad?

2 **¿Qué están haciendo?** María and her friends are vacationing at a resort in San Juan, Puerto Rico. Complete her description of what everyone is doing right now.

CONSULTA For more information about Puerto Rico, see **Panorama**, pp. 186–187.

1. Yo 2. Javier 3. Alejandra y Rebeca
4. Celia y yo 5. Samuel 6. Lorenzo

3 **Personajes famosos** Say what these celebrities are doing right now, using the cues provided.

modelo
Celine Dion
Celine Dion está cantando una canción ahora mismo.

A		B	
Stephenie Meyer	Nelly Furtado	bailar	hacer
Rachel Ray	Steve Nash	cantar	jugar
James Cameron	Las Rockettes de Nueva York	correr	preparar
Venus y Serena Williams	¿?	escribir	¿?
Jason Bay	¿?	hablar	¿?

AYUDA Stephenie Meyer: **novelas** Rachel Ray: **televisión, negocios** (*business*) James Cameron: **cine** Venus y Serena Williams: **tenis** Jason Bay: **béisbol** Nelly Furtado: **canciones** Steve Nash: **baloncesto** Las Rockettes de Nueva York: **baile**

Practice more at **vhlcentral.com.**

Las vacaciones ciento sesenta y nueve 169

Comunicación

4 **Preguntar** With a partner, take turns asking each other what you are doing at these times.

modelo
Estudiante 1: ¡Hola, Andrés! Son las ocho de la mañana. ¿Qué estás haciendo?
Estudiante 2: Estoy desayunando.

1. 5:00 a.m. 2. 9:30 a.m. 3. 11:00 a.m. 4. 12:00 p.m. 5. 2:00 p.m. 6. 5:00 p.m. 7. 9:00 p.m. 8. 11:30 p.m.

5 **Describir** Work with a partner and use the present progressive to describe what is going on in this Spanish beach scene.

NOTA CULTURAL Nearly 60 million tourists travel to Spain every year, many of them drawn by the warm climate and beautiful coasts. Tourists wanting a beach vacation go mostly to the **Costa del Sol** or the Balearic Islands, in the Mediterranean.

6 **Conversar** Imagine that you and a classmate are each babysitting a group of children. With a partner, prepare a telephone conversation using these cues. Be creative and add further comments.

Estudiante 1	Estudiante 2
Say hello and ask what the kids are doing.	→ Say hello and tell your partner that two of your kids are doing their homework. Then ask what the kids at his/her house are doing.
Tell your partner that two of your kids are running and dancing in the house.	→ Tell your partner that one of the kids is reading.
Tell your partner that you are tired and that two of your kids are watching TV and eating pizza.	→ Tell your partner that one of the kids is sleeping.
Tell your partner you have to go; the kids are playing soccer in the house.	→ Say goodbye and good luck (**¡Buena suerte!**).

Síntesis

7 **¿Qué están haciendo?** A group of classmates is traveling to San Juan, Puerto Rico for a week-long Spanish immersion program. In order for the participants to be on time for their flight, you and your partner must locate them. Your teacher will give you each a handout to help you complete this task.

recursos vText CA pp. 25–26

Notas culturales sidebars expand coverage of the cultures of Spanish-speaking peoples and countries.

Síntesis activities integrate the current grammar point with previously learned material, providing built-in, consistent review and recycling.

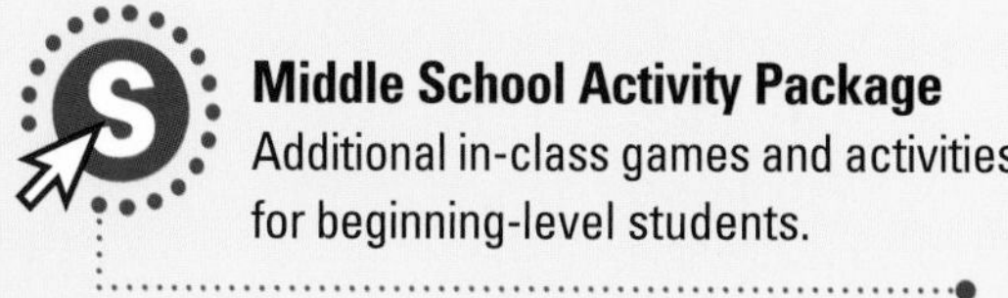

Middle School Activity Package
Additional in-class games and activities for beginning-level students.

In-text and online diagnostic activities provide targeted review

Scaffolded activities test students' comprehension of the chapter's key grammar points.

Resumen gramatical summarizes the grammatical points presented in the chapter.

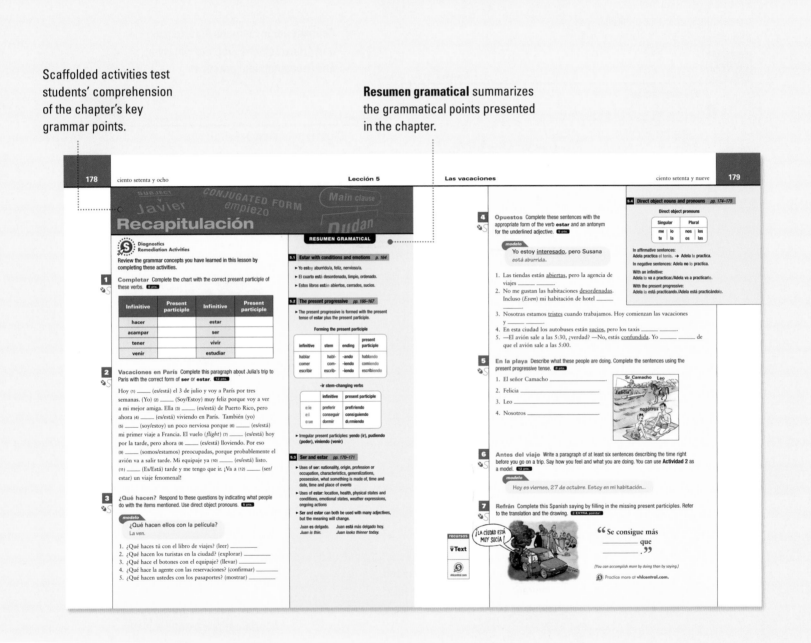

178 ciento setenta y ocho — Lección 5 | Las vacaciones — ciento setenta y nueve 179

SUBJECT Javier CONJUGATED FORM empiezo Main clause Dudan

Recapitulación

Diagnostics
Remediation Activities

Review the grammar concepts you have learned in this lesson by completing these activities.

1 Completar Complete the chart with the correct present participle of these verbs. 8 pts.

Infinitive	Present participle	Infinitive	Present participle
hacer		estar	
acampar		ser	
tener		vivir	
venir		estudiar	

2 Vacaciones en París Complete this paragraph about Julia's trip to Paris with the correct form of **ser** or **estar**. 12 pts.

Hoy (1) _____ (es/está) el 3 de julio y voy a París por tres semanas. (Yo) (2) _____ (Soy/Estoy) muy feliz porque voy a ver a mi mejor amiga. Ella (3) _____ (es/está) de Puerto Rico, pero ahora (4) _____ (es/está) viviendo en París. También (yo) (5) _____ (soy/estoy) un poco nerviosa porque (6) _____ (es/está) mi primer viaje a Francia. El vuelo (*flight*) (7) _____ (es/está) hoy por la tarde, pero ahora (8) _____ (es/está) lloviendo. Por eso (9) _____ (somos/estamos) preocupadas, porque probablemente el avión va a salir tarde. Mi equipaje ya (10) _____ (es/está) listo. (11) _____ (Es/Está) tarde y me tengo que ir. ¡Va a (12) _____ (ser/estar) un viaje fenomenal!

3 ¿Qué hacen? Respond to these questions by indicating what people do with the items mentioned. Use direct object pronouns. 5 pts.

modelo
¿Qué hacen ellos con la película?
La ven.

1. ¿Qué haces tú con el libro de viajes? (leer) _____
2. ¿Qué hacen los turistas en la ciudad? (explorar) _____
3. ¿Qué hace el botones con el equipaje? (llevar) _____
4. ¿Qué hace la agente con las reservaciones? (confirmar) _____
5. ¿Qué hacen ustedes con los pasaportes? (mostrar) _____

RESUMEN GRAMATICAL

5.1 Estar with conditions and emotions *p. 164*

- Yo estoy aburrido/a, feliz, nervioso/a.
- El cuarto está desordenado, limpio, ordenado.
- Estos libros están abiertos, cerrados, sucios.

5.2 The present progressive *pp. 166–167*

- The present progressive is formed with the present tense of **estar** plus the present participle.

Forming the present participle

infinitive	stem	ending	present participle
hablar	habl-	-ando	hablando
comer	com-	-iendo	comiendo
escribir	escrib-	-iendo	escribiendo

-ir stem-changing verbs

	infinitive	present participle
e:ie	preferir	prefiriendo
e:i	conseguir	consiguiendo
o:ue	dormir	durmiendo

- Irregular present participles: **yendo (ir), pudiendo (poder), viniendo (venir)**

5.3 Ser and estar *pp. 170–171*

- Uses of **ser**: nationality, origin, profession or occupation, characteristics, generalizations, possession, what something is made of, time and date, time and place of events
- Uses of **estar**: location, health, physical states and conditions, emotional states, weather expressions, ongoing actions
- **Ser** and **estar** can both be used with many adjectives, but the meaning will change.

Juan **es** delgado. — Juan **está** más delgado hoy.
Juan is thin. — *Juan looks thinner today.*

5.4 Direct object nouns and pronouns *pp. 174–175*

Direct object pronouns

Singular		Plural	
me	lo	nos	los
te	la	os	las

In affirmative sentences:
Adela practica el tenis. → Adela lo practica.
In negative sentences: Adela **no** lo practica.
With an infinitive:
Adela lo va a practicar./Adela va a practicarlo.
With the present progressive:
Adela lo está practicando./Adela está practicándolo.

4 Opuestos Complete these sentences with the appropriate form of the verb **estar** and an antonym for the underlined adjective. 5 pts.

modelo
Yo estoy <u>interesado</u>, pero Susana
está aburrida.

1. Las tiendas están <u>abiertas</u>, pero la agencia de viajes _____ _____.
2. No me gustan las habitaciones <u>desordenadas</u>. Incluso (*Even*) mi habitación de hotel _____ _____.
3. Nosotras estamos <u>tristes</u> cuando trabajamos. Hoy comienzan las vacaciones y _____ _____.
4. En esta ciudad los autobuses están <u>sucios</u>, pero los taxis _____ _____.
5. —El avión sale a las 5:30, ¿verdad? —No, estás <u>confundida</u>. Yo _____ _____ de que el avión sale a las 5:00.

5 En la playa Describe what these people are doing. Complete the sentences using the present progressive tense. 8 pts.

1. El señor Camacho _____.
2. Felicia _____.
3. Leo _____.
4. Nosotros _____.

Sr. Camacho
Leo
Felicia
nosotros

6 Antes del viaje Write a paragraph of at least six sentences describing the time right before you go on a trip. Say how you feel and what you are doing. You can use **Actividad 2** as a model. 12 pts.

modelo
Hoy es viernes, 27 de octubre. Estoy en mi habitación...

7 Refrán Complete this Spanish saying by filling in the missing present participles. Refer to the translation and the drawing. 2 EXTRA points!

¡LA CIUDAD ESTÁ MUY SUCIA!

"Se consigue más _____ que _____."

(You can accomplish more by doing than by saying.)

recursos
vText
vhlcentral.com

Practice more at **vhlcentral.com.**

***Recapitulación* on the Supersite**
Assign **Recapitulación** online for a grade or as a self diagnostic. Additional activities are available for extra practice.

Skill synthesis

Reading (Interpretive Communication)

Antes de leer includes reading strategies and pre-reading activities to develop confidence and skills.

Context-based readings pull all the chapter elements together.

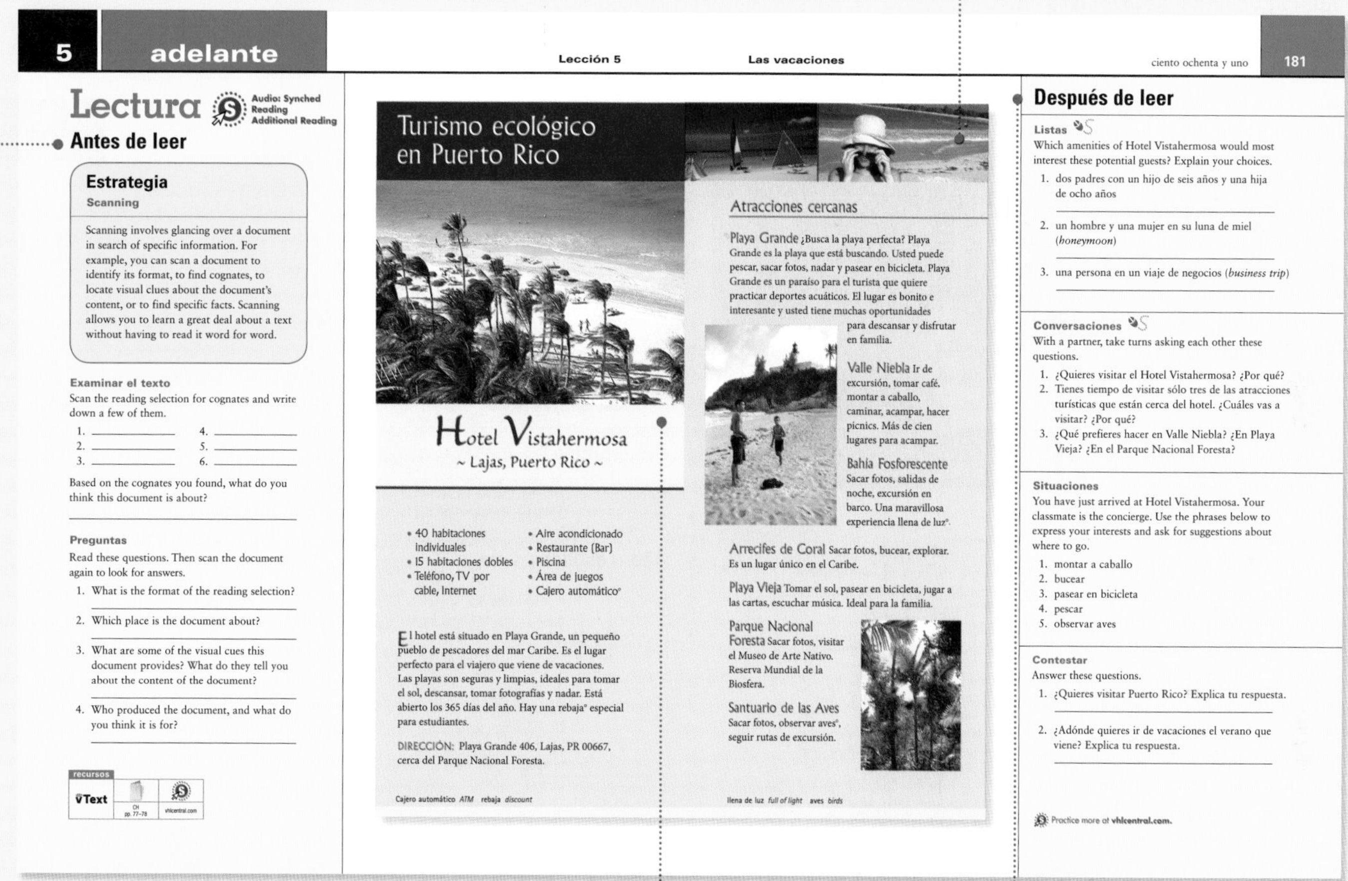
5 adelante | Lección 5 | Las vacaciones | ciento ochenta y uno 181

Lectura

Audio: Synched Reading Additional Reading

Antes de leer

Estrategia
Scanning

Scanning involves glancing over a document in search of specific information. For example, you can scan a document to identify its format, to find cognates, to locate visual clues about the document's content, or to find specific facts. Scanning allows you to learn a great deal about a text without having to read it word for word.

Examinar el texto

Scan the reading selection for cognates and write down a few of them.

1. ______ 4. ______
2. ______ 5. ______
3. ______ 6. ______

Based on the cognates you found, what do you think this document is about?

Preguntas

Read these questions. Then scan the document again to look for answers.

1. What is the format of the reading selection?
2. Which place is the document about?
3. What are some of the visual cues this document provides? What do they tell you about the content of the document?
4. Who produced the document, and what do you think it is for?

recursos: vText | CP pp. 77–78 | vhlcentral.com

Turismo ecológico en Puerto Rico

Hotel Vistahermosa
~ Lajas, Puerto Rico ~

- 40 habitaciones individuales
- 15 habitaciones dobles
- Teléfono, TV por cable, Internet
- Aire acondicionado
- Restaurante (Bar)
- Piscina
- Área de juegos
- Cajero automático*

El hotel está situado en Playa Grande, un pequeño pueblo de pescadores del mar Caribe. Es el lugar perfecto para el viajero que viene de vacaciones. Las playas son seguras y limpias, ideales para tomar el sol, descansar, tomar fotografías y nadar. Está abierto los 365 días del año. Hay una rebaja* especial para estudiantes.

DIRECCIÓN: Playa Grande 406, Lajas, PR 00667, cerca del Parque Nacional Foresta.

Cajero automático *ATM* rebaja *discount*

Atracciones cercanas

Playa Grande ¿Busca la playa perfecta? Playa Grande es la playa que está buscando. Usted puede pescar, sacar fotos, nadar y pasear en bicicleta. Playa Grande es un paraíso para el turista que quiere practicar deportes acuáticos. El lugar es bonito e interesante y usted tiene muchas oportunidades para descansar y disfrutar en familia.

Valle Niebla Ir de excursión, tomar café, montar a caballo, caminar, acampar, hacer picnics. Más de cien lugares para acampar.

Bahía Fosforescente Sacar fotos, salidas de noche, excursión en barco. Una maravillosa experiencia llena de luz*.

Arrecifes de Coral Sacar fotos, bucear, explorar. Es un lugar único en el Caribe.

Playa Vieja Tomar el sol, pasear en bicicleta, jugar a las cartas, escuchar música. Ideal para la familia.

Parque Nacional Foresta Sacar fotos, visitar el Museo de Arte Nativo. Reserva Mundial de la Biosfera.

Santuario de las Aves Sacar fotos, observar aves*, seguir rutas de excursión.

llena de luz *full of light* aves *birds*

Después de leer

Listas

Which amenities of Hotel Vistahermosa would most interest these potential guests? Explain your choices.

1. dos padres con un hijo de seis años y una hija de ocho años
2. un hombre y una mujer en su luna de miel (*honeymoon*)
3. una persona en un viaje de negocios (*business trip*)

Conversaciones

With a partner, take turns asking each other these questions.

1. ¿Quieres visitar el Hotel Vistahermosa? ¿Por qué?
2. Tienes tiempo de visitar sólo tres de las atracciones turísticas que están cerca del hotel. ¿Cuáles vas a visitar? ¿Por qué?
3. ¿Qué prefieres hacer en Valle Niebla? ¿En Playa Vieja? ¿En el Parque Nacional Foresta?

Situaciones

You have just arrived at Hotel Vistahermosa. Your classmate is the concierge. Use the phrases below to express your interests and ask for suggestions about where to go.

1. montar a caballo
2. bucear
3. pasear en bicicleta
4. pescar
5. observar aves

Contestar

Answer these questions.

1. ¿Quieres visitar Puerto Rico? Explica tu respuesta.
2. ¿Adónde quieres ir de vacaciones el verano que viene? Explica tu respuesta.

Practice more at **vhlcentral.com.**

Graphic organizers, photos, and other visual elements support reading comprehension.

Después de leer activities include comprehension checks and post-reading expansion exercises.

***Adelante* on the Supersite**

The audio-sync reading feature allows students to follow the reading easily as they listen to its audio.

Skill synthesis

Writing (Presentational Communication) and Listening (Interpretive Communication)

Estrategia offers a wide-range of strategies for preparation and execution of communicative tasks.

Escritura

Estrategia
Making an outline

When we write to share information, an outline can serve to separate topics and subtopics, providing a framework for the presentation of data. Consider the following excerpt from an outline of the tourist brochure on pages 180–181.

IV. Descripción del sitio (con foto)
- A. Playa Grande
  1. Playas seguras y limpias
  2. Ideal para tomar el sol, descansar, tomar fotografías, nadar
- B. El hotel
  1. Abierto los 365 días del año
  2. Rebaja para estudiantes

Mapa de ideas
Idea maps can be used to create outlines. The major sections of an idea map correspond to the Roman numerals in an outline. The minor idea map sections correspond to the outline's capital letters, and so on. Examine the idea map that led to the outline above.

recursos: vText | CA pp. 167–168 | CH pp. 79–80 | vhlcentral.com

Tema
Escribir un folleto
Write a tourist brochure for a hotel or resort you have visited. If you wish, you may write about an imaginary location. You may want to include some of this information in your brochure:

- the name of the hotel or resort
- phone and fax numbers that tourists can use to make contact
- the hotel website that tourists can consult
- an e-mail address that tourists can use to request information
- a description of the exterior of the hotel or resort
- a description of the interior of the hotel or resort, including facilities and amenities
- a description of the surrounding area, including its climate
- a listing of nearby scenic natural attractions
- a listing of nearby cultural attractions
- a listing of recreational activities that tourists can pursue in the vicinity of the hotel or resort

Escuchar

Estrategia
Listening for key words

By listening for key words or phrases, you can identify the subject and main ideas of what you hear, as well as some of the details.

To practice this strategy, you will now listen to a short paragraph. As you listen, jot down the key words that help you identify the subject of the paragraph and its main ideas.

Preparación
Based on the illustration, who do you think Hernán Jiménez is, and what is he doing? What key words might you listen for to help you understand what he is saying?

Ahora escucha
Now you are going to listen to a weather report by Hernán Jiménez. Note which phrases are correct according to the key words and phrases you hear.

Santo Domingo
1. hace sol
2. va a hacer frío
3. una mañana de mal tiempo
4. va a estar nublado
5. buena tarde para tomar el sol
6. buena mañana para la playa

San Francisco de Macorís
1. hace frío
2. hace sol
3. va a nevar
4. va a llover
5. hace calor
6. mal día para excursiones

recursos: vText | vhlcentral.com

Comprensión
¿Cierto o falso?
Indicate whether each statement is **cierto** or **falso**, based on the weather report. Correct the false statements.

1. Según el meteorólogo, la temperatura en Santo Domingo es de 26 grados. ______
2. La temperatura máxima en Santo Domingo hoy va a ser de 30 grados. ______
3. Está lloviendo ahora en Santo Domingo. ______
4. En San Francisco de Macorís la temperatura mínima de hoy va a ser de 20 grados. ______
5. Va a llover mucho hoy en San Francisco de Macorís. ______

Preguntas
Answer these questions about the weather report.

1. ¿Hace viento en Santo Domingo ahora?
2. ¿Está nublado en Santo Domingo ahora?
3. ¿Está nevando ahora en San Francisco de Macorís?
4. ¿Qué tiempo hace en San Francisco de Macorís?

Practice more at **vhlcentral.com.**

Tema describes the writing topic and includes suggestions for approaching it.

Ahora escucha provides a variety of activities to support comprehension.

***Adelante* on the Supersite**
Assess writing and listening skills with auto-graded listening activities and teacher-graded composition activities on the Supersite.

Skill synthesis

Viewing (Interpretive Communication)

En pantalla presents TV clips from around the Spanish-speaking world connected to the language, vocabulary, and theme of the chapter.

Flash cultura videos feature young broadcasters from across the Spanish-speaking world sharing aspects of life related to the chapter's theme.

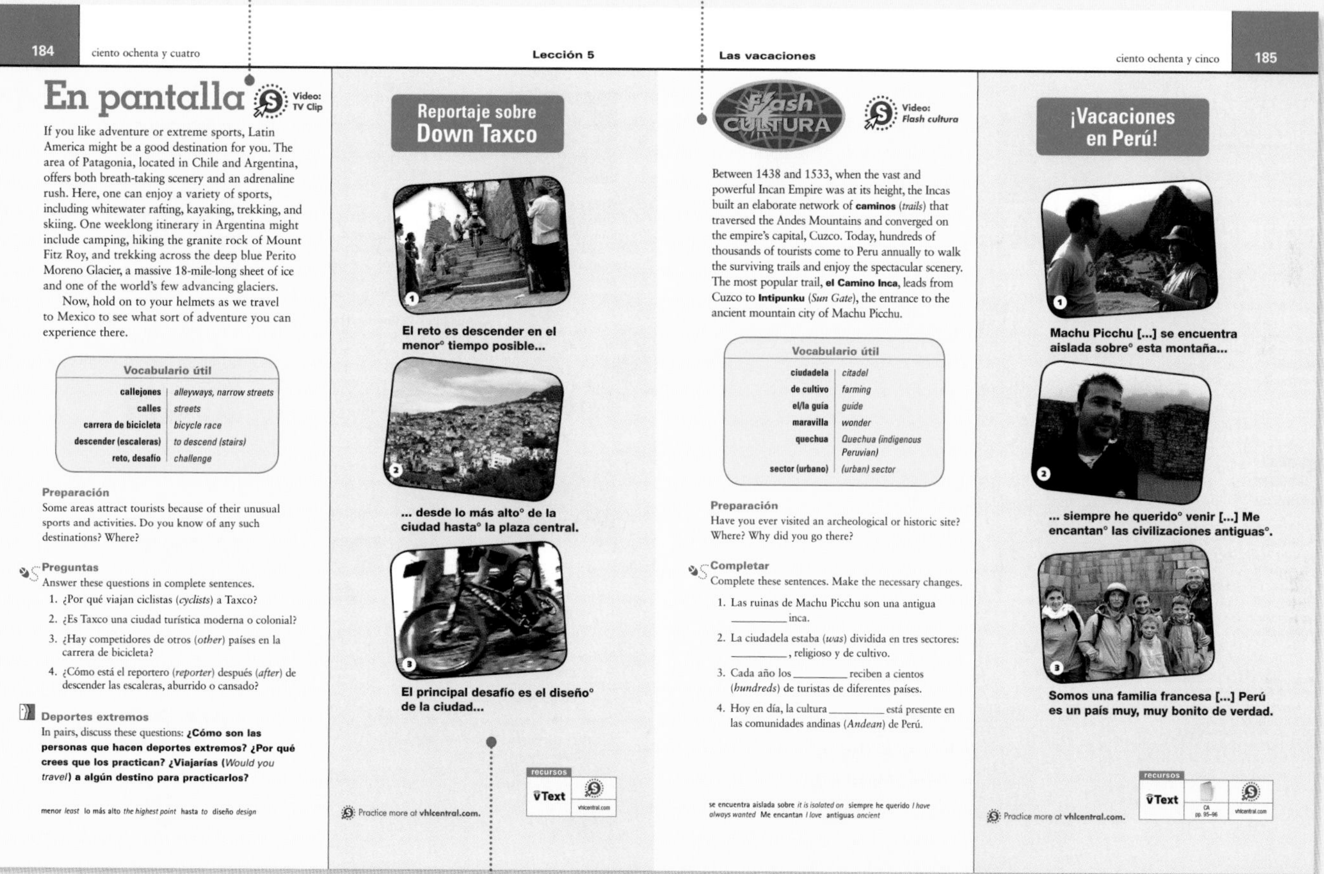

184 ciento ochenta y cuatro | Lección 5 | Las vacaciones | ciento ochenta y cinco 185

En pantalla

Video: TV Clip

If you like adventure or extreme sports, Latin America might be a good destination for you. The area of Patagonia, located in Chile and Argentina, offers both breath-taking scenery and an adrenaline rush. Here, one can enjoy a variety of sports, including whitewater rafting, kayaking, trekking, and skiing. One weeklong itinerary in Argentina might include camping, hiking the granite rock of Mount Fitz Roy, and trekking across the deep blue Perito Moreno Glacier, a massive 18-mile-long sheet of ice and one of the world's few advancing glaciers.

Now, hold on to your helmets as we travel to Mexico to see what sort of adventure you can experience there.

Vocabulario útil	
callejones	*alleyways, narrow streets*
calles	*streets*
carrera de bicicleta	*bicycle race*
descender (escaleras)	*to descend (stairs)*
reto, desafío	*challenge*

Preparación

Some areas attract tourists because of their unusual sports and activities. Do you know of any such destinations? Where?

Preguntas

Answer these questions in complete sentences.

1. ¿Por qué viajan ciclistas (*cyclists*) a Taxco?
2. ¿Es Taxco una ciudad turística moderna o colonial?
3. ¿Hay competidores de otros (*other*) países en la carrera de bicicleta?
4. ¿Cómo está el reportero (*reporter*) después (*after*) de descender las escaleras, aburrido o cansado?

Deportes extremos

In pairs, discuss these questions: **¿Cómo son las personas que hacen deportes extremos? ¿Por qué crees que los practican? ¿Viajarías (*Would you travel*) a algún destino para practicarlos?**

menor *least* lo más alto *the highest point* hasta *to* diseño *design*

Reportaje sobre Down Taxco

1 El reto es descender en el menor° tiempo posible...

2 ... desde lo más alto° de la ciudad hasta° la plaza central.

3 El principal desafío es el diseño° de la ciudad...

Practice more at **vhlcentral.com.**

recursos | vText | vhlcentral.com

Flash cultura

Video: *Flash cultura*

Between 1438 and 1533, when the vast and powerful Incan Empire was at its height, the Incas built an elaborate network of **caminos** (*trails*) that traversed the Andes Mountains and converged on the empire's capital, Cuzco. Today, hundreds of thousands of tourists come to Peru annually to walk the surviving trails and enjoy the spectacular scenery. The most popular trail, **el Camino Inca**, leads from Cuzco to **Intipunku** (*Sun Gate*), the entrance to the ancient mountain city of Machu Picchu.

Vocabulario útil	
ciudadela	*citadel*
de cultivo	*farming*
el/la guía	*guide*
maravilla	*wonder*
quechua	*Quechua (indigenous Peruvian)*
sector (urbano)	*(urban) sector*

Preparación

Have you ever visited an archeological or historic site? Where? Why did you go there?

Completar

Complete these sentences. Make the necessary changes.

1. Las ruinas de Machu Picchu son una antigua __________ inca.
2. La ciudadela estaba (*was*) dividida en tres sectores: __________, religioso y de cultivo.
3. Cada año los __________ reciben a cientos (*hundreds*) de turistas de diferentes países.
4. Hoy en día, la cultura __________ está presente en las comunidades andinas (*Andean*) de Perú.

se encuentra aislada sobre *it is isolated on* siempre he querido *I have always wanted* Me encantan *I love* antiguas *ancient*

¡Vacaciones en Perú!

1 Machu Picchu [...] se encuentra aislada sobre° esta montaña...

2 ... siempre he querido° venir [...] Me encantan° las civilizaciones antiguas°.

3 Somos una familia francesa [...] Perú es un país muy, muy bonito de verdad.

Practice more at **vhlcentral.com.**

recursos | vText | CA pp. 95–96 | vhlcentral.com

Story boards serve as advance organizers and set the stage for understanding.

Video on the Supersite

Watch all the *En pantalla* and *Flash cultura* clips on the Supersite.

Skill Synthesis

Perspective through Geography

El país en cifras presents interesting facts about the featured country.

Panorama showcases the nations of the Spanish-speaking world with short features about the country's culture—history, places, fine arts, literature, and aspects of everyday life.

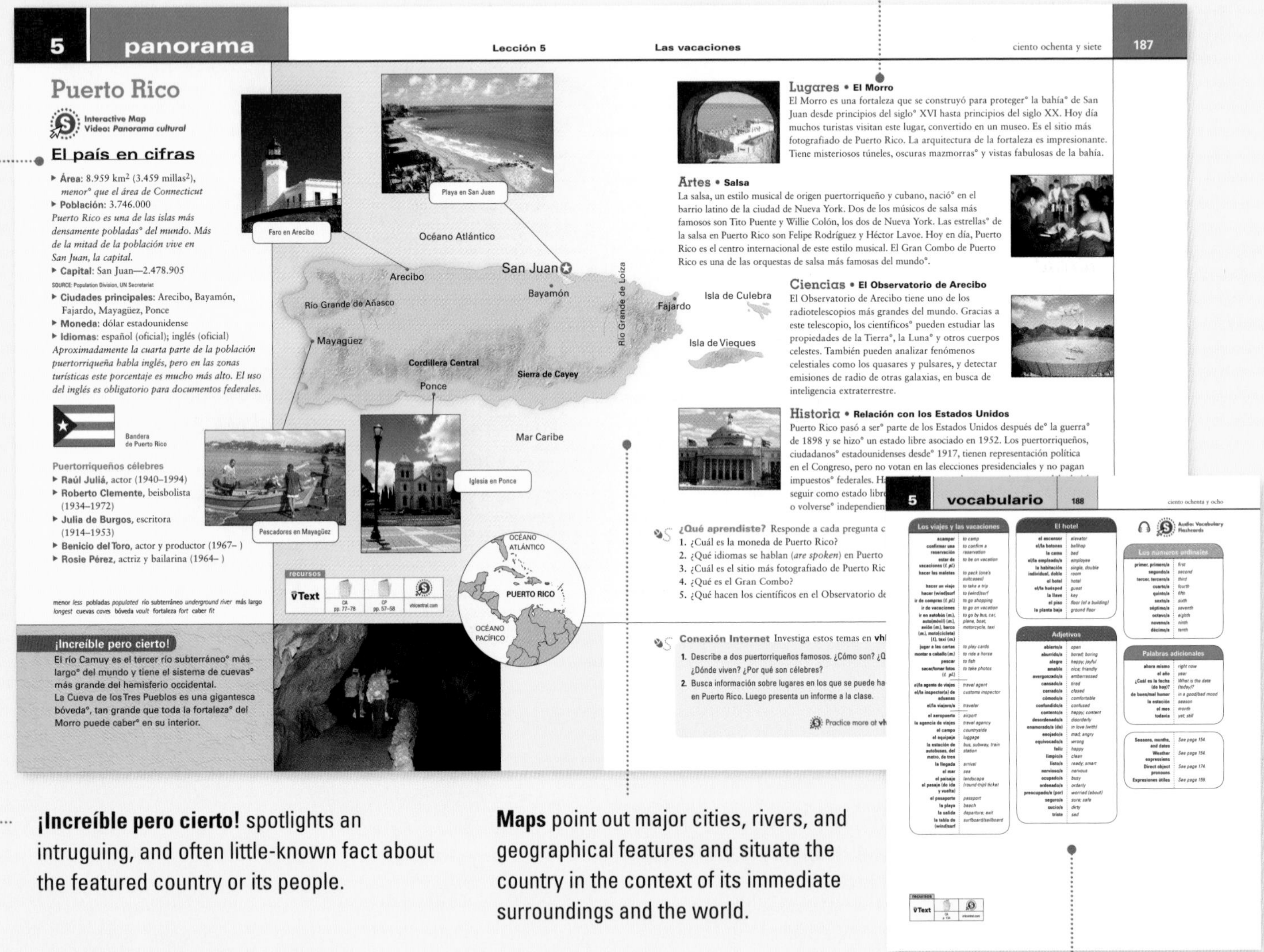

5 panorama · Lección 5 · Las vacaciones · ciento ochenta y siete 187

Puerto Rico

Interactive Map
Video: *Panorama cultural*

El país en cifras

- Área: 8.959 km² (3.459 millas²), *menor° que el área de Connecticut*
- Población: 3.746.000
Puerto Rico es una de las islas más densamente pobladas° del mundo. Más de la mitad de la población vive en San Juan, la capital.
- Capital: San Juan—2.478.905
SOURCE: Population Division, UN Secretariat
- Ciudades principales: Arecibo, Bayamón, Fajardo, Mayagüez, Ponce
- Moneda: dólar estadounidense
- Idiomas: español (oficial); inglés (oficial)
Aproximadamente la cuarta parte de la población puertorriqueña habla inglés, pero en las zonas turísticas este porcentaje es mucho más alto. El uso del inglés es obligatorio para documentos federales.

Bandera de Puerto Rico

Puertorriqueños célebres

- Raúl Juliá, actor (1940–1994)
- Roberto Clemente, beisbolista (1934–1972)
- Julia de Burgos, escritora (1914–1953)
- Benicio del Toro, actor y productor (1967–)
- Rosie Pérez, actriz y bailarina (1964–)

menor *less* pobladas *populated* río subterráneo *underground river* más largo *longest* cuevas *caves* bóveda *vault* fortaleza *fort* caber *fit*

Faro en Arecibo · Playa en San Juan · Océano Atlántico · San Juan · Arecibo · Bayamón · Río Grande de Añasco · Mayagüez · Cordillera Central · Sierra de Cayey · Ponce · Río Grande de Loíza · Fajardo · Isla de Culebra · Isla de Vieques · Mar Caribe · Pescadores en Mayagüez · Iglesia en Ponce · OCÉANO ATLÁNTICO · PUERTO RICO · OCÉANO PACÍFICO

recursos · vText · CA pp. 77–78 · CP pp. 57–58 · vhlcentral.com

¡Increíble pero cierto!
El río Camuy es el tercer río subterráneo° más largo° del mundo y tiene el sistema de cuevas° más grande del hemisferio occidental. La Cueva de los Tres Pueblos es una gigantesca bóveda°, tan grande que toda la fortaleza° del Morro puede caber° en su interior.

Lugares • El Morro
El Morro es una fortaleza que se construyó para proteger° la bahía° de San Juan desde principios del siglo° XVI hasta principios del siglo XX. Hoy día muchos turistas visitan este lugar, convertido en un museo. Es el sitio más fotografiado de Puerto Rico. La arquitectura de la fortaleza es impresionante. Tiene misteriosos túneles, oscuras mazmorras° y vistas fabulosas de la bahía.

Artes • Salsa
La salsa, un estilo musical de origen puertorriqueño y cubano, nació° en el barrio latino de la ciudad de Nueva York. Dos de los músicos de salsa más famosos son Tito Puente y Willie Colón, los dos de Nueva York. Las estrellas° de la salsa en Puerto Rico son Felipe Rodríguez y Héctor Lavoe. Hoy en día, Puerto Rico es el centro internacional de este estilo musical. El Gran Combo de Puerto Rico es una de las orquestas de salsa más famosas del mundo°.

Ciencias • El Observatorio de Arecibo
El Observatorio de Arecibo tiene uno de los radiotelescopios más grandes del mundo. Gracias a este telescopio, los científicos° pueden estudiar las propiedades de la Tierra°, la Luna° y otros cuerpos celestes. También pueden analizar fenómenos celestiales como los quasares y pulsares, y detectar emisiones de radio de otras galaxias, en busca de inteligencia extraterrestre.

Historia • Relación con los Estados Unidos
Puerto Rico pasó a ser° parte de los Estados Unidos después de° la guerra° de 1898 y se hizo° un estado libre asociado en 1952. Los puertorriqueños, ciudadanos° estadounidenses desde° 1917, tienen representación política en el Congreso, pero no votan en las elecciones presidenciales y no pagan impuestos° federales. Ha... seguir como estado libr... o volverse° independien...

¿Qué aprendiste? Responde a cada pregunta c...
1. ¿Cuál es la moneda de Puerto Rico?
2. ¿Qué idiomas se hablan (*are spoken*) en Puerto ...
3. ¿Cuál es el sitio más fotografiado de Puerto Ric...
4. ¿Qué es el Gran Combo?
5. ¿Qué hacen los científicos en el Observatorio de...

Conexión Internet Investiga estos temas en vhl...
1. Describe a dos puertorriqueños famosos. ¿Cómo son? ¿Q... ¿Dónde viven? ¿Por qué son célebres?
2. Busca información sobre lugares en los que se puede ha... en Puerto Rico. Luego presenta un informe a la clase.

Practice more at vh...

5 vocabulario 188 · ciento ochenta y ocho

Los viajes y las vacaciones · El hotel · Audio: Vocabulary Flashcards · Los números ordinales · Adjetivos · Palabras adicionales

¡Increíble pero cierto! spotlights an intruguing, and often little-known fact about the featured country or its people.

Maps point out major cities, rivers, and geographical features and situate the country in the context of its immediate surroundings and the world.

Vocabulario concludes each chapter with a comprehensive list of all active vocabulary. Audio flashcards for all terms are available on the Supersite.

***Panorama cultural* video on the Supersite**
Authentic footage of the featured Spanish-speaking country exposes students to the sights and sounds of an aspect of its culture.

Six Steps in Using the Descubre Instructional Design

Step 1: Context

Begin each lesson by asking students to provide *from their own experience* words, concepts, categories, and opinions related to the theme. Spend quality time evoking words, images, ideas, phrases, and sentences; group and classify concepts. You are giving students the "hook" for their learning, focusing them on their most interesting topic—themselves—and encouraging them to invest personally in their learning.

Step 2: Vocabulary

Now turn to the vocabulary section, inviting students to experience it as a new linguistic *code* to express what they *already know and experience* in the context of the lesson theme. Vocabulary concepts are presented in context, carefully organized, and frequently reviewed to reinforce student understanding. Involve students in brainstorming, classifying and grouping words and thoughts, and personalizing phrases and sentences. In this way, you will help students see Spanish as a new tool for self-expression.

Step 3: Media

Once students see that Spanish is a tool for expressing their own ideas, bridge their experiences to those of Spanish speakers through the *Fotonovela* section. The *Fotonovela* Video Program storyline presents and reviews vocabulary and structure in accurate cultural contexts for effective training in both comprehension and personal communication.

Step 4: Culture

Now bring students into the experience of culture as seen *from the perspective* of those living in it. Here we share Spanish-speaking cultures' unique geography, history, products, perspectives, and practices. Through *Flash cultura* and *Panorama cultural* (instructional videos) and *En pantalla* (authentic video) students experience and reflect on cultural experiences beyond their own.

Step 5: Structure

We began with students' experiences, focusing on bridging their lives and language to the target cultures. Through context, media, and culture, students have incorporated both previously-learned and new grammatical structures into their personalized communication. Now a formal presentation of relevant grammar demonstrates that grammar is a tool for clearer and more effective communication. Clear presentations and invitations to compare Spanish to English build confidence, fluency, and accuracy.

Step 6: Skill Synthesis and Communication

Pulling all their learning together, students now integrate context, personal experience, communication tools, and cultural products, perspectives, and practices. Through extended reading, writing, listening, speaking, and cultural exploration in scaffolded progression, students apply all their skills for a rich, personalized experience of Spanish.

The Vista Higher Learning Story

Vista Higher Learning was founded as a specialized publishing company in 1999 by José A. Blanco, who serves as Publisher and Chairman. A native of Barranquilla, Colombia, he holds degrees in Spanish Literature and has worked as a journalist, writer, translator, and college and high school educator.

José envisioned a new and better approach to materials that incorporated the best of world language teaching/learning theories, delivered through innovative instructional design in print and digital forms. To develop his programs he involved creative thinkers such as Philip Redwine Donley, as well as native and fluent speakers and educators as editors and writers.

Vista Higher Learning continues to combine the knowledge and talents of a staff of world language educators and native-speaker editors with ongoing study of standards, educational trends, materials, and objectives from around the world. José and his teams remain dedicated to publishing research-based, groundbreaking digital and print materials to inspire and empower world language educators and students for the challenges of the 21st century.

Differentiation

Knowing how to appeal to learners of different abilities and learning styles will allow you to foster a positive teaching environment and motivate all your students. Here are some strategies for creating inclusive learning environments. Consider also the ideas at the base of the Teacher's Annotated Edition (TAE) pages. Extension and expansion activities are also suggested.

Learners with Special Needs

Learners with special needs include students with attention priority disorders or learning disabilities, slower-paced learners, at-risk learners, and English-language learners. Some inclusion strategies that work well with such students are:

Clear Structure By teaching concepts in a predictable order, you can help students organize their learning. Encourage students to keep outlines of materials they read, classify words into categories such as colors, or follow prewriting steps.

Frequent Review and Repetition Preview material to be taught and review material covered at the end of each lesson. Pair proficient learners with less proficient ones to practice and reinforce concepts. Help students retain concepts through continuous practice and review.

Multi-sensory Input and Output Use visual, auditory, and kinesthetic tasks to add interest and motivation, and to achieve long-term retention. For example, vary input with the use of audio recordings, video, guided visualization, rhymes, and mnemonics.

Additional Time Consider how physical limitations may affect participation in special projects or daily routines. Provide additional time and recommended accommodations.

Different Learning Styles

Visual Learners learn best by seeing, so engage them in activities and projects that are visually creative. Encourage them to write down information and think in pictures as a long-term retention strategy; reinforce their learning through visual displays such as diagrams, videos, and handouts.

Auditory Learners best retain information by listening. Engage them in discussions, debates, and role-playing. Reinforce their learning by playing audio versions of texts or reading aloud passages and stories. Encourage them to pay attention to voice, tone, and pitch to infer meaning.

Kinesthetic Learners learn best through moving, touching, and doing hands-on activities. Involve such students in skits and dramatizations; to infer or convey meaning, have them observe or model gestures such as those used for greeting someone or getting someone's attention.

Advanced Learners

Advanced learners have the potential to learn language concepts and complete assignments at an accelerated pace. They may benefit from assignments that are more challenging than the ones given to their peers. The key to differentiating for advanced learners is adding a degree of rigor to a given task. Examples include sharing perspectives on texts they have read with the class, retelling detailed stories, preparing analyses of texts, or adding to discussions. Here are some other strategies for engaging advanced learners:

Timed Answers Have students answer questions within a specified time limit.

Persuading Adapt activities so students have to write or present their points of view in order to persuade an audience. Pair or group advanced learners to form debating teams.

Pre-AP*

While Pre-AP* strategies are associated with advanced students, all students can benefit from the activities and strategies that are categorized as Pre-AP* in **Descubre**. Long-term success in language learning starts in the first year of instruction, so these strategies should be incorporated throughout students' language-learning career.

Descubre is particularly strong in fostering interpretive communication skills. Students are offered a variety of opportunities to read and listen to

* Advanced Placement, Advanced Placement Program, and AP are registered trademarks of the College Board, which was not involved in the production of, and does not endorse, this product.

spoken language. The *Lectura* sections provide various types of authentic written texts, and the *En pantalla* and *Flash cultura* videos feature Spanish spoken at a natural pace. Encourage students to interact with as much authentic language as possible, as this will lead to long-term success.

Heritage Language Learners

Heritage language learners are students who come from homes where a language other than English is spoken. Spanish heritage learners are likely to have adequate comprehension and conversation skills, but they could require as much explicit instruction of reading and writing skills as their non-heritage peers. Because of their background, heritage language learners can attain, with instruction adapted to their needs, a high level of proficiency and literacy in Spanish. Use these strategies to support them:

Support and Validate Experiences Acknowledge students' experiences with their heritage culture and encourage them to share what they know.

Focus on Accuracy Alert students to common spelling and grammatical errors made by native speakers, such as distinguishing between **c**, **s**, and **z** or **b** and **v** and appropriate use of irregular verb forms such as **hubo** instead of **hubieron**.

Develop Literacy and Writing Skills Help students focus on reading as well as grammar, punctuation, and syntax skills, but be careful not to assign a workload significantly greater than what is assigned to non-heritage learners.

For each level of the **DESCUBRE** program, the **Cuaderno para hispanohablantes provides** materials developed specifically for heritage learners.

Best Practices

The creators of **Descubre** understand that there are many different approaches to successful language teaching and that no one method works perfectly for all teachers or all learners. These strategies and tips may be applied to any language-teaching method.

Maintain the Target Language

As much as possible, create an immersion environment by using Spanish to *teach* Spanish. Encourage the exclusive use of the target language in your classroom, employing visual aids, mnemonics, circumlocution, or gestures to complement what you say. Encourage students to perceive meaning directly through careful listening and observation, and by using cognates and familiar structures and patterns to deduce meaning.

Cultivate Critical Thinking

Prompt students to reflect, observe, reason, and form judgments in Spanish. Engaging students in activities that require them to compare, contrast, predict, criticize, and estimate will help them to internalize the language structures they have learned.

Encourage Use of Circumlocution

Prompt students to discover various ways of expressing ideas and of overcoming potential blocks to communication through the use of circumlocution and paraphrasing.

Assessment

As you use the **Descubre** program, you can employ a variety of assessments to evaluate progress. The program provides comprehensive, discrete answer assessments, as well as more communicative assessments that elicit open-ended, personalized responses.

Diagnostic Testing

The **Recapitulación** section in each lesson of Levels 1 and 2 provides you with an informal opportunity to assess students' readiness for the listening, reading, and writing activities in the **Adelante** section. If some students need additional practice or instruction in a particular area, you can identify this before students move on.

If students have moderate or high access to computers, they could complete the **Recapitulación** auto-graded quiz, also available for Level 3, on the **Descubre** Supersite. After finishing the quiz, each student receives an evaluation of his or her progress, indicating areas where he or she needs to focus. The student is then presented with several options—viewing a summary chart, accessing an online tutorial, or completing some practice items—to reach an appropriate level before beginning the activities in the **Adelante** section. You will be able to monitor how well students have done through the **online** gradebook and be able to recommend appropriate study paths until they develop as reflective learners and can decide on their own what works best for them.

Writing Assessment

In each lesson of Levels 1 and 2, the **Adelante** section includes an **Escritura** page that introduces a writing strategy, which students apply as they complete the writing activity. The Teacher's Annotated Edition contains suggested rubrics for evaluating students' written work.

You can also apply these rubrics to the process writing activities in the **Cuaderno de actividades comunicativas** and the **Cuaderno para hispanohablantes** for all three levels of **Descubre**. These activities include suggestions for peer- and self-editing that will focus students' attention on what is important for attaining clarity in written communication.

Testing Program

The **Descubre** Testing Program now offers two **Quizzes** for each **Contextos** section and every grammar point in **Estructura**. Each **Quiz A** uses discrete answer formats, such as multiple-choice, fill-in-the-blanks, matching and completing charts, while **Quiz B** uses more open-ended formats, such as asking students to write sentences using prompts or respond to a topic in paragraph format. There is no listening comprehension section for the **Quizzes**.

Six **Tests** are available for Levels 1 and 2. Versions **A** and **B** are interchangeable, for purposes of administering make-up tests. **Tests C** and **D** are shorter versions of **Tests A** and **B**. New to this edition, **Tests E** and **F** provide a third interchangeable pair that check students' mastery of lesson vocabulary and grammar. All of the **Tests** contain a listening comprehension section. Level 3 has four **Tests** for each lesson. **Tests A** and **B** contain a greater proportion of controlled activities, while **Tests C** and **D** have more open-ended activities. Cumulative **Exams** are available for all levels.

The tests are also available on the Teacher's Resource CD and the Supersite so that you can customize them by adding, eliminating, or moving items according to your classroom and student needs.

Portfolio Assessment

Portfolios can provide further valuable evidence of your students' learning. They are useful tools for evaluating students' progress in Spanish and also suggest to students how they are likely to be assessed in the real world. Since portfolio activities often comprise classroom tasks that you would assign as part of a lesson or as homework, you should think of the planning, selecting, recording, and interpreting of information about individual performance as a way of blending assessment with instruction.

You may find it helpful to refer to portfolio contents, such as drafts, essays, and samples of presentations when writing student reports and conveying the status of a student's progress to his or her parents.

Ask students regularly to consider which pieces of their own work they would like to share with family and friends, and help them develop criteria for selecting representative samples of essays, stories, poems, recordings of plays or interviews, mock documentaries, and so on. Prompt students to choose a variety of media in their activities wherever possible to demonstrate development in all four language skills. Encourage them to seek peer and parental input as they generate and refine criteria to help them organize and reflect on their own work.

Strategies for Differentiating Assessment

Here are some strategies for modifying tests and other forms of assessment according to your students' needs and your own purposes for administering the assessment.

Adjust Questions Direct complex or higher-level questions to students who are equipped to answer them adequately and modify questions for students with greater needs. Always ask questions that elicit thinking, but keep in mind the students' abilities.

Provide Tiered Assignments Assign tasks of varying complexity depending on individual student needs. Refer to the Universal Access section on page T19 for tips on making activities simpler or more challenging.

Promote Flexible Grouping Encourage movement among groups of students so that all learners are appropriately challenged. Group students according to interest, oral proficiency levels, or learning styles.

Adjust Pacing Pace the sequence and speed of assessments to suit your students' learning needs. Time advanced learners to challenge them and allow slower-paced learners more time to complete tasks or answer questions.

Performance Assessment

As we move toward increasing students' use of Spanish within real-life contexts, our assessment strategies need to expand in focus too. Students need to demonstrate what they can *do* with Spanish, so we want to employ assessments that come as close as possible to the way Spanish is used in authentic settings. *Performance assessments* provide meaningful contexts in which to measure authentic communication. They begin with a goal, a real-life task that makes sense to students and engages their interest. To complete the task, students progress through the three modes of communication: they read, view, and listen for information (interpretive mode); they talk and write with classmates and others on what they have experienced (interpersonal mode); and they share formally what they have learned (presentational mode).

Within the **Descubre** activity sequence, you will find several opportunities for performance assessment. Consider using the Voiceboard tool or Partner Chat activities as the culmination of an oral communication sequence. The **Escritura** assignment in the **Adelante** section has students apply the chapter context to a real-life task, and includes rubrics for measuring performance in the TAE.

Descubre 1B Pacing Guide

DAY	Warm-up / Activate	Present / Practice / Communicate	Reflect / Conclude / Connect
1 Context for Comunication	• Evoke student experiences & vocabulary for context [5] • Present **A primera vista** [5] 10 minutes	• Present vocabulary using illustrations, phrases, categories, association [15] • Students demonstrate, role-play, illustrate, classify, associate, & define [10] 25 minutes	• Students restate context [5] • Introduce homework: Complete selected **Práctica** activities (text and/or **Supersite**) [5] 10 minutes
2 Vocabulary as a Tool	• Students restate context and connect to vocabulary [5] Assessment **Contextos** [5] 10 minutes	• Students complete **Práctica** [5] Students do **Comunicación** activities [20] 25 minutes	• Students review and personalize key vocabulary in context [5] • Introduce homework: **Supersite** flashcards, context illustrations & audio; end-of-chapter list and audio; remaining auto-graded activities [5] 10 minutes
3 Media as a Bridge	• Student pairs/small groups review vocabulary [5] Assessment **Contextos** [5] 10 minutes	• Present **Pronunciación** using **Supersite** or CD [10] • Orient students to **Fotonovela** and **Expresiones útiles** through video stills with observation, role-play, and prediction [5] • First viewing of **Fotonovela** [10] 25 minutes	• Student pairs reflect on **Fotonovela** content and connection to vocabulary and context [5] • Introduce homework: Complete (selected) text or **Supersite ¿Qué pasó?** activities [5] 10 minutes
4 Media as a Bridge	• Choral (whole-class) pronunciation review [5] • Role-play or review of homework activities [5] 10 minutes	• Second viewing of **Fotonovela** [10] • **¿Qué pasó?** activities [10] • Student pairs/small groups write/illustrate sentences on context-vocabulary-**Fotonovela** connections [5] 25 minutes	• Students share sentences/illustrations with whole class [5] • Introduce homework: Watch **Fotonovela** again on **Supersite**; complete remaining auto-graded activities [5] 10 minutes
5 Culture for Communication	Assessment: **Fotonovela** 10 minutes	• Present (select) **Cultura** features in whole class or in small groups using jigsaw, numbered heads together, etc. [20] • Student pairs/small groups do selected item(s) from **Actividades** [10] 30 minutes	• Introduce homework: Use **Supersite** to do **Conexión internet** and/or **Actividades** [5] 5 minutes
6 Grammar as a Tool	Assessment: **Cultura** 5 minutes	• Present **Flash cultura** using DVD or Supersite [15] • Present grammatical concept using text, **Supersite** (tutorials, slides), and **Fotonovela** segments [15] • Students complete **Inténtalo**, sharing results with partners [5] 35 minutes	• Introduce homework: Complete (selected) **Práctica** activities using text and/or **Supersite**; watch tutorials as desired [5] 5 minutes
7 Grammar in Context	Student pairs re-present grammatical structures to each other and share results of completed **Práctica** activities 10 minutes	• Student pairs/small groups complete **Práctica** activities [5] • Students do **Comunicación** activities [20] 25 minutes	• Student pairs/small groups preview **Síntesis** [5] • Introduce homework: Complete (selected) **Práctica** and/or **Comunicación** activities in text and/or **Supersite** [5] 10 minutes
8 Grammar as a Tool	• Student groups present **Síntesis** and/or review homework activities [5] • Assessment: **Estructura** [10] 15 minutes	• Present grammatical concept using text, **Supersite** (tutorials, slides), and **Fotonovela** segments [15] • Students complete **Inténtalo**, sharing results with partners [5] 20 minutes	• Student pairs explain grammatical structure to partner; begin **Práctica** activities [5] • Introduce homework: Complete (selected) **Práctica** activities using text and/or **Supersite**; watch tutorials as desired [5] 10 minutes
9 Grammar in Context	Student pairs re-present grammatical structures to each other and share results of completed **Práctica** activities) 10 minutes	• Student pairs/small groups complete **Práctica** activities [5] • Students do **Comunicación** activities [20] 25 minutes	• Student pairs/small groups preview **Síntesis** [5] • Introduce homework: Complete (selected) **Práctica** and/or **Comunicación** activities in text and/or **Supersite** [5] 10 minutes
10 Grammar as a Tool	• Student groups present **Síntesis** and/or review homework activities [5] • Assessment: **Estructura** [10] 15 minutes	• Present grammatical concept using text, **Supersite** (tutorials, slides), and **Fotonovela** segments [15] • Students complete **Inténtalo**, sharing results with partners [5] 20 minutes	• Student pairs explain grammatical structure to partner; begin **Práctica** activities [5] • Introduce homework: Complete (selected) **Práctica** activities using text and/or **Supersite**; watch tutorials as desired [5] 10 minutes

DAY	Warm-up / Activate	Present / Practice / Communicate	Reflect / Conclude
11 Grammar in Context	Student pairs re-present grammatical structures to each other and share results of completed **Práctica** activities **10 minutes**	• Student pairs/small groups complete **Práctica** activities [5] • Students do **Comunicación** activities [20] **25 minutes**	• Student pairs/small groups preview **Síntesis** [5] • Introduce homework: Complete (selected) **Práctica** and/or **Comunicación** activities in text and/or **Supersite** [5] **10 minutes**
12 Grammar as a Tool	• Student groups present **Síntesis** and/or review homework activities [5] • Assessment: **Estructura** [10] **15 minutes**	• Present grammatical concept using text, **Supersite** (tutorials, slides), and **Fotonovela** segments [15] • Students complete **Inténtalo**, sharing results with partners [5] **20 minutes**	• Student pairs explain grammatical structure to partner; begin **Práctica** activities [5] • Introduce homework: Complete (selected) **Práctica** activities using text and/or **Supersite**; watch tutorials as desired [5] **10 minutes**
13 Grammar in Context	Student pairs re-present grammatical structures to each other and share results of completed **Práctica** activities **10 minutes**	• Student pairs/small groups complete **Práctica** activities [5] • Students do **Comunicación** activities [20] **25 minutes**	• Student pairs/small groups preview **Síntesis** [5] • Introduce homework: Complete (selected) **Práctica** and/or **Comunicación** activities in text and/or **Supersite** [5] **10 minutes**
14 Skill Synthesis: Interpretive (Reading)	Assessment: **Estructura** **10 minutes**	• Guide students through **Antes de leer**, including **Estrategia**. [10] • Students read **Lectura** (whole class or small groups) [15] **25 minutes**	• Student pairs/small groups begin **Después de leer** [5] • Introduce homework: Reread **Lectura** and complete **Después de leer** activities (text or **Supersite**) [5] **10 minutes**
15 Skill Synthesis: Presentational (Writing)	Assessment: **Lectura** **15 minutes**	• Guide students through **Escritura**, including **Estrategia** and **Tema** [15] • Students prepare writing plan, sharing with partner [10] **25 minutes**	• Introduce homework: First draft of **Tema** writing assignment **5 minutes**
16 Skill Synthesis: Interpretive (Listening)	• Student pairs read partner's first draft of **Tema** of **Escritura** and share comments **10 minutes**	• Guide students through **Estrategia** and preparation in **Escuchar** and present selection [15] • Students (individuals, pairs, or small groups) do **Comprensión** activities [15] **30 minutes**	• Introduce homework: Complete second draft of **Escritura** assignment **5 minutes**
17 Skill Synthesis: Interpretive (Viewing)	Student group peer review of second draft of **Tema** of **Escritura** **10 minutes**	• Guide students through the introduction and **Vocabulario útil** of **En pantalla** and show clip using **Supersite** [20] • Student pairs do post-viewing activities; show clip again as necessary [10] **30 minutes**	• Introduce homework: Final version of **Escritura** assignment **5 minutes**
18 Geographical Context	Assessment: **Escuchar** or **En pantalla** **5 minutes**	• Present **Panorama** to whole class or to small groups using jigsaw, numbered heads together, etc. [20] • Present **Panorama cultural** using DVD or **Supersite** [15] **35 minutes**	• Introduce homework: **Panorama**: selected activities (text or **Supersite**) **5 minutes**
19 Communication-based Synthesis and Review	Assessment: **Panorama** **5 minutes**	• Student pairs/small groups/whole class prepare and check **Recapitulación** [20] • Guide review of lesson context, vocabulary, structures, skills [10] **30 minutes**	• Confirm understanding of assessment content and grading rubric [5] • Introduce homework: Prepare for lesson test using text and **Supersite** [5] **10 minutes**
20 Assessment	**Orientation** Students look over lesson content in preparation **5 minutes**	**Lesson Test: 40 minutes**	

Descubre 1B Pacing Guide

DAY	Warm-up / Activate	Present / Practice / Communicate
1 Context for Comunication	• Evoke student experiences & vocabulary for context [5] • Present **A primera vista** [5] **10 minutes**	• Present vocabulary using illustrations, phrases, categories, association [15] • Students demonstrate, role-play, illustrate, classify, associate, & define [15] **30 minutes**
2 Media as a Bridge	• Student pairs/small groups review vocabulary [5] • Assessment: **Contextos** [5] **10 minutes**	• Present **Pronunciación** using **Supersite** or CD [15] • Orient students to **Fotonovela** and **Expresiones útiles** through video stills with observation, role-play, and prediction [10] • First viewing of **Fotonovela** [10] **35 minutes**
3 Culture for Communication	Assessment: **Fotonovela** **10 minutes**	• Present (select) **Cultura** features in whole class or in small groups using jigsaw, numbered heads together, etc. [20] • Student pairs/small groups do selected item(s) from **Actividades** [15] **35 minutes**
4 Grammar as a Tool	Assessment: **Cultura** **10 minutes**	• Present grammatical concept using text, **Supersite** (tutorials, slides), and **Fotonovela** segments [25] • Students complete **Inténtalo**, sharing results with partners [5] **30 minutes**
5 Grammar as a Tool	Assessment: **Estructura** **10 minutes**	• Present grammatical concept using text, **Supersite** (tutorials, slides), and **Fotonovela** segments [25] • Students complete **Inténtalo**, sharing results with partners [5] **30 minutes**
6 Grammar as a Tool	Assessment: **Estructura** **10 minutes**	• Present grammatical concept using text, **Supersite** (tutorials, slides), and **Fotonovela** segments [25] • Students complete **Inténtalo**, sharing results with partners [5] **30 minutes**
7 Grammar as a Tool	Assessment: **Estructura** **10 minutes**	• Present grammatical concept using text, **Supersite** (tutorials, slides), and **Fotonovela** segments [25] • Students complete **Inténtalo**, sharing results with partners [5] **30 minutes**
8 Skill Synthesis	Assessment: **Estructura** **10 minutes**	**Interpretive (Reading)** • Guide students through **Antes de leer**, including **Estrategia** [10] • Students read **Lectura** (whole class or small groups) and do **Después de leer** [25] **35 minutes**
9 Skill Synthesis and Review	• Student group peer review of drafts of **Tema** of **Escritura** [5] • Assessment: **Lectura** [10] **15 minutes**	**Interpretive (Listening)** • Guide students through **Estrategia** and preparation in **Escuchar** and present selection [10] • Students (individuals, pairs, or small groups) do Comprensión activities [15] **25 minutes**
10 Assessment and Geography	Guide review of lesson context, vocabulary, structures, skills **5 minutes**	• Present **Panorama** features to whole class or to small groups using jigsaw, numbered heads together, etc. [25] • Present **Panorama cultural** video using DVD or **Supersite** [10] **35 minutes**

Reflect	Present / Practice / Communicate	Reflect / Conclude	DAY
Students restate context (individually or in pairs) and create personalized sentences **5 minutes**	• Students do select **Práctica** activities [15] • Students do **Comunicación** activities [15] **30 minutes**	• Students review key vocabulary through personalized phrases and sentences [5] • Introduce homework: **Supersite** flashcards, context illustrations & audio; end-of-lesson list and audio; auto-graded activities [5] **10 minutes**	1
Student pairs reflect on **Fotonovela** and begin **¿Qué pasó?** comprehension activities **10 minutes**	• Second viewing of **Fotonovela** [10] • Students complete **¿Qué pasó?** activities [5] • Student pairs/small groups write/illustrate vocabulary-**Fotonovela** connections [5] **20 minutes**	• Students reflect on connection of vocabulary and video to lesson context [5] • Introduce homework: Watch **Fotonovela** again on **Supersite**; complete remaining auto-graded activities [5] **10 minutes**	2
Individual students reflect on information presented and identify concept or topic of initial personal interest **5 minutes**	• Orient students to **Flash cultura** vocabulary, content, and learning outcomes on **Supersite** [10] • Present **Flash cultura** using DVD or **Supersite** and discuss [15] **25 minutes**	• Student pairs/small groups do selected item(s) from **Actividades** [5] • Introduce homework: Use **Supersite** to do **Flash cultura** activities, **Conexión internet**, and/or **Actividades** [5] **10 minutes**	3
Student pairs explain grammatical structure to partner **5 minutes**	• Student pairs do select **Práctica** activities [15] • Students do **Comunicación** activities [15] **30 minutes**	• Student pairs/small groups preview **Síntesis** [5] • Introduce homework: Complete (selected) **Práctica** and/or **Comunicación** activities in text and/or **Supersite** [5] **10 minutes**	4
Student pairs explain grammatical structure to partner **5 minutes**	• Student pairs/small groups do select **Práctica** activities [15] • Students do **Comunicación** activities [15] **30 minutes**	• Student pairs/small groups preview **Síntesis** [5] • Introduce homework: Complete (selected) **Práctica** and/or **Comunicación** activities in text and/or **Supersite** [5] **10 minutes**	5
Student pairs explain grammatical structure to partner **5 minutes**	• Student pairs/small groups do select **Práctica** activities [15] • Students do **Comunicación** activities [15] **30 minutes**	• Student pairs/small groups preview **Síntesis** [5] • Introduce homework: Complete (selected) **Práctica** and/or **Comunicación** activities in text and/or **Supersite** [5] **10 minutes**	6
Student pairs explain grammatical structure to partner **5 minutes**	• Student pairs/small groups do select **Práctica** activities [15] • Students do **Comunicación** activities [15] **30 minutes**	• Student pairs/small groups preview **Síntesis** [5] • Introduce homework: Complete (selected) **Práctica** and/or **Comunicación** activities in text and/or **Supersite** [5] **10 minutes**	7
	Presentational (Writing) • Guide students through **Escritura**, including **Estrategia** and **Tema** [10] • Place students in pairs/small groups and orient to process writing through **Supersite** or **CA** [5] • Students begin writing [15] **30 minutes**	• Student pairs share writing plan with partner [5] • Introduce homework: First draft of **Tema** writing assignment [5] **10 minutes**	8
	Interpretive (Viewing) • Guide students through the introduction and **Vocabulario útil** of **En pantalla** and show clip via **Supersite** [10] • Student pairs do post-viewing activities; show clip again as necessary [10] **20 minutes**	• Students do **Recapitulación** [15] • Confirm understanding of assessment content and grading rubric [5] • Introduce homework: Complete **Escritura** writing assignment and review **Recapitulación** and lesson vocabulary (text or **Supersite**) [5] **25 minutes**	9
Introduce homework: **Panorama**: selected activities (text or **Supersite**) **5 minutes**	**Assessment** **Lesson Test: 40 minutes**		10

DESCUBRE and the *Standards for Foreign Language Learning*

DESCUBRE promotes and enhances student learning and motivation through its instructional design, based on and informed by the best practices of the *Standards for Foreign Language Learning in the 21st Century* (American Council on the Teaching of Foreign Languages).

DESCUBRE blends the underlying principles of the five C's (Communication, Cultures, Connections, Comparisons, Communities) with features and strategies tailored specifically to build students' speaking, listening, reading, and writing skills. As a result, right from the start, students are given the tools to express themselves articulately, interact meaningfully with others, and become highly competent communicators in Spanish.

The Five C's of Foreign Language Learning

Communication

Students:

1. Engage in conversation, provide and obtain information, express feelings and emotions, and exchange opinions. (Interpersonal mode)
2. Understand and interpret written and spoken language. (Interpretive mode)
3. Present information, concepts, and ideas to an audience of listeners or readers. (Presentational mode)

Cultures

Students demonstrate an understanding of the relationship between:

1. The practices and perspectives of the culture studied.
2. The products and perspectives of the culture studied.

Connections

Students:

1. Reinforce and further their knowledge of other disciplines through Spanish.
2. Acquire information and recognize distinctive viewpoints only available through Spanish language and cultures.

Comparisons

Students demonstrate an understanding of:

1. The nature of language through comparisons of the Spanish language and their own.
2. The concept of culture through comparisons of the cultures studied and their own.

Communities

Students:

1. Use Spanish both within and beyond the school setting.
2. Show evidence of becoming life-long learners by using Spanish for personal enjoyment and enrichment.

Adapted from ACTFL's *Standards for Foreign Language Learning in the 21st Century*

Index of Cultural References

Animals
colibrí abeja (*bee hummingbird,* world's smallest bird, Cuba), 222
llamas *and* alpacas, 259
quetzal (Guatemala), 297

Artists
Guayasamín, Oswaldo (Ecuador), 113
Kahlo, Frida (Mexico), 149
Rivera, Diego (Mexico), 149
Velázquez, Diego (Spain), 75

Celebrations
bautismo (*baptism, christening*), 322
Carnaval de Oruro (Bolivia), 309
comer doce uvas, 306
Desfile de las palmas (El Salvador), 309
Día de los Reyes Magos, 327
comer doce uvas, 306
Día de Muertos (*Day of the Dead*), 148
Desfile puertorriqueño (United States), 37
Feria Juniana (Honduras), 309
Festival de Viña del Mar (Chile), 309
Festival Internacional de la Canción (*International Song Festival,* Chile), 309
Fiestas Patrias (Chile), 326
matrimonio (*wedding*), 322
Mes de las Artes (*Arts Month*), 309
Festival de Viña del Mar (Chile), 309
Fiesta de quince años, 323
Semana Santa (*Holy Week*), 297, 308
Tomatina, la (Valencia, Spain), 74

Countries and Regions
Argentina, 162
Canada (**Canadá**), 36–37
Chile, 328–329
Cuba, 222–223
Ecuador, 112–113
Guatemala, 296–297
    Antigua Guatemala, 297
Mexico (**México**), 48, 148–149
    México, D.F., 149
Peru (**el Perú**), 258–259
    Lima, 259
Puerto Rico, 176, 186–187
Spain (**España**), 74–75
    Rastro (market), 198
    royal family, 87
United States (**Estados Unidos**), 36–37

Education
INFRAMEN (El Salvador), 49
secondary, 48
universities, 62
    Universidad Nacional Autónoma de México, 48, 73
    Universidad Autónoma Española, 68–69 Spain, 68–69, 220

Fashion design
Domínguez, Adolfo (Spain), 199
Herrera, Carolina (Venezuela), 199
Renta, Óscar de la (Dominican Republic), 199
Rodríguez, Narciso (USA), 199
Tcherassi, Silvia (Colombia), 199

Food
Adrià, Ferrán (chef, Spain), 273
aguacate (*avocado*), *see* fruits and vegetables
Andrés, José (chef, Spain), 75
arroz (*rice*), 266, 273
breakfast foods (**desayunos típicos**), 264
cacao, 272
café con leche, 238
ceviche (Peru), 273
enchiladas (Mexico, Honduras), 272
flan, 312
frutas y verduras (*fruits and vegetables*), 272, 295
machas a la parmesana (Chilean clam dish), 319
mate, 235
menú, 290
Mexican
    in the U.S., 37
    mole, 272
sancocho (Colombia), 273
Spanish
    gazpacho andaluz, 273
    paella, 75
    tamales, 290
    tapas, 257
vino (*wine,* Chile), 329
yuca (*cassava*), 273

History
Aztecs, 149
Diversity (Spain), 75
Economics
    silver (**la plata, Mexico**), 149
    sugar and tobacco (Cuba), 223
Mayan history, 297
Hispanos en Canadá, 37
Historical figures
    Alfonso X (Spain), 257
    Franco, Francisco (Spain), 220
piratas (*pirates*), 245
population (Cuba), 223
status of Puerto Rico, 187

Indigenous Peoples
Amazonas, 112
Aztecs (**los aztecas**), 149, 272
Incas (**los incas**), 112, 185, 259, 272
Maya (**los mayas**), 272, 296–297
Nazca (**los nazca**), 258

Languages
English (**inglés**), 186
spoken in Latin America
    aimará, 258
    cakhiquel (maya), 296
    kekhícomo (maya), 296
    mapuche, 328
    náhuatl, 148
    quechua, 112, 258
    quiché (maya), 296
    quichua, 112
spoken in Spain
    castellano (*Castilian*), 74
    catalán, 74
    eusquera/euskera (*Basque*), 74
    gallego (*Galician*), 74
    valenciano, 74

Literature
Writers
    Fuentes, Carlos (Mexico), 91
    García Márquez, Gabriel (Colombia), 86
    Martí, José (Cuba), 204
    Paz, Octavio (Mexico), 73
Media in Spanish
Advertisements
    Chilevisión, 326
    Jumbo, 72
    MasterCard, 34
    Pentel, 110
    Sancor Seguros, 256
    Sopas Roa, 294
    tiendas Galerías, 220
    Totofútbol, 146
Television, 132

Monuments and Buildings
Casa Rosada (Argentina), 35

Catedral Metropolitana (Argentina), 35
Equatorial Line Monument (**Mitad del Mundo, la**), 113
Gran Teatro de La Habana (Cuba), 222
Iglesia de la Merced (Guatemala), 296
Iglesia de Ponce (Puerto Rico), 186
Morro, El (Puerto Rico), 187
Palacio Nacional de la Cultura (Guatemala), 296
Sagrada Familia Church (Spain), 74

Museums
El Prado (Madrid, Spain), 75
Museo de Arte Moderno de la Ciudad de México (*Museum of Modern Art*), 149
Museo del Oro del Perú (*Gold Museum*), 259
Museo Nacional de Antropología y Arqueología, Perú (*National Museum of Anthropology and Archeology*), 259

Music and Dance
Dance
Alonso, Alicia (Cuba), dancer, 223
Ballet Nacional de Cuba, 223
flamenco (Spain), 74
Genres
música andina, 259
salsa, 187
son (Cuba), 223
Instruments, musical
quena (type of flute), 259
zampoña (type of flute), 259
Musicians
Buena Vista Social Club (Cuba), 223

Points of Interest
Álamo, El (USA), 36
Andes Mountains (**Cordillera de los Andes**), 112
observatories in, 329
Arecibo Observatory (**Observatorio de Arecibo**), 187
Atacama Desert (Chile), 328
Aztec ruins (Mexico), 149
Bariloche (Argentina), 193
Camino Inca, el (*Inca Trail*), 185
Chichén Itzá (Mexico), 148
Cueva de los Tres Pueblos (Puerto Rico), 186
Galápagos, Las islas, 113
Iguazú, Las cataratas de, 162
Latitud 0 (Ecuador), 113
Machu Picchu (Peru), 259
Moai, *see* La isla de Pascua
Nazca Lines (**Líneas de Nazca**, Peru), 258
Old Havana (**La Habana Vieja**), 204, 222
Otavalo Market, 198
Parks
Bosque de Chapultepec (Mexico), 134
Pasaje Santa Rosa de Lima (Peru), 258
Pascua, La isla de (Easter Island, Chile), 315, 329
Patagonia (Chile, Argentina), 184
Pequeña Habana, La (USA), 37
Plaza del Capitolio (Cuba), 222
Plaza de Mayo (Argentina), 35
Plaza Mayor (Madrid, Spain), 74
Punta del Este (Uruguay), 163
Strait of Magellan (**Estrecho de Magallanes**, Chile), 328
Tenochtitlán, *see* Aztec ruins
Teotihuacán (Mexico), 163
Tikal (Guatemala), 163
Torres del Paine (Chile), 328
Viña del Mar (Chile), 302, 309, 328
volcanoes (**volcanes**), 112–113
Cotopaxi (Ecuador), 112

Social Customs and Daily Life
bargaining (at open-air markets), 198
dating, 110
family size, 87
godparents, 87
huipil (traditional clothing, Guatemala), 297
mercados al aire libre (*open-air markets*), 198
naming customs, 86
plaza principal, la, 11
reuniones familiares, 111
siesta, 234
specialty shops, 221
styles of greeting, 10
textiles (**telas,** Guatemala), 296

Spanish speakers in the U.S.
Cubans, 37
numbers of, xx–xxi
Puerto Ricans, 37

Sports and Pastimes
Athletes (**atletas**), 125
Casillas, Iker (Spain), soccer player, 132
Espinosa Sanchez, Paola Milagros (Mexico), diver, 125
Messi, Lionel (Argentina), soccer player, 125
Nadal, Rafael (Spain), tennis player, 125
Ochoa, Lorena (Mexico), golfer, 125
Robles, Dayron (Cuba), hurdler, 125
Ruiz Castillo, Carolina (Spain), skier, 125
Baseball (**el béisbol**), 143
Dominoes (**el dominó**), 131
Soccer (**el fútbol**), 124, 142–143, 146– 147
Trekking, 113
Winter sports (**deportes de invierno,** Chile), 329

DESCUBRE 1B

Lengua y cultura del mundo hispánico

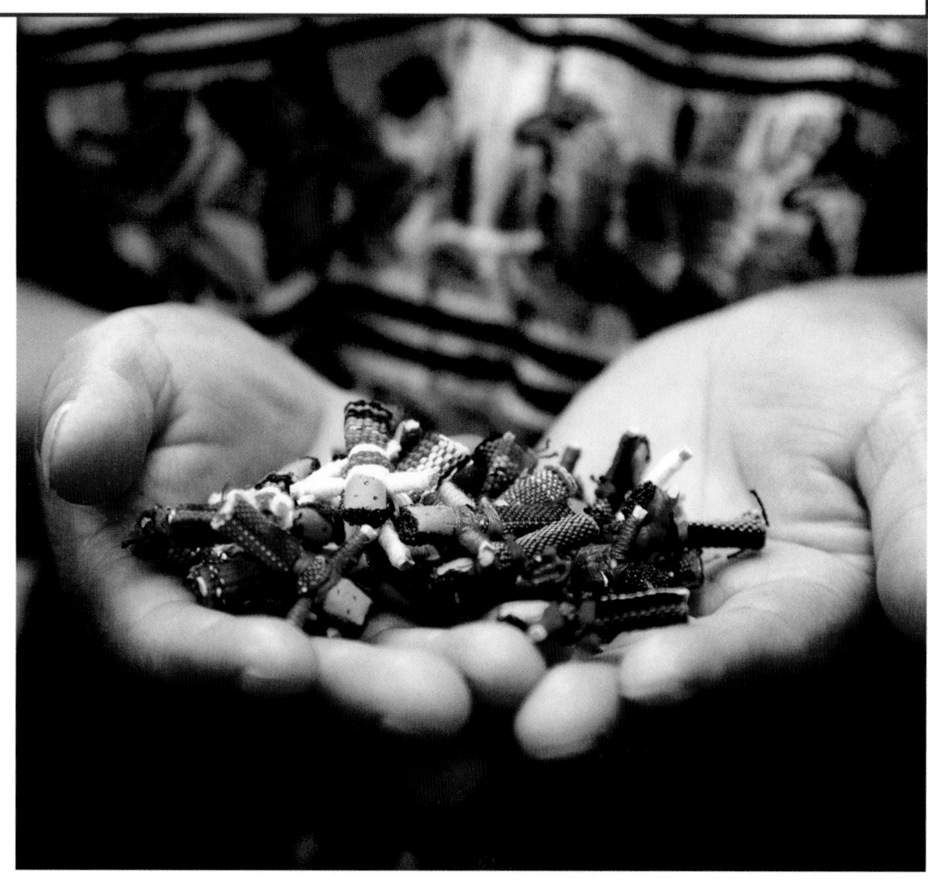

SECOND EDITION

Boston, Massachusetts

Publisher: José A. Blanco
President: Janet Dracksdorf
Vice President, Editorial Director: Amy Baron
Senior National Language Consultant: Norah Lulich Jones
Executive Editor: Sharla Zwirek
Editorial Development: Diego García, Erica Solari
Project Management: Maria Rosa Alcaraz, Sharon Inglis, Adriana Lavergne, Elvira Ortiz
Technology Editorial: Lauren Krolick, Paola Ríos Schaaf
Design and Production Director: Marta Kimball
Senior Creative Designer, Print & Web/Interactive: Susan Prentiss
Production Manager: Oscar Díez
Design and Production Team: Liliana Bobadilla, María Eugenia Castaño, Michelle Groper, Mauricio Henao, Andrés Vanegas, Nick Ventullo, Jhoany Jiménez, Fabián Montoya

Printed in Canada.

DESCUBRE Level 1B Student Edition ISBN: 978-1-61857-202-8

Library of Congress Control Number: 2012945953

1 2 3 4 5 6 7 8 9 TC 17 16 15 14 13 12

DESCUBRE 1B

Lengua y cultura del mundo hispánico

SECOND EDITION

Table of Contents

Map of the Spanish-Speaking World viii
Map of Mexico x
Map of Central America and the Caribbean xi
Map of South America xii

Lección preliminar

hola, ¿qué tal?

Nouns and articles 2
Numbers 0–30 2
Present tense of **ser** 3
Telling time 3

en la clase

Present tense of **-ar** verbs 4
Forming questions in Spanish . . 4
Present tense of **estar** 5
Numbers 31 and higher 5

Lección 5
Las vacaciones

contextos

Travel and vacation 152
Months of the year 154
Seasons and weather 154
Ordinal numbers 155

fotonovela

¡Vamos a la playa! 158
Pronunciación
Spanish **b** and **v** 161

Lección 6
¡De compras!

contextos

Clothing and shopping 190
Negotiating a price and buying 190
Colors 192
More adjectives 192

fotonovela

En el mercado 194
Pronunciación
The consonants **d** and **t** 197

Map of Spain xiii
Video Programs xiv
Supersite xvi
Icons xvii

Studying Spanish xviii
Getting Started xxv
Acknowledgments xxvii
Bios xxixi

cultura

El español en Latinoamérica . . . 8

la familia

Descriptive adjectives 10
Possessive adjectives 10
Present tense of **-er** and **-ir** verbs 11
Present tense of **tener** and **venir** 11

los pasatiempos

Present tense of **ir** 12
Stem-changing verbs: **e:ie, o:ue** 12
Stem-changing verbs: **e:i** 13
Verbs with irregular **yo** forms 13

cultura

En detalle: Las cataratas del Iguazú 162
Perfil: Punta del Este 163

En detalle: Los mercados al aire libre 198
Perfil: Carolina Herrera 199

estructura

5.1 **Estar** with conditions and emotions 164
5.2 The present progressive 166
5.3 **Ser** and **estar** 170
5.4 Direct object nouns and pronouns 174
Recapitulación 178

6.1 **Saber** and **conocer** 200
6.2 Indirect object pronouns 202
6.3 Preterite tense of regular verbs 206
6.4 Demonstrative adjectives and pronouns 210
Recapitulación 214

adelante

Lectura: *Turismo ecológico en Puerto Rico* 180
Escritura 182
Escuchar 183
En pantalla 184
Flash cultura 185
Panorama: Puerto Rico 186

Lectura: *Corona: Real Liquidación* 216
Escritura 218
Escuchar 219
En pantalla 220
Flash cultura 221
Panorama: Cuba. 222

Table of Contents

	contextos	fotonovela
Lección 7 La rutina diaria	Daily routine . . . . 226 Personal hygiene . . . . 226 Time expressions 226	**¡Necesito arreglarme!** . . . . . . 230 **Pronunciación** The consonant **r** 233
Lección 8 La comida	Food . . . . 262 Food descriptions . . . . 262 Meals 264	**Una cena... romántica** . . . . 268 **Pronunciación** **ll, ñ, c,** and **z** 271
Lección 9 Las fiestas	Parties and celebrations . . . . . 300 Personal relationships. . . . . . . 301 Stages of life 302	**El Día de Muertos** . . . . 304 **Pronunciación** **h, j,** and **g** 307

Consulta

Apéndice A

Glossary of Grammatical Terms 332

Apéndice B

Verb Conjugation Tables 336

Vocabulario

Spanish-English Vocabulary 346

English-Spanish Vocabulary 357

cultura	estructura	adelante

En detalle: La siesta 234
Perfil: El mate 235

7.1 Reflexive verbs 236
7.2 Indefinite and negative words 240
7.3 Preterite of **ser** and **ir** . . . 244
7.4 Verbs like **gustar** 246
Recapitulación 250

Lectura: *¡Qué día!* 252
Escritura 254
Escuchar 255
En pantalla 256
Flash cultura 257
Panorama: Perú 258

En detalle: Frutas y verduras de América 272
Perfil: Ferran Adrià: arte en la cocina 273

8.1 Preterite of stem-changing verbs 274
8.2 Double object pronouns . 277
8.3 Comparisons 281
8.4 Superlatives 286
Recapitulación 288

Lectura: *Gastronomía* 290
Escritura 292
Escuchar 293
En pantalla 294
Flash cultura 295
Panorama: Guatemala 296

En detalle: Semana Santa: vacaciones y tradición 308
Perfil: Festival de Viña del Mar 309

9.1 Irregular preterites 310
9.2 Verbs that change meaning in the preterite 314
9.3 **¿Qué?** and **¿cuál?** 316
9.4 Pronouns after prepositions 318
Recapitulación 320

Lectura: *Vida social* 322
Escritura 324
Escuchar 325
En pantalla 326
Flash cultura 327
Panorama: Chile 328

References 368
Índice 380
Credits 382

The Spanish-speaking World

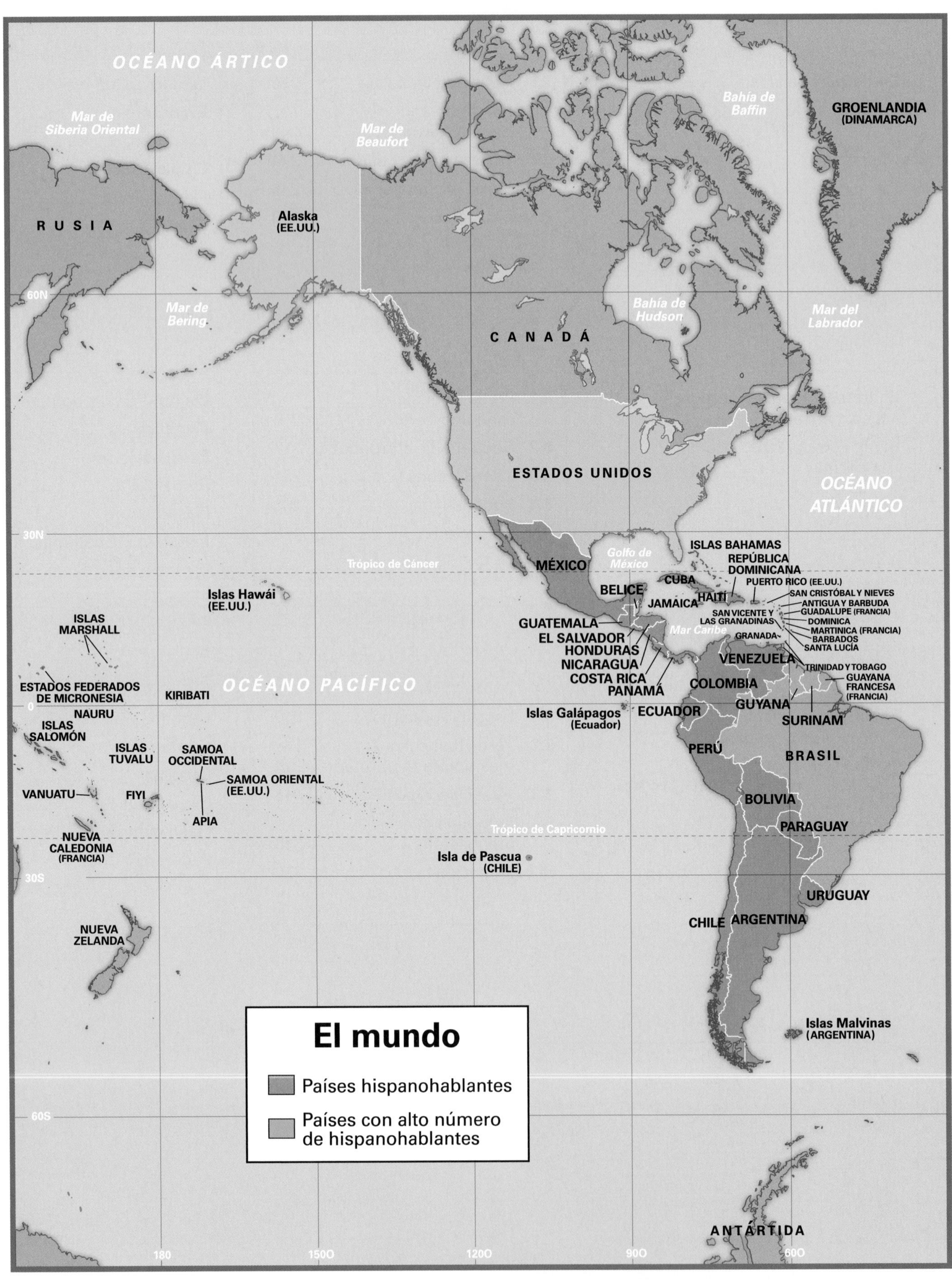

OCÉANO ÁRTICO
Mar de Siberia Oriental
Mar de Beaufort
Bahía de Baffin
GROENLANDIA (DINAMARCA)
RUSIA
Alaska (EE.UU.)
60N
Mar de Bering
Bahía de Hudson
Mar del Labrador
CANADÁ
ESTADOS UNIDOS
OCÉANO ATLÁNTICO
30N
ISLAS BAHAMAS
REPÚBLICA DOMINICANA
Golfo de México
Trópico de Cáncer
MÉXICO
CUBA
PUERTO RICO (EE.UU.)
BELICE
HAITÍ
SAN CRISTÓBAL Y NIEVES
ANTIGUA Y BARBUDA
GUADALUPE (FRANCIA)
Islas Hawái (EE.UU.)
JAMAICA
SAN VICENTE Y LAS GRANADINAS
DOMINICA
ISLAS MARSHALL
GUATEMALA
Mar Caribe
MARTINICA (FRANCIA)
EL SALVADOR
GRANADA
BARBADOS
SANTA LUCÍA
HONDURAS
VENEZUELA
NICARAGUA
TRINIDAD Y TOBAGO
COSTA RICA
GUAYANA FRANCESA (FRANCIA)
ESTADOS FEDERADOS DE MICRONESIA
OCÉANO PACÍFICO
COLOMBIA
PANAMÁ
KIRIBATI
0
GUYANA
NAURU
Islas Galápagos (Ecuador)
ECUADOR
SURINAM
ISLAS SALOMÓN
ISLAS TUVALU
SAMOA OCCIDENTAL
PERÚ
BRASIL
SAMOA ORIENTAL (EE.UU.)
VANUATU
FIYI
BOLIVIA
APIA
PARAGUAY
Trópico de Capricornio
NUEVA CALEDONIA (FRANCIA)
Isla de Pascua (CHILE)
30S
URUGUAY
CHILE
ARGENTINA
NUEVA ZELANDA
El mundo
Países hispanohablantes
Países con alto número de hispanohablantes
Islas Malvinas (ARGENTINA)
60S
ANTÁRTIDA
180
150O
120O
90O
60O

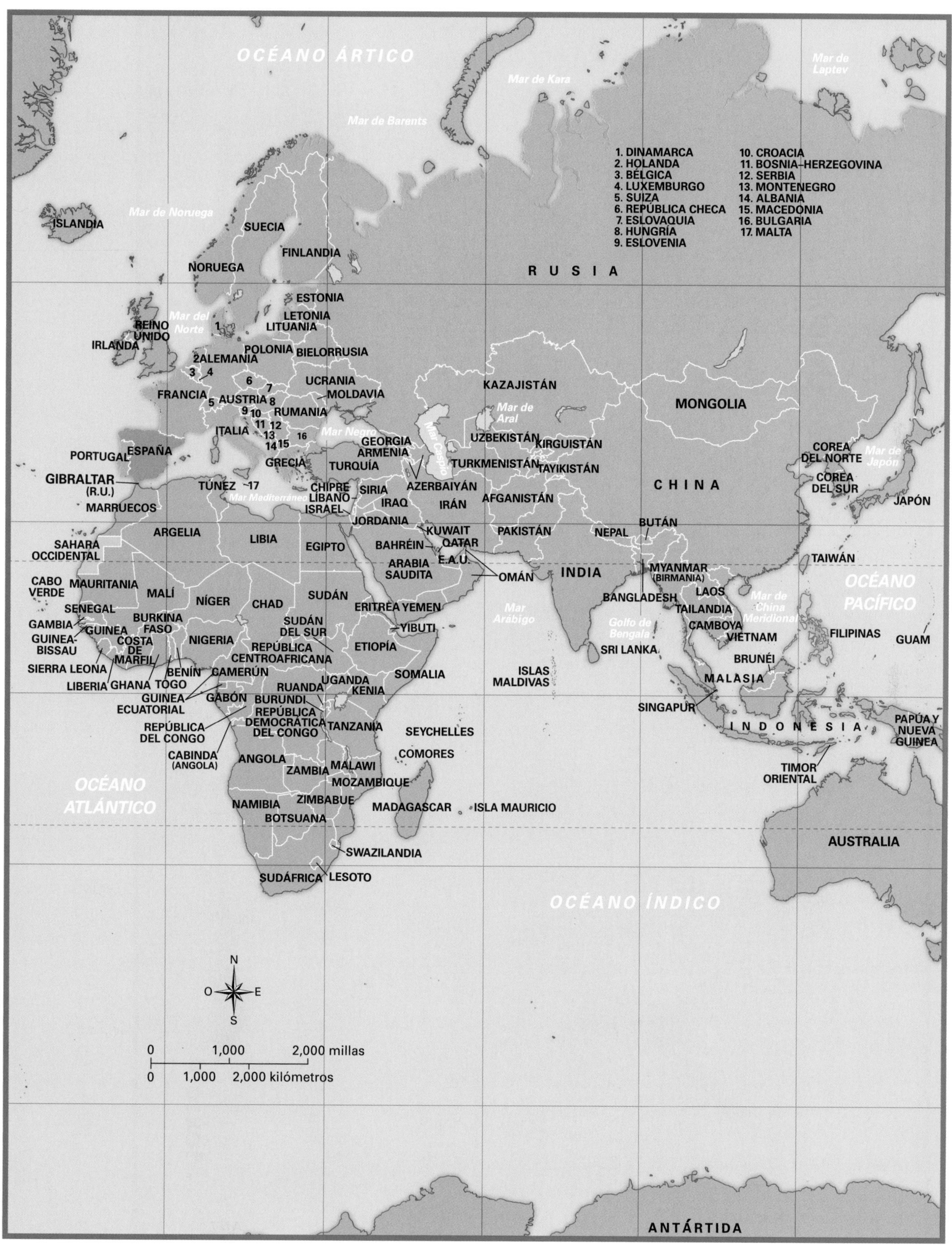
OCÉANO ÁRTICO
Mar de Kara
Mar de Laptev
Mar de Barents
1. DINAMARCA
2. HOLANDA
3. BÉLGICA
4. LUXEMBURGO
5. SUIZA
6. REPÚBLICA CHECA
7. ESLOVAQUIA
8. HUNGRÍA
9. ESLOVENIA
10. CROACIA
11. BOSNIA-HERZEGOVINA
12. SERBIA
13. MONTENEGRO
14. ALBANIA
15. MACEDONIA
16. BULGARIA
17. MALTA
ISLANDIA
Mar de Noruega
SUECIA
FINLANDIA
NORUEGA
RUSIA
ESTONIA
LETONIA
LITUANIA
Mar del Norte
REINO UNIDO
IRLANDA
POLONIA
BIELORRUSIA
ALEMANIA
UCRANIA
MOLDAVIA
FRANCIA
AUSTRIA
RUMANIA
ITALIA
Mar Negro
KAZAJISTÁN
Mar de Aral
Mar Caspio
MONGOLIA
GEORGIA
ARMENIA
UZBEKISTÁN
KIRGUISTÁN
PORTUGAL
ESPAÑA
GRECIA
TURQUÍA
TURKMENISTÁN
TAYIKISTÁN
COREA DEL NORTE
Mar de Japón
GIBRALTAR (R.U.)
TÚNEZ
CHIPRE
SIRIA
AZERBAIYÁN
CHINA
COREA DEL SUR
Mar Mediterráneo
LÍBANO
ISRAEL
IRAQ
IRÁN
AFGANISTÁN
JAPÓN
MARRUECOS
JORDANIA
ARGELIA
KUWAIT
PAKISTÁN
NEPAL
BUTÁN
LIBIA
EGIPTO
BAHRÉIN
QATAR
SAHARA OCCIDENTAL
E.A.U.
TAIWÁN
ARABIA SAUDITA
OMÁN
INDIA
MYANMAR (BIRMANIA)
CABO VERDE
MAURITANIA
MALÍ
SUDÁN
OCÉANO PACÍFICO
LAOS
NÍGER
CHAD
BANGLADESH
SENEGAL
ERITREA
YEMEN
Mar Arábigo
TAILANDIA
Mar de China Meridional
GAMBIA
BURKINA FASO
SUDÁN DEL SUR
Golfo de Bengala
CAMBOYA
GUINEA
YIBUTI
FILIPINAS
GUAM
GUINEA-BISSAU
COSTA DE MARFIL
NIGERIA
REPÚBLICA CENTROAFRICANA
ETIOPÍA
SRI LANKA
VIETNAM
BRUNÉI
SIERRA LEONA
BENÍN
CAMERÚN
SOMALIA
ISLAS MALDIVAS
MALASIA
LIBERIA
GHANA
TOGO
RUANDA
UGANDA
KENIA
GUINEA ECUATORIAL
GABÓN
BURUNDI
SINGAPUR
REPÚBLICA DEMOCRÁTICA DEL CONGO
INDONESIA
PAPÚA Y NUEVA GUINEA
REPÚBLICA DEL CONGO
TANZANIA
SEYCHELLES
CABINDA (ANGOLA)
COMORES
ANGOLA
ZAMBIA
MALAWI
TIMOR ORIENTAL
OCÉANO ATLÁNTICO
MOZAMBIQUE
NAMIBIA
ZIMBABUE
MADAGASCAR
ISLA MAURICIO
BOTSUANA
AUSTRALIA
SWAZILANDIA
SUDÁFRICA
LESOTO
OCÉANO ÍNDICO
N
O
E
S
0
1,000
2,000 millas
0
1,000
2,000 kilómetros
ANTÁRTIDA

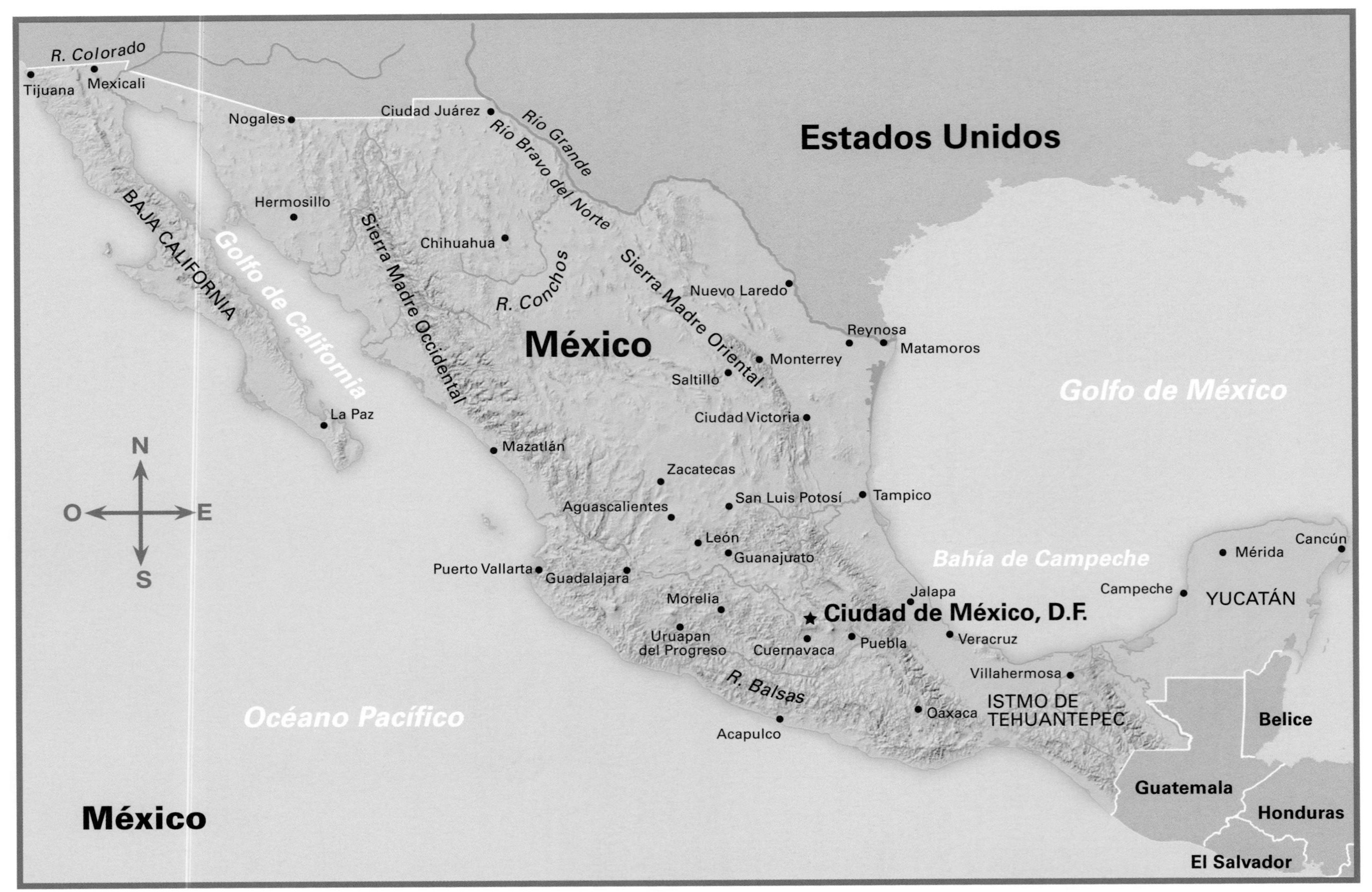
R. Colorado
Tijuana
Mexicali
Nogales
Ciudad Juárez
Río Grande
Río Bravo del Norte
Estados Unidos
Hermosillo
BAJA CALIFORNIA
Golfo de California
Sierra Madre Occidental
Chihuahua
R. Conchos
Sierra Madre Oriental
Nuevo Laredo
México
Reynosa
Matamoros
Monterrey
Saltillo
Golfo de México
La Paz
Ciudad Victoria
N
O
E
S
Mazatlán
Zacatecas
San Luis Potosí
Tampico
Aguascalientes
León
Guanajuato
Bahía de Campeche
Mérida
Cancún
Puerto Vallarta
Guadalajara
Campeche
YUCATÁN
Jalapa
Morelia
Ciudad de México, D.F.
Uruapan del Progreso
Cuernavaca
Puebla
Veracruz
Villahermosa
R. Balsas
ISTMO DE TEHUANTEPEC
Oaxaca
Belice
Océano Pacífico
Acapulco
Guatemala
Honduras
México
El Salvador

América Central y el Caribe
Estados Unidos
Golfo de México
Océano Atlántico
N
O
E
S
Estrechos de la Florida
Islas Bahamas
Canal de Yucatán
La Habana
Matanzas
Pinar del Río
Cienfuegos
Cuba
Camagüey
Guantánamo
Santiago de Cuba
República Dominicana
Haití
Puerto Rico
San Juan
Jamaica
Kingston
Puerto Príncipe
Santo Domingo
Mayagüez
Ponce
Antigua y Barbuda
Islas Vírgenes (EE.UU.)
Guadalupe (Francia)
Antillas Menores
Dominica
Martinica (Francia)
Sta. Lucía
San Vicente y las Granadinas
Barbados
Aruba (Países Bajos)
Bonaire(Países Bajos)
Granada
Curaçao (Países Bajos)
Isla de Margarita
Puerto España
Trinidad y Tobago
Venezuela
Colombia
México
Belice
Belmopán
Cobán
Guatemala
Quetzaltenango
Ciudad de Guatemala
San Salvador
El Salvador
Honduras
Tegucigalpa
Nicaragua
Managua
Mar Caribe
Puntarenas
San José
Puerto Limón
Canal de Panamá
Colón
Ciudad de Panamá
Costa Rica
Panamá
Océano Pacífico

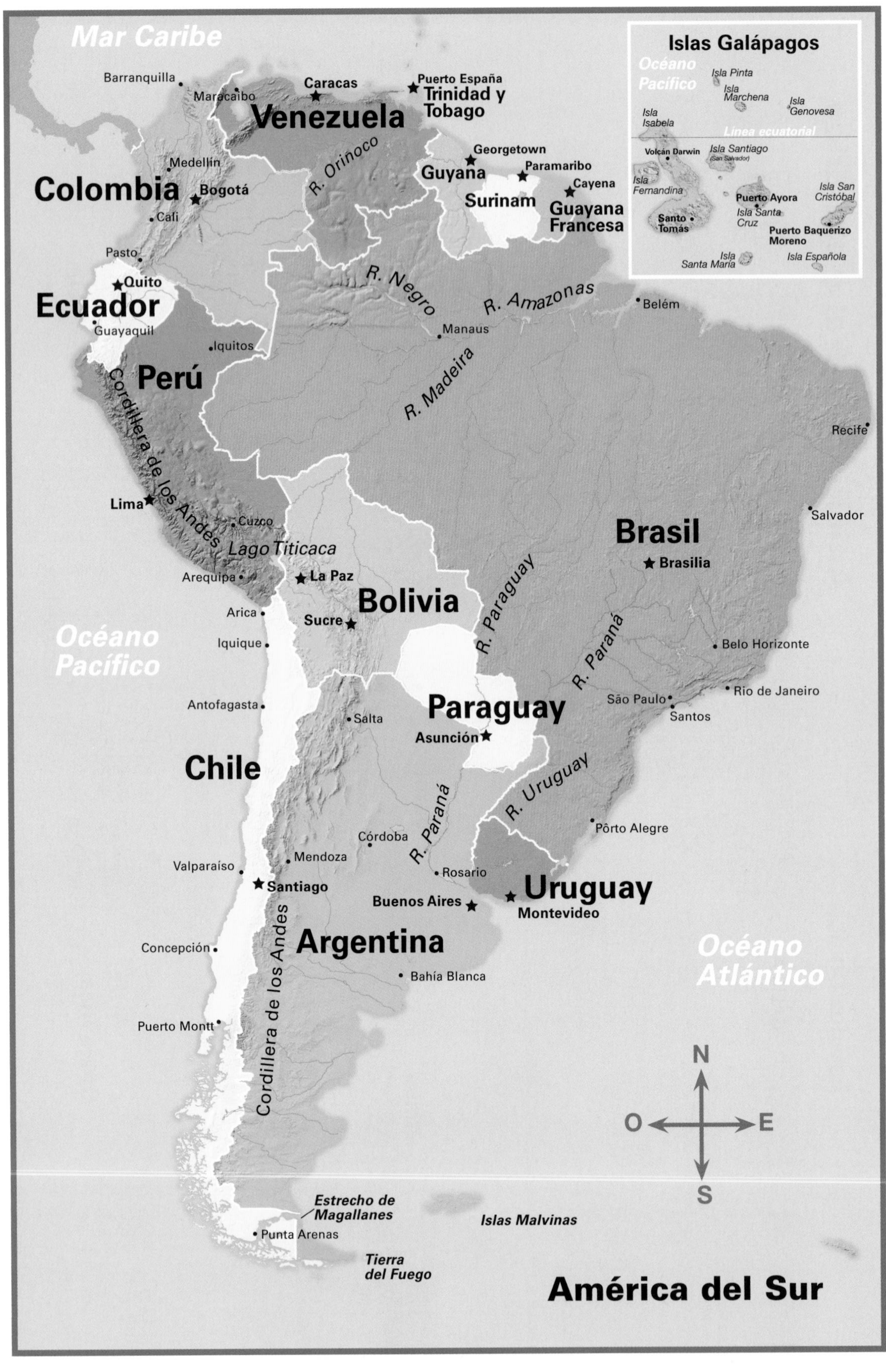

Mar Caribe
Islas Galápagos
Océano Pacífico
Isla Pinta
Isla Marchena
Isla Genovesa
Isla Isabela
Línea ecuatorial
Volcán Darwin
Isla Santiago
(San Salvador)
Isla Fernandina
Puerto Ayora
Isla San Cristóbal
Isla Santa Cruz
Santo Tomás
Puerto Baquerizo Moreno
Isla Santa María
Isla Española
Barranquilla
Maracaibo
Caracas
Puerto España
Trinidad y Tobago
Venezuela
R. Orinoco
Georgetown
Paramaribo
Guyana
Cayena
Surinam
Guayana Francesa
Medellín
Colombia
Bogotá
Cali
Pasto
Quito
Ecuador
Guayaquil
R. Negro
R. Amazonas
Belém
Manaus
Iquitos
Perú
R. Madeira
Recife
Cordillera de los Andes
Lima
Cuzco
Salvador
Brasil
Lago Titicaca
Brasilia
Arequipa
La Paz
Bolivia
R. Paraguay
Arica
Sucre
Océano Pacífico
Iquique
Belo Horizonte
R. Paraná
Antofagasta
Paraguay
São Paulo
Río de Janeiro
Santos
Salta
Asunción
Chile
R. Uruguay
R. Paraná
Córdoba
Pôrto Alegre
Valparaíso
Mendoza
Rosario
Santiago
Uruguay
Buenos Aires
Montevideo
Concepción
Argentina
Océano Atlántico
Bahía Blanca
Puerto Montt
Cordillera de los Andes
N
O
E
S
Estrecho de Magallanes
Islas Malvinas
Punta Arenas
Tierra del Fuego
América del Sur

Mar Cantábrico
Francia
Pirineos
Andorra
Océano Atlántico
Portugal
Lisboa
España
Madrid
Marruecos
Estrecho de Gibraltar
Mar Mediterráneo
GALICIA
ASTURIAS
CANTABRIA
PAÍS VASCO
NAVARRA
LA RIOJA
CATALUÑA
CASTILLA-LEÓN
ARAGÓN
COMUNIDAD VALENCIANA
CASTILLA-LA MANCHA
EXTREMADURA
ANDALUCÍA
Serra da Estrela
Sierra Morena
Sierra Nevada
La Coruña
Avilés
Gijón
Oviedo
Santander
Bilbao
San Sebastián
Pamplona
Pontevedra
Vigo
Braga
Oporto
Coimbra
Setúbal
Burgos
Palencia
Valladolid
Zamora
Salamanca
Segovia
Ávila
Toledo
Cáceres
Mérida
Badajoz
Huelva
Sevilla
Córdoba
Jaén
Granada
Almería
Málaga
Cádiz
Algeciras
Gibraltar (R.U.)
Ceuta (Esp.)
Melilla (Esp.)
Zaragoza
Lérida
Gerona
Barcelona
Tarragona
Valencia
Albacete
Alicante
Murcia
Cartagena
Islas Baleares
Menorca
Palma de Mallorca
Mallorca
Ibiza
Formentera
Islas Canarias
La Palma
Santa Cruz de la Palma
Tenerife
Santa Cruz de Tenerife
Gomera
Hierro
Gran Canaria
Las Palmas de Gran Canaria
Lanzarote
Arrecife
Puerto del Rosario
Fuerteventura
Océano Atlántico
Marruecos
N
O
E
S

FOTONOVELA VIDEO PROGRAM

The cast NEW!

Here are the main characters you will meet in the **Fotonovela** Video:

From Mexico, Jimena Díaz Velázquez

From Argentina, Juan Carlos Rossi

From Mexico, Felipe Díaz Velázquez

From the U.S., Marissa Wagner

From Mexico, María Eugenia (Maru) Castaño Ricaurte

From Spain, Miguel Ángel Lagasca Martínez

Brand-new and fully integrated with your text, the **DESCUBRE 2/e Fotonovela** Video is a dynamic and contemporary window into the Spanish language. The new video centers around the Díaz family, whose household includes two college-aged children and a visiting student from the U.S. Over the course of an academic year, Jimena, Felipe, Marissa, and their friends explore **el D.F.** and other parts of Mexico as they make plans for their futures. Their adventures take them through some of the greatest natural and cultural treasures of the Spanish-speaking world, as well as the highs and lows of everyday life.

The **Fotonovela** section in each textbook lesson is actually an abbreviated version of the dramatic episode featured in the video. Therefore, each **Fotonovela** section can be done before you see the corresponding video episode, after it, or as a section that stands alone.

In each dramatic segment, the characters interact using the vocabulary and grammar you are studying. As the storyline unfolds, the episodes combine new vocabulary and grammar with previously taught language, exposing you to a variety of authentic accents along the way. At the end of each episode, the **Resumen** section highlights the grammar and vocabulary you are studying.

We hope you find the new **Fotonovela** Video to be an engaging and useful tool for learning Spanish!

EN PANTALLA VIDEO PROGRAM

The **DESCUBRE** Supersite features an authentic video clip for each lesson. Clip formats include commercials and newscasts. These clips, many **NEW!** to the Second Edition, have been carefully chosen to be comprehensible for students learning Spanish, and are accompanied by activities and vocabulary lists to facilitate understanding. More importantly, though, these clips are a fun and motivating way to improve your Spanish!

Here are the countries represented in each lesson in **En pantalla:**

Lesson 5 Mexico

Lesson 6 Spain

Lesson 7 Argentina

Lesson 8 Colombia

Lesson 9 Chile

FLASH CULTURA VIDEO PROGRAM

In the dynamic **Flash cultura** Video, young people from all over the Spanish-speaking world share aspects of life in their countries with you. The similarities and differences among Spanish-speaking countries that come up through their adventures will challenge you to think about your own cultural practices and values. The segments provide valuable cultural insights as well as linguistic input; the episodes will introduce you to a variety of accents and vocabulary as they gradually move into Spanish.

PANORAMA CULTURAL VIDEO PROGRAM

The **Panorama cultural** Video is integrated with the **Panorama** section in each lesson. Each segment is 2–3 minutes long and consists of documentary footage from each of the countries featured. The images were specially chosen for interest level and visual appeal, while the all-Spanish narrations were carefully written to reflect the vocabulary and grammar covered in the textbook.

Each section of your textbook comes with resources and activities on the DESCUBRE Supersite. You can access them from any computer with an Internet connection. Visit vhlcentral.com to get started.

Audio: Vocabulary **Tutorials, Games**	**CONTEXTOS** Listen to audio of the **Vocabulary**, watch dynamic **Presentations** and **Tutorials**, and practice using Flashcards, **Games**, and activities that give you immediate feedback.
Video: *Fotonovela* **Record and Compare**	**FOTONOVELA** Travel with Marissa to Mexico and meet her host family. Watch the **Video** again at home to see the characters use the vocabulary in a real context.
Audio: Explanation **Record and Compare**	**PRONUNCIACIÓN** Improve your accent by listening to native speakers, then **recording** your voice and **comparing** it to the samples provided.
Reading, **Additional Reading**	**CULTURA** Explore cultural topics through the *Conexión Internet* activity or **reading** the *Más cultura* selection.
Explanation **Tutorial**	**ESTRUCTURA** Review the **Explanation** or watch an animated **Tutorial**, and then play the games to make sure you got it.
Audio: Synched Reading **Additional Reading** **Video: TV Clip** **Video: *Flash cultura*** **Interactive Map** **Video: *Panorama cultural***	**ADELANTE** Listen along with the **Audio-Synched Reading**. Watch the *En pantalla*, *Flash cultura*, and *Panorama cultural* **Videos** again outside of class so that you can pause and repeat to really understand what you hear. Use the **Interactive Map** to explore the places you might want to visit. There's lots of additional practice, including Internet searches and auto-graded activities.
Audio: Vocabulary **Flashcards** **Diagnostics** **Remediation Activities**	**VOCABULARIO - RECAPITULACIÓN** Just what you need to get ready for the test! Review the **vocabulary** with **audio**. Complete the Diagnostic ***Recapitulación*** to see what you might still need to study. Get additional **Remediation Activities**.

Icons

Familiarize yourself with these icons that appear throughout **DESCUBRE**.

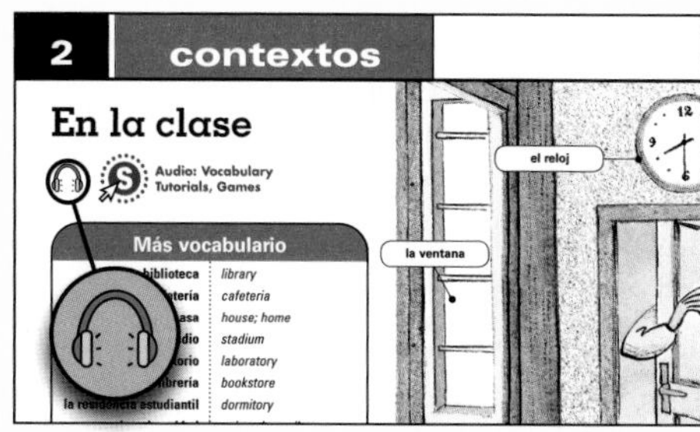

Listening

The Listening icon indicates that audio is available. You will see it in the lesson's **Contextos, Pronunciación, Escuchar**, and **Vocabulario** sections, as well as with all activities that require audio.

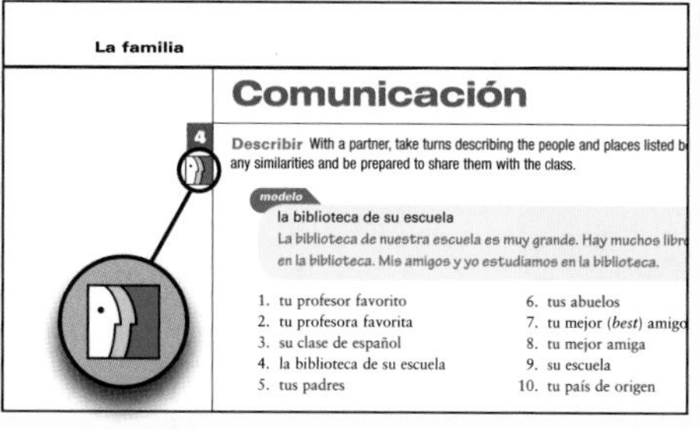

Pair/Group Activities

Two faces indicate a pair activity, and three indicate a group activity.

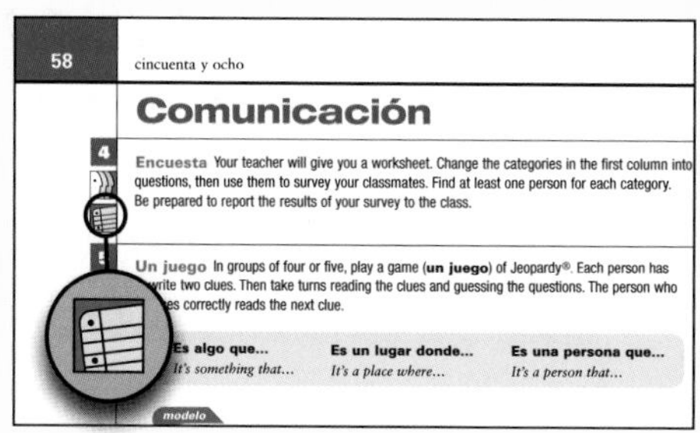

Handout

The activities marked with this icon require handouts that your teacher will give you to help you complete the activity.

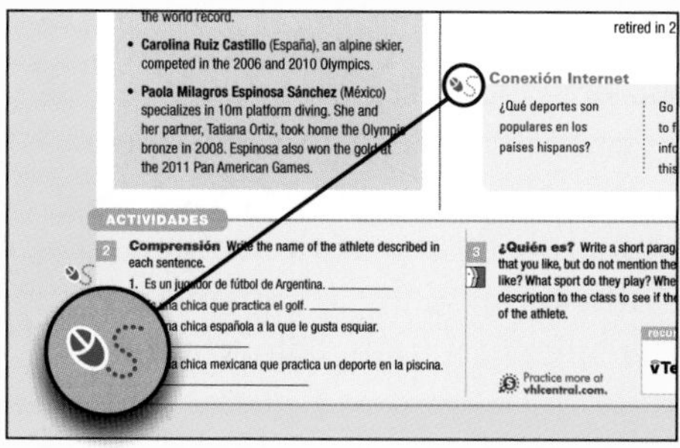

Activity Online

The mouse icon indicates when an activity is also available on the Supersite.

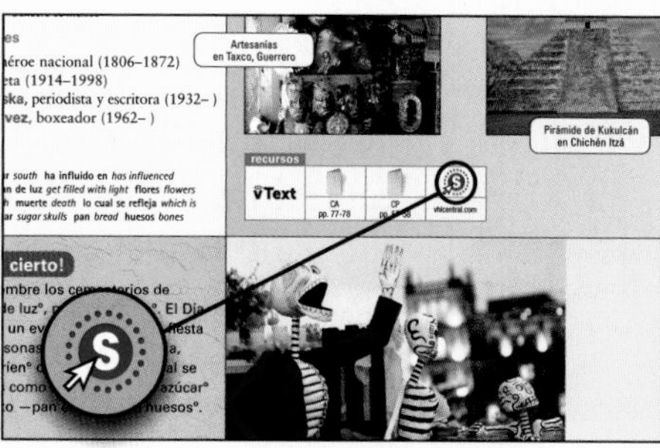

Supersite

Additional practice on the Supersite, not included in the textbook, is indicated with this icon.

vText

Material is also available in the interactive online textbook.

Recursos

Recursos boxes let you know exactly which print and technology ancillaries you can use to reinforce and expand on every section of the lessons in your textbook. They even include page numbers when applicable.

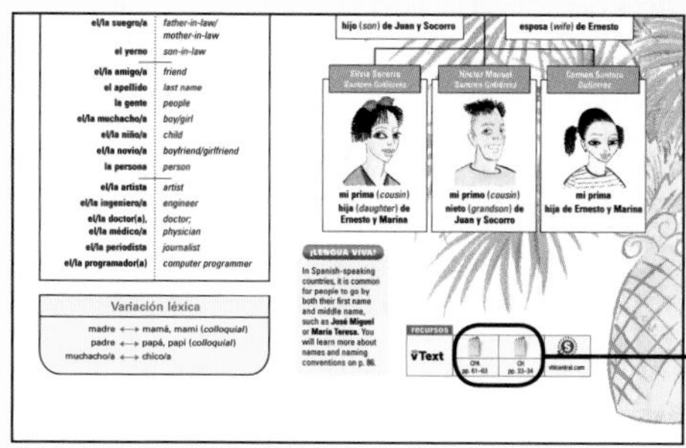

Cuaderno de práctica y actividades comunicativas

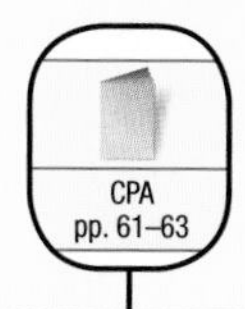

Cuaderno para hispanohablantes

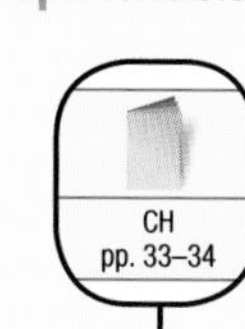

The Spanish-Speaking World

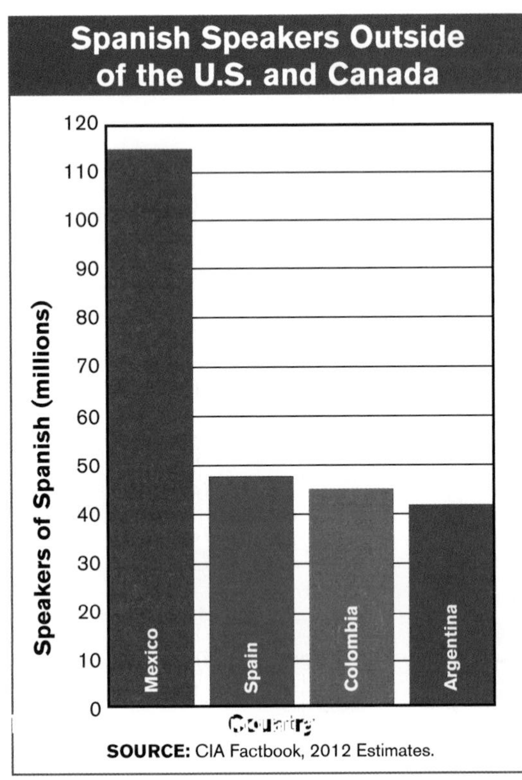

SOURCE: CIA Factbook, 2012 Estimates.

Do you know someone whose first language is Spanish? Chances are you do! More than approximately forty million people living in the U.S. speak Spanish; after English, it is the second most commonly spoken language in this country. It is the official language of twenty-two countries and an official language of the European Union and United Nations.

The Growth of Spanish

Have you ever heard of a language called Castilian? It's Spanish! The Spanish language as we know it today has its origins in a dialect called Castilian (**castellano** in Spanish). Castilian developed in the 9th century in north-central Spain, in a historic provincial region known as Old Castile. Castilian gradually spread towards the central region of New Castile, where it was adopted as the main language of commerce. By the 16th century, Spanish had become the official language of Spain and eventually, the country's role in exploration, colonization, and overseas trade led to its spread across Central and South America, North America, the Caribbean, parts of North Africa, the Canary Islands, and the Philippines.

Spanish in the United States

1500 **1600** **1700**

16th Century
Spanish is the official language of Spain.

1565
The Spanish arrive in Florida and found St. Augustine.

1610
The Spanish found Santa Fe, today's capital of New Mexico, the state with the most Spanish speakers in the U.S.

Spanish in the United States

Spanish came to North America in the 16th century with the Spanish who settled in St. Augustine, Florida. Spanish-speaking communities flourished in several parts of the continent over the next few centuries. Then, in 1848, in the aftermath of the Mexican-American War, Mexico lost almost half its land to the United States, including portions of modern-day Texas, New Mexico, Arizona, Colorado, California, Wyoming, Nevada, and Utah. Overnight, hundreds of thousands of Mexicans became citizens of the United States, bringing with them their rich history, language, and traditions.

This heritage, combined with that of the other Hispanic populations that have immigrated to the United States over the years, has led to the remarkable growth of Spanish around the country. After English, it is the most commonly spoken language in 43 states. More than 12 million people in California alone claim Spanish as their first or "home" language.

You've made a popular choice by choosing to take Spanish in school. Not only is Spanish found and heard almost everywhere in the United States, but it is the most commonly taught foreign language in classrooms throughout the country! Have you heard people speaking Spanish in your community? Chances are that you've come across an advertisement, menu, or magazine that is in Spanish. If you look around, you'll find that Spanish can be found in some pretty common places. For example, most ATMs respond to users in both English and Spanish. News agencies and television stations such as CNN and **Telemundo** provide Spanish-language broadcasts. When you listen to the radio or download music from the Internet, some of the most popular choices are Latino artists who perform in Spanish. Federal government agencies such as the Internal Revenue Service and the Department of State provide services in both languages. Even the White House has an official Spanish-language webpage! Learning Spanish can create opportunities within your everyday life.

1800 — **1900** — **2010**

1848
Mexicans who choose to stay in the U.S. after the Mexican-American War become U.S. citizens.

1959
After the Cuban Revolution, thousands of Cubans emigrate to the U.S.

2010
Spanish is the 2nd most commonly spoken language in the U.S., with more than approximately 40 million speakers.

Why Study Spanish?

Learn an International Language

There are many reasons to learn Spanish, a language that has spread to many parts of the world and has along the way embraced words and sounds of languages as diverse as Latin, Arabic, and Nahuatl. Spanish has evolved from a medieval dialect of north-central Spain into the fourth most commonly spoken language in the world. It is the second language of choice among the majority of people in North America.

Understand the World Around You

Knowing Spanish can also open doors to communities within the United States, and it can broaden your understanding of the nation's history and geography. The very names Colorado, Montana, Nevada, and Florida are Spanish in origin. Just knowing their meanings can give you some insight into, of all things, the landscapes for which the states are renowned. Colorado means "colored red;" Montana means "mountain;" Nevada is derived from "snow-capped mountain;" and Florida means "flowered." You've already been speaking Spanish whenever you talk about some of these states!

State Name	Meaning in Spanish
Colorado	"colored red"
Florida	"flowered"
Montana	"mountain"
Nevada	"snow-capped mountain"

Connect with the World

Learning Spanish can change how you view the world. While you learn Spanish, you will also explore and learn about the origins, customs, art, music, and literature of people in close to two dozen countries. When you travel to a Spanish-speaking country, you'll be able to converse freely with the people you meet. And whether in the U.S., Canada, or abroad, you'll find that speaking to people in their native language is the best way to bridge any culture gap.

Why Study Spanish?

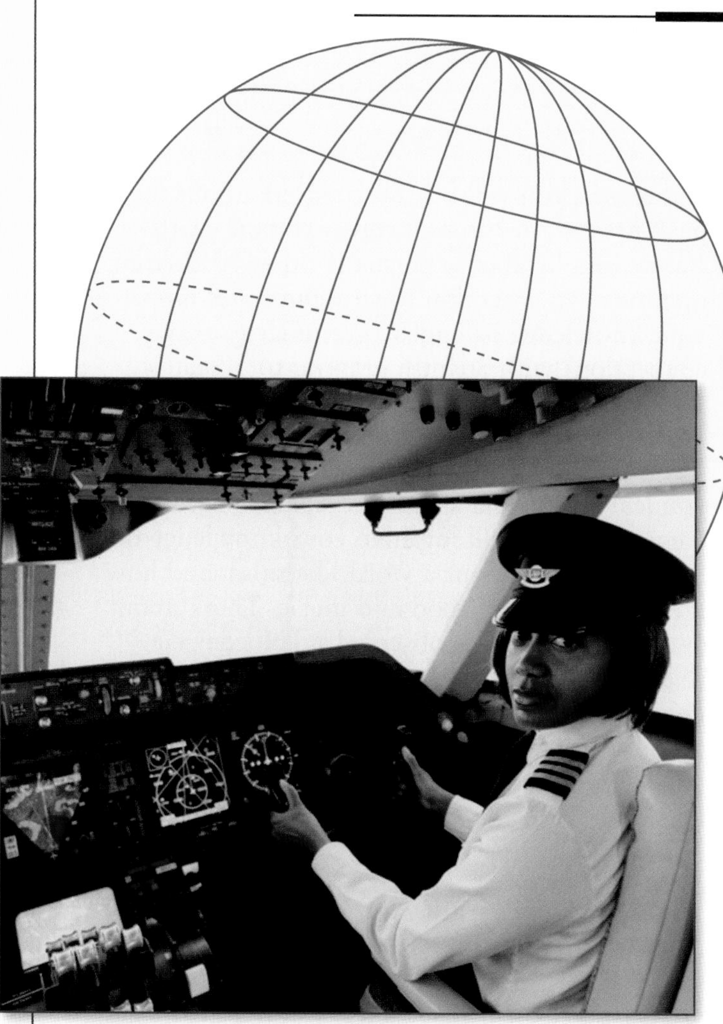

Expand Your Skills

Studying a foreign language can improve your ability to analyze and interpret information and help you succeed in many other subject areas. When you first begin learning Spanish, your studies will focus mainly on reading, writing, grammar, listening, and speaking skills. You'll be amazed at how the skills involved with learning how a language works can help you succeed in other areas of study. Many people who study a foreign language claim that they gained a better understanding of English. Spanish can even help you understand the origins of many English words and expand your own vocabulary in English. Knowing Spanish can also help you pick up other related languages, such as Italian, Portuguese, and French. Spanish can really open doors for learning many other skills in your school career.

Explore Your Future

How many of you are already planning your future careers? Employers in today's global economy look for workers who know different languages and understand other cultures. Your knowledge of Spanish will make you a valuable candidate for careers abroad as well as in the United States or Canada. Doctors, nurses, social workers, hotel managers, journalists, businessmen, pilots, flight attendants, and many other professionals need to know Spanish or another foreign language to do their jobs well.

How to Learn Spanish

Start with the Basics!

As with anything you want to learn, start with the basics and remember that learning takes time! The basics are vocabulary, grammar, and culture.

Vocabulary Every new word you learn in Spanish will expand your vocabulary and ability to communicate. The more words you know, the better you can express yourself. Focus on sounds and think about ways to remember words. Use your knowledge of English and other languages to figure out the meaning of and memorize words like **conversación, teléfono, oficina, clase,** and **música**.

Grammar Grammar helps you put your new vocabulary together. By learning the rules of grammar, you can use new words correctly and speak in complete sentences. As you learn verbs and tenses, you will be able to speak about the past, present, or future, express yourself with clarity, and be able to persuade others with your opinions. Pay attention to structures and use your knowledge of English grammar to make connections with Spanish grammar.

Culture Culture provides you with a framework for what you may say or do. As you learn about the culture of Spanish-speaking communities, you'll improve your knowledge of Spanish. Think about a word like **salsa**, and how it connects to both food and music. Think about and explore customs observed on **Nochevieja** (New Year's Eve) or at a **fiesta de quince años** (a girl's fifteenth birthday party). Watch people greet each other or say good-bye. Listen for idioms and sayings that capture the spirit of what you want to communicate!

Teenagers celebrating at a **fiesta de quince años.**

Listen, Speak, Read, and Write

Listening Listen for sounds and for words you can recognize. Listen for inflections and watch for key words that signal a question such as **cómo** (*how*), **dónde** (*where*), or **qué** (*what*). Get used to the sound of Spanish. Play Spanish pop songs or watch Spanish movies. Borrow books on CD from your local library, or try to visit places in your community where Spanish is spoken. Don't worry if you don't understand every single word. If you focus on key words and phrases, you'll get the main idea. The more you listen, the more you'll understand!

Speaking Practice speaking Spanish as often as you can. As you talk, work on your pronunciation, and read aloud texts so that words and sentences flow more easily. Don't worry if you don't sound like a native speaker, or if you make some mistakes. Time and practice will help you get there. Participate actively in Spanish class. Try to speak Spanish with classmates, especially native speakers (if you know any), as often as you can.

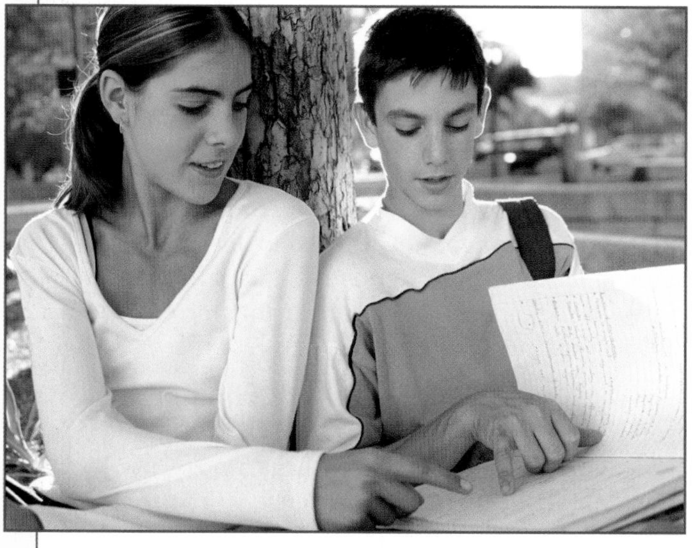

Reading Pick up a Spanish-language newspaper or a pamphlet on your way to school, read the lyrics of a song as you listen to it, or read books you've already read in English translated into Spanish. Use reading strategies that you know to understand the meaning of a text that looks unfamiliar. Look for cognates, or words that are related in English and Spanish, to guess the meaning of some words. Read as often as you can, and remember to read for fun!

Writing It's easy to write in Spanish if you put your mind to it. And remember that Spanish spelling is phonetic, which means that once you learn the basic rules of how letters and sounds are related, you can probably become an expert speller in Spanish! Write for fun—make up poems or songs, write e-mails or instant messages to friends, or start a journal or blog in Spanish.

Tips for Learning Spanish

Practice, practice, practice!

Seize every opportunity you find to listen, speak, read, or write Spanish. Think of it like a sport or learning a musical instrument—the more you practice, the more you will become comfortable with the language and how it works. You'll marvel at how quickly you can begin speaking Spanish and how the world that it transports you to can change your life forever!

- **Listen** to Spanish radio shows. Write down words that you can't recognize or don't know and look up the meaning.
- **Watch** Spanish TV shows or movies. Read subtitles to help you grasp the content.
- **Read** Spanish-language newspapers, magazines, or blogs.
- **Listen** to Spanish songs that you like —anything from Shakira to a traditional mariachi melody. Sing along and concentrate on your pronunciation.

- **Seek** out Spanish speakers. Look for neighborhoods, markets, or cultural centers where Spanish might be spoken in your community. Greet people, ask for directions, or order from a menu at a Mexican restaurant in Spanish.
- **Pursue** language exchange opportunities (**intercambio cultural**) in your school or community. Try to join language clubs or cultural societies, and explore opportunities for studying abroad or hosting a student from a Spanish-speaking country in your home or school.
- **Connect** your learning to everyday experiences. Think about naming the ingredients of your favorite dish in Spanish. Think about the origins of Spanish place names in the U.S., like Cape Canaveral and Sacramento, or of common English words like *adobe, chocolate, mustang, tornado,* and *patio.*
- **Use** mnemonics, or a memorizing device, to help you remember words. Make up a saying in English to remember the order of the days of the week in Spanish (L, M, M, J, V, S, D).
- **Visualize** words. Try to associate words with images to help you remember meanings. For example, think of a **paella** as you learn the names of different types of seafood or meat. Imagine a national park and create mental pictures of the landscape as you learn names of animals, plants, and habitats.
- **Enjoy** yourself! Try to have as much fun as you can learning Spanish. Take your knowledge beyond the classroom and find ways to make the learning experience your very own.

Useful Spanish Expressions

The following expressions will be very useful in getting you started learning Spanish. You can use them in class to check your understanding or to ask and answer questions about the lessons. Read **En las instrucciones** ahead of time to help you understand direction lines in Spanish, as well as your teacher's instructions. Remember to practice your Spanish as often as you can!

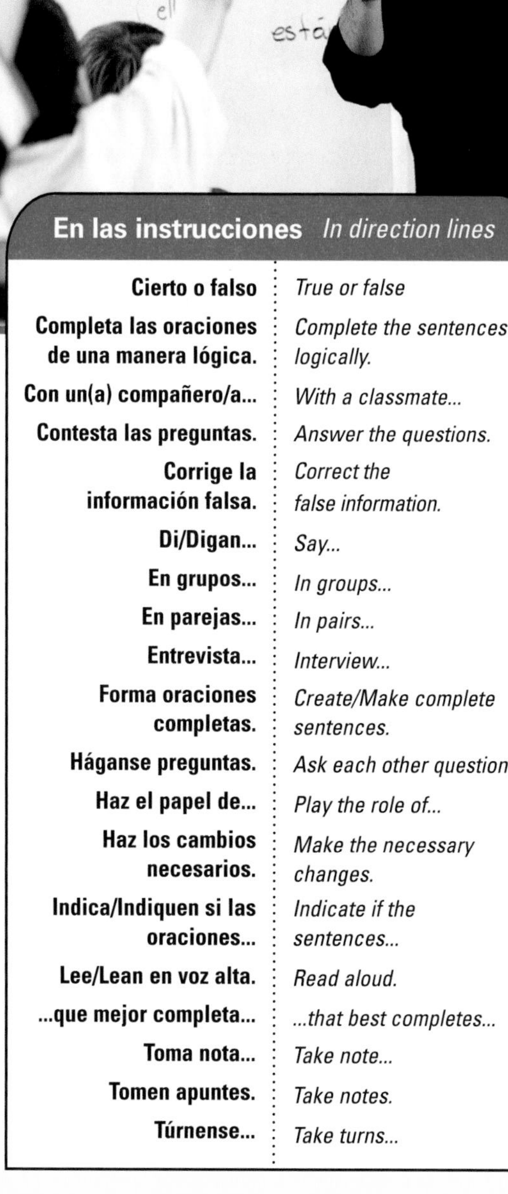

En las instrucciones	*In direction lines*
Cierto o falso	*True or false*
Completa las oraciones de una manera lógica.	*Complete the sentences logically.*
Con un(a) compañero/a...	*With a classmate...*
Contesta las preguntas.	*Answer the questions.*
Corrige la información falsa.	*Correct the false information.*
Di/Digan...	*Say...*
En grupos...	*In groups...*
En parejas...	*In pairs...*
Entrevista...	*Interview...*
Forma oraciones completas.	*Create/Make complete sentences.*
Háganse preguntas.	*Ask each other questions.*
Haz el papel de...	*Play the role of...*
Haz los cambios necesarios.	*Make the necessary changes.*
Indica/Indiquen si las oraciones...	*Indicate if the sentences...*
Lee/Lean en voz alta.	*Read aloud.*
...que mejor completa...	*...that best completes...*
Toma nota...	*Take note...*
Tomen apuntes.	*Take notes.*
Túrnense...	*Take turns...*

Expresiones útiles	*Useful expressions*
¿Cómo se dice ________ en español?	*How do you say ________ in Spanish?*
¿Cómo se escribe ________?	*How do you spell ________?*
¿Comprende(n)?	*Do you understand?*
Con permiso.	*Excuse me.*
De acuerdo.	*Okay.*
De nada.	*You're welcome.*
¿De veras?	*Really?*
¿En qué página estamos?	*What page are we on?*
Enseguida.	*Right away.*
Más despacio, por favor.	*Slower, please.*
Muchas gracias.	*Thanks a lot.*
No entiendo.	*I don't understand.*
No sé.	*I don't know.*
Perdone.	*Excuse me.*
Pista	*Clue*
Por favor.	*Please.*
Por supuesto.	*Of course.*
¿Qué significa ________?	*What does ________ mean?*
Repite, por favor.	*Please repeat.*
Tengo una pregunta.	*I have a question.*
¿Tiene(n) alguna pregunta?	*Do you have questions?*
Vaya(n) a la página dos.	*Go to page 2.*

Common Names

Get started learning Spanish by using a Spanish name in class. You can choose from the lists on these pages, or you can find one yourself. How about learning the Spanish equivalent of your name? The most popular Spanish female names are Ana, Isabel, Elena, Sara, and María. The most popular male names in Spanish are Alejandro, Jorge, Juan, José, and Pedro. Is your name, or that of someone you know, in the Spanish top five?

Más nombres masculinos	Más nombres femeninos
Alfonso	Alicia
Antonio (Toni)	Beatriz (Bea, Beti, Biata)
Carlos	Blanca
César	Carolina (Carol)
Diego	Claudia
Ernesto	Diana
Felipe	Emilia
Francisco (Paco)	Irene
Guillermo	Julia
Ignacio (Nacho)	Laura
Javier (Javi)	Leonor
Leonardo	Lourdes
Luis	Lucía
Manolo	Margarita (Marga)
Marcos	Marta
Oscar (Óscar)	Noelia
Rafael (Rafa)	Paula
Sergio	Rocío
Vicente	Verónica

Los 5 nombres masculinos más populares	Los 5 nombres femeninos más populares
Alejandro	Ana
Jorge	Elena
José (Pepe)	Isabel
Juan	María
Pedro	Sara

Acknowledgments

On behalf of its authors and editors, Vista Higher Learning expresses its sincere appreciation to the many instructors and teachers across the U.S. and Canada who contributed their ideas and suggestions. Their insights and detailed comments were invaluable to us as we created **DESCUBRE**.

In-depth reviewers

Patrick Brady
Tidewater Community College, VA

Christine DeGrado
Chestnut Hill College, PA

Martha L. Hughes
Georgia Southern University, GA

Aida Ramos-Sellman
Goucher College, MD

Reviewers

Kathleen Aguilar
Fort Lewis College, CO

Aleta Anderson
Grand Rapids Community College, MI

Gunnar Anderson
SUNY Potsdam, NY

Nona Anderson
Ouachita Baptist University, AR

Ken Arant
Darton College, GA

Vicki Baggia
Phillips Exeter Academy, NH

Jorge V. Bajo
Oracle Charter School, NY

Ana Basoa-McMillan
Columbia State Community College, TN

Timothy Benson
Lake Superior College, MN

Georgia Betcher
Fayetteville Technical Community College, NC

Teresa Borden
Columbia College, CA

Courtney Bradley
The Principia, MO

Vonna Breeze-Marti
Columbia College, CA

Christa Bucklin
University of Hartford, CT

Mary Cantu
South Texas College, TX

Christa Chatrnuch
University of Hartford, CT

Tina Christodouleas
SUNY Cortland, NY

Edwin Clark
SUNY Potsdam, NY

Donald Clymer
Eastern Mennonite University, VA

Ann Costanzi
Chestnut Hill College, PA

Patricia Crespo-Martin
Foothill College, CA

Miryam Criado
Hanover College, KY

Thomas Curtis
Madison Area Technical College, WI

Patricia S. Davis
Darton College, GA

Danion Doman
Truman State University, MO

Deborah Dubiner
Carnegie Mellon University, PA

Benjamin Earwicker
Northwest Nazarene University, ID

Deborah Edson
Tidewater Community College, VA

Matthew T. Fleming
Grand Rapids Community College, MI

Ruston Ford
Indian Hills Community College, IA

Marianne Franco
Modesto Junior College, CA

Elena García
Muskegon Community College, MI

María D. García
Fayetteville Technical Community College, NC

Lauren Gates
East Mississippi Community College, MS

Marta M. Gómez
Gateway Academy, MO

Danielle Gosselin
Bishop Brady High School, NH

Charlene Grant
Skidmore College, NY

Betsy Hance
Kennesaw State University, GA

Marti Hardy
Laurel School, OH

Dennis Harrod
Syracuse University, NY

Fanning Hearon
Brunswick School, CT

Richard Heath
Kirkwood Community College, IA

Óscar Hernández
South Texas College, TX

Yolanda Hernández
Community College of Southern Nevada, North Las Vegas, NV

Martha L. Hughes
Georgia Southern University, GA

Martha Ince
Cushing Academy, MA

Acknowledgments

Reviewers

Stacy Jazan
Glendale Community College, CA

María Jiménez Smith
Tarrant County College, TX

Emory Kinder
Columbia Prep School, NY

Marina Kozanova
Crafton Hills College, CA

Tamara Kunkel
Alice Lloyd College, KY

Anna Major
The Westminster Schools, GA

Armando Maldonado
Morgan Community College, CO

Molly Marostica Smith
Canterbury School of Florida, FL

Jesús G. Martínez
Fresno City College, CA

Laura Martínez
Centralia College, WA

Daniel Millis
Verde Valley School, AZ

Deborah Mistron
Middle Tennessee State University, TN

Mechteld Mitchin
Village Academy, OH

Anna Montoya
Florida Institute of Technology, FL

Robert P. Moore
Loyola Blakefield Jesuit School, MD

S. Moshir
St. Bernard High School, CA

Javier Muñoz-Basols
Trinity School, NY

William Nichols
Grand Rapids Community College, MI

Bernice Nuhfer-Halten
Southern Polytechnic State University, GA

Amanda Papanikolas
Drew School, CA

Elizabeth M. Parr
Darton College, GA

Julia E. Patiño
Dillard University, LA

Martha Pérez
Kirkwood Community College, IA

Teresa Pérez-Gamboa
University of Georgia, GA

Marion Perry
The Thacher School, CA

Molly Perry
The Thacher School, CA

Melissa Pytlak
The Canterbury School, CT

Ana F. Sache
Emporia State University, KS

Celia S. Samaniego
Cosumnes River College, CA

Virginia Sánchez-Bernardy
San Diego Mesa College, CA

Frank P. Sanfilippo
Columbia College, CA

Piedad Schor
South Kent School, CT

David Schuettler
The College of St. Scholastica, MN

Romina Self
Ankeny Christian Academy, IA

David A. Short
Indian Hills Community College, IA

Carol Snell-Feikema
South Dakota State University, SD

Matias Stebbings
Columbia Grammar & Prep School, NY

Mary Studer Shea
Napa Valley College, CA

Cathy Swain
University of Maine, Machias, ME

Cristina Szterensus
Rock Valley College, IL

John Tavernakis
College of San Mateo, CA

David E. Tipton
Circleville Bible College, OH

Larry Thornton
Trinity College School, ON

Linda Tracy
Santa Rosa Junior College, CA

Beverly Turner
Truckee Meadows Community College, OK

Christine Tyma DeGrado
Chestnut Hill College, PA

Fanny Vera de Viacava
Canterbury School, CT

Luis Viacava
Canterbury School, CT

María Villalobos-Buehner
Grand Valley State University, MI

Hector Villarreal
South Texas College, TX

Juanita Villena-Álvarez
University of South Carolina, Beaufort, SC

Marcella Anne Wendzikowski
Villa Maria College of Buffalo, NY

Doug West
Sage Hill School, CA

Paula Whittaker
Bishop Brady High School, NH

Mary Zold-Herrera
Glenbrook North High School, IL

About the Authors

José A. Blanco founded Vista Higher Learning in 1998. A native of Barranquilla, Colombia, Mr. Blanco holds degrees in Literature and Hispanic Studies from Brown University and the University of California, Santa Cruz. He has worked as a writer, editor, and translator for Houghton Mifflin and D.C. Heath and Company, and has taught Spanish at the secondary and university levels. Mr. Blanco is also the co-author of several other Vista Higher Learning programs: **Vistas, Panorama, Aventuras,** and **¡Viva!** at the introductory level; **Ventanas, Facetas, Enfoques, Imagina,** and **Sueña** at the intermediate level; and **Revista** at the advanced conversation level.

Philip Redwine Donley received his M.A. in Hispanic Literature from the University of Texas at Austin in 1986 and his Ph.D. in Foreign Language Education from the University of Texas at Austin in 1997. Dr. Donley taught Spanish at Austin Community College, Southwestern University, and the University of Texas at Austin. He published articles and conducted workshops about language anxiety management and the development of critical thinking skills, and was involved in research about teaching languages to the visually impaired. Dr. Donley was also the co-author of **Vistas, Aventuras,** and **Panorama,** three introductory college Spanish textbook programs published by Vista Higher Learning. Dr. Donley passed away in 2003.

About the Illustrators

Yayo, an internationally acclaimed illustrator, was born in Colombia. He has illustrated children's books, newspapers, and magazines, and has been exhibited around the world. He currently lives in Montreal, Canada.

Pere Virgili lives and works in Barcelona, Spain. His illustrations have appeared in textbooks, newspapers, and magazines throughout Spain and Europe.

Born in Caracas, Venezuela, **Hermann Mejía** studied illustration at the *Instituto de Diseño de Caracas*. Hermann currently lives and works in the United States.

Lección preliminar

Communicative Goals

VOICE BOARD

I will be able to:

- **Identify myself and others**
- **Talk about the time of day**
- **Discuss everyday activities**
- **Describe people and things**
- **Make plans and invitations**

hola, ¿qué tal?

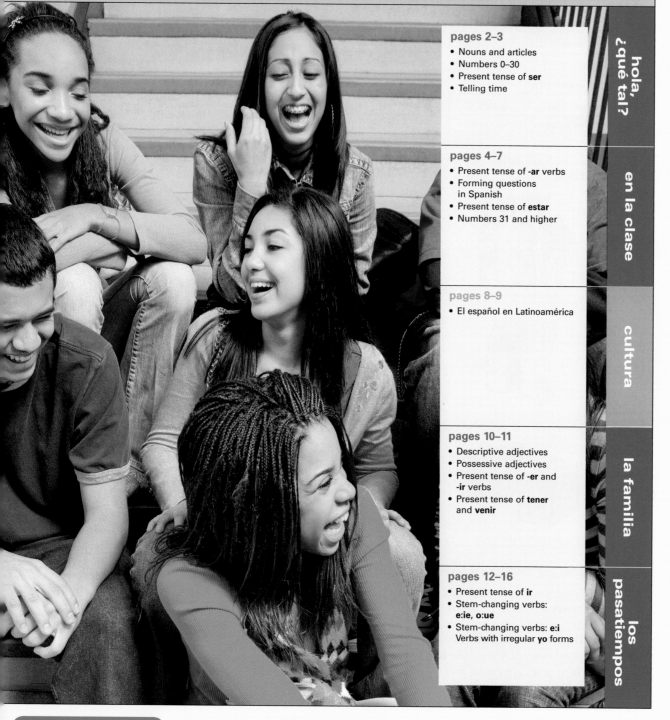

pages 2–3
- Nouns and articles
- Numbers 0–30
- Present tense of **ser**
- Telling time

en la clase

pages 4–7
- Present tense of **-ar** verbs
- Forming questions in Spanish
- Present tense of **estar**
- Numbers 31 and higher

cultura

pages 8–9
- El español en Latinoamérica

la familia

pages 10–11
- Descriptive adjectives
- Possessive adjectives
- Present tense of **-er** and **-ir** verbs
- Present tense of **tener** and **venir**

los pasatiempos

pages 12–16
- Present tense of **ir**
- Stem-changing verbs: **e:ie, o:ue**
- Stem-changing verbs: **e:i** Verbs with irregular **yo** forms

Lesson Goals

In **Lección preliminar**, students will review the following:

- identifying and describing people and things
- nouns and articles
- numbers 0–30
- present tense of **ser**
- telling time
- discussing everyday activities
- present tense of **-ar** verbs
- forming questions in Spanish
- present tense of **estar**
- numbers 31 and higher
- information about Spanish in Latin America
- descriptive and possessive adjectives
- present tense of **-er** and **-ir** verbs
- present tense of **tener** and **venir**
- making plans and invitations
- present tense of **ir**
- stem-changing verbs: **e:ie, o:ue**
- stem-changing verbs: **e:i**
- verbs with irregular **yo** forms

A primera vista Have students look at the photo. Ask: **¿Cuántos jóvenes hay en la foto? ¿Dónde están ellos? ¿Cómo son? ¿Crees que son estudiantes?**

INSTRUCTIONAL RESOURCE

Voice boards on the Supersite allow you and your students to record and share up to five minutes of audio. Use voice boards for presentations, oral assessments, discussions, directions, etc.

Section Goals

In **Lección preliminar**, students will review grammar and vocabulary from **DESCUBRE, nivel 1A.**

Communication 1.1
Comparisons 4.1

1 Teaching Tip Have students complete this activity orally.

1 Expansion
- Ask students to provide the plural form with both definite and indefinite articles for each item in the **Masculino/ Femenino** chart.
- Have students identify each type of noun in the charts and give additional examples. Ex: **conductor (nouns ending in -or; profesor, señor)**

2 Teaching Tip Point out that in item 4, although **mapa** ends in **-a**, it is a masculine noun. Explain that many Spanish words of Greek origin end in **-a**, but are masculine: **el clima, el cometa, el planeta, el programa, el tema.**

2 Expansion In pairs, have students take turns asking each other how many there are of certain things in the classroom or at your school. Ex: **—¿Cuántos bolígrafos hay en la mesa de la profesora? —Hay cuatro. —¿Cuántas profesores de música hay en la escuela? —Hay dos.**

3 Expansion
- Ask students to name the use of **ser** that corresponds to each item.
- Have volunteers supply possible responses to the questions in items 5 and 6.
- Ask students to create three additional cloze sentences. Then have them exchange papers with a classmate and complete the items.

P hola, ¿qué tal?

1 Completar Complete the charts according to the models.

Masculino	Femenino
el chico	*la chica*
el profesor	**la profesora**
el amigo	**la amiga**
el señor	la señora
el pasajero	**la pasajera**
el estudiante	la estudiante
el turista	**la turista**
el joven	la joven

Singular	Plural
una cosa	*unas cosas*
un libro	unos libros
una clase	**unas clases**
una lección	unas lecciones
un conductor	unos conductores
un país	**unos países**
un lápiz	**unos lápices**
un problema	unos problemas

2 ¿Cuántos hay? Tell how many people and/or things there are in each drawing.

1. Hay tres pasajeros.

2. Hay siete mujeres.

3. Hay una conductora y un autobús.

4. Hay un mapa.

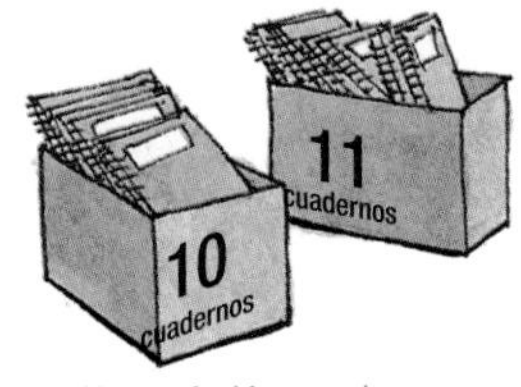

5. Hay veintiún cuadernos.

6. Hay seis turistas, cinco maletas y un autobús.

3 El verbo *ser* Complete the sentences with the correct form of the verb **ser**.

1. El diccionario ___es___ del profesor.
2. Nosotras ___somos___ amigas.
3. Yo ___soy___ de Costa Rica.
4. Ustedes ___son___ estudiantes.
5. ¿De dónde ___es___ Valeria?
6. Tú ___eres___ Ricardo, ¿no?

1.1 Nouns and articles

Gender of nouns

Nouns that refer to living things

	Masculine		Feminine
-o -or -ista	el chico el profesor el turista	-a -ora -ista	la chica la profesora la turista

Nouns that refer to non-living things

	Masculine		Feminine
-o -ma -s	el libro el programa el autobús	-a -ción -dad	la cosa la lección la nacionalidad

Plural of nouns

- For nouns ending in a vowel: add ***-s***
  la cosa → las cosas
- For nouns ending in a consonant: add ***-es***
  el señor → los señores
- For nouns ending in ***-z***: ***z*** changes to ***c***; add ***-es***
  el lápiz → los lápices

Articles

- Articles tell the gender and number of the nouns they precede.

Definite articles (*the*)

Masculine		Feminine	
Singular	**Plural**	**Singular**	**Plural**
el amigo	los amigos	la palabra	las palabras

Indefinite articles (*a, an, some*)

Masculine		Feminine	
Singular	**Plural**	**Singular**	**Plural**
un amigo	unos amigos	una palabra	unas palabras

1.2 Numbers 0–30

0	cero	8	ocho	16	dieciséis
1	uno	9	nueve	17	diecisiete
2	dos	10	diez	18	dieciocho
3	tres	11	once	19	diecinueve
4	cuatro	12	doce	20	veinte
5	cinco	13	trece	21	veintiuno
6	seis	14	catorce	22	veintidós
7	siete	15	quince	30	treinta

TEACHING OPTIONS

Large Group Ask students to write down their class schedules, including the subject, time, and teacher's name. Have them circulate around the room, introduce themselves to at least four people, and discuss their class schedules. Tell students to be prepared to report back to the class.

TEACHING OPTIONS

Small Groups Print photos of people or groups of people from the Internet; make several photocopies of each one. Divide the class into small groups and give each group a set of photos. Tell students to invent information about the people: who they are, where they are from, and what they do. Then have each group get together with another group to compare their descriptions of the photos.

- Before masculine nouns, **uno** (and all numbers ending in **-uno**) shortens to **un**; before feminine nouns, **uno** changes to **una**.

un chico	una chica
veintiún chicos	veintiuna chicas

- Use **hay** to express *there is/are*. Use **no hay** to express *there is/are not.*

1.3 Present tense of ser

¿De dónde es usted?
Yo soy de Cuba.

- Uses of **ser**: identity, profession or occupation, origin, possession

1.4 Telling time

¿Qué hora es?
Son las cuatro menos diez.

Es la **una.**	*It's 1:00.*
Son las **dos.**	*It's 2:00.*
Son las tres y diez.	*It's 3:10.*
Es la una y cuarto/quince.	*It's 1:15.*
Son las siete y media/treinta.	*It's 7:30.*
Es la una menos cuarto/quince.	*It's 12:45.*
Son las once menos veinte.	*It's 10:40.*
Es el mediodía.	*It's noon.*
Es la medianoche.	*It's midnight.*

- To ask what time it is, use **¿Qué hora es?**
- To ask at what time an event takes place, use **¿A qué hora (...)?** To state at what time an event takes place, use a **la(s)** + *time.*

4 Conversaciones Complete the mini-conversations by choosing the correct word for each blank.

1. —¿De quién ___es___ (es/hay) la maleta?
   —Es ___del___ (de/del) señor Rosales.
2. —¿Cuántos estudiantes ___son___ (eres/son) de España?
   —Dos ___son___ (son/soy) de España y uno ___es___ (cuánto/es) de México.
3. —¿___Cuántos___ (Cuántos/Cuántas) pasajeros hay en el tour?
   —Hmm... hay ___veintiuna___ (veintiuno/veintiuna) [*21*] personas en el autobús ahora.
4. —¿___De dónde___ (De dónde/Qué) son ustedes?
   —___Somos___ (Somos/Son) de los Estados Unidos.

5 La hora Write out these times in Spanish. Follow the model.

modelo
7:10 a.m.
Son las siete y diez de la mañana.

1. 6:15 p.m. Son las seis y cuarto/quince de la tarde.
2. 8:40 a.m. Son las nueve menos veinte de la mañana.
3. 1:07 p.m. Es la una y siete de la tarde.
4. 3:22 p.m. Son las tres y veintidós de la tarde.
5. 11:30 a.m. Son las once y media/treinta de la mañana.
6. 12:55 a.m. Es la una menos cinco de la mañana.
7. 4:00 p.m. Son las cuatro de la tarde.
8. 12:00 p.m. Es el mediodía./Son las doce (del día).

6 Preguntas Jot down your answers to these questions. Then, circulate around the room and try to find another student with the same answers. Ask follow-up questions. Be prepared to report back to the class. Answers will vary.

modelo
Estudiante 1: *¿Es tu madre o padre de otro estado o país?*
Estudiante 2: *Sí, mi madre es de otro estado.*
Estudiante 1: *¿De dónde es ella?*
Estudiante 2: *Es de Michigan.*

1. ¿Es tu madre/padre de otro estado (*another state*) o país?
2. ¿A qué hora es tu programa de televisión favorito?
3. ¿Cuántas computadoras hay en tu casa?

7 Descripción Write a brief description of yourself and your Spanish class. Include your name, where you are from, who your Spanish teacher is and where he/she is from, what time the class is held, and how many students are in the class. Answers will vary.

Practice more at **vhlcentral.com.**

4 Teaching Tip Encourage students to read through each mini-dialogue before selecting their answers.

5 Teaching Tip Before beginning this activity, write the phrases **de la mañana, de la tarde,** and **de la noche** on the board.

5 Expansion
- Tell students to imagine that these are local times. In pairs, have students take turns asking each other what time it is in a city in a different time zone. Ex: **1. —Son las seis y cuarto de la tarde aquí en Filadelfia. ¿Qué hora es en Seattle? —Son las tres y cuarto de la tarde.**
- Have students draw several analog clock faces showing different times, each with a sun or moon to indicate time of day. Then have them exchange papers with a classmate, who will write out the times in Spanish.

6 Teaching Tip Have students create two additional questions to include in their surveys.

21st CENTURY SKILLS

6 Technology Literacy Ask students to prepare a digital presentation to show the trends of the whole class for this activity.

7 Teaching Tip To challenge students, have them describe all their classes.

TEACHING OPTIONS

Game Play *Bingo* as a class. Have students create a chart with 25 squares in five columns and five rows, with a "free" square at the center. Tell them to fill in the squares with different times in Spanish, only using full, quarter, or half hours. Call out times at random. The first student to mark five in a row in any direction is the winner.

TEACHING OPTIONS

Game Play *Charades* as a class. Put the names of occupations on separate slips into bowl or hat. Have one student pick a slip and act out the occupation. The rest of the class guesses by asking questions with **ser**. Ex. **¿Eres artista? Sí, soy artista.**

Communication 1.1
Comparisons 4.1

1 Teaching Tip
- To simplify, before students complete the sentences, have them identify the subject in each one. For items 5 and 9, remind them that **gustar** translates as *to be pleasing to*.
- To challenge students, omit the words in parentheses; provide them in a word bank on the board instead.

2 Teaching Tip To simplify, remind students that **gusta** and **gustan** are the only possible responses. Go through the items as a class and have them state **gusta** or **gustan** for each one. Then have students complete the activity.

3 Teaching Tip Remind students that all interrogative words carry a written accent.

P en la clase

1 Completar Complete the sentences with the correct forms of the verbs in parentheses.

1. Los profesores __explican__ (explicar) las lecciones.
2. Nosotras __cenamos__ (cenar) a las ocho.
3. Tú __desayunas__ (desayunar) en la cafetería.
4. ¿__Trabaja__ (Trabajar) usted los viernes?
5. Me __gusta__ (gustar) cantar y bailar.
6. Yo no __deseo__ (desear) tomar café ahora.
7. Los chicos __dibujan__ (dibujar) con tiza.
8. Julio y yo __escuchamos__ (escuchar) música rock.
9. ¿Te __gustan__ (gustar) las lenguas extranjeras?
10. Ustedes esperan __viajar__ (viajar) a Perú.

2 Gustar Luis studies science. For each item, write what Luis would say about his preferences, according to the cue. Follow the model.

modelo
trabajar en el laboratorio ☹
No me gusta trabajar en el laboratorio.

1. las ciencias marinas ☺ Me gustan las ciencias marinas.
2. los exámenes de física ☹ No me gustan los exámenes de física.
3. escuchar la radio cuando estudio ☺ Me gusta escuchar la radio cuando estudio.
4. trabajar y conversar con los profesores ☺ Me gusta trabajar y conversar con los profesores.
5. la tarea de química ☹ No me gusta la tarea de química.
6. la clase de biología ☺ Me gusta la clase de biología.

3 Preguntas Write the questions for these answers.

1. —¿__Cuándo enseña / Qué días enseña__ la profesora Castillo?
   —Enseña los martes y jueves.
2. —¿__Dónde descansan los chicos__?
   —Los chicos descansan en la casa.
3. —¿__Qué desean cenar__ (ustedes)?
   —Deseamos cenar pizza.
4. —¿__Cuántas clases tomas__ (tú)?
   — Tomo cinco clases.
5. —¿__Por qué trabajas__?
   —Trabajo porque necesito dinero (*money*).
6. —¿__De quién son__ los cuadernos?
   —Son de Beatriz.
7. —¿__A qué hora es__ la clase de literatura?
   — Es a la una de la tarde.

2.1 Present tense of -ar verbs

Juan Carlos estudia ciencias ambientales.

- To conjugate most regular **-ar** verbs in the present tense, drop the **-ar** and add the appropriate endings that correspond to the different subject pronouns.

estudiar	
estudio	estudiamos
estudias	estudiáis
estudia	estudian

- When two verbs are used together without a change in subject, the second verb is in the infinitive. To make the sentence negative, put **no** before the conjugated verb.

Necesito comprar **un libro.** No **deseo viajar hoy.**

The verb *gustar*
- To express your likes and dislikes, use:

(no) me gusta + el/la + [*singular noun*] **No me gusta el horario.**
(no) me gustan + los/las + [*plural noun*] **Me gustan las ciencias.**

- To say what you like and do not like to do, use:

(no) me gusta + [*infinitive(s)*] **Me gusta leer y escribir.**

- To ask a classmate about likes and dislikes, use **te**.

¿Te gusta la clase?

2.2 Forming questions in Spanish

- There are three ways to form questions in Spanish: by raising the pitch of your voice at the end of a declarative statement; by inverting the subject and verb in a statement; or by adding tag questions (**¿verdad?** or **¿no?**) to a declarative statement.

¿Ustedes trabajan los sábados?
¿Trabajan ustedes los sábados?
Ustedes trabajan los sábados, ¿verdad?/¿no?

TEACHING OPTIONS

Pairs Ask students to write a list of activities and items related to school life. Refer them to **Actividad 2** on this page for ideas. Then have them exchange papers with a partner, who will try to predict their classmate's preferences. Their classmate will confirm or correct each one. Ex: **—Te gusta tomar el autobús. —No, no es verdad. No me gusta tomar el autobús.**

TEACHING OPTIONS

Game Divide the class into small teams. Name a subject and an object (Ex: **ustedes/la literatura**). Give teams 30 seconds to construct a simple sentence using the prompt and **gustar** or a regular **-ar** verb. Ex: **A ustedes les gusta la literatura./Ustedes estudian literatura.** One member from each team writes their sentence on the board. Award one point to each team for each grammatically correct and logical sentence.

Interrogative words		
¿Adónde?	¿Cuánto/a?	¿Por qué?
¿Cómo?	¿Cuántos/as?	¿Qué?
¿Cuál(es)?	¿De dónde?	¿Quién(es)?
¿Cuándo?	¿Dónde?	

2.3 Present tense of **estar**

estar	
estoy	estamos
estás	estáis
está	están

► Uses of **estar**: location, health, well-being

Prepositions often used with **estar**	
a la derecha de	delante de
a la izquierda de	detrás de
al lado de	en
allá	encima de
allí	entre
cerca de	lejos de
con	sin
debajo de	sobre

2.4 Numbers 31 and higher

Hay cuarenta y siete estudiantes en la clase de geografía.

31	treinta y uno	101	ciento uno
32	treinta y dos	200	doscientos/as
	(and so on)	500	quinientos/as
40	cuarenta	700	setecientos/as
50	cincuenta	900	novecientos/as
60	sesenta	1.000	mil
70	setenta	2.000	dos mil
80	ochenta	5.100	cinco mil cien
90	noventa	100.000	cien mil
100	cien, ciento	1.000.000	un millón (de)

► The numbers 200 through 999 agree in gender with the nouns they modify.

324 plumas **trescientas veinticuatro plumas**

4 En la escuela There is a substitute teacher in Clara's class today. Complete the conversation with the correct forms of **estar**.

SR. GARCÍA Buenos días. ¿Cómo (1) ___estás___ ?

CLARA Bien, gracias. ¿Cómo (2) ___está___ usted?

SR. GARCÍA (3) ___Estoy___ muy bien. Soy el señor García. Y tú eres Clara Rivas, ¿verdad?

CLARA Sí. Perdón, señor García, pero ¿dónde (4) ___está___ el señor Duque?

SR. GARCÍA (5) ___Está___ en una conferencia, pero regresa mañana. Clara, ¿en qué parte del libro (6) ___están___ ustedes?

CLARA (Nosotros) (7) ___Estamos___ en la lección 4.

SR. GARCÍA Y los borradores, ¿dónde (8) ___están___ ?

CLARA Allí, al lado de la mesa.

4 Expansion Have two volunteers read the conversation aloud.

5 Buscar Imagine that you are in a school supply store and can't find various items. Ask the clerk (your partner) about the location of five items in the drawing. Then switch roles. Answers will vary.

modelo

Estudiante 1: ¿Dónde están los diccionarios?
Estudiante 2: Los diccionarios están debajo de los libros de literatura.

5 Expansion Have pairs of students create another drawing of a section of a school supply store. Have pairs exchange drawings with another pair. Partners should take turns asking each other about the location of the items in the drawing.

6 Números Write these numbers in Spanish.

1. 751 ___setecientos cincuenta y uno___
2. 99 ___noventa y nueve___
3. 4.010 ___cuatro mil diez___
4. 844 ___ochocientos cuarenta y cuatro___
5. 738.266 ___setecientos treinta y ocho mil doscientos sesenta y seis___
6. 23.110.680 ___veintitrés millones ciento diez mil seiscientos ochenta___
7. 1.033 ___mil treinta y tres___
8. 1.500.307 ___un millón quinientos mil trescientos siete___

6 Teaching Tip Remind students that Spanish uses a period to indicate thousands and millions.

6 Expansion Have students use each number in a logical sentence. Encourage them to use the verb form **hay**. Ex: **Hay cuatro mil diez libros en la biblioteca de la escuela.** Remind them that numbers 200 through 999 agree in number and gender with the nouns they modify.

EXPANSION

Extra Practice Remind students of the math terms **más** (*plus*), **menos** (*minus*), and **son** (*equals*). Give simple math problems, using the numbers reviewed here and on page 2. Then have students write ten math problems for a classmate to solve.

TEACHING OPTIONS

Pairs Tell students to write sentences describing the relative locations of five places on your school campus or in the nearest town center, using **estar** and prepositions of location. In pairs, have students take turns reading their descriptions; their partner should guess the place. Then have a few volunteers read a description for the class to guess.

7 Teaching Tip Tell students to read through the paragraph once to get the gist. Then tell them to read it again and select an infinitive for each blank. Finally, have students conjugate the verbs.

8 Expansion Extend the activity by bringing in photos from magazines or the Internet. Add words to the word bank as needed.

7 **Un estudiante español** Complete the paragraph with the appropriate forms of the verbs in the word list. Not all the verbs will be used. Some may be used more than once.

bailar	**desayunar**	**estar**	**gustar**	**necesitar**
caminar	**esperar**	**estudiar**	**hablar**	**tomar**

Hola, soy Víctor. Soy de Madrid, España. (Yo) (1) ___estudio/estoy___ en una escuela secundaria. (2) ___Tomo___ clases de ciencias, matemáticas, arte e inglés. Los días de semana, mis padres y yo (3) ___desayunamos___ juntos (*together*) en casa. Luego mis padres (4) ___esperan/toman___ el autobús; sus oficinas (5) ___están___ lejos de la casa. Yo no (6) ___necesito___ tomar el autobús para llegar a la escuela. Afortunadamente (*Luckily*), (7) ___está___ cerca de mi casa. A veces (*Sometimes*) mi amigo Alberto y yo (8) ___caminamos___ juntos a la escuela. (9) ___Hablamos___ de deportes, como el tenis o el fútbol. ¿Y tú? ¿(10) ___Estudias___ en una escuela cerca de tu casa? ¿Qué clases (11) ___tomas___ ? ¿A ti te (12) ___gustan___ los deportes?

8 **Describir** With a partner, choose verbs from the list to ask and answer questions about what you see in each drawing. Answers will vary.

buscar	**dibujar**	**llevar**
caminar	**escuchar**	**tomar**
cantar	**estudiar**	**viajar**
descansar	**hablar**	

modelo

enseñar, explicar, hablar

Estudiante 1: *¿Qué enseña la profesora?*

Estudiante 2: *Enseña química.*

Estudiante 1: *¿Explica la lección?*

Estudiante 2: *Sí, explica la lección.*

1.

2.

3.

4.

PRE-AP*

Interpersonal Speaking In pairs, have students write a conversation between a teacher and a new student at a school. Encourage creativity, but tell them to include at least four uses of **estar**, three **-ar** verbs, and three different interrogative words. Have pairs role-play their conversations for the class.

TEACHING OPTIONS

Pairs Tell students that, through time travel, they have the opportunity to interview a famous historical figure. Have students write a list of questions that they would like to ask, using at least five different interrogative words. Then, in pairs, have students role-play the interviews. Encourage the "celebrities" to be creative and ad-lib their responses.

9 **Contestar** Answer these questions. Answers will vary.

1. ¿Cuántas clases tomas? ¿Cuál es tu clase favorita?
2. ¿Dónde estudias, en la biblioteca o en casa? ¿Escuchas música cuando estudias?
3. ¿A qué hora llegas a la escuela? ¿A qué hora regresas a casa?
4. ¿Con quién(es) cenas normalmente? ¿Quién prepara la comida (*food*)?
5. ¿Miras mucha televisión? ¿Qué programas te gustan?
6. ¿Te gusta viajar? ¿Qué países o culturas te gustan?
7. ¿Qué música escuchan tus amigos/as y tú? ¿Bailan ustedes? ¿Cantan?
8. ¿Qué te gusta hacer los fines de semana? ¿Descansas, preparas la tarea o pasas tiempo con tu familia?

10 **Actividades** With a partner, take turns asking each other if you do these activities. Also ask follow-up questions. Jot down your partner's answers and make note of which activities you both do. Answers will vary.

modelo

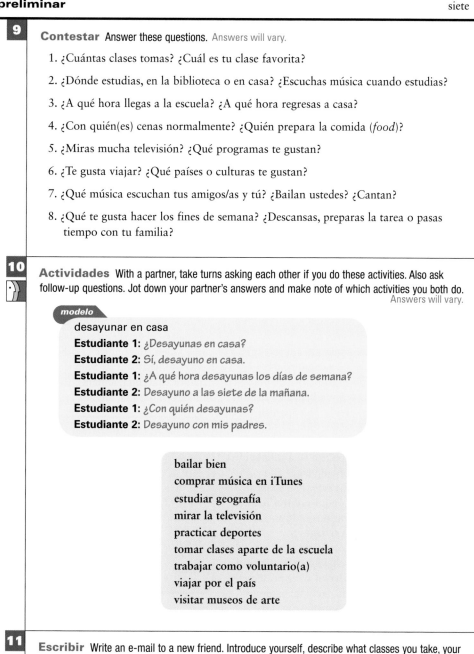

desayunar en casa
Estudiante 1: *¿Desayunas en casa?*
Estudiante 2: *Sí, desayuno en casa.*
Estudiante 1: *¿A qué hora desayunas los días de semana?*
Estudiante 2: *Desayuno a las siete de la mañana.*
Estudiante 1: *¿Con quién desayunas?*
Estudiante 2: *Desayuno con mis padres.*

- bailar bien
- comprar música en iTunes
- estudiar geografía
- mirar la televisión
- practicar deportes
- tomar clases aparte de la escuela
- trabajar como voluntario(a)
- viajar por el país
- visitar museos de arte

11 **Escribir** Write an e-mail to a new friend. Introduce yourself, describe what classes you take, your studying habits, and what you do on school days and weekends. Talk about your likes and dislikes, and ask about your friend's. Answers will vary.

modelo

Hola, Andrés:
Me llamo David y soy de Miami, Florida. Soy estudiante en una escuela secundaria. Tomo clases de historia, arte…

Practice more at **vhlcentral.com.**

9 Teaching Tip Check answers by having pairs of students go over the questions and answers.

10 Teaching Tip Alternatively, tell students to write down the items from the word bank on a sheet of paper. Have them write their initials next to activities that they do. Then have students circulate around the room and try to find a classmate that does each activity, noting students' initials next to the activities they do. Students should be prepared to report back to the class.

11 Teaching Tip Tell students that they can re-read the paragraph in **Actividad 7** for inspiration, but that their e-mails should be original.

11 Expansion Collect students' papers, shuffle them, and read them aloud without mentioning names. Have the class guess who wrote each one.

TEACHING OPTIONS

Large Group Tell students to assume the identity of a famous person and to write a series of statements about that person's likes and dislikes and some of their activities, using **-ar** verbs. Have students read their descriptions aloud for the class, ending with the question **¿Quién soy?** Their classmates will try to guess the celebrity's identity, asking follow-up questions as needed.

TEACHING OPTIONS

Game Play a *Jeopardy*-style game. Create a series of responses in different categories, such as **las asignaturas, el salón de clases, las familias, los deportes**, etc. Assign different point values to the responses, based on degree of difficulty. Divide the class into two or three teams, and assign a class scorekeeper. Remind students that when their team wants to answer, it must be in the form of a question. The team with the most points at the end wins.

Section Goals

In **Cultura,** students will:

- read about the Spanish language in Latin America
- learn Spanish words that have indigenous origins
- read about Independence Day in Mexico and Central American nations
- read about pre-Columbian civilizations

Communication 1.1, 1.2
Cultures 2.1, 2.2
Connections 3.1, 3.2
Comparisons 4.2

21st CENTURY SKILLS

Global Awareness
Students will gain perspectives on the Spanish-speaking world to develop respect and openness to others and to interact appropriately and effectively with citizens of Spanish-speaking cultures.

En detalle

Antes de leer Tell students to look at the visual elements on the page.

Lectura

- Remind students that 1492 was a pivotal year in Spanish history: the Catholic monarchs Ferdinand and Isabel (**Fernando e Isabel**) completed the **Reconquista**, thus ending any Muslim rule on the Iberian Peninsula; it was decreed that Jews be forced to convert to Catholicism or face expulsion; Columbus sailed to America, a trip financed by the Spanish crown.
- **Guaraní** is the only indigenous language in the Americas that is spoken by a large proportion of non-indigenous people.

Después de leer Ask students to share any facts from the reading that were new or surprising to them.

1 Expansion Give this statement as item 11:
11. Ecuador has three official languages. (**Cierto.**)

EN DETALLE

Reading, Additional Reading

El español en Latinoamérica

As a Spanish language learner, you are on your way to being able to communicate with a vast number of people from diverse regions, backgrounds, and cultures. There are about 500 million Spanish-speakers in the world, but less than 600 years ago, Spanish was used only in the northern and central regions of the Iberian Peninsula. In 1492, the **Reyes Católicos**° unified Spain under Christian rule and the Spanish language. In that same year, they commissioned **Cristóbal Colón**° to search for a new trade route to India, on which he carried the Spanish language to the Americas.

Although Columbus initially sought to explore and establish trade routes, a principal goal of the Spaniards in the Americas quickly became conquest and evangelism—spreading the Catholic faith. The Spanish encountered millions of indigenous people who spoke a vast number of languages and dialects. The Spanish **conquistadores** used various indigenous languages to communicate their religious message, and several were preserved this way throughout colonial times. For example, **quechua** was the main means of communication in the central Andean region between the Spaniards and the indigenous population. Over time, the geographic reach of quechua continued to expand, and words from many different indigenous languages were incorporated into Spanish. **Papa**° and **jaguar**° are just two examples.

Over the following few centuries of colonial rule, descendants of the Spanish and majority **mestizo**° population perpetuated the use of Spanish. After the wars of independence, most nations opted to have Spanish as their official language. However, millions of Latin Americans continue to speak a multitude of indigenous languages, especially in rural areas. And in several Latin American countries, indigenous languages have co-official status: Bolivia (**quechua, aimará**), Ecuador (**quechua, aimará**), Paraguay (**guaraní**), and Peru (**quechua, aimará**).

Otras° lenguas indígenas

Lengua	Donde se habla	Más información
náhuatl	México	lengua de los aztecas
chibcha	(lengua extinta)	lengua dominante en Colombia y Panamá en tiempos precolombinos°
maya	Guatemala, México, Honduras	en tiempos precolombinos usan un sistema jeroglífico°
taíno	(lengua extinta)	lengua más dominante en la región del Caribe en tiempos precolombinos
mapuche	Chile	no tiene relación con otras lenguas indígenas

Reyes Católicos *the Catholic King Fernando of Aragón and Queen Isabel of Castilla* **Cristóbal Colón** *Christopher Columbus* **Papa** *Potato (from Quechua)* **jaguar** *jaguar (from Guaraní)* **mestizo** *mixed Spanish and indigenous ancestry* **Otras** *Other* **precolombinos** *pre-Columbian* **jeroglífico** *hieroglyphic*

ACTIVIDADES

1 Cierto o falso? Indicate whether each statement is **cierto** or **falso**. Correct the false statements.

1. About 500,000 people speak Spanish worldwide. Falso. About 500 million people speak Spanish worldwide.
2. The Spanish **conquistadores** often communicated Catholic teachings in indigenous languages. Cierto.
3. Indigenous languages did not survive the Spanish conquest. Falso. Many indigenous languages survived.
4. **Quechua** originated in the Caribbean. Falso. **Quechua** is an Andean language.
5. Many Spanish words have indigenous origins. Cierto.
6. Today, indigenous languages are not widely spoken in Latin America. Falso. Millions of Latin Americans speak indigenous languages.
7. **Aimará** is spoken in Paraguay. Falso. **Guaraní** is spoken in Paraguay.
8. **Taíno** and **chibcha** are extinct languages. Cierto.
9. The Aztecs spoke **maya**. Falso. The Aztecs spoke **náhuatl**.
10. **Mapuche** and **quechua** belong to the same linguistic family. Falso. **Mapuche** is not related to any other indigenous language.

PRE-AP*

Presentational Speaking with Cultural Comparison Have students research one indigenous group in Latin America and one in the present-day U.S. or Canada. Have students compare and contrast the two groups in terms of population size and territory, early contact with Europeans, and survival of language and culture. Have students present their findings to the class.

DIFFERENTIATION

Heritage Speakers Ask heritage speakers to share with the class any words or expressions used in their cultural communities that are of indigenous origin. Also have them discuss the presence and influence of indigenous populations in their families' countries of origin.

ASÍ SE DICE

Palabras de origen indígena

el aguacate (náhuatl)	*avocado*
la barbacoa (taíno)	*barbecue*
la cancha (quechua)	*field, court*
el chile (náhuatl)	*chili (pepper)*
el coyote (náhuatl)	*coyote*
el huracán (taíno)	*hurricane*
la maraca (guaraní)	*maraca*
la palta (quechua)	*avocado*
el puma (quechua)	*puma*

EL MUNDO HISPANO

Civilizaciones precolombinas

La civilización maya This civilization is known for its art, architecture, mathematics, and astronomy. The Mayas developed a counting system based on 20 and the concept of zero. Remains of Mayan temples, such as **Tikal** in Guatemala and **Chichén Itzá** on the Yucatan Peninsula, are now popular tourist attractions.

El imperio azteca This civilization, based in Mexico's central valley, greatly expanded its domain through military conquest and alliances. The Aztecs founded their capital, **Tenochtitlán**, in 1325; by the time the Spanish arrived in 1519, it was one of the largest cities in the world.

El imperio incaico The Incas developed an innovative agricultural system of terraces and constructed a vast network of roads with the capital, Cusco, at its center. One of the most famous legacies of the Incan Empire is the mountaintop ruins of **Machu Picchu**.

PERFIL

Día de la Independencia

During the early morning hours of September 16, 1810, a Mexican priest rang his church bell in the town of Dolores and gave a rousing call for a free, independent Mexico: **¡Viva° la Independencia! ¡Muera el mal gobierno°!** After 11 years of war, Mexico won its independence from Spain, which it commemorates on the 16th of September. Although Mexico's **Día de la Independencia** is officially September 16th, the celebrations begin the night before. Father Miguel Hidalgo's act, now known as **el Grito° de Dolores**, is reenacted every year in **zócalos°** across Mexico, accompanied by fireworks, music, and revelers dressed in the colors of the Mexican flag.

Beginning in 1811, similar movements for freedom ignited all over Central America. Finally, on September 15, 1821, Costa Rica, El Salvador, Guatemala, Honduras, and Nicaragua signed the **Acta de Independencia de Centroamérica**, thus proclaiming their autonomy from Spain. These five countries all celebrate their independence on September 15th.

Viva *Long live* **Muera el mal gobierno** *Down with bad government*
Grito *Shout* **zócalos** *plazas*

Conexión Internet

¿Qué es y qué hace la Real Academia Española?

Go to **vhlcentral.com** to find more cultural information related to this **Cultura** section.

ACTIVIDADES

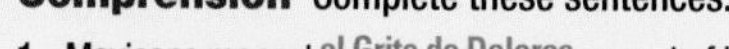

2 Comprensión Complete these sentences.

1. Mexicans reenact el Grito de Dolores as part of Independence Day.
2. The capital of the Aztec Empire was one of the largest cities in the world.
3. **Palta** and aguacate both mean avocado.
4. Honduras and Nicaragua celebrate their independence on September 15th.
5. Coyote is a Nahuatl word referring to an animal.

3 Los indígenas Have students work in pairs. Ask them to research more about one of the indigenous groups mentioned on these pages, or another pre-Columbian civilization in Latin America. Have students prepare a brief oral presentation about the group's culture, language, customs, and place in history. Answers will vary.

 Practice more at **vhlcentral.com.**

TEACHING OPTIONS

TPR Divide the class into three groups: **maya**, **azteca**, and **quechua.** Call out a series of statements about the language or civilization. Have groups stand when the statement refers to their group. Ex: **Esta civilización funda su capital en 1325.** (Group **azteca** stands.) **Es una lengua oficial de Perú.** (Group **quechua** stands.)

EXPANSION

Extra Practice Tell students to pick one of the destinations mentioned in **El mundo hispano** that they would like to visit. Have them research more about the place and create an itinerary to visit it. Then have them incorporate the itinerary into a travel brochure.

Así se dice

- Model the pronunciation of each new term and have students repeat it.
- Have students identify which terms from the list also made their way into English.

Perfil Mexico's **Día de la Independencia** is the most important of the **fiestas patrias**; the others are **Aniversario de la Constitución** (first Monday in February), **Natalicio de Benito Juárez** (March 21), **Día del Trabajo** (May 1), **Aniversario de la Revolución** (third Monday of November). Point out that, contrary to popular belief in the U.S., **Cinco de Mayo** is not related to Mexico's independence; in Mexico it is celebrated regionally to honor the Battle of Puebla.

El mundo hispano

- If possible, bring in photos of the sites mentioned and use maps to point out their locations.
- Students will read about Incan trails and watch a video about **Machu Picchu** in **Lección 1**.

2 Expansion Ask students to create three additional cloze sentences for a partner to complete.

3 Teaching Tip To add a visual aspect to this activity, ask students to create a poster to use during their presentation.

Communication 1.1
Comparisons 4.1

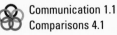

1 Teaching Tip To simplify, provide a word bank of the answers in neuter form.

1 Expansion Have students use five of the adjectives in complete sentences.

2 Teaching Tip After checking answers as a class, ask a volunteer to explain why item 2 is in feminine form even though it refers to a group of males.

3 Expansion Ask students to write questions that could have elicited these sentences as answers. For item 5, have them write a logical response to the question.

4 Expansion Have students create a similar chart for a partner to complete, using different verbs.

1 Opuestos For each adjective, give an adjective that is opposite in meaning. Keep the gender and number the same.

1. tonto inteligente
2. baja alta
3. gordo delgado
4. viejos jóvenes
5. simpáticas antipáticas
6. bonito feo
7. difíciles fáciles
8. morena rubia
9. malas buenas
10. blanco negro

2 Completar Ernesto is talking about life at his new school. Complete the paragraph with the correct form of the adjectives from the list. Use each adjective only once. One adjective will not be used.

bueno	mismo
difícil	mucho
feo	simpático
inteligente	tonto
interesante	tres

En la escuela donde estudio tengo (1) tres amigos: Ignacio, Carlos y Tomás. Son personas muy (2) simpáticas; hablamos de todo. Ellos son (3) inteligentes; reciben A en todos los exámenes. Yo no soy (4) tonto, pero no tengo las (5) mismas notas. Las materias son (6) interesantes y los profesores son (7) buenos, pero en la clase de matemáticas hay (8) mucha tarea y la clase de química es (9) difícil. Deseo tomar más clases de historia y de arte.

3 Posesivos Write the correct form of each possessive adjective.

1. Tu (*Your*, fam.) sobrino es muy joven.
2. Sus (*Her*) profesores son estrictos.
3. Olivia es mi (*my*) hermana.
4. Nuestra (*Our*) casa es azul.
5. ¿Juliana es su (*your*, form.) esposa?
6. Su (*His*) familia es pequeña.
7. Los libros viejos son de nuestros (*our*) abuelos.
8. Mis (*My*) tíos son argentinos.

4 Verbos Complete the chart with the correct verb forms.

Infinitive	yo	nosotros/as	ustedes
asistir	**asisto**	asistimos	asisten
deber	debo	**debemos**	deben
leer	leo	leemos	**leen**
venir	vengo	venimos	vienen
beber	**bebo**	bebemos	beben
describir	describo	describimos	**describen**

3.1 Descriptive adjectives

Felipe es gordo, antipático y muy feo.

- Adjectives are words that describe nouns. In Spanish, adjectives agree in both gender and number with the nouns they modify.

Forms and agreement of adjectives

Masculine		Feminine	
Singular	Plural	Singular	Plural
alto	altos	alta	altas
inteligente	inteligentes	inteligente	inteligentes
trabajador	trabajadores	trabajadora	trabajadoras

- Descriptive adjectives, color words, and adjectives of nationality follow the noun:

el chico rubio, las sillas rojas, la mujer española

- Adjectives of quantity precede the noun:

muchos libros, dos turistas

Note: When placed before a singular masculine noun, these adjectives are shortened:

bueno → buen; malo → mal

un buen día, un mal hombre

When placed before a singular noun, **grande** is shortened to **gran**, and the meaning changes to *great*.

una gran escuela

3.2 Possessive adjectives

Singular		Plural	
mi	nuestro/a	mis	nuestros/as
tu	vuestro/a	tus	vuestros/as
su	su	sus	sus

- Possessive adjectives always precede the nouns they modify:

nuestros amigos, mi madre

EXPANSION

Extra Practice Ask students to write sentences about characters from television, literature, or movies, using descriptive adjectives. Then have them exchange papers with a classmate, who will write sentences using the antonyms of the adjectives used in the first student's descriptions.

TEACHING OPTIONS

Game Divide the class into two teams and have them line up. Point to a member from each team and give a certain form of an adjective (Ex: **buenos**). Then name another form that you want students to provide (Ex: masculine singular) and have them race to the board. The first student who writes the correct form earns one point for his or her team. Deduct one point for each wrong answer. The team with the most points at the end wins.

3.3 Present tense of -er and -ir verbs

- To create the present-tense forms of most regular verbs, drop the infinitive ending (-er, -ir) and add the appropriate endings that correspond to the different subject pronouns.

comer		escribir	
como	comemos	escribo	escribimos
comes	coméis	escribes	escribís
come	comen	escribe	escriben

3.4 Present tense of tener and venir

tener		venir	
tengo	tenemos	vengo	venimos
tienes	tenéis	vienes	venís
tiene	tienen	viene	vienen

- **Tener** is used in many common phrases expressing feelings and age.

tener... años	*to be... years old*
tener calor	*to be hot*
tener frío	*to be cold*
tener ganas de + *inf.*	*to feel like (doing something)*
tener hambre	*to be hungry*
tener prisa	*to be in a hurry*
tener razón	*to be right*
tener sed	*to be thirsty*
tener sueño	*to be sleepy*
tener que + *inf.*	*to have to (do something)*

5 Situaciones Read these situations. For each one, write a logical sentence using a **tener** expression. Follow the model.

modelo

Mi primo Rubén tiene un examen mañana. Rubén tiene que estudiar.

1. Es la medianoche y escribes la tarea. Tú tienes sueño.
2. Es la hora de cenar. Yo tengo hambre.
3. Buscamos agua. Nosotros tenemos sed.
4. Son las 8:50 y José está en casa. La clase es a las 9. José tiene prisa.
5. Tus amigos y tú buscan un libro interesante. Ustedes tienen ganas de leer.
6. Enrique dice que estamos en el año 2010. Él no tiene razón.

6 Oraciones Arrange each set of words in the correct order to form a complete, logical sentence. **¡Ojo!** Remember to conjugate the verbs according to the subject.

1. las / media / venir / a / yo / escuela / a / siete / y / la
   Yo vengo a la escuela a las siete y media.
2. sus / compartir / usted / amigos / con / ¿ / ?
   ¿Comparte usted con sus amigos?/¿Sus amigos comparten con usted?
3. profesor / un / nosotros / buen / tener
   Nosotros tenemos un buen profesor.
4. interesantes / aprender / sobrinos / libros / leer / mis / a
   Mis sobrinos aprenden a leer libros interesantes.

7 Conversación Complete the conversation with the correct form of the appropriate verb. Then, act it out with a partner.

—Hola, Raquel. ¿Qué (1) escribes (escribir/comprender) en el teléfono?
—Hola, Simón. (2) Escribo (Comer/Escribir) un mensaje de texto (*text message*) para mi amiga Inés.
—¿Inés? Ella (3) vive (abrir/vivir) cerca del parque, ¿verdad?
—Sí, exactamente. Por las tardes ella y yo (4) corremos (correr/decidir) en el parque.
—¡Qué bien! A mí también me gusta (5) correr (correr/leer).
—¿Ah, sí? ¿Por qué no (6) vienes (tener/venir) con nosotras? Después (7) compartimos (compartir/aprender) un batido de col (*kale smoothie*) en un café.
—¿Ustedes (8) beben (beber/creer) batidos de col? Em… no, gracias. (9) Tengo (Recibir/Tener) que terminar la tarea y a las cinco (10) asisto (describir/asistir) a una lección de piano.
—Ay, Simón. De verdad (11) debes (deber/compartir) practicar más deportes.

Practice more at **vhlcentral.com.**

5 Expansion In pairs, have students take turns acting out an expression with **tener** at random for their partner to guess.

6 Teaching Tip To simplify, before forming the sentences, have students underline the subject and circle the verb in each set of cues.

6 Expansion Ask pairs of students to create three or four additional dehydrated sentences. Have them exchange papers with another pair and write out the complete sentences.

7 Teaching Tip Divide the class into pairs and give them a few minutes to role-play the conversation. Encourage students to ad-lib. Then have them switch roles.

EXPANSION

Extra Practice Add an auditory aspect to this grammar review. Use these sentences as dictation. Read each one twice, pausing to allow students to write. **1. Cuando tengo un mal día, hablo con mis padres. 2. Tenemos que escribir las listas de vocabulario. 3. Carlos lee muchos libros con sus nietos. 4. Elena tiene sed.**

DIFFERENTIATION

Heritage Speakers Have heritage speakers make statements describing customs in their families or cultural communities, using **-er**/**-ir** verbs and **tener** expressions. Some statements should be true and others should be false. The class will guess which are true and ask follow-up questions as needed.

Communication 1.1
Comparisons 4.1

1 Teaching Tip Remind students of the contraction **al**.

1 Expansion Have students write a few sentences about where they and people they know are going this weekend or what they are going to do. Have them share their sentences in small groups and answer any follow-up questions.

2 Teaching Tip To simplify, before beginning the activity, have students look at the drawings and brainstorm a few activities for each one. Write the list on the board.

3 Expansion Divide the class into pairs or groups of three. Tell students to select five verb forms from the chart and write a conversation using the verbs. Then have them act out the conversations. Have volunteers role-play their situations for the class.

los pasatiempos

1 **El verbo *ir*** Complete the sentences with the correct form of the verb **ir** and **a**, **al**, or **a la**.

1. Los jóvenes __van__ __a la__ plaza.
2. ¿Ustedes __van__ __a__ jugar al golf?
3. Mi abuela __va__ __a la__ iglesia.
4. Tú __vas__ __al__ restaurante.
5. Yo __voy__ __a__ esquiar.
6. Fernanda y yo __vamos__ __al__ cine.

2 **¿Adónde?** With a partner, take turns asking and answering questions about where these people are going and what they are going to do there.
Some answers will vary.

modelo

Estudiante 1: *¿Adónde va Estela?*
Estudiante 2: *Va a la Librería Sol.*
¿Qué va a comprar allí?
Estudiante 1: *Va a comprar un libro.*

Estela

1. Álex y Miguel
¿Adónde van Álex y Miguel? Van al parque. Van a…

2. mi amigo
¿Adónde va mi amigo? Va al gimnasio. Va a…

3. tú
¿Adónde vas? Voy al partido de tenis. Voy a…

4. los estudiantes
¿Adónde van los estudiantes? Van al estadio. Van a…

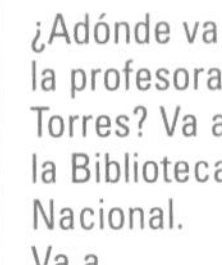

5. la profesora Torres
¿Adónde va la profesora Torres? Va a la Biblioteca Nacional. Va a…

6. ustedes
¿Adónde van ustedes? Vamos a la piscina. Vamos a…

3 **Verbos** Complete the chart with the correct verb forms.

Infinitive	yo	nosotros/as	ellos/as
contar	cuento	contamos	cuentan
jugar	**juego**	jugamos	juegan
cerrar	**cierro**	**cerramos**	cierran
traer	traigo	traemos	**traen**
seguir	sigo	seguimos	**siguen**
oír	oigo	**oímos**	oyen

4.1 Present tense of **ir**

Ella va al cine y a los museos.

	ir		
yo	voy	nosotros/as	vamos
tú	vas	vosotros/as	vais
Ud./él/ella	va	Uds./ellos/ellas	van

- **Ir** is often used with the preposition **a**; if **a** is followed by the definite article **el**, they form a contraction: **a + el = al.**
- **Ir** has many everyday uses, including expressing future plans:

ir a + [*infinitivo*] = *to be going to* + [*infinitive*]
vamos a + [*infinitivo*] = *let's do something*

4.2 Stem-changing verbs **e:ie, o:ue, u:ue**

Los chicos empiezan a hablar del cenote.

	empezar	volver	jugar
yo	empiezo	vuelvo	juego
tú	empiezas	vuelves	juegas
Ud./él/ella	empieza	vuelve	juega
nosotros/as	empezamos	volvemos	jugamos
vosotros/as	empezáis	volvéis	jugáis
Uds./ellos/ellas	empiezan	vuelven	juegan

- Other **e:ie** verbs: **cerrar, comenzar, entender, pensar, perder, preferir, querer**
- Other **o:ue** verbs: **almorzar, contar, dormir, encontrar, mostrar, poder, recordar**

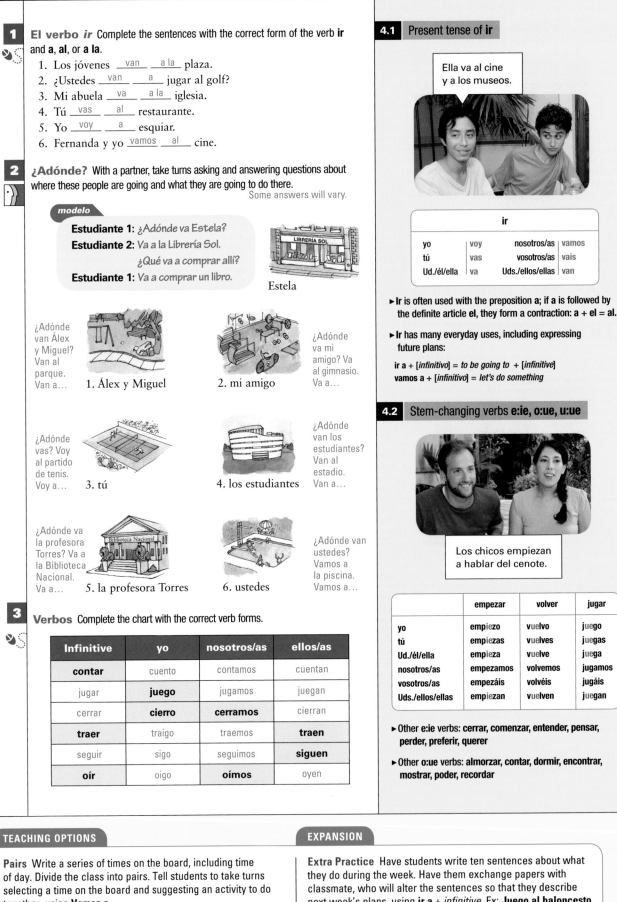

TEACHING OPTIONS

Pairs Write a series of times on the board, including time of day. Divide the class into pairs. Tell students to take turns selecting a time on the board and suggesting an activity to do together, using **Vamos a….**

EXPANSION

Extra Practice Have students write ten sentences about what they do during the week. Have them exchange papers with classmate, who will alter the sentences so that they describe next week's plans, using **ir a** + *infinitive.* Ex: **Juego al baloncesto con Alex. (Voy a jugar al baloncesto con Alex.)**

4.3 Stem-changing verbs e:i

pedir			
yo	pido	nosotros/as	pedimos
tú	pides	vosotros/as	pedís
Ud./él/ella	pide	Uds./ellos/ellas	piden

- As with other stem-changing verbs you have learned, there is no stem change in the **nosotros/as** or **vosotros/as** forms in the present tense.
- Other e:i verbs: **conseguir** (consigo), **decir** (digo), **repetir, seguir** (sigo)

4.4 Verbs with irregular yo forms

- In Spanish, several verbs have irregular **yo** forms in the present tense.

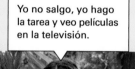

Yo no salgo, yo hago la tarea y veo películas en la televisión.

hacer	poner	salir	suponer	traer
hago	pongo	salgo	supongo	traigo

- The verbs **ver** and **oír**

ver			
yo	veo	nosotros/as	vemos
tú	ves	vosotros/as	veis
Ud./él/ella	ve	Uds./ellos/ellas	ven

oír			
yo	oigo	nosotros/as	oímos
tú	oyes	vosotros/as	oís
Ud./él/ella	oye	Uds./ellos/ellas	oyen

4 Completar Complete each sentence with the correct form of the verb.

1. Daniela __muestra__ (mostrar) las fotos de su excursión.
2. ¿Cuándo __podemos__ (poder) pasear tú y yo?
3. Tus clases __comienzan__ (comenzar) mañana, ¿verdad?
4. Mi familia y yo __oímos__ (oír) música salsa en casa.
5. ¿(Tú) __Ves__ (ver) programas de *reality* en la televisión?
6. Mateo __dice__ (decir) que hay un problema.
7. (Yo) __Supongo__ (suponer) que hay una solución.
8. Tus amigos y tú __juegan__ (jugar) al fútbol los domingos.

5 El cine Complete the paragraph by choosing the appropriate verb and conjugating it in the correct form. **¡Ojo!** Not all verbs have stem changes.

Mis amigas y yo (1) __vamos__ (repetir, ir, ver) al cine el sábado. Pilar y Lucía (2) __quieren__ (volver, abrir, querer) ver una película romántica, pero Teresa, Elena y yo (3) __preferimos__ (preferir, traer, ir) una comedia. Entonces (*So*), este sábado nosotras (4) __pensamos__ (cerrar, llevar, pensar) comprar entradas (*tickets*) para ver una película cómica. La película (5) __empieza__ (tener, hacer, empezar) a las ocho y (6) __termina__ (contar, terminar, comenzar) a las 9:45 de la noche; entonces mis amigas y yo (7) __salimos__ (salir, creer, oír) del cine y (8) __podemos__ (viajar, poder, nadar) ir a cenar. Aquí los restaurantes (9) __cierran__ (cerrar, querer, vivir) tarde, más o menos a la medianoche. Normalmente (yo) (10) __consigo__ (perder, conseguir, decidir) las entradas por Internet. Y tú, ¿cómo (11) __compras__ (poner, contar, comprar) las entradas del cine? ¿(12) __Prefieres__ (Preferir, Comprender, Salir) películas románticas o cómicas?

6 Oraciones Arrange each set of words in the correct order to form a complete, logical sentence. **¡Ojo!** Make all necessary changes.

1. mi / clase / calculadora / yo / a / rojo / traer
   Yo traigo mi calculadora roja a clase.
2. gimnasio / el / ir / a / (tú) / ¿ / ?
   ¿Vas (tú) al gimnasio?
3. en / mis / no / el / radio / la / amigos / programa / oír
   Mis amigos no oyen el programa en la radio.
4. tacos / Lucas y yo / mucho / mexicano / en / restaurante / pedir / el
   Lucas y yo pedimos muchos tacos en el restaurante mexicano.
5. excursión / el / querer / una / quién / viernes / hacer / ¿ / ?
   ¿Quién quiere hacer una excursión el viernes?

4 Expansion
- Change the subject of each sentence and have students say aloud the new sentences.
- Tell students to add one sentence to each item, changing it into a logical mini-dialogue.

5 Teaching Tip To simplify, tell students to read the paragraph once and select the correct infinitive for each blank and make note of any stem-changing verbs. Then have them identify the subject for each item. Finally, have them conjugate the verbs.

6 Teaching Tip To simplify, provide the first word for each sentence.

6 Expansion Give students these dehydrated sentences as items 6–8: **6. casa / poder / en / (yo) / almorzar / tu / ¿ / ? (¿Puedo almorzar en tu casa?) 7. la / Sofía y yo / película / una / en / francés / computadora / ver (Sofía y yo vemos una película francesa en la computadora.) 8. clase / que / a / decir / la / de / las / ser / ellos / dos / historia (Ellos dicen que la clase de historia es a las dos.)**

TEACHING OPTIONS

TPR Have students act out various actions as you make statements using the verbs from these two pages. Ex: **Juego al tenis.** (Students imitate hitting a ball with a racquet.) **Encuentro cien dólares en la calle.** (Looking surprised and happy, students imitate picking up the money and putting it in their pocket.)

TEACHING OPTIONS

Pairs Add an auditory aspect to this grammar review. Ask students to write a short paragraph about what they normally do on weekends, using the verbs from these two pages. In pairs, have students dictate their paragraph to each other. Tell them to check each other's work for accuracy.

7 Expansion Extend the activity by using magazine photos that elicit stem-changing verbs. Hold up the photos and have students make statements about what they see.

8 Teaching Tip Encourage students to form sentences about their own lives; if needed, have them brainstorm new items for column C.

9 Teaching Tip Tell students that they should make some of their statements true and others false. Their partner will try to determine the veracity of each statement by saying **(No) Dices la verdad.**

9 Expansion Make the sentence starters negative; then have students repeat the activity.

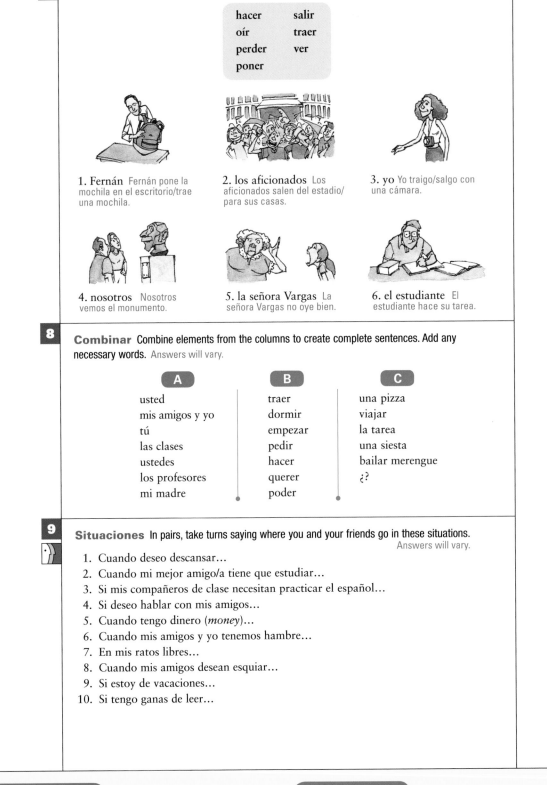

7 **Describir** In pairs, take turns describing what these people are doing, using the verbs from the list. Use each verb only once. One verb will not be used.

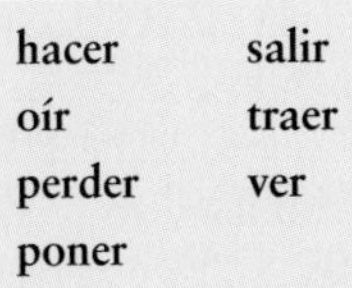

hacer	salir
oír	traer
perder	ver
poner	

1. Fernán Fernán pone la mochila en el escritorio/trae una mochila.
2. los aficionados Los aficionados salen del estadio/para sus casas.
3. yo Yo traigo/salgo con una cámara.

4. nosotros Nosotros vemos el monumento.
5. la señora Vargas La señora Vargas no oye bien.
6. el estudiante El estudiante hace su tarea.

8 **Combinar** Combine elements from the columns to create complete sentences. Add any necessary words. Answers will vary.

A	B	C
usted	traer	una pizza
mis amigos y yo	dormir	viajar
tú	empezar	la tarea
las clases	pedir	una siesta
ustedes	hacer	bailar merengue
los profesores	querer	¿?
mi madre	poder	

9  **Situaciones** In pairs, take turns saying where you and your friends go in these situations. Answers will vary.

1. Cuando deseo descansar...
2. Cuando mi mejor amigo/a tiene que estudiar...
3. Si mis compañeros de clase necesitan practicar el español...
4. Si deseo hablar con mis amigos...
5. Cuando tengo dinero (*money*)...
6. Cuando mis amigos y yo tenemos hambre...
7. En mis ratos libres...
8. Cuando mis amigos desean esquiar...
9. Si estoy de vacaciones...
10. Si tengo ganas de leer...

TEACHING OPTIONS

Small Groups Have students write sentences about modern life **(ahora)** and life in centuries past **(antes)**, using verbs from this review lesson. Then in small groups, have students take turns reading their sentences aloud. The other group members should label each sentence **ahora** or **antes**. Ex: **En muchas casas, las familias duermen en una sola cama. (antes) La gente consigue libros en Internet. (ahora)**

TEACHING OPTIONS

Small Groups Tell students to think of a celebrity. Have them complete the phrases in **Actividad 9** from the point of view of the famous person. Then, in small groups, have students read their sentences aloud. The other group members will guess the celebrity's identity.

10

Preguntas personales Answer these questions. Answers will vary.

1. ¿A qué hora sales de la casa los lunes? ¿A qué hora vuelves a casa? ¿Y tus padres?
2. ¿Te gustan tus clases? ¿Qué materias prefieres? ¿Por qué?
3. ¿Haces mucha tarea? ¿Dónde prefieres estudiar?
4. ¿Pones música cuando estudias? ¿Oyes música cuando caminas a la escuela o cuando tomas el autobús? ¿Tus padres escuchan música cuando cenan?
5. Cuando no estás en la escuela, ¿qué haces? ¿Juegas deportes? ¿Juegas en la computadora? ¿Lees? ¿Escribes poemas?
6. ¿Miras la televisión? ¿Qué programas ves?
7. ¿Qué vas a hacer el fin de semana? ¿Tienes ganas de ir al cine? ¿Qué películas te gustan?

11

La verdad Write five sentences about yourself, using the verbs from the list or others that you know. Three of the sentences should be true and two should be false. Then, in small groups, take turns reading your statements aloud. Your classmates will try to determine which ones are true. Answers will vary.

almorzar	hablar	jugar	salir	tener	vivir
dormir	ir	querer	ser	trabajar	¿?

12

Encuesta First, read through the items; under **Yo**, write **Sí** if you do the activity and **No** if you do not. Then, under the second column, place one check mark if you do the activity once a month **(una vez al mes)**, two check marks if you do it a few times a week **(varias veces a la semana)**, or three check marks if you do it every day **(todos los días)**. Answers will vary.

	Yo	Frecuencia	Mi compañero/a	Frecuencia
1. almorzar en la cafetería	sí	✔ ✔ ✔	Lisa	✔ ✔
2. tomar café por la mañana				
3. ir a restaurantes elegantes				
4. dormir ocho horas				
5. jugar a deportes				
6. ver deportes en la televisión				
7. recordar a tus amigos/as de la infancia				
8. escuchar música				
9. salir con amigos/as				

Now circulate around the room and try to find classmate that does each activity with the same frequency as you. When someone answers yes, write down their name and the corresponding check marks.

modelo

almorzar en la cafetería
Tú: *¿Almuerzas en la cafetería?*
Lisa: *Sí, almuerzo en la cafetería varias veces a la semana.*

10 Teaching Tips
- Model the activity by having volunteers answer the first two items.
- Have students complete this activity orally in pairs. Have students report back to the class about their partner's activities and preferences.

11 Teaching Tip Model the activity by using examples from your own life.

11 Expansion Have students write a few additional statements about themselves, but they should all be true. Collect the papers, shuffle them, and read the statements aloud. Have the class try to identify the person.

12 Teaching Tips
- Encourage students to circulate freely, moving from person to person as they ask their questions.
- Have students report back to the class about activities that they have in common with a classmate, using the **nosotros/as** form of the verb.

TEACHING OPTIONS

Large Group Have the class stand and form a circle. Name a stem-changing verb (or **tener**, **venir**, or **ir**) and also a subject pronoun, and toss a ball to a student. (Ex: **pedir/tú**) He/she should give the correct conjugation of the verb (**pides**) and toss the ball back to you. Repeat the process with another subject and verb, until everyone in the circle has had two turns.

TEACHING OPTIONS

Pairs Have students refer to the list of interrogative words on page 5. Ask them to write one question for each interrogative word, using verbs from this review lesson. Then have them ask the questions to a partner, who must answer in complete sentences. Tell students to ask follow-up questions when possible.

PRE-AP*

13 Interpersonal Speaking Tell students to sit back-to-back in order to simulate a phone conversation. Encourage the use of props (either students' cell phones or a small object).

13 Possible Conversation
E1: Hola. ¿Qué haces?
E2: Hola. Veo la tele.
E1: Supongo que ves *Dancing with the Stars*.
E2: Sí. Me gusta el programa. ¿Quieres ver la tele conmigo?
E1: No puedo. Salgo con unos amigos al centro.
E2: Buena idea. ¿Qué hacen ustedes en el centro?
E1: Vamos a pasear y comer en un café. ¿Quieres venir?
E2: No, gracias. Prefiero descansar.

21st CENTURY SKILLS

13 Productivity and Accountability Provide students with the oral testing rubric found in the Teacher Resources on the Supersite. Ask them to keep these strategies in mind as they prepare their oral exchanges.

14 Teaching Tips
- To simplify, have students create a three-column chart with the headings **Por la mañana, Por la tarde**, and **Por la noche**. Tell them to complete the chart, using a different row for each person they will talk about in their journal entry.
- In small groups, have students exchange papers for peer editing; they should pass the papers clockwise until each student has commented on every group member's description. Tell students to circle misspelled words and underline grammatical errors.

15 Expansion Have students write a sentence about what they do when they have trouble sleeping. Ask volunteers to share their sentences with the class.

13 **Situación** Imagine that you are speaking with a member of your family or your best friend. With a partner, prepare a conversation using these cues. Answers will vary.

Estudiante 1	Estudiante 2
Ask your partner what he or she is doing.	→ Tell your partner that you are watching TV.
Say what you suppose he or she is watching.	→ Say that you like the show ______. Ask if he or she wants to watch.
Say no, because you are going out with friends and tell where you are going.	→ Say you think it's a good idea, and ask what your partner and his or her friends are doing there.
Say what you are going to do, and ask your partner whether he or she wants to come along.	→ Say no and tell your partner what you prefer to do.

14 **Escribir** Write a journal entry about what you do and various family members do on a typical Saturday. Then talk about what you and your friends are going to do together this weekend. Use at least eight verbs from pages 12–13 to talk about your typical day and **ir a** + [*infinitive/place*] to talk about your plans. Answers will vary.

Un sábado típico

Generalmente los sábados yo...

15 **Adivinanza** Complete the rhyme with the appropriate forms of the correct verbs from the list.

contar	poder
oír	suponer

"Si no __puedes__ dormir
y el sueño deseas,
lo vas a conseguir
si __cuentas__ ovejas°."

ovejas *sheep*

Practice more at **vhlcentral.com.**

TEACHING OPTIONS

Large Groups Divide the class into two groups. Give one group slips of paper that contain an activity (Ex: **ver una película**) and give the other group pieces of paper that contain a place (Ex: **el cine**). Have students circulate around the room to find the places that match their activities. Ex: —**Voy a ver una película. ¿Quieres venir?** —**Lo siento, no puedo. Yo voy a un restaurante mexicano.** or —**Pues, yo voy al cine. ¡Vamos juntos!**

EXPANSION

Extra Practice Have students refer to **Actividad 14**. Tell them to write another journal entry, this time from the perspective of a teen from the 1990s. Provide additional vocabulary as needed.

Las vacaciones

5

Communicative Goals

I will be able to:

- **Discuss and plan a vacation**
- **Describe a hotel**
- **Talk about how I feel**
- **Talk about the seasons and the weather**

contextos

pages 152–157
- Travel and vacation
- Months of the year
- Seasons and weather
- Ordinal numbers

fotonovela

pages 158–161

Felipe plays a practical joke on Miguel and the friends take a trip to the coast. They check in to their hotel and go to the beach, where Miguel gets his revenge.

cultura

pages 162–163
- **Las cataratas del Iguazú**
- **Punta del Este**

estructura

pages 164–179
- **Estar** with conditions and emotions
- The present progressive
- **Ser** and **estar**
- Direct object nouns and pronouns
- **Recapitulación**

adelante

pages 180–187

Lectura: A hotel brochure from Puerto Rico
Escritura: A tourist brochure for a hotel
Escuchar: A weather report
En pantalla
Flash cultura
Panorama: Puerto Rico

A PRIMERA VISTA

- **¿Dónde están ellos: en la playa o en una ciudad?**
- **¿Son viejos o jóvenes?**
- **¿Toman el sol o nadan?**
- **¿Es posible andar en patineta en este lugar?**

Lesson Goals

In **Lección 5**, students will be introduced to the following:

- terms for traveling and vacations
- seasons and months of the year
- weather expressions
- ordinal numbers (1st–10th)
- **las cataratas del Iguazú**
- **Punta del Este, Uruguay**
- **estar** with conditions and emotions
- adjectives for conditions and emotions
- present progressive of regular and irregular verbs
- comparison of the uses of **ser** and **estar**
- direct object nouns and pronouns
- personal **a**
- scanning to find specific information
- making an outline
- writing a brochure for a hotel or resort
- listening for key words
- television news report about an extreme bicycle race
- a video about **Machu Picchu**
- cultural, geographic, and historical information about Puerto Rico

21st CENTURY SKILLS

Initiative and Self-Direction
Students can monitor their progress online using the Supersite activities and assessments.

A primera vista Here are some additional questions you can ask: **¿Dónde te gusta pasar tus ratos libres? ¿Qué haces en tus ratos libres? ¿Te gusta explorar otras culturas? ¿Te gusta viajar a otros países? ¿Adónde quieres ir en las próximas vacaciones?**

INSTRUCTIONAL RESOURCES

DESCUBRE 1B Supersite: vhlcentral.com

Student Materials
Print: Student Book, Workbooks (*Cuaderno de práctica y actividades comunicativas, Cuaderno para hispanohablantes*)
Technology: **vText**, *e-Cuaderno* and Supersite (Audio, Video, Practice)

Teacher Materials
DVDs (*Fotonovela, Flash cultura, Panorama cultural*); Teacher's Resource CD-ROM (Activity Pack, Scripts, Answer Keys, Grammar Slides, Presentation PDFs, Testing Program); Testing Program, Textbook, Audio Activities CDs; Supersite: Resources (Planning and Teaching Resources from Teacher's Resource CD-ROM), Learning Management System (Gradebook, Assignments), Lesson Plans, Middle School Activity Pack
Activity Pack and Testing Program also available in print

Voice boards on the Supersite allow you and your students to record and share up to five minutes of audio. Use voice boards for presentations, oral assessments, discussions, directions, etc.

Section Goals

In **Contextos**, students will learn and practice:

- travel- and vacation-related vocabulary
- seasons and months of the year
- weather expressions
- ordinal numbers

Communication 1.2
Comparisons 4.1

Instructional Resources

vText
Cuaderno de práctica y actividades comunicativas, pp. 1–6
Cuaderno para hispanohablantes, pp. 65–66
e-Cuaderno
Supersite: Textbook, Vocabulary, & Audio Activities MP3 Audio Files
Supersite/TRCD: Presentation PDFs #22, 23, 24, Textbook Audio Script, Audio Activities Script, Answer Keys; Testing Program Quizzes
Textbook CD
Audio Activities CD
Activity Pack
Middle School Activity Pack

Teaching Tips

- Ask: **¿A quién le gusta mucho viajar? ¿Cómo prefieres viajar?** Introduce cognates as suggestions: **¿Te gusta viajar en auto?** Write each term on the board as you say it. Ask: **¿Adónde te gusta viajar? ¿A México?** Ask students about their classmates' statements: **¿Adónde le gusta viajar a ____? ¿Cómo puede viajar?**
- Ask questions about transportation in your community. Ex: **Si quiero ir de la escuela al aeropuerto, ¿cómo puedo ir?**
- Use the **Lección 5 Contextos** Presentation PDFs to assist with this presentation.
- Give students two minutes to review the four scenes and then ask questions. Ex: **¿Quién trabaja en una agencia de viajes? (el/la agente de viajes)**

Las vacaciones

Audio: Vocabulary Tutorials, Games

Más vocabulario

la cama	*bed*
la habitación individual, doble	*single, double room*
el piso	*floor (of a building)*
la planta baja	*ground floor*
el campo	*countryside*
el paisaje	*landscape*
el equipaje	*luggage*
la estación de autobuses, del metro, de tren	*bus, subway, train station*
la llegada	*arrival*
el pasaje (de ida y vuelta)	*(round-trip) ticket*
la salida	*departure; exit*
la tabla de (wind)surf	*surfboard/sailboard*
acampar	*to camp*
estar de vacaciones	*to be on vacation*
hacer las maletas	*to pack (one's suitcases)*
hacer un viaje	*to take a trip*
hacer (wind)surf	*to (wind)surf*
ir de compras	*to go shopping*
ir de vacaciones	*to go on vacation*
ir en autobús (m.), auto(móvil) (m.), motocicleta (f.), taxi (m.)	*to go by bus, car, motorcycle, taxi*

Variación léxica

automóvil ⟷ coche (*Esp.*), carro (*Amér. L.*)
autobús ⟷ camión (*Méx.*), guagua (*Caribe*)
motocicleta ⟷ moto (*coloquial*)

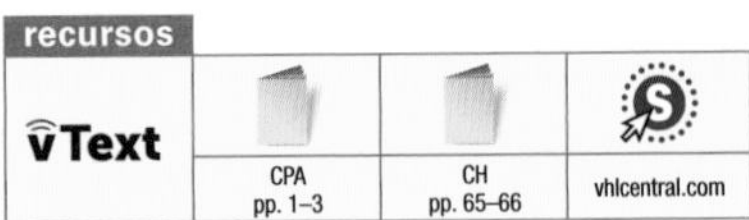

En la agencia de viajes

En el hotel

EXPANSION

Extra Practice Ask questions about the people, places, and activities in **Contextos**. Ex: **¿Qué actividades pueden hacer los turistas en una playa? ¿Pueden nadar? ¿Tomar el sol? ¿Sacar fotos?** Then expand questions to ask students what they specifically do at these places. ____, **¿qué haces tú cuando vas a la playa?** Students should respond in complete sentences.

EXPANSION

Variación léxica Point out that these are just some of the different Spanish names for vehicles. Ask heritage speakers if they are familiar with other terms. While some of these terms are mutually understood in different regions (**el coche, el carro, el auto, el automóvil**), others are specific to a region and may not be understood by others (**la guagua, el camión**). Stress that the feminine article **la** is used with the abbreviation **moto**.

En el aeropuerto

Pesca. (pescar)

Monta a caballo. (montar)

Va en barco. (ir)

Juegan a las cartas. (jugar)

el mar

la playa

En la playa

Práctica

1 Escuchar Indicate who would probably make each statement you hear. Each answer is used twice.

a. el agente de viajes
b. la inspectora de aduanas
c. un empleado del hotel

1. a
2. a
3. c
4. b
5. c
6. b

2 ¿Cierto o falso? Mario and his wife, Natalia, are planning their next vacation with a travel agent. Indicate whether each statement is **cierto** or **falso** according to what you hear in the conversation.

	Cierto	Falso
1. Mario y Natalia están en Puerto Rico.	○	✓
2. Ellos quieren hacer un viaje a Puerto Rico.	✓	○
3. Natalia prefiere ir a una montaña.	○	✓
4. Mario quiere pescar en Puerto Rico.	✓	○
5. La agente de viajes va a confirmar la reservación.	✓	○

3 Escoger Choose the best answer for each sentence.

1. Un huésped es una persona que __b__.
   a. toma fotos b. está en un hotel c. pesca en el mar
2. Abrimos la puerta con __a__.
   a. una llave b. un caballo c. una llegada
3. Enrique tiene __a__ porque va a viajar a otro (*another*) país.
   a. un pasaporte b. una foto c. una llegada
4. Antes de (*Before*) ir de vacaciones, hay que __c__.
   a. pescar b. ir en tren c. hacer las maletas
5. Nosotros vamos en __a__ al aeropuerto.
   a. autobús b. pasaje c. viajero
6. Me gusta mucho ir al campo. El __a__ es increíble.
   a. paisaje b. pasaje c. equipaje

4 Analogías Complete the analogies using the words below. Two words will not be used.

auto	huésped	mar	sacar
botones	llegada	pasaporte	tren

1. acampar → campo ⊜ pescar → mar
2. agencia de viajes → agente ⊜ hotel → botones
3. llave → habitación ⊜ pasaje → tren
4. estudiante → libro ⊜ turista → pasaporte
5. aeropuerto → viajero ⊜ hotel → huésped
6. maleta → hacer ⊜ foto → sacar

Communication 1.1

1 Expansion In pairs, have students select one of the statements they hear and then write a conversation based on it.

1 Script 1. ¡Deben ir a Puerto Rico! Allí hay unas playas muy hermosas y pueden acampar. 2. Deben llamarme el lunes para confirmar la reservación. *Script continues on page 154.*

2 Expansion To challenge students, give them these true/false statements as items 6–9: **6. Mario prefiere una habitación doble. (Cierto.) 7. Natalia no quiere ir a la playa. (Falso.) 8. El hotel está en la playa. (Cierto.) 9. Mario va a montar a caballo. (Falso.)**

2 Script MARIO: Queremos ir de vacaciones a Puerto Rico. AGENTE: ¿Desean hacer un viaje al campo? NATALIA: Yo quiero ir a la playa. M: Pues, yo prefiero una habitación doble en un hotel con un buen paisaje. A: Puedo reservar para ustedes una habitación en el hotel San Juan que está en la playa. M: Es una buena idea, así yo voy a pescar y tú vas a montar a caballo. N: Muy bien, ¿puede confirmar la reservación? A: Claro que sí. *Textbook CD*

3 Expansion Ask a volunteer to help you model making statements similar to item 1. Say: **Un turista es una persona que... (va de vacaciones).** Then ask volunteers to do the same with **una agente de viajes, un botones, una inspectora de aduanas, un empleado de hotel.**

4 Teaching Tip Present these items using the following formula: ***Acampar* tiene la misma relación con *campo* que *pescar* tiene con... (*mar*).**

TEACHING OPTIONS

Small Groups Have students work in groups of three to write a riddle about one of the people or objects in the **Contextos** illustrations. The group must come up with at least three descriptions of their subject. Then one of the group members reads the description to the class and asks **¿Qué soy?** Ex: **Soy un pequeño libro. Tengo una foto de una persona. Soy necesario si un viajero quiere viajar a otro país. ¿Qué soy? (Soy un pasaporte.)**

TEACHING OPTIONS

Large Groups Split the class into two evenly-numbered groups. Hand out cards at random to the members of each group. One type of card should contain a verb or verb phrase (Ex: **confirmar una reservación**). The other will contain a related noun (Ex: **el agente de viajes**). The people within the groups must find their partners.

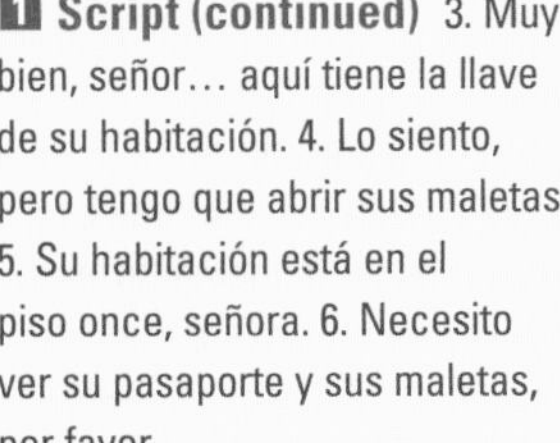

1 Script (continued) 3. Muy bien, señor… aquí tiene la llave de su habitación. 4. Lo siento, pero tengo que abrir sus maletas. 5. Su habitación está en el piso once, señora. 6. Necesito ver su pasaporte y sus maletas, por favor.
Textbook CD

Teaching Tips

- Use the **Lección 5 Contextos** Presentation PDFs to assist with this presentation.
- Point out that the names of months are not capitalized.
- Have students look over the seasons and months of the year. Call out the names of holidays or campus events and ask students to say when they occur.
- Use magazine pictures to cover as many weather conditions from this page as possible. Begin describing one of the pictures. Then, ask volunteers questions to elicit other weather expressions. Point out the use of **mucho/a** before nouns and **muy** before adjectives.
- Drill months by calling out a month and having students name the two that follow. Ex: **abril** (**mayo, junio**).
- Point out the use of **primero** for the first day of the month.
- Ask volunteers to associate seasons (or months) and general weather patterns. Ex: **En invierno, hace frío/ nieva. En marzo, hace viento.**
- Review the shortened forms **buen** and **mal** before **tiempo**.
- Point out that **Llueve** and **Nieva** can also mean *It rains* and *It snows*. **Está lloviendo** and **Está nevando** emphasize *at this moment*. Students will learn more about this concept in **Estructura 5.2**.

Audio: Vocabulary

Las estaciones y los meses del año

el invierno: **diciembre, enero, febrero**

la primavera: **marzo, abril, mayo**

el verano: **junio, julio, agosto**

el otoño: **septiembre, octubre, noviembre**

—¿Cuál es la fecha de hoy?	*What is today's date?*
—Es el primero de octubre.	*It's the first of October.*
—Es el dos de marzo.	*It's March 2nd.*
—Es el diez de noviembre.	*It's November 10th.*

Audio: Vocabulary

El tiempo

—¿Qué tiempo hace?	*How's the weather?*
—Hace buen/mal tiempo.	*The weather is good/bad.*

Hace (mucho) calor.
It's (very) hot.

Hace (mucho) frío.
It's (very) cold.

Llueve. (llover o:ue)
It's raining.

Está lloviendo.
It's raining.

Nieva. (nevar e:ie)
It's snowing.

Está nevando.
It's snowing.

Más vocabulario

Está (muy) nublado.	*It's (very) cloudy.*
Hace fresco.	*It's cool.*
Hace (mucho) sol.	*It's (very) sunny.*
Hace (mucho) viento.	*It's (very) windy.*

TEACHING OPTIONS

Pairs Have pairs of students write descriptions for each of the drawings on this page. Ask one student to write sentences for the first four drawings and the other to write sentences for the next four. When finished, ask them to check their partner's work.
TPR Introduce the question **¿Cuándo es tu cumpleaños?** and the phrase **Mi cumpleaños es…** Allow students five minutes to ask questions and line up according to their birthdays.

EXPANSION

Extra Practice Create a series of cloze sentences about the weather in a certain place. Ex: **En Puerto Rico ____ mucho calor. (hace) No ____ muy nublado cuando ____ sol. (está; hace) No ____ frío pero a veces ____ fresco. (hace; hace) Cuando ____ mal tiempo, ____ y ____ viento pero nunca ____. (hace; llueve; hace; nieva)**

5 **El Hotel Regis** Label the floors of the hotel.

Los números ordinales

primer *(before a masculine singular noun)*, **primero/a**	*first*
segundo/a	*second*
tercer *(before a masculine singular noun)*, **tercero/a**	*third*
cuarto/a	*fourth*
quinto/a	*fifth*
sexto/a	*sixth*
séptimo/a	*seventh*
octavo/a	*eighth*
noveno/a	*ninth*
décimo/a	*tenth*

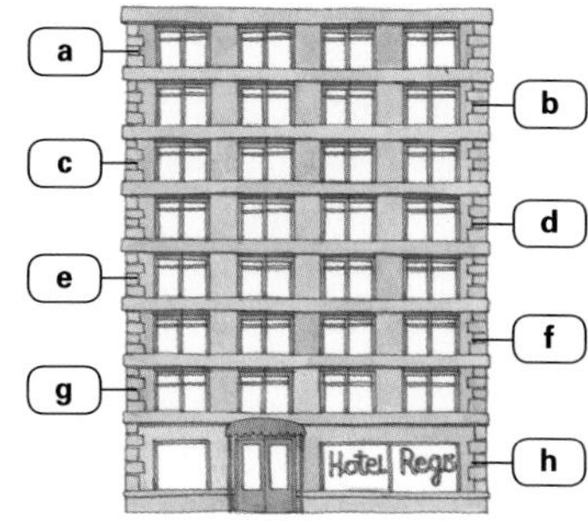

a. séptimo piso
b. sexto piso
c. quinto piso
d. cuarto piso
e. tercer piso
f. segundo piso
g. primer piso
h. planta baja

6 **Contestar** Look at the illustrations of the months and seasons on the previous page. In pairs, take turns asking each other these questions.

modelo

Estudiante 1: *¿Cuál es el primer mes de la primavera?*
Estudiante 2: *marzo*

1. ¿Cuál es el primer mes del invierno? diciembre
2. ¿Cuál es el segundo mes de la primavera? abril
3. ¿Cuál es el tercer mes del otoño? noviembre
4. ¿Cuál es el primer mes del año? enero
5. ¿Cuál es el quinto mes del año? mayo
6. ¿Cuál es el octavo mes del año? agosto
7. ¿Cuál es el décimo mes del año? octubre
8. ¿Cuál es el segundo mes del verano? julio
9. ¿Cuál es el tercer mes del invierno? febrero
10. ¿Cuál es el sexto mes del año? junio

7 **Las estaciones** Name the season that applies to the description. Some answers may vary.

1. Las clases terminan. la primavera
2. Vamos a la playa. el verano
3. Acampamos. el verano
4. Nieva mucho. el invierno
5. Las clases empiezan. el otoño
6. Hace mucho calor. el verano
7. Llueve mucho. la primavera
8. Esquiamos. el invierno
9. el entrenamiento (*training*) de béisbol la primavera
10. el Día de Acción de Gracias (*Thanksgiving*) el otoño

8 **¿Cuál es la fecha?** Give the dates for these holidays.

modelo

el día de San Valentín *14 de febrero*

1. el día de San Patricio 17 de marzo
2. el día de Halloween 31 de octubre
3. el primer día de verano 20–23 de junio
4. el Año Nuevo primero de enero
5. mi cumpleaños (*birthday*) Answers will vary.
6. mi día de fiesta favorito Answers will vary.

TEACHING OPTIONS

TPR Ask ten volunteers to line up facing the class. Make sure students know the starting point and what number in line they are. At random, call out ordinal numbers. The student to which each ordinal number corresponds has three seconds to step forward. If the student does not, he or she sits down and the order changes for the rest of the students further down the line. Who will be the last student(s) standing?

TEACHING OPTIONS

Game Ask four or five volunteers to come to the front of the room and hold races. (Make it difficult to reach the finish line; for example, have students hop on one foot or recite the ordinal numbers backwards.) Teach the words **llegó** and **fue** and, after each race, ask the class to summarize the results. Ex: ____ **llegó en quinto lugar.** ____ **fue la tercera persona (en llegar).**

5 Teaching Tips

- Point out that for numbers greater than ten, Spanish speakers tend to use cardinal numbers instead: **Está en el piso veintiuno.**
- Add a visual aspect to this vocabulary presentation. Write out each ordinal number on a separate sheet of paper and distribute them at random among ten students. Ask them to go to the front of the class, hold up their signs, and stand in the correct order.

6 Teaching Tip Before beginning this activity, have students close their books. Review seasons and months of the year by asking questions. Ex: **¿Qué estación tiene los meses de junio, julio y agosto?**

7 Expansion Ask a student which month his or her birthday is in. Ask another student to give the season the first student's birthday falls in.

7 Teaching Tip Ask volunteers to describe events, situations, or holidays that are important to them or their families. Have the class guess the event and name the season that applies.

8 Teaching Tip Bring in a Spanish-language calendar, such as an academic calendar. Ask students to name the important events and their scheduled dates.

8 Expansion

- Give these holidays to students as items 7–10: **7. Independencia de los EE.UU. (4 de julio) 8. Navidad (25 de diciembre) 9. Día de Acción de Gracias (cuarto jueves de noviembre) 10. Día de los Inocentes (primero de abril)**
- Ask heritage speakers to provide other important holidays, such as saints' days.

9 Teaching Tip Review weather expressions by asking students about current weather conditions around the world. Ex: **¿Hace calor en Alaska hoy? ¿Nieva en Puerto Rico?**

9 Expansion Use the alternate choices in the exercise to ask students weather-related questions. Ex: **No nieva en Yucatán. ¿Dónde nieva?**

10 Teaching Tip Point out the words **soleado, lluvia,** and **nieve** in the key. Have students guess their meaning based on the context. Finally, explain that **soleado** is an adjective and **lluvia** and **nieve** are nouns related to **llover** and **nevar**.

10 Expansion

- Ask students questions that compare and contrast the weather conditions presented in the activity or on the weather page of a Spanish-language newspaper. Ex: **Cuando la temperatura está a 85 grados en Buenos Aires, ¿a cuánto está en Tokio?**
- To challenge students, ask them to predict tomorrow's weather for these cities, based on the same cues. Have them use **ir a +** [*infinitive*]. Ex: **En Montreal, mañana va a nevar y va a hacer mucho frío.**

11 Teaching Tip Model the activity by completing the first two sentences about yourself.

11 Expansion Tell students to imagine that they are six years old again. Then have them write a short paragraph repeating the activity.

9 **Seleccionar** Paco is talking about his family and friends. Choose the word or phrase that best completes each sentence.

1. A mis padres les gusta ir a Yucatán porque (hace sol, nieva). hace sol
2. Mi primo de Kansas dice que durante (*during*) un tornado, hace mucho (sol, viento). viento
3. Mis amigos van a esquiar si (nieva, está nublado). nieva
4. Tomo el sol cuando (hace calor, llueve). hace calor
5. Nosotros vamos a ver una película si hace (buen, mal) tiempo. mal
6. Mi hermana prefiere correr cuando (hace mucho calor, hace fresco). hace fresco
7. Mis tíos van de excursión si hace (buen, mal) tiempo. buen
8. Mi padre no quiere jugar al golf si (hace fresco, llueve). llueve
9. Cuando hace mucho (sol, frío) no salgo de casa y tomo chocolate caliente (*hot*). frío
10. Hoy mi sobrino va al parque porque (está lloviendo, hace buen tiempo). hace buen tiempo

10 **El clima** With a partner, take turns asking and answering questions about the weather and temperatures in these cities. Use the model as a guide. Answers will vary.

modelo

Estudiante 1: ¿Qué tiempo hace hoy en Nueva York?
Estudiante 2: Hace frío y hace viento.
Estudiante 1: ¿Cuál es la temperatura máxima?
Estudiante 2: Treinta y un grados (*degrees*).
Estudiante 1: ¿Y la temperatura mínima?
Estudiante 2: Diez grados.

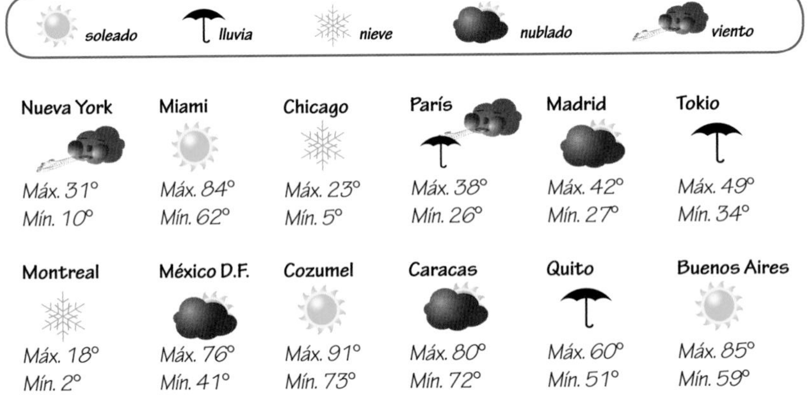

NOTA CULTURAL

In most Spanish-speaking countries, temperatures are given in degrees Celsius. Use these formulas to convert between **grados centígrados** and **grados Fahrenheit**.

degrees C. × 9 ÷ 5 + 32 = degrees F.

degrees F. - 32 × 5 ÷ 9 = degrees C.

11 **Completar** Complete these sentences with your own ideas. Answers will vary.

1. Cuando hace sol, yo...
2. Cuando llueve, mis amigos y yo...
3. Cuando hace calor, mi familia...
4. Cuando hace viento, la gente...
5. Cuando hace frío, yo...
6. Cuando hace mal tiempo, mis amigos...
7. Cuando nieva, muchas personas...
8. Cuando está nublado, mis amigos y yo...
9. Cuando hace fresco, mis padres...
10. Cuando hace buen tiempo, mis amigos...

CONSULTA

Calor and **frío** can apply to both weather and people. Use **hacer** to describe weather conditions or climate. (**Hace frío en Santiago.** *It's cold in Santiago.*)

Use **tener** to refer to people. (**El viajero tiene frío.** *The traveler is cold.*)

Practice more at **vhlcentral.com.**

DIFFERENTIATION

Heritage Speakers Ask heritage speakers to talk about typical weather-dependent activities in their families' countries of origin. Refer them to **Actividad 11** as a model. Ex: **En México, cuando hace frío, la gente bebe ponche de frutas (una bebida caliente).**

TPR Have volunteers mime situations that elicit weather-related vocabulary from the class. Ex: A shiver might elicit **hace frío**.

TEACHING OPTIONS

Small Groups Have students form groups of two to four. Hand out cards that contain the name of a holiday or other annual event. The group must come up with at least three sentences to describe the holiday or occasion without mentioning its name. They can, however, mention the season of the year. After discussing, other groups must first guess the month and day on which the event takes place, then name the holiday or event itself.

Comunicación

12 **Preguntas personales** In pairs, ask each other these questions. Answers will vary.

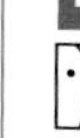

1. ¿Cuál es la fecha de hoy?
2. ¿Qué estación es?
3. ¿Te gusta esta estación? ¿Por qué?
4. ¿Qué estación prefieres? ¿Por qué?
5. ¿Prefieres el mar o las montañas? ¿La playa o el campo? ¿Por qué?
6. Cuando estás de vacaciones, ¿qué haces?
7. Cuando haces un viaje, ¿qué te gusta hacer y ver?
8. ¿Piensas ir de vacaciones este verano? ¿Adónde quieres ir? ¿Por qué?
9. ¿Qué deseas ver y qué lugares quieres visitar?
10. ¿Cómo te gusta viajar? ¿En avión? ¿En motocicleta...?

recursos
vText

CPA p. 4

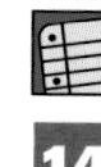

13 **Encuesta** Your teacher will give you a worksheet. How does the weather affect what you do? Walk around the class and ask your classmates what they prefer or like to do in the weather conditions given. Note their responses on your worksheet. Be sure to personalize your survey by adding a few original questions to the list. Be prepared to report your findings to the class. Answers will vary.

14 **La reservación** In pairs, imagine that one of you is a receptionist at a hotel and the other is a tourist calling to make a reservation. Read only the information that pertains to you. Then role-play the situation. Answers will vary.

Turista

Vas a viajar a Yucatán con un amigo. Llegan a Cancún el 23 de febrero y necesitan una habitación con baño privado para cuatro noches. Ustedes quieren descansar y prefieren una habitación con vista (*view*) al mar. Averigua (*Find out*) toda la información que necesitas (el costo, cuántas camas, etc.) y decide si quieres hacer la reservación o no.

Empleado/a

Trabajas en la recepción del Hotel Oceanía en Cancún. Para el mes de febrero, sólo quedan (*remain*) dos habitaciones: una individual ($168/noche) en el primer piso y una doble ($134/noche) en el quinto piso que tiene descuento porque no hay ascensor. Todas las habitaciones tienen baño privado y vista (*view*) a la piscina.

15 **Minidrama** With two or three classmates, prepare a skit about people who are on vacation or are planning a vacation. The skit should take place in one of these locations. Answers will vary.

- una agencia de viajes
- una casa
- un aeropuerto, una estación de tren o una estación de autobuses
- un hotel
- el campo o la playa

Síntesis

recursos
vText

CPA pp. 5–6

16 **Un viaje** You are planning a trip to Mexico and have many questions about your itinerary on which your partner, a travel agent, will advise you. Your teacher will give you and your partner each a sheet with different instructions for acting out the roles. Answers will vary.

Communication 1.1, 1.2

12 Expansion Have students imagine that one of them is a journalist and the other is a celebrity. Then have them conduct the interview using questions 3–8.

21st CENTURY SKILLS

12 Technology Literacy Ask students to prepare a digital presentation to show the whole class preferences for several of the items in this activity.

12 Virtual Chat You can also assign activity 12 on the Supersite. Students record individual responses that appear in your gradebook.

13 Teaching Tip Model the activity. Ex: **Cuando hace calor, ¿qué haces? (Nado.)** Then distribute the Communication Activities worksheets from the *Cuaderno de práctica y actividades comunicativas* that correspond to this activity.

14 Teaching Tip Have students sit back-to-back to better simulate a telephone conversation.

15 Teaching Tip To simplify, ask the class to brainstorm a list of people and topics that may be encountered in each situation. Write the lists on the board.

15 Expansion Have students rate the skits as most original, funniest, most realistic, etc.

Communication 1.1

16 Teaching Tip Divide the class into pairs and distribute the Communication Activities worksheets from the *Cuaderno de práctica y actividades comunicativas* that correspond to this activity. Give students ten minutes to complete the activity.

TEACHING OPTIONS

Pairs Tell students they are part of a scientific expedition to Antarctica (**la Antártida**). Have them write a letter back home about the weather conditions and their activities there. Begin the letter for them by writing **Queridos amigos** on the board.

Game Have each student create a Bingo card with 25 squares (five rows of five). Tell them to write **GRATIS** (*FREE*) in the center square and the name of a different city in each of the other squares. Have them exchange cards. Call out different weather expressions. Ex: **Hace viento.** Students who think this description fits a city or cities on their card should mark the square with the weather condition. In order to win, a student must have marked five squares in a row and be able to give the weather condition for each one. Ex: **Hace mucho viento en Chicago.**

Section Goals

In **Fotonovela**, students will:

- receive comprehensible input from free-flowing discourse
- learn functional phrases that preview lesson grammatical structures

Communication 1.2
Cultures 2.1, 2.2

Instructional Resources
vText
Cuaderno de práctica y actividades comunicativas, pp. 7–8
e-Cuaderno
Supersite/DVD: ***Fotonovela***
Supersite/TRCD: ***Fotonovela*** Video Script & Translation, Answer Keys

Video Recap Before doing this **Fotonovela** section, review the characters from the previous episodes. Construct a family tree on the board with the class or use the following questions: **1. ¿De dónde es Marissa? ¿Por qué está en México? (Marissa es de Wisconsin y está en México para estudiar.) 2. En la familia Díaz, ¿quiénes son estudiantes en la universidad? (Felipe y Jimena son estudiantes.) 3. ¿Quiénes son algunos amigos de Felipe y Jimena? (Maru, Juan Carlos y Miguel son sus amigos.) 4. ¿Cuáles son dos actividades para hacer en Mérida? (Visitar un cenote e ir a un partido de fútbol son dos actividades para hacer en Mérida.)**

Video Synopsis The friends watch the weather report on TV and discuss weather and seasons in their hometowns. **Felipe** rouses **Miguel** so they don't miss the bus to the beach. The group checks in to their hotel. At the beach, **Maru** and **Miguel** windsurf. **Miguel** gets back at **Felipe**.

Teaching Tips

- Have the class glance over the **Fotonovela** captions and list words and phrases related to tourism.
- Ask individuals how they are today, using **cansado/a** and **aburrido/a**.

¡Vamos a la playa!

Los seis amigos hacen un viaje a la playa.

PERSONAJES

FELIPE

JUAN CARLOS

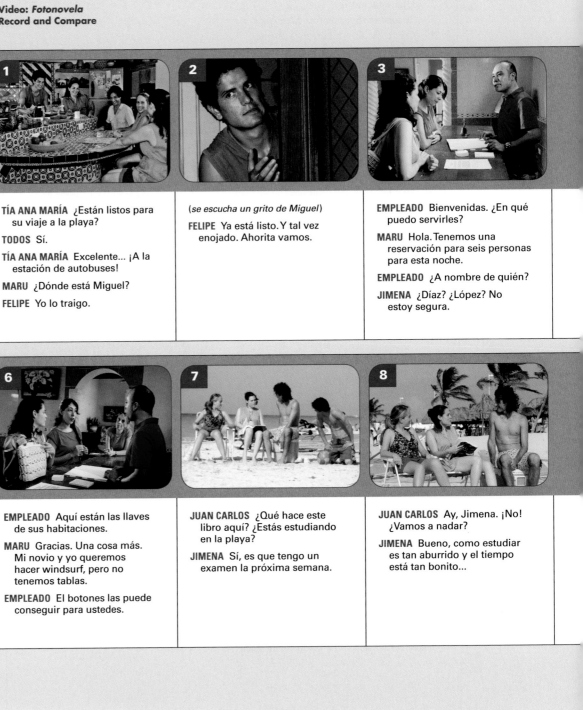

TÍA ANA MARÍA ¿Están listos para su viaje a la playa?

TODOS Sí.

TÍA ANA MARÍA Excelente... ¡A la estación de autobuses!

MARU ¿Dónde está Miguel?

FELIPE Yo lo traigo.

(se escucha un grito de Miguel)

FELIPE Ya está listo. Y tal vez enojado. Ahorita vamos.

EMPLEADO Bienvenidas. ¿En qué puedo servirles?

MARU Hola. Tenemos una reservación para seis personas para esta noche.

EMPLEADO ¿A nombre de quién?

JIMENA ¿Díaz? ¿López? No estoy segura.

EMPLEADO Aquí están las llaves de sus habitaciones.

MARU Gracias. Una cosa más. Mi novio y yo queremos hacer windsurf, pero no tenemos tablas.

EMPLEADO El botones las puede conseguir para ustedes.

JUAN CARLOS ¿Qué hace este libro aquí? ¿Estás estudiando en la playa?

JIMENA Sí, es que tengo un examen la próxima semana.

JUAN CARLOS Ay, Jimena. ¡No! ¿Vamos a nadar?

JIMENA Bueno, como estudiar es tan aburrido y el tiempo está tan bonito...

TEACHING OPTIONS

¡Vamos a la playa! Before viewing the **¡Vamos a la playa!** episode of the **Fotonovela**, ask students to brainstorm a list of things that might happen in an episode in which the characters check into a hotel and go to the beach. Then play the **¡Vamos a la playa!** episode once without sound and have the class create a plot summary based on visual clues. Finally, show the video with sound and have the class correct any mistaken guesses and fill in any gaps. Ask comprehension questions as a follow-up.

MARISSA

JIMENA

MARU

MIGUEL

MAITE FUENTES

ANA MARÍA

EMPLEADO

4

EMPLEADO No encuentro su nombre. Ah, no, ahora sí lo veo, aquí está. Díaz. Dos habitaciones en el primer piso para seis huéspedes.

5

FELIPE No está nada mal el hotel, ¿verdad? Limpio, cómodo... ¡Oye, Miguel! ¿Todavía estás enojado conmigo? (*a Juan Carlos*) Miguel está de mal humor. No me habla.

JUAN CARLOS ¿Todavía?

9

MARISSA Yo estoy un poco cansada. ¿Y tú? ¿Por qué no estás nadando?

FELIPE Es por causa de Miguel.

10

MARISSA Hmm, estoy confundida.

FELIPE Esta mañana. ¡Sigue enojado conmigo!

MARISSA No puede seguir enojado tanto tiempo.

Expresiones útiles

Talking with hotel personnel

¿En qué puedo servirles?
How can I help you?
Tenemos una reservación.
We have a reservation.
¿A nombre de quién?
In whose name?
¿Quizás López? ¿Tal vez Díaz?
Maybe López? Maybe Díaz?
Ahora lo veo, aquí está. Díaz.
Now I see it. Here it is. Díaz.
Dos habitaciones en el primer piso para seis huéspedes.
Two rooms on the first floor for six guests.
Aquí están las llaves.
Here are the keys.

Describing a hotel

No está nada mal el hotel.
The hotel isn't bad at all.
Todo está tan limpio y cómodo.
Everything is so clean and comfortable.
Es excelente/estupendo/fabuloso/fenomenal/increíble/magnífico/maravilloso/perfecto.
It's excellent/stupendous/fabulous/phenomenal/incredible/magnificent/marvelous/perfect.

Talking about how you feel

Yo estoy un poco cansado/a.
I am a little tired.
Estoy confundido/a. *I'm confused.*
Todavía estoy/Sigo enojado/a contigo.
I'm still angry with you.

Additional vocabulary

afuera *outside*
agradable *pleasant*
el balde *bucket*
la crema de afeitar *shaving cream*
entonces *so, then*
es igual *it's the same*
el frente (frío) *(cold) front*
el grito *scream*
la temporada *period of time*

recursos

vText	CPA pp. 7–8	vhlcentral.com

TEACHING OPTIONS

Pairs Ask pairs to write five true/false statements based on the **¡Vamos a la playa!** captions. Then have them exchange papers with another pair, who will complete the activity and correct the false statements. Ask volunteers to read a few statements for the class, who will answer and point out the caption that contains the information.

PRE-AP*

Interpersonal Speaking Ask students to work in groups to rewrite the **¡Vamos a la playa!** episode using a different ending or location. Suggest new locations, such as a ski resort, a big city, or a campground. Allow groups time to prepare and ask them to ad-lib their new versions for the class. You may want to assign this activity as homework and have students present it in the next class period for review.

Teaching Tip Hand out the **Antes de ver el video** and the **Mientras ves el video** activities from the *Cuaderno de práctica y actividades comunicativas* and go over the **Antes de ver** questions before starting the **Fotonovela**.

Expresiones útiles Remind students that **está, están,** and **estoy** are present-tense forms of the verb **estar**, which is often used with adjectives that describe conditions and emotions. Remind students that **Es** is a present-tense form of the verb **ser**, which is often used to describe the characteristics of people and things and to make generalizations. Draw students' attention to video stills 7 and 9. Point out that **Estás estudiando** and **estás nadando** are examples of the present progressive, which is used to emphasize an action in progress. Finally, point out the captions for video stills 1, 4, and 6, and explain that **lo** and **las** are examples of direct object pronouns. Explain that these are words that replace direct object nouns in order to avoid repetition. Tell students that they will learn more about these concepts in **Estructura**.

Teaching Tip Have students work in groups of six to read the **Fotonovela** captions aloud (have one student read the role of both **tía Ana María** and the hotel **empleado**). Then have one group come to the front of the class and role-play the scenes. Encourage them to use props and gestures.

Nota cultural The Yucatan Peninsula is warm year-round, but there are rainy and dry seasons. Generally, the dry season lasts from November to April and the wet season runs from May through October. Hurricanes occur in the late summer and fall. The Yucatan's average temperature is 25° C to 27° C (77° F to 81° F), rarely dropping below 16° C (61° F) or rising above 49° C (120° F).

Communication 1.1, 1.2

1 Expansion Have students create a follow-up question for each item. Then, in pairs, have them take turns reading the completed statements and asking their questions.

2 Expansion Tell the class to add **Marissa** and **Jimena** to the list of possible answers. Then, give these statements to the class as items 6–7: **6. No estoy segura del nombre. (Jimena) 7. Yo estoy confundida. (Marissa)**

Nota cultural Buses in Mexico provide an excellent alternative to rental cars. The buses are generally efficient, comfortable, and inexpensive.

3 Expansion After students have determined the correct order, have pairs write sentences that describe what happens chronologically between items.

PRE-AP*

4 Interpersonal Speaking To simplify, have students prepare individually for their roles by brainstorming some phrases.

4 Possible Conversation
E1: Buenas tardes, señor. Tengo una reservación.
E2: Perdón, señorita, pero no encuentro su reservación.
E1: Está en mi nombre... Meg Adams.
E2: Ah, sí... aquí está. Tiene una habitación doble.
E1: Este hotel está muy limpio y ordenado.
E2: Sí, es verdad. Bienvenida. Aquí están las llaves.
E1: ¿Puede llamar al botones para llevar mi equipaje, por favor?
E2: Claro. Don Raúl...

4 Partner Chat You can also assign activity 4 on the Supersite. Students work in pairs to record the activity online. The pair's recorded conversation will appear in your gradebook.

¿Qué pasó?

1 Completar Complete these sentences with the correct term from the word bank.

aburrido	la estación de autobuses	montar a caballo
el aeropuerto	habitaciones	reservación
amable	la llave	tablas de windsurf

1. Los amigos van a *la estación de autobuses* para ir a la playa.
2. La *reservación* del hotel está a nombre de los Díaz.
3. Los amigos tienen dos *habitaciones* para seis personas.
4. El botones puede conseguir *tablas de windsurf* para Maru.
5. Jimena dice que estudiar en vacaciones es muy *aburrido*.

CONSULTA
The meaning of some adjectives, such as **aburrido**, changes depending on whether they are used with **ser** or **estar**. See **Estructura 5.3**, pp. 170–171.

2 Identificar Identify the person who would make each statement.

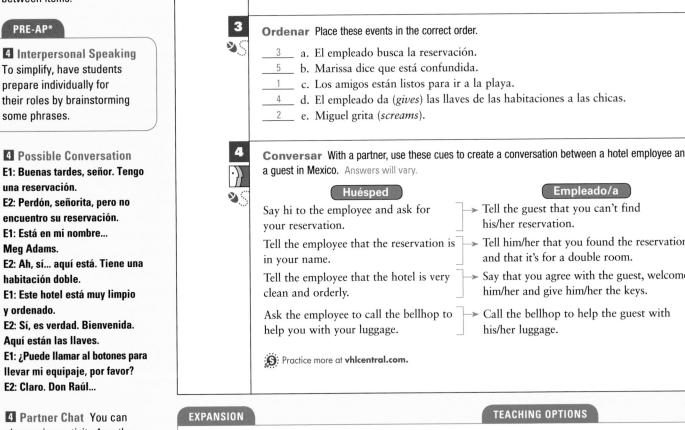

EMPLEADO

MARU

TÍA ANA MARÍA

FELIPE

JUAN CARLOS

1. No lo encuentro, ¿a nombre de quién está su reservación? *empleado*
2. ¿Por qué estás estudiando en la playa? ¡Mejor vamos a nadar! *Juan Carlos*
3. Nuestra reservación es para seis personas en dos habitaciones. *Maru*
4. El hotel es limpio y cómodo, pero estoy triste porque Miguel no me habla. *Felipe*
5. Suban al autobús y ¡buen viaje a la playa! *Ana María*

3 Ordenar Place these events in the correct order.

3 a. El empleado busca la reservación.
5 b. Marissa dice que está confundida.
1 c. Los amigos están listos para ir a la playa.
4 d. El empleado da (*gives*) las llaves de las habitaciones a las chicas.
2 e. Miguel grita (*screams*).

4 Conversar With a partner, use these cues to create a conversation between a hotel employee and a guest in Mexico. *Answers will vary.*

Huésped	Empleado/a
Say hi to the employee and ask for your reservation.	Tell the guest that you can't find his/her reservation.
Tell the employee that the reservation is in your name.	Tell him/her that you found the reservation and that it's for a double room.
Tell the employee that the hotel is very clean and orderly.	Say that you agree with the guest, welcome him/her and give him/her the keys.
Ask the employee to call the bellhop to help you with your luggage.	Call the bellhop to help the guest with his/her luggage.

Practice more at **vhlcentral.com.**

EXPANSION

Extra Practice Give students some true/false statements about the **Fotonovela**. Have them correct the false items. Ex: **1. Felipe todavía está enojado. (Falso. Miguel todavía está enojado.) 2. El botones puede llevar el equipaje a las habitaciones. (Cierto.) 3. La reservación es para siete huéspedes. (Falso. Es para seis huéspedes.) 4. Felipe no está nadando porque tiene que estudiar. (Falso. Es por causa de Miguel.)**

TEACHING OPTIONS

Small Groups Have students work in groups of four to prepare a skit to present to the class. In the skit, two friends check into a hotel, have a bellhop carry their suitcases to their rooms, and decide what to do for the rest of the day. Students should specify what city they are visiting, describe the hotel and their rooms, and explain what activities they want to do while they are visiting the city.

Pronunciación

Audio: Explanation
Record and Compare

Spanish b and v

bueno **vóleibol** **biblioteca** **vivir**

There is no difference in pronunciation between the Spanish letters **b** and **v**. However, each letter can be pronounced two different ways, depending on which letters appear next to them.

bonito **viajar** **también** **investigar**

B and **v** are pronounced like the English hard *b* when they appear either as the first letter of a word, at the beginning of a phrase, or after **m** or **n**.

deber **novio** **abril** **cerveza**

In all other positions, **b** and **v** have a softer pronunciation, which has no equivalent in English. Unlike the hard **b**, which is produced by tightly closing the lips and stopping the flow of air, the soft **b** is produced by keeping the lips slightly open.

bola **vela** **Caribe** **declive**

In both pronunciations, there is no difference in sound between **b** and **v**. The English *v* sound, produced by friction between the upper teeth and lower lip, does not exist in Spanish. Instead, the soft **b** comes from friction between the two lips.

Verónica y su esposo cantan boleros.

When **b** or **v** begins a word, its pronunciation depends on the previous word. At the beginning of a phrase or after a word that ends in **m** or **n**, it is pronounced as a hard **b**.

Benito **es de Boquerón** **pero vive** **en Victoria.**

Words that begin with **b** or **v** are pronounced with a soft **b** if they appear immediately after a word that ends in a vowel or any consonant other than **m** or **n**.

Práctica Read these words aloud to practice the **b** and the **v**.

1. hablamos
2. trabajar
3. botones
4. van
5. contabilidad
6. bien
7. doble
8. novia
9. béisbol
10. nublado
11. llave
12. invierno

No hay mal que por bien no venga.[1]

Hombre prevenido vale por dos.[2]

Oraciones Read these sentences aloud to practice the **b** and the **v**.

1. Vamos a Guaynabo en autobús.
2. Voy de vacaciones a la Isla Culebra.
3. Tengo una habitación individual en el octavo piso.
4. Víctor y Eva van por avión al Caribe.
5. La planta baja es bonita también.
6. ¿Qué vamos a ver en Bayamón?
7. Beatriz, la novia de Víctor, es de Arecibo, Puerto Rico.

Refranes Read these sayings aloud to practice the **b** and the **v**.

recursos			
vText	CPA p. 9	CH p. 67	vhlcentral.com

1 Every cloud has a silver lining.
2 An ounce of prevention equals a pound of cure.

Section Goal

In **Pronunciación**, students will be introduced to the pronunciation of **b** and **v**.

Comparisons 4.1

Instructional Resources
vText
Cuaderno de práctica y actividades comunicativas, p. 9
Cuaderno para hispanohablantes, p. 67
e-Cuaderno
Supersite: Textbook & Audio Activities MP3 Audio Files
Supersite/TRCD: Textbook Audio Script, Audio Activities Script, Answer Keys
Textbook CD
Audio Activities CD

Teaching Tips

- Emphasize that **b (alta/grande)** and **v (baja/chica)** are pronounced identically in Spanish, but depending on the letter's position in a word, each can be pronounced two ways. Pronounce **vóleibol** and **vivir,** and have students listen for the difference between the initial and medial sounds represented by **b** and **v**.
- Explain the cases in which **b** and **v** are pronounced like the English *b* in *boy* and model the pronunciation of **bonito, viajar, también,** and **investigar**.
- Point out that before **b** or **v**, **n** is usually pronounced **m**.
- Explain that in all other positions, **b** and **v** are fricatives. Pronounce **deber, novio, abril,** and **aventura** and stress that the friction is between the two lips.
- Remind the class that Spanish has no sound like the English **v.** Pronounce **vida, vacaciones, avión,** and **automóvil.**

Práctica/Oraciones/Refranes

These exercises are recorded on the *Textbook CD*. You may want to play the audio so that students practice listening to Spanish spoken by speakers other than yourself.

EXPANSION

Extra Practice Write some additional proverbs on the board and have the class practice saying each one. Ex: **Más vale que sobre y no que falte.** (*Better too much than too little.*) **No sólo de pan vive el hombre.** (*Man doesn't live by bread alone.*) **A caballo regalado no se le ve el colmillo.** (*Don't look a gift horse in the mouth.*) **Más vale dar que recibir.** (*It's better to give than to receive.*)

TEACHING OPTIONS

Small Groups Have students work in small groups and take turns reading aloud sentences from the **Fotonovela** on pages 158–159, focusing on the correct pronunciation of **b** and **v**. If a group member has trouble pronouncing a word that contains **b** or **v**, the rest of the group should supply the rule that explains how it should be pronounced.

Section Goals

In **Cultura**, students will:

- read about **las cataratas del Iguazú**
- learn travel-related terms
- read about **Punta del Este, Uruguay**
- read about popular vacation destinations in the Spanish-speaking world

Communication 1.1, 1.2
Cultures 2.1, 2.2
Connections 3.1, 3.2
Comparisons 4.2

21st CENTURY SKILLS

Global Awareness
Students will gain perspectives on the Spanish-speaking world.

Instructional Resources
vText
Cuaderno para hispanohablantes, p. 68

En detalle

Antes de leer Ask students about travel interests.
Ex: **¿Te gusta acampar o dormir en hoteles? ¿Visitar museos u observar paisajes?** Ask them to predict what a tourist would see and do near a waterfall.

Lectura

- Explain that the **Guaraní** are an indigenous group who traditionally inhabit areas of Paraguay, northern Argentina, southern Brazil, and parts of Uruguay and Bolivia. The **Guaraní** language is one of the two official languages of Paraguay.
- The first European to find Iguazú was the Spaniard Álvar Núñez Cabeza de Vaca in 1541.

Después de leer Ask students through which country they would visit Iguazú and why.

1 Expansion Give these true/false statements as items 11–12: 11. The **Tren Ecológico de la Selva** takes tourists to San Martín Island. (**Falso**. It takes them to the walkways.) 12. **Piedra Volada** is Mexico's tallest waterfall. (**Cierto**.)

EN DETALLE

Reading, Additional Reading

Las cataratas del Iguazú

Imagine the impressive and majestic Niagara Falls, the most powerful waterfall in North America. Now, if you can, imagine a waterfall four times as wide and almost twice as tall that caused Eleanor Roosevelt to exclaim "Poor Niagara!" upon seeing it for the first time. Welcome to **las cataratas del Iguazú!**

Iguazú is located in Iguazú National Park, an area of subtropical jungle where Argentina meets Brazil. Its name comes from the indigenous Guaraní word for "great water." A UNESCO World Heritage Site, **las cataratas del Iguazú** span three kilometers and comprise 275 cascades split into two main sections by the San Martín Island. Most of the falls are about 82 meters (270 feet) high. The horseshoe-shaped cataract **Garganta del Diablo** (*Devil's Throat*) has the greatest water flow and is considered to be the most impressive; it also marks the border between Argentina and Brazil.

Each country offers different views and tourist options. Most visitors opt to use the numerous catwalks that are available on both sides; however, from the Argentinean side, tourists can get very close to the falls, whereas Brazil provides more panoramic views. If you don't mind getting wet, a jet boat tour is a good choice; those looking for wildlife—such as toucans, ocelots, butterflies, and jaguars—should head for San Martín Island. Brazil boasts less conventional ways to view the falls, such as helicopter rides and rappelling, while Argentina focuses on sustainability with its **Tren Ecológico de la Selva** (*Ecological Jungle Train*), an environmentally friendly way to reach the walkways.

No matter which way you choose to enjoy the falls, you are certain to be captivated.

Más cascadas° en Latinoamérica

Nombre	País	Altura°	Datos
Salto Ángel	Venezuela	979 metros	la más alta° del mundo°
Catarata del Gocta	Perú	771 metros	descubierta° en 2006
Piedra Volada	México	453 metros	la más alta de México

cascadas *waterfalls* Altura *Height* más alta *tallest* mundo *world* descubierta *discovered*

ACTIVIDADES

1 **¿Cierto o falso?** Indicate whether these statements are **cierto** or **falso**. Correct the false statements.

1. Iguazú Falls is located on the border of Argentina and Brazil. **Cierto.**
2. Niagara Falls is four times as wide as Iguazú Falls. **Falso.** Iguazú is four times as wide as Niagara Falls.
3. Iguazú Falls has a few cascades, each about 82 meters. **Falso.** Iguazú is composed of 275 cascades about 82 meters tall.
4. Tourists visiting Iguazú can see exotic wildlife. **Cierto.**
5. *Iguazú* is the Guaraní word for "blue water." **Falso.** *Iguazú* is the Guaraní word for "great water."
6. You can access the walkways by taking the **Garganta del Diablo.** **Falso.** One way of accessing the walkways is taking the **Tren Ecológico de la Selva.**
7. It is possible for tourists to visit Iguazú Falls by air. **Cierto.**
8. **Salto Ángel** is the tallest waterfall in the world. **Cierto.**
9. There are no waterfalls in Mexico. **Falso.** The **Piedra Volada** is in Mexico.
10. For the best views of Iguazú Falls, tourists should visit the Brazilian side. **Cierto.**

EXPANSION

Culture Note Share this legend of the Iguazú Falls with students: Many ages ago, in the Iguazú River there lived a god-serpent, Mboí, to whom the Guaraní tribes sacrificed a young woman during their annual gathering. At one such gathering, a young man named Tarobá instantly fell in love with Naipí, who was to be sacrificed. After pleading in vain to have her spared, one night Tarobá took Naipí and tried to flee with her in his canoe. The furious Mboí awoke and split the river in two, forming the waterfall and trapping the pair. He transformed Naipí into a rock at the base of the falls and Tarobá into a tree perched at the edge of the abyss. Lest the lovers try to reunite, the watchful Mboí keeps an eternal vigil from deep under the waters of the Garganta del Diablo. Then, ask students to think of other creation legends they know (Ex: Paul Bunyan and the Great Lakes).

ASÍ SE DICE

Viajes y turismo

el asiento del medio, del pasillo, de la ventanilla	*center, aisle, window seat*
el itinerario	*itinerary*
media pensión	*breakfast and one meal included*
el ómnibus (Perú)	**el autobús**
pensión completa	*all meals included*
el puente	*long weekend (lit., bridge)*

EL MUNDO HISPANO

Destinos populares

- **Las playas del Parque Nacional Manuel Antonio** (Costa Rica) ofrecen° la oportunidad de nadar y luego caminar por el bosque tropical°.
- **Teotihuacán** (México) Desde la época° de los aztecas, aquí se celebra el equinoccio de primavera en la Pirámide del Sol.
- **Puerto Chicama** (Perú), con sus olas° de cuatro kilómetros de largo°, es un destino para surfistas expertos.
- **Tikal** (Guatemala) Aquí puedes ver las maravillas de la selva° y ruinas de la civilización maya.
- **Las playas de Rincón** (Puerto Rico) Son ideales para descansar y observar ballenas°.

ofrecen *offer* bosque tropical *rainforest* Desde la época *Since the time* olas *waves* de largo *in length* selva *jungle* ballenas *whales*

PERFIL

Punta del Este

One of South America's largest and most fashionable beach resort towns is Uruguay's **Punta del Este**, a narrow strip of land containing twenty miles of pristine beaches. Its peninsular shape gives it two very different seascapes. **La Playa Mansa**, facing the bay and therefore the more protected side, has calm waters. Here, people practice water sports like swimming, water skiing, windsurfing, and diving. **La Playa Brava**, facing east, receives the Atlantic Ocean's powerful, wave-producing winds, making it popular for surfing, body boarding, and kite surfing. Besides the beaches, posh shopping, and world-famous nightlife, **Punta** offers its 600,000 yearly visitors yacht and fishing clubs, golf courses, and excursions to observe sea lions at the **Isla de Lobos** nature reserve.

Conexión Internet

¿Cuáles son los sitios más populares para el turismo en Puerto Rico?

Go to **vhlcentral.com** to find more cultural information related to this **Cultura** section.

ACTIVIDADES

2  **Comprensión** Complete the sentences.

1. En las playas de Rincón puedes ver ballenas.
2. Cerca de 600.000 turistas visitan Punta del Este cada año.
3. En el avión pides el asiento de la ventanilla si te gusta ver el paisaje.
4. En Punta del Este, la gente prefiere nadar en la Playa Mansa.
5. El ómnibus es un medio de transporte en Perú.

3  **De vacaciones** Spring break is coming up, and your class is going on a trip abroad. Working in a small group, decide where you will go, how you will get there, and what each of you will do. Present your trip to the class. Answers will vary.

Practice more at **vhlcentral.com.**

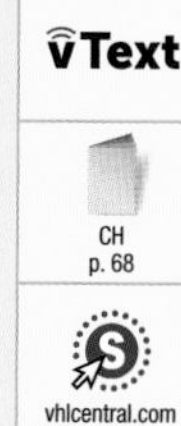

Así se dice To practice vocabulary from the list, survey the class about their travel habits. Ex: **¿Prefieres el asiento de la ventanilla, del medio o del pasillo? ¿Por qué?**

Perfil Punta del Este is located 80 miles east of Uruguay's capital, Montevideo, on a small peninsula that separates the Atlantic Ocean and the Río de la Plata estuary. At the beginning of the nineteenth century, Punta was nearly deserted and only visited by fishermen and sailors. Its glamorous hotels, dining, nightlife, and beaches have earned it the nickname "the St. Tropez of South America."

El mundo hispano

- Add a visual aspect to this list by using a map to point out the locations of the different **destinos populares**.
- Ask students which destination interests them the most and why.

21st CENTURY SKILLS

Information and Media Literacy: Conexión Internet Students access and critically evaluate information from the Internet.

2 Expansion Ask students to write two additional cloze statements about the information on this page. Then have them exchange papers with a partner and complete the sentences.

3 Teaching Tip To simplify, make a list on the board of the vacation destinations mentioned on this spread. As a class, brainstorm a few tourist activities in Spanish for each location.

21st CENTURY SKILLS

3 Flexibility and Adaptability Remind students to include input from all team members, adapting their presentation so it represents the whole group.

PRE-AP*

Presentational Speaking with Cultural Comparison For homework, ask student pairs to use the Internet to research a famous beach from the U.S. or Canada and one from the Spanish-speaking world. Ask them to make a list of **similitudes** and **diferencias** about the beaches, including the types of activities available, visitors, the high and low season, and local accommodations. Have pairs present their comparisons to the class.

DIFFERENTIATION

Heritage Speakers Ask heritage speakers to describe some popular beaches, ruins, or historical sites in their families' countries of origin. If possible, ask them to bring in a map or pictures of the locations. Have the class ask follow-up questions and compare and contrast the locations with those described on these pages.

Section Goals

In **Estructura 5.1**, students will learn:

- to use **estar** to describe conditions and emotions
- adjectives that describe conditions and emotions

Communication 1.1
Comparisons 4.1

Instructional Resources
vText
Cuaderno de práctica y actividades comunicativas, pp. 10–12
Cuaderno para hispanohablantes, pp. 69–70
e-Cuaderno
Supersite: Audio Activities MP3 Audio Files
Supersite/TRCD: Grammar Slides, Audio Activities Script, Answer Keys, Testing Program Quizzes
Audio Activities CD
Activity Pack
Middle School Activity Pack

Teaching Tips

- Ask students to find examples of **estar** used with adjectives in the **Fotonovela**. For each example, have a volunteer explain why **estar** is used instead of **ser**.
- Remind students that adjectives agree in number and gender with the nouns they modify.
- Bring in personal or magazine photos of people with varying facial expressions. Hold up each one and state the person's emotion. Ex: **Mi esposa y yo estamos contentos.**
- Point out the use of **de** with **enamorado/a** and **por** with **preocupado/a**. Write cloze sentences on the board and have students complete them. Ex: **Michelle Obama está ____ Barack Obama. (enamorada de)**

5.1 Estar with conditions and emotions

Explanation Tutorial

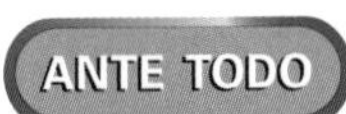

As you have already learned, the verb **estar** is used to talk about how you feel and to say where people, places, and things are located. **Estar** is also used with adjectives to talk about certain emotional and physical conditions.

▶ Use **estar** with adjectives to describe the physical condition of places and things.

La habitación **está** sucia.
The room is dirty.

La puerta **está** cerrada.
The door is closed.

▶ Use **estar** with adjectives to describe how people feel, both mentally and physically.

Yo estoy cansada.

¿Están listos para su viaje?

▶ **¡Atención!** Two important expressions with **estar** that you can use to talk about conditions and emotions are **estar de buen humor** (*to be in a good mood*) and **estar de mal humor** (*to be in a bad mood*).

Adjectives that describe emotions and conditions

abierto/a	*open*	**contento/a**	*happy; content*	**listo/a**	*ready*
aburrido/a	*bored*	**desordenado/a**	*disorderly*	**nervioso/a**	*nervous*
alegre	*happy; joyful*	**enamorado/a (de)**	*in love (with)*	**ocupado/a**	*busy*
avergonzado/a	*embarrassed*			**ordenado/a**	*orderly*
cansado/a	*tired*	**enojado/a**	*mad; angry*	**preocupado/a (por)**	*worried (about)*
cerrado/a	*closed*	**equivocado/a**	*wrong*		
cómodo/a	*comfortable*	**feliz**	*happy*	**seguro/a**	*sure*
confundido/a	*confused*	**limpio/a**	*clean*	**sucio/a**	*dirty*
				triste	*sad*

Provide the present tense forms of **estar**, and choose which adjective best completes the sentence.

1. La biblioteca __está__ (cerrada / nerviosa) los domingos por la noche. cerrada
2. Nosotros __estamos__ muy (ocupados / equivocados) todos los lunes. ocupados
3. Ellas __están__ (alegres / confundidas) porque tienen vacaciones. alegres
4. Javier __está__ (enamorado / ordenado) de Maribel. enamorado
5. Diana __está__ (enojada / limpia) con su hermano. enojada
6. Yo __estoy__ (nerviosa / abierta) por el viaje. nerviosa
7. La habitación siempre __está__ (ordenada / segura) cuando vuelven sus padres. ordenada
8. Ustedes no comprenden; __están__ (equivocados / tristes). equivocados

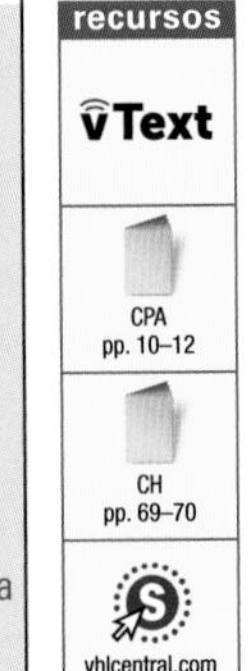

recursos
vText
CPA pp. 10–12
CH pp. 69–70
vhlcentral.com

TEACHING OPTIONS

TPR Call out a sentence using an adjective and have students mime the emotion or show the condition. Ex: **Sus libros están abiertos.** (Students show their open books.) **Ustedes están alegres.** (Students act happy.) Next, call on volunteers to act out an emotion or condition and have the class tell what is going on. Ex: A student pretends to cry. (**Carlos está triste.**)

EXPANSION

Video Replay the **Fotonovela** episode and ask comprehension questions using **estar** and adjectives expressing emotions or conditions. Ex: **¿Cómo está el hotel? (Está limpio y cómodo.) ¿Está de mal humor Miguel? (Sí, está de mal humor.) ¿Quién está cansado? (Marissa está cansada.)**

Práctica y Comunicación

1 **¿Cómo están?** Complete Martín's statements about how he and other people are feeling. In the first blank, fill in the correct form of **estar**. In the second blank, fill in the adjective that best fits the context. Some answers may vary.

AYUDA

Make sure that you have agreement between:

- Subjects and verbs in person and number
- Nouns and adjectives in gender and number

Ell**os** no est**án** enferm**os**.
They are not sick.

1. Yo __estoy__ un poco __nervioso__ porque tengo un examen mañana.
2. Mi hermana Patricia __está__ muy __contenta__ porque mañana va a hacer una excursión al campo.
3. Mis hermanos Juan y José salen de la casa a las cinco de la mañana. Por la noche, siempre __están__ muy __cansados__.
4. Mi amigo Ramiro __está__ __enamorado__; su novia se llama Adela.
5. Mi papá y sus colegas __están__ muy __ocupados__ hoy. ¡Hay mucho trabajo!
6. Patricia y yo __estamos__ un poco __preocupados__ por ellos porque trabajan mucho.
7. Mi amiga Mónica __está__ un poco __triste/enojada__ porque sus amigos no pueden salir esta noche.
8. Esta clase no es muy interesante. ¿Tú __estás__ __aburrido/a__ también?

2 **Describir** Describe these people and places. Answers will vary. Sample answers:

1. Anabela
Está contenta/alegre/feliz.

2. Juan y Luisa
Están enojados.

3. la habitación de Teresa
Está ordenada/limpia.

4. la habitación de César
Está desordenada/sucia.

3 **Situaciones** With a partner, use **estar** to talk about how you feel in these situations. Answers will vary.

1. Cuando hace sol...
2. Cuando tomas un examen...
3. Cuando viajas en avión...
4. Cuando estás en la clase de español...
5. Cuando ves una película con tu actor/actriz favorito/a...

4 **En la tele** In small groups, imagine that you are a family that stars on a reality TV show. You are vacationing together, but the trip isn't going well for everyone. Write the script of a scene from the show and then act it out. Use at least six adjectives from the previous page and be creative! Answers will vary.

modelo

Papá: *¿Por qué estás enojada, María Rosa? El hotel es muy bonito y las habitaciones están limpias.*
Mamá: *¡Pero mira, Roberto! Las maletas de Elisa están abiertas y, como siempre, sus cosas están muy desordenadas.*

 Practice more at **vhlcentral.com.**

Communication 1.1
Comparisons 4.1

1 Teaching Tip Have a volunteer model the first sentence by supplying the correct form of **estar** and an appropriate adjective. Ask the student to explain his or her choices.

1 Expansion Have students write five additional cloze sentences that contain blanks for **estar** and an adjective. Then have them exchange papers and complete the sentences.

2 Expansion

- Have students write a few sentences about the illustrations explaining why the people feel the way they do and why the rooms look this way.
- Have students pretend they are **Anabela, Juan,** or **Luisa** and give a short oral description of who they are and how they feel today.

3 Teaching Tip Have partners alternate completing the sentences until each has answered all items.

3 Expansion Ask students to keep a record of their partners' responses. Take a classroom poll to see what percentage of students felt a particular way in each situation.

4 Teaching Tip Assign each group a different setting in which to develop their scene, such as the airport, the hotel room, the hotel lobby, the beach, etc.

TEACHING OPTIONS

Pairs Have students write a list of four questions using different conjugations of **estar** and four adjectives from the list on page 164 that have antonyms. Students ask partners their questions. They respond negatively, then use the opposite adjective in an affirmative statement. Ex: **¿Está abierta la biblioteca? (No, no está abierta. Está cerrada.)**

EXPANSION

Extra Practice For homework, have students pick eight adjectives of emotion from the list on page 164 and write sentences about what they do when they feel that way. Ex: **Cuando estoy preocupado, hablo por teléfono con mi madre...** In class, have students form small groups and share their sentences. Survey the class to see if there are any common activities.

Section Goals

In **Estructura 5.2**, students will learn:

- the present progressive of regular and irregular verbs
- the present progressive versus the simple present tense in Spanish

Communication 1.1
Comparisons 4.1

Instructional Resources

vText
Cuaderno de práctica y actividades comunicativas, pp. 13–16
Cuaderno para hispanohablantes, pp. 71–72
e-Cuaderno
Supersite: Audio Activities MP3 Audio Files
Supersite/TRCD: Grammar Slides, Presentation PDF #25, Audio Activities Script, Answer Keys, Testing Program Quizzes
Audio Activities CD
Activity Pack
Middle School Activity Pack

Teaching Tips

- Use regular verbs to ask questions about things students are not doing. Ex: **¿Estás comiendo pizza? (No, no estoy comiendo pizza.)**
- Explain the formation of the present progressive, writing examples on the board.
- Add a visual aspect to this grammar presentation. Use photos to elicit sentences with the present progressive. Ex: **¿Qué está haciendo el hombre alto? (Está sacando fotos.)**
- Point out that the present progressive is rarely used with the verbs **ir, poder,** and **venir** since they already imply an action in progress.

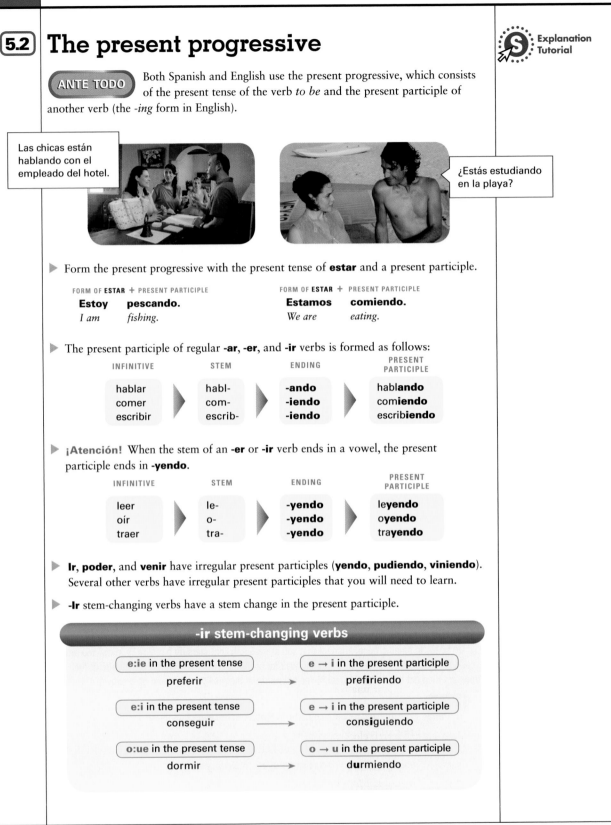

5.2 The present progressive

Explanation Tutorial

ANTE TODO Both Spanish and English use the present progressive, which consists of the present tense of the verb *to be* and the present participle of another verb (the *-ing* form in English).

Las chicas están hablando con el empleado del hotel.

¿Estás estudiando en la playa?

▶ Form the present progressive with the present tense of **estar** and a present participle.

FORM OF **ESTAR**	+ PRESENT PARTICIPLE	FORM OF **ESTAR**	+ PRESENT PARTICIPLE
Estoy	**pescando.**	**Estamos**	**comiendo.**
I am	*fishing.*	*We are*	*eating.*

▶ The present participle of regular **-ar**, **-er**, and **-ir** verbs is formed as follows:

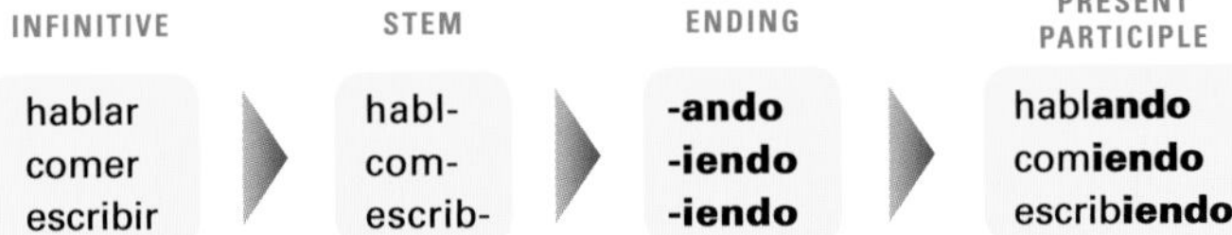

INFINITIVE	STEM	ENDING	PRESENT PARTICIPLE
hablar	habl-	**-ando**	habl**ando**
comer	com-	**-iendo**	com**iendo**
escribir	escrib-	**-iendo**	escrib**iendo**

▶ **¡Atención!** When the stem of an **-er** or **-ir** verb ends in a vowel, the present participle ends in **-yendo**.

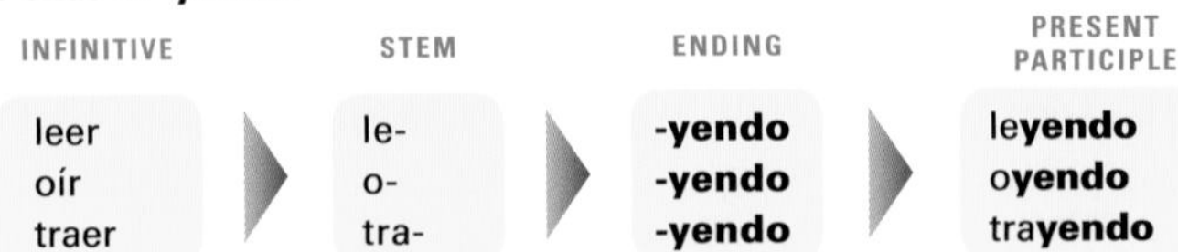

INFINITIVE	STEM	ENDING	PRESENT PARTICIPLE
leer	le-	**-yendo**	le**yendo**
oír	o-	**-yendo**	o**yendo**
traer	tra-	**-yendo**	tra**yendo**

▶ **Ir**, **poder**, and **venir** have irregular present participles (**yendo**, **pudiendo**, **viniendo**). Several other verbs have irregular present participles that you will need to learn.

▶ **-Ir** stem-changing verbs have a stem change in the present participle.

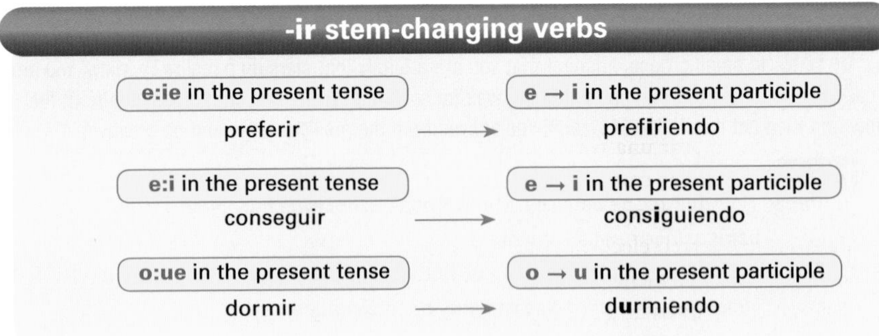

-ir stem-changing verbs

e:ie in the present tense		**e → i** in the present participle
preferir	→	pref**i**riendo
e:i in the present tense		**e → i** in the present participle
conseguir	→	cons**i**guiendo
o:ue in the present tense		**o → u** in the present participle
dormir	→	d**u**rmiendo

TEACHING OPTIONS

Large Groups Divide the class into three groups. Appoint leaders and give them a list of verbs. Leaders call out a verb and a subject (Ex: **seguir/yo**), then toss a ball to someone in the group. That student says the appropriate present progressive form of the verb (Ex: **estoy siguiendo**) and tosses the ball back. Leaders should use all the verbs on the list and be sure to toss the ball to each member of the group.

TEACHING OPTIONS

TPR Play charades. In groups of four, have students take turns miming actions for the rest of the group to guess. Ex: Student pretends to read a newspaper. (**Estás leyendo el periódico.**) For incorrect guesses, the student should respond negatively. Ex: **No, no estoy estudiando.**

COMPARE & CONTRAST

The use of the present progressive is much more restricted in Spanish than in English. In Spanish, the present progressive is mainly used to emphasize that an action is in progress at the time of speaking.

Maru **está escuchando** música latina **ahora mismo**.
Maru is listening to Latin music right now.

Felipe y su amigo **todavía están jugando** al fútbol.
Felipe and his friend are still playing soccer.

In English, the present progressive is often used to talk about situations and actions that occur over an extended period of time or in the future. In Spanish, the simple present tense is often used instead.

Xavier **estudia** computación este semestre.
Xavier is studying computer science this semester.

Marissa **sale** mañana para los Estados Unidos.
Marissa is leaving tomorrow for the United States.

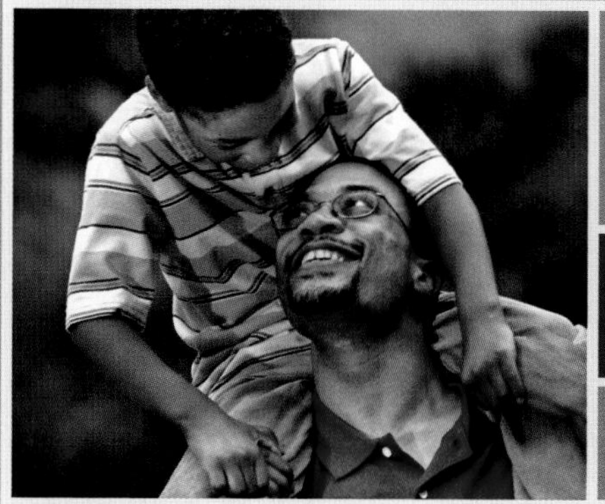

Create complete sentences by putting the verbs in the present progressive.

1. mis amigos / descansar en la playa  *Mis amigos están descansando en la playa.*
2. nosotros / practicar deportes Estamos practicando deportes.
3. Carmen / comer en casa Carmen está comiendo en casa.
4. nuestro equipo / ganar el partido Nuestro equipo está ganando el partido.
5. yo / leer el periódico Estoy leyendo el periódico.
6. él / pensar comprar una bicicleta roja Está pensando comprar una bicicleta roja.
7. ustedes / jugar a las cartas Ustedes están jugando a las cartas.
8. José y Francisco / dormir José y Francisco están durmiendo.
9. Marisa / leer correo electrónico Marisa está leyendo correo electrónico.
10. yo / preparar sándwiches Estoy preparando sándwiches.
11. Carlos / tomar fotos Carlos está tomando fotos.
12. ¿dormir / tú? ¿Estás durmiendo?

recursos
vText
CPA pp. 13–14
CH pp. 71–72
vhlcentral.com

Teaching Tips

- Discuss each point in the **Compare & Contrast** box.
- Write these statements on the board and ask students if they would use the present or the present progressive in Spanish for each item. 1. I'm going on vacation tomorrow. 2. She's packing her suitcase right now. 3. They are fishing in Puerto Rico this week. 4. Roberto is still working. Then ask students to translate the items. **(1. Voy de vacaciones mañana. 2. Está haciendo la maleta ahora mismo. 3. Pescan en Puerto Rico esta semana. 4. Roberto todavía está trabajando.)**
- In this lesson, students learn **todavía** to mean *still* when used with the present progressive tense. You may want to point out that **todavía** also means *yet*. They will be able to use that meaning in later lessons as they learn the past tenses.
- Have students rewrite the sentences in the **¡Inténtalo!** activity using the simple present. Ask volunteers to explain how the sentences change depending on whether the verb is in the present progressive or the simple present.

TEACHING OPTIONS

Pairs Have students write eight sentences in Spanish modeled after the examples in the **Compare & Contrast** box. There should be two sentences modeled after each example. Ask students to replace the verbs with blanks. Then, have students exchange papers with a partner and complete the sentences.

EXPANSION

Extra Practice For homework, ask students to find five photos from a magazine or create five simple drawings of people performing different activities. For each image, have them write one sentence telling where the people are, one explaining what they are doing and one describing how they feel. Ex: **Juan está en la biblioteca. Está estudiando. Está cansado.**

Communication 1.1
Comparisons 4.1

1 Expansion Ask students comprehension questions that elicit the present progressive. Ex: **¿Quién está buscando información? (Marta y José Luis están buscando información.) ¿Qué información están buscando? (Están buscando información sobre San Juan.)**

2 Teaching Tips
- Use the Presentation PDF #25 to assist with the presentation of this activity.
- Before starting the activity, ask students questions about each drawing to elicit a description of what they see. Ex: **¿Quién está en el dibujo número 5? (Samuel está en el dibujo.) ¿Dónde está Samuel? (Está en la playa.) ¿Qué más ven en el dibujo? (Vemos una silla y el mar.)**

3 Teaching Tip To simplify, first read through the names in column A as a class. Point out the profession clues in the **Ayuda** box, then guide students in matching each name with an infinitive. Finally, have students form sentences.

3 Expansion Have students choose five more celebrities and write what they are doing at this moment.

Práctica

1 Completar Alfredo's Spanish class is preparing to travel to Puerto Rico. Use the present progressive of the verb in parentheses to complete Alfredo's description of what everyone is doing.

1. Yo estoy investigando (investigar) la situación política de la isla (*island*).
2. La esposa del profesor está haciendo (hacer) las maletas.
3. Marta y José Luis están buscando (buscar) información sobre San Juan en Internet.
4. Enrique y yo estamos leyendo (leer) un correo electrónico de nuestro amigo puertorriqueño.
5. Javier está aprendiendo (aprender) mucho sobre la cultura puertorriqueña.
6. Y tú estás practicando (practicar) el español, ¿verdad?

2 ¿Qué están haciendo? María and her friends are vacationing at a resort in San Juan, Puerto Rico. Complete her description of what everyone is doing right now.

CONSULTA
For more information about Puerto Rico, see **Panorama**, pp. 186–187.

1. Yo
estoy escribiendo una carta.

2. Javier
está buceando en el mar.

3. Alejandra y Rebeca
están jugando a las cartas.

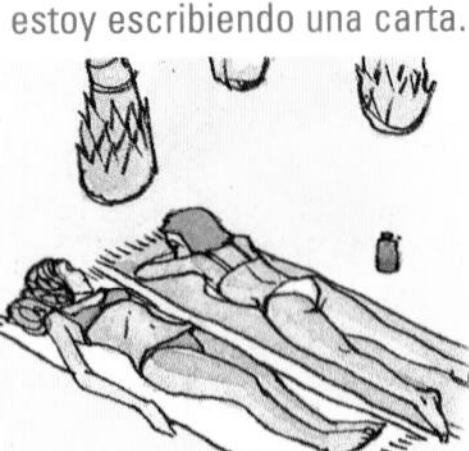
4. Celia y yo
estamos tomando el sol.

5. Samuel
está escuchando música.

6. Lorenzo
está durmiendo.

3 Personajes famosos Say what these celebrities are doing right now, using the cues provided.
Answers will vary.

modelo
Celine Dion
Celine Dion está cantando una canción ahora mismo.

A		B	
Stephenie Meyer	Nelly Furtado	bailar	hacer
Rachel Ray	Steve Nash	cantar	jugar
James Cameron	Las Rockettes de Nueva York	correr	preparar
Venus y Serena Williams	¿?	escribir	¿?
Jason Bay	¿?	hablar	¿?

AYUDA
Stephenie Meyer: **novelas**
Rachel Ray: **televisión, negocios** (*business*)
James Cameron: **cine**
Venus y Serena Williams: **tenis**
Jason Bay: **béisbol**
Nelly Furtado: **canciones**
Steve Nash: **baloncesto**
Las Rockettes de Nueva York: **baile**

Practice more at **vhlcentral.com.**

TEACHING OPTIONS

Pairs Have students bring in photos from a vacation. Ask them to describe the photos to a partner. Students should explain what the weather is like, who is in the photo, and what they are doing. The partner should try to guess the location the student is describing. Students can ask additional questions until they guess correctly.

TEACHING OPTIONS

Game Have the class form a circle. Appoint one student to be the starter, who will mime an action (Ex: eating) and say what he or she is doing (Ex: **Estoy comiendo.**). The next student mimes the same action, says what that person is doing (____ **está comiendo.**), and then mimes and states a different action (Ex: sleeping/**Estoy durmiendo.**). Have students continue until the chain breaks. Have students see how long the chain can get in three minutes.

Comunicación

4 **Preguntar** With a partner, take turns asking each other what you are doing at these times. Answers will vary.

modelo

Estudiante 1: ¡Hola, Andrés! Son las ocho de la mañana. ¿Qué estás haciendo?
Estudiante 2: Estoy desayunando.

1. 5:00 a.m.
2. 9:30 a.m.
3. 11:00 a.m.
4. 12:00 p.m.
5. 2:00 p.m.
6. 5:00 p.m.
7. 9:00 p.m.
8. 11:30 p.m.

5 **Describir** Work with a partner and use the present progressive to describe what is going on in this Spanish beach scene. Answers will vary.

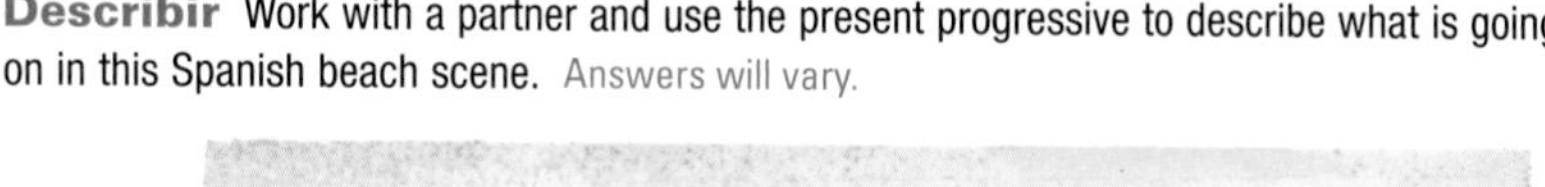

NOTA CULTURAL

Nearly 60 million tourists travel to Spain every year, many of them drawn by the warm climate and beautiful coasts. Tourists wanting a beach vacation go mostly to the **Costa del Sol** or the Balearic Islands, in the Mediterranean.

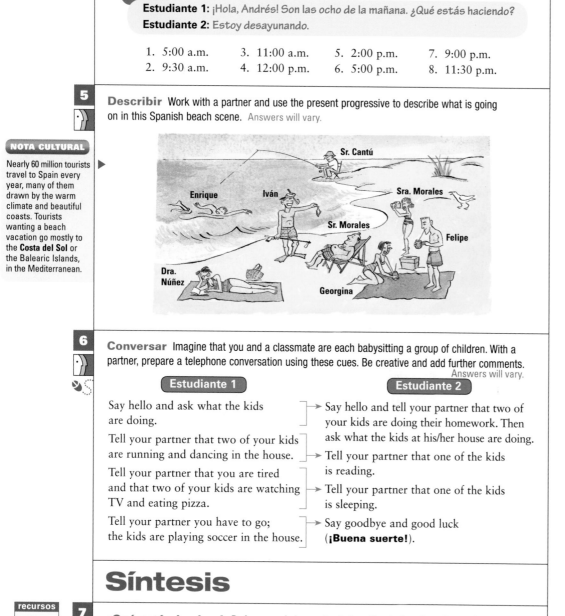

6 **Conversar** Imagine that you and a classmate are each babysitting a group of children. With a partner, prepare a telephone conversation using these cues. Be creative and add further comments. Answers will vary.

Estudiante 1	Estudiante 2
Say hello and ask what the kids are doing.	→ Say hello and tell your partner that two of your kids are doing their homework. Then ask what the kids at his/her house are doing.
Tell your partner that two of your kids are running and dancing in the house.	→ Tell your partner that one of the kids is reading.
Tell your partner that you are tired and that two of your kids are watching TV and eating pizza.	→ Tell your partner that one of the kids is sleeping.
Tell your partner you have to go; the kids are playing soccer in the house.	→ Say goodbye and good luck (**¡Buena suerte!**).

Síntesis

recursos
vText
CPA pp. 15–16

7 **¿Qué están haciendo?** A group of classmates is traveling to San Juan, Puerto Rico for a week-long Spanish immersion program. In order for the participants to be on time for their flight, you and your partner must locate them. Your teacher will give you each a handout to help you complete this task. Answers will vary.

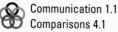

EXPANSION

Video Show the **Fotonovela** episode again, pausing after each exchange. Ask students to describe what each person in the shot is doing at that moment.
TPR Write sentences with the present progressive on strips of paper. Call on volunteers to draw papers out of a hat to act out. The class should guess what the sentences are. Ex: **Yo estoy durmiendo en la cama.**

TEACHING OPTIONS

Pairs Add an auditory aspect to this grammar practice. Ask students to write five sentences using the present progressive. Students should try to make their sentences as complex as possible. Have students dictate their sentences to a partner. After pairs have finished dictating their sentences, have them exchange papers to check for accuracy. Circulate around the room and look over students' work.

Communication 1.1
Comparisons 4.1

4 Teaching Tips
- To simplify, first have students outline their daily activities and at what time they do them.
- Remind students to use **a la(s)** when expressing time.

5 Teaching Tip Use the Presentation PDF #25 to assist with the presentation of this activity.

5 Expansion In pairs, have students write a conversation between two or more of the people in the drawing.

PRE-AP*

6 Interpersonal Speaking To simplify, before beginning their conversation, have students prepare for their roles by brainstorming two lists: one with verbs that describe what the children are doing at home and the other with adjectives that describe how the babysitter feels.

6 Expansion Ask pairs to tell each other what the parents of the two sets of children are doing.

6 Partner Chat You can also assign activity 6 on the Supersite. Students work in pairs to record the activity online. The pair's recorded conversation will appear in your gradebook.

Communication 1.1

7 Teaching Tip Divide the class into pairs and distribute the Communication Activities worksheets from the *Cuaderno de práctica y actividades comunicativas* that correspond to this activity. Give students ten minutes to complete the activity.

7 Expansion Have pairs say what each participant is doing in flight. Ex: **Pedro está leyendo una novela.**

Section Goal

In **Estructura 5.3**, students will review and compare the uses of **ser** and **estar**.

Communication 1.1
Comparisons 4.1

Instructional Resources
vText
Cuaderno de práctica y actividades comunicativas, pp. 17–19
Cuaderno para hispanohablantes, pp. 73–74
e-Cuaderno
Supersite: Audio Activities MP3 Audio Files
Supersite/TRCD: Grammar Slides, Presentation PDF #26, Audio Activities Script, Answer Keys, Testing Program Quizzes
Audio Activities CD
Activity Pack
Middle School Activity Pack

Teaching Tips

- Have pairs brainstorm as many uses of **ser** with examples as they can. Compile a list on the board, and repeat for **estar**.
- Divide the board into two columns. In column one, write sentences using **ser** and **estar** in random order (Ex: **Miguel es de España.**). In column two, write the uses of **ser** and **estar** taught so far, also in random order (Ex: place of origin). Ask volunteers to match the sentence with its corresponding use.
- Write cloze sentences on the board. Ask students to supply the correct form of **ser** or **estar**. Ex: **Mi casa ____ lejos de aquí. (estar, location; está)** If either **ser** or **estar** could be used, ask students to explain how the meaning of the sentence would change.
- Contrast uses of **ser** and **estar** by talking about celebrities. Ex: **Shakira es cantante.** Ask students to identify the use(s) and then create sentences about other famous people.

5.3 Ser and estar

ANTE TODO You have already learned that **ser** and **estar** both mean *to be* but are used for different purposes. These charts summarize the key differences in usage between **ser** and **estar**.

¡ATENCIÓN!
Ser de expresses not only origin (**Es de Buenos Aires.**) and possession (**Es la pluma de Jimena.**), but also what material something is made of (**La bicicleta es de metal.**).

Uses of ser

1. Nationality and place of origin	Juan Carlos **es** argentino. **Es** de Buenos Aires.
2. Profession or occupation	Adela **es** agente de viajes. Francisco **es** médico.
3. Characteristics of people and things	José y Clara **son** simpáticos. El clima de Puerto Rico **es** agradable.
4. Generalizations	¡**Es** fabuloso viajar! **Es** difícil estudiar a la una de la mañana.
5. Possession	**Es** la pluma de Jimena. **Son** las llaves del señor Díaz.
6. What something is made of	La bicicleta **es** de metal. Los pasajes **son** de papel.
7. Time and date	Hoy **es** martes. **Son** las dos. Hoy **es** el primero de julio.
8. Where or when an event takes place	El partido **es** en el estadio Santa Fe. La conferencia **es** a las siete.

Uses of estar

1. Location or spatial relationships	El aeropuerto **está** lejos de la ciudad. Tu habitación **está** en el tercer piso.
2. Health	¿Cómo **estás**? **Estoy** bien, gracias.
3. Physical states and conditions	El profesor **está** ocupado. Las ventanas **están** abiertas.
4. Emotional states	Marissa **está** feliz hoy. **Estoy** muy enojado con Maru.
5. Certain weather expressions	**Está** lloviendo. **Está** nublado.
6. Ongoing actions (progressive tenses)	**Estamos** estudiando para un examen. Ana **está** leyendo una novela.

EXPANSION

Extra Practice Ask students to write a postcard to a friend or family member about a vacation in Puerto Rico, incorporating as many of the uses of **ser** and **estar** as they can.

Extra Practice Add an auditory aspect to this grammar presentation. Call out sentences containing forms of **ser** or **estar**. Ask students to identify the use of the verb.

TEACHING OPTIONS

Game Divide the class into two teams. Call out a use of **ser** or **estar**. The first member of each team runs to the board and writes a sample sentence. The first student to finish a sentence correctly earns a point for his or her team. Practice all uses of each verb and make sure each team member has at least two turns. Then tally the points to see which team wins.

Ser and estar with adjectives

- With many descriptive adjectives, **ser** and **estar** can both be used, but the meaning will change.

Juan **es** delgado. *Juan is thin.*	Ana **es** nerviosa. *Ana is a nervous person.*
Juan **está** más delgado hoy. *Juan looks thinner today.*	Ana **está** nerviosa por el examen. *Ana is nervous because of the exam.*

- In the examples above, the statements with **ser** are general observations about the inherent qualities of Juan and Ana. The statements with **estar** describe conditions that are variable.

- Here are some adjectives that change in meaning when used with **ser** and **estar**.

With ser	With estar
El chico **es listo**. *The boy is **smart**.*	El chico **está listo**. *The boy is **ready**.*
La profesora **es mala**. *The professor is **bad**.*	La profesora **está mala**. *The professor is **sick**.*
Jaime **es aburrido**. *Jaime is **boring**.*	Jaime **está aburrido**. *Jaime is **bored**.*
Las peras **son verdes**. *Pears are **green**.*	Las peras **están verdes**. *The pears are **not ripe**.*
El gato **es muy vivo**. *The cat is very **lively**.*	El gato **está vivo**. *The cat is **alive**.*
Iván **es un hombre seguro**. *Iván is a **confident** man.*	Iván no **está seguro**. *Iván is not **sure**.*

¡ATENCIÓN!

When referring to objects, **ser seguro/a** means *to be safe*.
El puente es seguro.
The bridge is safe.

¡INTÉNTALO! Form complete sentences by using the correct form of **ser** or **estar** and making any other necessary changes.

1. Alejandra / cansado — Alejandra está cansada.
2. ellos / pelirrojo — Ellos son pelirrojos.
3. Carmen / alto — Carmen es alta.
4. yo / la clase de español — Estoy en la clase de español.
5. película / a las once — La película es a las once.
6. hoy / viernes — Hoy es viernes.
7. nosotras / enojado — Nosotras estamos enojadas.
8. Antonio / médico — Antonio es médico.
9. Romeo y Julieta / enamorado — Romeo y Julieta están enamorados.
10. libros / de Ana — Los libros son de Ana.
11. Marisa y Juan / estudiando — Marisa y Juan están estudiando.
12. partido de baloncesto / gimnasio — El partido de baloncesto es en el gimnasio.

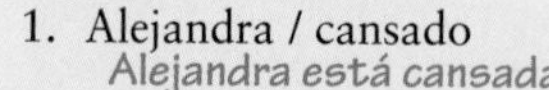

recursos

vText

CPA pp. 17–19

CH pp. 73–74

vhlcentral.com

Teaching Tips

- Ask students if they notice any context clues in the examples that would help them choose between **ser** and **estar**.
- Write sentences like these on the board: 1. Pilar is worried because she has a quiz tomorrow. **(Pilar está preocupada porque tiene una prueba mañana.)** 2. The bellhop is very busy right now. **(El botones está muy ocupado ahora.)** 3. The beach is pretty. **(La playa es bonita.)** 4. Juan is/looks very handsome today. **(Juan está muy guapo hoy.)** Have students translate the sentences into Spanish and ask them why they chose either **ser** or **estar** for their translation.
- Ask students questions to practice the different meanings of adjectives, depending on whether they are used with **ser** or **estar**. Ex: **1. Manuel es un muchacho muy inteligente. ¿Está listo o es listo? 2. No me gusta la clase de física. ¿Está aburrida o es aburrida? 3. No sé si Carlos tiene 50 o 51 años. ¿No estoy seguro/a o no soy seguro/a? 4. ¿El color del taxi es verde o está verde? 5. El profesor no enseña muy bien. ¿Está malo o es malo?**
- Note that some heritage speakers may use **ser vivo/a** to mean *astute* or *sharp/clever*.

The Affective Dimension

If students feel anxious that Spanish has two verbs that mean *to be*, reassure them that they will soon feel more comfortable with this concept as they read more examples and have more practice. Point out that **ser** and **estar** express rich shades of meaning.

EXPANSION

Extra Practice Ask students to write sentences illustrating the contrasting meanings of adjectives used with **ser** or **estar**. Have students exchange papers for peer editing before going over them with the class.

Video Show the **Fotonovela** episode again. Have students jot down the forms of **ser** or **estar** that they hear. Discuss each use of **ser** and **estar**.

TEACHING OPTIONS

Pairs Tell students to imagine that they are going to interview a celebrity visiting their hometown. Ask them to write questions with at least ten different uses of **ser** and **estar**. Next, have them interview a partner and record the answers. Have students write a summary of their interviews.

Communication 1.1
Comparisons 4.1

1 Teaching Tip Have students identify the use(s) of **ser** or **estar** for each item.

1 Expansion To challenge students, ask them to use each adjective in a sentence. If the adjective can take both verbs, have them provide two sentences.

2 Teaching Tip To simplify, have students look for context clues that will help them determine whether to use **ser** or **estar**. Ex: The word **hoy** in line 2 suggests that **guapo** is a variable physical state.

2 Expansion Have pairs write a continuation of the conversation and then present it to the class.

3 Teaching Tip Use Presentation PDF #26 to assist with the presentation of this activity.

3 Expansion Add another visual aspect to this grammar practice. Bring in photos or magazine pictures that show many different people performing a variety of activities. Have students use **ser** and **estar** to write short descriptions of the scenes.

Práctica

1 **¿Ser o estar?** Indicate whether each adjective takes **ser** or **estar**. **¡Ojo!** Three of them can take both verbs.

	ser	estar		ser	estar
1. delgada	✓	✓	5. seguro	✓	✓
2. canadiense	✓	○	6. enojada	○	✓
3. enamorado	○	✓	7. importante	✓	○
4. lista	✓	✓	8. avergonzada	○	✓

2 **Completar** Complete this conversation with the appropriate forms of **ser** and **estar**.

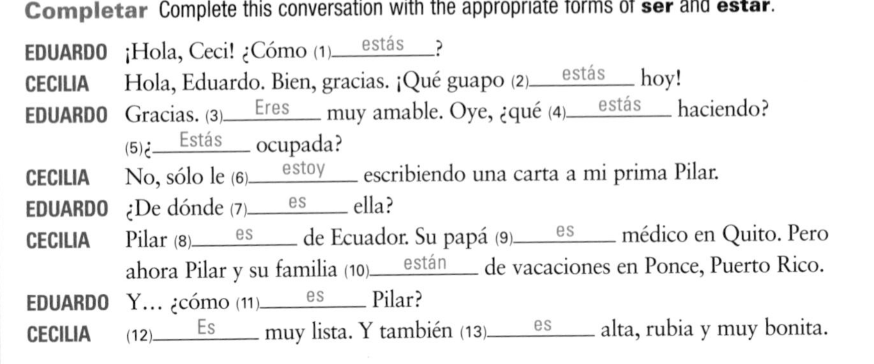

EDUARDO ¡Hola, Ceci! ¿Cómo (1) estás ?
CECILIA Hola, Eduardo. Bien, gracias. ¡Qué guapo (2) estás hoy!
EDUARDO Gracias. (3) Eres muy amable. Oye, ¿qué (4) estás haciendo? (5) ¿ Estás ocupada?
CECILIA No, sólo le (6) estoy escribiendo una carta a mi prima Pilar.
EDUARDO ¿De dónde (7) es ella?
CECILIA Pilar (8) es de Ecuador. Su papá (9) es médico en Quito. Pero ahora Pilar y su familia (10) están de vacaciones en Ponce, Puerto Rico.
EDUARDO Y... ¿cómo (11) es Pilar?
CECILIA (12) Es muy lista. Y también (13) es alta, rubia y muy bonita.

3 **En el parque** With a partner, take turns describing the people in the drawing. Your descriptions should answer the questions provided. Answers will vary.

1. ¿Quiénes son?
2. ¿Dónde están?
3. ¿Cómo son?
4. ¿Cómo están?
5. ¿Qué están haciendo?
6. ¿Qué estación es?
7. ¿Qué tiempo hace?
8. ¿Quiénes están de vacaciones?

Practice more at **vhlcentral.com.**

EXPANSION

Extra Practice Have students write a paragraph about a close friend, including the person's physical appearance, general disposition, place of birth, birthday, and where the friend is now. Ask volunteers to share their descriptions with the class.

TEACHING OPTIONS

Pairs Ask pairs to role-play this scenario: Student A is at the beach with some friends while Student B is at home. Student A calls Student B and tries to convince him or her to come to the beach. Students should try to employ as many uses of **ser** and **estar** in their scenario as possible. After students act out the scene once, have them switch roles.

Communication 1.1
Comparisons 4.1

4 Expansion Have pairs select two descriptions to present to the class.

Comunicación

4 **Describir** With a classmate, take turns describing these people. Mention where they are from, what they are like, how they are feeling, and what they are doing right now. Answers will vary.

modelo

tu compañero/a de clase
Mi compañera de clase es de San Juan, Puerto Rico. Es muy inteligente. Está cansada pero está estudiando porque tiene un examen.

1. tu mejor (*best*) amigo/a
2. tu actor/actriz favorito/a
3. tu profesor(a) favorito/a
4. tu vecino/a
5. tus abuelos
6. tus padres

5 **Adivinar** Get together with a partner and take turns describing a celebrity using these items as a guide. Don't mention the celebrity's name. Can your partner guess who you are describing? Answers will vary.

- descripción física
- cómo está ahora
- origen
- dónde está ahora
- qué está haciendo ahora
- profesión u ocupación

5 Teaching Tip Model the activity for the class. You may want to tell students to use **una persona** create ambiguity in their descriptions. Ex: **Es una persona alta...**

6 **En el aeropuerto** In groups of three, take turns assuming the identity of a character from this drawing. Your partners will ask you questions using **ser** and **estar** until they figure out who you are. Answers will vary.

NOTA CULTURAL

Luis Muñoz Marín International Airport in San Juan, Puerto Rico, is a major transportation hub of the Caribbean. It is named after Puerto Rico's first elected governor.

modelo

Estudiante 3: *¿Dónde estás?*
Estudiante 1: *Estoy cerca de la puerta.*
Estudiante 2: *¿Qué estás haciendo?*
Estudiante 1: *Estoy escuchando a otra persona.*
Estudiante 3: *¿Eres uno de los pasajeros?*
Estudiante 1: *No, soy empleado del aeropuerto.*
Estudiante 2: *¿Eres Camilo?*

6 Teaching Tip Use Presentation PDF #26 to assist with the presentation of this activity.

6 Expansion Have students pick one of the individuals pictured and write a one-paragraph description, employing as many different uses of **ser** and **estar** as possible.

Síntesis

7 **Conversación** In pairs, imagine that you and your partner are two of the characters in the drawing in **Actividad 6**. After boarding, you are seated next to each other and strike up a conversation. Act out what you would say to your fellow passenger. Answers will vary.

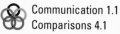

Communication 1.1

7 Teaching Tips

- To simplify, first have students write a character description for the person they will be playing. Then, as a class, brainstorm topics of conversation.
- Make sure that students use **ser** and **estar**, the present progressive, and stem-changing verbs in their conversation, as well as vacation-, pastime-, and family-related vocabulary.

The Affective Dimension Encourage students to consider pair and group activities as a cooperative venture in which group members support and motivate each other.

TEACHING OPTIONS

Small Groups Have students work in small groups to write a television commercial for a vacation resort in the Spanish-speaking world. Ask them to employ as many uses of **ser** and **estar** as they can. If possible, after they have written the commercial, have them record it on video it to show to the class.

TEACHING OPTIONS

TPR Call on a volunteer and whisper the name of a celebrity in his or her ear. The volunteer acts out verbs and characteristics and uses props to elicit descriptions from the class. Ex: The volunteer points to the U.S. on a map. (**Es de los Estados Unidos.**) He or she then indicates a short, thin man. (**Es un hombre bajo y delgado.**) He or she acts out riding a bicycle. (**Está paseando en bicicleta. ¿Es Lance Armstrong?**)

Section Goals

In **Estructura 5.4**, students will study:
- direct object nouns
- the personal **a**
- direct object pronouns

Communication 1.1
Comparisons 4.1

Instructional Resources
vText
Cuaderno de práctica y actividades comunicativas, pp. 20–21
Cuaderno para hispanohablantes, pp. 75–76
e-Cuaderno
Supersite: Audio Activities MP3 Audio Files
Supersite/TRCD: Grammar Slides, Audio Activities Script, Answer Keys, Testing Program Quizzes
Audio Activities CD
Activity Pack
Middle School Activity Pack

Teaching Tips

- Write these sentences on the board: **—¿Quién tiene el pasaporte? —Juan lo tiene.** Underline **pasaporte** and explain that it is a direct object noun. Then underline **lo** and explain that it is the masculine singular direct object pronoun. Translate both sentences. Continue with: **—¿Quién saca fotos? —Simón las saca. —¿Quién tiene la llave? —Pilar la tiene.**
- Read this exchange aloud: **—¿Haces las maletas? —No, no hago las maletas. —¿Por qué no haces las maletas? —No hago las maletas porque las maletas no están aquí.** Ask students if the exchange sounds natural to them. Then write it on the board and ask students to use direct object pronouns to avoid repetition.
- Ask questions to elicit the personal **a: ¿Visitas a tu abuela los fines de semana? ¿Llamas a tu amigo los sábados?**

5.4 Direct object nouns and pronouns

Explanation Tutorial

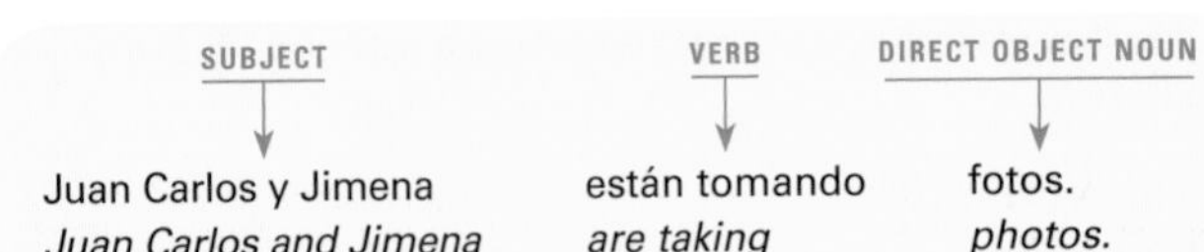

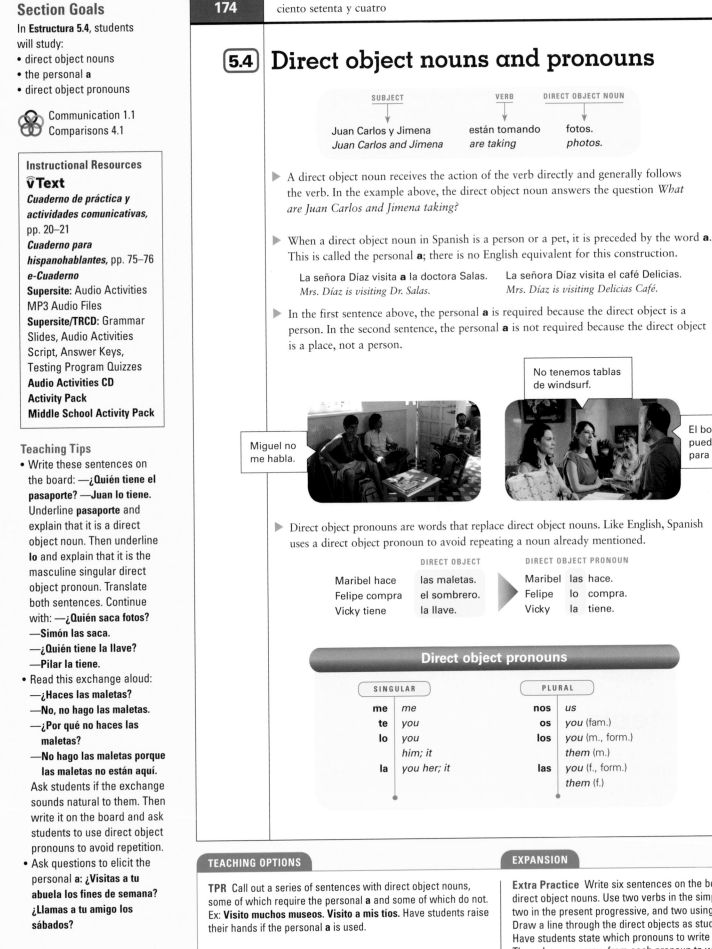

▶ A direct object noun receives the action of the verb directly and generally follows the verb. In the example above, the direct object noun answers the question *What are Juan Carlos and Jimena taking?*

▶ When a direct object noun in Spanish is a person or a pet, it is preceded by the word **a**. This is called the personal **a**; there is no English equivalent for this construction.

La señora Díaz visita **a** la doctora Salas.
Mrs. Díaz is visiting Dr. Salas.

La señora Díaz visita el café Delicias.
Mrs. Díaz is visiting Delicias Café.

▶ In the first sentence above, the personal **a** is required because the direct object is a person. In the second sentence, the personal **a** is not required because the direct object is a place, not a person.

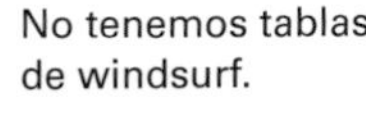

▶ Direct object pronouns are words that replace direct object nouns. Like English, Spanish uses a direct object pronoun to avoid repeating a noun already mentioned.

	DIRECT OBJECT		DIRECT OBJECT PRONOUN	
Maribel hace	las maletas.	▶	Maribel **las**	hace.
Felipe compra	el sombrero.		Felipe **lo**	compra.
Vicky tiene	la llave.		Vicky **la**	tiene.

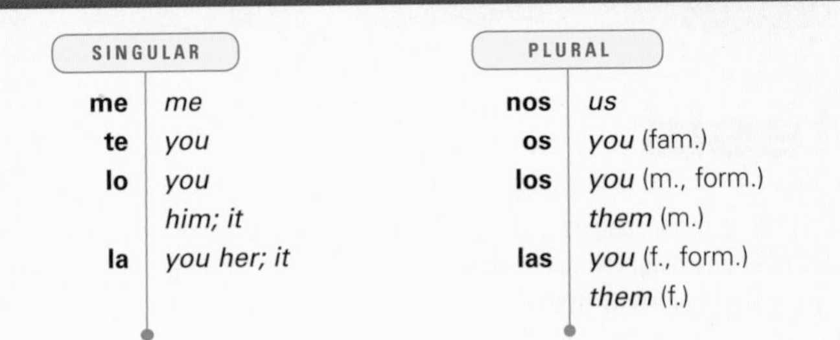

Direct object pronouns

SINGULAR		PLURAL	
me	*me*	**nos**	*us*
te	*you*	**os**	*you* (fam.)
lo	*you* *him; it*	**los**	*you* (m., form.) *them* (m.)
la	*you her; it*	**las**	*you* (f., form.) *them* (f.)

TEACHING OPTIONS

TPR Call out a series of sentences with direct object nouns, some of which require the personal **a** and some of which do not. Ex: **Visito muchos museos. Visito a mis tíos.** Have students raise their hands if the personal **a** is used.

EXPANSION

Extra Practice Write six sentences on the board that have direct object nouns. Use two verbs in the simple present tense, two in the present progressive, and two using **ir a** + [*infinitive*]. Draw a line through the direct objects as students call them out. Have students state which pronouns to write to replace them. Then, draw an arrow from each pronoun to where it goes in the sentence, as indicated by students.

▶ In affirmative sentences, direct object pronouns generally appear before the conjugated verb. In negative sentences, the pronoun is placed between the word **no** and the verb.

Adela practica **el tenis**.
Adela **lo** practica.

Carmen compra **los pasajes**.
Carmen **los** compra.

Gabriela no tiene **las llaves**.
Gabriela **no las** tiene.

Diego no hace **las maletas**.
Diego **no las** hace.

▶ When the verb is an infinitive construction, such as **ir a** + [*infinitive*], the direct object pronoun can be placed before the conjugated form or attached to the infinitive.

Ellos van a escribir **unas postales**. → Ellos **las** van a escribir. / Ellos van a escribir**las**.

Lidia quiere ver **una película**. → Lidia **la** quiere ver. / Lidia quiere ver**la**.

▶ When the verb is in the present progressive, the direct object pronoun can be placed before the conjugated form or attached to the present participle. **¡Atención!** When a direct object pronoun is attached to the present participle, an accent mark is added to maintain the proper stress.

Gerardo está leyendo **la lección**. → Gerardo **la** está leyendo. / Gerardo está leyéndo**la**.

Toni está mirando **el partido**. → Toni **lo** está mirando. / Toni está mirándo**lo**.

Choose the correct direct object pronoun for each sentence.

1. Tienes el libro de español. c
   a. La tienes. b. Los tienes. c. Lo tienes.
2. Voy a ver el partido de baloncesto. a
   a. Voy a verlo. b. Voy a verte. c. Voy a vernos.
3. El artista quiere dibujar a Luisa con su mamá. c
   a. Quiere dibujarme. b. Quiere dibujarla. c. Quiere dibujarlas.
4. Marcos busca la llave. b
   a. Me busca. b. La busca. c. Las busca.
5. Rita me lleva al aeropuerto y también lleva a Tomás. a
   a. Nos lleva. b. Las lleva. c. Te lleva.
6. Puedo oír a Gerardo y a Miguel. b
   a. Puedo oírte. b. Puedo oírlos. c. Puedo oírlo.
7. Quieren estudiar la gramática. c
   a. Quieren estudiarnos. b. Quieren estudiarlo. c. Quieren estudiarla.
8. ¿Practicas los verbos irregulares? a
   a. ¿Los practicas? b. ¿Las practicas? c. ¿Lo practicas?
9. Ignacio ve la película. a
   a. La ve. b. Lo ve. c. Las ve.
10. Sandra va a invitar a Mario a la excursión. También me va a invitar a mí. c
   a. Los va a invitar. b. Lo va a invitar. c. Nos va a invitar.

recursos
vText
CPA pp. 20–21
CH pp. 75–76
vhlcentral.com

TEACHING OPTIONS

Large Group Make a list of 20 questions requiring direct object pronouns in the answer. Arrange students in two concentric circles. Students in the inner circle ask questions from the list to those in the outer circle, until you say to stop (**¡Paren!**). The outer circle then moves one person to the right and the questions begin again. Continue for five minutes, then have the students in the outer circle ask the questions.

TEACHING OPTIONS

Pairs Have students write ten sentences about a vacation they want to take using direct object nouns. Their sentences should also include a mixture of verbs in the present progressive, simple present, and **ir a** + [*infinitive*]. Ask students to exchange their sentences with a partner, who will rewrite them using direct object pronouns. Students should check their partner's work.

Teaching Tips

- Play a memory game. In view of the class, quickly distribute various items in quantities of either one or two to many different students, then tell them to conceal the objects in their bag or backpack. Ask the class who has what. Ex: **¿Quién tiene las plumas? (David las tiene.) ¿Quién tiene el iPod? (Jessica lo tiene.)**
- Ask questions to elicit third-person direct object pronouns. Ex: **¿Quién ve el lápiz de Marcos? ¿Quién quiere estos diccionarios?**
- Elicit first- and second-person direct object pronouns by asking questions first of individual students and then groups of students. Ex: **¿Quién te invita a bailar con frecuencia? (Mi novio me invita a bailar con frecuencia.) ¿Quién te comprende? (Mi amigo me comprende.)**
- Ask questions directed at the class as a whole to elicit first-person plural direct object pronouns. Ex: **¿Quiénes los llaman los fines de semana? (Nuestros abuelos nos llaman.) ¿Quiénes los esperan después de la clase? (Los amigos nos esperan.)**
- Add a visual aspect to this grammar presentation. Use magazine pictures to practice the third-person direct object pronouns with infinitives and the present progressive. Ex: **¿Quién está practicando tenis? (Rafael Nadal lo está practicando./Rafael Nadal está practicándolo.) ¿Quién va a mirar la televisión? (El hombre pelirrojo la va a mirar./El hombre pelirrojo va a mirarla.)**
- Point out that the direct object pronoun **los** refers to both masculine and mixed groups. **Las** refers only to feminine groups.

Communication 1.1
Comparisons 4.1

1 Teaching Tip To simplify, ask individual students to identify the direct object in each sentence before beginning the activity.

Práctica

1 

Simplificar Señora Vega's class is planning a trip to Costa Rica. Describe their preparations by changing the direct object nouns into direct object pronouns.

modelo

La profesora Vega tiene su pasaporte.
La profesora Vega lo tiene.

1. Gustavo y Héctor confirman las reservaciones. Gustavo y Héctor las confirman.
2. Nosotros leemos los folletos (*brochures*). Nosotros los leemos.
3. Ana María estudia el mapa. Ana María lo estudia.
4. Yo aprendo los nombres de los monumentos de San José. Yo los aprendo.
5. Alicia escucha a la profesora. Alicia la escucha.
6. Miguel escribe las direcciones para ir al hotel. Miguel las escribe.
7. Esteban busca el pasaje. Esteban lo busca.
8. Nosotros planeamos una excursión. Nosotros la planeamos.

¡LENGUA VIVA! There are many Spanish words that correspond to *ticket*. **Billete** and **pasaje** usually refer to a ticket for travel, such as an airplane ticket. **Entrada** refers to a ticket to an event, such as a concert or a movie. **Boleto** can be used in either case.

2 Expansion Ask questions (using direct objects) about the people in the activity to elicit **Sí/No** answers. Ex: **¿Tiene Ramón reservaciones en el hotel? (Sí, las tiene.) ¿Tiene su mochila? (No, no la tiene.)**

2

Vacaciones Ramón is going to San Juan, Puerto Rico with his friends, Javier and Marcos. Express his thoughts more succinctly using direct object pronouns.

modelo

Quiero hacer una excursión.
Quiero hacerla./La quiero hacer.

1. Voy a hacer mi maleta. Voy a hacerla./La voy a hacer.
2. Necesitamos llevar los pasaportes. Necesitamos llevarlos./Los necesitamos llevar.
3. Marcos está pidiendo el folleto turístico. Marcos está pidiéndolo./Marcos lo está pidiendo.
4. Javier debe llamar a sus padres. Javier debe llamarlos./Javier los debe llamar.
5. Ellos esperan visitar el Viejo San Juan. Ellos esperan visitarlo./Ellos lo esperan visitar.
6. Puedo llamar a Javier por la mañana. Puedo llamarlo./Lo puedo llamar.
7. Prefiero llevar mi cámara. Prefiero llevarla./La prefiero llevar.
8. No queremos perder nuestras reservaciones de hotel. No queremos perderlas./No las queremos perder.

NOTA CULTURAL Since Puerto Rico is a U.S. territory, passengers traveling there from the U.S. mainland do not need passports or visas. Passengers traveling to Puerto Rico from a foreign country, however, must meet travel requirements identical to those required for travel to the U.S. mainland. Puerto Ricans are U.S. citizens and can therefore travel to the U.S. mainland without any travel documents.

3 Expansion

- Ask students questions about who does what in the activity. Ex: **¿La señora Garza busca la cámara? (No, María la busca.)**
- Ask additional questions about the family's preparations, allowing students to decide who does what. Ex: **¿Quién compra una revista para leer en el avión? ¿Quién llama al taxi? ¿Quién practica el español?**

3 

¿Quién? The Garza family is preparing to go on a vacation to Puerto Rico. Based on the clues, answer the questions. Use direct object pronouns in your answers.

modelo

¿Quién hace las reservaciones para el hotel? (el Sr. Garza)
El Sr. Garza las hace.

1. ¿Quién compra los pasajes de avión? (la Sra. Garza) La Sra. Garza los compra.
2. ¿Quién tiene que hacer las maletas de los niños? (María) María tiene que hacerlas./María las tiene que hacer.
3. ¿Quiénes buscan los pasaportes? (Antonio y María) Antonio y María los buscan.
4. ¿Quién va a confirmar las reservaciones de hotel? (la Sra. Garza) La Sra. Garza va a confirmarlas./La Sra. Garza las va a confirmar.
5. ¿Quién busca la cámara? (María) María la busca.
6. ¿Quién compra un mapa de Puerto Rico? (Antonio) Antonio lo compra.

Practice more at **vhlcentral.com.**

TEACHING OPTIONS

Small Groups Split the class into small groups. Have students take turns asking the group who does these activities: **leer revistas, practicar el ciclismo, ganar todos los partidos, visitar a sus abuelos durante las vacaciones, leer el periódico, escribir cartas, escuchar a sus profesores, practicar la natación.** Ex: **—¿Quién lee revistas? —Yo las leo.**

DIFFERENTIATION

Heritage Speakers Pair heritage speakers with other students. Ask the pairs to create a dialogue between a travel agent and client. Assign the role of traveler to the heritage speaker, who would like to visit his or her family's home country. Encourage both students to draw on their experiences from past vacations and trips to Spanish-speaking countries. Have students role-play their dialogues for the class.

Comunicación

4 

Entrevista Take turns asking and answering these questions with a classmate. Be sure to use direct object pronouns in your responses. Answers will vary.

1. ¿Ves mucho la televisión?
2. ¿Cuándo vas a ver tu programa favorito?
3. ¿Quién prepara la comida (*food*) en tu casa?
4. ¿Te visita mucho tu abuelo/a?
5. ¿Visitas mucho a tus abuelos?
6. ¿Nos entienden nuestros padres a nosotros?
7. ¿Cuándo ves a tus amigos/as?
8. ¿Cuándo te llaman tus amigos/as?

5

Los pasajeros With a partner, take turns asking each other questions about the drawing. Use the word bank and direct object pronouns. Answers will vary.

AYUDA

For travel-related vocabulary, see **Contextos**, pp. 152–153.

modelo

Estudiante 1: *¿Quién está leyendo el libro?*
Estudiante 2: *Susana lo está leyendo./Susana está leyéndolo.*

buscar	confirmar	escribir	leer	tener	vender
comprar	encontrar	escuchar	llevar	traer	¿?

Síntesis

6 

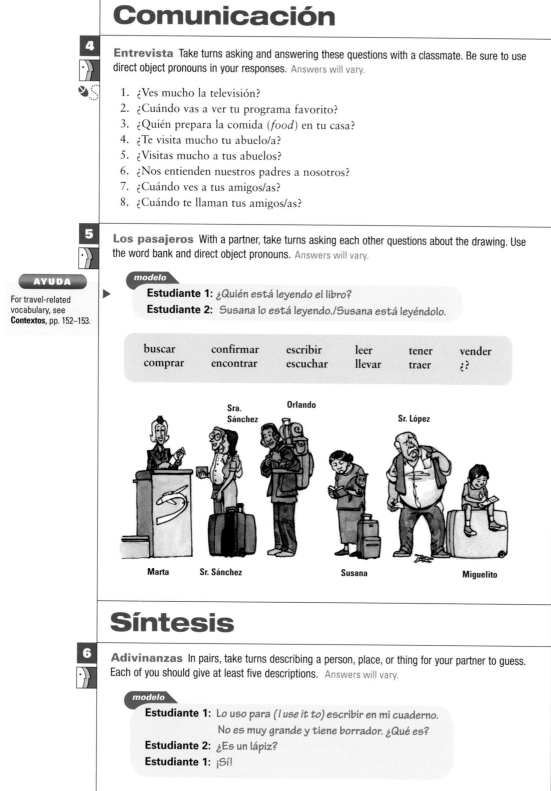

Adivinanzas In pairs, take turns describing a person, place, or thing for your partner to guess. Each of you should give at least five descriptions. Answers will vary.

modelo

Estudiante 1: *Lo uso para (I use it to) escribir en mi cuaderno. No es muy grande y tiene borrador. ¿Qué es?*
Estudiante 2: *¿Es un lápiz?*
Estudiante 1: *¡Sí!*

Communication 1.1
Comparisons 4.1

4 Teaching Tip Ask students to record their partner's answers. After the interviews, have students review answers in groups and report the most common responses to the class.

4 Expansion Have students write five additional questions, then continue their interviews. Encourage students to comment on their partner's answers.

4 Virtual Chat You can also assign activity 4 on the Supersite. Students record individual responses that appear in your gradebook.

5 Teaching Tip Before assigning the activity, ask individual students to identify different objects in the picture that might be used as direct objects in questions and answers.

5 Expansion

- Reverse the activity by having students say what the people are doing. Their partner will guess who it is. Ex: **Está escribiendo en su cuaderno. (Es Miguelito.)**
- Have students use **ser** and **estar** to write descriptions of the people in the drawing.

Communication 1.1

6 Teaching Tip To simplify this activity, have students first write out their descriptions.

6 Expansion Have pairs write out five additional riddles. Have volunteers read them aloud for the class to answer.

TEACHING OPTIONS

Game Play a game of **20 Preguntas**. Divide the class into two teams. Think of an object in the room and alternate calling on teams to ask questions. Once a team knows the answer, the team captain should raise his or her hand. If right, the team gets a point. If wrong, the team loses a point. Play until one team has earned five points.

TEACHING OPTIONS

Pairs Have students create five questions that include the direct object pronouns **me**, **te**, and **nos**. Then have them ask their partners the questions on their list. Ex: **—¿Quién te llama mucho? —Mi novia me llama mucho. —¿Quién nos escucha cuando hacemos preguntas en español? —El/La profesor(a) y los estudiantes nos escuchan.**

Section Goal

In **Recapitulación**, students will review the grammar concepts from this lesson.

Instructional Resources
vText
Supersite
Testing Program CD

Recapitulación

Diagnostics
Remediation Activities

Review the grammar concepts you have learned in this lesson by completing these activities.

1 Expansion Create a list of present participles and have students supply the infinitive. Ex: **durmiendo (dormir)**

1 Completar Complete the chart with the correct present participle of these verbs. 8 pts.

Infinitive	Present participle	Infinitive	Present participle
hacer	haciendo	**estar**	estando
acampar	acampando	**ser**	siendo
tener	teniendo	**vivir**	viviendo
venir	viniendo	**estudiar**	estudiando

2 Teaching Tip Ask students to explain why they chose **ser** or **estar** for each item.

2 Expansion Have students use **ser** and **estar** to write a brief paragraph describing Julia's first few days in Paris.

2 Vacaciones en París Complete this paragraph about Julia's trip to Paris with the correct form of **ser** or **estar**. 12 pts.

Hoy (1) es (es/está) el 3 de julio y voy a París por tres semanas. (Yo) (2) Estoy (Soy/Estoy) muy feliz porque voy a ver a mi mejor amiga. Ella (3) es (es/está) de Puerto Rico, pero ahora (4) está (es/está) viviendo en París. También (yo) (5) estoy (soy/estoy) un poco nerviosa porque (6) es (es/está) mi primer viaje a Francia. El vuelo (*flight*) (7) es (es/está) hoy por la tarde, pero ahora (8) está (es/está) lloviendo. Por eso (9) estamos (somos/estamos) preocupadas, porque probablemente el avión va a salir tarde. Mi equipaje ya (10) está (es/está) listo. (11) Es (Es/Está) tarde y me tengo que ir. ¡Va a (12) ser (ser/estar) un viaje fenomenal!

3 Teaching Tip To simplify, have students begin by underlining the direct object nouns and identifying the corresponding direct object pronouns.

3 ¿Qué hacen? Respond to these questions by indicating what people do with the items mentioned. Use direct object pronouns. 5 pts.

modelo
¿Qué hacen ellos con la película?
La ven.

1. ¿Qué haces tú con el libro de viajes? (leer) Lo leo.
2. ¿Qué hacen los turistas en la ciudad? (explorar) La exploran.
3. ¿Qué hace el botones con el equipaje? (llevar) Lo lleva (a la habitación).
4. ¿Qué hace la agente con las reservaciones? (confirmar) Las confirma.
5. ¿Qué hacen ustedes con los pasaportes? (mostrar) Los mostramos.

RESUMEN GRAMATICAL

5.1 Estar with conditions and emotions *p. 164*

- Yo estoy aburrido/a, feliz, nervioso/a.
- El cuarto está desordenado, limpio, ordenado.
- Estos libros están abiertos, cerrados, sucios.

5.2 The present progressive *pp. 166–167*

- The present progressive is formed with the present tense of **estar** plus the present participle.

Forming the present participle

infinitive	stem	ending	present participle
hablar	habl-	**-ando**	hablando
comer	com-	**-iendo**	comiendo
escribir	escrib-	**-iendo**	escribiendo

-ir stem-changing verbs

	infinitive	present participle
e:ie	preferir	**prefiriendo**
e:i	conseguir	**consiguiendo**
o:ue	dormir	**durmiendo**

- Irregular present participles: **yendo (ir), pudiendo (poder), viniendo (venir)**

5.3 Ser and estar *pp. 170–171*

- Uses of **ser**: nationality, origin, profession or occupation, characteristics, generalizations, possession, what something is made of, time and date, time and place of events
- Uses of **estar**: location, health, physical states and conditions, emotional states, weather expressions, ongoing actions
- **Ser** and **estar** can both be used with many adjectives, but the meaning will change.

Juan **es** delgado.	Juan **está** más delgado hoy.
Juan is thin.	*Juan looks thinner today.*

EXPANSION

Extra Practice Add an auditory aspect to this grammar review. Go around the room and read a sentence with a direct object. Each student must repeat the sentence using a direct object pronoun. Ex: **María y Jennifer están comprando sus libros para la clase. (María y Jennifer los están comprando./María y Jennifer están comprándolos.)**

TEACHING OPTIONS

TPR Write **ser** and **estar** on the board. Ask a volunteer to stand in front of each verb. The rest of the class takes turns calling out a use of **ser** or **estar**. The volunteer standing in front of the correct verb steps forward and gives an example sentence. Ex: nationality or origin (**Soy norteamericano/a.**) After each volunteer has given two sentences, call on different students to take their places. Continue this way until everyone has had a turn.

5.4 Direct object nouns and pronouns pp. 174–175

Direct object pronouns

Singular		Plural	
me	lo	nos	los
te	la	os	las

In affirmative sentences:
Adela practica el tenis. → Adela lo practica.

In negative sentences: Adela no lo practica.

With an infinitive:
Adela lo va a practicar./Adela va a practicarlo.

With the present progressive:
Adela lo está practicando./Adela está practicándolo.

4 **Opuestos** Complete these sentences with the appropriate form of the verb **estar** and an antonym for the underlined adjective. 5 pts.

modelo
Yo estoy interesado, pero Susana *está aburrida*.

1. Las tiendas están abiertas, pero la agencia de viajes está cerrada.
2. No me gustan las habitaciones desordenadas. Incluso (*Even*) mi habitación de hotel está ordenada.
3. Nosotras estamos tristes cuando trabajamos. Hoy comienzan las vacaciones y estamos contentas/alegres/felices.
4. En esta ciudad los autobuses están sucios, pero los taxis están limpios.
5. —El avión sale a las 5:30, ¿verdad? —No, estás confundida. Yo estoy seguro/a de que el avión sale a las 5:00.

5 **En la playa** Describe what these people are doing. Complete the sentences using the present progressive tense. 8 pts.

1. El señor Camacho está pescando.
2. Felicia está paseando en barco.
3. Leo está montando a caballo.
4. Nosotros estamos jugando a las cartas.

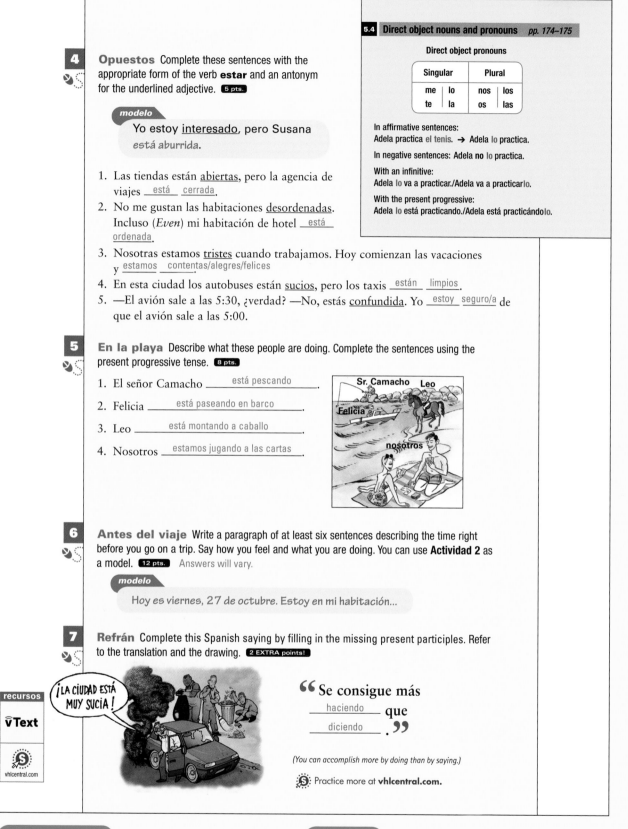

6 **Antes del viaje** Write a paragraph of at least six sentences describing the time right before you go on a trip. Say how you feel and what you are doing. You can use **Actividad 2** as a model. 12 pts. Answers will vary.

modelo
Hoy es viernes, 27 de octubre. Estoy en mi habitación...

7 **Refrán** Complete this Spanish saying by filling in the missing present participles. Refer to the translation and the drawing. 2 EXTRA points!

"Se consigue más haciendo que diciendo."

(You can accomplish more by doing than by saying.)

Practice more at **vhlcentral.com.**

recursos
vText
vhlcentral.com

4 Expansion Have students create three sentences about their own lives, using antonyms. Ex: **Mi hermano es desordenado, pero yo soy muy ordenado.** Tell them to make one of the sentences false. Then, in pairs, have students read their sentences aloud. Their partner should try to guess which statement is false.

5 Expansion To challenge students, have them imagine that the people in the illustration are now in a hotel. Ask students to say what they are doing. Ex: **Leo está mirando un programa sobre caballos.**

6 Teaching Tips
- Have students exchange papers with a partner for peer editing.
- To make this activity more challenging, require students to include at least two examples each of **ser, estar,** and direct object pronouns.

7 Teaching Tip Explain the use of the impersonal **se** and explain that in this context **Se consigue** means *You can accomplish* (as in the translation) or *One can accomplish.* Students will learn the impersonal **se** in ***Descubre,* nivel 2**.

7 Expansion To challenge students, have them work in pairs to create a short dialogue that ends with this saying. Encourage them to be creative.

TEACHING OPTIONS

TPR Prepare five anonymous descriptions of easily recognizable people, using **ser** and **estar**. Write each name on a separate card and give each student a set of cards. Read the descriptions aloud and have students hold up the corresponding name. Ex: **Es de los Estados Unidos. Es cantante. Es joven, delgada y morena, pero le gusta tener el pelo (*hair*) azul y de otros colores vivos. Está divorciada de Russell Brand. (Katy Perry)**

EXPANSION

Extra Practice Give students these items to make sentences with the present progressive. **1. con / madre / hablar / yo / mi / estar (Yo estoy hablando con mi madre.) 2. nuestro / equipaje / buscar / nosotros / estar (Nosotros estamos buscando nuestro equipaje.) 3. ¿ / llover / playa / la / estar / en / ? (¿Está lloviendo en la playa?) 4. el / Nueva York / pasaje / ella / para / comprar / estar (Ella está comprando el pasaje para Nueva York.)**

Section Goals

In **Lectura**, students will:
- learn the strategy of scanning to find specific information in reading matter
- read a brochure about ecotourism in Puerto Rico

Communication 1.1, 1.2, 1.3
Cultures 2.1, 2.2
Connections 3.1, 3.2
Comparisons 4.2

Instructional Resources
vText
Cuaderno para hispanohablantes, pp. 77–78
Supersite

PRE-AP*

Interpretive Reading: Estrategia Explain to students that a good way to get an idea of what an article or other text is about is to scan it before reading. Scanning means running one's eyes over a text in search of specific information that can be used to infer the content of the text. Explain that scanning a text before reading it is a good way to improve Spanish reading comprehension.

The Affective Dimension Point out to students that becoming familiar with cognates will help them feel less overwhelmed when they encounter new Spanish texts.

Examinar el texto Do orally as a class. Cognates include: **turismo ecológico, teléfono, TV por cable, Internet, hotel, aire acondicionado, perfecto, Parque Nacional Foresta, Museo de Arte Nativo, Reserva, Biosfera, Santuario.** These clues indicate that the text is about a hotel promoting ecotourism.

Preguntas Do orally. Possible responses: 1. travel brochure 2. Puerto Rico 3. photos of beautiful tropical beaches, bays, and forests; The document is trying to attract the reader. 4. **Hotel Vistahermosa** in Lajas, Puerto Rico; attract guests

Lectura

Audio: Synched Reading
Additional Reading

Antes de leer

Estrategia
Scanning

Scanning involves glancing over a document in search of specific information. For example, you can scan a document to identify its format, to find cognates, to locate visual clues about the document's content, or to find specific facts. Scanning allows you to learn a great deal about a text without having to read it word for word.

Examinar el texto

Scan the reading selection for cognates and write down a few of them. Answers will vary.

1. ______ 4. ______
2. ______ 5. ______
3. ______ 6. ______

Based on the cognates you found, what do you think this document is about?

______

Preguntas

Read these questions. Then scan the document again to look for answers. Answers will vary.

1. What is the format of the reading selection?
______
2. Which place is the document about?
______
3. What are some of the visual cues this document provides? What do they tell you about the content of the document?
______
4. Who produced the document, and what do you think it is for?
______

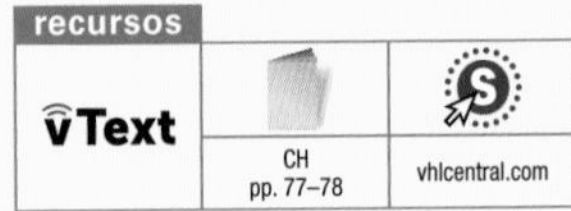

recursos
vText
CH pp. 77–78
vhlcentral.com

Turismo ecológico en Puerto Rico

Hotel Vistahermosa
~ Lajas, Puerto Rico ~

- 40 habitaciones individuales
- 15 habitaciones dobles
- Teléfono, TV por cable, Internet
- Aire acondicionado
- Restaurante (Bar)
- Piscina
- Área de juegos
- Cajero automático°

El hotel está situado en Playa Grande, un pequeño pueblo de pescadores del mar Caribe. Es el lugar perfecto para el viajero que viene de vacaciones. Las playas son seguras y limpias, ideales para tomar el sol, descansar, tomar fotografías y nadar. Está abierto los 365 días del año. Hay una rebaja° especial para estudiantes.

DIRECCIÓN: Playa Grande 406, Lajas, PR 00667, cerca del Parque Nacional Foresta.

Cajero automático *ATM* rebaja *discount*

DIFFERENTIATION

Heritage Speakers Ask heritage speakers of Puerto Rican descent who have lived on or visited the island to talk briefly about experiences they have had with the beaches, nature preserves, or wildlife of Puerto Rico.

Small Groups Have small groups research and prepare a short presentation about the climate, geography, or people of Puerto Rico. Have them include photos, if possible.

TEACHING OPTIONS

Small Groups Lead a discussion about vacations. Have students work in groups to brainstorm the important aspects of an "ideal" vacation. Each student should contribute at least one idea. When each group has its list, ask for volunteers to share the information with the class. How do the groups differ? How are they similar?

Atracciones cercanas

Playa Grande ¿Busca la playa perfecta? Playa Grande es la playa que está buscando. Usted puede pescar, sacar fotos, nadar y pasear en bicicleta. Playa Grande es un paraíso para el turista que quiere practicar deportes acuáticos. El lugar es bonito e interesante y usted tiene muchas oportunidades para descansar y disfrutar en familia.

Valle Niebla Ir de excursión, tomar café, montar a caballo, caminar, acampar, hacer picnics. Más de cien lugares para acampar.

Bahía Fosforescente Sacar fotos, salidas de noche, excursión en barco. Una maravillosa experiencia llena de luz°.

Arrecifes de Coral Sacar fotos, bucear, explorar. Es un lugar único en el Caribe.

Playa Vieja Tomar el sol, pasear en bicicleta, jugar a las cartas, escuchar música. Ideal para la familia.

Parque Nacional Foresta Sacar fotos, visitar el Museo de Arte Nativo. Reserva Mundial de la Biosfera.

Santuario de las Aves Sacar fotos, observar aves°, seguir rutas de excursión.

llena de luz *full of light* aves *birds*

Después de leer

Listas 

Which amenities of Hotel Vistahermosa would most interest these potential guests? Explain your choices. Answers will vary.

1. dos padres con un hijo de seis años y una hija de ocho años
   ____
2. un hombre y una mujer en su luna de miel (*honeymoon*)
   ____
3. una persona en un viaje de negocios (*business trip*)
   ____

Conversaciones

With a partner, take turns asking each other these questions. Answers will vary.

1. ¿Quieres visitar el Hotel Vistahermosa? ¿Por qué?
2. Tienes tiempo de visitar sólo tres de las atracciones turísticas que están cerca del hotel. ¿Cuáles vas a visitar? ¿Por qué?
3. ¿Qué prefieres hacer en Valle Niebla? ¿En Playa Vieja? ¿En el Parque Nacional Foresta?

Situaciones

You have just arrived at Hotel Vistahermosa. Your classmate is the concierge. Use the phrases below to express your interests and ask for suggestions about where to go. Answers will vary.

1. montar a caballo
2. bucear
3. pasear en bicicleta
4. pescar
5. observar aves

Contestar

Answer these questions. Answers will vary.

1. ¿Quieres visitar Puerto Rico? Explica tu respuesta.
   ____
2. ¿Adónde quieres ir de vacaciones el verano que viene? Explica tu respuesta.
   ____

Practice more at **vhlcentral.com.**

Listas
- Ask these comprehension questions. **1. ¿El Hotel Vistahermosa está situado cerca de qué mar? (el mar Caribe) 2. ¿Qué playa es un paraíso para el turista? (la Playa Grande) 3. ¿Dónde puedes hacer una excursión en barco? (en la Bahía Fosforescente)**
- Encourage discussion of each of the items by asking questions such as: **En tu opinión, ¿qué tipo de atracciones buscan los padres con hijos de seis y ocho años? ¿Qué esperan de un hotel? Y una pareja en su luna de miel, ¿qué tipo de atracciones espera encontrar en un hotel? En tu opinión, ¿qué busca una persona en un viaje de negocios?**

Conversaciones Ask individuals about what their partners said. Ex: **¿Por qué (no) quiere ____ visitar el Hotel Vistahermosa? ¿Qué atracciones quiere ver?** Ask other students: **Y tú, ¿quieres visitar el Parque Nacional Foresta o prefieres visitar otro lugar?**

Situaciones Give students a couple of minutes to review **Más vocabulario** on page 152 and **Expresiones útiles** on page 159. Add to the list activities such as **sacar fotos, correr, nadar,** and **ir de excursión.**

Contestar Have volunteers explain how the reading selection might influence their choice of a vacation destination for next summer.

21st CENTURY SKILLS

Creativity and Innovation Ask students to prepare a presentation on the ideal vacation inspired by the information on these two pages.

TEACHING OPTIONS

Pairs Have pairs of students work together to read the brochure aloud and write three questions about it. After they have finished, ask pairs to exchange papers with another pair, who will work together to answer them. Alternatively, you might pick pairs to read their questions to the class. Ask volunteers to answer them.

TEACHING OPTIONS

Small Groups To practice scanning written material to infer its content, bring in short, simple Spanish-language magazine or newspaper articles you have read. Have small groups scan the articles to determine what they are about. Have them write down all the clues that help them. When each group has come to a decision, ask it to present its findings to the class. Confirm the accuracy of the inferences.

Escritura

Estrategia

Making an outline

When we write to share information, an outline can serve to separate topics and subtopics, providing a framework for the presentation of data. Consider the following excerpt from an outline of the tourist brochure on pages 180–181.

IV. Descripción del sitio (con foto)
   A. Playa Grande
      1. Playas seguras y limpias
      2. Ideal para tomar el sol, descansar, tomar fotografías, nadar
   B. El hotel
      1. Abierto los 365 días del año
      2. Rebaja para estudiantes

Mapa de ideas

Idea maps can be used to create outlines. The major sections of an idea map correspond to the Roman numerals in an outline. The minor idea map sections correspond to the outline's capital letters, and so on. Examine the idea map that led to the outline above.

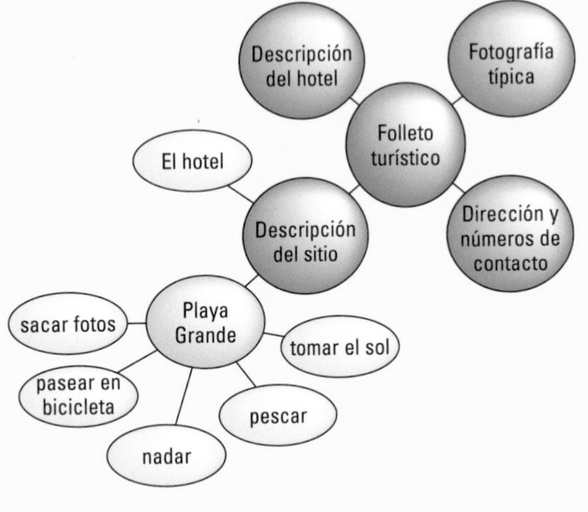

recursos

v̂Text	CPA pp. 22–23	CH pp. 79–80	vhlcentral.com

Tema

Escribir un folleto

Write a tourist brochure for a hotel or resort you have visited. If you wish, you may write about an imaginary location. You may want to include some of this information in your brochure:

- the name of the hotel or resort
- phone and fax numbers that tourists can use to make contact
- the hotel website that tourists can consult
- an e-mail address that tourists can use to request information
- a description of the exterior of the hotel or resort
- a description of the interior of the hotel or resort, including facilities and amenities
- a description of the surrounding area, including its climate
- a listing of nearby scenic natural attractions
- a listing of nearby cultural attractions
- a listing of recreational activities that tourists can pursue in the vicinity of the hotel or resort

EVALUATION: Folleto

Criteria	Scale
Appropriate details	1 2 3 4 5
Organization	1 2 3 4 5
Use of vocabulary	1 2 3 4 5
Grammatical accuracy	1 2 3 4 5

Scoring	
Excellent	18–20 points
Good	14–17 points
Satisfactory	10–13 points
Unsatisfactory	< 10 points

Section Goals

In **Escritura**, students will:
- write a brochure for a hotel or resort
- integrate travel-related vocabulary and structures taught in **Lección 5**

 Communication 1.3

Instructional Resources
v̂Text
Cuaderno de práctica y actividades comunicativas, pp. 22–23
Cuaderno para hispanohablantes, pp. 79–80
Supersite

PRE-AP*

Interpersonal Writing: Estrategia Explain that outlines are a great way for a writer to think about what a piece of writing will be like before actually expending much time and effort on writing. An outline is also a great way of keeping a writer on track while composing the piece and helps the person keep the whole project in mind as he or she focuses on a specific part.

Tema Go over the list of information that they might include. You might indicate a specific number of the points to include in the brochure.

PRE-AP*

Presentational Writing Remind students that they are writing with the purpose of attracting guests to the hotel. Suggest that they brainstorm as many details as possible.

Teaching Tip Have students write each of the individual items of their brainstorm lists on index cards, so that they can arrange and rearrange them into different idea maps.

 **21st CENTURY SKILLS**

Productivity and Accountability Provide the rubric to students before they hand their work in.

Escuchar

Estrategia

Listening for key words

By listening for key words or phrases, you can identify the subject and main ideas of what you hear, as well as some of the details.

 To practice this strategy, you will now listen to a short paragraph. As you listen, jot down the key words that help you identify the subject of the paragraph and its main ideas.

Preparación

Based on the illustration, who do you think Hernán Jiménez is, and what is he doing? What key words might you listen for to help you understand what he is saying?

Ahora escucha  

Now you are going to listen to a weather report by Hernán Jiménez. Note which phrases are correct according to the key words and phrases you hear.

Santo Domingo

1. hace sol ✓
2. va a hacer frío
3. una mañana de mal tiempo
4. va a estar nublado ✓
5. buena tarde para tomar el sol
6. buena mañana para la playa ✓

San Francisco de Macorís

1. hace frío ✓
2. hace sol
3. va a nevar
4. va a llover ✓
5. hace calor
6. mal día para excursiones ✓

recursos

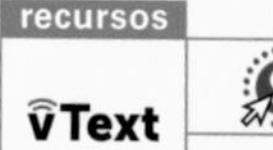

vText | vhlcentral.com

Comprensión

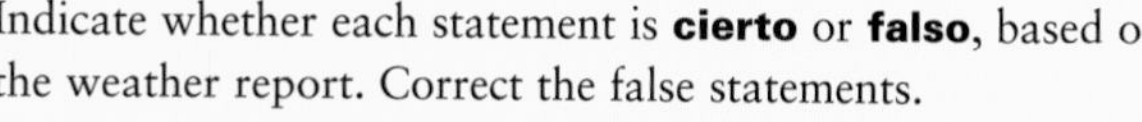

¿Cierto o falso?

Indicate whether each statement is **cierto** or **falso**, based on the weather report. Correct the false statements.

1. Según el meteorólogo, la temperatura en Santo Domingo es de 26 grados.
   Cierto.
2. La temperatura máxima en Santo Domingo hoy va a ser de 30 grados.
   Cierto.
3. Está lloviendo ahora en Santo Domingo.
   Falso. Hace sol.
4. En San Francisco de Macorís la temperatura mínima de hoy va a ser de 20 grados.
   Falso. La temperatura mínima va a ser de 18 grados.
5. Va a llover mucho hoy en San Francisco de Macorís.
   Cierto.

Preguntas 

Answer these questions about the weather report.

1. ¿Hace viento en Santo Domingo ahora?
   Sí, hace viento en Santo Domingo.
2. ¿Está nublado en Santo Domingo ahora? No, no está nublado ahora en Santo Domingo.
3. ¿Está nevando ahora en San Francisco de Macorís?
   No, no está nevando ahora en San Francisco de Macorís.
4. ¿Qué tiempo hace en San Francisco de Macorís?
   Hace frío.

Practice more at **vhlcentral.com.**

Section Goals

In **Escuchar**, students will:

- learn the strategy of listening for key words
- listen to a short paragraph and note the key words
- answer questions based on the content of a recorded conversation

 Communication 1.2

 **21st CENTURY SKILLS**

Critical Thinking and Problem Solving
Students practice aural comprehension as a tool to negotiate meaning in Spanish.

Instructional Resources
vText
Supersite: Textbook MP3 Audio Files
Supersite/TRCD: Textbook Audio Script
Textbook CD

Estrategia
Script Aquí está la foto de mis vacaciones en la playa. Ya lo sé; no debo pasar el tiempo tomando el sol. Es que vivo en una ciudad donde llueve casi todo el año y mis actividades favoritas son bucear, pescar en el mar y nadar.

Teaching Tip Have students look at the drawing and describe what they see. Guide them in saying what **Hernán Jiménez** is like and what he is doing.

Ahora escucha
Script Buenos días, queridos televidentes, les saluda el meteorólogo Hernán Jiménez, con el pronóstico del tiempo para nuestra bella isla.

Hoy, 17 de octubre, a las diez de la mañana, la temperatura en Santo Domingo es de 26 grados. Hace sol con viento del este a diez kilómetros por hora.

En la tarde, va a estar un poco nublado con la posibilidad de

(Script continues at far left in the bottom panels.)

lluvia. La temperatura máxima del día va a ser de 30 grados. Es una buena mañana para ir a la playa.

En las montañas hace bastante frío ahora, especialmente en el área de San Francisco de Macorís. La temperatura mínima de estas 24 horas va a ser de 18 grados. Va a llover casi todo el día. ¡No es buen día para excursiones a las montañas!

Hasta el noticiero del mediodía, me despido de ustedes. ¡Que les vaya bien!

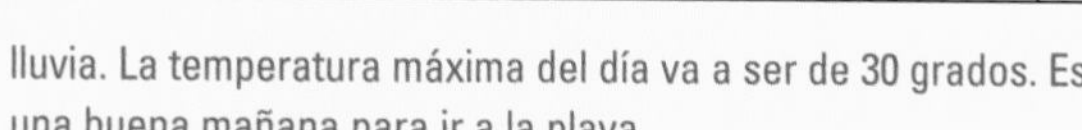

Section Goals

In **En pantalla**, students will:

- read about extreme sports in South America
- watch a television news report about an extreme bicycle race

Communication 1.1, 1.2
Cultures 2.1, 2.2
Connections 3.2
Comparisons 4.2

Instructional Resources
vText
Supersite: ***En pantalla***
Transcript & Translation

Introduction Check comprehension: 1. Where is Patagonia located? 2. What are two sports one can enjoy there? 3. What is **Perito Moreno**?

PRE-AP*

Audiovisual Interpretive Communication
***Antes de ver* Strategy**

- Ask students to predict what they would see in a news report about an extreme bicycle race.
- Reassure students that they do not need to understand every word they hear. Tell them to rely on words from **Vocabulario útil**, visual clues, gestures, and the familiar format of news reports.

Preparación To help generate ideas, encourage students to think of certain landscapes that lend themselves to unusual sports. Are there any in the surrounding area?

Preguntas To simplify, have students read through the questions before showing the video, and ask them to predict the answers, based on the video stills and captions. After viewing, have them verify the accuracy of their predictions.

Deportes extremos To facilitate discussion, you may want to give students additional vocabulary and cognates. Ex: **arriesgado/a, valiente, irresponsable, la adrenalina**

En pantalla

Video: TV Clip

If you like adventure or extreme sports, Latin America might be a good destination for you. The area of Patagonia, located in Chile and Argentina, offers both breath-taking scenery and an adrenaline rush. Here, one can enjoy a variety of sports, including whitewater rafting, kayaking, trekking, and skiing. One weeklong itinerary in Argentina might include camping, hiking the granite rock of Mount Fitz Roy, and trekking across the deep blue Perito Moreno Glacier, a massive 18-mile-long sheet of ice and one of the world's few advancing glaciers.

Now, hold on to your helmets as we travel to Mexico to see what sort of adventure you can experience there.

Vocabulario útil

callejones	*alleyways, narrow streets*
calles	*streets*
carrera de bicicleta	*bicycle race*
descender (escaleras)	*to descend (stairs)*
reto, desafío	*challenge*

Preparación

Some areas attract tourists because of their unusual sports and activities. Do you know of any such destinations? Where? Answers will vary.

Preguntas

Answer these questions in complete sentences.

1. ¿Por qué viajan ciclistas (*cyclists*) a Taxco?
   Porque hay una carrera de bicicleta.
2. ¿Es Taxco una ciudad turística moderna o colonial?
   Es una ciudad turística colonial.
3. ¿Hay competidores de otros (*other*) países en la carrera de bicicleta?
   Sí, hay competidores de otros países.
4. ¿Cómo está el reportero (*reporter*) después (*after*) de descender las escaleras, aburrido o cansado?
   Está cansado.

Deportes extremos

In pairs, discuss these questions: **¿Cómo son las personas que hacen deportes extremos? ¿Por qué crees que los practican? ¿Viajarías (*Would you travel*) a algún destino para practicarlos?**
Answers will vary.

menor *least* lo más alto *the highest point* hasta *to* diseño *design*

Reportaje sobre Down Taxco

El reto es descender en el menor° tiempo posible...

... desde lo más alto° de la ciudad hasta° la plaza central.

El principal desafío es el diseño° de la ciudad...

recursos
vText
vhlcentral.com

Practice more at **vhlcentral.com.**

TEACHING OPTIONS

Pairs Have students role-play a conversation between a television reporter and an inhabitant of Taxco that lives along the bicycle route.
Small Groups Ask students to discuss how participating in an extreme sport in a new location might add to the adrenaline rush.

TEACHING OPTIONS

Small Groups Have small groups of students research and create an oral presentation about other extreme or unusual sports that are practiced in Mexico. Ex: exploring **cenotes** (*sinkholes*) in the Yucatan, cliff diving in Acapulco, mountain cycling in Michoacan.

Video: *Flash cultura*

Between 1438 and 1533, when the vast and powerful Incan Empire was at its height, the Incas built an elaborate network of **caminos** (*trails*) that traversed the Andes Mountains and converged on the empire's capital, Cuzco. Today, hundreds of thousands of tourists come to Peru annually to walk the surviving trails and enjoy the spectacular scenery. The most popular trail, **el Camino Inca**, leads from Cuzco to **Intipunku** (*Sun Gate*), the entrance to the ancient mountain city of Machu Picchu.

Vocabulario útil

ciudadela	*citadel*
de cultivo	*farming*
el/la guía	*guide*
maravilla	*wonder*
quechua	*Quechua (indigenous Peruvian)*
sector (urbano)	*(urban) sector*

Preparación

Have you ever visited an archeological or historic site? Where? Why did you go there? Answers will vary.

Completar

Complete these sentences. Make the necessary changes.

1. Las ruinas de Machu Picchu son una antigua __ciudadela__ inca.
2. La ciudadela estaba (*was*) dividida en tres sectores: __urbano__, religioso y de cultivo.
3. Cada año los __guías__ reciben a cientos (*hundreds*) de turistas de diferentes países.
4. Hoy en día, la cultura __quechua__ está presente en las comunidades andinas (*Andean*) de Perú.

se encuentra aislada sobre *it is isolated on* siempre he querido *I have always wanted* Me encantan *I love* antiguas *ancient*

¡Vacaciones en Perú!

Machu Picchu [...] se encuentra aislada sobre° esta montaña...

... siempre he querido° venir [...] Me encantan° las civilizaciones antiguas°.

Somos una familia francesa [...] Perú es un país muy, muy bonito de verdad.

Practice more at **vhlcentral.com**.

recursos: vText |  CPA pp. 24–25 | vhlcentral.com

Section Goals

In **Flash cultura**, students will:
- read about Incan trails
- watch a video about **Machu Picchu**

Cultures 2.1, 2.2
Comparisons 4.2

Instructional Resources
vText
Cuaderno de práctica y actividades comunicativas, pp. 24–25
Supersite/DVD: *Flash cultura*
Supersite/TRCD: *Flash cultura* Video Script & Translation, Answer Keys

Introduction To check comprehension, ask these questions. 1. During what years was the Incan empire at its most powerful? 2. How many tourists walk the Incan trails each year? 3. What is the most famous Incan trail called and to where does it lead?

Antes de ver
- Have students look at the video stills, read the captions, and predict the content of the video.
- Read through **Vocabulario útil** with students. Model the pronunciation.
- Explain that students do not need to understand every word they hear. Tell them to rely on visual cues, cognates, and words from **Vocabulario útil**.

Preparación Ask students how they felt while visiting the site, and what they learned about the people who created it.

Completar Have students write three additional cloze sentences for a partner to complete based on the content of the video.

21st CENTURY SKILLS

Information and Media Literacy Go to the Supersite to complete the **Conexión Internet** activity associated with **En pantalla** and **Flash cultura** for additional practice accessing and using culturally authentic sources.

TEACHING OPTIONS

Pairs Tell students to imagine that they are archaeologists that belong to a future civilization and they are examining the remains of your school. In pairs, have students write a list of what they found. Then, based on this list, tell them to write and act out a dialogue where they discuss the kind of people that studied there. Encourage them to use props. (Ex: **Son adictos al teléfono. Hay restos de teléfonos por todas partes.**)

EXPANSION

You may wish to introduce key vocabulary or cognates, such as **restos, habitantes**, and **intacto/a**.

Extra Practice For homework, have students research and write a report about the different ways that tourists can reach Machu Picchu. Have them state which which method they prefer and why, and create a trip itinerary.

Section Goal

In **Panorama**, students will read about the geography, history, and culture of Puerto Rico.

Communication 1.3
Cultures 2.1, 2.2
Connections 3.1, 3.2
Comparisons 4.2

21st CENTURY SKILLS

Global Awareness
Students will gain perspectives on the Spanish-speaking world to develop respect and openness to others and to interact appropriately and effectively with citizens of Spanish-speaking cultures.

Instructional Resources
vText
Cuaderno de práctica y actividades comunicativas, pp. 26–29
e-Cuaderno
Supersite/DVD: ***Panorama cultural***
Supersite/TRCD: Presentation PDFs #3, 4, 27, ***Panorama cultural*** Video Script & Translation, Answer Keys

Teaching Tips
- Use the **Lección 5 Panorama** Presentation PDFs to assist with this presentation.
- Have students look at the map of Puerto Rico's. Discuss P.R.'s location in relation to the U.S. mainland and the other Caribbean islands. Encourage students to describe the photos on this page.

El país en cifras After reading **Puertorriqueños** célebres, ask volunteers who are familiar with these individuals to talk about them.

¡Increíble pero cierto! The **río Camuy** caves are actually a series of karstic sinkholes, formed by water sinking into and eroding limestone. Another significant cave in this system is Clara. The entrance of the 170-foot-high cave resembles the façade of a cathedral.

Puerto Rico

Interactive Map
Video: *Panorama cultural*

El país en cifras

- **Área:** 8.959 km^2 (3.459 millas^2), *menor° que el área de Connecticut*
- **Población:** 3.746.000

Puerto Rico es una de las islas más densamente pobladas° del mundo. Más de la mitad de la población vive en San Juan, la capital.

- **Capital:** San Juan—2.478.905

SOURCE: Population Division, UN Secretariat

- **Ciudades principales:** Arecibo, Bayamón, Fajardo, Mayagüez, Ponce
- **Moneda:** dólar estadounidense
- **Idiomas:** español (oficial); inglés (oficial)

Aproximadamente la cuarta parte de la población puertorriqueña habla inglés, pero en las zonas turísticas este porcentaje es mucho más alto. El uso del inglés es obligatorio para documentos federales.

Bandera de Puerto Rico

Puertorriqueños célebres

- **Raúl Juliá,** actor (1940–1994)
- **Roberto Clemente,** beisbolista (1934–1972)
- **Julia de Burgos,** escritora (1914–1953)
- **Benicio del Toro,** actor y productor (1967–)
- **Rosie Pérez,** actriz y bailarina (1964–)

menor *less* pobladas *populated* río subterráneo *underground river* más largo *longest* cuevas *caves* bóveda *vault* fortaleza *fort* caber *fit*

Faro en Arecibo

Playa en San Juan

Pescadores en Mayagüez

Iglesia en Ponce

recursos
vText
CPA pp. 26–29
vhlcentral.com

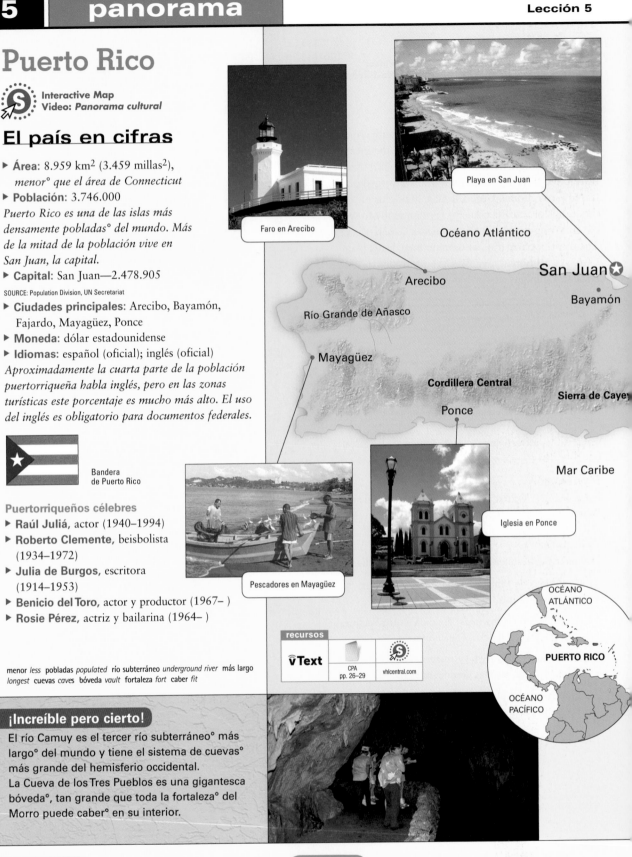

¡Increíble pero cierto!

El río Camuy es el tercer río subterráneo° más largo° del mundo y tiene el sistema de cuevas° más grande del hemisferio occidental. La Cueva de los Tres Pueblos es una gigantesca bóveda°, tan grande que toda la fortaleza° del Morro puede caber° en su interior.

DIFFERENTIATION

Heritage Speakers Encourage heritage speakers of Puerto Rican descent who have visited or lived on the island to share their impressions of it with the class. Ask them to describe people they knew or met, places they saw, and experiences they had. Have the class ask follow-up questions.

EXPANSION

Culture Note Baseball is a popular sport in Puerto Rico, home of the Winter League. Roberto Clemente, who played for the Pittsburgh Pirates, was the first Latino to be inducted into the Baseball Hall of Fame. He is venerated all over the island with buildings and monuments. Other Major League Baseball players of Puerto Rican origin: Carlos Beltrán, Iván Rodríguez, Jorge Posada, Carlos Delgado, Fernando Cabrera.

Lugares • El Morro

El Morro es una fortaleza que se construyó para proteger° la bahía° de San Juan desde principios del siglo° XVI hasta principios del siglo XX. Hoy día muchos turistas visitan este lugar, convertido en un museo. Es el sitio más fotografiado de Puerto Rico. La arquitectura de la fortaleza es impresionante. Tiene misteriosos túneles, oscuras mazmorras° y vistas fabulosas de la bahía.

Artes • Salsa

La salsa, un estilo musical de origen puertorriqueño y cubano, nació° en el barrio latino de la ciudad de Nueva York. Dos de los músicos de salsa más famosos son Tito Puente y Willie Colón, los dos de Nueva York. Las estrellas° de la salsa en Puerto Rico son Felipe Rodríguez y Héctor Lavoe. Hoy en día, Puerto Rico es el centro internacional de este estilo musical. El Gran Combo de Puerto Rico es una de las orquestas de salsa más famosas del mundo°.

Ciencias • El Observatorio de Arecibo

El Observatorio de Arecibo tiene uno de los radiotelescopios más grandes del mundo. Gracias a este telescopio, los científicos° pueden estudiar las propiedades de la Tierra°, la Luna° y otros cuerpos celestes. También pueden analizar fenómenos celestiales como los quasares y pulsares, y detectar emisiones de radio de otras galaxias, en busca de inteligencia extraterrestre.

Historia • Relación con los Estados Unidos

Puerto Rico pasó a ser° parte de los Estados Unidos después de° la guerra° de 1898 y se hizo° un estado libre asociado en 1952. Los puertorriqueños, ciudadanos° estadounidenses desde° 1917, tienen representación política en el Congreso, pero no votan en las elecciones presidenciales y no pagan impuestos° federales. Hay un debate entre los puertorriqueños: ¿debe la isla seguir como estado libre asociado, hacerse un estado como los otros° o volverse° independiente?

¿Qué aprendiste? Responde a cada pregunta con una oración completa.

1. ¿Cuál es la moneda de Puerto Rico? La moneda de Puerto Rico es el dólar estadounidense.
2. ¿Qué idiomas se hablan (*are spoken*) en Puerto Rico? Se hablan español e inglés en Puerto Rico.
3. ¿Cuál es el sitio más fotografiado de Puerto Rico? El Morro es el sitio más fotografiado de Puerto Rico.
4. ¿Qué es el Gran Combo? Es una orquesta de Puerto Rico.
5. ¿Qué hacen los científicos en el Observatorio de Arecibo? Los científicos estudian las propiedades de la Tierra y la Luna y detectan emisiones de otras galaxias.

Conexión Internet Investiga estos temas en **vhlcentral.com**.

1. Describe a dos puertorriqueños famosos. ¿Cómo son? ¿Qué hacen? ¿Dónde viven? ¿Por qué son célebres?
2. Busca información sobre lugares en los que se puede hacer ecoturismo en Puerto Rico. Luego presenta un informe a la clase.

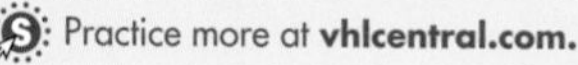

proteger *protect* bahía *bay* siglo *century* mazmorras *dungeons* nació *was born* estrellas *stars* mundo *world* científicos *scientists* Tierra *Earth* Luna *Moon* pasó a ser *became* después de *after* guerra *war* se hizo *became* ciudadanos *citizens* desde *since* pagan impuestos *pay taxes* otros *others* volverse *to become*

El Morro

- Remind students that at the time **El Morro** was built, piracy was a major concern for Spain and its Caribbean colonies. If possible, show other photos of **El Morro**, San Juan Bay, and **Viejo San Juan**.
- For additional information about **El Morro** and **Viejo San Juan**, you may want to play the **Panorama cultural** video footage for this lesson.

Salsa With students, listen to **salsa** or **merengue** from the Dominican Republic, and **rumba** or **mambo** from Cuba. Encourage them to identify common elements in the music (strong percussion patterns rooted in African traditions, alternating structure of soloist and ensemble, incorporation of Western instruments and musical vocabulary). Then have them point out contrasts.

El Observatorio de Arecibo The Arecibo Ionospheric Observatory has the world's most sensitive radio telescope. It can detect objects up to 13 billion light years away. The telescope dish is 1,000 feet in diameter and covers 20 acres. The dish is made of about 40,000 aluminum mesh panels.

Relación con los Estados Unidos Point out that only Puerto Ricans living on the island vote in plebiscites (or referenda) on the question of the island's political relationship with the United States.

Conexión Internet Students will find supporting Internet activities and links at **vhlcentral.com**.

21st CENTURY SKILLS

Information and Media Literacy: Conexión Internet Students access and critically evaluate information from the Internet.

EXPANSION

Culture Note When the first Spanish colonists arrived on the island they were to name Puerto Rico, they found it inhabited by the Taínos, who called the island **Borinquén**. Puerto Ricans still use **Borinquén** to refer to the island, and they frequently call themselves **boricuas**. The Puerto Rican national anthem is ***La Borinqueña***. Some other Taíno words that have entered Spanish (and English) are **huracán**, **hamaca**, **canoa**, and **iguana**. **Juracán** was the name of the Taíno god of the winds whose anger stirred up the great storms that periodically devastated the island. The hammock, of course, was the device the Taínos slept in, and canoes were the boats made of great hollowed-out logs with which they paddled between islands. The Taíno language also survives in many Puerto Rican place names: **Arecibo, Bayamón, Guayama, Cayey, Yauco,** and **Coamo.**

Instructional Resources
vText
Cuaderno de práctica y actividades comunicativas, p. 21
e-Cuaderno
Supersite: Textbook & Vocabulary MP3 Audio Files
Supersite/TRCD: Answer Keys; Testing Program (**Lección 5** Tests, Testing Program MP3 Audio Files)
Textbook CD
Audio Activities CD
Testing Program CD

21st CENTURY SKILLS

Creativity and Innovation
Ask students to prepare a list of the three products or perspectives they learned about in this lesson to share with the class. You may ask them to focus specifically on the **Cultura** and **Panorama** sections.

21st CENTURY SKILLS

Leadership and Responsibility Extension Project
As a class, have students decide on three questions they want to ask the partner class related to the topic of the lesson they have just completed. Based on the responses they receive, work as a class to explain to the the Spanish-speaking partners one aspect of their responses that surprised the class and why.

Los viajes y las vacaciones

acampar	*to camp*
confirmar una reservación	*to confirm a reservation*
estar de vacaciones (*f. pl.*)	*to be on vacation*
hacer las maletas	*to pack (one's suitcases)*
hacer un viaje	*to take a trip*
hacer (wind)surf	*to (wind)surf*
ir de compras (*f. pl.*)	*to go shopping*
ir de vacaciones	*to go on vacation*
ir en autobús (*m.*), auto(móvil) (*m.*), avión (*m.*), barco (*m.*), moto(cicleta) (*f.*), taxi (*m.*)	*to go by bus, car, plane, boat, motorcycle, taxi*
jugar a las cartas	*to play cards*
montar a caballo (*m.*)	*to ride a horse*
pescar	*to fish*
sacar/tomar fotos (*f. pl.*)	*to take photos*
el/la agente de viajes	*travel agent*
el/la inspector(a) de aduanas	*customs inspector*
el/la viajero/a	*traveler*
el aeropuerto	*airport*
la agencia de viajes	*travel agency*
el campo	*countryside*
el equipaje	*luggage*
la estación de autobuses, del metro, de tren	*bus, subway, train station*
la llegada	*arrival*
el mar	*sea*
el paisaje	*landscape*
el pasaje (de ida y vuelta)	*(round-trip) ticket*
el pasaporte	*passport*
la playa	*beach*
la salida	*departure; exit*
la tabla de (wind)surf	*surfboard/sailboard*

El hotel

el ascensor	*elevator*
el/la botones	*bellhop*
la cama	*bed*
el/la empleado/a	*employee*
la habitación individual, doble	*single, double room*
el hotel	*hotel*
el/la huésped	*guest*
la llave	*key*
el piso	*floor (of a building)*
la planta baja	*ground floor*

Adjetivos

abierto/a	*open*
aburrido/a	*bored; boring*
alegre	*happy; joyful*
amable	*nice; friendly*
avergonzado/a	*embarrassed*
cansado/a	*tired*
cerrado/a	*closed*
cómodo/a	*comfortable*
confundido/a	*confused*
contento/a	*happy; content*
desordenado/a	*disorderly*
enamorado/a (de)	*in love (with)*
enojado/a	*mad; angry*
equivocado/a	*wrong*
feliz	*happy*
limpio/a	*clean*
listo/a	*ready; smart*
nervioso/a	*nervous*
ocupado/a	*busy*
ordenado/a	*orderly*
preocupado/a (por)	*worried (about)*
seguro/a	*sure; safe*
sucio/a	*dirty*
triste	*sad*

Los números ordinales

primer, primero/a	*first*
segundo/a	*second*
tercer, tercero/a	*third*
cuarto/a	*fourth*
quinto/a	*fifth*
sexto/a	*sixth*
séptimo/a	*seventh*
octavo/a	*eighth*
noveno/a	*ninth*
décimo/a	*tenth*

Palabras adicionales

ahora mismo	*right now*
el año	*year*
¿Cuál es la fecha (de hoy)?	*What is the date (today)?*
de buen/mal humor	*in a good/bad mood*
la estación	*season*
el mes	*month*
todavía	*yet; still*

Seasons, months, and dates	*See page 154.*
Weather expressions	*See page 154.*
Direct object pronouns	*See page 174.*
Expresiones útiles	*See page 159.*

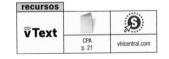

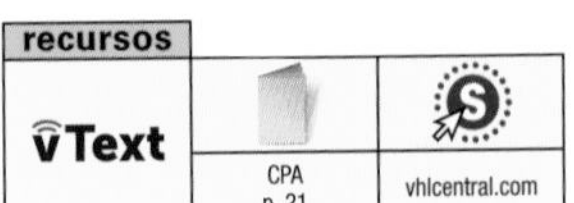

¡De compras!

6

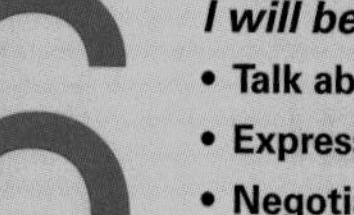

Communicative Goals

I will be able to:

- **Talk about and describe clothing**
- **Express preferences in a store**
- **Negotiate and pay for items I buy**

contextos pages 190–193
- Clothing and shopping
- Negotiating a price and buying
- Colors
- More adjectives

fotonovela pages 194–197
The friends are back in Mérida, where they go to the market to do some shopping. Who will get the best deal?

cultura pages 198–199
- Open-air markets
- Carolina Herrera

estructura pages 200–215
- **Saber** and **conocer**
- Indirect object pronouns
- Preterite tense of regular verbs
- Demonstrative adjectives and pronouns
- **Recapitulación**

adelante pages 216–223
Lectura: An advertisement for a store sale
Escritura: A report for the school newspaper
Escuchar: A conversation about clothes
En pantalla
Flash cultura
Panorama: Cuba

A PRIMERA VISTA

- **¿Está comprando algo la chica?**
- **¿Crees que busca una maleta o una blusa?**
- **¿Está contenta o enojada?**
- **¿Cómo es ella?**

Lesson Goals

In **Lección 6**, students will be introduced to the following:

- terms for clothing and shopping
- colors
- open-air markets
- Venezuelan clothing designer **Carolina Herrera**
- the verbs **saber** and **conocer**
- indirect object pronouns
- preterite tense of regular verbs
- demonstrative adjectives and pronouns
- skimming a text
- how to report an interview
- writing a report
- listening for linguistic cues
- a television commercial for **Galerías**, a Spanish department store
- a video about open-air markets
- cultural, geographic, economic, and historical information about Cuba

21st CENTURY SKILLS

Initiative and Self-Direction
Students can monitor their progress online using the Supersite activities and assessments.

A primera vista Here are some additional questions you can ask to personalize the photo: **¿Te gusta ir de compras? ¿Por qué? ¿Estás de buen humor cuando vas de compras? ¿Piensas ir de compras este fin de semana? ¿Adónde? ¿Qué compras cuando estás de vacaciones?**

INSTRUCTIONAL RESOURCES

DESCUBRE 1B Supersite: vhlcentral.com

Student Materials
Print: Student Book, Workbooks (*Cuaderno de práctica y actividades comunicativas, Cuaderno para hispanohablantes*)
Technology: **vText**, *e-Cuaderno* and Supersite (Audio, Video, Practice)

Teacher Materials
DVDs (*Fotonovela, Flash cultura, Panorama cultural*); Teacher's Resource CD-ROM (Activity Pack, Scripts, Answer Keys, Grammar Slides, Presentation PDFs, Testing Program); Testing Program, Textbook, Audio Activities CDs; Supersite: Resources (Planning and Teaching Resources from Teacher's Resource CD-ROM), Learning Management System (Gradebook, Assignments), Lesson Plans, Middle School Activity Pack

Activity Pack and Testing Program also available in print

Voice boards on the Supersite allow you and your students to record and share up to five minutes of audio. Use voice boards for presentations, oral assessments, discussions, directions, etc.

Section Goals

In **Contextos**, students will learn and practice:

- clothing vocabulary
- vocabulary to use while shopping
- colors

Communication 1.2
Comparisons 4.1

Instructional Resources

vText
Cuaderno de práctica y actividades comunicativas, pp. 31–33
Cuaderno para hispanohablantes, pp. 81–82
e-Cuaderno
Supersite: Textbook, Vocabulary, & Audio Activities MP3 Audio Files
Supersite/TRCD: Presentation PDFs #28, 29, Textbook Audio Script, Audio Activities Script, Answer Keys, Testing Program Quizzes
Textbook CD
Audio Activities CD
Activity Pack
Middle School Activity Pack

Teaching Tips

- Use the **Lección 6 Contextos** Presentation PDFs to assist with this presentation.
- Ask volunteers about shopping habits. Ex: **¿Qué te gusta comprar? ¿Música? ¿Libros? ¿Ropa?** (Point to your own clothing.) **¿Adónde vas para comprar esas cosas? ¿Las compras en una tienda o en Internet?** (Pretend to reach in your pocket and pay for something.) **¿Cuánto dinero gastas normalmente?** Ask another student: **¿Adónde va de compras ____? ¿Y qué compra allí?**
- As they refer to the illustration, make true/false statements. Ex: **El hombre paga con tarjeta de crédito. (Cierto.) Se puede regatear en el almacén. (Falso.)** Use as many clothing items and verbs from **Más vocabulario** as you can.

¡De compras!

Audio: Vocabulary Tutorials, Games

Más vocabulario

el abrigo	*coat*
los calcetines (el calcetín)	*sock(s)*
el cinturón	*belt*
las gafas (de sol)	*(sun)glasses*
los guantes	*gloves*
el impermeable	*raincoat*
la ropa	*clothing; clothes*
la ropa interior	*underwear*
las sandalias	*sandals*
el traje	*suit*
el vestido	*dress*
los zapatos de tenis	*sneakers*
el regalo	*gift*
el almacén	*department store*
el centro comercial	*shopping mall*
el mercado (al aire libre)	*(open-air) market*
el precio (fijo)	*(fixed; set) price*
la rebaja	*sale*
la tienda	*shop; store*
costar (o:ue)	*to cost*
gastar	*to spend (money)*
pagar	*to pay*
regatear	*to bargain*
vender	*to sell*
hacer juego (con)	*to match (with)*
llevar	*to wear; to take*
usar	*to wear; to use*

Variación léxica

calcetines ⟷ medias (*Amér. L.*)
cinturón ⟷ correa (*Col., Venez.*)
gafas/lentes ⟷ espejuelos (*Cuba, P.R.*), anteojos (*Arg., Chile*)
zapatos de tenis ⟷ zapatillas de deporte (*Esp.*), zapatillas (*Arg., Perú*)

recursos

vText	CPA pp. 31–33	CH pp. 81–82	vhlcentral.com

TEACHING OPTIONS

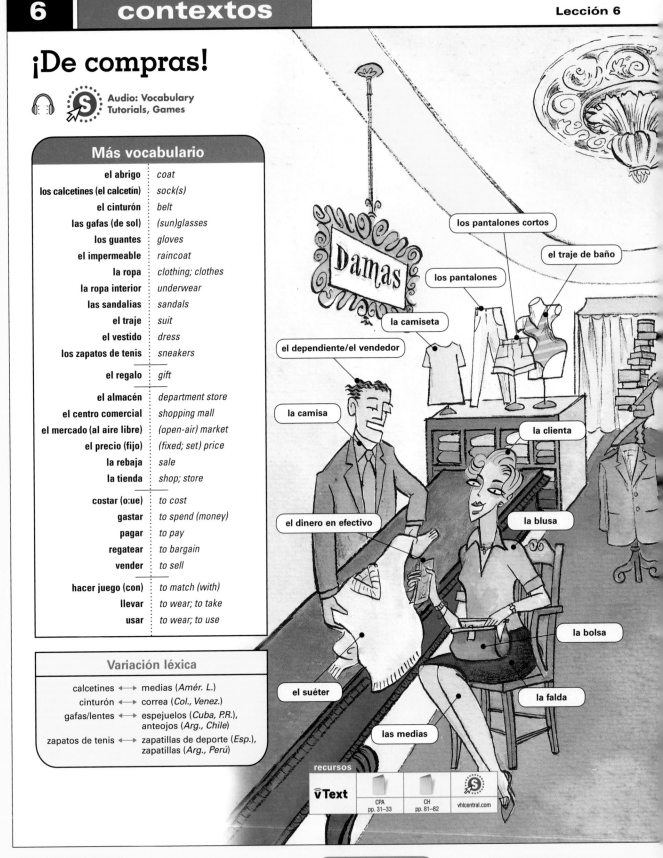

TPR Call out a list of clothing items at random. Have students raise their right hand if they hear an item they associate with summer (Ex: **los pantalones cortos**), their left hand if they associate the item with winter (Ex: **el abrigo**), or both hands if the item can be worn in both seasons (Ex: **el cinturón**).

Variación léxica Point out that, although terms for clothing vary widely throughout the Spanish-speaking world, speakers in different regions can mutually understand each other.

TEACHING OPTIONS

Game Have students stand in a circle. Name a sport, place, or activity and toss a ball to a student, who has three seconds to name a clothing item that goes with it. That student then names another sport, place, or activity and tosses the ball to another student. If a student cannot think of an item in time, he or she is eliminated. The last person standing wins.

Práctica

1 **Escuchar** Listen to Juanita and Vicente talk about what they're packing for their vacations. Indicate who is packing each item. If both are packing an item, write both names. If neither is packing an item, write an **X**.

1. abrigo Vicente
2. zapatos de tenis Juanita, Vicente
3. impermeable X
4. chaqueta Vicente
5. sandalias Juanita
6. bluejeans Juanita, Vicente
7. gafas de sol Vicente
8. camisetas Juanita, Vicente
9. traje de baño Juanita
10. botas Vicente
11. pantalones cortos Juanita
12. suéter Vicente

2 **¿Lógico o ilógico?** Listen to Guillermo and Ana talk about vacation destinations. Indicate whether each statement is **lógico** or **ilógico**.

1. ilógico
2. lógico
3. ilógico
4. lógico

3 **Completar** Anita is talking about going shopping. Complete each sentence with the correct word(s), adding definite or indefinite articles when necessary.

caja	medias	tarjeta de crédito
centro comercial	par	traje de baño
dependientas	ropa	vendedores

1. Hoy voy a ir de compras al centro comercial.
2. Voy a ir a la tienda de ropa para mujeres. Siempre hay muchas rebajas y las dependientas son muy simpáticas.
3. Necesito comprar un par de zapatos.
4. Y tengo que comprar un traje de baño porque el sábado voy a la playa con mis amigos.
5. También voy a comprar unas medias para mi mamá.
6. Voy a pagar todo (*everything*) en la caja.
7. Pero hoy no tengo dinero. Voy a tener que usar mi tarjeta de crédito.
8. Mañana voy al mercado al aire libre. Me gusta regatear con los vendedores.

4 **Escoger** Choose the item in each group that does not belong.

1. almacén • centro comercial • mercado • (sombrero)
2. camisa • camiseta • blusa • (botas)
3. jeans • (bolsa) • falda • pantalones
4. abrigo • suéter • (corbata) • chaqueta
5. mercado • tienda • almacén • (cartera)
6. (pagar) • llevar • hacer juego (con) • usar
7. botas • sandalias • zapatos • (traje)
8. vender • regatear • (ropa interior) • gastar

EXPANSION

Extra Practice Suggest a vacation spot and then ask students at random what clothing they need to take. Make it a continuing narration whereby the next student must say all of the items of clothing that came before and add one. Ex: **Vas a la playa. ¿Qué vas a llevar? (E1: Voy a llevar un traje de baño. E2: Voy a llevar un traje de baño y gafas de sol. E3: Voy a llevar un traje de baño, gafas de sol y...)**

TEACHING OPTIONS

TPR Play a game of *Simon Says* (**Simón dice...**). Write on the board **levántense** and **siéntense** and explain that they mean *stand up* and *sit down,* respectively. Then start by saying: **Simón dice... los que llevan bluejeans, levántense.** Students wearing blue jeans should stand up and remain standing until further instruction. Work through various articles of clothing. Be sure to give some instructions without saying **Simón dice**.

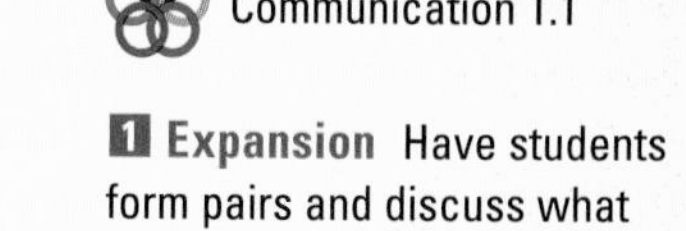

Communication 1.1

1 Expansion Have students form pairs and discuss what the weather will be like at each destination. Then have them name three more articles that each person should pack.

1 Script JUANITA: Hola. Me llamo Juanita. Mi familia y yo salimos de vacaciones mañana y estoy haciendo mis maletas. Para nuestra excursión al campo ya tengo bluejeans, camisetas y zapatos de tenis. También vamos a la playa... ¡no puedo esperar! *Script continues on page 192.*

2 Teaching Tip You may want to do this activity as a TPR exercise. Have students raise their right hands if they hear a logical statement and their left hands if they hear an illogical statement.

2 Script 1. Este verano quiero ir de vacaciones a un lugar caliente, con playas y mucho, mucho sol; por eso, necesito comprar un abrigo y botas. 2. A mí me gustaría visitar Costa Rica en la estación de lluvias. Hace mucho calor, pero llueve muchísimo. Voy a necesitar mi impermeable todo el tiempo. 3. Mi lugar favorito para ir de vacaciones es Argentina en invierno. Me gusta esquiar en las montañas. No puedo ir sin mis sandalias ni mi traje de baño. 4. En mi opinión, el lugar ideal para ir de vacaciones es mi club. Allí juego mi deporte favorito, el tenis, y también asisto a fiestas elegantes. Por eso siempre llevo mis zapatos de tenis y a veces traje y corbata. *Textbook CD*

3 Expansion Ask students to write three additional fill-in-the-blank sentences for a partner to complete.

4 Expansion Go over the answers quickly in class. After each answer, have volunteers indicate why a particular item does not belong.

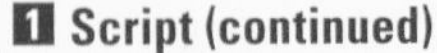

1 Script (continued) Para ir a la playa necesito un traje de baño, pantalones cortos y sandalias. ¿Qué más necesito? Creo que es todo.
VICENTE: Buenos días. Soy Vicente. Estoy haciendo mis maletas porque mi familia y yo vamos a las montañas a esquiar. Los primeros dos días vamos a hacer una excursión por las montañas. Necesito zapatos de tenis, camisetas, una chaqueta y bluejeans. El tercer día vamos a esquiar. Necesito un abrigo, un suéter y botas... y gafas de sol.
Textbook CD

Teaching Tips

- Point to each T-shirt in the top row and ask: **¿De qué color es esta camiseta?** Ask about combinations. Ex: **Si combino rojo y blanco, ¿qué color resulta? (rosado)**
- Point to objects in the classroom and clothes you and students are wearing to elicit color words.
- Give dates and have students name the colors that they associate with each one. Ex: **el 31 de octubre (negro, anaranjado)** Repeat the process with brand names. Ex: **FedEx (anaranjado, morado, blanco)**
- Bring in magazine pictures of various products and clothing items and ask questions. Ex: **¿Es cara o barata esta computadora? (Es barata.)**

5 Expansion Have students write four additional items for a partner to complete.

6 Expansion Point to individuals and ask other students what color of clothing each is wearing. Ex: ____, **¿de qué color es la falda de ____? (Es ____.)**

Los colores

anaranjado/a · gris · marrón, café · morado/a · rosado/a

Adjetivos

barato/a · corto/a · largo/a · caro/a

Audio: Vocabulary

¡LENGUA VIVA!

The names of colors vary throughout the Spanish-speaking world. For example, in some countries, **anaranjado/a** may be referred to as **naranja, morado/a** as **púrpura**, and **rojo/a** as **colorado/a**.

Other terms that will prove helpful include **claro** (*light*) and **oscuro** (*dark*): **café claro, café oscuro.**

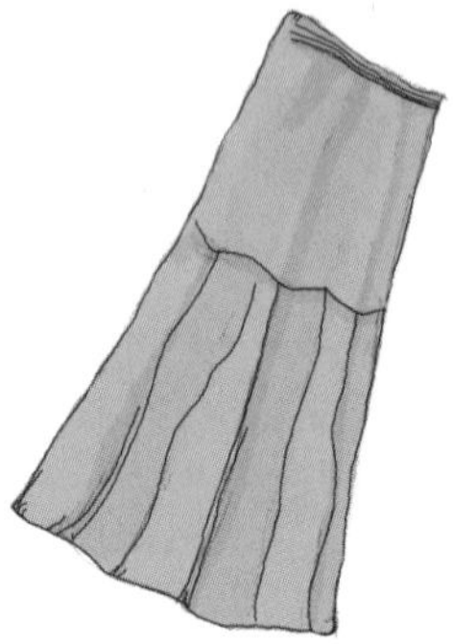

Más adjetivos

bueno/a	*good*
cada	*each*
elegante	*elegant*
hermoso/a	*beautiful*
loco/a	*crazy*
nuevo/a	*new*
otro/a	*other; another*
pobre	*poor*
rico/a	*rich*

5 Contrastes Complete each phrase with the opposite of the underlined word.

1. una corbata barata • unas camisas... caras
2. unas vendedoras malas • unos dependientes... buenos
3. un vestido corto • una falda... larga
4. un hombre muy pobre • una mujer muy... rica
5. una cartera nueva • un cinturón... viejo
6. unos trajes hermosos • unos jeans... feos
7. un impermeable caro • unos suéteres... baratos
8. unos calcetines blancos • unas medias... negras

CONSULTA

Like other adjectives you have seen, colors must agree in gender and number with the nouns they modify. Ex: **las camisas grises, el vestido anaranjado.**

6  **Preguntas** Answer these questions with a classmate.

1. ¿De qué color es la rosa de Texas? Es amarilla.
2. ¿De qué color es la bandera (*flag*) de Canadá? Es roja y blanca.
3. ¿De qué color es la casa donde vive el presidente de los EE.UU.? Es blanca.
4. ¿De qué color es el océano Atlántico? Es azul.
5. ¿De qué color es la nieve? Es blanca.
6. ¿De qué color es el café? Es marrón./Es café.
7. ¿De qué color es el dólar de los EE.UU.? Es verde y blanco.
8. ¿De qué color son los elefantes (*elephants*)? Son grises.

Practice more at **vhlcentral.com.**

TEACHING OPTIONS

Pairs Ask student pairs to write a physical description of a well-known TV or cartoon character. Then have them read their descriptions for the rest of the class to guess. Ex: **Soy bajo y amarillo. Llevo pantalones cortos marrones, una camisa blanca y una corbata roja. También llevo medias blancas y zapatos negros. Mi amigo es rosado. ¿Quién soy? (Bob Esponja)**
Game Add a visual aspect to this vocabulary practice by playing

TEACHING OPTIONS

Concentración. On eight cards, write descriptions of clothing, including colors. Ex: **unos pantalones negros** On another eight cards, draw pictures that match the descriptions. Shuffle the cards and place them face-down in four rows of four. In pairs, students select two cards. If the cards match, the pair keeps them. If the cards do not match, students replace them in their original position. The pair with the most cards at the end wins.

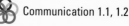

Communication 1.1, 1.2

Comunicación

7 **Las maletas** With a classmate, answer these questions about the drawings.

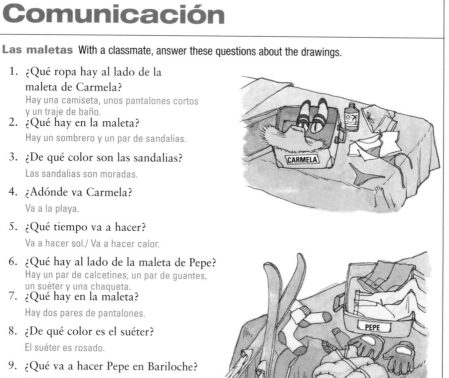

1. ¿Qué ropa hay al lado de la maleta de Carmela?
   Hay una camiseta, unos pantalones cortos y un traje de baño.
2. ¿Qué hay en la maleta?
   Hay un sombrero y un par de sandalias.
3. ¿De qué color son las sandalias?
   Las sandalias son moradas.
4. ¿Adónde va Carmela?
   Va a la playa.
5. ¿Qué tiempo va a hacer?
   Va a hacer sol./ Va a hacer calor.
6. ¿Qué hay al lado de la maleta de Pepe?
   Hay un par de calcetines, un par de guantes, un suéter y una chaqueta.
7. ¿Qué hay en la maleta?
   Hay dos pares de pantalones.
8. ¿De qué color es el suéter?
   El suéter es rosado.
9. ¿Qué va a hacer Pepe en Bariloche?
   Va a esquiar.
10. ¿Qué tiempo va a hacer?
   Va a hacer frío./ Va a nevar.

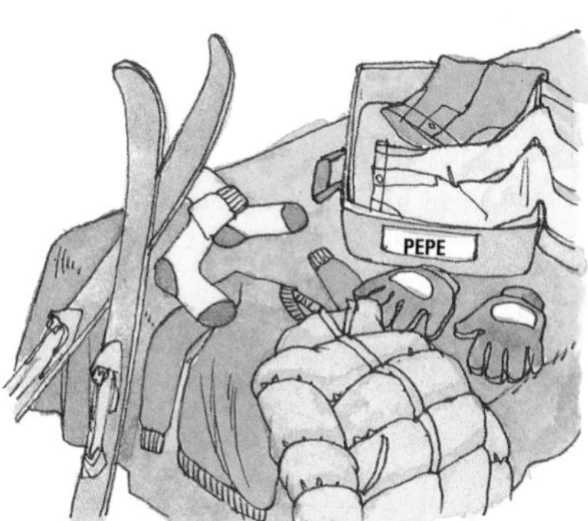

CONSULTA

To review weather, see **Lección 5, Contextos**, p. 154.

NOTA CULTURAL

Bariloche is a popular resort for skiing in South America. Located in Argentina's Patagonia region, the town is also known for its chocolate factories and its beautiful lakes, mountains, and forests.

8 **El viaje** Get together with two classmates and imagine that the three of you are going on vacation. Pick a destination and then draw three suitcases. Write what clothing each of you is taking. Present your lists to the class, answering these questions. Answers will vary.

- ¿Adónde van?
- ¿Qué tiempo va a hacer allí?
- ¿Qué van a hacer allí?
- ¿Qué hay en sus maletas?
- ¿De qué color es la ropa que llevan?

9 **Preferencias** Take turns asking and answering these questions with a classmate. Answers will vary.

1. ¿Adónde vas a comprar ropa? ¿Por qué?
2. ¿Qué tipo de ropa prefieres? ¿Por qué?
3. ¿Cuáles son tus colores favoritos?
4. En tu opinión, ¿es importante comprar ropa nueva frecuentemente? ¿Por qué?
5. Y tu familia, ¿gasta mucho dinero en ropa cada mes? ¿Buscan rebajas tus padres?
6. ¿Regatea tu familia cuando compra ropa? ¿Usan tus padres tarjetas de crédito?

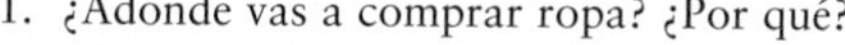
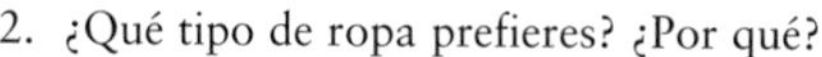

7 Teaching Tip For questions 1 and 6, tell students to include the color for each piece of clothing.

7 Expansion
- In pairs, have students discuss what essential items might be missing from the suitcases. Ex: **—Pepe debe llevar unas botas y unas gafas de sol. —Sí, Pepe necesita unas botas para esquiar.**
- Ask volunteers what kind of clothing they would take with them to these destinations: **Seattle en la primavera, la Florida en el verano, Toronto en el invierno, San Francisco en el otoño.**

8 Teaching Tip One class period before doing this activity, assign groups and have them discuss where they are going.

8 Expansion Have students guess where the groups are going, based on the content of the suitcases. Facilitate guessing by asking the class the last 4 bulleted questions.

9 Virtual Chat You can also assign activity 9 on the Supersite. Students record individual responses that appear in your gradebook.

9 Expansion
- Ask students to report the findings of their interviews to the class. Ex: ____ **va a H&M para comprar ropa porque allí la ropa no es cara. Prefiere ropa informal…**
- Have students work with different partners. Tell students to assume the identity of a famous person and explain their clothing preferences, using the questions from **Actividad 9.**

TEACHING OPTIONS

Pairs Have students form pairs and tell them they are going on a shopping spree. On paper strips, write varying dollar amounts, from ten dollars to three thousand, and distribute them. Have pairs discuss what they will buy. Encourage creativity. Ex: **Tenemos quince dólares y vamos a *Old Navy*. Ella va a comprar medias amarillas. Yo voy a comprar un sombrero en rebaja.**

EXPANSION

Extra Practice Add an auditory aspect to this vocabulary practice. Ask students to write an anonymous description of the article of clothing or outfit that best defines them. Collect the papers, shuffle them, and read the descriptions aloud for the class to guess.
Pairs Have pairs take turns describing classmates' clothing and guessing the person. Ex: **Esta persona usa jeans y una blusa marrón. Lleva sandalias blancas. (Es ____.)**

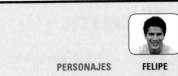

Section Goals

In **Fotonovela,** students will:

- receive comprehensible input from free-flowing discourse
- learn functional phrases involving clothing and how much things cost

Communication 1.2
Cultures 2.1, 2.2

Instructional Resources

vText

Cuaderno de práctica y actividades comunicativas, pp. 34–35
e-Cuaderno
Supersite/DVD: ***Fotonovela***
Supersite/TRCD: ***Fotonovela*** Video Script & Translation, Answer Keys

Video Recap: Lección 5
Before doing this **Fotonovela** section, review the previous episode with these questions:
1. ¿Qué problema hay cuando hablan con el empleado? (El empleado no encuentra la reservación.)
2. ¿Qué piensa Felipe del hotel? (Piensa que no está nada mal; es limpio y cómodo.)
3. ¿Qué deporte quieren hacer Miguel y Maru en la playa? (Quieren hacer windsurf.)
4. ¿Quién consigue las tablas de windsurf para Maru y Miguel? (El botones las consigue.)
5. ¿Quiénes nadan? (Juan Carlos y Jimena nadan.)

Video Synopsis The friends go shopping at the market in Mérida. They split into two teams, the boys versus the girls, to see who is better at bargaining.

Teaching Tips

- Hand out the **Antes de ver el video** and the **Mientras ves el video** activities from the ***Cuaderno de práctica y actividades comunicativas*** and go over the **Antes de ver** questions before starting the **Fotonovela.**
- Have students scan the **Fotonovela** captions for vocabulary related to clothing or colors.

En el mercado

Los chicos van de compras al mercado. ¿Quién hizo la mejor compra?

PERSONAJES

FELIPE

JUAN CARLOS

Video: *Fotonovela*
Record and Compare

1

MARISSA Oigan, vamos al mercado.

JUAN CARLOS ¡Sí! Los chicos en un equipo y las chicas en otro.

FELIPE Tenemos dos horas para ir de compras.

MARU Y don Guillermo decide quién gana.

2

JIMENA Esta falda azul es muy elegante.

MARISSA ¡Sí! Además, este color está de moda.

MARU Éste rojo es de algodón.

3

MARISSA ¿Me das aquella blusa rosada? Me parece que hace juego con esta falda, ¿no? ¿No tienen otras tallas?

JIMENA Sí, aquí. ¿Qué talla usas?

MARISSA Uso talla 4.

JIMENA La encontré. ¡Qué ropa más bonita!

6

VENDEDOR Son 530 por las tres bolsas. Pero como ustedes son tan bonitas, son 500 pesos.

MARU Señor, no somos turistas ricas. Somos estudiantes pobres.

VENDEDOR Bueno, son 480 pesos.

7

JUAN CARLOS Miren, mi nueva camisa. Elegante, ¿verdad?

FELIPE A ver, Juan Carlos... te queda bien.

8

MARU ¿Qué compraste?

MIGUEL Sólo esto.

MARU ¡Qué bonitos aretes! Gracias, mi amor.

TEACHING OPTIONS

En el mercado Photocopy the **Fotonovela** Video Script (Supersite) and white out 7–10 words in order to create a master for a cloze activity. Distribute photocopies of the master and have students fill in the missing words as they watch the **En el mercado** episode. You may want students to work in small groups and help each other fill in any gaps.

TEACHING OPTIONS

Small Groups Point out the clothing that a few individual students are wearing and ask them some questions about it. Ex: **Me gusta esa camisa azul. ¿Es de algodón? ¿Dónde la compraste?** Then have students work in groups in ask each other similar questions about what they are wearing.

MARISSA JIMENA MARU MIGUEL DON GUILLERMO VENDEDORA VENDEDOR

(En otra parte del mercado)

FELIPE Juan Carlos compró una camisa de muy buena calidad.

MIGUEL *(a la vendedora)* ¿Puedo ver ésos, por favor?

VENDEDORA Sí, señor. Le doy un muy buen precio.

(Las chicas encuentran unas bolsas.)

VENDEDOR Ésta de rayas cuesta 190 pesos, ésta 120 pesos y ésta 220 pesos.

JUAN CARLOS Y ustedes, ¿qué compraron?

JIMENA Bolsas.

MARU Acabamos de comprar tres bolsas por sólo 480 pesos. ¡Una ganga!

FELIPE Don Guillermo, usted tiene que decidir quién gana. ¿Los chicos o las chicas?

DON GUILLERMO El ganador es... Miguel. ¡Porque no compró nada para él, sino para su novia!

Expresiones útiles

Talking about clothing

¡Qué ropa más bonita!
What nice clothing!
Esta falda azul es muy elegante.
This blue skirt is very elegant.
Está de moda.
It's in style.
Éste rojo es de algodón/lana.
This red one is cotton/wool.
Ésta de rayas/lunares/cuadros es de seda.
This striped / polka-dotted / plaid one is silk.
Es de muy buena calidad.
It's very good quality.
¿Qué talla usas/llevas?
What size do you wear?
Uso/Llevo talla 4.
I wear a size 4.
¿Qué número calza?
What size shoe do you wear?
Yo calzo siete.
I wear a size seven.

Negotiating a price

¿Cuánto cuesta?
How much does it cost?
Demasiado caro/a.
Too expensive.
Es una ganga.
It's a bargain.

Saying what you bought

¿Qué compraste?/¿Qué compró usted?
What did you buy?
Sólo compré esto.
I only bought this.
¡Qué bonitos aretes!
What beautiful earrings!
Y ustedes, ¿qué compraron?
And you guys, what did you buy?

Additional vocabulary

híjole *wow*

recursos

vText	CPA pp. 34–35	vhlcentral.com

Expresiones útiles

- Point out the verb forms **compraste, compró, compré,** and **compraron.** Tell the class that these are forms of the verb **comprar** in the preterite tense, which is used to talk about events in the past. Tell them that **Esta** is an example of a demonstrative adjective, which is used to single out particular nouns; explain that the accented forms, **Éste** and **Ésta**, are pronouns. Tell students that **esto** is one of three neuter demonstrative pronouns. Have students scan the **Fotonovela** captions for other demonstratives. Also point out the captions for stills 3 and 4 and explain that **Me** and **Le** are examples of indirect object pronouns, which show to whom or for whom an action is done. Tell students that they will learn more about these concepts in **Estructura**.
- Help students with adjective placement and agreement when talking about clothing. Ask them to translate these phrases: 1. a white tie with gray and brown stripes (**una corbata blanca con rayas grises y marrones**) 2. black wool pants (**unos pantalones negros de lana**) 3. a yellow cotton shirt with purple polka dots (**una camisa amarilla de algodón con lunares morados**) 4. a red silk dress (**un vestido rojo de seda**) Discuss different possibilities for adjective placement and how it affects agreement. Ex: **Un vestido rojo de seda** versus **Un vestido de seda rojo.**

Nota cultural When bargaining in open-air markets, one can typically expect to arrive at an agreed price of about 10 to 20% lower than the original. Bargaining is usually a friendly, pleasant experience and an expected and welcome ritual.

TEACHING OPTIONS

TPR Ask students to write **clientes** and **vendedores** on separate sheets on paper. Read aloud phrases from **Expresiones útiles** and have them hold up the paper(s) that correspond(s) to the people that would say that expression. **Ex: ¿Qué número calza usted? (vendedores)**

TEACHING OPTIONS

Small Groups Have the class work in small groups to write statements about the **Fotonovela**. Then ask groups to exchange papers and write out a question that would have elicited each statement. Ex: **Miguel compra unos aretes para su novia. (¿Qué compra Miguel para su novia?)**

Communication 1.1, 1.2

1 Expansion Ask pairs to find the places in the episode that support their answers. Have pairs role-play the scenes for the class.

2 Expansion Give students these statements as items 7–9:
7. Somos estudiantes y por eso no tenemos mucho dinero. (M)
8. La ropa que compró Juan Carlos le queda muy bien. (F)
9. Don Guillermo debe decidir el ganador. (M/F)

3 Expansion Ask pairs to write two additional questions. Then have pairs exchange papers and answer each other's questions.

Nota cultural Shoe sizes in Mexico are different from the U.S. and Canada. Men's sizes in Mexico are two numbers smaller, and women's, three sizes smaller. For example, a man's size 11 shoe in the U.S. and Canada would be a size 9 in Mexico, and a woman's size 7.5 would be 4.5.

4 Partner Chat You can also assign activity 4 on the Supersite. Students work in pairs to record the activity online. The pair's recorded conversation will appear in your gradebook.

4 Possible Conversation
E1: Buenas tardes.
E2: Buenas tardes. ¿Qué desea?
E1: Estoy buscando una camisa.
E2: Pues, tengo estas camisas de algodón y estas camisas de seda. ¿Cuál prefiere usted?
E1: Busco una camisa blanca o azul de algodón. Uso talla mediana.
E2: Esta camisa azul es de algodón y de talla mediana.
E1: ¿Cuánto cuesta?
E2: Veinte dólares. Pero para usted... sólo diecisiete dólares.
E1: Muy bien. La compro, pero sólo tengo quince dólares.
E2: Está bien. Muchas gracias.

¿Qué pasó?

1 **¿Cierto o falso?** Indicate whether each sentence is **cierto** or **falso**. Correct the false statements.

	Cierto	Falso	
1. Jimena dice que la falda azul no es elegante.	○	⊘	Jimena dice que la falda azul es muy elegante.
2. Juan Carlos compra una camisa.	○	⊘	Juan Carlos compra una chaqueta, un cinturón y unos pantalones cortos.
3. Marissa dice que el azul es un color que está de moda.	⊘	○	
4. Miguel compra unas sandalias para Maru.	○	⊘	Miguel compra unos aretes para Maru.

2 **Identificar** Provide the first initial of the person who would make each statement.

M 1. ¿Te gusta cómo se me ven mis nuevos aretes?
F 2. Juan Carlos compró una camisa de muy buena calidad.
M 3. No podemos pagar 500, señor, eso es muy caro.
J 4. Aquí tienen ropa de muchas tallas.
J 5. Esta falda me gusta mucho, el color azul es muy elegante.
F 6. Hay que darnos prisa, sólo tenemos dos horas para ir de compras.

MARU

FELIPE

JIMENA

3  **Completar** Answer the questions using the information in the **Fotonovela**.

1. ¿Qué talla usa Marissa? Marissa usa talla cuatro.
2. Normalmente (*normally*), ¿cuánto cuestan las tres bolsas? Las bolsas cuestan 530 pesos.
3. ¿Cuál es el precio que pagan las tres amigas por las bolsas? El precio que pagan es 480 pesos.
4. ¿Qué dice Juan Carlos sobre su nueva camisa? Juan Carlos dice que su nueva camisa es elegante.
5. ¿Quién ganó al hacer las compras? ¿Por qué? Ganó Miguel porque le compró unos aretes a su novia.

4  **Conversar** With a partner, role-play a conversation between a customer and a salesperson in an open-air market. Use these expressions and also look at **Expresiones útiles** on the previous page.
Answers will vary.

¿Qué desea?	Estoy buscando...	Prefiero el/la rojo/a.
What would you like?	*I'm looking for...*	*I prefer the red one.*

Cliente/a	Vendedor(a)
Say good afternoon.	Greet the customer and ask what he/she would like.
Explain that you are looking for a particular item of clothing.	Show him/her some items and ask what he/she prefers.
Discuss colors and sizes.	Discuss colors and sizes.
Ask for the price and begin bargaining.	Tell him/her a price. Negotiate a price.
Settle on a price and purchase the item.	Accept a price and say thank you.

Practice more at **vhlcentral.com.**

AYUDA

When discussing prices, it's important to keep in mind singular and plural forms of verbs.
La **camisa cuesta** diez dólares.
Las **botas cuestan** sesenta dólares.
El **precio** de las botas **es** sesenta dólares.
Los **precios** de la ropa **son** altos.

EXPANSION

Extra Practice Have the class answer questions about the Fotonovela. Ex: **1. ¿Quién piensa que el color azul está de moda? (Marissa) 2. ¿Quiénes regatean por tres bolsas? (Maru, Jimena y Marissa) 3. ¿Qué acaba de comprar Miguel? (Acaba de comprar unos aretes para Maru.)**
Pairs Divide the class into pairs. Tell them to imagine that they are awards show commentators on the red carpet (**la alfombra roja**). Ask each pair to choose six celebrities and write a description of their outfits. Encourage creativity, and provide additional vocabulary if needed. Then have pairs read their descriptions for the class. Ex: **Aquí estamos en la alfombra roja de los *Video Music Awards*. Ahora viene Beyoncé con Jay-Z. Ella lleva un vestido azul de seda y sandalias grises. ¡Qué ropa tan bonita! Jay-Z usa jeans y...**

Pronunciación  

The consonants d and t

¿Dónde? **vender** **nadar** **verdad**

Like **b** and **v**, the Spanish **d** can also have a hard sound or a soft sound, depending on which letters appear next to it.

Don **dinero** **tienda** **falda**

At the beginning of a phrase and after **n** or **l**, the letter **d** is pronounced with a hard sound. This sound is similar to the English *d* in *dog*, but a little softer and duller. The tongue should touch the back of the upper teeth, not the roof of the mouth.

medias **verde** **vestido** **huésped**

In all other positions, **d** has a soft sound. It is similar to the English *th* in *there*, but a little softer.

Don Diego no tiene el diccionario.

When **d** begins a word, its pronunciation depends on the previous word. At the beginning of a phrase or after a word that ends in **n** or **l**, it is pronounced as a hard **d**.

Doña Dolores es de la capital.

Words that begin with **d** are pronounced with a soft **d** if they appear immediately after a word that ends in a vowel or any consonant other than **n** or **l**.

traje **pantalones** **tarjeta** **tienda**

When pronouncing the Spanish **t**, the tongue should touch the back of the upper teeth, not the roof of the mouth. Unlike the English *t*, no air is expelled from the mouth.

Práctica Read these phrases aloud to practice the **d** and the **t**.

1. Hasta pronto.
2. De nada.
3. Mucho gusto.
4. Lo siento.
5. No hay de qué.
6. ¿De dónde es usted?
7. ¡Todos a bordo!
8. No puedo.
9. Es estupendo.
10. No tengo computadora.
11. ¿Cuándo vienen?
12. Son las tres y media.

Oraciones Read these sentences aloud to practice the **d** and the **t**.

1. Don Teodoro tiene una tienda en un almacén en La Habana.
2. Don Teodoro vende muchos trajes, vestidos y zapatos todos los días.
3. Un día un turista, Federico Machado, entra en la tienda para comprar un par de botas.
4. Federico regatea con don Teodoro y compra las botas y también un par de sandalias.

Refranes Read these sayings aloud to practice the **d** and the **t**.

En la variedad está el gusto.[1]

Aunque la mona se vista de seda, mona se queda.[2]

1 Variety is the spice of life.
2 You can't make a silk purse out of a sow's ear.

recursos			
vText	CPA p. 36	CH p. 83	vhlcentral.com

EXPANSION

Extra Practice Write some additional proverbs on the board and have the class practice saying each one. Ex: **De tal padre, tal hijo.** (*Like father, like son.*) **El que tiene tejado de cristal no tira piedras al vecino.** (*People who live in glass houses shouldn't throw stones.*) **Cuatro ojos ven más que dos.** (*Two heads are better than one.*) **Donde come uno, comen dos, y donde comen dos, comen todos.** (*There's always room for one more at the table.*)

EXPANSION

Extra Practice Write on the board the names of these famous Cuban literary figures: **José Martí, Julián del Casal, Gertrudis Gómez de Avellaneda,** and **Dulce María Loynaz.** Say the names aloud and have the class repeat. Then ask volunteers to explain the pronunciation of each **d** and **t** in these names.

Section Goal

In **Pronunciación**, students will be introduced to the pronunciation of the letters **d** and **t**.

 Comparisons 4.1

Instructional Resources

vText

Cuaderno de práctica y actividades comunicativas, p. 36

Cuaderno para hispanohablantes, p. 83

e-Cuaderno

Supersite: Textbook & Audio Activities MP3 Audio Files

Supersite/TRCD: Textbook Audio Script, Audio Activities Script, Answer Keys

Textbook CD

Audio Activities CD

Teaching Tips

- Explain that **d** has a hard sound at the beginning of a phrase or after **n** or **l**. Write **don, dinero, tienda,** and **falda** on the board and have the class pronounce them.
- Explain that **d** has a soft sound in all other positions. Pronounce **medias, verde, vestido,** and **huésped** and have the class repeat.
- Point out that within phrases, **d** at the beginning of a word has a hard or soft sound depending on the last sound of the preceding word. Read the examples aloud and have the class repeat.
- Explain that **t** is pronounced with the tongue at the back of the upper teeth and that, unlike English, no air is expelled from the mouth. Pronounce **traje, pantalones, tarjeta,** and **tienda** and have the class repeat. Then pronounce pairs of similar-sounding Spanish and English words: **ti/*tea*; tal/*tall*; todo/*toad*; tema/*tame*; tela/*tell*.**

Práctica/Oraciones/Refranes

Play the audio on the *Textbook CD* for students to practice listening to Spanish spoken by speakers other than yourself.

Section Goals

In **Cultura**, students will:
- read about open-air markets
- learn clothing-related terms
- read about Venezuelan clothing designer **Carolina Herrera**
- read about the fashions of Hispanic designers

Communication 1.1, 1.2
Cultures 2.1, 2.2
Connections 3.1, 3.2
Comparisons 4.2

21st CENTURY SKILLS

Global Awareness
Students will gain perspectives on the Spanish-speaking world to develop respect and openness to others and to interact appropriately and effectively with citizens of Spanish-speaking cultures.

Instructional Resources
vText
Cuaderno para hispanohablantes, p. 84

En detalle

Antes de leer Ask students to share their experiences with open-air markets, including the location, goods and prices.

Lectura
- Explain that open-air markets that specialize in second-hand or low-priced goods are often referred to as **mercados de pulgas** (*flea markets*).
- Point out that many local artists take advantage of open-air markets to sell their pieces or display new works.

Después de leer Ask students what facts about open-air markets are new or surprising to them.

1 Expansion Give students these statements as items 9–10: 9. The **Tianguis Cultural del Chopo** is not a good place to go if you are interested in Mexican crafts and art. (**Falso.** The **Tianguis Cultural del Chopo** has crafts and art.) 10. Market stands are referred to as **puestos. (Cierto.)**

EN DETALLE

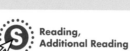

Reading, Additional Reading

Los mercados al aire libre

Mercados al aire libre are an integral part of commerce and culture in the Spanish-speaking world. Whether they take place daily or weekly, these markets are an important forum where tourists, locals, and vendors interact. People come to the marketplace to shop, socialize, taste local foods, and watch street performers. Wandering from one **puesto** (*stand*) to the next, one can browse fresh fruits and vegetables, clothing, music and movies, and **artesanías** (*crafts*). Some markets offer a mix of products, while others specialize in food, fashion, or used merchandise, such as antiques and books.

When shoppers see an item they like, they can bargain with the vendor. Friendly bargaining is an expected ritual and may result in a significantly lower price. When selling food, vendors may give the customer a little extra of what they purchase; this free addition is known as **la ñapa.**

Many open-air markets are also tourist attractions. The market in Otavalo, Ecuador, is world-famous and has taken place every Saturday since pre-Incan times. This market is well-known for the colorful textiles woven by the **otavaleños**, the indigenous people of the area. One can also find leather goods and wood carvings from nearby towns. Another popular market is **El Rastro**, held every Sunday in Madrid, Spain. Sellers set up **puestos** along the streets to display their wares, which range from local artwork and antiques to inexpensive clothing and electronics.

Mercado de Otavalo

Otros mercados famosos

Mercado	Lugar	Productos
Feria Artesanal de Recoleta	Buenos Aires, Argentina	artesanías
Mercado Central	Santiago, Chile	mariscos°, pescado°, frutas, verduras°
Tianguis Cultural del Chopo	Ciudad de México, México	ropa, música, revistas, libros, arte, artesanías
El mercado de Chichicastenango	Chichicastenango, Guatemala	frutas y verduras, flores°, cerámica, textiles

mariscos *seafood* **pescado** *fish* **verduras** *vegetables* **flores** *flowers*

ACTIVIDADES

1 ¿Cierto o falso? Indicate whether these statements are **cierto** or **falso**. Correct the false statements.

1. Generally, open-air markets specialize in one type of goods. **Falso.** They sell a variety of goods.
2. Bargaining is commonplace at outdoor markets. **Cierto.**
3. Only new goods can be found at open-air markets. **Falso.** They sell both new and used goods.
4. A Spaniard in search of antiques could search at **El Rastro**. **Cierto.**
5. If you are in Guatemala and want to buy ceramics, you can go to Chichicastenango. **Cierto.**
6. A **ñapa** is a tax on open-air market goods. **Falso.** A **ñapa** is a free addition sometimes given to customers.
7. The **otavaleños** weave colorful textiles to sell on Saturdays. **Cierto.**
8. Santiago's **Mercado Central** is known for books and music. **Falso.** It's known for seafood, fish, fruits, and vegetables.

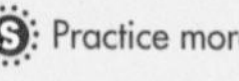

Practice more at **vhlcentral.com.**

TEACHING OPTIONS

TPR Create a series of true/false statements about goods one can purchase at the open-air markets mentioned in **En detalle**. Tell students to raise their right hand if a statement is true or their left hand if it is false. Ex: **Compro mariscos en El Rastro.** (left hand) **Compro flores en el mercado de Chichicastenango.** (right hand)

TEACHING OPTIONS

Small Groups Have students work in groups of three. For homework, have them research another famous open-air market in the Spanish-speaking world. Ex: **Pisac** (Peru), **La Romana** (Dominican Republic), **La Cancha** (Bolivia). In class, have each group present the location of the market, how often it takes place, what is sold, and any other significant information. Encourage students to bring in photos.

ASÍ SE DICE

La ropa

la chamarra (Méx.)	la chaqueta
de manga corta/larga	*short/long-sleeved*
los mahones (P. Rico); el pantalón de mezclilla (Méx.); los tejanos (Esp.); los vaqueros (Arg., Cuba, Esp., Uru.)	los bluejeans
la marca	*brand*
la playera (Méx.); la remera (Arg.)	la camiseta

EL MUNDO HISPANO

Diseñadores de moda

- **Adolfo Domínguez** (España) Su ropa tiene un estilo minimalista y práctico. Usa telas° naturales y cómodas en sus diseños.
- **Silvia Tcherassi** (Colombia) Los colores vivos y las líneas asimétricas de sus vestidos y trajes muestran influencias tropicales.

- **Óscar de la Renta** (República Dominicana) Diseña ropa opulenta para la mujer clásica.
- **Narciso Rodríguez** (EE.UU.) En sus diseños delicados y finos predominan los colores blanco y negro. Hizo° el vestido de boda° de Carolyn Bessette Kennedy.

telas *fabrics* Hizo *He made* de boda *wedding*

PERFIL

Carolina Herrera

In 1980, at the urging of some friends, **Carolina Herrera** created a fashion collection as a "test." The Venezuelan designer received such a favorable response that within one year she moved her family from Caracas to New York City and created her own label, Carolina Herrera, Ltd.

"I love elegance and intricacy, but whether it is in a piece of clothing or a fragrance, the intricacy must appear as simplicity," Herrera once stated. She quickly found that many sophisticated women agreed; from the start, her sleek and glamorous designs have been in constant demand. Over the years, Herrera has grown her brand into a veritable fashion empire that encompasses her fashion and bridal collections, cosmetics, perfume, and accessories that are sold around the globe.

Conexión Internet

¿Qué marcas de ropa son populares en el mundo hispano?

Go to **vhlcentral.com** to find more cultural information related to this **Cultura** section.

ACTIVIDADES

2 Comprensión Complete these sentences.

1. Adolfo Domínguez usa telas ___naturales___ y ___cómodas___ en su ropa.
2. Si hace fresco en el D.F., puedes llevar una ___chamarra___.
3. La diseñadora ___Carolina Herrera___ hace ropa, perfumes y más.
4. La ropa de ___Silvia Tcherassi___ muestra influencias tropicales.
5. Los ___mahones___ son una ropa casual en Puerto Rico.

3 Mi ropa favorita Write a brief description of your favorite article of clothing. Mention what store it is from, the brand, colors, fabric, style, and any other information. Then get together with a small group, collect the descriptions, and take turns reading them aloud at random. Can the rest of the group guess whose favorite piece of clothing is being described? Answers will vary.

recursos

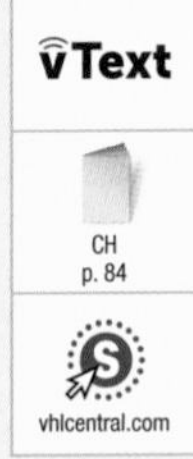

Así se dice

- Model the pronunciation of each term and have students repeat it.
- To challenge students, add these words to this list: **la americana (Esp.), el saco (Amér. L.)** (*suit jacket, sport coat*); **las bermudas** (*knee-length shorts*); **las chanclas, las chancletas** (*sandals, flip-flops*); **el cuero** (*leather*); **de tacón alto** (*high-heeled*); **la gabardina** (*raincoat*); **la polera (Chi.)** (*t-shirt*); **el pulóver, el jersey** (*sweater*).

Perfil

- Carolina Herrera worked as a personal designer for Jacqueline Kennedy Onassis during the last twelve years of the former First Lady's life. Herrera's designs make regular appearances at red carpet events worldwide.
- Have students look at the photos and describe the clothing.

El mundo hispano Ask comprehension questions such as these: **¿De qué estilo es la ropa de Adolfo Domínguez? ¿Quién hizo el vestido de boda de Carolyn Bessette Kennedy?**

21st CENTURY SKILLS

Information and Media Literacy: Conexión Internet Students access and critically evaluate information from the Internet.

2 Expansion Ask students to create three additional cloze sentences for a partner to complete.

3 Teaching Tip To simplify, create a word bank of clothing-related vocabulary on the board for students to use in their paragraphs.

DIFFERENTIATION

Heritage Speakers Ask heritage speakers to talk about clothing and fashion in their families' home countries. Have them describe where most people shop, how young people dress, and what brands or designers are popular there.

Pairs Have pairs choose a celebrity and give him or her a style makeover. Have students discuss the person's current overall style and make suggestions for a new look, using **deber, necesitar,** and **tener que.** Have a few pairs present their makeovers to the class.

PRE-AP*

Presentational Speaking with Cultural Comparison Have students research one of the brands from the **Conexión Internet** activity and a well-known brand from this country. Ask them to prepare a presentation about the brands, including the type(s) of clothing, where they are sold, who wears them, and any other significant information. Encourage students to bring in photos.

Section Goals

In **Estructura 6.1**, students will learn:

- uses of **saber** and **conocer**
- more uses of the personal **a**
- other verbs conjugated like **conocer**

Communication 1.1
Comparisons 4.1

Instructional Resources
vText
Cuaderno de práctica y actividades comunicativas, pp. 37–38
Cuaderno para hispanohablantes, pp. 85–86
e-Cuaderno
Supersite: Audio Activities MP3 Audio Files
Supersite/TRCD: Grammar Slides, Audio Activities Script, Answer Keys, Testing Program Quizzes
Audio Activities CD
Activity Pack
Middle School Activity Pack

Teaching Tips

- Use the Grammar Slides to assist with this presentation.
- Point out the irregular **yo** forms of **saber** and **conocer** on the board.
- Write the headings **saber** and **conocer** on the board. Under **saber**, write its uses and model them with questions. Ex: ____, **¿sabes bailar salsa? ¿Sabes mi número de teléfono?** Under **conocer**, write its uses and model them with questions. Ex: ____, **¿conoces Venezuela? ¿Conoces a Carolina Herrera?**
- Explain that although the conjugation pattern of **conducir** and **traducir** is similar to that of **conocer** in the present tense, the differences are more obvious in other tenses.
- Point out the first **¡Atención!** bullet. Ask volunteers to write the full conjugation for these verbs on the board.
- Point out the similar **yo** form for **conocer, parecer, ofrecer, conducir,** and **traducir**.
- Ask questions using the new verbs. Ex: **¿Quiénes conducen? ¿Qué carro conduces?**

6.1 Saber and conocer

Explanation Tutorial

ANTE TODO Spanish has two verbs that mean *to know*: **saber** and **conocer**. They cannot be used interchangeably. Note the irregular **yo** forms.

The verbs saber and conocer

		saber *(to know)*	**conocer** *(to know)*
SINGULAR FORMS	yo	sé	conozco
	tú	**sabes**	**conoces**
	Ud./él/ella	**sabe**	**conoce**
PLURAL FORMS	nosotros/as	**sabemos**	**conocemos**
	vosotros/as	**sabéis**	**conocéis**
	Uds./ellos/ellas	**saben**	**conocen**

▶ **Saber** means *to know a fact or piece(s) of information* or *to know how to do something.*

No **sé** tu número de teléfono.
I don't know your telephone number.

Mi hermana **sabe** hablar francés.
My sister knows how to speak French.

▶ **Conocer** means *to know* or *be familiar/acquainted* with a person, place, or thing.

¿**Conoces** la ciudad de Nueva York?
Do you know New York City?

No **conozco** a tu amigo Esteban.
I don't know your friend Esteban.

▶ When the direct object of **conocer** is a person or pet, the personal **a** is used.

¿Conoces La Habana? *but* ¿Conoces **a** Celia Cruz?
Do you know Havana? *Do you know Celia Cruz?*

NOTA CULTURAL
Cuban singer **Celia Cruz** (1924–2003), known as the "Queen of Salsa," recorded many albums over her long career. Adored by her fans, she was famous for her colorful and lively on-stage performances.

▶ **¡Atención! Parecer** (*to seem*) and **ofrecer** (*to offer*) are conjugated like **conocer**.

▶ **¡Atención! Conducir** (*to drive*) and **traducir** (*to translate*) also have an irregular **yo** form, but since they are **-ir** verbs, they are conjugated differently from **conocer**.

conducir	conduzco, **conduces, conduce, conducimos, conducís, conducen**
traducir	traduzco, **traduces, traduce, traducimos, traducís, traducen**

¡INTÉNTALO! Provide the appropriate forms of these verbs.

saber

1. José no __sabe__ la hora.
2. Sara y yo __sabemos__ jugar al tenis.
3. ¿Por qué no __sabes__ tú estos verbos?
4. Mis padres __saben__ hablar japonés.
5. Yo __sé__ a qué hora es la clase.
6. Usted no __sabe__ dónde vivo.
7. Mi hermano no __sabe__ nadar.
8. Nosotros __sabemos__ muchas cosas.

conocer

1. Usted y yo __conocemos__ bien Miami.
2. ¿Tú __conoces__ a mi amigo Manuel?
3. Sergio y Taydé __conocen__ mi pueblo.
4. Emiliano __conoce__ a mis padres.
5. Yo __conozco__ muy bien el centro.
6. ¿Ustedes __conocen__ la tienda Gigante?
7. Nosotras __conocemos__ una playa hermosa.
8. ¿Usted __conoce__ a mi profesora?

recursos
vText
CPA pp. 37–38
CH pp. 85–86
vhlcentral.com

TEACHING OPTIONS

Large Groups Divide the class into two teams, **saber** and **conocer**, and have them line up. Indicate the first member of each team and call out a sentence in English that uses *to know* (Ex: *We know the answer.*). The team member whose verb corresponds to the English sentence has to step forward and provide the Spanish translation.

EXPANSION

Extra Practice Ask students to jot down three things they know how to do well (**saber** + [*infinitive*] + **bien**). Collect the papers, shuffle them, and read the sentences aloud. Have the rest of the class guess who wrote the sentences.

Práctica y Comunicación

Completar Indicate the correct verb for each sentence.

1. Mis hermanos (conocen/**saben**) conducir, pero yo no (**sé**/conozco).
2. —¿(Conocen/**Saben**) ustedes dónde está el estadio? —No, no (conocemos/**sabemos**).
3. —¿(**Conoces**/Sabes) a Lady Gaga? —Bueno, (**sé**/conozco) quién es, pero no la (**conozco**/sé).
4. Mi profesora (sabe/**conoce**) Cuba y también (conoce/**sabe**) bailar salsa.

2 **Combinar** Combine elements from each column to create sentences. Answers will vary.

 A	 B	 C
Shakira	(no) conocer	Conan O'Brien
los Yankees	(no) saber	cantar y bailar
el primer ministro de Canadá		La Habana Vieja
mis amigos y yo		muchas personas importantes
tú		hablar dos lenguas extranjeras
		jugar al béisbol

Preguntas In pairs, ask each other these questions. Answer with complete sentences. Answers will vary.

1. ¿Conoces a un(a) cantante famoso/a? ¿Te gusta cómo canta?
2. En tu familia, ¿quién sabe cantar bien? ¿Tu opinión es objetiva?
3. Tus padres, ¿conducen bien o mal? ¿Y tus hermanos mayores?
4. Si una persona no conduce muy bien, ¿le ofreces crítica constructiva?
5. ¿Cómo parece estar el/la profesor(a) hoy? ¿Y tus compañeros de clase?

Entrevista Jot down three things you know how to do, three people you know, and three places you are familiar with. Then, in a small group, find out what you have in common. Answers will vary.

modelo

Estudiante 1: *¿Conocen ustedes a David Lomas?*
Estudiante 2: *Sí, conozco a David. Vivimos en el mismo barrio (neighborhood).*
Estudiante 3: *No, no lo conozco. ¿Cómo es?*

Anuncio In groups, read the ad and answer these questions. Answers will vary.

1. Busquen ejemplos de los verbos **saber** y **conocer**.
2. ¿Qué saben del Centro Comercial Málaga?
3. ¿Qué pueden hacer en el Centro Comercial Málaga?
4. ¿Conocen otros centros comerciales similares? ¿Cómo se llaman? ¿Dónde están?
5. ¿Conocen un centro comercial en otro país? ¿Cómo es?

Él sabe dónde comer lo que más le gusta.
Él sabe cómo jugar cuatro horas seguidas.
Él sabe dónde está su regalo de cumpleaños.
Él sabe dónde divertirse...
... y usted sabe dónde puede encontrar un poco de todo.
¿Conoce algún otro lugar como éste?
CENTRO COMERCIAL
MÁLAGA
SABE LO QUE TE GUSTA.

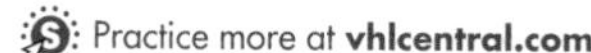
Practice more at **vhlcentral.com.**

Communication 1.1
Comparisons 4.1

1 Teaching Tip To challenge students, write this activity on the board as cloze sentences.

1 Expansion Give students these sentences as items 5–8: **5. No (sé/conozco) a qué hora es el examen. (sé) 6. (Conoces/Sabes) las cataratas del Iguazú, ¿verdad? (Conoces) 7. ¿Quieren (saber/conocer) dónde va a ser la fiesta? (saber) 8. Esta noche voy a salir con mi novia, pero mis padres no lo (conocen/saben). Todavía no la (conocen/saben)... ¡no (conocen/saben) quién es ella! (saben, conocen, saben)**

2 Teaching Tip To simplify, read through column C and have students determine whether each item takes the verb **saber** or **conocer**.

2 Expansion
- Add more elements to column A (Ex: **yo, mis padres, mi profesor(a) de español**) and continue the activity.
- Ask students questions about celebrities. Ex: **Brad Pitt, ¿conoce a Angelina Jolie? (Sí, la conoce.)**

3 Virtual Chat You can also assign activity 3 on the Supersite. Students record individual responses that appear in your gradebook.

3 Expansion In pairs, have students create three additional questions using the verbs **conducir**, **ofrecer**, and **traducir**. Then have pairs join other pairs to ask and answer their questions.

4 Teaching Tip To simplify, have students divide a sheet of paper into three columns with the headings **Sé**, **Conozco a**, and **Conozco**. Then have them complete their lists.

5 Expansion Ask each group to create an advertisement using two examples each of **saber** and **conocer**.

EXPANSION

Extra Practice Use the Internet to research advertising slogans that use verbs from **Estructura 6.1**. In groups, have students guess the company or product for each slogan. Ex: **Sabemos por qué vuelas. (American Airlines), ¿Te gusta conducir? (BMW), Necesitas saber siempre. (CNN)**

Small Groups Ask students to write down four sentences (two true, two false) using **saber** and **conocer**. In groups of three,

TEACHING OPTIONS

have them read their sentences aloud. The group should ask questions to guess if the person is lying or telling the truth.

Large Group Ask students to write down six things they know how to do. Have them circulate around the room to find out who else knows how to do those things, jotting down the names of those that answer **sí**. Have students report back to the class. Ex: **Keisha y yo sabemos tocar el piano.**

Section Goals

In **Estructura 6.2**, students will learn:

- to identify an indirect object noun
- how to use indirect object pronouns

Communication 1.1
Comparisons 4.1

Instructional Resources

vText
Cuaderno de práctica y actividades comunicativas, pp. 39–41
Cuaderno para hispanohablantes, pp. 87–88
e-Cuaderno
Supersite: Audio Activities MP3 Audio Files
Supersite/TRCD: Grammar Slides, Audio Activities Script, Answer Keys, Testing Program Quizzes
Audio Activities CD
Activity Pack
Middle School Activity Pack

Teaching Tips

- Write on the board: **Mi primo me escribe un mensaje de texto.** Ask students what the direct object of the verb is. Then tell them that an indirect object answers the questions *to whom* or *for whom.*
- Write the indirect object pronouns on the board. Ask how their forms differ from those of direct object pronouns.
- Ask volunteers to read aloud the video-still captions, and have the class identify the indirect object pronoun in each. Have students identify the two indirect object nouns to which the pronouns refer.
- Point out that the redundant use of both an indirect object pronoun and an indirect object noun is common in Spanish and that, unlike in English, it is the indirect object noun that is optional, not the pronoun. Ex: **Ella vende la ropa a Elena** is possible, but less common than **Ella le vende la ropa.**

6.2 Indirect object pronouns

Explanation Tutorial

ANTE TODO In **Lección 5**, you learned that a direct object receives the action of the verb directly. In contrast, an indirect object receives the action of the verb indirectly.

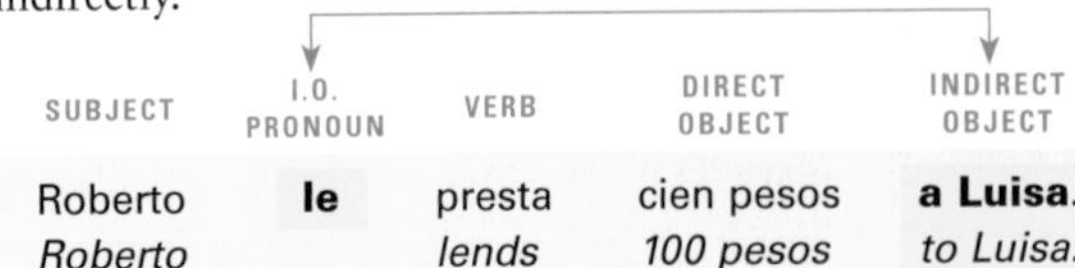

SUBJECT	I.O. PRONOUN	VERB	DIRECT OBJECT	INDIRECT OBJECT
Roberto	**le**	presta	cien pesos	**a Luisa**.
Roberto		*lends*	*100 pesos*	*to Luisa.*

An indirect object is a noun or pronoun that answers the question *to whom* or *for whom* an action is done. In the preceding example, the indirect object answers this question: **¿A quién le presta Roberto cien pesos?** *To whom does Roberto lend 100 pesos?*

Indirect object pronouns

Singular forms		Plural forms	
me	(to, for) *me*	**nos**	(to, for) *us*
te	(to, for) *you* (fam.)	**os**	(to, for) *you* (fam.)
le	(to, for) *you* (form.) (to, for) *him; her*	**les**	(to, for) *you* (form.) (to, for) *them*

▶ **¡Atención!** The forms of indirect object pronouns for the first and second persons (**me**, **te**, **nos**, **os**) are the same as the direct object pronouns. Indirect object pronouns agree in number with the corresponding nouns, but not in gender.

Bueno, le doy un descuento.

Acabo de mostrarles que sí sabemos regatear.

Using indirect object pronouns

▶ Spanish speakers commonly use both an indirect object pronoun and the noun to which it refers in the same sentence. This is done to emphasize and clarify to whom the pronoun refers.

Ella **le** vende la ropa **a Elena**. (I.O. PRONOUN: le; INDIRECT OBJECT: a Elena)

Les prestamos el dinero **a Inés y a Álex**. (I.O. PRONOUN: Les; INDIRECT OBJECT: a Inés y a Álex)

▶ Indirect object pronouns are also used without the indirect object noun when the person for whom the action is being done is known.

Ana **le** presta la falda **a Elena**.
Ana lends her skirt to Elena.

También **le** presta unos jeans.
She also lends her a pair of jeans.

EXPANSION

Extra Practice Write sentences like these on the board: **1. Ana te prepara unos tacos. 2. Pablo no me escribe. 3. Le presto dinero a Luisa. 4. Les compramos unos regalos a los niños. 5. María nos habla.** Ask students to come to the board and underline the direct objects and circle the indirect objects. If the direct object is implied, have them write *Impl.* next to the sentence.

TEACHING OPTIONS

Small Groups Have students work in groups of three. Have Student A "lend" an object to Student B and say: **Te presto mi...** Student B responds: **Me prestas tu...** Student C says: ____ **le presta a** ____ **su...** Have groups practice until each member has begun the chain twice. Practice plural pronouns by having two groups join together and two students "lend" something to two other students.

- Indirect object pronouns are usually placed before the conjugated form of the verb. In negative sentences the pronoun is placed between **no** and the conjugated verb.

Martín **me** compra un regalo. *Martín is buying me a gift.*	Eva **no me** escribe cartas. *Eva doesn't write me letters.*

- When a conjugated verb is followed by an infinitive or the present progressive, the indirect object pronoun may be placed before the conjugated verb or attached to the infinitive or present participle. **¡Atención!** When an indirect object pronoun is attached to a present participle, an accent mark is added to maintain the proper stress.

Él no quiere **pagarte**./ Él no **te** quiere pagar. *He does not want to pay you.*	Él está **escribiéndole** una postal a ella./ Él **le** está escribiendo una postal a ella. *He is writing a postcard to her.*

- Because the indirect object pronouns **le** and **les** have multiple meanings, Spanish speakers often clarify to whom the pronouns refer with the preposition **a** + [*pronoun*] or **a** + [*noun*].

UNCLARIFIED STATEMENTS	CLARIFIED STATEMENTS
Yo **le** compro un abrigo.	Yo **le** compro un abrigo **a usted/él/ella**.
Ella **le** describe un libro.	Ella **le** describe un libro **a Juan**.

UNCLARIFIED STATEMENTS	CLARIFIED STATEMENTS
Él **les** vende unos sombreros.	Él **les** vende unos sombreros **a ustedes/ellos/ellas**.
Ellos **les** hablan muy claro.	Ellos **les** hablan muy claro **a los clientes**.

- The irregular verbs **dar** (*to give*) and **decir** (*to say; to tell*) are often used with indirect object pronouns.

The verbs dar and decir

Singular forms	dar	decir	Plural forms	dar	decir
yo	**doy**	**digo**	nosotros/as	**damos**	**decimos**
tú	**das**	**dices**	vosotros/as	**dais**	**decís**
Ud./él/ella	**da**	**dice**	Uds./ellos/ellas	**dan**	**dicen**

Me dan una fiesta cada año. *They give (throw) me a party every year.*	**Te digo** la verdad. *I'm telling you the truth.*
Voy a **darle** consejos. *I'm going to give her advice.*	No **les digo** mentiras a mis padres. *I don't tell lies to my parents.*

recursos

vText

CPA pp. 39–41

CH pp. 87–88

vhlcentral.com

Use the cues in parentheses to provide the correct indirect object pronoun for each sentence.

1. Juan ___le___ quiere dar un regalo. (*to Elena*)
2. María ___nos___ prepara un café. (*for us*)
3. Beatriz y Felipe ___me___ escriben desde (*from*) Cuba. (*to me*)
4. Marta y yo ___les___ compramos unos guantes. (*for them*)
5. Los vendedores ___te___ venden ropa. (*to you, fam. sing.*)
6. La dependienta ___nos___ muestra los guantes. (*to us*)

Teaching Tips

- Point out that the position of indirect object pronouns in a sentence is the same as that of direct object pronouns.
- Ask individuals questions using indirect object pronouns. Ex: **¿A quién le ofreces ayuda? ¿Les das consejos a tus amigos? ¿Qué te dicen tus padres que no debes hacer? ¿Les dices mentiras a tus padres? ¿Cuándo vas a escribirles a tus abuelos?** Have students respond with complete sentences and ask follow-up questions if necessary.
- After going over the **¡Inténtalo!** orally with the class, ask students which items might require clarification (items 1 and 4). Ask them what they would add to each sentence in order to clarify **le** or **les**.
- As a comprehension check, have students write answers to these questions: **1. Es el cumpleaños de tu mejor amigo. ¿Qué vas a comprarle? 2. ¿A quiénes les hablas todos los días? 3. ¿Quién te presta dinero cuando lo necesitas? 4. ¿Quién les está enseñando español a ustedes?**
- In pairs, have students write the dialogue of an argument between two roommates, using **dar** and **decir**. Have volunteers role-play their conversations for the class. Encourage them to be creative and act out the argument with props, if possible.

EXPANSION

Video Replay the **Fotonovela**. Ask students to note each time an indirect object pronoun is used. Then, have students find each use of **le** and state to whom it refers.

TEACHING OPTIONS

Game Give each student an envelope and a sheet of paper. Ask them to write a sentence using an indirect object pronoun, cut the paper into strips (one word per strip), shuffle them, and place them in the envelope. Then have students pass their envelopes to the person sitting behind them. Allow thirty seconds for them to unscramble the sentence and write it down, before placing the shuffled strips back into the envelope and passing it on. After three minutes, the row with the most correctly deciphered sentences wins.

Communication 1.1
Comparisons 4.1

1 Teaching Tip Before beginning the activity, have students identify the indirect object in each sentence.

1 Expansion Have students write four sentences about themselves, leaving out the indirect object pronoun. Ex: **Yo ____ doy un regalo a mis padres. Mi tío ____ compra una moto a mí.** Then have them exchange papers with a classmate and complete the sentences.

2 Teaching Tips
- To simplify, read through the cues for each item and have students identify the indirect object pronoun that is needed. Then have them write the complete sentences.
- Point out that students will need to add articles to some sentences.

2 Expansion Divide the class into small groups. Have each student pick a photo (photos 1, 2, 4, and 5 are most appropriate) to present to the group as a verbal portrait, including an introductory sentence that sets the scene, followed by a body and conclusion. The verbal portrait should answer the questions *who, what, where, when,* and *why* with regard to what is seen in the photo. After each group member has presented his or her photo, the group chooses one to present to the class.

3 Expansion Have students convert three of their statements into questions, using **¿Quién?**, **¿A quién?**, and **¿Qué?** Have pairs take turns asking and answering their questions. Ex: **¿Quién les vende la ropa? (el dependiente) ¿A quiénes les das regalos? (a mis primos) ¿Qué te explican tus padres? (los problemas)**

Práctica

1 **Completar** Fill in the blanks with the correct pronouns to complete Mónica's description of her family's gift giving.

1. Juan y yo __le__ damos una blusa a nuestra hermana Gisela.
2. Mi tía __nos__ da a nosotros una mesa para la casa.
3. Gisela __le__ da dos corbatas a su novio.
4. A mi mamá yo __le__ doy un par de guantes negros.
5. A mi profesora __le__ doy dos libros de José Martí.
6. Juan __les__ da un regalo a mis padres.
7. Mis padres __me__ dan un traje nuevo a mí.
8. Y a ti, yo __te__ doy un regalo también. ¿Quieres verlo?

NOTA CULTURAL

Cuban writer and patriot **José Martí** (1853–1895) was born in **La Habana Vieja**, the old colonial center of Havana.

2 **En La Habana** Describe what happens on Pascual's trip to Cuba based on the cues provided.

1. ellos / cantar / canción / (mí)
Ellos me cantan una canción (a mí).

2. él / comprar / libros / (sus hijos) / Plaza de Armas
Él les compra libros (a sus hijos) en la Plaza de Armas.

3. yo / preparar el almuerzo (*lunch*) / (ti)
Yo te preparo el almuerzo (a ti).

4. él / explicar cómo llegar / (conductor)
Él le explica cómo llegar (al conductor).

5. mi novia / sacar / foto / (nosotros)
Mi novia nos saca una foto (a nosotros).

6. el guía (*guide*) / mostrar / catedral de San Cristóbal / (ustedes)
El guía les muestra la catedral de San Cristóbal (a ustedes).

3 **Combinar** Use an item from each column and an indirect object pronoun to create logical sentences. Answers will vary.

modelo

Mis padres les dan regalos a mis primos.

A	B	C	D
yo	comprar	mensajes electrónicos	mí
el dependiente	dar	corbata	ustedes
el profesor Arce	decir	dinero en efectivo	clienta
la vendedora	escribir	tarea	novia
mis padres	explicar	problemas	primos
tú	pagar	regalos	ti
nosotros/as	prestar	ropa	nosotros
¿?	vender	¿?	¿?

Practice more at **vhlcentral.com.**

DIFFERENTIATION

Heritage Speakers Ask heritage speakers to share any typical words or phrases that one would hear in a radio ad. Then have students work in pairs to create a radio commercial for their favorite clothing store. Have them tell customers what they can buy, for whom, and at what price.

Pairs Ask students to write five questions that elicit indirect object pronouns. In pairs, have students ask their questions and write down their partner's answers. Review for accuracy.

TEACHING OPTIONS

Pairs Brainstorm on the board a list of things that parents tell middle/high school-aged children they should or should not do. Ex: **Los padres les dicen a sus hijos que no deben tomar mucho café.** Then have pairs ask each other if their parents tell them these things and summarize their findings for the class. Ex: **Nuestros padres nos dicen que no debemos tomar mucho café.**

Communication 1.1
Comparisons 4.1

Comunicación

4 Entrevista In pairs, take turns asking and answering for whom you do these activities. Use the model as a guide. Answers will vary.

cantar	escribir mensajes electrónicos
comprar ropa	mostrar fotos de un viaje
dar una fiesta	pedir dinero
decir mentiras	preparar comida (*food*) mexicana

modelo

escribir mensajes electrónicos
Estudiante 1: *¿A quién le escribes mensajes electrónicos?*
Estudiante 2: *Le escribo mensajes electrónicos a mi hermano.*

4 Teaching Tip To challenge students, have them ask follow-up questions for each item. Ex: **¿A quién le compras ropa? ¿Qué ropa le compras? ¿Dónde la compras?**

4 Expansion In small groups, give students five minutes to brainstorm questions using different forms of the verbs in the word bank. Invite two groups to come to the front of the class. Each group takes a turn asking the other its questions.

5 ¡Somos ricos! You and your classmates just received a large sum of money. Now you want to spend money on your loved ones. In groups of three, discuss what each person is buying for family and friends. Answers will vary.

modelo

Estudiante 1: *Quiero comprarle un vestido de Carolina Herrera a mi madre.*
Estudiante 2: *Y yo voy a darles un automóvil nuevo a mis padres.*
Estudiante 3: *Voy a comprarles una casa a mis padres, pero a mis amigos no les voy a dar nada.*

5 Teaching Tip Give each group a different sum of money. Remind students they have to split it equally among the group members.

6 Entrevista Use these questions to interview a classmate. Answers will vary.

1. ¿Qué tiendas, almacenes o centros comerciales prefieres?
2. ¿A quién le compras regalos cuando hay rebajas?
3. ¿A quién le prestas dinero cuando lo necesita?
4. Quiero ir de compras. ¿Cuánto dinero me puedes prestar?
5. ¿Te dan tus padres su tarjeta de crédito cuando vas de compras?

6 Virtual Chat You can also assign activity 6 on the Supersite. Students record individual responses that appear in your gradebook.

6 Expansion Have students work in pairs and write a conversation between a parent and a child, using item 4 as a starting point. Encourage students to role-play their dialogues for the class.

Síntesis

7 Minidrama In groups of three, take turns playing the roles of two shoppers and a clerk in a clothing store. The shoppers should talk about the articles of clothing they want and for whom they are buying them. The clerk should recommend several items based on the shoppers' descriptions. Use these expressions and also look at **Expresiones útiles** on page 195. Answers will vary.

Me queda grande/pequeño. *It's big/small on me.*	**¿Está en rebaja?** *Is it on sale?*
¿Tiene otro color? *Do you have another color?*	**También estoy buscando...** *I'm also looking for...*

Communication 1.1

7 Partner Chat You can also assign activity 7 on the Supersite. Students work in pairs to record the activity online. The pair's recorded conversation will appear in your gradebook.

7 Teaching Tips
- Have students brainstorm phrases for their role. Remind them that, except for dialogue *between* the two shoppers, they should use **usted** in their conversation.
- Have students rehearse their mini-dramas.

TEACHING OPTIONS

Small Groups Have students write a conversation. One friend tries to convince the other to go shopping with him or her this weekend. The other friend explains that he or she cannot and lists all the things he or she is going to do. Students should include as many different indirect object pronouns as possible.

Pairs Ask students to imagine that they are going on an extended trip. Have them make a list of five things they are going to do (e.g., things they are going to buy for themselves or others) before leaving. Ex: **Voy a comprarme unos zapatos.**

EXPANSION

Extra Practice Add a visual aspect to this grammar practice. Bring in personal or magazine photos that elicit statements with indirect object pronouns. Have students write descriptions of what is happening in each image. Ex: **La mujer está diciéndole a su hijo que tiene que comer el brócoli...**

Section Goals

In **Estructura 6.3**, students will learn:
- the preterite of regular verbs
- spelling changes in the preterite for different verbs
- words commonly used with the preterite tense

Communication 1.1
Comparisons 4.1

Instructional Resources
vText
Cuaderno de práctica y actividades comunicativas, pp. 42–46
Cuaderno para hispanohablantes, pp. 89–92
e-Cuaderno
Supersite: Audio Activities MP3 Audio Files
Supersite/TRCD: Grammar Slides, Audio Activities Script, Answer Keys, Testing Program Quizzes
Audio Activities CD
Activity Pack
Middle School Activity Pack

Teaching Tips

- Introduce the preterite by describing some things you did yesterday. Use adverbs that signal the preterite (page 207). Ex: **Ayer compré una chaqueta nueva. Bueno, entré en el almacén y compré una. Y de repente, vi un sombrero. Decidí comprarlo también.** Each time you introduce a preterite form, write it on the board.
- After you have used several regular first-person preterites, expand by asking students questions. Ex: **Ayer compré un sombrero. Y tú, ____, ¿qué compraste ayer? (Compré un libro.)** Ask other students about their classmates' answers. Ex: **¿Qué compró ____ ayer? (Compró un libro.)**

6.3 Preterite tense of regular verbs

Explanation Tutorial

ANTE TODO In order to talk about events in the past, Spanish uses two simple tenses: the preterite and the imperfect. In this lesson, you will learn how to form the preterite tense, which is used to express actions or states completed in the past.

Preterite of regular -ar, -er, and -ir verbs

		-ar verbs **comprar**	-er verbs **vender**	-ir verbs **escribir**
SINGULAR FORMS	yo	compr**é** *I bought*	vend**í** *I sold*	escrib**í** *I wrote*
	tú	compr**aste**	vend**iste**	escrib**iste**
	Ud./él/ella	compr**ó**	vend**ió**	escrib**ió**
PLURAL FORMS	nosotros/as	compr**amos**	vend**imos**	escrib**imos**
	vosotros/as	compr**asteis**	vend**isteis**	escrib**isteis**
	Uds./ellos/ellas	compr**aron**	vend**ieron**	escrib**ieron**

- **¡Atención!** The **yo** and **Ud./él/ella** forms of all three conjugations have written accents on the last syllable to show that it is stressed.
- As the chart shows, the endings for regular **-er** and **-ir** verbs are identical in the preterite.

¿Qué compraste?

Compré estos aretes.

- Note that the **nosotros/as** forms of regular **-ar** and **-ir** verbs in the preterite are identical to the present tense forms. Context will help you determine which tense is being used.

En invierno **compramos** ropa.
In the winter, we buy clothing.

Anoche **compramos** unos zapatos.
Last night we bought some shoes.

- **-Ar** and **-er** verbs that have a stem change in the present tense are regular in the preterite. They do *not* have a stem change.

	PRESENT	PRETERITE
cerrar (e:ie)	La tienda **cierra** a las seis.	La tienda **cerró** a las seis.
volver (o:ue)	Carlitos **vuelve** tarde.	Carlitos **volvió** tarde.
jugar (u:ue)	Él **juega** al fútbol.	Él **jugó** al fútbol.

- **¡Atención!** **-Ir** verbs that have a stem change in the present tense also have a stem change in the preterite.

CONSULTA
There are a few high-frequency irregular verbs in the preterite. You will learn more about them in **Estructura 9.1**, p. 310.

CONSULTA
You will learn about the preterite of stem-changing verbs in **Estructura 8.1**, p. 274.

EXPANSION

Extra Practice For practice with discrimination between preterite forms, call out preterite forms of regular verbs and point to individuals to provide the corresponding subject pronoun. Ex: **comimos (nosotros/as), creyeron (ustedes/ellos/ellas), llegué (yo), leíste (tú).**

Pairs Tell student pairs to have a conversation about what they did last weekend. Make sure they include things they did by themselves and with others. Then, in groups of four, have them share their partner's weekend activities.

TEACHING OPTIONS

Small Groups Give each group of five a list of verbs, including some with spelling changes. Student A chooses a verb from the list and gives the **yo** form. Student B gives the **tú** form, and so on. Students work their way down the list, alternating who begins the conjugation chain.

- Verbs that end in **-car**, **-gar**, and **-zar** have a spelling change in the first person singular (**yo** form) in the preterite.

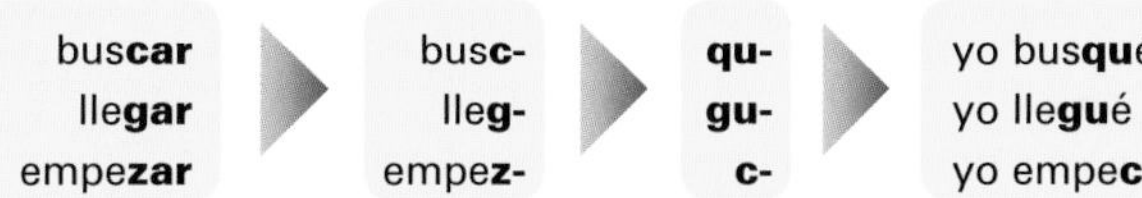

- Except for the **yo** form, all other forms of **-car**, **-gar**, and **-zar** verbs are regular in the preterite.
- Three other verbs—**creer**, **leer**, and **oír**—have spelling changes in the preterite. The **i** of the verb endings of **creer**, **leer**, and **oír** carries an accent in the **yo**, **tú**, **nosotros/as**, and **vosotros/as** forms, and changes to **y** in the **Ud./él/ella** and **Uds./ellos/ellas** forms.

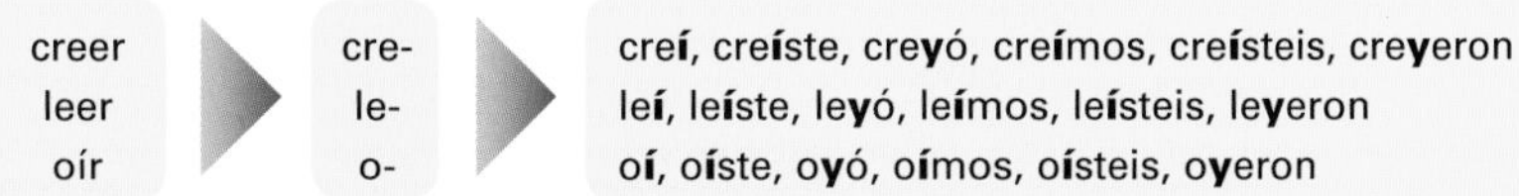

- **Ver** is regular in the preterite, but none of its forms has an accent.

ver ⟶ vi, viste, vio, vimos, visteis, vieron

Words commonly used with the preterite

anoche	*last night*	**pasado/a (*adj.*)**	*last; past*
anteayer	*the day before yesterday*	**el año pasado**	*last year*
		la semana pasada	*last week*
ayer	*yesterday*	**una vez**	*once; one time*
de repente	*suddenly*	**dos veces**	*twice; two times*
desde... hasta...	*from... until...*	**ya**	*already*

Ayer llegué a Santiago de Cuba.
Yesterday I arrived in Santiago de Cuba.

Anoche oí un ruido extraño.
Last night I heard a strange noise.

- **Acabar de** + [*infinitive*] is used to say that something has just occurred. Note that **acabar** is in the present tense in this construction.

Acabo de comprar una falda.
I just bought a skirt.

Acabas de ir de compras.
You just went shopping.

recursos
vText
CPA pp. 42–44
CH pp. 89–92
vhlcentral.com

Provide the appropriate preterite forms of the verbs.

	comer	salir	comenzar	leer
1. ellas	comieron	salieron	comenzaron	leyeron
2. tú	comiste	saliste	comenzaste	leíste
3. usted	comió	salió	comenzó	leyó
4. nosotros	comimos	salimos	comenzamos	leímos
5. yo	comí	salí	comencé	leí

Teaching Tips

- Point out that verbs ending in **-car** and **-gar** are regular and have logical spelling changes in the **yo** form in order to preserve the hard **c** and **g** sounds.
- Students will learn the preterite of **dar** in **Estructura 9.1.** If you wish to present it for recognition only at this point, you can tell them that the endings are identical to **ver** in the preterite.
- Provide sentence starters using the present indicative and have students complete them in a logical manner. Ex: **Todos los días los estudiantes llegan temprano, pero anteayer... (llegaron tarde.)**
- Practice verbs with spelling changes in the preterite by asking students about things they read, heard, and saw yesterday. Ex: **¿Leíste las noticias ayer? ¿Quiénes vieron el pronóstico del tiempo? Yo oí que va a llover hoy. ¿Qué oyeron ustedes?**
- Add a visual aspect to this grammar presentation. Use magazine pictures to demonstrate **acabar de.** Ex: **¿Quién acaba de ganar? (Serena Williams acaba de ganar.) ¿Qué acaban de ver ellos? (Acaban de ver una película.)**

TEACHING OPTIONS

Game Divide the class into teams of six and have them sit in rows. Call out the infinitive of a verb. The first person writes the preterite **yo** form on a sheet of paper and passes it to the second person, who writes the **tú** form, and so on. The sixth checks spelling. If all forms are correct, the team gets a point. Continue play, having team members rotate positions for each round. The team with the most points after six rounds wins.

EXPANSION

Extra Practice Have students write down five things they did yesterday. Ask students questions about what they did to elicit as many different conjugations as possible. Ex: ____, **¿leíste las noticias ayer? ¿Quién más leyó las noticias ayer?...** ____ **y** ____**, ustedes dos leyeron las noticias ayer, ¿verdad? ¿Quiénes leyeron las noticias ayer?**

Communication 1.1
Comparisons 4.1

1 Teaching Tip To simplify, tell students to read through each item and identify the correct infinitive. Then have students read the sentence a second time to identify the subject for each verb. Finally, have them conjugate the infinitive.

1 Expansion Ask questions about Andrea's weekend. Have students answer with complete sentences. Ex: **¿Quién asistió a una reunión? ¿Qué compraron los amigos?**

2 Expansion Have students repeat the activity, using **ustedes** as the subject of the questions and **nosotros** in the answers.

3 Teaching Tips
- To simplify, have students work with a partner to quickly review the preterite forms of the verbs in the activity.
- After students have completed item 7, discuss **las tres bes.** (**bueno, bonito,** and **barato**). Ask students which one is most important to them when they go shopping.

3 Expansion Have students share their responses with a partner, who will ask follow-up questions. Ex: **—Mis padres vieron una película la semana pasada. —¿Qué película vieron? —*The Hobbit.* —¿Qué les pareció? —Les pareció muy buena.**

Práctica

1 Completar Andrea is talking about what happened last weekend. Complete each sentence by choosing the correct verb and putting it in the preterite.

1. El viernes a las cuatro de la tarde, la profesora Mora asistió (asistir, costar, usar) a una reunión (*meeting*) de profesores.
2. El sábado por la mañana, yo llegué (llegar, bucear, llevar) a la tienda con mis amigos.
3. Mis amigos y yo compramos (comprar, regatear, gastar) dos o tres cosas.
4. Yo compré (costar, comprar, escribir) unos pantalones negros y mi amigo Mateo compró (gastar, pasear, comprar) una camisa azul.
5. Después, nosotros comimos (llevar, vivir, comer) cerca de un mercado.
6. A las tres, Pepe habló (hablar, pasear, nadar) con su novia por teléfono.
7. El sábado por la tarde, mi mamá escribió (escribir, beber, vivir) una carta.
8. El domingo mi tía decidió (decidir, salir, escribir) comprarme un traje.
9. A las cuatro de la tarde, mi tía encontró (beber, salir, encontrar) el traje y después nosotras vimos (acabar, ver, salir) una película.

2 Preguntas Imagine that you have a pesky friend who keeps asking you questions. Respond that you already did or have just done what he/she asks. Make sure you and your partner take turns playing the role of the pesky friend and responding to his/her questions.

modelo
leer la lección
Estudiante 1: *¿Leíste la lección?*
Estudiante 2: *Sí, ya la leí./Sí, acabo de leerla.*

1. escribir el mensaje electrónico
2. lavar (*to wash*) la ropa
3. oír las noticias (*news*)
4. comprar pantalones cortos
5. practicar los verbos
6. leer el artículo
7. empezar la composición
8. ver la nueva película de Almodóvar

1. E1: ¿Escribiste el mensaje electrónico? E2: Sí, ya lo escribí./Acabo de escribirlo.
2. E1: ¿Lavaste la ropa? E2: Sí, ya la lavé./Acabo de lavarla.
3. E1: ¿Oíste las noticias? E2: Sí, ya las oí./Acabo de oírlas.
4. E1: ¿Compraste pantalones cortos? E2: Sí, ya los compré./Acabo de comprarlos.
5. E1: ¿Practicaste los verbos? E2: Sí, ya los practiqué./Acabo de practicarlos.
6. E1: ¿Leíste el artículo? E2: Sí, ya lo leí./Acabo de leerlo.
7. E1: ¿Empezaste la composición? E2: Sí, ya la empecé./Acabo de empezarla.
8. E1: ¿Viste la nueva película de Almodóvar? E2: Sí, ya la vi./Acabo de verla.

3 ¿Cuándo? Use the time expressions from the word bank to talk about when you and others did the activities listed. Answers will vary.

anoche	anteayer	el mes pasado	una vez
ayer	la semana pasada	el año pasado	dos veces

1. mi mejor amigo/a: llegar tarde a clase
2. mi hermano/a mayor: salir con un(a) chico/a guapo/a
3. mis padres: ver una película
4. yo: llevar un traje/vestido
5. el presidente/primer ministro de mi país: no escuchar a la gente
6. mis amigos y yo: comer en un restaurante
7. ¿?: comprar algo (*something*) bueno, bonito y barato

Practice more at **vhlcentral.com.**

TEACHING OPTIONS

Large Group Have students stand in a circle. Begin by tossing a ball to a student and naming an infinitive and subject pronoun (Ex: **cerrar/tú**). The student who catches the ball has four seconds to provide the correct preterite form, toss the ball to another student, and name another infinitive and pronoun.

Extra Practice Ask students to imagine they have just visited an open-air market for the first time. Have them write a letter to a friend describing what they saw and did there. Then, ask students to exchange their letters with a classmate, who will respond.

TEACHING OPTIONS

TPR In groups of three, have students write down three sentences using verbs in the preterite. Then ask each group to act out its sentences for the class. When someone guesses the action, the group writes the sentence on the board.

Comunicación

4 

Ayer Jot down at what time you did these activities yesterday. Then get together with a classmate and find out at what time he or she did these activities. Be prepared to share your findings with the class. Answers will vary.

1. desayunar
2. empezar la primera clase
3. almorzar
4. ver a un(a) amigo/a
5. salir de clase
6. volver a casa

5

Las vacaciones Imagine that you took these photos on a vacation. Get together with a partner and use the pictures to tell him or her about your trip. Answers will vary.

recursos

vText

CPA pp. 45–46

6  

El fin de semana Your teacher will give you and your partner different incomplete charts about what four employees at **Almacén Gigante** did last weekend. After you fill out the chart based on each other's information, you will fill out the final column about your partner. Answers will vary.

Síntesis

7 

Conversación With a partner, have a conversation about what you did last week, using verbs from the word bank. Don't forget to include school activities, shopping, and pastimes. Answers will vary.

acampar	comprar	hablar	tomar
asistir	correr	jugar	trabajar
bailar	escribir	leer	vender
buscar	estudiar	oír	ver
comer	gastar	pagar	viajar

DIFFERENTIATION

Large Group Have students stand up. Tell them to create a story chain about a student who had a very bad day. Begin the story by saying: **Ayer, Rigoberto pasó un día desastroso.** In order to sit down, students must contribute to the story. Call on a student to tell how **Rigoberto** began his day. The second person tells what happened next, and so on, until only one student remains. That person must conclude the story.

EXPANSION

Extra Practice For homework, have students make a "to do" list at the beginning of their day. Then, ask students to return to their lists at the end of the day and write sentences stating which activities they completed. Ex: **limpiar mi habitación; No, no limpié mi habitación.**

 Communication 1.1
Comparisons 4.1

4 Teaching Tips

- After forming pairs, model question formation and possible responses for the first two items.
- Encourage students to ask follow-up questions. Ex: **1. ¿Dónde desayunaste, en casa o en la cafetería? ¿Qué comiste?**

5 Teaching Tips

- You may wish to provide extra vocabulary. Ex: **los helados/las paletas, el picnic**
- Have students first state where they traveled and when. Then have them identify the people in the photos, stating their names and their relationship to them and describing their personalities. Finally, students should tell what everyone did on the trip. Encourage students to ask each other follow-up questions.

5 Expansion After completing the activity orally, have students write a paragraph about their vacation, basing their account on the photos.

6 Teaching Tip Divide the class into pairs and distribute the Communication Activities worksheets from the ***Cuaderno de práctica y actividades comunicativas*** that correspond to this activity.

6 Expansion Have students tell the class about any activities that both their partner and one of the **Almacén Gigante** employees did. Ex: **La señora Zapata leyó un libro y ____ también. Los dos leyeron un libro.**

 Communication 1.1

7 Partner Chat You can also assign activity 7 on the Supersite. Students work in pairs to record the activity online. The pair's recorded conversation will appear in your gradebook.

Section Goal

In **Estructura 6.4**, students will learn to use demonstrative adjectives and pronouns.

Communication 1.1
Comparisons 4.1

Instructional Resources
vText
Cuaderno de práctica y actividades comunicativas, pp. 47–52
Cuaderno para hispanohablantes, pp. 93–94
e-Cuaderno
Supersite: Audio Activities MP3 Audio Files
Supersite/TRCD: Grammar Slides, Audio Activities Script, Answer Keys, Testing Program Quizzes
Audio Activities CD
Activity Pack
Middle School Activity Pack

Teaching Tips

- Point to the book on your desk. Say: **Este libro está en la mesa.** Point to a book on a student's desk. Say: **Ese libro está encima del escritorio de ____**. Then point to a book on the window ledge. Say: **Aquel libro está cerca de la ventana**. Repeat the procedure with **tiza, papeles,** and **plumas**.
- Point out that although the masculine singular forms **este** and **ese** do not end in **–o**, their plural forms end in **–os**: **estos, esos**.
- Hold up or point to objects and have students give the plural: **este libro, esta mochila, este traje, este zapato**. Repeat with forms of **ese** and **aquel** with other nouns.
- You may want to have students associate **este** with **aquí**, **ese** with **allí**, and **aquel** with **allá**.

6.4 Demonstrative adjectives and pronouns

Explanation Tutorial

Demonstrative adjectives

ANTE TODO In Spanish, as in English, demonstrative adjectives are words that "demonstrate" or "point out" nouns. Demonstrative adjectives precede the nouns they modify and, like other Spanish adjectives you have studied, agree with them in gender and number. Observe these examples and then study the chart below.

esta camisa — *this shirt*
ese vendedor — *that salesman*
aquellos zapatos — *those shoes (over there)*

Demonstrative adjectives

Singular		Plural		
MASCULINE	FEMININE	MASCULINE	FEMININE	
este	**esta**	**estos**	**estas**	*this; these*
ese	**esa**	**esos**	**esas**	*that; those*
aquel	**aquella**	**aquellos**	**aquellas**	*that; those (over there)*

- There are three sets of demonstrative adjectives. To determine which one to use, you must establish the relationship between the speaker and the noun(s) being pointed out.
- The demonstrative adjectives **este**, **esta**, **estos**, and **estas** are used to point out nouns that are close to the speaker and the listener.

Me gustan estos zapatos.

- The demonstrative adjectives **ese**, **esa**, **esos**, and **esas** are used to point out nouns that are not close in space and time to the speaker. They may, however, be close to the listener.

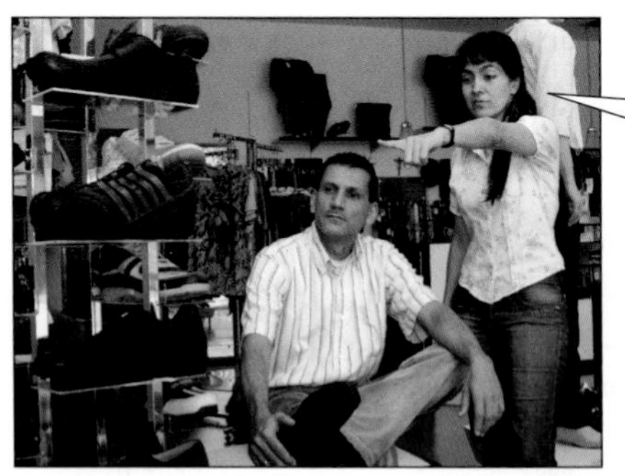
Prefiero esos zapatos.

EXPANSION

Extra Practice Hold up one or two items of clothing or classroom objects. Have students write all three forms of the demonstrative pronouns that would apply. Ex: **estos zapatos, esos zapatos, aquellos zapatos.**

TEACHING OPTIONS

Pairs Refer students to **Contextos** illustration on pages 190–191. Have them work with a partner to comment on the articles of clothing pictured. Ex: **Este suéter es bonito, ¿no? (No, ese suéter no es bonito. Es feo.) Aquella camiseta es muy cara. (Sí, aquella camiseta es cara.)**

▶ The demonstrative adjectives **aquel**, **aquella**, **aquellos**, and **aquellas** are used to point out nouns that are far away from the speaker and the listener.

Aquel auto es de mi hermana.

Demonstrative pronouns

▶ Demonstrative pronouns are identical to their corresponding demonstrative adjectives, with the exception that they carry an accent mark on the stressed vowel.

Demonstrative pronouns

Singular		Plural	
MASCULINE	FEMININE	MASCULINE	FEMININE
éste	**ésta**	**éstos**	**éstas**
ése	**ésa**	**ésos**	**ésas**
aquél	**aquélla**	**aquéllos**	**aquéllas**

—¿Quieres comprar **este suéter**?
Do you want to buy this sweater?

—No, no quiero **éste**. Quiero **ése**.
No, I don't want this one. I want that one.

—¿Vas a leer **estas revistas**?
Are you going to read these magazines?

—Sí, voy a leer **éstas**. También voy a leer **aquéllas**.
Yes, I'm going to read these. I'll also read those (over there).

▶ **¡Atención!** Like demonstrative adjectives, demonstrative pronouns agree in gender and number with the corresponding noun.

Este libro es de Pablito. **Éstos** son de Juana.

▶ There are three neuter demonstrative pronouns: **esto**, **eso**, and **aquello**. These forms refer to unidentified or unspecified nouns, situations, ideas, and concepts. They do not change in gender or number and never carry an accent mark.

—¿Qué es **esto**?
What's this?

—**Eso** es interesante.
That's interesting.

—**Aquello** es bonito.
That's pretty.

recursos

vText

CPA pp. 47–50

CH pp. 93–94

vhlcentral.com

¡INTÉNTALO! Provide the correct form of the demonstrative adjective for these nouns.

1. la falda / este *esta falda*
2. los estudiantes / este estos estudiantes
3. los países / aquel aquellos países
4. la ventana / ese esa ventana
5. los periodistas / ese esos periodistas
6. el chico / aquel aquel chico
7. las sandalias / este estas sandalias
8. las chicas / aquel aquellas chicas

TEACHING OPTIONS

Small Groups Ask students to bring in fashion magazines. Have students work in small groups and give their opinions about the clothing they see in the magazines. Students should tell which items they like and which they do not, using demonstrative adjectives and pronouns. Encourage students to comment on other group members' comments. Ex: **¿Te gusta esa falda roja? Pienso que ésa es muy fea.**

EXPANSION

Video Have students listen for the use of demonstrative pronouns as you replay the **Fotonovela**. Ask students to write each pronoun and the noun to which it refers. Then, have students look at a copy of the **Fotonovela** Video Script (Supersite) to see if they were correct.

Teaching Tips

- Introduce demonstrative pronouns by having a volunteer stand next to you in front of the class. Place one book close to you and two more at varying distances. Say: **Necesito un libro.** Depending on the book the student hands to you, respond: **No, [éste] no. Quiero [ése].** Then place several books at each location. Say: **Necesito unos libros.** If needed, prompt the student to ask: **¿Cuáles? ¿Éstos?** Say: **No, quiero [aquéllos].** Repeat the process with pens **(plumas)** to elicit feminine forms.
- Engage students in short conversations about classroom objects and items of clothing. Ex: Pick up a student's backpack and ask him or her: **¿Es ésta mi mochila? (No, ésta es mi mochila.)** Turn to another student and ask about the same backpack: **¿Es ésa mi mochila? (No, ésa es la mochila de ____.)** Point to a student's pencil you have placed on the windowsill. Ask: **¿Es aquél tu lápiz? (No, aquél es su lápiz.)**
- Note that, since the **Real Academia Española** has determined that written accents on demonstrative pronouns are only needed for clarification (Ex: **Esta mañana vendrá** versus **Ésta mañana vendrá**), students may encounter some publications that choose not to use them.
- To practice the neuter forms, write these expressions on the board: **¡Eso es fenomenal!, ¡Esto es horrible!, ¡Esto es estupendo!,** and **¿Qué es esto?** Then state situations and have students respond with one of the expressions. Ex: **1. Voy a cancelar el próximo examen. 2. La cafetería va a cerrar los lunes, miércoles y viernes. 3. Aquí te tengo un regalo.**
- Redo the **¡Inténtalo!** activity, using demonstrative pronouns.

Communication 1.1
Comparisons 4.1

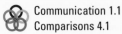

1 Expansion To challenge students, ask them to expand each sentence with a phrase that includes a demonstrative pronoun. Ex: **Aquellos sombreros son muy elegantes, pero éstos son más baratos.**

2 Teaching Tips
- To simplify, have students identify the nouns that will be replaced by demonstrative pronouns.
- As you go over the activity, write each demonstrative pronoun on the board so students may verify that they have placed the accent marks correctly.

3 Expansion Ask students to find a photo featuring different articles of clothing or to draw several articles of clothing. Have them write five statements like that of the **Estudiante 1** model in part one of this activity. Then have students exchange their statements and photo/drawing with a partner to write responses like that of the **Estudiante 2** model.

Práctica

1 **Cambiar** Make the singular sentences plural and the plural sentences singular.

modelo
Estas camisas son blancas.
Esta camisa es blanca.

1. Aquellos sombreros son muy elegantes. Aquel sombrero es muy elegante.
2. Ese abrigo es muy caro. Esos abrigos son muy caros.
3. Estos cinturones son hermosos. Este cinturón es hermoso.
4. Esos precios son muy buenos. Ese precio es muy bueno.
5. Estas faldas son muy cortas. Esta falda es muy corta.
6. ¿Quieres ir a aquel almacén? ¿Quieres ir a aquellos almacenes?
7. Esas blusas son baratas. Esa blusa es barata.
8. Esta corbata hace juego con mi traje. Estas corbatas hacen juego con mis trajes.

2 **Completar** Here are some things people might say while shopping. Complete the sentences with the correct demonstrative pronouns.

1. No me gustan esos zapatos. Voy a comprar __éstos__. (*these*)
2. ¿Vas a comprar ese traje o __éste__? (*this one*)
3. Esta guayabera es bonita, pero prefiero __ésa__. (*that one*)
4. Estas corbatas rojas son muy bonitas, pero __ésas__ son fabulosas. (*those*)
5. Estos cinturones cuestan demasiado. Prefiero __aquéllos__. (*those over there*)
6. ¿Te gustan esas botas o __éstas__? (*these*)
7. Esa bolsa roja es bonita, pero prefiero __aquélla__. (*that one over there*)
8. No voy a comprar estas botas; voy a comprar __aquéllas__. (*those over there*)
9. ¿Prefieres estos pantalones o __ésos__? (*those*)
10. Me gusta este vestido, pero voy a comprar __ése__. (*that one*)
11. Me gusta ese almacén, pero __aquél__ es mejor (*better*). (*that one over there*)
12. Esa blusa es bonita, pero cuesta demasiado. Voy a comprar __ésta__. (*this one*)

NOTA CULTURAL

The **guayabera** is a men's shirt typically worn in some parts of the Caribbean. Never tucked in, it is casual wear, but variations exist for more formal occasions, such as weddings, parties, or the office.

3 **Describir** With your partner, look for two items in the classroom that are one of these colors: **amarillo, azul, blanco, marrón, negro, verde, rojo.** Take turns pointing them out to each other, first using demonstrative adjectives, and then demonstrative pronouns. Answers will vary.

modelo
azul
Estudiante 1: *Esta silla es azul. Aquella mochila es azul.*
Estudiante 2: *Ésta es azul. Aquélla es azul.*

Now use demonstrative adjectives and pronouns to discuss the colors of your classmates' clothing. One of you can ask a question about an article of clothing, using the wrong color. Your partner will correct you and point out that color somewhere else in the room.

modelo
Estudiante 1: *¿Esa camisa es negra?*
Estudiante 2: *No, ésa es azul. Aquélla es negra.*

Practice more at **vhlcentral.com.**

TEACHING OPTIONS

Pairs Have pairs role-play a dialogue between friends shopping for clothes. Student A tries to convince the friend that the clothes he or she wants to buy are not attractive. Student A suggests other items of clothing, but the friend does not agree. Students should use as many demonstrative adjectives and pronouns as possible.

Game Divide the class into two teams. Post pictures of different versions of the same object (Ex: sedan, sports car, all-terrain vehicle) on the board. Assign each a dollar figure, but do not share the prices with the class. Team A guesses the price of each object, using demonstrative adjectives and pronouns. Team B either agrees or guesses a higher or lower price. The team that guesses the closest price, wins. Ex: **Este carro cuesta $20.000, ése cuesta $35.000 y aquél cuesta $18.000.**

Communication 1.1
Comparisons 4.1

4 Teaching Tip To challenge students, have both partners ask a question for each item in the word bank and at least one other question using an interrogative expression that is not included. Encourage students to ask additional questions.

Comunicación

4 **Conversación** With a classmate, use demonstrative adjectives and pronouns to ask each other questions about the people around you. Use expressions from the word bank and/or your own ideas. Answers will vary.

¿A qué hora...?	¿Cuántos años tiene(n)...?
¿Cómo es/son...?	¿De dónde es/son...?
¿Cómo se llama...?	¿De quién es/son...?
¿Cuándo...?	¿Qué clases toma(n)...?

modelo

Estudiante 1: *¿Cómo se llama esa chica?*
Estudiante 2: *Se llama Rebeca.*
Estudiante 1: *¿A qué hora llegó aquel chico a la clase?*
Estudiante 2: *A las nueve.*

5 Expansion Divide the class into small groups and have students role-play a situation between a salesperson and two customers. The customers should ask about the different items of clothing pictured and the salesperson will answer. They talk about how the items fit and their cost. The customers then express their preferences and decide which items to buy.

5 **En una tienda** Imagine that you and a classmate are in Madrid shopping at Zara. Study the floor plan, then have a conversation about your surroundings. Use demonstrative adjectives and pronouns. Answers will vary.

NOTA CULTURAL

Zara is an international clothing company based in Spain. Its innovative processes take a product from the design room to the store shelves in less than one month. This means that the merchandise is constantly changing to keep up with the latest trends.

modelo

Estudiante 1: *Me gusta este suéter azul.*
Estudiante 2: *Yo prefiero aquella chaqueta.*

Communication 1.1

6 Teaching Tip Divide the class into pairs and distribute the Communication Activities worksheets from the ***Cuaderno de práctica y actividades comunicativas*** that correspond to this activity. Give students ten minutes to complete the activity.

6 Expansion Have pairs work together with another pair to compare the seven responses that confirmed the seven differences. Ex: **No. Aquellas gafas de sol no son feas. Aquéllas son hermosas.** Ask a few groups to share some of the sentences with the class.

Síntesis

recursos
vText
CPA pp. 51–52

6 **Diferencias** Your teacher will give you and a partner each a drawing of a store. They are almost identical, but not quite. Use demonstrative adjectives and pronouns to find seven differences. Answers will vary.

modelo

Estudiante 1: *Aquellas gafas de sol son feas, ¿verdad?*
Estudiante 2: *No. Aquellas gafas de sol son hermosas.*

TEACHING OPTIONS

Pairs Ask students to write a conversation between two people sitting at a busy sidewalk café in the city. They are watching the people who walk by, asking each other questions about what the passersby are doing, and making comments on their clothing. Students should use as many demonstrative adjectives and pronouns as possible in their conversations. Invite several pairs to present their conversation to the class.

TEACHING OPTIONS

Small Groups Ask students to bring in pictures of their families, a sports team, a group of friends, etc. Have them take turns asking about and identifying the people in the pictures. Ex: **—¿Quién es aquella mujer? —¿Cuál? —Aquélla con la camiseta roja. —Es mi...**

Section Goal

In **Recapitulación**, students will review the grammar concepts from this lesson.

Instructional Resources
vText
Supersite
Testing Program CD

1 Teaching Tips
- Before beginning the activity, ask students which preterite forms usually require accent marks.
- Ask a volunteer to identify which verbs have a spelling change in the preterite (**pagar, leer**).

1 Expansion Ask students to provide the **tú** and **nosotros** forms for these verbs.

2 Teaching Tip To simplify this activity, have students start by identifying whether a blank needs an adjective or a pronoun. If the blank requires an adjective, have them find the corresponding noun. If the blank calls for a pronoun, have them identify the noun it replaces.

2 Expansion Have students write their own dialogue in a department store using Activity 2 as a model. Have them role-play the conversations for the class and encourage them to ad-lib new material as they present.

Recapitulación

Diagnostics
Remediation Activities

Review the grammar concepts you have learned in this lesson by completing these activities.

1 **Completar** Complete the chart with the correct preterite or infinitive form of the verbs. 15 pts.

Infinitive	yo	ella	ellos
tomar	tomé	tomó	**tomaron**
abrir	abrí	**abrió**	abrieron
comprender	comprendí	comprendió	comprendieron
leer	**leí**	leyó	leyeron
pagar	pagué	pagó	pagaron

2  **En la tienda** Look at the drawing and complete the conversation with demonstrative adjectives and pronouns. 7 pts.

CLIENTE Buenos días, señorita. Deseo comprar (1) ___esta___ corbata.

VENDEDORA Muy bien, señor. ¿No le interesa mirar (2) ___aquellos___ trajes que están allá? Hay unos que hacen juego con la corbata.

CLIENTE (3) ___Aquéllos___ de allá son de lana, ¿no? Prefiero ver (4) ___ese___ traje marrón que está detrás de usted.

VENDEDORA Estupendo. Como puede ver, es de seda. Cuesta ciento ochenta dólares.

CLIENTE Ah… eh… no, creo que sólo voy a comprar la corbata, gracias.

VENDEDORA Bueno… si busca algo más económico, hay rebaja en (5) ___aquellos___ sombreros. Cuestan sólo treinta dólares.

CLIENTE ¡Magnífico! Me gusta (6) ___aquél___, el blanco que está hasta arriba (*at the top*). Y quiero pagar todo con (7) ___esta___ tarjeta.

VENDEDORA Sí, señor. Ahora mismo le traigo el sombrero.

RESUMEN GRAMATICAL

6.1 Saber and conocer *p. 200*

saber	conocer
sé	conozco
sabes	conoces
sabe	conoce
sabemos	conocemos
sabéis	conocéis
saben	conocen

- saber = to know facts/how to do something
- conocer = to know a person, place, or thing

6.2 Indirect object pronouns *pp. 202–203*

Indirect object pronouns

Singular	Plural
me	nos
te	os
le	les

- dar = doy, das, da, damos, dais, dan
- decir (e:i) = digo, dices, dice, decimos, decís, dicen

6.3 Preterite tense of regular verbs *pp. 206–207*

comprar	vender	escribir
compré	vendí	escribí
compraste	vendiste	escribiste
compró	vendió	escribió
compramos	vendimos	escribimos
comprasteis	vendisteis	escribisteis
compraron	vendieron	escribieron

Verbs with spelling changes in the preterite

- -car: buscar → yo busqué
- -gar: llegar → yo llegué
- -zar: empezar → yo empecé
- creer: creí, creíste, creyó, creímos, creísteis, creyeron
- leer: leí, leíste, leyó, leímos, leísteis, leyeron
- oír: oí, oíste, oyó, oímos, oísteis, oyeron
- ver: vi, viste, vio, vimos, visteis, vieron

TEACHING OPTIONS

Game Divide the class into two teams. Indicate a team member. Give an infinitive and a subject, and have the team member supply the correct preterite form. Award one point for each correct answer. Award a bonus point for correctly writing the verb on the board. The team with the most points wins.

TPR Write **presente** and **pretérito** on the board and have a volunteer stand in front of each word. Call out sentences using the present or the preterite. The student whose tense corresponds to the sentence has three seconds to step forward. Ex: **Compramos una chaqueta anteayer. (pretérito)**

Small Groups Ask students to write a description of a famous person, using **saber**, **conocer**, and one verb in the preterite. In small groups, have students read their descriptions aloud for the group to guess.

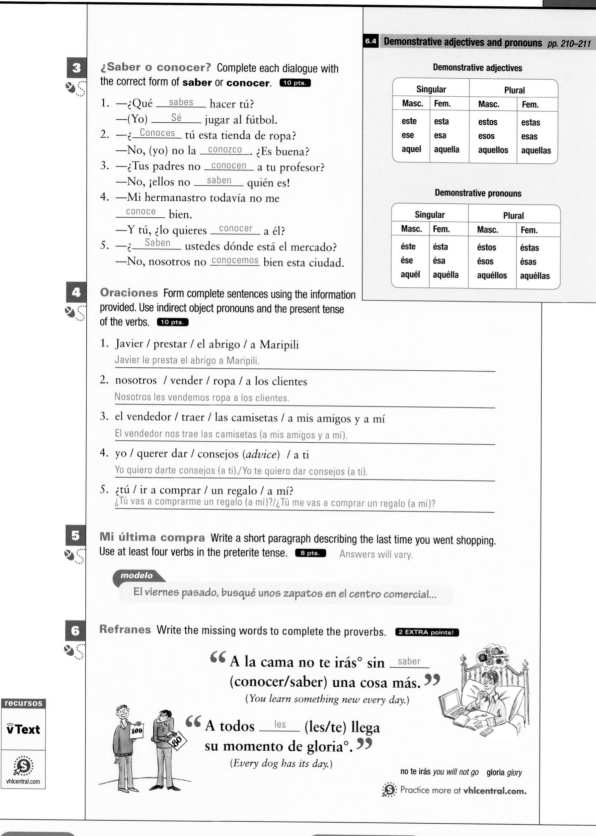

6.4 Demonstrative adjectives and pronouns *pp. 210–211*

Demonstrative adjectives

Singular		Plural	
Masc.	Fem.	Masc.	Fem.
este	esta	estos	estas
ese	esa	esos	esas
aquel	aquella	aquellos	aquellas

Demonstrative pronouns

Singular		Plural	
Masc.	Fem.	Masc.	Fem.
éste	ésta	éstos	éstas
ése	ésa	ésos	ésas
aquél	aquélla	aquéllos	aquéllas

3 **¿Saber o conocer?** Complete each dialogue with the correct form of **saber** or **conocer**. 10 pts.

1. —¿Qué __sabes__ hacer tú?
   —(Yo) __Sé__ jugar al fútbol.
2. —¿__Conoces__ tú esta tienda de ropa?
   —No, (yo) no la __conozco__. ¿Es buena?
3. —¿Tus padres no __conocen__ a tu profesor?
   —No, ¡ellos no __saben__ quién es!
4. —Mi hermanastro todavía no me __conoce__ bien.
   —Y tú, ¿lo quieres __conocer__ a él?
5. —¿__Saben__ ustedes dónde está el mercado?
   —No, nosotros no __conocemos__ bien esta ciudad.

4 **Oraciones** Form complete sentences using the information provided. Use indirect object pronouns and the present tense of the verbs. 10 pts.

1. Javier / prestar / el abrigo / a Maripili
   Javier le presta el abrigo a Maripili.
2. nosotros / vender / ropa / a los clientes
   Nosotros les vendemos ropa a los clientes.
3. el vendedor / traer / las camisetas / a mis amigos y a mí
   El vendedor nos trae las camisetas (a mis amigos y a mí).
4. yo / querer dar / consejos (*advice*) / a ti
   Yo quiero darte consejos (a ti)./Yo te quiero dar consejos (a ti).
5. ¿tú / ir a comprar / un regalo / a mí?
   ¿Tú vas a comprarme un regalo (a mí)?/¿Tú me vas a comprar un regalo (a mí)?

5 **Mi última compra** Write a short paragraph describing the last time you went shopping. Use at least four verbs in the preterite tense. 8 pts. Answers will vary.

modelo

El viernes pasado, busqué unos zapatos en el centro comercial...

6 **Refranes** Write the missing words to complete the proverbs. 2 EXTRA points!

"A la cama no te irás° sin __saber__ (conocer/saber) una cosa más."
(*You learn something new every day.*)

"A todos __les__ (les/te) llega su momento de gloria°."
(*Every dog has its day.*)

no te irás *you will not go* gloria *glory*

Practice more at **vhlcentral.com.**

recursos
vText
vhlcentral.com

3 Teaching Tip Ask students to explain why they chose **saber** or **conocer** in each case.

3 Expansion Have students choose one dialogue from this activity and write a continuation. Encourage them to use at least one more example each of **saber** and **conocer**.

4 Teaching Tips
- Ask a volunteer to model the first sentence for the class.
- Before forming sentences, have students identify the indirect object in each item.
- Remind students of the possible positions for indirect object pronouns when using an infinitive.

4 Expansion
- Ask students to create three dehydrated sentences similar to those in **Actividad 4**. Have them exchange papers with a classmate and form complete sentences.
- For items 1–4, have students write questions that would elicit these statements. Ex: **1. ¿A quién le presta el abrigo Javier?/¿Qué le presta Javier a Maripili?** For item 5, have them write a response.

5 Teaching Tip To add a visual aspect to this activity, have students create a time line of what they did when they went shopping.

6 Teaching Tips
- Tell students to read through each **refrán** before filling in the blanks.
- Have a volunteer read the **refranes** aloud.

EXPANSION

Extra Practice Add an auditory aspect to this grammar review. Read each of these sentences twice, pausing after the second time for students to write: **1. Ayer empecé a leer sobre los diseñadores hispanos. 2. Ellas buscaron unas bolsas en el mercado al aire libre. 3. El dependiente vendió cinco camisetas. 4. Nosotras oímos una explosión. 5. El joven le leyó el libro a su hermanito. 6. Raúl vio una película anoche.**

TEACHING OPTIONS

Game Divide the class into two teams. Indicate a member of each team and call out a color. The first student to find an object or article of clothing in the room, point to it, and use the correct form of a demonstrative adjective earns a point for their team. Ex: **¡Aquella camiseta es morada!** The team with the most points at the end wins.

Section Goals

In **Lectura**, students will:

- learn to skim a text
- use what they know about text format to predict a document's content
- read a text rich in cognates and recognizable format elements

Communication 1.1, 1.2, 1.3
Cultures 2.1, 2.2
Connections 3.1, 3.2
Comparisons 4.2

Instructional Resources
vText
Cuaderno para hispanohablantes, pp. 95–96
Supersite

PRE-AP*

Interpretive Reading: Estrategia Tell students that they can often predict the content of an unfamiliar document in Spanish by skimming it and looking for recognizable format elements.

Examinar el texto
Have students skim the text at the top of the ad. Point out the cognate **Liquidación** and the series of percentages. Ask them to predict what type of document it is. (It is an advertisement for a liquidation sale.) Then ask students to scan the rest of the ad.

Buscar cognados
Ask volunteers to point out cognates.

Impresiones generales
Ask students to sum up their general impression of the document by answering the three questions at the bottom.

Lectura

Audio: Synched Reading
Additional Reading

Antes de leer

Estrategia
Skimming

Skimming involves quickly reading through a document to absorb its general meaning. This allows you to understand the main ideas without having to read word for word. When you skim a text, you might want to look at its title and subtitles. You might also want to read the first sentence of each paragraph.

Examinar el texto

Look at the format of the reading selection. How is it organized? What does the organization of the document tell you about its content?

Buscar cognados

Scan the reading selection to locate at least five cognates. Based on the cognates, what do you think the reading selection is about? Answers will vary. Suggested answers for 1-5: elegancia, blusas, accesorios, pantalones, precio.

1. ____________
2. ____________
3. ____________
4. ____________
5. ____________

The reading selection is about a sale in a store.

Impresiones generales

Now skim the reading selection to understand its general meaning. Jot down your impressions. What new information did you learn about the document by skimming it? Based on all the information you now have, answer these questions in Spanish.

1. Who created this document? un almacén/una tienda
2. What is its purpose? vender ropa
3. Who is its intended audience? gente que quiere comprar ropa

recursos

vText	CH pp. 95–96	vhlcentral.com

Corona

¡Corona tiene las ofertas más locas del verano!

La tienda más elegante de la ciudad con precios increíbles

Carteras
ELEGANCIA
Colores anaranjado, blanco, rosado y amarillo
Ahora: 15.000 pesos
50% de rebaja

Sandalias de playa
GINO
Números del 35 al 38
A sólo 12.000 pesos
50% de descuento

Faldas largas
ROPA BONITA
Algodón. De distintos colores
Talla mediana
Precio especial: 8.000 pesos

Blusas de seda
BAMBÚ
De cuadros y de lunares
Ahora: 21.000 pesos
40% de rebaja

Vestido de algodón
PANAMÁ
Colores blanco, azul y verde
Ahora: 18.000 pesos
30% de rebaja

Accesorios
BELLEZA
Cinturones, gafas de sol, sombreros, medias
Diversos estilos
Todos con un 40% de rebaja

Lunes a sábado de 9 a 21 horas.
Domingo de 10 a 14 horas.

TEACHING OPTIONS

Large Groups Ask students to create an ad for one or two items of clothing. Then, in groups, have them combine their ads to form a "catalogue." Have groups exchange catalogues and discuss what items they would like to buy.

TEACHING OPTIONS

Small Groups Have small groups of students work together to write a cloze paragraph about shopping for clothing, modeled on the **Completar** paragraph. Ask each group member to contribute two sentences to the paragraph. Then have the group make a clean copy, omitting several words or phrases, and writing the omitted words and phrases below the paragraph. Have groups exchange paragraphs and complete them.

¡Grandes rebajas!

Real° Liquidación°

¡La rebaja está de moda en Corona!

y con la tarjeta de crédito más conveniente del mercado.

Chaquetas
CASINO
Microfibra. Colores negro, café y gris
Tallas: P, M, G, XG
Ahora: 22.500 pesos

Zapatos
COLOR
Italianos y franceses
Números del 40 al 45
A sólo 20.000 pesos

Pantalones
OCÉANO
Colores negro, gris y café
Ahora: 11.500 pesos
30% de rebaja

Ropa interior
ATLÁNTICO
Tallas: P, M, G
Colores blanco, negro y gris
40% de rebaja

Traje inglés
GALES
Modelos originales
Ahora: 105.000 pesos
30% de rebaja

Accesorios
GUAPO
Gafas de sol, corbatas, cinturones, calcetines
Diversos estilos
Todos con un 40% de rebaja

Real *Royal* Liquidación *Clearance sale*

Por la compra de 40.000 pesos, puede llevar un regalo gratis.

- Un hermoso cinturón de mujer
- Un par de calcetines
- Una corbata de seda
- Una bolsa para la playa
- Una mochila
- Unas medias

Después de leer

Completar

Complete this paragraph about the reading selection with the correct forms of the words from the word bank.

almacén	hacer juego	tarjeta de crédito
caro	increíble	tienda
dinero	pantalones	verano
falda	rebaja	zapato

En este anuncio de periódico, el __almacén__ Corona anuncia la liquidación de __verano__ con grandes __rebajas__. Con muy poco __dinero__ usted puede conseguir ropa fina y elegante. Si no tiene dinero en efectivo, puede utilizar su __tarjeta de crédito__ y pagar luego. Para el hombre de gustos refinados, hay __zapatos__ importados de París y Roma. La señora elegante puede encontrar blusas de seda que __hacen juego__ con todo tipo de __pantalones/faldas__ o __faldas/pantalones__. Los precios de esta liquidación son realmente __increíbles__.

¿Cierto o falso?

Indicate whether each statement is **cierto** or **falso**. Correct the false statements.

1. Hay sandalias de playa. Cierto.
2. Las corbatas tienen una rebaja del 30%. Falso. Tienen una rebaja del 40%.
3. El almacén Corona tiene un departamento de zapatos. Cierto.
4. Normalmente las sandalias cuestan 22.000 pesos. Falso. Normalmente cuestan 24.000 pesos.
5. Cuando gastas 30.000 pesos en la tienda, llevas un regalo gratis. Falso. Cuando gastas 40.000 pesos en la tienda, llevas un regalo gratis.
6. Tienen carteras amarillas. Cierto.

Preguntas

In pairs, take turns asking and answering these questions. Answers will vary.

1. Imagina que vas a ir a la tienda Corona. ¿Qué departamentos vas a visitar? ¿El departamento de ropa para mujeres, el departamento de ropa para hombres...?
2. ¿Qué vas a buscar en Corona?
3. ¿Hay tiendas similares a la tienda Corona en tu pueblo o ciudad? ¿Cómo se llaman? ¿Tienen muchas gangas?

Practice more at **vhlcentral.com.**

Teaching Tips

- Remind students that many schedules and store hours are given using the 24-hour clock. Ask a volunteer to provide the times using the 12-hour clock.
- Remind students that, for these prices, periods are used where one would see a comma in English.
- Point out the shoe sizes and explain that they are European sizes. Then point out clothing sizes and ask students to guess what **P, M, G,** and **XG** stand for.

Completar Before beginning this activity, have students quickly review the lesson vocabulary on pages 190–192 and 195. Make sure that they understand the meaning of **el hombre de gustos refinados.**

¿Cierto o falso? Give students these sentences as items 7–10: **7. Las sandalias de playa no tienen una rebaja grande. (Falso. Tienen una rebaja del 50%.) 8. El almacén Corona está cerrado los domingos. (Falso. El almacén Corona está abierto de 10:00 a 14:00 los domingos.) 9. Se pueden conseguir carteras rosadas y blancas en rebaja. (Cierto.) 10. Un señor puede comprar una chaqueta gris de talla pequeña. (Cierto.)**

Preguntas Have small groups put together an ad for a department store where they shop. Have them use the **Almacén Corona** ad as a model. If two or more groups chose the same store, compare their ads in a follow-up discussion with the class.

21st CENTURY SKILLS

Creativity and Innovation
Ask students to prepare a presentation on the ideal department store inspired by the information on these two pages.

TEACHING OPTIONS

TPR Write items of clothing on slips of paper. Divide the class into two teams. Have a member of one team draw out a slip from a hat. That team member mimes putting on the item of clothing. The other team guesses what it is. Give one point for each correct answer. The team with the most points wins.
Heritage Speakers Ask heritage speakers to share phrases they know to ask the price of items. Ex: **¿Cuánto vale?** or **¿A cómo está(n)...?**

TEACHING OPTIONS

Game In pairs, have students play a modified version of **20 Preguntas**. Student A thinks of an item of clothing. Student B asks questions and guesses the name of the item. Student A keeps track of the number of questions and guesses. Allow partners to ask a total of ten questions and attempt to guess three times before moving on to the next item. The pair with the fewest questions overall wins.

Section Goals

In **Escritura**, students will:

- conduct an interview
- integrate vocabulary and structures taught in **Lección 6** into a written report
- report on an interview

 Communication 1.3

Instructional Resources
v̂Text
Cuaderno de práctica y actividades comunicativas, pp. 53–54
Cuaderno para hispanohablantes, pp. 97–98
Supersite

PRE-AP*

Interpersonal Writing: Estrategia Go over the strategy as a class. Encourage students to give examples of how they will use the suggestions for this activity.

Tema Tell students that they may interview a classmate or another Spanish-speaking student they know. Encourage them to take notes as they conduct the interview or record it. They might want to brainstorm additional questions with a classmate that they are not planning to interview. Introduce terms such as **entrevista, entrevistar, diálogo,** and **citas** as you present the activity.

21st CENTURY SKILLS

Leadership and Responsibility
If you have access to students in a Spanish-speaking country, ask each student to partner with one student from the partner class and share his or her report.

 **21st CENTURY SKILLS**

Productivity and Accountability
Provide the rubric to students before they hand their work in for grading. Ask students to make sure their work meets the highest standard possible on the rubric.

Escritura

Estrategia

How to report an interview

There are several ways to prepare a written report about an interview. For example, you can transcribe the interview verbatim, you can simply summarize it, or you can summarize it but quote the speakers occasionally. In any event, the report should begin with an interesting title and a brief introduction, which may include the five Ws (*what, where, when, who, why*) and the H (*how*) of the interview. The report should end with an interesting conclusion. Note that when you transcribe dialogue in Spanish, you should pay careful attention to format and punctuation.

Writing dialogue in Spanish

- If you need to transcribe an interview verbatim, you can use speakers' names to indicate a change of speaker.

CARMELA ¿Qué compraste? ¿Encontraste muchas gangas?
ROBERTO Sí, muchas. Compré un suéter, una camisa y dos corbatas. Y tú, ¿qué compraste?
CARMELA Una blusa y una falda muy bonitas. ¿Cuánto costó tu camisa?
ROBERTO Sólo diez dólares. ¿Cuánto costó tu blusa?
CARMELA Veinte dólares.

- You can also use a dash (*raya*) to mark the beginning of each speaker's words.

—¿Qué compraste?
—Un suéter y una camisa muy bonitos. Y tú, ¿encontraste muchas gangas?
—Sí... compré dos blusas, tres camisetas y un par de zapatos.
—¡A ver!

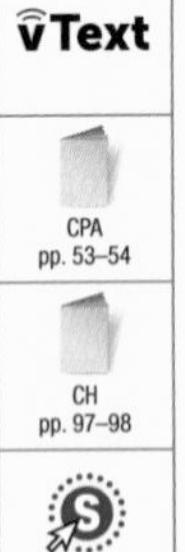

Tema

Escribe un informe

Write a report for the school newspaper about an interview you conducted with a student about his or her shopping habits and clothing preferences. First, brainstorm a list of interview questions. Then conduct the interview using the questions below as a guide, but feel free to ask other questions as they occur to you.

Examples of questions:

- ¿Cuándo vas de compras?
- ¿Adónde vas de compras?
- ¿Con quién vas de compras?
- ¿Qué tiendas, almacenes o centros comerciales prefieres?
- ¿Compras ropa de catálogos o por Internet?
- ¿Prefieres comprar ropa cara o barata? ¿Por qué? ¿Te gusta buscar gangas?
- ¿Qué ropa llevas cuando vas a clase?
- ¿Qué ropa llevas cuando sales con tus amigos/as?
- ¿Qué ropa llevas cuando practicas un deporte?
- ¿Cuáles son tus colores favoritos? ¿Compras mucha ropa de esos colores?
- ¿Les das ropa a tu familia o a tus amigos/as?

EVALUATION: Informe

Criteria	Scale
Content	1 2 3 4 5
Organization	1 2 3 4 5
Accuracy	1 2 3 4 5
Creativity	1 2 3 4 5

Scoring	
Excellent	18–20 points
Good	14–17 points
Satisfactory	10–13 points
Unsatisfactory	< 10 points

Escuchar

Estrategia

Listening for linguistic cues

You can enhance your listening comprehension by listening for specific linguistic cues. For example, if you listen for the endings of conjugated verbs, or for familiar constructions, such as **acabar de** + [*infinitive*] or **ir a** + [*infinitive*], you can find out whether an event already took place, is taking place now, or will take place in the future. Verb endings also give clues about who is participating in the action.

To practice listening for linguistic cues, you will now listen to four sentences. As you listen, note whether each sentence refers to a past, present, or future action. Also jot down the subject of each sentence.

Preparación

Based on the photograph, what do you think Marisol has recently done? What do you think Marisol and Alicia are talking about? What else can you guess about their conversation from the visual clues in the photograph?

Ahora escucha 

Now you are going to hear Marisol and Alicia's conversation. Make a list of the clothing items that each person mentions. Then put a check mark after the item if the person actually purchased it.

Marisol	Alicia
1. pantalones ✓	1. falda
2. blusa ✓	2. blusa
3. ______	3. zapatos
4. ______	4. cinturón

recursos

vText | vhlcentral.com

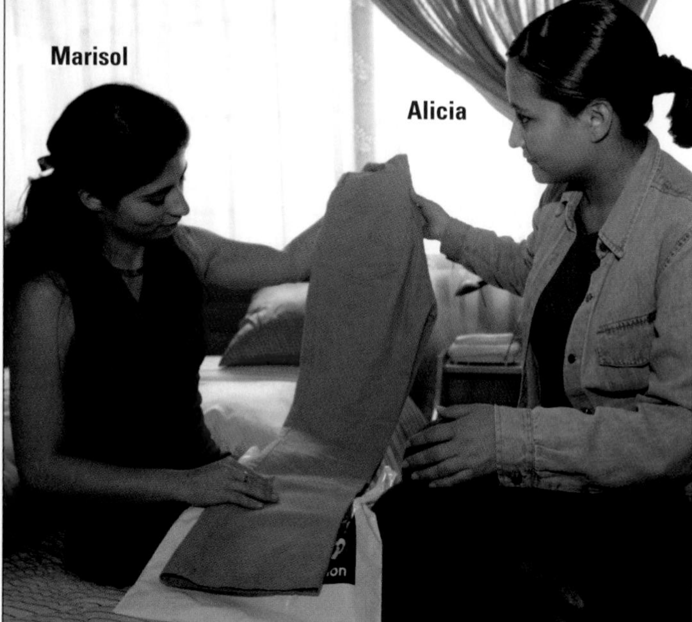

Comprensión

¿Cierto o falso?

Indicate whether each statement is **cierto** or **falso.** Then correct the false statements.

1. Marisol y Alicia acaban de ir de compras juntas (*together*). **Falso.** Marisol acaba de ir de compras.
2. Marisol va a comprar unos pantalones y una blusa mañana. **Falso.** Marisol ya los compró.
3. Marisol compró una blusa de cuadros. **Cierto.**
4. Alicia compró unos zapatos nuevos hoy. **Falso.** Alicia va a comprar unos zapatos nuevos.
5. Alicia y Marisol van a ir al café. **Cierto.**
6. Marisol gastó todo el dinero de la semana en ropa nueva. **Cierto.**

Preguntas

Discuss the following questions with a classmate. Be sure to explain your answers. Answers will vary.

1. ¿Crees que Alicia y Marisol son buenas amigas? ¿Por qué?
2. ¿Cuál de las dos estudiantes es más ahorradora (*frugal*)? ¿Por qué?
3. ¿Crees que a Alicia le gusta la ropa que Marisol compró?
4. ¿Crees que la moda es importante para Alicia? ¿Para Marisol? ¿Por qué?
5. ¿Es importante para ti estar a la moda? ¿Por qué?

 Practice more at **vhlcentral.com.**

Section Goals

In **Escuchar**, students will:

- listen for specific linguistic cues in oral sentences
- answer questions based on a recorded conversation

 Communication 1.2

21st CENTURY SKILLS

Critical Thinking and Problem Solving
Students practice aural comprehension as a tool to negotiate meaning in Spanish.

Instructional Resources
vText
Supersite: Textbook MP3 Audio Files
Supersite/TRCD: Textbook Audio Script
Textbook CD

Estrategia
Script 1. Acabamos de pasear por la ciudad y encontramos unos monumentos fenomenales. 2. Estoy haciendo las maletas. 3. Carmen y Alejandro decidieron ir a un restaurante. 4. Mi familia y yo vamos a ir a la playa.

Teaching Tip Ask students to look at the photo of Marisol and Alicia and predict what they are talking about.

Ahora escucha
Script MARISOL: Oye, Alicia, ¿qué estás haciendo?
ALICIA: Estudiando no más. ¿Qué hay de nuevo?
M: Acabo de comprarme esos pantalones que andaba buscando.
A: ¿Los encontraste en el centro comercial? ¿Y cuánto te costaron?
M: Míralos. ¿Te gustan? En el almacén Melo tienen tremenda rebaja. Como estaban baratos me compré una blusa también. Es de cuadros, pero creo que hace juego con los pantalones por el color rojo. ¿Qué piensas?
A: Es de los mismos colores que la falda y la blusa que llevaste

(Script continues at far left in the bottom panels.)

cuando fuimos al cine anoche. La verdad es que te quedan muy bien esos colores. ¿No encontraste unos zapatos y un cinturón para completar el juego? M: No lo digas ni de chiste.
M: Mi tarjeta de crédito está que no aguanta más. Y trabajé poco la semana pasada. ¡Acabo de gastar todo el dinero para la semana! A: ¡Ay, chica! Fui al centro comercial el mes pasado y encontré unos zapatos muy, pero muy de moda. Muy caros… pero buenos. No me los compré porque no los tenían en mi número. Voy a comprarlos cuando lleguen más… el vendedor me va a llamar. M: Ajá… ¿Y va a invitarte a salir con él?
A: ¡Ay! ¡No seas así! Ven, vamos al café. Te ves muy bien y no hay que gastar eso aquí. M: De acuerdo. Vamos.

Section Goals

In **En pantalla**, students will:
- read about school uniforms in Spain
- watch a television commercial for **Galerías**, a Spanish department store

Communication 1.1, 1.2
Cultures 2.1, 2.2
Connections 3.2
Comparisons 4.2

Instructional Resources
vText
Supersite: ***En pantalla***
Transcript & Translation

Introduction Check comprehension: 1.The Franco dictatorship lasted from 1939 until 1975. (**Cierto.**) 2. Public schools in Spain today continue to mandate a strict dress code. (Falso.) 3. Many Catholic schools in Spain only have a basic dress code. (**Cierto.**)

PRE-AP*

Audiovisual Interpretive Communication
***Antes de ver* Strategy**
After looking at the video stills and captions, ask students to predict what **Galerías** sells. Model pronunciation of the **Vocabulario útil** and have students repeat. Assure students that they do not need to understand every word they hear.

Conversar Ask additional questions. Ex: **¿Qué importancia tiene la ropa en la escuela? ¿Es importante llevar ropa elegante para asistir a clase? ¿Qué tipo de ropa deben usar los profesores?**

21st CENTURY SKILLS

Social and Cross-Cultural Skills
Have students work in groups to choose one or two aspects of the ad that they identify as different from what they would expect in their daily life. Ask students to write two to three sentences about the difference and how they would explain what is different to a visitor from that culture.

En pantalla

In Spain, during Francisco Franco's dictatorship (1939–1975), students in public schools were required to wear uniforms. After the fall of Franco's regime and the establishment of democracy, educational authorities rejected this former policy and decided it should no longer be obligatory to wear uniforms in public schools. Today, only some private schools in Spain enforce the use of uniforms; even Catholic schools do not have anything more than a basic dress code.

Vocabulario útil

anoraks	*anoraks (Spain)*
anchas	*loose-fitting*
vaqueros	*jeans (Spain)*
trencas	*duffel coats (Spain)*
lavables	*washable*
carteras	*book bags (Spain)*
chándals	*tracksuits (Spain)*
resiste	*withstands*
tanto como	*as much as*

Identificar

Check off each word that you hear in the ad.

____ 1. camisetas	✓ 5. chaquetas
✓ 2. hijos	____ 6. clientas
✓ 3. zapatos	✓ 7. lana
____ 4. algodón	____ 8. precio

Conversar

Take turns asking and answering these questions with a classmate. Use as much Spanish as you can. Answers will vary.

1. ¿Qué ropa llevas normalmente cuando vienes a la escuela?
2. ¿Y los fines de semana?
3. ¿Tienes una prenda (*garment*) favorita? ¿Cómo es?
4. ¿Qué tipo de ropa no te gusta usar? ¿Por qué?

Anuncio de tiendas Galerías

1 Presentamos la moda para el próximo° curso.

2 Formas geométricas y colores vivos.

3 Tejidos° resistentes°.

próximo *next* Tejidos *Fabrics* resistentes *strong, tough*

Practice more at **vhlcentral.com**.

recursos

TEACHING OPTIONS

Large Groups Divide the class into two groups and have a debate about school dress codes. One group should present three reasons why a dress code is necessary, and the other group should argue three points against it. Brainstorm a list of useful vocabulary and phrases on the board for groups to use in their arguments.

TEACHING OPTIONS

Small Groups Write a list of situations on the board. Ex: **el matrimonio de tu hermano/a, una entrevista para un trabajo de verano, un partido de béisbol, una fiesta estudiantil.** Then, in groups of four, have students describe a man's outfit and a woman's outfit for each event.

Video: *Flash cultura*

In the Spanish-speaking world, most city dwellers shop at large supermarkets and little stores that specialize in just one item, such as a butcher shop (**carnicería**), vegetable market (**verdulería**), perfume shop (**perfumería**), or hat shop (**sombrerería**). In small towns where supermarkets are less common, many people rely exclusively on specialty shops. This requires shopping more frequently—often every day or every other day for perishable items—but also means that the foods they consume are fresher and the goods are usually locally produced. Each neighborhood generally has its own shops, so people don't have to walk far to find fresh bread (at a **panadería**) for the midday meal.

Vocabulario útil

colones (pl.)	*currency from Costa Rica*
¿Cuánto vale?	**¿Cuánto cuesta?**
descuento	*discount*
disculpe	*excuse me*
¿Dónde queda...?	*Where is... located?*
los helados	*ice cream*
el regateo	*bargaining*

Preparación

Have you ever been to an open-air market? What did you buy? Have you ever negotiated a price? What did you say? Answers will vary.

Comprensión

Select the option that best summarizes this episode.

(a.) Randy Cruz va al mercado al aire libre para comprar papayas. Luego va al Mercado Central. Él les pregunta a varios clientes qué compran, prueba (*he tastes*) platos típicos y busca la heladería.

b. Randy Cruz va al mercado al aire libre para comprar papayas y pedir un descuento. Luego va al Mercado Central para preguntarles a los clientes qué compran en los mercados.

Comprar en los mercados

1 Trescientos colones.

2 ... pero me hace un buen descuento.

3 ¿Qué compran en el Mercado Central?

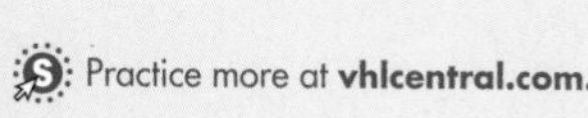
Practice more at **vhlcentral.com.**

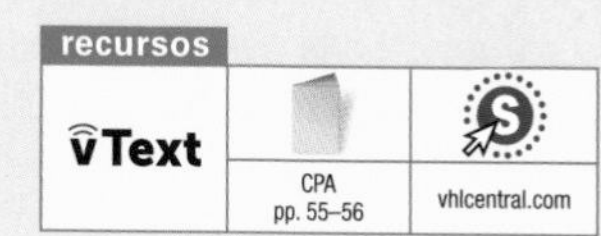

Section Goals

In **Flash cultura**, students will:
- read about specialty shops in Spanish-speaking countries
- watch a video about open-air markets

Cultures 2.1, 2.2
Comparisons 4.2

Instructional Resources
vText
Cuaderno de práctica y actividades comunicativas, pp. 55–56
Supersite/DVD: ***Flash cultura***
Supersite/TRCD: ***Flash cultura*** Video Script & Translation, Answer Keys

Introduction To check comprehension, have students indicate whether these statements are **cierto** or **falso.** 1. Supermarkets do not exist in Spanish-speaking countries. (**Falso.**) 2. In general, people that live in small towns only shop at specialty shops. (**Cierto.**) 3. Specialty shops usually sell just one type of food or merchandise. (**Cierto.**)

Antes de ver Read through the **Vocabulario útil** and model pronunciation. Present mini-conversations with these words, using contexts that are familiar to students. Ex: **—Disculpe, ¿me puede decir dónde queda la biblioteca? —Sí, claro. Está al lado de la cafetería.**

Preguntas Ask students if they have ever held a yard sale or garage sale. Did the buyers try to bargain?

Comprensión To challenge students, have them write a summary of the episode in their own words.

21st CENTURY SKILLS

Information and Media Literacy Go to the Supersite to complete the **Conexión Internet** activity associated with **En pantalla** and **Flash cultura** for additional practice accessing and using culturally authentic sources.

TEACHING OPTIONS

Worth Noting Have pairs of students write a series of true/false statements about what happened in this episode. Then have pairs exchange papers and complete the activity. They should correct the false statements.

PRE-AP*

Interpersonal Speaking Tell students to imagine that they are at one of the markets featured in the video. Ask them to jot down what they would like to buy there. Then have them write a dialogue of the conversation they would have in order to bargain for the goods they want to buy. Have pairs role-play their dialogues for the class.

Section Goal

In **Panorama**, students will read about the geography, culture, history, and economy of Cuba.

Communication 1.3
Cultures 2.1, 2.2
Connections 3.1, 3.2
Comparisons 4.2

Instructional Resources

vText

Cuaderno de práctica y actividades comunicativas, pp. 57–60

e-Cuaderno

Supersite/DVD: ***Panorama cultural***

Supersite/TRCD: Presentation PDFs #3, 4, 30, ***Panorama cultural*** Video Script & Translation, Answer Keys

Teaching Tip

- Use the **Lección 6 Panorama** Presentation PDFs to assist with this presentation.
- Ask students to look at the map. Ask volunteers to read the captions on each call-out photo. Then discuss the photos with the class.

The Affective Dimension

Some students may have strong feelings about Cuba. Encourage students to discuss their points of view.

El país en cifras

- After reading about **La Habana Vieja**, show students images of this part of the city.
- Draw attention to the design and colors of the Cuban flag. Compare the Cuban flag to the Puerto Rican flag (page 186). Explain that Puerto Rico and Cuba both gained their independence from Spain in 1898, in part through the intervention of the U.S.

¡Increíble pero cierto! Due to the patterns of evolution and adaptation common to islands, Cuba has some unique flora and fauna.

Cuba

El país en cifras

- **Área:** 110.860 km² (42.803 millas²), *aproximadamente el área de Pensilvania*
- **Población:** 11.204.000
- **Capital:** La Habana—2.141.993

La Habana Vieja fue declarada° Patrimonio° Cultural de la Humanidad por la UNESCO en 1982. Este distrito es uno de los lugares más fascinantes de Cuba. En La Plaza de Armas, se puede visitar el majestuoso Palacio de Capitanes Generales, que ahora es un museo. En la calle° Obispo, frecuentada por el autor Ernest Hemingway, hay hermosos cafés, clubes nocturnos y tiendas elegantes.

- **Ciudades principales:** Santiago de Cuba; Camagüey; Holguín; Guantánamo

SOURCE: Population Division, UN Secretariat

- **Moneda:** peso cubano
- **Idiomas:** español (oficial)

Bandera de Cuba

Cubanos célebres

- **Carlos Finlay,** doctor y científico (1833–1915)
- **José Martí,** político y poeta (1853–1895)
- **Fidel Castro,** ex presidente, ex comandante en jefe° de las fuerzas armadas (1926–)
- **Zoé Valdés,** escritora (1959–)
- **Ibrahim Ferrer,** músico (1927–2005)

fue declarada *was declared* Patrimonio *Heritage* calle *street* comandante en jefe *commander in chief* liviano *light* colibrí abeja *bee hummingbird* ave *bird* mundo *world* miden *measure* pesan *weigh*

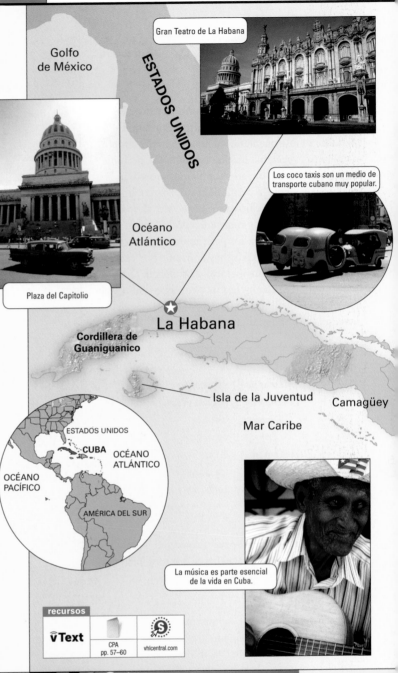

Gran Teatro de La Habana

Golfo de México

ESTADOS UNIDOS

Los coco taxis son un medio de transporte cubano muy popular.

Océano Atlántico

Plaza del Capitolio

La Habana

Cordillera de Guaniguanico

Isla de la Juventud

Camagüey

Mar Caribe

ESTADOS UNIDOS · CUBA · OCÉANO ATLÁNTICO · OCÉANO PACÍFICO · AMÉRICA DEL SUR

La música es parte esencial de la vida en Cuba.

recursos: vText · CPA pp. 57–60 · vhlcentral.com

¡Increíble pero cierto!

Pequeño y liviano°, el colibrí abeja° de Cuba es una de las más de 320 especies de colibrí y es también el ave° más pequeña del mundo°. Menores que muchos insectos, estas aves minúsculas miden° 5 centímetros y pesan° sólo 1,95 gramos.

EXPANSION

Culture Note An item of clothing that you will see everywhere if you visit Cuba (or any Caribbean in general) is the **guayabera**. A loose-fitting, short-sleeved shirt made of natural fibers, the **guayabera** is perfect for hot, humid climates. **Guayaberas** generally have large pockets and may be decorated with embroidery. They are worn open at the neck and never tucked in.

EXPANSION

Extra Practice Give students two stanzas of the first poem from **José Martí's** collection ***Versos sencillos***. Some students may recognize these as verses from the song ***Guantanamera***.

Yo soy un hombre sincero
de donde crece la palma;
y, antes de morirme, quiero
echar mis versos del alma.

Yo vengo de todas partes,
y hacia todas partes voy;
arte soy entre las artes;
en los montes, monte soy.

Baile • Ballet Nacional de Cuba

La bailarina Alicia Alonso fundó el Ballet Nacional de Cuba en 1948, después de° convertirse en una estrella° internacional en el Ballet de Nueva York y en Broadway. El Ballet Nacional de Cuba es famoso en todo el mundo por su creatividad y perfección técnica.

Economía • La caña de azúcar y el tabaco

La caña de azúcar° es el producto agrícola° que más se cultiva en la isla y su exportación es muy importante para la economía del país. El tabaco, que se usa para fabricar los famosos puros° cubanos, es otro cultivo° de mucha importancia.

Gente • Población

La población cubana tiene raíces° muy heterogéneas. La inmigración a la isla fue determinante° desde la colonia hasta mediados° del siglo° XX. Los cubanos de hoy son descendientes de africanos, europeos, chinos y antillanos, entre otros.

Música • Buena Vista Social Club

En 1997 nace° el fenómeno musical conocido como *Buena Vista Social Club*. Este proyecto reúne° a un grupo de importantes músicos de Cuba, la mayoría ya mayores, con una larga trayectoria interpretando canciones clásicas del son° cubano. Ese mismo año ganaron un *Grammy*. Hoy en día estos músicos son conocidos en todo el mundo, y personas de todas las edades bailan al ritmo° de su música.

Holguín
Santiago de Cuba
Guantánamo
Sierra Maestra

¿Qué aprendiste? Responde a las preguntas con una oración completa.

1. ¿Qué autor está asociado con La Habana Vieja? Ernest Hemingway está asociado con La Habana Vieja.
2. ¿Por qué es famoso el Ballet Nacional de Cuba? Es famoso por su creatividad y perfección técnica.
3. ¿Cuáles son los dos cultivos más importantes para la economía cubana? Los cultivos más importantes son la caña de azúcar y el tabaco.
4. ¿Qué fabrican los cubanos con la planta del tabaco? Los cubanos fabrican puros.
5. ¿De dónde son muchos de los inmigrantes que llegaron a Cuba? Son de África, de Europa, de China y de las Antillas, entre otros lugares.
6. ¿En qué año ganó un *Grammy* el disco *Buena Vista Social Club*? Ganó un *Grammy* en 1997.

Conexión Internet Investiga estos temas en **vhlcentral.com.**

1. Busca información sobre un(a) cubano/a célebre. ¿Por qué es célebre? ¿Qué hace? ¿Todavía vive en Cuba?
2. Busca información sobre una de las ciudades principales de Cuba. ¿Qué atracciones hay en esta ciudad?

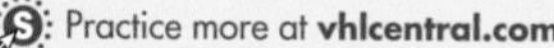

Practice more at **vhlcentral.com.**

después de *after* **estrella** *star* **caña de azúcar** *sugar cane* **agrícola** *farming* **puros** *cigars* **cultivo** *crop* **raíces** *roots* **determinante** *deciding* **mediados** *halfway through* **siglo** *century* **nace** *is born* **reúne** *gets together* **son** *Cuban musical genre* **ritmo** *rhythm*

Ballet Nacional de Cuba Although the **Ballet Nacional de Cuba** specializes in classical dance, Cuban popular dances (**habanera, mambo, rumba**) have gained worldwide popularity. Students can interview grandparents or other adults to see what they remember about Cuban dances.

La caña de azúcar y el tabaco With the collapse of the Soviet bloc and the end of subsidies, Cuba's economy suffered. In 1990, Cuba entered **el período especial en tiempo de paz.** Government planners have developed tourism, which formerly was seen as bourgeois and corrupting, as a means of gaining badly-needed foreign currency.

Población Have students pick an immigrant group and research its history in Cuba. Have them note general dates of arrival, what their community contributed to Cuban culture, and current demographics.

Buena Vista Social Club If students are not familiar with the film or the music of Buena Vista Social Club, play some songs from the sound track for students to hear. Read some song titles and have students make predictions about the music before they listen.

Conexión Internet Students will find supporting Internet activities and links at **vhlcentral.com.**

21st CENTURY SKILLS

Information and Media Literacy: Conexión Internet Students access and critically evaluate information from the Internet.

Teaching Tip You may want to wrap up this section by playing the ***Panorama cultural*** video footage for this lesson.

EXPANSION

Culture Note Some Cuban songs mention beings with names that do not sound Spanish, such as **Obatalá, Elegguá**, and **Babaluayé**. These are divinities (**orichas**) of the Afro-Cuban religion, which has its origins in Yoruba-speaking West Africa. Forcibly converted to Catholicism upon their arrival in Cuba, Africans developed a syncretized religion in which they worshiped the gods they had brought from Africa in the form of Catholic saints. **Babaluayé**, for instance, is worshiped as **San Lázaro. Obatalá** is **Nuestra Señora de las Mercedes**. Cuban popular music is deeply rooted in the songs and dances with which Afro-Cubans expressed their devotion to the **orichas**.

Instructional Resources
vText
Cuaderno de práctica y actividades comunicativas, p. 50
e-Cuaderno
Supersite: Textbook & Vocabulary MP3 Audio Files
Supersite/TRCD: Answer Keys, Testing Program (**Lección 6** Tests, Testing Program MP3 Audio Files)
Textbook CD
Audio Activities CD
Testing Program CD

21st CENTURY SKILLS

Creativity and Innovation
Ask students to prepare a list of the three products or perspectives they learned about in this lesson to share with the class. You may ask them to focus specifically on the **Cultura** and **Panorama** sections.

21st CENTURY SKILLS

Leadership and Responsibility Extension Project
As a class, have students decide on three questions they want to ask the partner class related to the topic of the lesson they have just completed. Based on the responses they receive, work as a class to explain to the Spanish-speaking partners one aspect of their responses that surprised the class and why.

La ropa

el abrigo	*coat*
los (blue)jeans	*jeans*
la blusa	*blouse*
la bolsa	*purse; bag*
la bota	*boot*
los calcetines (el calcetín)	*sock(s)*
la camisa	*shirt*
la camiseta	*t-shirt*
la cartera	*wallet*
la chaqueta	*jacket*
el cinturón	*belt*
la corbata	*tie*
la falda	*skirt*
las gafas (de sol)	*(sun)glasses*
los guantes	*gloves*
el impermeable	*raincoat*
las medias	*pantyhose; stockings*
los pantalones	*pants*
los pantalones cortos	*shorts*
la ropa	*clothing; clothes*
la ropa interior	*underwear*
las sandalias	*sandals*
el sombrero	*hat*
el suéter	*sweater*
el traje	*suit*
el traje de baño	*bathing suit*
el vestido	*dress*
los zapatos de tenis	*sneakers*

Verbos

conducir	*to drive*
conocer	*to know; to be acquainted with*
ofrecer	*to offer*
parecer	*to seem*
saber	*to know; to know how*
traducir	*to translate*

Ir de compras

el almacén	*department store*
la caja	*cash register*
el centro comercial	*shopping mall*
el/la cliente/a	*customer*
el/la dependiente/a	*clerk*
el dinero	*money*
(en) efectivo	*cash*
el mercado (al aire libre)	*(open-air) market*
un par (de zapatos)	*a pair (of shoes)*
el precio (fijo)	*(fixed; set) price*
la rebaja	*sale*
el regalo	*gift*
la tarjeta de crédito	*credit card*
la tienda	*shop; store*
el/la vendedor(a)	*salesperson*
costar (o:ue)	*to cost*
gastar	*to spend (money)*
hacer juego (con)	*to match (with)*
llevar	*to wear; to take*
pagar	*to pay*
regatear	*to bargain*
usar	*to wear; to use*
vender	*to sell*

Adjetivos

barato/a	*cheap*
bueno/a	*good*
cada	*each*
caro/a	*expensive*
corto/a	*short (in length)*
elegante	*elegant*
hermoso/a	*beautiful*
largo/a	*long*
loco/a	*crazy*
nuevo/a	*new*
otro/a	*other; another*
pobre	*poor*
rico/a	*rich*

Audio: Vocabulary Flashcards

Los colores

el color	*color*
anaranjado/a	*orange*
gris	*gray*
marrón, café	*brown*
morado/a	*purple*
rosado/a	*pink*

Palabras adicionales

acabar de (+ *inf.*)	*to have just done something*
anoche	*last night*
anteayer	*the day before yesterday*
ayer	*yesterday*
de repente	*suddenly*
desde	*from*
dos veces	*twice; two times*
hasta	*until*
pasado/a (*adj.*)	*last; past*
el año pasado	*last year*
la semana pasada	*last week*
prestar	*to lend; to loan*
una vez	*once; one time*
ya	*already*

Indirect object pronouns	*See page 202.*
Demonstrative adjectives and pronouns	*See page 210.*
Expresiones útiles	*See page 195.*

recursos

vText	CPA p. 50	vhlcentral.com

La rutina diaria

7

Communicative Goals

I will be able to:

- **Describe my daily routine**
- **Talk about personal hygiene**
- **Reassure someone**

contextos

pages 226–229
- Daily routine
- Personal hygiene
- Time expressions

fotonovela

pages 230–233

Marisa, Felipe, and Jimena all compete for space in front of the mirror as they get ready to go out on Friday night.

cultura

pages 234–235
- **La siesta**
- **El mate**

estructura

pages 236–251
- Reflexive verbs
- Indefinite and negative words
- Preterite of **ser** and **ir**
- Verbs like **gustar**
- **Recapitulación**

adelante

pages 252–259

Lectura: An e-mail from Guillermo
Escritura: A daily routine
Escuchar: An interview with a famous actor
En pantalla
Flash cultura
Panorama: Perú

A PRIMERA VISTA

- **¿Está él en casa o en una tienda?**
- **¿Está contento o enojado?**
- **¿Cómo es él?**
- **¿Qué colores hay en la foto?**

Lesson Goals

In **Lección 7**, students will be introduced to the following:

- terms for daily routines
- reflexive verbs
- adverbs of time
- the custom of **la siesta**
- drinking **mate** as part of a daily routine
- indefinite and negative words
- preterite of **ser** and **ir**
- verbs like **gustar**
- predicting content from the title
- sequencing events
- writing a description of a place
- listening for background information
- a television commercial for **Sancor Seguros**, a group of cooperatives from Argentina
- a video about **tapas**
- cultural, geographic, and historical information about Peru

21st CENTURY SKILLS

Initiative and Self-Direction
Students can monitor their progress online using the Supersite activities and assessments.

A primera vista Here are some additional questions you can ask based on the photo: **¿Con quién(es) vives? ¿Qué le(s) dices antes de salir de casa? ¿Qué tipo de ropa llevas para ir a tus clases? ¿Les prestas esta ropa a tus amigos/as? ¿Qué ropa usaste en el verano? ¿Y en el invierno?**

INSTRUCTIONAL RESOURCES

DESCUBRE 1B Supersite: vhlcentral.com

Student Materials
Print: Student Book, Workbooks (*Cuaderno de práctica y actividades comunicativas, Cuaderno para hispanohablantes*)
Technology: **vText**, *e-Cuaderno* and Supersite (Audio, Video, Practice)

Teacher Materials
DVDs (*Fotonovela, Flash cultura, Panorama cultural*); Teacher's Resource CD-ROM (Activity Pack, Scripts, Answer Keys, Grammar Slides, Presentation PDFs, Testing Program); Testing Program, Textbook, Audio Activities CDs; Supersite: Resources (Planning and Teaching Resources from Teacher's Resource CD-ROM), Learning Management System (Gradebook, Assignments), Lesson Plans, Middle School Activity Pack

Activity Pack and Testing Program also available in print

Voice boards on the Supersite allow you and your students to record and share up to five minutes of audio. Use voice boards for presentations, oral assessments, discussions, directions, etc.

Section Goals

In **Contextos**, students will learn and practice:

- vocabulary to talk about daily routines
- reflexive verbs to talk about daily routines
- adverbs of time

Communication 1.2
Comparisons 4.1

Instructional Resources

vText
Cuaderno de práctica y actividades comunicativas, pp. 63–65
Cuaderno para hispanohablantes, pp. 99–100
e-Cuaderno
Supersite: Textbook, Vocabulary, & Audio Activities MP3 Audio Files
Supersite/TRCD: Presentation PDF #31, Textbook Audio Script, Audio Activities Script, Answer Keys, Testing Program Quizzes
Textbook CD
Audio Activities CD
Activity Pack
Middle School Activity Pack

Note: From this point on, instructions are in Spanish. Tell students that they can use cognates to help them understand the instructions.

Teaching Tips

- Write **levantarse por la mañana** on the board and explain that it means *to get up in the morning.* Ask: **¿A qué hora te levantas por la mañana los lunes?** Ask another student: **¿A qué hora se levanta ____?** Then ask about Saturdays. Write **acostarse (o:ue)** on the board and explain that it means *to go to bed.* Follow the same procedure as for **levantarse**.
- Reflexives will only be used in the infinitive and third-person forms until **Estructura 7.1.**
- Use the **Lección 7 Contextos** Presentation PDFs to assist with this presentation.
- Make true/false statements about the illustrations.

La rutina diaria

Audio: Vocabulary Tutorials, Games

Más vocabulario

el baño, el cuarto de baño	*bathroom*
el inodoro	*toilet*
el jabón	*soap*
el despertador	*alarm clock*
el maquillaje	*makeup*
la rutina diaria	*daily routine*
bañarse	*to bathe; to take a bath*
cepillarse el pelo	*to brush one's hair*
dormirse (o:ue)	*to go to sleep; to fall asleep*
lavarse la cara	*to wash one's face*
levantarse	*to get up*
maquillarse	*to put on makeup*
antes (de)	*before*
después	*afterwards; then*
después (de)	*after*
durante	*during*
entonces	*then*
luego	*then*
más tarde	*later*
por la mañana	*in the morning*
por la noche	*at night*
por la tarde	*in the afternoon; in the evening*
por último	*finally*

Variación léxica

afeitarse ⟷ rasurarse *(Méx., Amér. C.)*
ducha ⟷ regadera *(Col., Méx., Venez.)*
ducharse ⟷ bañarse *(Amér. L.)*
pantuflas ⟷ chancletas *(Méx., Col.)*; zapatillas *(Esp.)*

recursos

vText	CPA pp. 63–65	CH pp. 99–100	vhlcentral.com

En la habitación por la mañana

En el baño por la mañana

TEACHING OPTIONS

TPR In groups of three, have students take turns miming actions involving daily routines. The other group members should guess the verb or verb phrase. You may want to have students use only the infinitive form at this point. Ex: A student mimes washing hands (**lavarse las manos**).

EXPANSION

Variación léxica Ask heritage speakers if they use any of the words in **Variación léxica** and if they know of other words used to describe daily routines (Ex: **lavarse la boca/los dientes**). You may want to point out that other words for *bedroom* include **la alcoba, el aposento, el cuarto, el dormitorio, la pieza,** and **la recámara.**

En la habitación por la noche

En el baño por la noche

Práctica

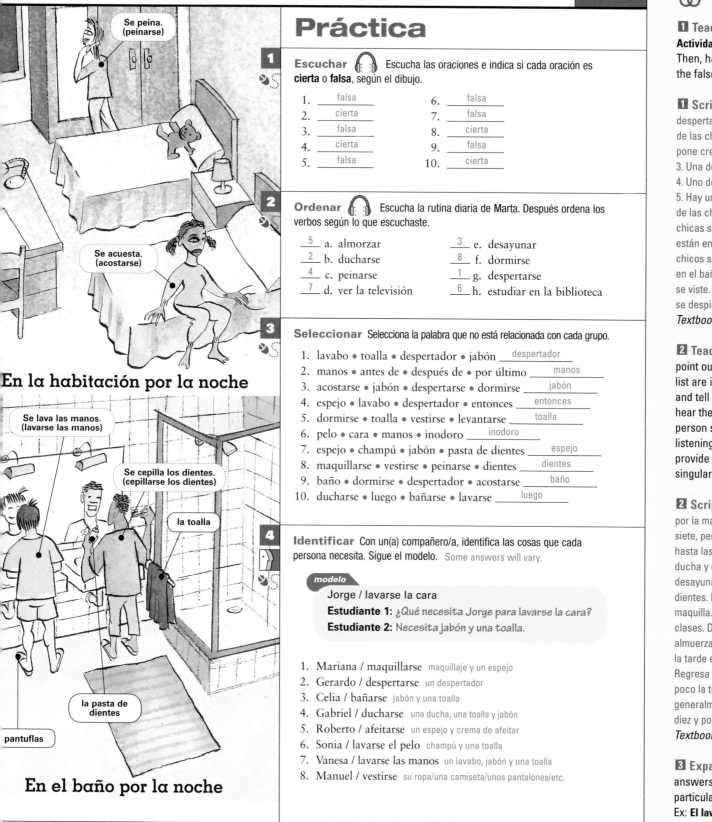

1 Escuchar Escucha las oraciones e indica si cada oración es **cierta** o **falsa**, según el dibujo.

1. falsa
2. cierta
3. falsa
4. cierta
5. falsa
6. falsa
7. falsa
8. cierta
9. falsa
10. cierta

2 Ordenar Escucha la rutina diaria de Marta. Después ordena los verbos según lo que escuchaste.

5 a. almorzar
2 b. ducharse
4 c. peinarse
7 d. ver la televisión
3 e. desayunar
8 f. dormirse
1 g. despertarse
6 h. estudiar en la biblioteca

3 Seleccionar Selecciona la palabra que no está relacionada con cada grupo.

1. lavabo • toalla • despertador • jabón despertador
2. manos • antes de • después de • por último manos
3. acostarse • jabón • despertarse • dormirse jabón
4. espejo • lavabo • despertador • entonces entonces
5. dormirse • toalla • vestirse • levantarse toalla
6. pelo • cara • manos • inodoro inodoro
7. espejo • champú • jabón • pasta de dientes espejo
8. maquillarse • vestirse • peinarse • dientes dientes
9. baño • dormirse • despertador • acostarse baño
10. ducharse • luego • bañarse • lavarse luego

4 Identificar Con un(a) compañero/a, identifica las cosas que cada persona necesita. Sigue el modelo. Some answers will vary.

modelo
Jorge / lavarse la cara
Estudiante 1: *¿Qué necesita Jorge para lavarse la cara?*
Estudiante 2: *Necesita jabón y una toalla.*

1. Mariana / maquillarse maquillaje y un espejo
2. Gerardo / despertarse un despertador
3. Celia / bañarse jabón y una toalla
4. Gabriel / ducharse una ducha, una toalla y jabón
5. Roberto / afeitarse un espejo y crema de afeitar
6. Sonia / lavarse el pelo champú y una toalla
7. Vanesa / lavarse las manos un lavabo, jabón y una toalla
8. Manuel / vestirse su ropa/una camiseta/unos pantalones/etc.

TEACHING OPTIONS

Pairs Have students write out three daily routine activities without showing them to their partner. The partner will ask questions that contain adverbs of time in order to guess the action. Ex: **—¿Es antes o después de ducharse? —Antes de ducharse. —¿Es levantarse? —Sí.**

TEACHING OPTIONS

Small Groups Write verbs and verb phrases used to describe daily routines on separate note cards. Divide the class into small groups and give each group a set of cards. Students should work together to determine the most logical sequence in which the actions may occur.

Communication 1.1

1 Teaching Tip Go over **Actividad 1** with the class. Then, have volunteers correct the false statements.

1 Script 1. Hay dos despertadores en la habitación de las chicas. 2. Un chico se pone crema de afeitar en la cara. 3. Una de las chicas se ducha. 4. Uno de los chicos se afeita. 5. Hay una toalla en la habitación de las chicas. 6. Una de las chicas se maquilla. 7. Las chicas están en el baño. 8. Uno de los chicos se cepilla los dientes en el baño. 9. Uno de los chicos se viste. 10. Una de las chicas se despierta. *Textbook CD*

2 Teaching Tip To simplify, point out that the verbs in the list are in the infinitive form and tell students that they will hear them in conjugated (third-person singular) form. Before listening, have volunteers provide the third-person singular form of each verb.

2 Script Normalmente, Marta por la mañana se despierta a las siete, pero no puede levantarse hasta las siete y media. Se ducha y después se viste. Luego desayuna y se cepilla los dientes. Después, se peina y se maquilla. Entonces sale para sus clases. Después de las clases almuerza con sus amigos y por la tarde estudia en la biblioteca. Regresa a casa, cena y ve un poco la televisión. Por la noche, generalmente se acuesta a las diez y por último, se duerme. *Textbook CD*

3 Expansion Go over the answers and explain why a particular item does not belong. Ex: **El lavabo, la toalla y el jabón son para lavarse. El despertador es para despertarse.**

4 Expansion Have students make statements about the people's actions, then ask a question. Ex: **Jorge se lava la cara. ¿Qué necesita?**

5 Teaching Tip To simplify, first have students identify the adverbs of time in the sentences. Then have them read through all the items before attempting to put them in order.

5 Expansion Ask students if Andrés's schedule represents that of a "typical" student. Ask: **Un estudiante típico, ¿se despierta normalmente a las seis y media de la mañana? ¿A qué hora se despiertan ustedes?**

6 Expansion

- Ask brief comprehension questions about the actions in the drawings. Ex: **¿Quién se maquilla? (Lupe) ¿Quién se cepilla el pelo? (Ángel)**
- If students ask, point out that in drawing number 7, **Ángel se mira en el espejo**. Reflexive pronouns and verbs will be formally presented in **Estructura 7.1.** For now it is enough just to explain that *he is looking at himself*, hence the use of the pronoun **se**.

5 La rutina de Andrés Ordena esta rutina de una manera lógica.

a. Se afeita después de cepillarse los dientes. 4
b. Se acuesta a las once y media de la noche. 9
c. Por último, se duerme. 10
d. Después de afeitarse, sale para las clases. 5
e. Asiste a todas sus clases y vuelve a su casa. 6
f. Andrés se despierta a las seis y media de la mañana. 1
g. Después de volver a casa, come un poco. Luego estudia en su habitación. 7
h. Se viste y entonces se cepilla los dientes. 3
i. Se cepilla los dientes antes de acostarse. 8
j. Se ducha antes de vestirse. 2

6 La rutina diaria Con un(a) compañero/a, mira los dibujos y describe lo que hacen Ángel y Lupe.
Some answers may vary.

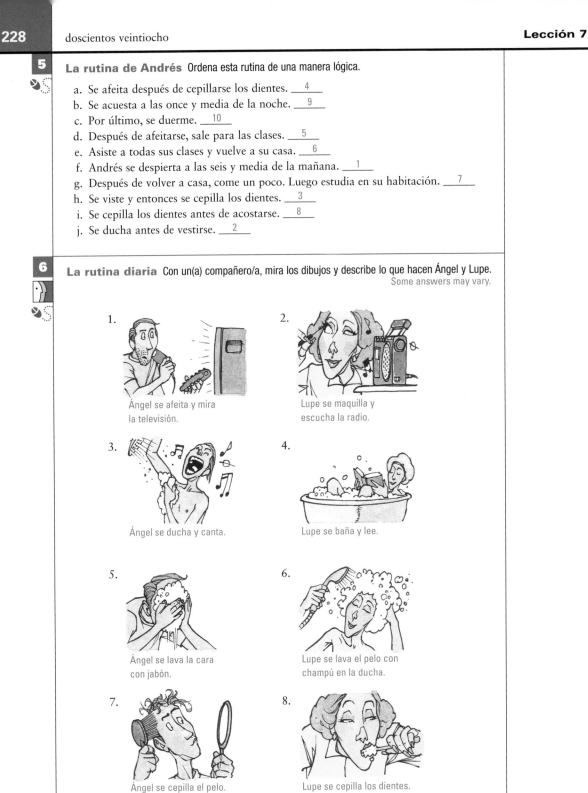

1.

Ángel se afeita y mira la televisión.

2.

Lupe se maquilla y escucha la radio.

3.

Ángel se ducha y canta.

4.

Lupe se baña y lee.

5.

Ángel se lava la cara con jabón.

6.

Lupe se lava el pelo con champú en la ducha.

7.

Ángel se cepilla el pelo.

8.

Lupe se cepilla los dientes.

 Practice more at **vhlcentral.com.**

EXPANSION

Extra Practice Name daily routine activities and have students list all the words that they associate with each activity, such as things, places, and parts of the body. Ex: **lavarse las manos: el jabón, el cuarto de baño, el agua, la toalla**

TEACHING OPTIONS

Small Groups In groups of three or four, students think of a famous person or character and describe his or her daily routine. In their descriptions, students may use names of friends or family of the famous person or character. Have groups read their descriptions aloud for the rest of the class to guess.

Communication 1.1, 1.2

Comunicación

7

La farmacia Lee el anuncio y responde a las preguntas con un(a) compañero/a. Answers will vary.

LA FARMACIA NUEVO SOL tiene todo lo que necesitas para la vida diaria.

Esta semana tenemos grandes rebajas.

Con poco dinero puedes comprar lo que necesitas para el cuarto de baño ideal.

Para los hombres ofrecemos...
Excelentes cremas de afeitar de Guapo y Máximo

Para las mujeres ofrecemos...
Nuevo maquillaje de Marisol y jabones de baño Ilusiones y Belleza

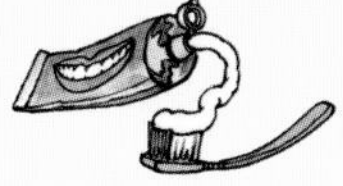

Y para todos tenemos los mejores jabones, pastas de dientes y cepillos de dientes.

¡Visita **LA FARMACIA NUEVO SOL**!
Tenemos los mejores precios. Visita nuestra tienda muy cerca de tu casa.

1. ¿Qué tipo de tienda es? Es una farmacia.
2. ¿Qué productos ofrecen para las mujeres? maquillaje, jabones de baño
3. ¿Qué productos ofrecen para los hombres? cremas de afeitar
4. Haz (*Make*) una lista de los verbos que asocias con los productos del anuncio. Suggested answers: afeitarse, maquillarse, cepillarse los dientes, ducharse/bañarse
5. ¿Dónde compras tus productos de higiene? Answers will vary.
6. ¿Tienes una tienda favorita? ¿Cuál es? Answers will vary.

8

Rutinas diarias Trabajen en parejas para describir la rutina diaria de dos o tres de estas personas. Pueden usar palabras de la lista. Answers will vary.

antes (de)	entonces	primero
después (de)	luego	tarde
durante el día	por último	temprano

- un(a) maestro/a
- un(a) turista
- un hombre o una mujer de negocios (*businessman/woman*)
- un vigilante nocturno (*night watchman*)
- un(a) jubilado/a (*retired person*)
- el presidente/primer ministro de tu país
- un niño de cuatro años
- Daniel Espinosa

NOTA CULTURAL

Daniel Espinosa (México, 1961) es un famoso diseñador de joyería (*jewelry*). Su trabajo es vanguardista (*avant-garde*), arriesgado (*daring*) e innovador. Su material favorito es la plata (*silver*). Entre sus clientes están Salma Hayek, Nelly Furtado, Eva Longoria, Gwyneth Paltrow y Daisy Fuentes.

7 Expansion

- Ask small groups to write a competing ad for another pharmacy. Have each group present its ad to the class, who will vote for the most persuasive one.
- In pairs, have students write a conversation between a customer and an employee at **La Farmacia Nuevo Sol**. Encourage creativity. Have a few volunteers role-play their conversations for the class.

8 Teaching Tip To add a presentational and interpretive element to this activity, tell students to write descriptions without saying who they are describing. Have pairs exchange papers, read each other's work, and guess the identity of each person.

8 Expansion Ask volunteers to read their descriptions aloud. Ask other pairs who chose the same people if their descriptions are similar or how they differ.

TEACHING OPTIONS

Small Groups In small groups, have students write and act out a brief skit. Tell them to imagine that they are siblings who are trying to get ready for school at the same time, but there is only one bathroom in the home. Have the class vote for the most original or funniest skit.

DIFFERENTIATION

Heritage Speakers Ask heritage speakers to write paragraphs in which they describe the daily routine in their family. Have students present their paragraphs orally to the class. Verify comprehension by asking other students to paraphrase portions of the speaker's description.

Section Goals

In **Fotonovela**, students will:

- receive comprehensible input from free-flowing discourse
- learn functional phrases that preview lesson's grammatical structures

Communication 1.2
Cultures 2.1, 2.2

Instructional Resources
vText
Cuaderno de práctica y actividades comunicativas, pp. 66–67
e-Cuaderno
Supersite/DVD: ***Fotonovela***
Supersite/TRCD: ***Fotonovela*** Video Script & Translation, Answer Keys

Video Recap: Lección 6
Before doing this **Fotonovela** section, review the previous episode with these questions. **1. ¿Quién regateó con don Guillermo? ¿Recibió un buen descuento? (Maru regateó con don Guillermo. Sí, recibió un buen descuento.) 2. ¿Quiénes miraron faldas, blusas, bolsas y zapatos? (Jimena, Marissa y Maru los miraron.) 3. ¿Qué compró Miguel y para quién? (Miguel le compró unos aretes a Maru.) 4. Según don Guillermo, ¿quién ganó? (Miguel ganó.)**

Video Synopsis **Marissa, Felipe,** and **Jimena** all have plans to go out on a Friday night, but must compete for space in front of the mirror as they get ready. **Felipe** wins. **Marissa** convinces **Jimena** to go with her to the movies.

Teaching Tips

- Hand out the **Antes de ver el video** and the **Mientras ves el video** activities from the ***Cuaderno de práctica y actividades comunicativas*** and go over the **Antes de ver** questions before starting the **Fotonovela**.
- Have students skim the **Fotonovela** captions and write down their impressions. Ask a few volunteers to share their impressions with the class.

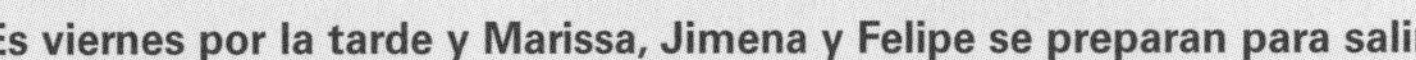

¡Necesito arreglarme!

Es viernes por la tarde y Marissa, Jimena y Felipe se preparan para salir.

PERSONAJES

MARISSA

JIMENA

Video: ***Fotonovela***
Record and Compare

1 **MARISSA** ¿Hola? ¿Está ocupado?
JIMENA Sí. Me estoy lavando la cara.
MARISSA Necesito usar el baño.

2 **MARISSA** Tengo que terminar de arreglarme. Voy al cine esta noche.
JIMENA Yo también tengo que salir. ¿Te importa si me maquillo primero? Me voy a encontrar con mi amiga Elena en una hora.

3 **JIMENA** ¡Felipe! ¿Qué estás haciendo?
FELIPE Me estoy afeitando. ¿Hay algún problema?
JIMENA ¡Siempre haces lo mismo!
FELIPE Pues, yo no vi a nadie aquí.

6 **MARISSA** Tú ganas. ¿Adónde vas a ir esta noche, Felipe?
FELIPE Juan Carlos y yo vamos a ir a un café en el centro. Siempre hay música en vivo. (*Se despide.*) Me siento guapísimo. Todavía me falta cambiarme la camisa.

7 **MARISSA** ¿Adónde vas esta noche?
JIMENA A la biblioteca.
MARISSA ¡Es viernes! ¡Nadie debe estudiar los viernes! Voy a ver una película de Pedro Almodóvar con unas amigas.

8 **MARISSA** ¿Por qué no vienen tú y Elena al cine con nosotras? Después, podemos ir a ese café y molestar a Felipe.

TEACHING OPTIONS

¡Necesito arreglarme! Play the **¡Necesito arreglarme!** episode one time and have students jot down notes on what they see and hear. Then have them work in small groups to compare notes and prepare a brief plot summary. Play the segment again. Have students return to their groups to refine their summaries. Finally, discuss the plot with the entire class and correct any errors of fact or sequencing.

FELIPE

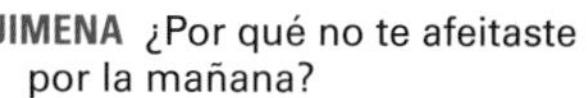

JIMENA ¿Por qué no te afeitaste por la mañana?

FELIPE Porque cada vez que quiero usar el baño, una de ustedes está aquí. O bañándose o maquillándose.

JIMENA No te preocupes, Marissa. Llegaste primero. Entonces, te arreglas el pelo y después me maquillo.

FELIPE ¿Y yo? Tengo crema de afeitar en la cara. No me voy a ir. Estoy aquí y aquí me quedo.

JIMENA No sé.

MARISSA ¿Cuándo fue la última vez que viste a Juan Carlos?

JIMENA Cuando fuimos a Mérida.

MARISSA A ti te gusta ese chico.

JIMENA No tengo idea de qué estás hablando. Si no te importa, nos vemos en el cine.

Expresiones útiles

Talking about getting ready

Necesito arreglarme.
I need to get ready.
Me estoy lavando la cara.
I'm washing my face.
¿Te importa si me maquillo primero?
Is it OK with you if I put on my makeup first?
Tú te arreglas el pelo y después yo me maquillo.
You fix your hair and then I'll put on my makeup.
Todavía me falta cambiarme la camisa.
I still have to change my shirt.

Reassuring someone

Tranquilo/a.
Relax.
No te preocupes.
Don't worry.

Talking about past actions

¿Cuándo fue la última vez que viste a Juan Carlos?
When was the last time you saw Juan Carlos?
Cuando fuimos a Mérida.
When we went to Mérida.

Talking about likes and dislikes

Me fascinan las películas de Almodóvar.
I love Almodóvar's movies.
Me encanta la música en vivo.
I love live music.
Me molesta compartir el baño.
It bothers me to share the bathroom.

Additional vocabulary

encontrarse con *to meet up with*
molestar *to bother*
nadie *no one*

recursos

vText	CPA pp. 66–67	vhlcentral.com

Expresiones útiles Draw attention to the verb forms **fue** and **fuimos** in the caption of video still 9. Tell students that these are preterite forms of the verbs **ser** and **ir,** respectively. Then explain that the context clarifies which verb is used. Point out the phrases **Me estoy lavando, me maquillo, te arreglas,** and **No te preocupes**. Tell the class that these are forms of the reflexive verbs **lavarse, maquillarse, arreglarse**, and **preocuparse**. Then, point out the phrases **Me fascinan, Me encanta**, and **Me molesta**. Explain that these are examples of verbs that have constructions similar to that of **gustar**. Finally, draw attention to the caption for video still 3 and point out the words **algún, Siempre**, and **nadie**. Explain that **algún** and **Siempre** are indefinite words and **nadie** is a negative word. Tell students that they will learn more about these concepts in **Estructura**.

Teaching Tip Have students get together in groups of three to role-play the episode. Encourage students to ad-lib when possible. Then, ask one or two groups to present the episode to the class.

Nota cultural In the Spanish-speaking world, young people tend to dress more formally than their U.S. counterparts, not only for parties, but also to go see a movie or attend class. This concept is known as **lucir bien** (*to look good*). In some countries, for people of all ages, dressing in an overly casual manner may result in poorer service at certain establishments.

TEACHING OPTIONS

TPR Ask students to write **Marissa, Jimena,** and **Felipe** on separate pieces of paper. Read aloud statements from the perspective of the characters and have students hold up the corresponding name. Ex: **Me quiero arreglar el pelo. (Marissa) Mi hermano se está afeitando. (Jimena) Me pongo roja porque tengo vergüenza. (Jimena) Me siento muy guapo. (Felipe)**

Small Groups Ask students to select one of the characters and write a short description about what they think his or her daily routine is like. Then have students who picked the same character get together to find similarities and differences in their descriptions.

Pairs Ask pairs of students to work together to create six true/false sentences about the **Fotonovela.** Have pairs exchange papers and complete the activity.

 Communication 1.1, 1.2

1 Expansion Give students these true/false statements as items 6–7: **6. Felipe va a encontrarse con Juan Carlos en una discoteca. (Falso. Ellos van a encontrarse en un café.) 7. La última vez que Jimena vio a Juan Carlos fue ayer. (Falso. Fue en Mérida.)**

Nota cultural
Pedro Almodóvar's cinematic works involve complex narratives and themes of family, identity, and desire. In a career spanning decades, this Spanish filmmaker has won numerous awards. Almodóvar's first movie to have major international success was the 1988 film ***Mujeres al borde de un ataque de nervios.***

2 Expansion Give students these sentences as items 7–8: **7. Quiero ponerme otra camisa. (Felipe) 8. Debes venir al cine. (Marissa)**

3 Expansion Ask pairs to imagine another character's plans and list them using the **yo** form of the verbs, as in the activity. Then have pairs share their lists with the class.

4 Possible Conversation
E1: Quiero arreglarme porque voy a ir al cine.
E2: Pues, necesito arreglarme porque voy a encontrarme con mis amigos.
E1: ¿Puedo secarme el pelo?
E2: No, porque necesito lavarme la cara.
E1: Está bien. Puedes lavarte la cara, pero después necesito secarme el pelo.
E2: De acuerdo. Puedes secarte el pelo, pero después necesito peinarme.

4 Partner Chat You can also assign activity 4 on the Supersite. Students work in pairs to record the activity online. The pair's recorded conversation will appear in your gradebook.

¿Qué pasó?

1 **¿Cierto o falso?** Indica si lo que dicen estas oraciones es **cierto** o **falso.** Corrige las oraciones falsas.

1. Marissa va a ver una película de Pedro Almodóvar con unas amigas.
   Cierto.
2. Jimena se va a encontrar con Elena en dos horas.
   Falso. Jimena se va a encontrar con Elena en una hora.
3. Felipe se siente muy feo después de afeitarse.
   Falso. Felipe se siente guapísimo después de afeitarse.
4. Jimena quiere maquillarse.
   Cierto.
5. Marissa quiere ir al café para molestar a Juan Carlos.
   Falso. Marissa quiere ir al café para molestar a Felipe.

2 **Identificar** Identifica quién puede decir estas oraciones. Puedes usar cada nombre más de una vez.

1. No puedo usar el baño porque siempre están aquí, o bañándose o maquillándose. Felipe
2. Quiero arreglarme el pelo porque voy al cine esta noche. Marissa

3. Hoy voy a ir a la biblioteca. Jimena
4. ¡Necesito arreglarme! Marissa/Jimena/Felipe
5. Te gusta Juan Carlos. Marissa
6. ¿Por qué quieres afeitarte cuando estamos en el baño? Jimena/Marissa

MARISSA

FELIPE

JIMENA

3 **Ordenar** Ordena correctamente los planes que tiene Marissa.

5 a. Voy al café.
2 b. Me arreglo el pelo.
6 c. Molesto a Felipe.
3 d. Me encuentro con unas amigas.
1 e. Entro al baño.
4 f. Voy al cine.

4 **En el baño** Trabajen en parejas para representar los papeles de dos compañeros/as de cuarto que deben usar el baño al mismo tiempo para hacer su rutina diaria. Usen las instrucciones como guía.
Answers will vary.

Estudiante 1	Estudiante 2
Di (*Say*) que quieres arreglarte porque vas a ir al cine.	→ Di (*Say*) que necesitas arreglarte porque te vas a encontrar con tus amigos/as.
Pregunta si puedes secarte el pelo.	→ Responde que no porque necesitas lavarte la cara.
Di que puede lavarse la cara, pero que después necesitas secarte el pelo.	→ Di que puede secarse el pelo, pero que después necesitas peinarte.

 Practice more at **vhlcentral.com.**

EXPANSION

Extra Practice Add an auditory aspect to this practice. Ask students to close their books. Then read aloud the sentences from **Actividad 3**, in the correct order. Read each sentence twice slowly to give students an opportunity to write. Then read them again at normal speed, without pausing, to allow students to check for accuracy or fill in any gaps.

TEACHING OPTIONS

Small Groups Have students get together in small groups to discuss and compare their daily routines. Have them use as many of the words and expressions from this lesson as they can. Then ask for a few volunteers to describe the daily routine of one of their group members.

Pronunciación 

Audio: Explanation
Record and Compare

The consonant r

ropa **rutina** **rico** **Ramón**

In Spanish, **r** has a strong trilled sound at the beginning of a word. No English words have a trill, but English speakers often produce a trill when they imitate the sound of a motor.

gustar **durante** **primero** **crema**

In any other position, **r** has a weak sound similar to the English *tt* in *better* or the English *dd* in *ladder*. In contrast to English, the tongue touches the roof of the mouth behind the teeth.

pizarra **corro** **marrón** **aburrido**

The letter combination **rr**, which only appears between vowels, always has a strong trilled sound.

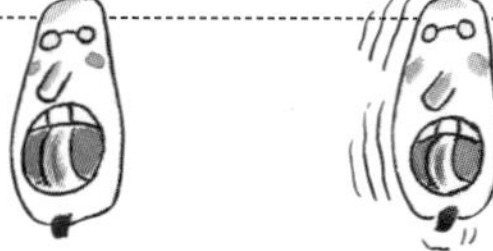

caro **carro** **pero** **perro**

Between vowels, the difference between the strong trilled **rr** and the weak **r** is very important, as a mispronunciation could lead to confusion between two different words.

Práctica Lee las palabras en voz alta, prestando (*paying*) atención a la pronunciación de la **r** y la **rr**.

1. Perú	4. madre	7. rubio	10. tarde
2. Rosa	5. comprar	8. reloj	11. cerrar
3. borrador	6. favor	9. Arequipa	12. despertador

Oraciones Lee las oraciones en voz alta, prestando atención a la pronunciación de la **r** y la **rr**.

1. Ramón Robles Ruiz es programador. Su esposa Rosaura es artista.
2. A Rosaura Robles le encanta regatear en el mercado.
3. Ramón nunca regatea... le aburre regatear.
4. Rosaura siempre compra cosas baratas.
5. Ramón no es rico, pero prefiere comprar cosas muy caras.
6. ¡El martes Ramón compró un carro nuevo!

Refranes Lee en voz alta los refranes, prestando atención a la **r** y a la **rr**.

Perro que ladra no muerde.[1]

No se ganó Zamora en una hora.[2]

1 A dog's bark is worse than its bite.
2 Rome wasn't built in a day.

recursos

v̂Text	CPA p. 68	CH p. 101	vhlcentral.com

Section Goal

In **Pronunciación**, students will be introduced to the pronunciation of the consonant **r** and the letter combination **rr**.

 Comparisons 4.1

Instructional Resources
v̂Text
Cuaderno de práctica y actividades comunicativas, p. 68
Cuaderno para hispanohablantes, p. 101
e-Cuaderno
Supersite: Textbook & Audio Activities MP3 Audio Files
Supersite/TRCD: Textbook Audio Script, Audio Activities Script, Answer Keys
Textbook CD
Audio Activities CD

Teaching Tips

- Explain that **r** is trilled at the beginning of a word, and that there are no words that have a trill in American English. Model the pronunciation of **ropa, rutina, rico,** and **Ramón** and have the class repeat.
- Point out that in any other position, **r** is pronounced like the *tt* in American English *better*. Write the words **gustar, durante, primero,** and **crema** on the board and ask a volunteer to pronounce each word.
- Point out that **rr** always has a strong trilled sound and that it only appears between vowels. Pronounce the words **pizarra, corro, marrón,** and **aburrido,** and have the class repeat.
- To help students discriminate between **r** and **rr**, write on the board the pairs **caro/carro** and **pero/perro**. Then pronounce each pair several times in random order, pausing after each for students to repeat.
- If students struggle with the trill of **rr**, have them repeat the phrases *better butter* or *I edited it* in rapid succession.

Práctica/Oraciones/Refranes

These exercises are recorded on the *Textbook* and *Audio Activities* CDs.

EXPANSION

Extra Practice Write the names of a few Peruvian cities on the board and ask for a volunteer to pronounce each name. Ex: **Huaraz, Cajamarca, Trujillo, Puerto Maldonado, Cerro de Pasco, Piura**. Then write the names of a few Peruvian literary figures on the board and repeat the process. Ex: **Ricardo Palma, Ciro Alegría, Mario Vargas Llosa, César Vallejo.**

TEACHING OPTIONS

Small Groups Have students work in small groups and take turns reading aloud sentences from the **Fotonovela** episode in this lesson and in previous lessons, focusing on the correct pronunciation of **r** and **rr**.

Extra Practice Write this rhyme on the board and have students practice trilling: **Erre con erre, cigarro, erre con erre, barril, rápido corren los carros, sobre los rieles del ferrocarril.**

Section Goals

In **Cultura**, students will:

- read about the custom of **la siesta**
- learn terms related to personal hygiene
- read about how drinking **mate** is part of a daily routine
- read about special customs in Mexico, El Salvador, Costa Rica, and Argentina

Communication 1.1, 1.2
Cultures 2.1, 2.2
Connections 3.1, 3.2
Comparisons 4.2

21st CENTURY SKILLS

Global Awareness
Students will gain perspectives on the Spanish-speaking world to develop respect and openness to others and to interact appropriately and effectively with citizens of Spanish-speaking cultures.

Instructional Resources
vText
Cuaderno para hispanohablantes, p. 102

En detalle

Antes de leer Ask students about their sleep habits. **¿Cuántas horas duermes al día? Si no duermes bien durante la noche, ¿te duermes en clase?**

Lectura

- Point out that observance of the **siesta** is not universal. For example, when Spain entered the European Union, businesspeople adjusted their work schedules to mirror other EU countries.
- Explain that, as a result of the midday rest, a typical workday might end at 7 or 8 p.m.

Después de leer Ask students if the **siesta** should be incorporated into academic and business schedules in the U.S. or Canada. What sort of impact would this have?

1 Expansion Ask students to create questions related to the corrected statements. Ex: **1. ¿Dónde empezó la costumbre de la siesta?**

EN DETALLE

La siesta

¿Sientes cansancio° después de comer?

¿Te cuesta° volver al trabajo° o a clase después del almuerzo? Estas sensaciones son normales. A muchas personas les gusta relajarse° después de almorzar. Este momento de descanso es **la siesta.** La siesta es popular en los países hispanos y viene de una antigua costumbre° del área del Mediterráneo. La palabra *siesta* viene del latín, es una forma corta de decir "sexta hora". La sexta hora del día es después del mediodía, el momento de más calor. Debido al° calor y al cansancio, los habitantes de España, Italia, Grecia y Portugal tienen la costumbre de dormir la siesta desde hace° más de° dos mil años. Los españoles y los portugueses llevaron la costumbre a los países americanos.

Aunque° hoy día esta costumbre está desapareciendo° en las grandes ciudades, la siesta todavía es importante en la cultura hispana. En pueblos pequeños, por ejemplo, muchas oficinas° y tiendas tienen la costumbre de cerrar por dos o tres horas después del mediodía. Los empleados van a su casa, almuerzan con sus familias, duermen la siesta o hacen actividades, como ir al gimnasio, y luego regresan al trabajo entre las 2:30 y las 4:30 de la tarde.

Los estudios científicos explican que una siesta corta después de almorzar ayuda° a trabajar más y mejor° durante la tarde. Pero ¡cuidado! Esta siesta debe durar° sólo entre veinte y cuarenta minutos. Si dormimos más, entramos en la fase de sueño profundo y es difícil despertarse.

Hoy, algunas empresas° de los EE.UU., Canadá, Japón, Inglaterra y Alemania tienen salas° especiales donde los empleados pueden dormir la siesta.

¿Dónde duermen la siesta?

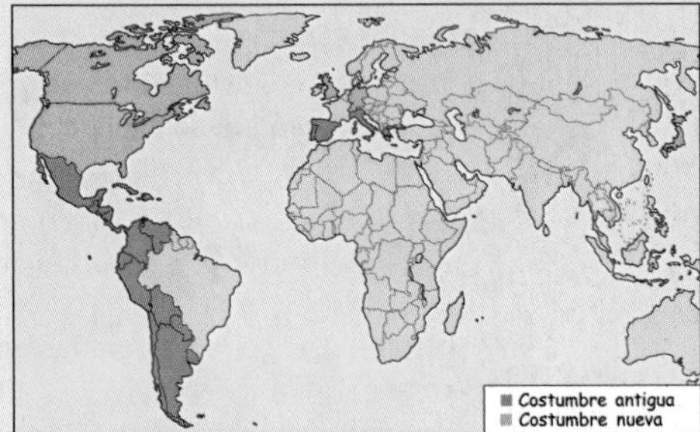

En los lugares donde la siesta es una costumbre antigua, las personas la duermen en su casa. En los países donde la siesta es una costumbre nueva, la gente duerme en sus lugares de trabajo o en centros de siesta.

Sientes cansancio *Do you feel tired* **Te cuesta** *Is it hard for you* **trabajo** *work* **relajarse** *to relax* **antigua costumbre** *old custom* **Debido al** *Because (of)* **desde hace** *for* **más de** *more than* **Aunque** *Although* **está desapareciendo** *is disappearing* **oficinas** *offices* **ayuda** *helps* **mejor** *better* **durar** *last* **algunas empresas** *some businesses* **salas** *rooms*

ACTIVIDADES

1  **¿Cierto o falso?** Indica si lo que dicen las oraciones es **cierto** o **falso**. Corrige la información falsa.

1. La costumbre de la siesta empezó en Asia. **Falso.** La costumbre de la siesta empezó en el área del Mediterráneo.
2. La palabra siesta está relacionada con la sexta hora del día. **Cierto.**
3. Los españoles y los portugueses llevaron la costumbre de la siesta a Latinoamérica. **Cierto.**
4. La siesta ayuda a trabajar más y mejor durante la tarde. **Cierto.**
5. Los horarios de trabajo de las grandes ciudades hispanas son los mismos que los pueblos pequeños. **Falso.** En las grandes ciudades hispanas la costumbre de la siesta está desapareciendo.
6. Una siesta larga siempre es mejor que una siesta corta. **Falso.** La siesta debe durar entre veinte y cuarenta minutos.
7. En los Estados Unidos, los empleados de algunas empresas pueden dormir la siesta en el trabajo. **Cierto.**
8. Es fácil despertar de un sueño profundo. **Falso.** Es difícil despertar de un sueño profundo.

TEACHING OPTIONS

Small Groups Have students work in small groups to invent an original product related to the **siesta**. Then have them present an ad for their product to the class. Encourage creativity. Ex: **¿Tienes problemas para despertarte después de la siesta? Necesitas el nuevo despertador "AguaSiestas". Si no quieres entrar en la fase de sueño profundo, sólo pones el despertador y a los veinte minutos, se convierte en una mini-ducha de agua fría.** Have the class vote for the products they would most likely buy.

TEACHING OPTIONS

Large Groups Divide the class into two groups. Have students debate the advantages and disadvantages of the **siesta** in the workplace and school life. Allow each group time to prepare their arguments and provide additional vocabulary as needed.

ASÍ SE DICE

El cuidado personal

el aseo; el excusado; el servicio; el váter (Esp.)	el baño
el cortaúñas	*nail clippers*
el desodorante	*deodorant*
el enjuague bucal	*mouthwash*
el hilo dental/ la seda dental	*dental floss*
la máquina de afeitar/ de rasurar (Méx.)	*electric razor*

EL MUNDO HISPANO

Costumbres especiales

- **México y El Salvador** Los vendedores pasan por las calles anunciando a gritos° su mercancía°: tanques de gas y flores° en México; pan y tortillas en El Salvador.
- **Costa Rica** Para encontrar las direcciones°, los costarricenses usan referencias a anécdotas, lugares o características geográficas. Por ejemplo: *200 metros norte de la iglesia Católica, frente al° supermercado Mi Mega.*
- **Argentina** En Tigre, una ciudad junto al Río° de la Plata, la gente usa barcos particulares°, barcos colectivos° y barcos-taxi para ir de una isla a otra. Todas las mañanas, un barco colectivo recoge° a los niños y los lleva a la escuela.

gritos *shouts* mercancía *merchandise* flores *flowers* direcciones *addresses* frente al *opposite* río *river* particulares *private* barcos colectivos *collective boats* recoge *picks up*

PERFIL

El mate

El mate es una parte muy importante de la rutina diaria en muchos países. Es una bebida° muy similar al té que se consume en Argentina, Uruguay y Paraguay. Tradicionalmente se bebe caliente° con una *bombilla*° y en un recipiente° que también se llama *mate*. Por ser amarga, algunos le agregan° azúcar para suavizar su sabor°. El mate se puede tomar a cualquier° hora y en cualquier lugar, aunque en Argentina las personas prefieren sentarse en círculo e ir pasando el mate de mano en mano mientras° conversan. Los uruguayos, por otra parte, acostumbran llevar el agua° caliente para el mate en un termo° bajo el brazo° y lo beben mientras caminan. Si ves a una persona con un termo bajo el brazo y un mate en la mano, ¡es casi seguro que es de Uruguay!

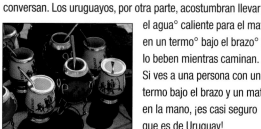

bebida *drink* caliente *hot* bombilla *straw (in Argentina)* recipiente *container* amarga *bitter* le agregan *add* suavizar su sabor *soften its flavor* cualquier *any* mientras *while* agua *water* termo *thermos* bajo el brazo *under their arm*

Conexión Internet

¿Qué costumbres son populares en los países hispanos?

Go to **vhlcentral.com** to find more cultural information related to this **Cultura** section.

ACTIVIDADES

2 Comprensión Completa las oraciones.

1. Uso 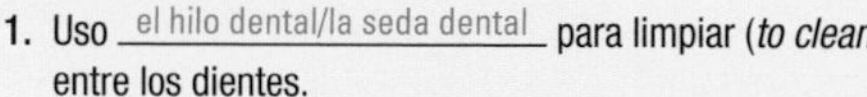 el hilo dental/la seda dental para limpiar (*to clean*) entre los dientes.
2. En El Salvador las personas compran pan y tortillas a los vendedores que pasan por la calle.
3. El mate es una bebida similar al té.
4. Los uruguayos beben mate mientras caminan.

3 ¿Qué costumbres tienes? Escribe cuatro oraciones sobre una costumbre que compartes con tus amigos o con tu familia (por ejemplo: ir al cine, ir a eventos deportivos, leer, comer juntos, etc.). Explica qué haces, cuándo lo haces y con quién. Answers will vary.

Practice more at **vhlcentral.com.**

recursos

vText

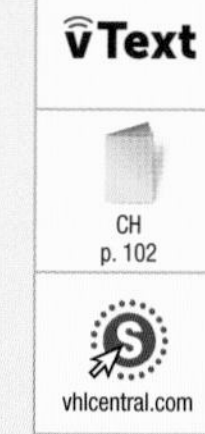

CH p. 102

vhlcentral.com

TEACHING OPTIONS

TPR On slips of paper, write phrases related to daily routines and hygiene from **Así se dice** and **Contextos** (Ex: **usar desodorante, usar enjuague bucal, afeitarse con una máquina de afeitar**). Divide the class into two teams. Have a member of team A draw out a slip of paper and mime the activity for team B to guess. Have teams alternate miming activities. Give one point for each correct answer.

PRE-AP*

Presentational Speaking with Cultural Comparison Ask pairs to choose a country not mentioned in **Perfil** or **El mundo hispano** and use the Internet to research a custom or tradition that affects daily life (Ex: **las onces,** the routine of eating an afternoon snack in Colombia and Chile). Have pairs compare and contrast the custom with one in the U.S. or Canada and present the information to the class.

Así se dice
- Point out that **cortaúñas** is a compound word.
- To challenge students, add these words to the list: **el acondicionador, el suavizante (Esp.)** (*conditioner*); **la bañera, la tina** (*bathtub*); **la crema (hidratante), la loción** (*lotion*); **el dentífrico, la crema dental (Col.), la pasta dental (Perú, P. Rico)** (*toothpaste*).
- Ask volunteers to create sentences using these words. Ex: **El aseo de mujeres está lejos de la sala de clase.**

Perfil
- Tell students that **mate** is also referred to as **yerba mate**.
- Explain that **mate** has a stimulating effect similar to that of the caffeine found in coffee or tea. Mate also has a high nutritional value, as it contains vitamins, minerals, and antioxidants.
- Draw attention to the photos. Explain that the **bombilla,** which is traditionally made of silver, serves as both a straw and a sieve. **Mate** containers are usually hollowed-out gourds, but can also be made of ceramic or metal.

El mundo hispano
Ask students to create three true/false statements based on the information. Have pairs exchange papers and complete the activity.

21st CENTURY SKILLS

Information and Media Literacy: Conexión Internet
Students access and critically evaluate information from the Internet.

2 Expansion Give students these sentences as items 5–6: **5. Venden ____ y ____ en las calles de México. (tanques de gas, flores) 6. El ____ es una bebida amarga; por eso, algunas personas lo toman con ____ (mate, azúcar)**

3 Teaching Tip To simplify, give students time expressions (Ex: **siempre, todos los años, cada mes**).

Section Goals

In **Estructura 7.1**, students will learn:
- the conjugation of reflexive verbs
- common reflexive verbs

Communication 1.1
Comparisons 4.1

Instructional Resources
vText
Cuaderno de práctica y actividades comunicativas, pp. 69–73
Cuaderno para hispanohablantes, pp. 103–104
e-Cuaderno
Supersite: Audio Activities MP3 Audio Files
Supersite/TRCD: Grammar Slides, Audio Activities Script, Answer Keys, Testing Program Quizzes
Audio Activities CD
Activity Pack
Middle School Activity Pack

Teaching Tips
- Model the first-person reflexive by talking about yourself. Ex: **Me levanto muy temprano. Me levanto a las cinco de la mañana.** Then model the second person by asking questions with the same verb. Ex: **Y tú, ____, ¿a qué hora te levantas?**
- Introduce the third-person by making statements and asking questions about what a student has told you. Ex: ____ **se levanta muy tarde, ¿no? (Sí, se levanta muy tarde.)**
- Add a visual aspect to this grammar presentation. Use magazine pictures to clarify meanings between third-person singular and third-person plural forms.
- On the board, summarize the three possible positions for reflexive pronouns. Remind students that they have already learned these positions for direct and indirect object pronouns.

7.1 Reflexive verbs

Explanation Tutorial

ANTE TODO A reflexive verb is used to indicate that the subject does something to or for himself or herself. In other words, it "reflects" the action of the verb back to the subject. Reflexive verbs always use reflexive pronouns.

SUBJECT	REFLEXIVE VERB
Joaquín	**se ducha** por la mañana.

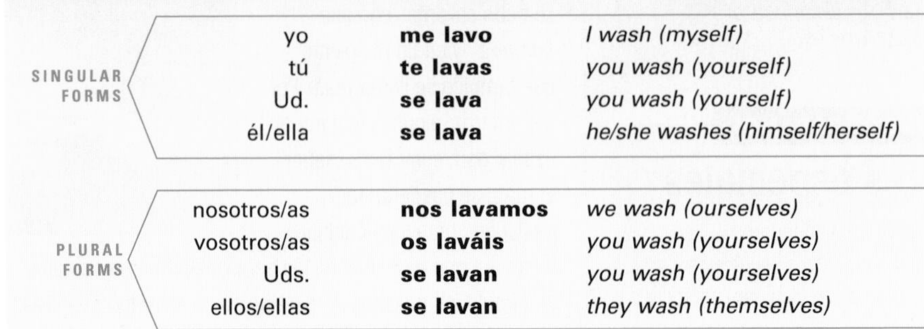

The verb lavarse (*to wash oneself*)

SINGULAR FORMS	yo	**me lavo**	*I wash (myself)*
	tú	**te lavas**	*you wash (yourself)*
	Ud.	**se lava**	*you wash (yourself)*
	él/ella	**se lava**	*he/she washes (himself/herself)*
PLURAL FORMS	nosotros/as	**nos lavamos**	*we wash (ourselves)*
	vosotros/as	**os laváis**	*you wash (yourselves)*
	Uds.	**se lavan**	*you wash (yourselves)*
	ellos/ellas	**se lavan**	*they wash (themselves)*

AYUDA

Except for **se**, reflexive pronouns have the same forms as direct and indirect object pronouns.

• • •

Se is used for both singular and plural subjects—there is no individual plural form:

Pablo **se** lava.
Ellos **se** lavan.

- The pronoun **se** attached to an infinitive identifies the verb as reflexive: **lavarse.**
- When a reflexive verb is conjugated, the reflexive pronoun agrees with the subject.

Me afeito. **Te despiertas** a las siete.

¿Te importa si me maquillo primero?

A las chicas les encanta maquillarse durante horas y horas.

- Like object pronouns, reflexive pronouns generally appear before a conjugated verb. With infinitives and present participles, they may be placed before the conjugated verb or attached to the infinitive or present participle.

Ellos **se** van a vestir.
Ellos van a vestir**se**.
They are going to get dressed.

Nos estamos lavando las manos.
Estamos lavándo**nos** las manos.
We are washing our hands.

- **¡Atención!** When a reflexive pronoun is attached to a present participle, an accent mark is added to maintain the original stress.

bañando ⟶ bañ**á**ndo**se** durmiendo ⟶ durmi**é**ndo**se**

EXPANSION

Extra Practice To provide oral practice with reflexive verbs, create sentences that follow the pattern of the sentences in the examples. Say the sentence, have students repeat it, then say a different subject, varying the gender and number. Have students then say the sentence with the new subject, changing pronouns and verbs as necessary.

EXPANSION

Extra Practice Have students describe daily routines in their families. Encourage heritage speakers to use their own linguistic variation of words presented in this lesson. Ex: **regarse (e:ie)**, **pintarse**. Have students work together to compare and contrast activities as well as lexical variations.

AYUDA

You have already learned several adjectives that can be used with **ponerse** when it means *to become*: **alegre, cómodo/a, contento/a, elegante, guapo/a, nervioso/a, rojo/a,** and **triste.**

Common reflexive verbs

acordarse (de) (o:ue)	*to remember*	**llamarse**	*to be called; to be named*
acostarse (o:ue)	*to go to bed*	**maquillarse**	*to put on makeup*
afeitarse	*to shave*	**peinarse**	*to comb one's hair*
bañarse	*to bathe; to take a bath*	**ponerse**	*to put on*
cepillarse	*to brush*	**ponerse (+ *adj.*)**	*to become (+ adj.)*
despedirse (de) (e:i)	*to say goodbye (to)*	**preocuparse (por)**	*to worry (about)*
despertarse (e:ie)	*to wake up*	**probarse** (o:ue)	*to try on*
dormirse (o:ue)	*to go to sleep; to fall asleep*	**quedarse**	*to stay; to remain*
ducharse	*to shower; to take a shower*	**quitarse**	*to take off*
enojarse (con)	*to get angry (with)*	**secarse**	*to dry (oneself)*
irse	*to go away; to leave*	**sentarse** (e:ie)	*to sit down*
lavarse	*to wash (oneself)*	**sentirse** (e:ie)	*to feel*
levantarse	*to get up*	**vestirse** (e:i)	*to get dressed*

COMPARE & CONTRAST

Unlike English, a number of verbs in Spanish can be reflexive or non-reflexive. If the verb acts upon the subject, the reflexive form is used. If the verb acts upon something other than the subject, the non-reflexive form is used. Compare these sentences.

Lola **lava** los platos.

Patricia **se lava** la cara.

As the preceding sentences show, reflexive verbs sometimes have different meanings than their non-reflexive counterparts. For example, **lavar** means *to wash,* while **lavarse** means *to wash oneself, to wash up.*

¡Atención! Parts of the body or clothing are generally not referred to with possessives, but with articles.

La niña se quitó **un** zapato. Necesito cepillarme **los** dientes.

recursos

vText

CPA pp. 69–71

CH pp. 103–104

vhlcentral.com

¡INTÉNTALO! Indica el presente de estos verbos reflexivos.

despertarse

1. Mis hermanos *se despiertan* tarde.
2. Tú *te despiertas* tarde.
3. Nosotros *nos despertamos* tarde.
4. Benito *se despierta* tarde.
5. Yo *me despierto* tarde.

ponerse

1. Él *se pone* una chaqueta.
2. Yo *me pongo* una chaqueta.
3. Usted *se pone* una chaqueta.
4. Nosotras *nos ponemos* una chaqueta.
5. Las niñas *se ponen* una chaqueta.

Teaching Tips

- Go through the list of common reflexive verbs asking students closed-answer questions. Ex: **¿Te acuerdas de tu primer día en la escuela? (Sí, me acuerdo.) ¿Los niños se acuestan tarde o temprano? (Los niños se acuestan temprano.)**
- Emphasize that, with reflexive verbs, the person *doing* the action also *receives* the action. Contrast the difference between reflexive and non-reflexive verbs by giving examples from your life. Ex: **Los lunes, me despierto muy temprano, a las cinco. A las seis, despierto a mi hijo. Primero, me ducho y después baño a mi hijo...** (You may want to use a doll or other visual element for this presentation.)
- To practice reflexive verbs in the preterite and periphrastic future (**ir a** + [*infinitive*]), talk about what you did yesterday and plan to do tomorrow. Ex: **Ayer me levanté a las seis. Pero el sábado me voy a levantar a las nueve.** Then ask volunteers to talk about what they did and plan to do.
- Survey the class about the products they use daily, using reflexive verbs. Ex: ____, **¿te cepillas los dientes con *Crest* o *Colgate*? ¿Te lavas el pelo con *Pantene*? ¿Te lavas con *Dove* o *Lever 2000*?** Practice other forms by having students summarize the results. Ex: **Nick, Kim y Antoine se lavan con *Irish Spring*. Lucas y yo nos cepillamos los dientes con *Tom's*.**
- Ask volunteers to translate sentences such as: *He dresses the children at seven. He gets dressed at seven.*

¡Atención! Point out that the possessive article is not used with parts of the body and clothing. Especially with reflexive verbs, the pronoun eliminates any ambiguity.

TEACHING OPTIONS

TPR Model gestures for a few of the reflexive verbs. Ex: **acordarse** (tap side of head), **acostarse** (lay head on folded hands). Have students stand. Begin by practicing as a class using only the **nosotros** form, saying expressions at random (Ex: **Nos lavamos la cara.**). Then vary the verb forms and point to the student who should perform the appropriate gesture. Keep a brisk pace. Vary by pointing to more than one student (Ex: **Ustedes se peinan.**).

TEACHING OPTIONS

Pairs Have students write a short account of their daily routine. Then have pairs compare and contrast their routines using a Venn diagram (see **Lección 9, Escritura**). Have the pair label the circles with their names and write **Los/Las dos** where they overlap. Then have them list their activities in the appropriate section. Remind them to use the **nosotros/as** form for verbs under **Los/Las dos**.

Communication 1.1
Comparisons 4.1

1 Teaching Tip Before assigning the activity, review reflexive verbs by asking questions about weekday versus weekend routines. Ex: **¿Te levantas tarde o temprano los sábados? ¿Te acuestas tarde o temprano los domingos?**

1 Expansion To practice the formal register, describe situations and have students tell you what you are going to do. Ex: **Hace frío y nieva, pero necesito salir. (Usted va a ponerse el abrigo.) Acabo de levantarme. (Usted se va a lavar la cara.)**

2 Teaching Tip Before assigning the activity, review reflexive and non-reflexive verbs by asking questions using both forms. Ex: **¿Cuándo nos lavamos? (Nos lavamos todos los días.) ¿Cuándo lavamos el coche? (Lavamos el coche los fines de semana.)**

2 Expansion Ask students to write five sentence pairs that contrast reflexive and non-reflexive forms. Ex: **Me despierto a las siete. Despierto a mi hermano/a a las ocho.**

3 Expansion

- Repeat the activity as a pattern drill, supplying different subjects for each drawing. Ex: **Número uno, yo. (Me quito los zapatos.) Número cinco, nosotras. (Nosotras nos maquillamos.)**
- Repeat the activity using the present progressive. Ask students to provide both possible sentences. Ex: **1. El joven se está quitando los zapatos./El joven está quitándose los zapatos.**

Práctica

1 **Nuestra rutina** La familia de Blanca sigue la misma rutina todos los días. Según Blanca, ¿qué hacen ellos?

modelo
mamá / despertarse a las 5:00
Mamá se despierta a las cinco.

1. Roberto y yo / levantarse a las 7:00 Roberto y yo nos levantamos a las siete.
2. papá / ducharse primero y / luego afeitarse Papá se ducha primero y luego se afeita.
3. yo / lavarse la cara y / vestirse antes de tomar café Yo me lavo la cara y me visto antes de tomar café.
4. mamá / peinarse y / luego maquillarse Mamá se peina y luego se maquilla.
5. todos (nosotros) / sentarse a la mesa para comer Todos nos sentamos a la mesa para comer.
6. Roberto / cepillarse los dientes después de comer Roberto se cepilla los dientes después de comer.
7. yo / ponerse el abrigo antes de salir Yo me pongo el abrigo antes de salir.
8. nosotros / despedirse de mamá Nosotros nos despedimos de mamá.

2 **La fiesta elegante** Selecciona el verbo apropiado y completa las oraciones con la forma correcta.

1. Tú __lavas__ (lavar / lavarse) el auto antes de ir a la fiesta.
2. Nosotros no __nos acordamos__ (acordar / acordarse) de comprar los regalos.
3. Para llegar a tiempo, Raúl y Marta __acuestan__ (acostar / acostarse) a los niños antes de salir.
4. Yo __me siento__ (sentir / sentirse) cómoda en mi vestido nuevo.
5. Mis amigos siempre __se visten__ (vestir / vestirse) con ropa muy elegante.
6. Los cocineros __prueban__ (probar / probarse) la comida antes de servirla.
7. Usted __se preocupa__ (preocupar / preocuparse) mucho por llegar antes que (*before*) los demás invitados, ¿no?
8. En general, __me afeito__ (afeitar / afeitarse) yo mismo, pero hoy es un día especial y el barbero (*barber*) me __afeita__ (afeitar / afeitarse). ¡Será una fiesta inolvidable!

3 **Describir** Mira los dibujos y describe lo que estas personas hacen. Some answers may vary.

1. el joven El joven se quita/se pone los zapatos.

2. Carmen Carmen se duerme./se acuesta./se despierta.

3. Juan Juan se pone/se quita la camiseta.

4. ellos Ellos se despiden./se saludan.

5. Estrella Estrella se maquilla.

6. Toni Toni se enoja con el perro.

Practice more at **vhlcentral.com.**

NOTA CULTURAL

Como en los EE.UU., **tomar café** en el desayuno es muy común en los países hispanos.

En muchas familias, incluso los niños toman café con leche (*milk*) en el desayuno antes de ir a la escuela.

El café en los países hispanos generalmente es más fuerte que en los EE.UU., y el descafeinado no es muy popular.

¡LENGUA VIVA!

In Spain, a car is called **un coche**, while in many parts of Latin America it is known as **un carro**. Although you will be understood using either of these terms, using **auto (automóvil)** will always avoid any confusion.

EXPANSION

Extra Practice Tell students that the Ramírez family has one bathroom that they share. Write the family members' names on the board so students can keep track of the order of the family on paper. Then have students figure out the family's morning schedule. Say: **El señor Ramírez se afeita antes que Alberto, pero después que Rafael. La señora Ramírez es la primera en ducharse y Montse es la última. Lolita se peina cuando su padre sale del cuarto de baño y antes que uno de sus hermanos. Nuria se maquilla después que Lolita, pero no inmediatamente después. (Primero se ducha la señora Ramírez. Después se afeita Rafael seguido por el señor Ramírez. Después se peina Lolita. Alberto se afeita y después Nuria se maquilla. Finalmente Montse se ducha.)**

Comunicación

4 

Preguntas personales En parejas, túrnense para hacerse estas preguntas. Answers will vary.

1. ¿A qué hora te levantas durante la semana?
2. ¿A qué hora te levantas los fines de semana?
3. ¿Prefieres levantarte tarde o temprano? ¿Por qué?
4. ¿Te enojas frecuentemente con tus amigos?
5. ¿Te preocupas fácilmente? ¿Qué te preocupa?
6. ¿Qué te pone contento/a?
7. ¿Qué haces cuando te sientes triste?
8. ¿Y cuando te sientes alegre?
9. ¿Te acuestas tarde o temprano durante la semana?
10. ¿A qué hora te acuestas los fines de semana?

5 

Charadas En grupos, jueguen a las charadas. Cada persona debe pensar en dos oraciones con verbos reflexivos. La primera persona que adivina la charada dramatiza la siguiente. Answers will vary.

6 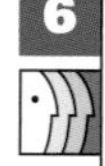

Debate En grupos, discutan este tema: ¿Quiénes necesitan más tiempo para arreglarse (*to get ready*) antes de salir, los hombres o las mujeres? Hagan una lista de las razones (*reasons*) que tienen para defender sus ideas e informen a la clase. Answers will vary.

7 

La coartada Hoy se cometió un crimen entre las 7 y las 11 de la mañana. En parejas, imaginen que uno de ustedes es un sospechoso y el otro un policía investigador. El policía le pregunta al sospechoso qué hace habitualmente a esas horas y el sospechoso responde. Luego, el policía presenta las respuestas del sospechoso ante el jurado (la clase) y entre todos deciden si es culpable o no. Answers will vary.

Síntesis

recursos

CPA pp. 72–73

8 

La familia ocupada Tú y tu compañero/a asisten a un programa de verano en Lima, Perú. Viven con la familia Ramos. Tu profesor(a) te va a dar la rutina incompleta que la familia sigue en las mañanas. Trabaja con tu compañero/a para completarla. Answers will vary.

Estudiante 1: ¿Qué hace el señor Ramos a las seis y cuarto?
Estudiante 2: El señor Ramos se levanta.

Communication 1.1
Comparisons 4.1

4 Expansion Ask volunteers to call out some of their answers. The class should add information by speculating on the reason behind each answer. Ex: **Hablas por teléfono con tus amigos cuando te sientes triste porque ellos te comprenden muy bien.** Have the volunteer confirm or refute the spe culation.

4 Virtual Chat You can also assign activity 4 on the Supersite. Students record individual responses that appear in your gradebook.

5 Teaching Tip Ask each group to present their best **charada** to the class.

6 Teaching Tip Before assigning groups, go over some of the things men and women do to get ready to go out. Ex: **Las mujeres se maquillan. Los hombres se afeitan.** Then ask students to indicate their opinion on the question and divide the class into groups accordingly.

6 Partner Chat You can also assign activity 6 on the Supersite. Students work in pairs to record the activity online. The pair's recorded conversation will appear in your gradebook.

7 Teaching Tip You may want to give students more details of the crime.

Communication 1.1

8 Teaching Tip Divide the class into pairs and distribute the Communication Activities worksheets from the ***Cuaderno de práctica y actividades comunicativas*** that correspond to this activity. Give students ten minutes to complete this activity.

TEACHING OPTIONS

Game In teams, students tell each other about the strangest, funniest, or most exciting thing they have done. The team then chooses one account and writes it down. Collect the papers, shuffle them, and read the descriptions aloud. The class has two minutes to ask team members questions to find out who did the activity.

Extra Practice Add an auditory aspect to this grammar practice. Prepare descriptions of five celebrities or fictional characters, using reflexives. Write their names in random order on the board. Then read the descriptions aloud and have students match each one to a name. Ex: **Es seria; se preocupa por temas importantes, como la justicia. Siempre se viste de rojo. Quiere a su hermano, pero con frecuencia se enoja con él. Tiene una hermana menor que se llama Maggie. (Lisa Simpson)**

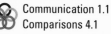

EXPANSION

Section Goals

In **Estructura 7.2**, students will learn:

- high-frequency indefinite and negative words
- the placement and use of indefinite and negative words

Communication 1.1
Comparisons 4.1

Instructional Resources
vText
Cuaderno de práctica y actividades comunicativas, pp. 74–77
Cuaderno para hispanohablantes, pp. 105–106
e-Cuaderno
Supersite: Audio Activities MP3 Audio Files
Supersite/TRCD: Grammar Slides, Audio Activities Script, Answer Keys, Testing Program Quizzes
Audio Activities CD
Activity Pack
Middle School Activity Pack

Teaching Tips

- Write **alguien** and **nadie** on the board and ask questions about what students are wearing. Ex: **Hoy alguien lleva una camiseta verde. ¿Quién es? ¿Alguien lleva pantalones anaranjados?**
- Present negative words by complaining dramatically in a whining tone. Ex: **Nadie me llama por teléfono. Nunca recibo un mensaje electrónico de ningún estudiante. Ni mis amigos se acuerdan de mi cumpleaños.** Then, with a big smile, state the opposite in a happy tone. Ex: **Alguien me llama por teléfono.**
- Add a visual aspect to this grammar presentation. Use magazine pictures to compare and contrast positive and negative words. Ex: **La señora tiene algo en las manos. ¿El señor tiene algo también? No, el señor no tiene nada.**

7.2 Indefinite and negative words

Explanation Tutorial

ANTE TODO Indefinite words refer to people and things that are not specific, for example, *someone* or *something*. In Spanish, indefinite words have corresponding negative words, which are opposite in meaning.

Indefinite and negative words

Indefinite words		Negative words	
algo	*something; anything*	**nada**	*nothing; not anything*
alguien	*someone; somebody; anyone*	**nadie**	*no one; nobody; not anyone*
alguno/a(s), algún	*some; any*	**ninguno/a, ningún**	*no; none; not any*
o... o	*either... or*	**ni... ni**	*neither... nor*
siempre	*always*	**nunca, jamás**	*never, not ever*
también	*also; too*	**tampoco**	*neither; not either*

▶ There are two ways to form negative sentences in Spanish. You can place the negative word before the verb, or you can place **no** before the verb and the negative word after.

Nadie se levanta temprano.
No one gets up early.

No se levanta nadie temprano.
No one gets up early.

Ellos **nunca gritan**.
They never shout.

Ellos **no gritan nunca**.
They never shout.

¿Hay algún problema?

Siempre haces esto.

▶ Because they refer to people, **alguien** and **nadie** are often used with the personal **a**. The personal **a** is also used before **alguno/a**, **algunos/as**, and **ninguno/a** when these words refer to people and they are the direct object of the verb.

—Perdón, señor, ¿busca usted **a alguien**?
—No, gracias, señorita, no busco **a nadie**.

—Tomás, ¿buscas **a alguno** de tus hermanos?
—No, mamá, no busco **a ninguno**.

▶ **¡Atención!** Before a masculine, singular noun, **alguno** and **ninguno** are shortened to **algún** and **ningún**.

—¿Tienen ustedes **algún** amigo peruano?

—No, no tenemos **ningún** amigo peruano.

AYUDA

Alguno/a, algunos/as are not always used in the same way English uses *some* or *any*. Often, **algún** is used where *a* would be used in English.

¿Tienes algún libro que hable de los incas?
*Do you have **a** book that talks about the Incas?*

Note that **ninguno/a** is rarely used in the plural.

—¿Visitaste algunos museos?
—No, no visité ninguno.

EXPANSION

Extra Practice Write cloze sentences on the board and have the students complete them with an indefinite or negative word. Ex: **Los vegetarianos no comen hamburguesas ____. (nunca) Las madres ____ se preocupan por sus hijos. (siempre) En las fiestas ella no es sociable, ____ baila ____ habla con ____. (ni, ni, nadie)**

TEACHING OPTIONS

Pairs Have students take turns giving one-word positive and negative word prompts and having the other respond in complete sentences. Ex: **E1: siempre E2: Siempre le mando un mensaje electrónico a mi amigo por la mañana. E1: tampoco E2: Yo no me levanto temprano tampoco.**

COMPARE & CONTRAST

In English, it is incorrect to use more than one negative word in a sentence. In Spanish, however, sentences frequently contain two or more negative words. Compare these Spanish and English sentences.

Nunca le escribo a **nadie**. *I never write to anyone.*	**No** me preocupo por **nada nunca**. *I do not ever worry about anything.*

As the preceding sentences show, once an English sentence contains one negative word (for example, *not* or *never*), no other negative word may be used. Instead, indefinite (or affirmative) words are used. In Spanish, however, once a sentence is negative, no other affirmative (that is, indefinite) word may be used. Instead, all indefinite ideas must be expressed in the negative.

- **Pero** is used to mean *but*. The meaning of **sino** is *but rather* or *on the contrary*. It is used when the first part of the sentence is negative and the second part contradicts it.

Los estudiantes no se acuestan temprano **sino** tarde. *The students don't go to bed early, but rather late.*	Esas gafas son caras, **pero** bonitas. *Those glasses are expensive, but pretty.*
María no habla francés **sino** español. *María doesn't speak French, but rather Spanish.*	José es inteligente, **pero** no saca buenas notas. *José is intelligent but doesn't get good grades.*

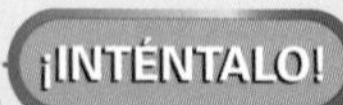

Cambia las oraciones para que sean negativas.

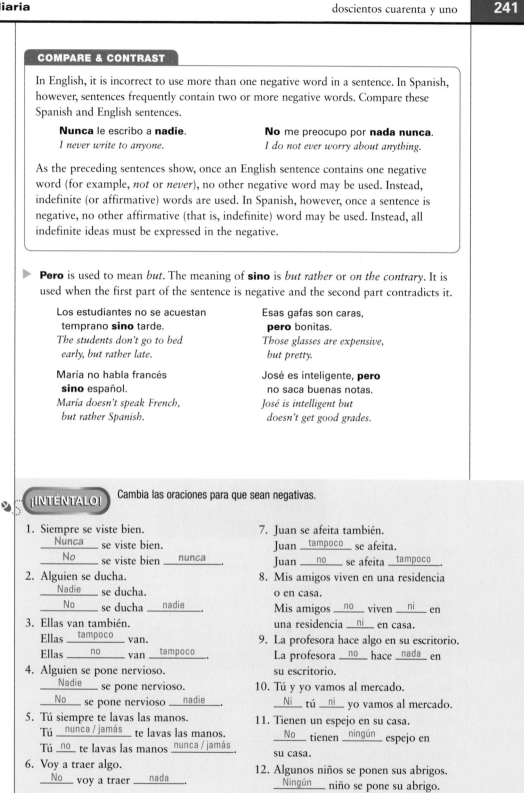

1. Siempre se viste bien.
   __Nunca__ se viste bien.
   __No__ se viste bien __nunca__.
2. Alguien se ducha.
   __Nadie__ se ducha.
   __No__ se ducha __nadie__.
3. Ellas van también.
   Ellas __tampoco__ van.
   Ellas __no__ van __tampoco__.
4. Alguien se pone nervioso.
   __Nadie__ se pone nervioso.
   __No__ se pone nervioso __nadie__.
5. Tú siempre te lavas las manos.
   Tú __nunca / jamás__ te lavas las manos.
   Tú __no__ te lavas las manos __nunca / jamás__.
6. Voy a traer algo.
   __No__ voy a traer __nada__.
7. Juan se afeita también.
   Juan __tampoco__ se afeita.
   Juan __no__ se afeita __tampoco__.
8. Mis amigos viven en una residencia o en casa.
   Mis amigos __no__ viven __ni__ en una residencia __ni__ en casa.
9. La profesora hace algo en su escritorio.
   La profesora __no__ hace __nada__ en su escritorio.
10. Tú y yo vamos al mercado.
    __Ni__ tú __ni__ yo vamos al mercado.
11. Tienen un espejo en su casa.
    __No__ tienen __ningún__ espejo en su casa.
12. Algunos niños se ponen sus abrigos.
    __Ningún__ niño se pone su abrigo.

recursos
vText
CPA pp. 74–76
CH pp. 105–106
vhlcentral.com

Teaching Tips

- Have students say they do the opposite of what you do. Ex: **Yo siempre canto en la ducha. (Nosotros no cantamos nunca en la ducha.)**
- Emphasize that there is no limit to the number of negative words that can be strung together in a sentence in Spanish. Ex: **No hablo con nadie nunca de ningún problema, ni con mi familia ni con mis amigos.**
- Ask volunteers questions about their activities since the last class, reiterating the answers. Ex: **¿Quién compró algo nuevo? Sólo dos personas. Nadie más compró algo nuevo. Yo no compré nada nuevo tampoco.**
- Elicit negative responses by asking questions whose answers will clearly be negative. Ex: **¿Alguien lleva zapatos de lunares? (No, nadie lleva zapatos de lunares.) ¿Piensas comprar un barco mañana? (No, no pienso comprar ninguno/ningún barco.) ¿Tienes nietos? (No, no tengo ninguno/ningún nieto.)**
- Give examples of **pero** and **sino** using the seating of the students. Ex: ____ **se sienta al lado de** ____**, pero no al lado de** ____**. No se sienta a la izquierda de** ____**, sino a la derecha.** ____ **no se sienta al lado de la ventana, pero está cerca de la puerta.**

EXPANSION

Video Show the **Fotonovela** again to give students more input containing indefinite and negative words. Stop the video where appropriate to discuss how these words are used.

Pairs Have pairs create sentences about your community using indefinite and negative words. Ex: **En nuestra ciudad no hay ningún mercado al aire libre. Hay algunos restaurantes de tapas. El equipo de béisbol juega bien, pero no gana muchos partidos.**

TEACHING OPTIONS

Small Groups Give small groups five minutes to write a description of **un señor muy, pero muy antipático**. Tell them to use as many indefinite and negative words as possible to describe what makes this person so unpleasant. Encourage exaggeration and creativity.

Communication 1.1
Comparisons 4.1

1 Teaching Tips

- To challenge students, ask them to change each sentence so that the opposite choice (**pero** or **sino**) would be correct. Ex: **Muchos estudiantes no quieren comer en la cafetería, sino quieren salir a comer a un restaurante local.**
- Display a magazine picture that shows a group of people involved in a specific activity. Then talk about the picture, modeling the types of constructions required in **Actividad 1.** Ex: **Todos trabajan en la oficina, pero ninguno tiene computadora.**

1 Expansion Have pairs create four sentences, two with **sino** and two with **pero**. Have them "dehydrate" their sentences as in the **modelo** and exchange papers with another pair, who will write the complete sentences.

2 Teaching Tip Review indefinite and negative words by using them in short sentences and asking volunteers to contradict your statements. Ex: **Veo a alguien en la puerta. (No, usted no ve a nadie en la puerta.) Nunca vengo a clase con el libro. (No, usted siempre viene a clase con el libro.)**

2 Expansion After students have role-played the conversation, ask them to summarize it. **Ana María no encontró ningún regalo para Eliana. Tampoco vio a ninguna amiga en el centro comercial.**

Práctica

1 **¿Pero o sino?** Forma oraciones sobre estas personas usando **pero** o **sino**.

modelo

muchos estudiantes comen en la cafetería / algunos de ellos quieren salir a comer a un restaurante local.

Muchos estudiantes comen en la cafetería, pero algunos de ellos quieren salir a comer a un restaurante local.

1. Marcos nunca se despierta temprano / siempre llega puntual a clase
   Marcos nunca se despierta temprano, pero siempre llega puntual a clase.
2. Lisa y Katarina no se acuestan temprano / muy tarde
   Lisa y Katarina no se acuestan temprano sino muy tarde.
3. Alfonso es inteligente / algunas veces es antipático
   Alfonso es inteligente, pero algunas veces es antipático.
4. los directores de la escuela no son ecuatorianos / peruanos
   Los directores de la escuela no son ecuatorianos sino peruanos.
5. no nos acordamos de comprar champú / compramos jabón
   No nos acordamos de comprar champú, pero compramos jabón.
6. Emilia no es estudiante / profesora
   Emilia no es estudiante sino profesora.
7. no quiero levantarme / tengo que ir a clase
   No quiero levantarme, pero tengo que ir a clase.
8. Miguel no se afeita por la mañana / por la noche
   Miguel no se afeita por la mañana sino por la noche.

2 **Completar** Completa esta conversación entre dos hermanos. Usa expresiones negativas en tus respuestas. Luego, dramatiza la conversación con un(a) compañero/a. Answers will vary.

AURELIO Ana María, ¿encontraste algún regalo para Eliana?
ANA MARÍA (1) No, no encontré ningún regalo/nada para Eliana.
AURELIO ¿Viste a alguna amiga en el centro comercial?
ANA MARÍA (2) No, no vi a ninguna amiga/ninguna/nadie en el centro comercial.
AURELIO ¿Me llamó alguien?
ANA MARÍA (3) No, nadie te llamó./No, no te llamó nadie.
AURELIO ¿Quieres ir al teatro o al cine esta noche?
ANA MARÍA (4) No, no quiero ir ni al teatro ni al cine.
AURELIO ¿No quieres salir a comer?
ANA MARÍA (5) No, no quiero salir a comer (tampoco).
AURELIO ¿Hay algo interesante en la televisión esta noche?
ANA MARÍA (6) No, no hay nada interesante en la televisión.
AURELIO ¿Tienes algún problema?
ANA MARÍA (7) No, no tengo ningún problema/ninguno.

Practice more at **vhlcentral.com.**

TEACHING OPTIONS

Small Groups Add a visual aspect to this grammar practice. Have students bring in pairs of photos or magazine pictures, such as two photos of different family members, to compare and contrast. Divide the class into groups of three and have each student present his or her pictures to the group. Ex: **Éste es mi tío Ignacio. Siempre viene a casa los domingos. Ésta es mi tía Yolanda. Vive en Lima y por eso nunca viene a casa.**

EXPANSION

Extra Practice To provide oral practice with indefinite and negative words, create prompts that follow the pattern of the sentences in **Actividad 1** and **Actividad 2**. Say the first part of the sentence, then have students repeat it and finish the sentence. Ex: **1. ____ no se viste de azul hoy, sino ____. (de verde) 2. ____ no llegó temprano a clase hoy, sino ____. (tarde)**

Comunicación

3 **Opiniones** Completa estas oraciones de una manera lógica. Luego, compara tus respuestas con las de un(a) compañero/a. Answers will vary.

1. Mi habitación es ________, pero ________.
2. Por la noche me gusta ________, pero ________.
3. Un(a) profesor(a) ideal no es ________, sino ________.
4. Mis amigos son ________, pero ________.

4 **¿Qué hay?** En parejas, háganse preguntas sobre qué hay en su ciudad o pueblo: tiendas interesantes, almacenes, cines, librerías baratas, una biblioteca, una plaza central, playa, cafés, museos, una estación de tren. Sigan el modelo. Answers will vary.

modelo

Estudiante 1: ¿Hay algunas tiendas interesantes?
Estudiante 2: Sí, hay una/algunas. Está(n) detrás del estadio.
Estudiante 1: ¿Hay algún museo?
Estudiante 2: No, no hay ninguno.

5 **Quejas** En parejas, hagan una lista de cinco quejas (*complaints*) comunes que tienen los estudiantes. Usen expresiones negativas. Answers will vary.

modelo

Nadie me entiende.

Ahora hagan una lista de cinco quejas que los padres tienen de sus hijos.

modelo

Nunca hacen sus camas.

6 **Anuncios** En parejas, lean el anuncio y contesten las preguntas. Some answers will vary.

1. ¿Es el anuncio positivo o negativo? ¿Por qué? Answers will vary.
2. ¿Qué palabras indefinidas hay? algún, siempre, algo
3. Escriban el texto del anuncio cambiando todo por expresiones negativas. ¿No buscas ningún producto especial? ¡Nunca hay nada para nadie en las tiendas García!

Ahora preparen su propio (*own*) anuncio usando expresiones afirmativas y negativas.

¿Buscas algún producto especial?
¡Siempre hay algo para todos en las tiendas García!

Síntesis

recursos

vText

CPA p. 77

7 **Encuesta** Tu profesor(a) te va a dar una hoja de actividades para hacer una encuesta. Circula por la clase y pídeles a tus compañeros/as que comparen las actividades que hacen durante la semana con las que hacen durante los fines de semana. Escribe las respuestas. Answers will vary.

TEACHING OPTIONS

Large Groups Write the names of four vacation spots on four slips of paper and post them in different corners of the room. Ask students to pick their vacation preference by going to one of the corners. Then, have each group produce a short paragraph describing the five reasons for their choice as well as one complaint about each of the other places.

EXPANSION

Extra Practice Have students complete this cloze activity using **pero, sino,** and **tampoco: Yo estoy en la escuela secundaria, ____ mi hermana mayor estudia en la universidad. (pero) Ella no tiene exámenes este semestre ____ proyectos. (sino) Yo no tengo exámenes ____. (tampoco) Sólo tengo mucha tarea.**

Communication 1.1
Comparisons 4.1

3 Teaching Tip Model the activity, using personal examples. Ex: **Mi hijo es inteligente, pero no le gusta estudiar. Mi amiga no es norteamericana, sino española.**

3 Expansion Give students these sentences as items 5–6: **5. Mis padres no son ____ sino ____. 6. Mi abuelo/a es ____ pero ____.**

4 Teaching Tip To simplify, before beginning the activity, practice question formation for each item as a class.

5 Expansion Divide the class into all-male and all-female groups. Then have each group make two different lists: **Quejas que tienen los hombres de las mujeres** and **Quejas que tienen las mujeres de los hombres.** Compare and contrast the answers and perceptions.

6 Expansion Have pairs work with another pair to create an ad that combines the best aspects of each of their individual ads. Then have them present their final product to the class.

Communication 1.1

7 Teaching Tip Distribute the Communication Activities worksheets from the ***Cuaderno de práctica y actividades comunicativas.***

7 Expansion Have students write a short paragraph summarizing the information obtained through the **encuesta**.

21st CENTURY SKILLS

7 Collaboration
If you have access to students in a Spanish-speaking country, ask them to fill out the worksheet. Then, ask groups of students to read their counterparts' answers and prepare a comparison of the responses for both classes.

Section Goal

In **Estructura 7.3**, students will learn the preterite of **ser** and **ir**.

Communication 1.1
Comparisons 4.1

Instructional Resources
vText
Cuaderno de práctica y actividades comunicativas, pp. 78–79
Cuaderno para hispanohablantes, pp. 107–108
e-Cuaderno
Supersite: Audio Activities MP3 Audio Files
Supersite/TRCD: Grammar Slides, Audio Activities Script, Answer Keys, Testing Program Quizzes
Audio Activities CD
Activity Pack
Middle School Activity Pack

Teaching Tips

- Ask volunteers to answer questions such as: **¿Fuiste al cine el sábado pasado? ¿Cómo fue la película? ¿Fueron tus amigos y tú a alguna fiesta durante el fin de semana? ¿Fue agradable la fiesta? ¿Quiénes fueron?**
- Contrast the preterite of **ser** and **ir** by saying pairs of sentences. Ex: **1. Anteayer fue sábado. Fui al supermercado el sábado. 2. Ayer fue domingo. No fui al supermercado ayer. 3. ¿Fueron ustedes al partido de fútbol el sábado? ¿Fue divertido el partido?**
- Point out that although the preterite forms of **ser** and **ir** are identical, there is rarely any confusion because context clarifies which verb is used.

7.3 Preterite of ser and ir

ANTE TODO In **Lección 6**, you learned how to form the preterite tense of regular **-ar**, **-er**, and **-ir** verbs. The following chart contains the preterite forms of **ser** (*to be*) and **ir** (*to go*). Since these forms are irregular, you will need to memorize them.

Preterite of ser and ir

		ser (*to be*)	**ir** (*to go*)
SINGULAR FORMS	yo	**fui**	**fui**
	tú	**fuiste**	**fuiste**
	Ud./él/ella	**fue**	**fue**
PLURAL FORMS	nosotros/as	**fuimos**	**fuimos**
	vosotros/as	**fuisteis**	**fuisteis**
	Uds./ellos/ellas	**fueron**	**fueron**

AYUDA

Note that, whereas regular **-er** and **-ir** verbs have accent marks in the **yo** and **Ud./él/ella** forms of the preterite, **ser** and **ir** do not.

- Since the preterite forms of **ser** and **ir** are identical, context clarifies which of the two verbs is being used.

Él **fue** a comprar champú y jabón.
He went to buy shampoo and soap.

¿Cómo **fue** la película anoche?
How was the movie last night?

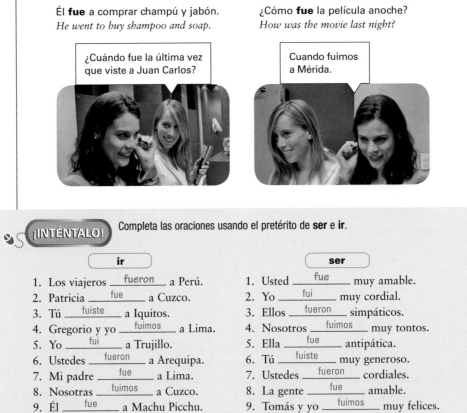

¿Cuándo fue la última vez que viste a Juan Carlos?

Cuando fuimos a Mérida.

¡INTÉNTALO! Completa las oraciones usando el pretérito de **ser** e **ir**.

ir

1. Los viajeros fueron a Perú.
2. Patricia fue a Cuzco.
3. Tú fuiste a Iquitos.
4. Gregorio y yo fuimos a Lima.
5. Yo fui a Trujillo.
6. Ustedes fueron a Arequipa.
7. Mi padre fue a Lima.
8. Nosotras fuimos a Cuzco.
9. Él fue a Machu Picchu.
10. Usted fue a Nazca.

ser

1. Usted fue muy amable.
2. Yo fui muy cordial.
3. Ellos fueron simpáticos.
4. Nosotros fuimos muy tontos.
5. Ella fue antipática.
6. Tú fuiste muy generoso.
7. Ustedes fueron cordiales.
8. La gente fue amable.
9. Tomás y yo fuimos muy felices.
10. Los profesores fueron buenos.

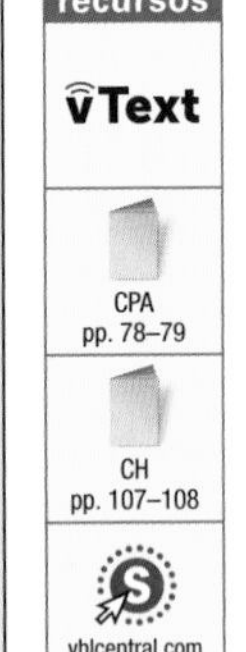

EXPANSION

Video Replay the **Fotonovela** episode and have students listen for preterite forms of **ser** and **ir**. Stop the video with each example to illustrate how context makes the meaning of the verb clear.

Pairs Have pairs of students work together to solve this logical reasoning problem. **Mis amigos, Julia y Fernando, y yo fuimos de vacaciones durante el mes de julio a Puerto Rico, a Chile y a México. Julia fue a un viaje de esquí, pero Fernando y yo fuimos a lugares donde hace sol. El viaje de Fernando fue desagradable porque pasó un huracán y fue imposible nadar en el Pacífico durante esos días. Por suerte, mi viaje fue muy agradable. ¿Adónde fui? (a Puerto Rico) ¿Adónde fueron Julia y Fernando? (Julia fue a Chile y Fernando fue a México.)**

Communication 1.1
Comparisons 4.1

Práctica y Comunicación

1 Completar Completa estas conversaciones con la forma correcta del pretérito de **ser** o **ir**. Indica el infinitivo de cada forma verbal.

Conversación 1

		ser	ir
RAÚL	¿Adónde (1) fueron ustedes de vacaciones?	❍	✓
PILAR	(2) Fuimos a Perú.	❍	✓
RAÚL	¿Cómo (3) fue el viaje?	✓	❍
▶ PILAR	¡(4) Fue estupendo! Machu Picchu y El Callao son increíbles.	✓	❍
RAÚL	¿(5) Fue caro el viaje?	✓	❍
PILAR	No, el precio (6) fue muy bajo. Sólo costó tres mil dólares.	✓	❍

Conversación 2

		ser	ir
ISABEL	Tina y Vicente (7) fueron novios, ¿no?	✓	❍
LUCÍA	Sí, pero ahora no. Anoche Tina (8) fue a comer con Gregorio	❍	✓
	y la semana pasada ellos (9) fueron al partido de fútbol.	❍	✓
ISABEL	¿Ah sí? Javier y yo (10) fuimos al partido y no los vimos.	❍	✓

NOTA CULTURAL

La ciudad peruana de **El Callao**, fundada en 1537, fue por muchos años el puerto (*port*) más activo de la costa del Pacífico en Suramérica. En el siglo XVIII, una fortaleza fue construida (*built*) allí para proteger (*protect*) la ciudad de los ataques de piratas y bucaneros.

2 Descripciones Forma oraciones con estos elementos. Usa el pretérito. Answers will vary.

A	B	C	D
yo	(no) ir	a un restaurante	ayer
tú	(no) ser	en autobús	anoche
mi compañero/a		estudiante	anteayer
nosotros		muy simpático/a	la semana pasada
mis amigos		a la playa	el año pasado
ustedes		dependiente/a en una tienda	

3 Preguntas En parejas, túrnense para hacerse estas preguntas. Answers will vary.

1. ¿Cuándo fuiste al cine por última vez? ¿Con quién fuiste?
2. ¿Fuiste en auto, en autobús o en metro? ¿Cómo fue el viaje?
3. ¿Cómo fue la película?
4. ¿Fue una película de terror, de acción o un drama?
5. ¿Fue una de las mejores películas que viste? ¿Por qué?
6. ¿Fueron buenos los actores o no? ¿Cuál fue el mejor?
7. ¿Adónde fuiste/fueron después?
8. ¿Fue una buena idea ir al cine?
9. ¿Fuiste feliz ese día?

4 El viaje En parejas, escriban un diálogo de un(a) viajero/a hablando con el/la agente de viajes sobre un viaje que hizo recientemente. Usen el pretérito de **ser** e **ir**. Answers will vary.

modelo

Agente: *¿Cómo fue el viaje?*
Viajero: El viaje fue maravilloso/horrible...

Practice more at **vhlcentral.com.**

1 Teaching Tip Before assigning the activity, write cloze sentences on the board and ask volunteers to fill in the blanks. Ex: **¿Cómo ____ los guías turísticos durante tu viaje? (fueron) ¿Quién ____ con Marcela al baile? (fue)**

1 Expansion Ask small groups to write four questions based on the conversations. Have groups exchange papers and answer the questions they receive. Then have them confirm their answers with the group who wrote the questions.

2 Expansion Ask a volunteer to say one of his or her sentences aloud. Point to another student, and call out an interrogative word in order to cue a question. Ex: **E1: No fui a un restaurante anoche.** Say: **¿Adónde? E2: ¿Adónde fuiste? E1: Fui al cine.**

3 Virtual Chat You can also assign activity 3 on the Supersite. Students record individual responses that appear in your gradebook.

3 Expansion Have students form new pairs and describe the movie that their first partner saw, based on the information they learned from items 3–6. The other student should guess what movie it was, asking for more information as needed.

4 Expansion Ask pairs to write a similar conversation within a different context (Ex: **un día horrible**).

PRE-AP*

Interpersonal Speaking Have small groups of students role-play a TV interview with astronauts who have just returned from a long stay on Mars. Have students review previous lesson vocabulary lists as necessary in preparation. Give groups sufficient time to plan and practice their skits. When all groups have completed the activity, ask a few of them to perform their role play for the class.

TEACHING OPTIONS

TPR Read aloud a series of sentences using **ser** and **ir** in the preterite. Have students raise their right hand if the verb is **ser**, and their left hand for **ir**. Ex: **En cuarto grado, yo fui el/la más alto/a de la clase.** (right hand)

Section Goal

In **Estructura 7.4**, students will learn verbs that follow the pattern of **gustar**.

Communication 1.1
Comparisons 4.1

Instructional Resources
vText
Cuaderno de práctica y actividades comunicativas, pp. 80–85
Cuaderno para hispanohablantes, pp. 109–110
e-Cuaderno
Supersite: Audio Activities MP3 Audio Files
Supersite/TRCD: Grammar Slides, Audio Activities Script, Answer Keys, Testing Program Quizzes
Audio Activities CD
Activity Pack
Middle School Activity Pack

Teaching Tips

- Review the verb **gustar**. Write the headings **Les gusta(n)** and **No les gusta(n)** on the board. Have the class brainstorm a list of likes and dislikes among high-school students including musicians, movies, clothes, or hobbies. Use the lists to form statements and questions illustrating the use of the verb **gustar**. Use different indirect object pronouns. Ex: **En general, a los estudiantes no les gusta el jazz. A mis amigos y a mí nos gusta el jazz.**
- Use the previously generated lists of likes and dislikes to present verbs like **gustar**. Ex: **A los estudiantes les aburren los documentales. A mí tampoco me interesan esas películas. A muchos estudiantes les encanta la ropa de *J.Crew*.**

7.4 Verbs like gustar

Explanation Tutorial

ANTE TODO You have learned how to express preferences with **gustar**. You will now learn more about the verb **gustar** and other similar verbs. Observe these examples.

Me gusta ese champú.

ENGLISH EQUIVALENT
I like that shampoo.
LITERAL MEANING
That shampoo is pleasing to me.

¿**Te gustaron** las clases?

ENGLISH EQUIVALENT
Did you like the classes?
LITERAL MEANING
Were the classes pleasing to you?

- As the examples show, constructions with **gustar** do not have a direct equivalent in English. The literal meaning of this construction is *to be pleasing to (someone)*, and it requires the use of an indirect object pronoun.

INDIRECT OBJECT PRONOUN	VERB	SUBJECT	SUBJECT	VERB	DIRECT OBJECT
Me	**gusta**	ese champú.	*I*	*like*	*that shampoo.*

- In the diagram above, observe how in the Spanish sentence the object being liked (**ese champú**) is really the subject of the sentence. The person who likes the object, in turn, is an indirect object because it answers the question: *To whom is the shampoo pleasing?*

¿Te gusta Juan Carlos?

Me gustan los cafés que tienen música en vivo.

- Other verbs in Spanish are used in the same way as **gustar**. Here is a list of the most common ones.

Verbs like gustar

aburrir	*to bore*	**importar**	*to be important to; to matter*
encantar	*to like very much; to love* (inanimate objects)	**interesar**	*to be interesting to; to interest*
faltar	*to lack; to need*	**molestar**	*to bother; to annoy*
fascinar	*to fascinate; to like very much*	**quedar**	*to be left over; to fit* (clothing)

¡ATENCIÓN!

Faltar expresses what is lacking or missing.
Me falta una página. *I'm missing one page.*

Quedar expresses how much of something is left.
Nos quedan tres pesos. *We have three pesos left.*

• • •

Quedar also means *to fit*. It can be used to tell how something looks (on someone).
Estos zapatos me quedan bien. *These shoes fit me well.*
Esa camisa te queda muy bien. *That shirt looks good on you.*

TEACHING OPTIONS

Pairs Have students work in pairs to compare and contrast activities they like to do with activities their parents/grandparents like to do. Encourage them to use the verb **gustar** and others that follow the same pattern.

TEACHING OPTIONS

Game Divide the class into small teams. Give a prompt including subject and object (Ex: **ella/películas de horror**). Allow teams one minute to construct a sentence using one of the verbs that follow the pattern of **gustar**. Then one member from each team will write the sentence on the board. Award one point to each team for each correct response.

- The most commonly used forms of **gustar** and similar verbs are the third person (singular and plural). When the object or person being liked is singular, the singular form (**gusta**) is used. When two or more objects or persons are being liked, the plural form (**gustan**) is used. Observe the following diagram:

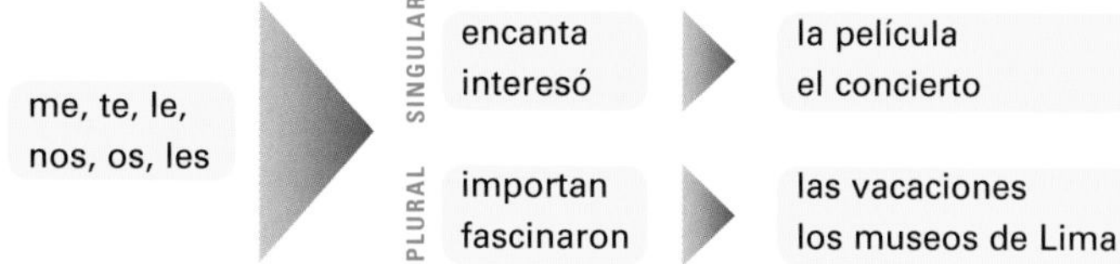

- To express what someone likes or does not like to do, use an appropriate verb followed by an infinitive. The singular form is used even if there is more than one infinitive.

Nos molesta comer a las nueve.
It bothers us to eat at nine o'clock.

Les encanta bailar y **cantar** en las fiestas.
They love to dance and sing at parties.

AYUDA

Note that the **a** must be repeated if there is more than one person.
A Armando y **a Carmen** les molesta levantarse temprano.

- As you have already learned, the construction **a** + [*pronoun*] (**a mí, a ti, a usted, a él,** etc.) is used to clarify or to emphasize who is pleased, bored, etc. The construction **a** + [*noun*] can also be used before the indirect object pronoun to clarify or to emphasize who is pleased.

A los turistas les gustó mucho Machu Picchu.
The tourists liked Machu Picchu a lot.

A ti te gusta cenar en casa, pero **a mí** me aburre.
You like eating dinner at home, but I get bored.

- **¡Atención! Mí** (*me*) has an accent mark to distinguish it from the possessive adjective **mi** (*my*).

¡INTÉNTALO! Indica el pronombre de objeto indirecto y la forma del tiempo presente adecuados en cada oración.

fascinar

1. A él le fascina viajar.
2. A mí me fascina bailar.
3. A nosotras nos fascina cantar.
4. A ustedes les fascina leer.
5. A ti te fascina correr y patinar.
6. A ellos les fascinan los aviones.
7. A mis padres les fascina caminar.
8. A usted le fascina jugar al tenis.
9. A mi esposo y a mí nos fascina dormir.
10. A Alberto le fascina dibujar y pintar.
11. A todos nos/les fascina opinar.
12. A Pili le fascinan los sombreros.

aburrir

1. A ellos les aburren los deportes.
2. A ti te aburren las películas.
3. A usted le aburren los viajes.
4. A mí me aburren las revistas.
5. A Jorge y a Luis les aburren los perros.
6. A nosotros nos aburren las vacaciones.
7. A ustedes les aburre el béisbol.
8. A Marcela le aburren los libros.
9. A mis amigos les aburren los museos.
10. A ella le aburre el ciclismo.
11. A Omar le aburre ir de compras.
12. A ti y a mí nos aburre el baile.

recursos
vText
CPA pp. 80–83
CH pp. 109–110
vhlcentral.com

Teaching Tips

- Write a model sentence on the board such as those found in the examples. Ex: **A Carlos le encanta la pasta dental *Crest*.** Then change the noun and ask volunteers to say the new sentence. Ex: **A nosotros (A nosotros nos encanta la pasta dental *Crest*.)**
- Ask students about their preferences, using verbs that follow the pattern of **gustar**. Ex: **A mí me encantan las lenguas, pero me aburren las matemáticas. ¿Qué les interesa a ustedes? ¿Qué les aburre?**
- Point out the third bullet on this page. Give students some sample phrases to complete. Ex: **A ____ me encantan las películas. A ____ les aburre ir de compras. A ____ le gusta viajar.** Explain that some phrases have many possible answers.

DIFFERENTIATION

Large Group Have the class sit in a circle. Student A begins by saying **Me encanta** and an activity he or she enjoys. Ex: **Me encanta correr.** Student B reports what student A said and adds his or her own favorite activity. **A Frank le encanta correr. A mí me fascina bailar.** Student C reports the preferences of the first two students and adds his or her own, and so forth. This activity may be used with any verb that follows the pattern of **gustar**.

EXPANSION

Extra Practice To add an auditory aspect to this grammar presentation, read a series of sentences aloud, pausing for students to write. Ex: **1. A todos en mi familia nos encanta viajar. 2. Nos gusta viajar en avión, pero nos molestan los aviones pequeños. 3. A mi hijo le interesan las culturas latinoamericanas, a mi esposo le encantan los países de Asia y a mí me fascina Europa.** Ask comprehension questions as follow-up.

Communication 1.1
Comparisons 4.1

1 Teaching Tip To simplify, have students identify the subject in each sentence before filling in the blanks.

1 Expansion Have students use the verbs in the activity to write a paragraph describing their own musical tastes.

2 Expansion Repeat the activity using the preterite. Invite students to provide additional details.
Ex: **1. A Ramón le molestó el despertador ayer. 2. A nosotros nos encantó esquiar en Vail.**

3 Teaching Tip To challenge students, have them add new items to columns A and C and then complete the activity.

3 Expansion Ask students to create two additional sentences using verbs from column B. Have students read their sentences aloud. After everyone has had a turn, ask the class how many similar or identical sentences they heard and what they were.

Práctica

1 **Completar** Completa las oraciones con todos los elementos necesarios.

1. __A__ Adela __le encanta__ (encantar) la música de Tito "El Bambino".
2. A __mí__ me __interesa__ (interesar) la música de otros países.
3. A mis amigos __les encantan__ (encantar) las canciones (*songs*) de Calle 13.
4. A Juan y __a__ Rafael no les __molesta__ (molestar) la música alta (*loud*).
5. __A__ nosotros __nos fascinan__ (fascinar) los grupos de pop latino.
6. __Al__ señor Ruiz __le interesa__ (interesar) más la música clásica.
7. A __mí__ me __aburre__ (aburrir) la música clásica.
8. ¿A __ti__ te __falta__ (faltar) dinero para el concierto de Carlos Santana?
9. No. Ya compré el boleto y __me quedan__ (quedar) cinco dólares.
10. ¿Cuánto dinero te __queda__ (quedar) a __ti__?

NOTA CULTURAL

Hoy día, la música latina es popular en los EE.UU. gracias a artistas como **Shakira**, de nacionalidad colombiana, y **Tito "El Bambino"**, puertorriqueño. Otros artistas, como **Carlos Santana** y **Gloria Estefan**, difundieron (*spread*) la música latina en los años 60, 70, 80 y 90.

2 **Describir** Mira los dibujos y describe lo que está pasando. Usa los verbos de la lista. Answers will vary. Suggested answers:

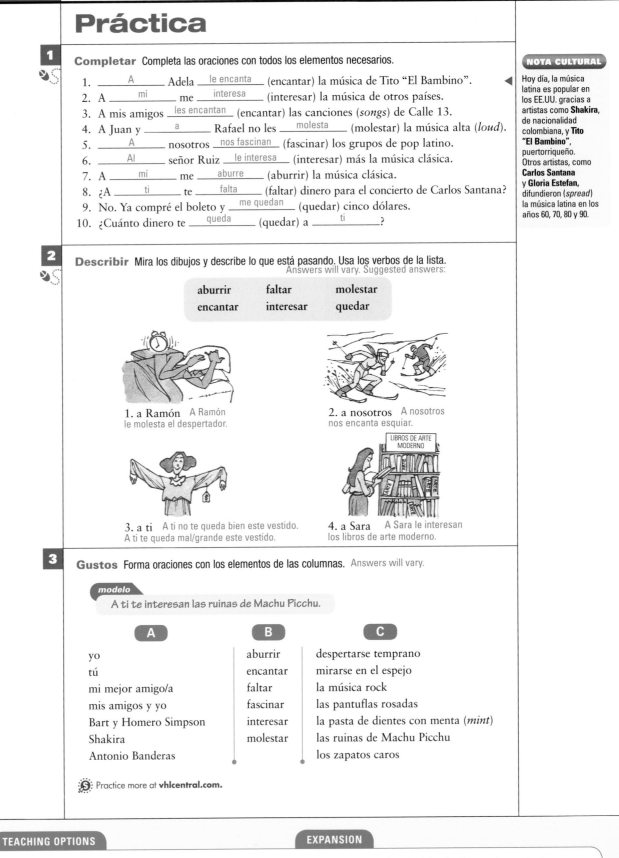

aburrir	faltar	molestar
encantar	interesar	quedar

1. a Ramón A Ramón le molesta el despertador.

2. a nosotros A nosotros nos encanta esquiar.

3. a ti A ti no te queda bien este vestido. A ti te queda mal/grande este vestido.

4. a Sara A Sara le interesan los libros de arte moderno.

3 **Gustos** Forma oraciones con los elementos de las columnas. Answers will vary.

modelo
A ti te interesan las ruinas de Machu Picchu.

A	B	C
yo	aburrir	despertarse temprano
tú	encantar	mirarse en el espejo
mi mejor amigo/a	faltar	la música rock
mis amigos y yo	fascinar	las pantuflas rosadas
Bart y Homero Simpson	interesar	la pasta de dientes con menta (*mint*)
Shakira	molestar	las ruinas de Machu Picchu
Antonio Banderas		los zapatos caros

Practice more at **vhlcentral.com.**

TEACHING OPTIONS

Large Group Have students stand and form a circle. Begin by tossing a ball to a student, who should state a complaint using a verb like **gustar** (Ex: **Me falta dinero para comprar los libros**) and then toss the ball to another student. The next student should offer advice (Ex: **Debes pedirle dinero a tus padres**) and throw the ball to another person, who will air another complaint. Repeat the activity with positive statements (**Me fascinan las películas cómicas**) and advice (**Debes ver las películas de Will Ferrell**).

EXPANSION

Extra Practice Write sentences like these on the board. Have students copy them and draw faces (☺/☹) to indicate the feelings expressed. Ex: **1. Me encantan las enchiladas verdes. 2. Me aburren las matemáticas. 3. Me fascina la ópera italiana. 4. No me falta dinero para comprar un auto. 5. Me queda pequeño el sombrero.**

Comunicación

4  

Preguntas En parejas, túrnense para hacer y contestar estas preguntas. Answers will vary.

1. ¿Te gusta levantarte temprano o tarde? ¿Por qué?
2. ¿Te gusta acostarte temprano o tarde? ¿Y a tus hermanos/as?
3. ¿Te gusta dormir la siesta?
4. A tu familia, ¿le encanta acampar o prefiere quedarse en un hotel cuando va de vacaciones?
5. ¿Qué te gusta hacer en el verano?
6. ¿Qué te fascina de esta escuela? ¿Qué te molesta?
7. ¿Te interesan más las ciencias o las humanidades? ¿Por qué?
8. ¿Qué cosas te aburren?

5 

Completar Trabajen en parejas. Túrnense para completar estas frases de una manera lógica. Answers will vary.

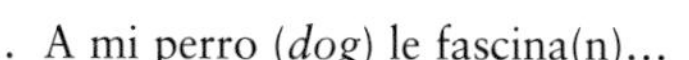

1. A mi perro (*dog*) le fascina(n)...
2. A mi mejor (*best*) amigo/a no le interesa(n)...
3. A mis padres les importa(n)...
4. A nosotros nos molesta(n)...
5. A mis hermanos les aburre(n)...
6. A mi compañero/a de clase le aburre(n)...
7. A los turistas les interesa(n)...
8. A los jugadores profesionales les encanta(n)...
9. A nuestro/a profesor(a) le molesta(n)...
10. A mí me importa(n)...

recursos

vText

CPA pp. 84–85

6  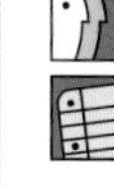

La residencia Tú y tu compañero/a de clase son los directores de una residencia estudiantil en Perú. Su profesor(a) les va a dar a cada uno de ustedes las descripciones de cinco estudiantes. Con la información tienen que escoger quiénes van a ser compañeros de cuarto. Después, completen la lista. Answers will vary.

Síntesis

7  

Situación Trabajen en parejas para representar los papeles de un(a) cliente/a y un(a) dependiente/a en una tienda de ropa. Usen las instrucciones como guía. Answers will vary.

Dependiente/a	Cliente/a
Saluda al/a la cliente/a y pregúntale en qué le puedes servir.	→ Saluda al/a la dependiente/a y dile (*tell him/her*) qué quieres comprar y qué colores prefieres.
Pregúntale si le interesan los estilos modernos y empieza a mostrarle la ropa.	→ Explícale que los estilos modernos te interesan. Escoge las cosas que te interesan.
Habla de los gustos del/de la cliente/a.	→ Habla de la ropa (me queda(n) bien/mal, me encanta(n)...).
Da opiniones favorables al/a la cliente/a (las botas te quedan fantásticas...).	→ Decide cuáles son las cosas que te gustan y qué vas a comprar.

TEACHING OPTIONS

Pairs Have pairs prepare short TV commercials in which they use the target verbs presented in **Estructura 7.4** to sell a particular product. Group three pairs together to present their skits.

Extra Practice Add a visual aspect to this grammar practice. Bring in magazine pictures of people enjoying or not enjoying what they are doing. Have them create sentences with verbs like **gustar**. Ex: **A los chicos no les interesa estudiar.**

TEACHING OPTIONS

Game Give groups of students five minutes to write a description of social life during a specific historical period, such as the French Revolution or prehistoric times, using as many of the target verbs presented in **Estructura 7.4** as possible. When finished, ask groups how many of these verbs they used in their descriptions. Have the top three read their descriptions for the class, who vote for their favorite description.

Communication 1.1
Comparisons 4.1

4 Teaching Tip Take a class survey of the answers and write the results on the board. Ask volunteers to use verbs like **gustar** to summarize them.

4 Virtual Chat You can also assign activity 4 on the Supersite. Students record individual responses that appear in your gradebook.

5 Teaching Tip For items that start with **A mi(s)...**, have pairs compare their answers and then report to the class: first answers in common, then answers that differed. Ex: **A mis padres les importan los estudios, pero a los padres de ____ les importa más el dinero.**

6 Teaching Tip Divide the class into pairs and distribute the Communication Activities worksheets from the ***Cuaderno de práctica y actividades comunicativas*** that correspond to this activity. Give students ten minutes to complete this activity.

Communication 1.1

PRE-AP*

7 Interpersonal Speaking To simplify, have students prepare for their roles by brainstorming a list of words and phrases. Remind students to use the formal register in this conversation.

7 Partner Chat You can also assign activity 7 on the Supersite. Students work in pairs to record the activity online. The pair's recorded conversation will appear in your gradebook.

7 Expansion Ask pairs to role-play their conversation for the class.

Section Goal

In **Recapitulación**, students will review the grammar concepts from this lesson.

Instructional Resources
vText
Supersite
Testing Program CD

1 Expansion To challenge students, ask them to provide the infinitive and the third-person singular form of each verb.

2 Teaching Tip To challenge students, eliminate the first sentence in each item. Have them complete the sentences based on context alone and explain which verb is used.

2 Expansion Ask students to create four additional sentences using the preterite of **ser** and **ir**. Then have pairs exchange papers for peer editing.

3 Teaching Tips
- To simplify, have students begin by identifying the subject in each sentence.
- Remind students of the different positions for reflexive pronouns and the need for an infinitive after a phrase like **antes de** or a conjugated verb, such as **puedo**.

Recapitulación

Diagnostics
Remediation Activities

Completa estas actividades para repasar los conceptos de gramática que aprendiste en esta lección.

1 Completar Completa la tabla con la forma correcta de los verbos. 6 pts.

yo	tú	nosotros	ellas
me levanto	te levantas	nos levantamos	se levantan
me afeito	**te afeitas**	nos afeitamos	se afeitan
me visto	te vistes	**nos vestimos**	se visten
me seco	te secas	nos secamos	**se secan**

2 Hoy y ayer Cambia los verbos del presente al pretérito. 5 pts.

1. Vamos de compras hoy. ___Fuimos___ de compras hoy.
2. Por último, voy al supermercado. Por último, ___fui___ al supermercado.
3. Lalo es el primero en levantarse. Lalo ___fue___ el primero en levantarse.
4. ¿Vas a tu habitación? ¿___Fuiste___ a tu habitación?
5. Ustedes son profesores. Ustedes ___fueron___ profesores.

3 Reflexivos Completa cada conversación con la forma correcta del presente del verbo reflexivo. 11 pts.

TOMÁS Yo siempre (1) ___me baño___ (bañarse) antes de (2) ___acostarme___ (acostarse). Esto me relaja porque no (3) ___me duermo___ (dormirse) fácilmente. Y así puedo (4) ___levantarme___ (levantarse) más tarde. Y tú, ¿cuándo (5) ___te duchas___ (ducharse)?

LETI Pues por la mañana, para poder (6) ___despertarme___ (despertarse).

DAVID ¿Cómo (7) ___se siente___ (sentirse) Pepa hoy?

MARÍA Todavía está enojada.

DAVID ¿De verdad? Ella nunca (8) ___se enoja___ (enojarse) con nadie.

BETO ¿(Nosotros) (9) ___Nos vamos___ (Irse) de esta tienda? Estoy cansado.

SARA Pero antes vamos a (10) ___probarnos___ (probarse) estos sombreros. Si quieres, después (nosotros) (11) ___nos sentamos___ (sentarse) un rato.

RESUMEN GRAMATICAL

7.1 Reflexive verbs *pp. 236–237*

lavarse	
me lavo	nos lavamos
te lavas	os laváis
se lava	se lavan

7.2 Indefinite and negative words *pp. 240–241*

Indefinite words	Negative words
algo	nada
alguien	nadie
alguno/a(s), algún	ninguno/a, ningún
o... o	ni... ni
siempre	nunca, jamás
también	tampoco

7.3 Preterite of ser and ir *p. 244*

- The preterite of **ser** and **ir** are identical. Context will determine the meaning.

ser and ir	
fui	fuimos
fuiste	fuisteis
fue	fueron

7.4 Verbs like gustar *pp. 246–247*

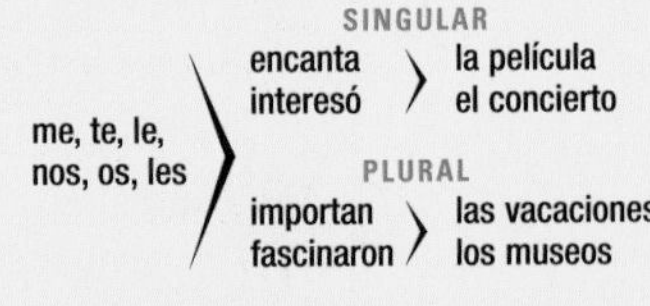

- Use the construction a + [*noun/pronoun*] to clarify the person in question.

A mí me encanta ver películas, ¿y a ti?

TEACHING OPTIONS

Game Divide the class into two teams, **ser** and **ir**, and have them line up. Indicate the first member of each team and call out a sentence in Spanish. Ex: **Fuimos al parque.** The team member whose verb corresponds to the sentence has five seconds to step forward and provide the English translation.

Game Play **Concentración.** On eight note cards, write simple sentences using a variety of reflexive and non-reflexive verbs (Ex: **Nos cepillamos los dientes. Lavamos el auto los sábados.**). On another eight cards, draw or paste a picture of an item that matches each description (Ex: a tube of toothpaste, a car). Place the cards face-down in four rows of four. Have pairs take turns selecting two cards; if they match, the pair keeps them, and if not, they return the cards to their original positions. The pair with the most cards at the end wins.

4 **Conversaciones** Completa cada conversación de manera lógica con palabras de la lista. No tienes que usar todas las palabras. 8 pts.

algo	nada	ningún	siempre
alguien	nadie	nunca	también
algún	ni... ni	o... o	tampoco

1. —¿Tienes __algún__ plan para esta noche?
   —No, prefiero quedarme en casa. Hoy no quiero ver a __nadie__.
   —Yo __también__ me quedo. Estoy muy cansado.
2. —¿Puedo entrar? ¿Hay __alguien__ en el cuarto de baño?
   —Sí. ¡Un momento! Ahora mismo salgo.
3. —¿Puedes prestarme __algo__ para peinarme? No encuentro __ni__ mi cepillo (*brush*) __ni__ mi peine (*comb*).
   —Lo siento, yo __tampoco__ encuentro los míos (*mine*).
4. —¿Me prestas tu maquillaje?
   —Lo siento, no tengo. __Nunca__ me maquillo.

5 **Oraciones** Forma oraciones completas con los elementos dados (*given*). Usa el presente de los verbos. 8 pts.

1. David y Juan / molestar / levantarse temprano A David y a Juan les molesta levantarse temprano.
2. Lucía / encantar / las películas de terror A Lucía le encantan las películas de terror.
3. todos (nosotros) / importar / la educación A todos nos importa la educación.
4. tú / aburrir / ver / la televisión A ti te aburre ver la televisión.

6 **Rutinas** Escribe seis oraciones que describan las rutinas de dos personas que conoces. 12 pts. Answers will vary.

modelo

Mi tía se despierta temprano, pero mi primo...

7 **Adivinanza** Completa la adivinanza con las palabras que faltan y adivina la respuesta. ¡2 puntos EXTRA!

"Cuanto más° __te seca__ (*it dries you*), más se moja°".
¿Qué es? __La toalla__

Cuanto más *The more* se moja *it gets wet*

Practice more at **vhlcentral.com.**

4 Expansion Have students write additional mini-conversations using the remaining indefinite and negative words from the word bank.

5 Teaching Tip Remind students to use the personal **a** in their answers.

5 Expansion Give students these sentences as items 5–8: **5. yo / faltar / dinero (A mí me falta dinero.) 6. Pedro y yo / fascinar / cantar y bailar (A Pedro y a mí nos fascina cantar y bailar.) 7. usted / quedar / muy bien / esas gafas de sol (A usted le quedan muy bien esas gafas de sol.) 8. ¿ / ustedes / interesar / conocer / otros países / ? (¿A ustedes les interesa conocer otros países?)**

6 Expansion Have volunteers share their sentences with the class. Encourage classmates to ask them follow-up questions. Ex: **¿Por qué se despierta temprano tu tía?**

7 Expansion To challenge students, have them work in small groups to create a riddle using grammar and/or vocabulary from this lesson. Have groups share their riddles with the class.

TEACHING OPTIONS

Game Play a game of **Diez Preguntas**. Ask a volunteer to think of a person in the class. Other students get one chance each to ask a question using positive and negative words. Ex: **¿Es alguien que siempre llega temprano a clase?**

EXPANSION

Extra Practice Have students imagine they are a famous singer or actor. Then have them write eight sentences from the point of view of that person, using verbs like **gustar** and indefinite and negative words. Ex: **Nicki Minaj: Me encanta la música hip hop pero me aburre la música clásica. Tampoco me interesa la música *country*...** Ask volunteers to share some of their sentences and see if the rest of the class agrees with their statements.

Section Goals

In **Lectura**, students will:

- learn the strategy of predicting content from the title
- read an e-mail in Spanish

Communication 1.1, 1.2, 1.3
Cultures 2.1, 2.2
Connections 3.1, 3.2
Comparisons 4.2

Instructional Resources
vText
Cuaderno para hispanohablantes, pp. 111–112
Supersite

PRE-AP*

Interpretive Reading: Estrategia Display or make up several cognate-rich headlines from Spanish newspapers. Ex: **Decenas de miles recuerdan la explosión atómica en Hiroshima; Lanzamiento de musicahoy.net, sitio para profesionales y aficionados a la música; Científicos anuncian que Plutón ya no es planeta.** Ask students to predict the content of each article.

Examinar el texto Survey the class to find out the most common predictions. Were most of them about a positive or negative experience?

Compartir Have pairs discuss how they are able to tell what the content will be by looking at the format of the text.

Cognados Discuss how scanning the text for cognates can help predict the content.

Lectura

Audio: Synched Reading
Additional Reading

Antes de leer

Estrategia
Predicting content from the title

Prediction is an invaluable strategy in reading for comprehension. For example, we can usually predict the content of a newspaper article from its headline. We often decide whether to read the article based on its headline. Predicting content from the title will help you increase your reading comprehension in Spanish.

Examinar el texto

Lee el título de la lectura y haz tres predicciones sobre el contenido. Escribe tus predicciones en una hoja de papel. Answers will vary.

Compartir

Comparte tus ideas con un(a) compañero/a de clase.

Cognados

Haz una lista de seis cognados que encuentres en la lectura. Answers will vary.

1. ______
2. ______
3. ______
4. ______
5. ______
6. ______

¿Qué te dicen los cognados sobre el tema de la lectura?

recursos
vText | CH pp. 111–112 | vhlcentral.com

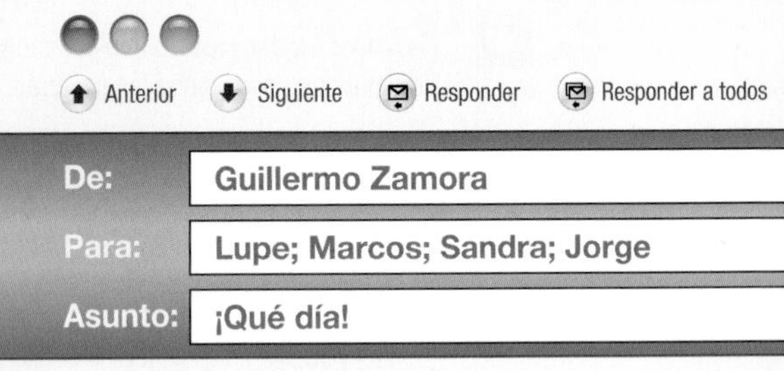

Anterior
Siguiente
Responder
Responder a todos
De: Guillermo Zamora
Para: Lupe; Marcos; Sandra; Jorge
Asunto: ¡Qué día!

Hola, chicos:

La semana pasada me di cuenta° de que necesito organizar mejor° mi rutina... pero especialmente debo prepararme mejor para los exámenes. Me falta disciplina, me molesta no tener control de mi tiempo y nunca deseo repetir los eventos de la semana pasada.

El miércoles pasé todo el día y toda la noche estudiando para el examen de biología del jueves por la mañana. Me aburre la biología y no empecé a estudiar hasta el día antes del examen. El jueves a las 8, después de no dormir en toda la noche, fui exhausto al examen. Fue difícil, pero afortunadamente° me acordé de todo el material. Esa noche me acosté temprano y dormí mucho.

Me desperté a las 7, y fue extraño° ver a mi hermano, Andrés, preparándose para ir a dormir. Como° siempre se enferma°, tiene problemas para dormir y no hablamos mucho, no le comenté nada. Fui al baño a cepillarme los dientes para ir a

EXPANSION

Extra Practice Ask students to skim the selection and find sentences with verbs like **gustar** (**aburrir**, **molestar**, etc.). Have them use the le and les pronouns to rewrite the sentences and talk about Guillermo and Andrés. Ex: **A Guillermo le aburre la biología.** Encourage students to say more about the characters and what happens to them by creating additional sentences of the **gustar** type.

EXPANSION

Extra Practice Ask heritage speakers if they use e-mail regularly to keep in touch with friends and family in their families' countries of origin. Ask them if they have ever used Spanish-language versions of popular web-based e-mail applications. Then have the class log onto some Spanish-language versions of e-mail providers, such as Yahoo. Have them list cognates and loan words from English. Then ask students to compare the different pages.

eenviar Marcar Imprimir Redactar Bandeja entrada

clase. ¿Y Andrés? Él se acostó. "Debe estar enfermo°, ¡otra vez!", pensé.

Mi clase es a las 8, y fue necesario hacer las cosas rápido. Todo empezó a ir mal... eso pasa siempre cuando uno tiene prisa. Cuando busqué mis cosas para el baño, no las encontré. Entonces me duché sin jabón, me cepillé los dientes sin cepillo de dientes y me peiné con las manos. Tampoco encontré ropa limpia y usé la sucia. Rápido, tomé mis libros. ¿Y Andrés? Roncando°... ¡a las 7:50!

Cuando salí corriendo para la clase, la prisa no me permitió ver el campus desierto. Cuando llegué a la clase, no vi a nadie. No vi al profesor ni a los estudiantes. Por último miré mi reloj, y vi la hora. Las 8 en punto... ¡de la noche!

¡Dormí 24 horas!

Guillermo

me di cuenta *I realized* **mejor** *better* **afortunadamente** *fortunately* **extraño** *strange* **Como** *Since* **se enferma** *he gets sick* **enfermo** *sick* **Roncando** *Snoring*

Después de leer

Seleccionar

Selecciona la respuesta correcta.

1. ¿Quién es el/la narrador(a)? c
   a. Andrés
   b. una profesora
   c. Guillermo
2. ¿Qué le molesta al narrador? b
   a. Le molestan los exámenes de biología.
   b. Le molesta no tener control de su tiempo.
   c. Le molesta mucho organizar su rutina.
3. ¿Por qué está exhausto? c
   a. Porque fue a una fiesta la noche anterior.
   b. Porque no le gusta la biología.
   c. Porque pasó la noche anterior estudiando.
4. ¿Por qué no hay nadie en clase? a
   a. Porque es de noche.
   b. Porque todos están de vacaciones.
   c. Porque el profesor canceló la clase.
5. ¿Cómo es la relación de Guillermo y Andrés? b
   a. Son buenos amigos.
   b. No hablan mucho.
   c. Tienen una buena relación.

Ordenar

Ordena los sucesos de la narración. Utiliza los números del 1 al 9.

a. Toma el examen de biología. 2
b. No encuentra sus cosas para el baño. 5
c. Andrés se duerme. 7
d. Pasa todo el día y toda la noche estudiando para un examen. 1
e. Se ducha sin jabón. 6
f. Se acuesta temprano. 3
g. Vuelve a su cuarto después de las 8 de la noche. 9
h. Se despierta a las 7 y su hermano se prepara para dormir. 4
i. Va a clase y no hay nadie. 8

Contestar

Contesta estas preguntas. Answers will vary.

1. ¿Cómo es tu rutina diaria? ¿Muy organizada?
2. ¿Estudias mucho? ¿Cuándo empiezas a estudiar para los exámenes?
3. Para comunicarte con tus amigos/as, ¿prefieres el teléfono o el correo electrónico? ¿Por qué?

Practice more at **vhlcentral.com.**

Seleccionar Before beginning the activity, have students summarize the reading selection by listing all the verbs in the preterite. Then, have them use these verbs to talk about Guillermo's day.

Ordenar

- Before beginning, ask a volunteer to summarize in Spanish, using the third-person present tense, the first two sentences of the reading selection.
- As writing practice, have students use the sentence in each item as the topic sentence of a short paragraph about Guillermo or Andrés.

Contestar Have students work in small groups to tell each other about a day when everything turned out wrong due to a miscalculation. Have groups vote for the most unusual story to share with the class.

21st CENTURY SKILLS

Creativity and Innovation
Ask students to prepare a presentation on the ideal daily routine for a student, inspired by the information on these two pages.

TEACHING OPTIONS

Pairs Add a visual aspect to this reading. Have pairs reconstruct Guillermo's confusing day graphically by means of one or more time lines (or other graphic representation). They should compare what Guillermo assumed was going on with what was actually occurring.

TEACHING OPTIONS

Pairs Have pairs of students work together to read the selection and write two questions about each paragraph. When they have finished, have them exchange papers with another pair, who can work together to answer the questions.

Section Goals

In **Escritura**, students will:

- learn adverbial expressions of time to clarify transitions
- write a composition with an introduction, body, and conclusion in Spanish

Communication 1.3

Instructional Resources
vText
Cuaderno de práctica y actividades comunicativas, pp. 86–87
Cuaderno para hispanohablantes, pp. 113–114
Supersite

PRE-AP*

Interpersonal Writing:
Estrategia Go over the strategy as a class. Encourage students to give examples of how they will use the suggestions for this activity.

Tema Read through the list of possible places with the students and have them choose the one in which they want to set their composition. Then have groups of students who chose the same location get together and brainstorm ideas about how their daily routines would change.

21st CENTURY SKILLS

Leadership and Responsibility
If you have access to students in a Spanish-speaking country, ask each student to partner with one student from the partner class and share his or her composition.

21st CENTURY SKILLS

Productivity and Accountability
Provide the rubric to students before they hand their work in for grading. Ask students to make sure they have met the highest standard possible on the rubric before submitting their work.

Escritura

Estrategia

Sequencing events

Paying strict attention to sequencing in a narrative will ensure that your writing flows logically from one part to the next.

Every composition should have an introduction, a body, and a conclusion. The introduction presents the subject, the setting, the situation, and the people involved. The main part, or the body, describes the events and people's reactions to these events. The conclusion brings the narrative to a close.

Adverbs and adverbial phrases are sometimes used as transitions between the introduction, the body, and the conclusion. Here is a list of commonly used adverbs in Spanish:

Adverbios

además; también	*in addition; also*
al principio; en un principio	*at first*
antes (de)	*before*
después	*then*
después (de)	*after*
entonces; luego	*then*
más tarde	*later*
primero	*first*
pronto	*soon*
por fin; finalmente	*finally*
al final	*finally*

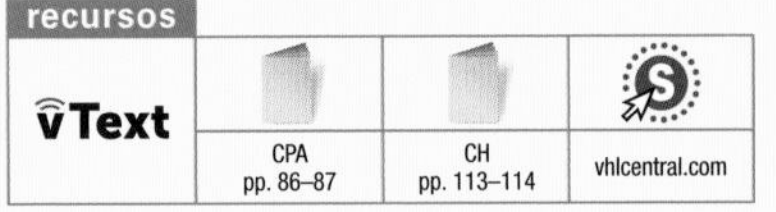

recursos
vText
CPA
pp. 86–87
CH
pp. 113–114
vhlcentral.com

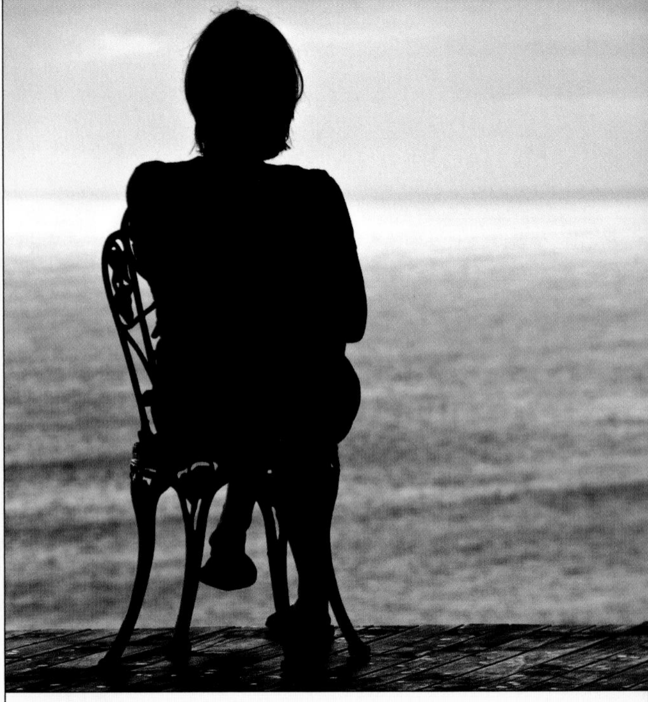

Tema

Escribe tu rutina

Imagina tu rutina diaria en uno de estos lugares:

- una isla desierta
- el Polo Norte
- un crucero° transatlántico
- un desierto

Escribe una composición en la que describes tu rutina diaria en uno de estos lugares o en algún otro lugar interesante que imagines°. Mientras planeas tu composición, considera cómo cambian algunos de los elementos más básicos de tu rutina diaria en el lugar que escogiste°. Por ejemplo, ¿dónde te acuestas en el Polo Norte? ¿Cómo te duchas en el desierto?

Usa el presente de los verbos reflexivos que conoces e incluye algunos de los adverbios de esta página para organizar la secuencia de tus actividades. Piensa también en la información que debes incluir en cada sección de la narración. Por ejemplo, en la introducción puedes hacer una descripción del lugar y de las personas que están allí, y en la conclusión puedes dar tus opiniones acerca del° lugar y de tu vida diaria allí.

crucero *cruise ship* **que imagines** *that you dream up* **escogiste** *you chose* **acerca del** *about the*

EVALUATION: Descripción

Criteria	Scale
Content	1 2 3 4 5
Organization	1 2 3 4 5
Use of vocabulary	1 2 3 4 5
Grammatical accuracy	1 2 3 4 5

Scoring	
Excellent	18–20 points
Good	14–17 points
Satisfactory	10–13 points
Unsatisfactory	< 10 points

Escuchar

Estrategia

Using background information

Once you discern the topic of a conversation, take a minute to think about what you already know about the subject. Using this background information will help you guess the meaning of unknown words or linguistic structures.

To help you practice this strategy, you will now listen to a short paragraph. Jot down the subject of the paragraph, and then use your knowledge of the subject to listen for and write down the paragraph's main points.

Preparación

Según la foto, ¿dónde están Carolina y Julián? Piensa en lo que sabes de este tipo de situación. ¿De qué van a hablar? Answers will vary.

Ahora escucha  

Ahora escucha la entrevista entre Carolina y Julián, teniendo en cuenta (*taking into account*) lo que sabes sobre este tipo de situación. Elige la información que completa correctamente cada oración.

1. Julián es __c__.
   a. político
   b. deportista profesional
   c. artista de cine
2. El público de Julián quiere saber de __b__.
   a. sus películas
   b. su vida
   c. su novia
3. Julián habla de __a__.
   a. sus viajes y sus rutinas
   b. sus parientes y amigos
   c. sus comidas favoritas
4. Julián __b__.
   a. se levanta y se acuesta a diferentes horas todos los días
   b. tiene una rutina diaria
   c. no quiere hablar de su vida

Comprensión

¿Cierto o falso?

Indica si las oraciones son **ciertas** o **falsas** según la información que Julián da en la entrevista.

1. Es difícil despertarme; generalmente duermo hasta las diez. Falsa
2. Pienso que mi vida no es más interesante que las vidas de ustedes. Cierta
3. Me gusta tener tiempo para pensar y meditar. Cierta
4. Nunca hago mucho ejercicio; no soy una persona activa. Falsa
5. Me fascinan las actividades tranquilas, como escribir y escuchar música clásica. Cierta
6. Los viajes me parecen aburridos. Falsa

Preguntas

Answers will vary.

1. ¿Qué tiene Julián en común con otras personas de su misma profesión?
2. ¿Te parece que Julián siempre fue rico? ¿Por qué?
3. ¿Qué piensas de Julián como persona?

Practice more at **vhlcentral.com.**

Section Goal

In **Escuchar**, students will learn the strategy of listening for background information.

 Communication 1.2

21st CENTURY SKILLS

Critical Thinking and Problem Solving
Students practice aural comprehension as a tool to negotiate meaning in Spanish.

Instructional Resources
vText
Supersite: Textbook MP3 Audio Files
Supersite/TRCD: Textbook Audio Script
Textbook CD

Estrategia
Script ¿Te puedes creer los precios de la ropa que venden en el mercado al aire libre? Tienen unos bluejeans muy buenos que cuestan 52 soles. Y claro, puedes regatear y los consigues todavía más baratos. Vi unos iguales en el centro comercial y son mucho más caros. ¡Cuestan 97 soles!

Teaching Tip Read the directions with the students, then have them identify the situation depicted in the photo.

Ahora escucha
Script CAROLINA: Buenas tardes, queridos televidentes, y bienvenidos a *"Carolina al mediodía"*. Tenemos el gran placer de conversar hoy con Julián Larrea, un joven actor de extraordinario talento. Bienvenido, Julián. Ya sabes que tienes muchas admiradoras entre nuestro público y más que todo quieren saber los detalles de tu vida.
JULIÁN: Buenas, Carolina, y saludos a todos. No sé qué decirles; en realidad en mi vida hay rutina, como en la vida de todos. C: No puede ser. Me imagino que tu vida es mucho más exótica que la mía. Bueno,

(Script continues at far left in the bottom panels.)

para comenzar, ¿a qué hora te levantas? J: Normalmente me levanto todos los días a la misma hora, también cuando estoy de viaje filmando una película. Siempre me despierto a las 5:30. Antes de ducharme y vestirme, siempre me gusta tomar un café mientras escucho un poco de música clásica. Así medito, escribo un poco y pienso sobre el día. C: Cuando no estás filmando, ¿te quedas en casa durante el día? J: Pues, en esos momentos, uso el tiempo libre para sentarme en casa a escribir. Pero sí tengo una rutina diaria de ejercicio. Corro unas cinco millas diarias y si hace mal tiempo voy al gimnasio. C: Veo que eres una persona activa. Te mantienes en muy buena forma. ¿Qué más nos puedes decir de tu vida? J: Bueno, no puedo negar que me encanta viajar. ¡Y la elegancia de algunos hoteles es increíble! Estuve en un hotel en Londres que tiene una ducha del tamaño de un cuarto normal. C: Ya vemos que tu vida no es nada aburrida. Qué gusto hablar contigo hoy, Julián. J: El placer es mío. Gracias por la invitación, Carolina.

Section Goals

In **En pantalla**, students will:
- read about the role of Mother's Day in Spanish-speaking countries
- watch a television commercial for **Sancor Seguros**, a group of cooperatives from Argentina

Communication 1.1, 1.2
Cultures 2.1, 2.2
Connections 3.2
Comparisons 4.2

Instructional Resources
vText
Supersite: ***En pantalla***
Transcript & Translation

Introduction Ask students: **¿Qué es una cooperativa? ¿Cómo puede ayudar a los trabajadores? ¿Hay algunas cooperativas en tu comunidad? ¿Qué hacen?**

PRE-AP*

Audiovisual Interpretive Communication
Antes de ver Strategy
- After looking at the video stills and captions, ask students to talk about what the organization does and what might happen in the commercial.
- Read the **Vocabulario útil** aloud and guide students' pronunciation practice. Then use each phrase in a short sentence.

Banderas Complete this activity with a whole-class discussion in which students share and compare answers to the questions.

21st CENTURY SKILLS

Social and Cross-Cultural Skills Have students work in groups to choose one or two aspects of the ad that they identify as different from what they would expect in their daily life. Ask students to write two to three sentences about the difference and how they would explain what is different to a visitor from that culture.

En pantalla

Video: TV Clip

Sunchales es una ciudad en la provincia de Santa Fe, Argentina, donde mucha gente trabaja en la agricultura y la ganadería°. Desde 1929, los habitantes de Sunchales se juntan para establecer cooperativas° en las que los trabajadores combinan sus esfuerzos° y recursos. Hoy, estas cooperativas constituyen el Grupo Sancor Seguros y todavía tratan de° incluir igualmente a todos los trabajadores de la región en los procesos, las decisiones y las ganancias° de sus labores°. Por eso, en 2005, Sunchales fue nombrada° "La capital nacional del cooperativismo". Este anuncio muestra este espíritu: no sólo se filmó en Sunchales, sino que los actores son nativos de la región y miembros del Grupo Sancor Seguros.

Vocabulario útil

gran consigna	*tall order*
lo nuestro	*what is ours*
ver grande a la Argentina	*to see a proud Argentina*

Opciones

Escoge la opción correcta para completar cada oración.

1. El anuncio tiene lugar __a__.
   a. por la mañana b. por la tarde c. por la noche
2. El niño __b__.
   a. se acuesta b. se despierta c. se duerme
3. Cada día, los profesionales __b__.
   a. se quedan en casa b. salen de casa c. se aburren en casa
4. Según el anuncio, el país se mejora con __c__.
   a. los bancos b. la rutina diaria c. el trabajo y la dedicación

Banderas

En parejas, comenten cómo se utiliza la imagen de la bandera en el anuncio. ¿Qué simbolizan las banderas tradicionalmente? ¿Conoces un anuncio de tu país que muestra la bandera nacional? ¿Cuál es el objetivo o el efecto de mostrar la bandera al público? Answers will vary.

ganadería *livestock farming* **cooperativas** *cooperatives* **esfuerzos** *efforts* **tratan de** *try to* **ganancias** *profits* **labores** *work* **fue nombrada** *was named*

Anuncio de Sancor Seguros

Cada mañana...

...un gran grupo de argentinos...

Practice more at **vhlcentral.com.**

recursos
vText
vhlcentral.com

EXPANSION

Small Groups Have students work in small groups to research **Grupo Sancor Seguros** or have them find another cooperative group from a different Spanish-speaking country. Have them give a brief oral presenation about the organization and what it does for the community and the workers.

DIFFERENTIATION

Heritage Speakers Ask heritage speakers to bring in a flag from their country (or have them print one from the Internet). Have them describe the flag and explain any symbolism it may have. Ask them to give examples of where they might see the flag (soccer games, commercials, national events, etc.).

En este episodio de *Flash cultura* vas a conocer unos entremeses° españoles llamados **tapas**. Hay varias teorías sobre el origen de su nombre. Una dice que viene de la costumbre antigua° de **tapar**° los vasos de vino para evitar° que insectos o polvo entren en° ellos. Otra teoría cuenta que el rey Alfonso X debía° beber un poco de vino por indicación médica y decidió acompañarlo° con algunos bocados° para tapar los efectos del alcohol. Cuando estuvo° mejor, ordenó que siempre en Castilla se sirviera° algo de comer con las bebidas° alcohólicas.

Vocabulario útil

económicas	*inexpensive*
montaditos	*bread slices with assorted toppings*
pagar propinas	*to tip*
tapar el hambre	*to take the edge off (lit. putting the lid on one's hunger)*

Preparación

En el área donde vives, ¿qué hacen las personas normalmente después del trabajo (*work*)? ¿Van a sus casas? ¿Salen con amigos? ¿Comen? Answers will vary.

Ordenar

Ordena estos sucesos de manera lógica.

_5_ a. El empleado cuenta los palillos (*counts the toothpicks*) de los montaditos que Mari Carmen comió.
_2_ b. Mari Carmen va al barrio de la Ribera.
_1_ c. Un hombre en un bar explica cuándo sale a tomar tapas.
_3_ d. Un hombre explica la tradición de los montaditos o pinchos.
_4_ e. Carmen le pregunta a la chica si los montaditos son buenos para la salud.

entremeses *hors d'oeuvres* antigua *ancient* tapar *cover* evitar *avoid* entren en *get in* debía *should* acompañarlo *accompany it* bocados *snacks* estuvo *he was* se sirviera *they should serve* bebidas *drinks* sueles *do you tend*

Tapas para todos los días

Estamos en la Plaza Cataluña, el puro centro de Barcelona.

—¿Cuándo sueles° venir a tomar tapas?
—Generalmente después del trabajo.

Estos son los montaditos, o también llamados pinchos. ¿Te gustan?

Practice more at **vhlcentral.com.**

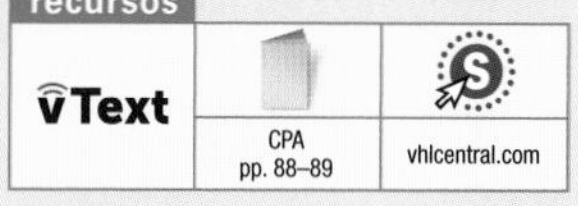

Section Goals

In **Flash cultura**, students will:
- read about the origins of **tapas**
- watch a video about **tapas**

Cultures 2.1, 2.2
Comparisons 4.2

Instructional Resources
vText
Cuaderno de práctica y actividades comunicativas, pp. 88–89
Supersite/DVD: ***Flash cultura***
Supersite/TRCD: ***Flash cultura*** Video Script & Translation, Answer Key

Introduction To check comprehension, ask students these questions: **1. ¿En qué país se comen las tapas? (en España) 2. ¿Se sabe con exactitud de dónde viene el nombre *tapa*? (No, hay varias teorías.) 3. ¿Cuál fue la solución para mantener limpios los vasos de vino? (taparlos) 4. ¿Qué ordenó Alfonso X? (que se sirviera algo de comer con las bebidas alcohólicas)**

Antes de ver
- Read through the **Vocabulario útil** and model pronunciation.
- Assure students that they do not need to understand every Spanish word they hear in the video. Tell them to rely on visual cues and to listen for cognates and words from **Vocabulario útil**.

Preparación Ask students to compare the custom of **tapas** to typical North American customs, such as Sunday brunch.

Ordenar Have students read through the items before watching the video.

21st CENTURY SKILLS

Information and Media Literacy Go to the Supersite to complete the **Conexión Internet** activity associated with **En pantalla** and **Flash cultura** for additional practice accessing and using culturally authentic sources.

EXPANSION

Extra Practice Have students research and prepare an oral report about a **tapas** bar in Madrid. Have them include information about the location, ambience, menu, and hours of operation. They should present images from the Internet, if possible. Also have students say what they would order there.

EXPANSION

Cultural Note Explain that the Spanish tendency to socialize outside of the home is due in part to the nature of the country's cities and apartments. Since city apartments tend to be small, people generally meet with friends outside of the home. Also, the walkable nature of Spanish cities makes it easy to get together spontaneously with others and go **tapas**-hopping.

Section Goal

In **Panorama**, students will read about the geography, culture, and history of Peru.

Communication 1.3
Cultures 2.1, 2.2
Connections 3.1, 3.2
Comparisons 4.2

21st CENTURY SKILLS

Global Awareness
Students will gain perspectives on the Spanish-speaking world.

Instructional Resources
vText
Cuaderno de práctica y actividades comunicativas, pp. 90–93
e-Cuaderno
Supersite/DVD: ***Panorama cultural***
Supersite/TRCD: Presentation PDF #32, ***Panorama cultural*** Video Script & Translation, Answer Keys

Teaching Tips

- Use the **Lección 7 Panorama** Presentation PDFs to assist with this presentation.
- Have students look at the map of Peru and ask them to find the **Río Amazonas** and the **Cordillera de los Andes**, and to speculate about the types of climate found in Peru. As a mountainous country near the equator, climate varies according to elevation, and ranges from tropical to arctic.

El país en cifras After each section, pause to ask students questions about the content. Point out that Iquitos, Peru's port city on the Amazon River, is a destination for ships that travel 2,300 miles up the Amazon from the Atlantic Ocean.

¡Increíble pero cierto! In recent years, the **El Niño** weather phenomenon has caused flooding in the deserts of southern Peru. The Peruvian government is working to preserve the **Líneas de Nazca** from further deterioration.

Perú

El país en cifras

- **Área:** 1.285.220 km² (496.224 millas²), *un poco menos que el área de Alaska*
- **Población:** 29.077.000
- **Capital:** Lima—8.473.000
- **Ciudades principales:** Arequipa—837.000, Trujillo, Chiclayo, Callao, Iquitos

SOURCE: Population Division, UN Secretariat

Iquitos es un puerto muy importante en el río Amazonas. Desde Iquitos se envían° muchos productos a otros lugares, incluyendo goma°, nueces°, madera°, arroz°, café y tabaco. Iquitos es también un destino popular para los ecoturistas que visitan la selva°.

- **Moneda:** nuevo sol
- **Idiomas:** español (oficial); quechua, aimara y otras lenguas indígenas (oficiales en los territorios donde se usan)

Bandera de Perú

Peruanos célebres

- **Clorinda Matto de Turner,** escritora (1854–1909)
- **César Vallejo,** poeta (1892–1938)
- **Javier Pérez de Cuéllar,** diplomático (1920–)
- **Mario Vargas Llosa,** escritor (1936–)

Mario Vargas Llosa, Premio Nobel de Literatura 2010

se envían *are shipped* goma *rubber* nueces *nuts* madera *timber* arroz *rice* selva *jungle* Hace más de *More than... ago* grabó *engraved* tamaño *size*

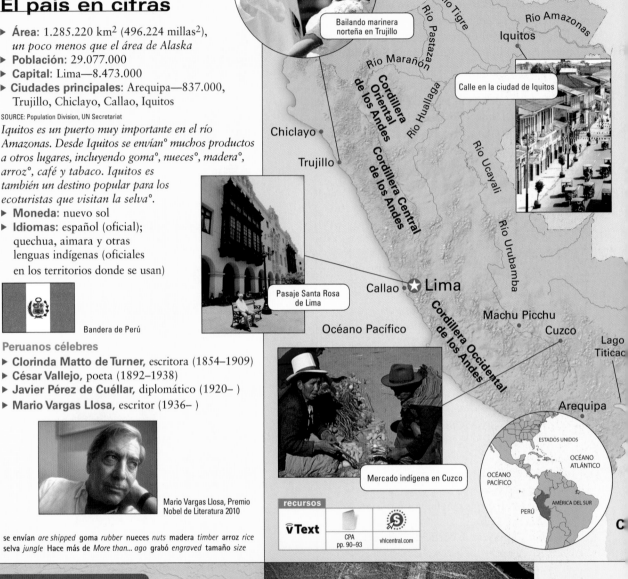

ECUADOR
COLOMBIA
Río Putumayo
Río Napo
Río Tigre
Río Pastaza
Río Amazonas
Iquitos
Río Marañón
Cordillera Oriental de los Andes
Río Huallaga
Chiclayo
Trujillo
Cordillera Central de los Andes
Río Ucayali
Río Urubamba
Callao
Lima
Océano Pacífico
Cordillera Occidental de los Andes
Machu Picchu
Cuzco
Lago Titicaca
Arequipa

Bailando marinera norteña en Trujillo

Calle en la ciudad de Iquitos

Pasaje Santa Rosa de Lima

Mercado indígena en Cuzco

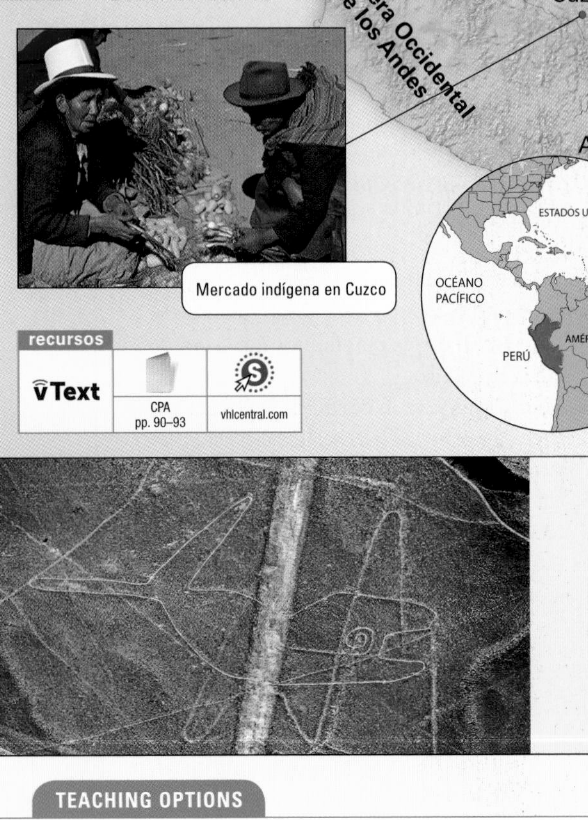

¡Increíble pero cierto!

Hace más de° dos mil años la civilización nazca de Perú grabó° más de dos mil kilómetros de líneas en el desierto. Los dibujos sólo son descifrables desde el aire. Uno de ellos es un cóndor del tamaño° de un estadio. Las Líneas de Nazca son uno de los grandes misterios de la humanidad.

DIFFERENTIATION

Heritage Speakers Ask heritage speakers of Peruvian origin or students who have visited Peru to make a short presentation to the class about their impressions. Encourage them to speak of the region they are from or have visited and how it differs from other regions in this vast country. If they have photographs, ask them to bring them to class to illustrate their talk.

TEACHING OPTIONS

Expansion Invite students to take turns guiding the class on tours of Peru's waterways: one student gives directions, and the others follow by tracing the route on their map of Peru. For example: **Comenzamos en el río Amazonas, pasando por Iquitos hasta llegar al río Ucayali....**

Lugares • Lima

Lima es una ciudad moderna y antigua° a la vez°. La Iglesia de San Francisco es notable por su arquitectura barroca colonial. También son fascinantes las exhibiciones sobre los incas en el Museo Oro del Perú y en el Museo Nacional de Antropología y Arqueología. Barranco, el barrio° bohemio de la ciudad, es famoso por su ambiente cultural y sus bares y restaurantes.

RASIL

Historia • Machu Picchu

A 80 kilómetros al noroeste de Cuzco está Machu Picchu, una ciudad antigua del Imperio inca. Está a una altitud de 2.350 metros (7.710 pies), entre dos cimas° de los Andes. Cuando los españoles llegaron a Perú y recorrieron la región, nunca encontraron Machu Picchu. En 1911, el arqueólogo estadounidense Hiram Bingham la descubrió. Todavía no se sabe ni cómo se construyó° una ciudad a esa altura, ni por qué los incas la abandonaron. Sin embargo°, esta ciudad situada en desniveles° naturales es el ejemplo más conocido de la arquitectura inca.

Artes • La música andina

Machu Picchu aún no existía° cuando se originó la música cautivadora° de las culturas indígenas de los Andes. Los ritmos actuales° de la música andina tienen influencias españolas y africanas. Varios tipos de flauta°, entre ellos la quena y la zampoña, caracterizan esta música. En las décadas de los 60 y los 70 se popularizó un movimiento para preservar la música andina, y hasta° Simon y Garfunkel incorporaron a su repertorio la canción *El cóndor pasa*.

Economía • Llamas y alpacas

Perú se conoce por sus llamas, alpacas, guanacos y vicuñas, todos ellos animales mamíferos° parientes del camello. Estos animales todavía tienen una enorme importancia en la economía del país. Dan lana para exportar a otros países y para hacer ropa, mantas°, bolsas y otros artículos artesanales. La llama se usa también para la carga y el transporte.

OLIVIA

¿Qué aprendiste? Responde a cada pregunta con una oración completa.

1. ¿Qué productos envía Iquitos a otros lugares? Iquitos envía goma, nueces, madera, arroz, café y tabaco.
2. ¿Cuáles son las lenguas oficiales de Perú? Las lenguas oficiales del Perú son el español y el quechua.
3. ¿Por qué es notable la Iglesia de San Francisco en Lima? Es notable por la influencia de la arquitectura barroca colonial.
4. ¿Qué información sobre Machu Picchu no se sabe todavía? No se sabe ni cómo se construyó ni por qué la abandonaron.
5. ¿Qué son la quena y la zampoña? Son dos tipos de flauta.
6. ¿Qué hacen los peruanos con la lana de sus llamas y alpacas? Hacen ropa, mantas, bolsas y otros artículos artesanales.

Conexión Internet Investiga estos temas en **vhlcentral.com.**

1. Investiga la cultura incaica. ¿Cuáles son algunos de los aspectos interesantes de su cultura?
2. Busca información sobre dos artistas, escritores o músicos peruanos y presenta un breve informe a tu clase.

Practice more at **vhlcentral.com.**

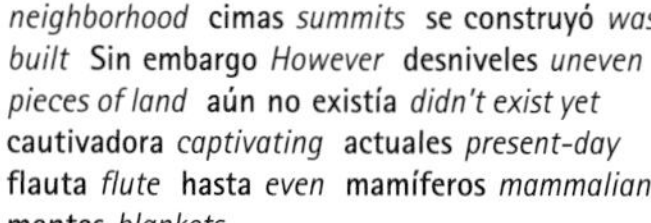

antigua *old* **a la vez** *at the same time* **barrio** *neighborhood* **cimas** *summits* **se construyó** *was built* **Sin embargo** *However* **desniveles** *uneven pieces of land* **aún no existía** *didn't exist yet* **cautivadora** *captivating* **actuales** *present-day* **flauta** *flute* **hasta** *even* **mamíferos** *mammalian* **mantas** *blankets*

EXPANSION

Variación léxica Some of the most familiar words to have entered Spanish from the Quechua language are the names of animals native to the Andean region, such as **el cóndor, la llama, el puma,** and **la vicuña**. These words later passed from Spanish to a number of European languages, including English. **La alpaca** comes not from Quechua (the language of the Incas and their descendants, who inhabit most of the Andean region), but from Aymara, the language of indigenous people who live near Lake Titicaca on the Peruvian-Bolivian border. Some students may be familiar with the traditional Quechua tune, ***El cóndor pasa***, which was popularized in a version by Simon and Garfunkel.

Lima Lima, rich in colonial architecture, is also home to the **Universidad de San Marcos,** which was established in 1551 and is the oldest university in South America.

Machu Picchu Another invention of the Incas were the **quipus**, clusters of knotted strings that were a means of keeping records and sending messages. A **quipu** consisted of a series of small, knotted cords attached to a larger cord. Each cord's color, place, size, and the knots it contained all had significance.

La música andina Ancient tombs belonging to pre-Columbian cultures like the Nazca and Moche have yielded instruments and other artifacts indicating that the precursors of Andean music go back at least two millenia.

Llamas y alpacas Of the camel-like animals of the Andes, only the sturdy **llama** has been domesticated as a pack animal. Its long, thick coat also provides fiber that is woven into a coarser grade of cloth. The more delicate **alpaca** and **vicuña** are raised only for their beautiful coats, which are used to create extremely high-quality cloth. The **guanaco** has never been domesticated.

Conexión Internet Students will find supporting Internet activities and links at **vhlcentral.com.**

21st CENTURY SKILLS

Information and Media Literacy: Conexión Internet Students access and critically evaluate information from the Internet.

Teaching Tip You may want to wrap up this section by playing the ***Panorama cultural*** video footage for this lesson.

Instructional Resources
vText
Cuaderno de práctica y actividades comunicativas, p. 83
e-Cuaderno
Supersite: Textbook & Vocabulary MP3 Audio Files
Supersite/TRCD: Answer Keys; Testing Program (**Lección 7** Tests, Testing Program MP3 Audio Files)
Textbook CD
Audio Activities CD
Testing Program CD

21st CENTURY SKILLS

Creativity and Innovation
Ask students to prepare a list of the three products or perspectives they learned about in this lesson to share with the class. You may ask them to focus specifically on the **Cultura** and **Panorama** sections.

21st CENTURY SKILLS

Leadership and Responsibility Extension Project
As a class, have students decide on three questions they want to ask the partner class related to the topic of the lesson they have just completed. Based on the responses they receive, work as a class to explain to the Spanish-speaking partners one aspect of their responses that surprised the class and why.

Los verbos reflexivos

acordarse (de) (o:ue)	*to remember*
acostarse (o:ue)	*to go to bed*
afeitarse	*to shave*
bañarse	*to bathe; to take a bath*
cepillarse el pelo	*to brush one's hair*
cepillarse los dientes	*to brush one's teeth*
despedirse (de) (e:i)	*to say goodbye (to)*
despertarse (e:ie)	*to wake up*
dormirse (o:ue)	*to go to sleep; to fall asleep*
ducharse	*to shower; to take a shower*
enojarse (con)	*to get angry (with)*
irse	*to go away; to leave*
lavarse la cara	*to wash one's face*
lavarse las manos	*to wash one's hands*
levantarse	*to get up*
llamarse	*to be called; to be named*
maquillarse	*to put on makeup*
peinarse	*to comb one's hair*
ponerse	*to put on*
ponerse (+ *adj.*)	*to become (+ adj.)*
preocuparse (por)	*to worry (about)*
probarse (o:ue)	*to try on*
quedarse	*to stay; to remain*
quitarse	*to take off*
secarse	*to dry oneself*
sentarse (e:ie)	*to sit down*
sentirse (e:ie)	*to feel*
vestirse (e:i)	*to get dressed*

Palabras de secuencia

antes (de)	*before*
después	*afterwards; then*
después (de)	*after*
durante	*during*
entonces	*then*
luego	*then*
más tarde	*later (on)*
por último	*finally*

Palabras afirmativas y negativas

algo	*something; anything*
alguien	*someone; somebody; anyone*
alguno/a(s), algún	*some; any*
jamás	*never; not ever*
nada	*nothing; not anything*
nadie	*no one; nobody; not anyone*
ni... ni	*neither... nor*
ninguno/a, ningún	*no; none; not any*
nunca	*never; not ever*
o... o	*either... or*
siempre	*always*
también	*also; too*
tampoco	*neither; not either*

En el baño

el baño, el cuarto de baño	*bathroom*
el champú	*shampoo*
la crema de afeitar	*shaving cream*
la ducha	*shower*
el espejo	*mirror*
el inodoro	*toilet*
el jabón	*soap*
el lavabo	*sink*
el maquillaje	*makeup*
la pasta de dientes	*toothpaste*
la toalla	*towel*

Verbos similares a gustar

aburrir	*to bore*
encantar	*to like very much; to love (inanimate objects)*
faltar	*to lack; to need*
fascinar	*to fascinate; to like very much*
importar	*to be important to; to matter*
interesar	*to be interesting to; to interest*
molestar	*to bother; to annoy*
quedar	*to be left over; to fit (clothing)*

Palabras adicionales

el despertador	*alarm clock*
las pantuflas	*slippers*
la rutina diaria	*daily routine*
por la mañana	*in the morning*
por la noche	*at night*
por la tarde	*in the afternoon; in the evening*

Expresiones útiles	*See page 231.*

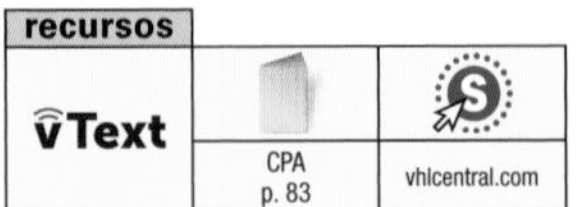

La comida

8

Communicative Goals

I will be able to:

- **Order food in a restaurant**
- **Talk about and describe food**

contextos

pages 262–267
- Food
- Food descriptions
- Meals

fotonovela

pages 268–271

Miguel and Maru are at one of Mexico City's best restaurants enjoying a romantic dinner... until Felipe and Juan Carlos show up.

cultura

pages 272–273
- Fruits and vegetables from the Americas
- Ferran Adrià

estructura

pages 274–289
- Preterite of stem-changing verbs
- Double object pronouns
- Comparisons
- Superlatives
- **Recapitulación**

adelante

pages 290–297

Lectura: A menu and restaurant review
Escritura: A restaurant review
Escuchar: A conversation at a restaurant
En pantalla
Flash cultura
Panorama: Guatemala

A PRIMERA VISTA

- **¿Dónde están ellos?**
- **¿Qué hacen?**
- **¿Es parte de su rutina diaria?**
- **¿Qué colores hay en la foto?**

Lesson Goals

In **Lección 8**, students will be introduced to the following:

- food terms
- meal-related words
- fruits and vegetables native to the Americas
- Spanish chef **Ferran Adrià**
- preterite of stem-changing verbs
- double object pronouns
- converting **le** and **les** to **se** with double object pronouns
- comparisons
- superlatives
- reading for the main idea
- expressing and supporting opinions
- writing a restaurant review
- taking notes while listening
- a television commercial for **Sopas Roa,** a Colombian brand of packaged soups
- a video about Latin food in the U.S.
- cultural, geographic, and historical information about Guatemala

21st CENTURY SKILLS

Initiative and Self-Direction
Students can monitor their progress online using the Supersite activities and assessments.

A primera vista Here are some additional questions you can ask based on the photo: **¿Dónde te encanta comer? ¿Por qué? ¿Fuiste a algún lugar especial a comer la semana pasada? ¿Compras comida? ¿Dónde? ¿Quién prepara la comida en tu casa?**

INSTRUCTIONAL RESOURCES

DESCUBRE 1B Supersite: vhlcentral.com

Student Materials
Print: Student Book, Workbooks (*Cuaderno de práctica y actividades comunicativas, Cuaderno para hispanohablantes*)

Technology: **vText**, *e-Cuaderno* and Supersite (Audio, Video, Practice)

Teacher Materials
DVDs (*Fotonovela, Flash cultura, Panorama cultural*); Teacher's Resource CD-ROM (Activity Pack, Scripts, Answer Keys, Grammar Slides, Presentation PDFs, Testing Program); Testing Program, Textbook, Audio Activities CDs; Supersite: Resources (Planning and Teaching Resources from Teacher's Resource CD-ROM), Learning Management System (Gradebook, Assignments), Lesson Plans, Middle School Activity Pack

Activity Pack and Testing Program also available in print

Voice boards on the Supersite allow you and your students to record and share up to five minutes of audio. Use voice boards for presentations, oral assessments, discussions, directions, etc.

Section Goals

In **Contextos**, students will learn and practice:

- food names
- meal-related vocabulary

Communication 1.2
Comparisons 4.1

Instructional Resources

vText
Cuaderno de práctica y actividades comunicativas, pp. 95–99
Cuaderno para hispanohablantes, pp. 115–116
e-Cuaderno
Supersite: Textbook, Vocabulary, & Audio Activities MP3 Audio Files
Supersite/TRCD: Presentation PDFs #33, 34, Textbook Audio Script, Audio Activities Script, Answer Keys, Testing Program Quizzes
Textbook CD
Audio Activities CD
Activity Pack
Middle School Activity Pack

Teaching Tips

- Tell what you are going to have for lunch, writing food vocabulary on the board. Ex: **Voy a preparar hamburguesas. ¿Qué necesito? Pues, carne de res, queso, tomates, lechuga y mayonesa. También quiero una ensalada. ¿Con qué ingredientes preparo la ensalada? A ver, lechuga...**
- Use the **Lección 8 Contextos** Presentation PDFs to assist with this presentation.
- Have students look at the illustrations in **Contextos** and ask these questions: **¿Sí o no? ¿Hay bananas en el mercado? (Sí.) ¿Qué otras frutas hay? Y, ¿hay refrescos? (No.)** Then mention typical dishes and ask students to tell what ingredients are needed. Ex: **una ensalada mixta, una ensalada de fruta, un sándwich**
- Ask students what they like to eat.

La comida

Audio: Vocabulary Tutorials, Games

Más vocabulario

el/la camarero/a	*waiter/waitress*
la comida	*food; meal*
el/la dueño/a	*owner; landlord*
los entremeses	*hors d'oeuvres; appetizers*
el menú	*menu*
el plato (principal)	*(main) dish*
la sección de (no) fumar	*(non) smoking section*
el agua (mineral)	*(mineral) water*
la bebida	*drink*
la cerveza	*beer*
la leche	*milk*
el refresco	*soft drink; soda*
el ajo	*garlic*
las arvejas	*peas*
los cereales	*cereal; grains*
los frijoles	*beans*
el melocotón	*peach*
el pollo (asado)	*(roast) chicken*
el queso	*cheese*
el sándwich	*sandwich*
el yogur	*yogurt*
el aceite	*oil*
la margarina	*margarine*
la mayonesa	*mayonnaise*
el vinagre	*vinegar*
delicioso/a	*delicious*
sabroso/a	*tasty; delicious*
saber	*to taste; to know*
saber a	*to taste like*

Variación léxica

camarones ↔ gambas (*Esp.*)
camarero ↔ mesero (*Amér. L.*), mesonero (*Ven.*), mozo (*Arg., Chile, Urug., Perú*)
refresco ↔ gaseosa (*Amér. C., Amér. S.*)

Las frutas
la pera
la banana
las uvas
la naranja
el limón
Las verduras
el maíz
la cebolla
la lechuga
el champiñón
la zanahoria
el tomate

recursos
vText | CPA pp. 95–97 | CH pp. 115–116 | vhlcentral.com

EXPANSION

Extra Practice To review vocabulary for colors, ask students what colors these food items are: **las bananas (amarillas), las uvas (verdes o moradas), las zanahorias (anaranjadas), los tomates (rojos, verdes o amarillos), los frijoles (blancos, marrones, verdes, rojos o negros), la lechuga (verde), las cebollas (blancas o moradas).**

DIFFERENTIATION

Heritage Speakers Point out that food vocabulary varies according to region in the Spanish-speaking world. Ask heritage speakers to share food-related terms with which they are familiar and where the terms are used. Possible responses: **el guisante, el chícaro, el banano, el guineo, el cambur, el plátano, el hongo, la seta, la habichuela, el choclo, el elote, la patata, el jitomate.**

¡LENGUA VIVA!

You learned the verb **saber** in **Lección 6**. This verb is also used to describe food.

Use **saber** + [*adjective*] to explain how something *tastes*.

Ex: **Este plato sabe dulce/rico/amargo.**
(*This dish tastes sweet/delicious/bitter.*)

Use **saber** + **a** to say what something *tastes like*.

Ex: **Sabe a ajo.**
(*It tastes like garlic.*)

Estas langostas no saben a nada.
(*These lobsters don't taste like anything./ These lobsters don't have any flavor.*)

Práctica

1 Escuchar Indica si las oraciones que vas a escuchar son **ciertas** o **falsas**, según el dibujo. Después, corrige las falsas.

1. Cierta.
2. Falsa. El hombre compra una naranja.
3. Cierta.
4. Falsa. El pollo es una carne y la zanahoria es una verdura.
5. Cierta.
6. Falsa. El hombre y la mujer no compran vinagre.
7. Falsa. La naranja es una fruta.
8. Falsa. La chuleta de cerdo es una carne.
9. Falsa. El limón es una fruta y el jamón es una carne.
10. Cierta.

2 Seleccionar Paulino y Pilar van a cenar a un restaurante. Escucha la conversación y selecciona la respuesta que mejor completa cada oración.

1. Paulino le pide el __menú__ (menú / plato) al camarero.
2. El plato del día es (atún / salmón) __atún__.
3. Pilar ordena __agua mineral__ (leche / agua mineral) para beber.
4. Paulino quiere un refresco de __naranja__ (naranja / limón).
5. Paulino hoy prefiere __la chuleta__ (el salmón / la chuleta).
6. Dicen que la carne en ese restaurante es muy __sabrosa__ (sabrosa / mala).
7. Pilar come salmón con __zanahorias__ (zanahorias / champiñones).

3 Identificar Identifica la palabra que no está relacionada con cada grupo.

1. champiñón • cebolla • banana • zanahoria banana
2. camarones • ajo • atún • salmón ajo
3. aceite • leche • refresco • agua mineral aceite
4. jamón • chuleta de cerdo • vinagre • carne de res vinagre
5. cerveza • lechuga • arvejas • frijoles cerveza
6. carne • pescado • mariscos • camarero camarero
7. pollo • naranja • limón • melocotón pollo
8. maíz • queso • tomate • champiñón queso

4 Completar Completa las oraciones con las palabras más lógicas.

1. ¡Me gusta mucho este plato! Sabe __b__.
   a. mal b. delicioso c. antipático
2. Camarero, ¿puedo ver el __c__, por favor?
   a. aceite b. maíz c. menú
3. Carlos y yo bebemos siempre agua __b__.
   a. cómoda b. mineral c. principal
4. El plato del día es __a__.
   a. pollo asado b. mayonesa c. ajo
5. Margarita es vegetariana. Ella come __a__.
   a. frijoles b. chuletas c. jamón
6. Mi hermana le da __c__ a su niña.
   a. ajo b. vinagre c. yogur

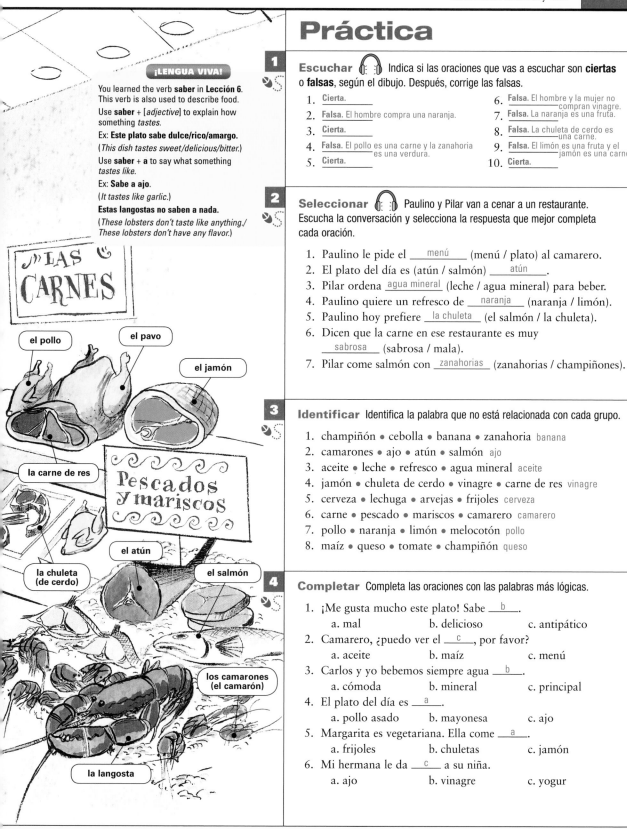

TEACHING OPTIONS

Game Add a visual aspect to this vocabulary practice by playing **Concentración**. On eight cards, write names of food items. On another eight cards, draw or paste a picture that matches each food item. Place the cards face-down in four rows of four. In pairs, students select two cards. If the two cards match, the pair keeps them. If the two cards do not match, students replace them in their original positions. The pair with the most cards at the end wins.

TEACHING OPTIONS

Game Play a modified version of **20 Preguntas**. Ask a volunteer to think of a food item from the drawing or vocabulary list. Other students get one chance each to ask a yes/no question until someone guesses the item correctly. Limit attempts to ten questions per item. You may want to write some phrases on the board to cue students' questions. Ex: **¿Es una fruta? ¿Es roja?**

Communication 1.1

1 Expansion Have students write three additional true/false statements for a partner to answer.

1 Script 1. La langosta está cerca de los camarones. 2. El hombre compra una pera. 3. La lechuga es una verdura. 4. El pollo y la zanahoria son carnes. 5. La cebolla está cerca del maíz. 6. El hombre y la mujer compran vinagre. 7. La naranja es una verdura. 8. La chuleta de cerdo es pescado. 9. El limón y el jamón son frutas. 10. El pavo está cerca del pollo. *Textbook CD*

2 Teaching Tip To challenge students, write the cloze sentences on the board without the choices in parentheses. Have students copy them and complete them as they listen.

2 Script PAULINO: Camarero, ¿puedo ver el menú, por favor? CAMARERO: Sí, señor. Hoy el plato del día es atún con champiñones. ¿Qué les traigo de beber? PILAR: Yo voy a beber agua mineral. PA: Para mí, un refresco de naranja, por favor. C: ¿Quieren unos entremeses? El queso es muy sabroso. PA: Sí, queremos el queso. PI: Mira, Paulino, tienen el salmón en salsa de tomate que te gusta. PA: Sí, pero hoy prefiero la chuleta de cerdo. Dicen que la carne en este restaurante sabe deliciosa. PI: Muy bien, entonces yo voy a comer el salmón en salsa de tomate y zanahorias. *Textbook CD*

3 Expansion Have students indicate why a particular item does not belong. Ex: **El champiñón, la cebolla y la zanahoria son verduras. La banana es una fruta.**

4 Expansion Give additional statements. Ex: **Un vegetariano no come ____. (carne)**

Teaching Tips

- Involve the class in a conversation about meals. Say: **Por lo general, desayuno sólo café con leche y pan tostado, pero cuando tengo mucha hambre desayuno dos huevos y una salchicha también. ____, ¿qué desayunas tú?**
- Use the **Lección 8 Contextos** Presentation PDFs to assist with this vocabulary presentation.
- Have students look at the illustrations on this page and say: **Mira el desayuno aquí. ¿Qué desayuna esta persona?** Then continue to **el almuerzo** and **la cena.** Have students identify the food items and talk about their eating habits, including what, when, and where they eat. Say: **Yo siempre desayuno en casa, pero casi nunca almuerzo en casa. ¿A qué hora almuerzan ustedes por lo general?**
- Ask students to tell you their favorite foods to eat for each of the three meals. Ex: ____, **¿qué te gusta desayunar?** Introduce additional items such as **los espaguetis, la pasta, la pizza.**

Nota cultural Point out that in Spanish-speaking countries, **el almuerzo**, also called **la comida**, usually is the main meal of the day, consists of several courses, and is enjoyed at a leisurely pace. **La cena** is typically much lighter than **el almuerzo**.

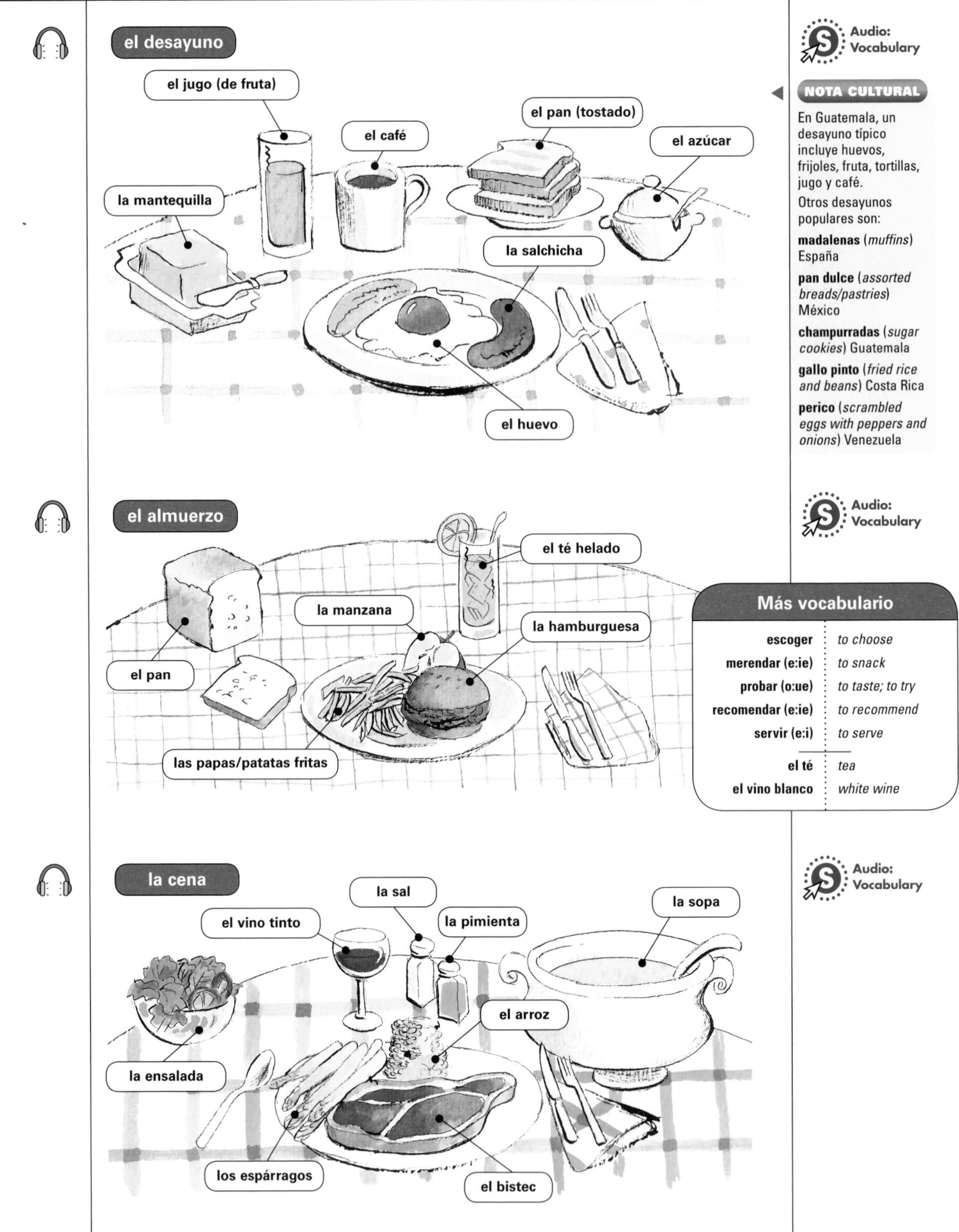

Audio: Vocabulary

NOTA CULTURAL

En Guatemala, un desayuno típico incluye huevos, frijoles, fruta, tortillas, jugo y café.

Otros desayunos populares son:

madalenas (*muffins*) España

pan dulce (*assorted breads/pastries*) México

champurradas (*sugar cookies*) Guatemala

gallo pinto (*fried rice and beans*) Costa Rica

perico (*scrambled eggs with peppers and onions*) Venezuela

Audio: Vocabulary

Más vocabulario

escoger	*to choose*
merendar (e:ie)	*to snack*
probar (o:ue)	*to taste; to try*
recomendar (e:ie)	*to recommend*
servir (e:i)	*to serve*
el té	*tea*
el vino blanco	*white wine*

Audio: Vocabulary

TEACHING OPTIONS

Small Groups In small groups, have students create a menu for a special occasion. Ask them to describe what they are going to serve for **el entremés, el plato principal**, and **bebidas**. Write **el postre** on the board and explain that it means *dessert*. Explain that in Spanish-speaking countries fresh fruit and cheese are common as dessert, but you may also want to give **el pastel** (*pie, cake*) and **el helado** (*ice cream*).

EXPANSION

Extra Practice Add an auditory aspect to this vocabulary presentation. Prepare descriptions of five to seven different meals, with a mix of breakfasts, lunches, and dinners. As you read each description aloud, have students write down what you say as a dictation and then guess the meal it describes.

5 

Completar Trabaja con un(a) compañero/a de clase para relacionar cada producto con el grupo alimenticio (*food group*) correcto.

modelo

La carne es del grupo uno.

el aceite	las bananas	los cereales	la leche
el arroz	el café	los espárragos	el pescado
el azúcar	la carne	los frijoles	el vino

1. La leche y el queso son del grupo cuatro.
2. Los frijoles son del grupo ocho.
3. El pescado y el pollo son del grupo tres.
4. El aceite es del grupo cinco.
5. El azúcar es del grupo dos.
6. Las manzanas y las bananas son del grupo siete.
7. El café es del grupo seis.
8. Los cereales son del grupo diez.
9. Los espárragos y los tomates son del grupo nueve.
10. El pan y el arroz son del grupo diez.

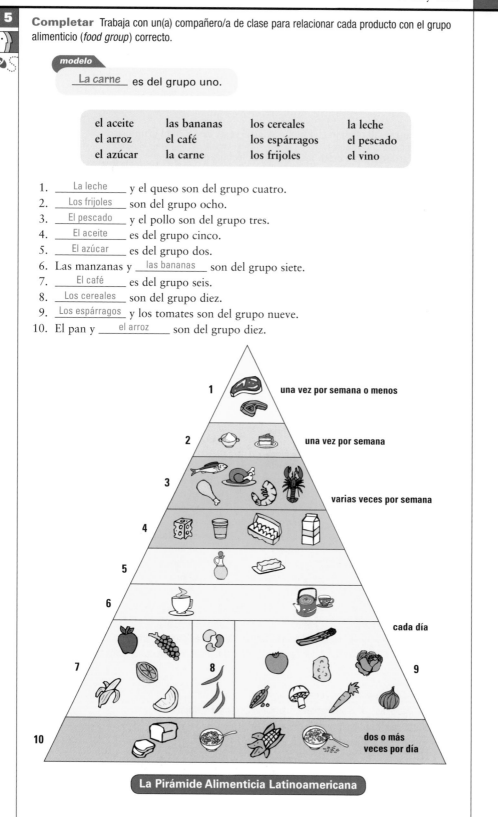

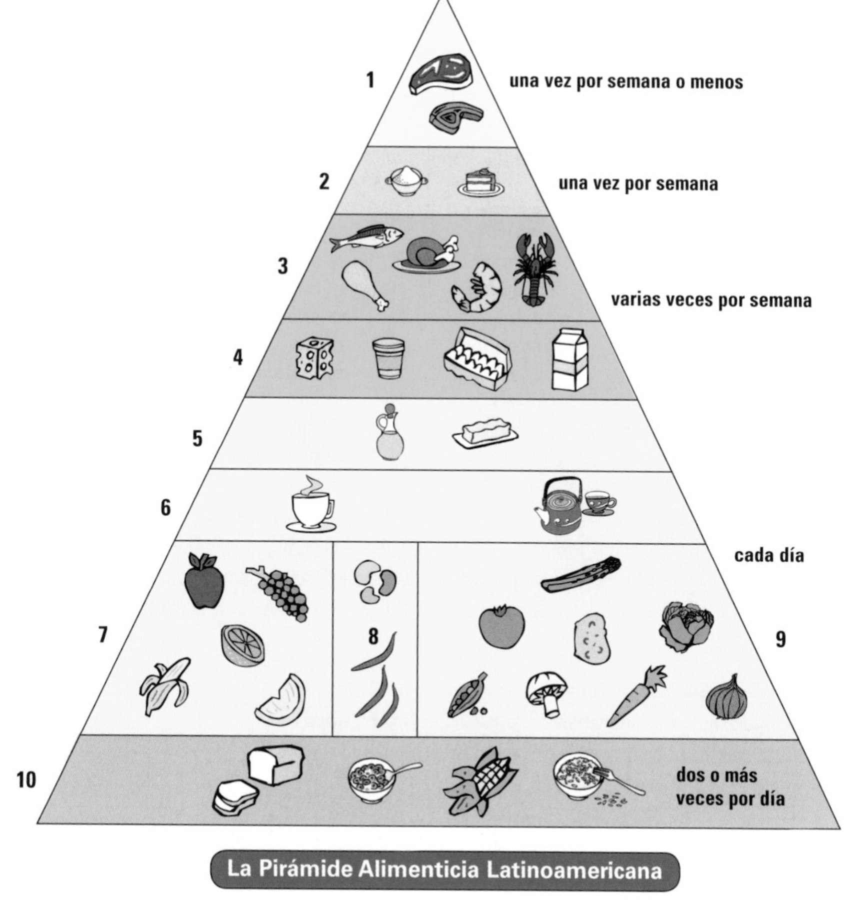

La Pirámide Alimenticia Latinoamericana

5 Teaching Tip Ask students to compare foods at the base of the pyramid with those at the top. (The foods at the bottom of the pyramid are essential dietary requirements. Closer to the top, the food items become less essential to daily requirements but help to balance out a diet.)

5 Expansion

- Ask additional questions about the **pirámide alimenticia.** Ask: **¿Qué se debe comer varias veces por semana? ¿Qué se debe comer todos los días? ¿Cuáles son los productos que aparecen en el grupo cuatro? ¿Y en el grupo siete?** Get students to talk about what they eat. **¿Comen ustedes carne sólo una vez a la semana o menos? ¿Qué comidas comen ustedes dos veces o más al día? ¿Toman leche todos los días?**
- The current nutritional guidelines from the USDA are called My Plate, and are not represented by the familiar food pyramid. Have students research the new guidelines and present the information they find visually in class.

DIFFERENTIATION

Heritage Speakers Ask heritage speakers to talk about food items or dishes unique to their families' countries of origin that are not typically found in this country. Have them describe what the item looks and tastes like. If the item is a dish, they should briefly describe how to prepare it if they know how to do so. Have the class ask follow-up questions to find out more information, such as when and where these items are eaten.

EXPANSION

Extra Practice Have students draw food pyramids based not on what they should eat, but on what they actually do eat. Encourage them to include drawings or magazine cutouts to enhance the visual presentation. Then have students present their pyramids to the class.

6 Expansion Have students create three additional true/false statements for their partners to answer. Then ask volunteers to present their sentences for the rest of the class to answer.

7 Expansion To simplify, ask individual students what people in the activity logically do. Point out that there are many possible answers to your questions. Ex: **¿Qué hace la camarera en el restaurante? ¿Qué hace el dueño?**

Nota cultural Ask students what they consider to be the staples of the North American diet. Ask them if there are any items in their personal diets that they feel they cannot live without.

8 Teaching Tip Emphasize that students must include at least one item from each group in the **pirámide alimenticia**.

8 Expansion Ask students why they chose their food items—because they are personal preferences, for their health benefits, or because they go well with other foods. Ex: **¿Por qué escogieron espárragos? ¿Les gustan mucho? ¿Son saludables? Van bien con el pescado, ¿verdad?**

6 **¿Cierto o falso?** Consulta la Pirámide Alimenticia Latinoamericana de la página 265 e indica si lo que dice cada oración es **cierto** o **falso**. Si la oración es falsa, escribe las comidas que sí están en el grupo indicado.

modelo

El queso está en el grupo diez.

Falso. En ese grupo están el maíz, el pan, los cereales y el arroz.

1. La manzana, la banana, el limón y las arvejas están en el grupo siete.
   Falso. En ese grupo están la manzana, las uvas, la banana, la naranja y el limón.
2. En el grupo cuatro están los huevos, la leche y el aceite.
   Falso. En ese grupo están los huevos, la leche, el queso y el yogur.
3. El azúcar está en el grupo dos.
   Cierto.
4. En el grupo diez están el pan, el arroz y el maíz.
   Cierto.
5. El pollo está en el grupo uno.
   Falso. En ese grupo están el bistec y la chuleta de cerdo.
6. En el grupo nueve están la lechuga, el tomate, las arvejas, la naranja, la papa, los espárragos y la cebolla. **Falso**. En ese grupo están la lechuga, el tomate, las arvejas, la zanahoria, la papa, los espárragos, la cebolla y el champiñón.
7. El café y el té están en el mismo grupo.
   Cierto.
8. En el grupo cinco está el arroz.
   Falso. En ese grupo están el aceite y la mantequilla.
9. El pescado, el yogur y el bistec están en el grupo tres.
   Falso. En ese grupo están el pescado, el pollo, el pavo, los camarones y la langosta.

7 **Combinar** Combina palabras de cada columna, en cualquier (*any*) orden, para formar nueve oraciones lógicas sobre las comidas. Añade otras palabras si es necesario. Answers will vary.

modelo

La camarera nos sirve la ensalada.

A	B	C
el/la camarero/a	almorzar	la sección de no fumar
el/la dueño/a	escoger	el desayuno
mi familia	gustar	la ensalada
mi novio/a	merendar	las uvas
mis amigos y yo	pedir	el restaurante
mis padres	preferir	el jugo de naranja
mi hermano/a	probar	el refresco
el/la médico/a	recomendar	el plato
yo	servir	el arroz

NOTA CULTURAL

El arroz es un alimento básico en el Caribe, Centroamérica y México, entre otros países. Aparece frecuentemente como acompañamiento del plato principal y muchas veces se sirve con frijoles. Un plato muy popular en varios países es **el arroz con pollo** *(chicken and rice casserole)*.

8 **Un menú** En parejas, usen la Pirámide Alimenticia Latinoamericana de la página 265 para crear un menú para una cena especial. Incluyan alimentos de los diez grupos para los entremeses, los platos principales y las bebidas. Luego presenten el menú a la clase. Answers will vary.

modelo

La cena especial que vamos a preparar es deliciosa. Primero, hay dos entremeses: ensalada César y sopa de langosta. El plato principal es salmón con salsa de ajo y espárragos. También vamos a servir arroz...

Practice more at **vhlcentral.com.**

EXPANSION

Extra Practice To review and practice the preterite along with food vocabulary, have students write a paragraph in which they describe what they ate yesterday. Students should also indicate whether this collection of meals represents a typical day for them. If not, they should explain why.

TEACHING OPTIONS

Small Groups In small groups, have students role-play a situation in a restaurant. Two students play the customers and the other plays the **camarero/a**. Write these sentences on the board as suggested phrases: **¿Están listos/as para pedir?, ¿Qué nos recomienda usted?, ¿Me trae ____, por favor?, ¿Y para empezar?, A sus órdenes, La especialidad de la casa.**

Comunicación

9 

Conversación En parejas, túrnense para hacerse estas preguntas. Answers will vary.

1. ¿Meriendas mucho durante el día? ¿Qué comes? ¿A qué hora?
2. ¿Qué te gusta cenar?
3. ¿A qué hora, dónde y con quién almuerzas?
4. ¿Cuáles son las comidas más (*most*) típicas de tu almuerzo?
5. ¿Desayunas? ¿Qué comes y bebes por la mañana?
6. ¿Qué comida te gusta más? ¿Qué comida no conoces y quieres probar?
7. ¿Comes cada día alimentos de los diferentes grupos de la pirámide alimenticia? ¿Cuáles son los alimentos y bebidas más frecuentes en tu dieta?
8. ¿Qué comida recomiendas a tus amigos? ¿Por qué?
9. ¿Eres vegetariano/a? ¿Crees que ser vegetariano/a es una buena idea? ¿Por qué?
10. ¿Te gusta cocinar (*to cook*)? ¿Qué comidas preparas para tus amigos? ¿Para tu familia?

10 

Describir Con dos compañeros/as de clase, describe las dos fotos, contestando estas preguntas. Answers will vary.

- ¿Quiénes están en las fotos?
- ¿Dónde están?
- ¿Qué hora es?
- ¿Qué comen y qué beben?

recursos

vText
CPA pp. 98–99
vhlcentral.com

11 

Crucigrama Tu profesor(a) les va a dar a ti y a tu compañero/a un crucigrama (*crossword puzzle*) incompleto. Tú tienes las palabras que necesita tu compañero/a y él/ella tiene las palabras que tú necesitas. Tienen que darse pistas (*clues*) para completarlo. No pueden decir la palabra; deben utilizar definiciones, ejemplos y frases. Answers will vary.

modelo

6 vertical: Es un condimento que normalmente viene con la sal.
2 horizontal: Es una fruta amarilla.

TEACHING OPTIONS

Small Groups In small groups, ask students to prepare brief skits related to food. The skits may involve being in a market, in a restaurant, in a café, inviting people over for dinner, and so forth. Allow groups time to rehearse before performing their skits for the class, who will vote for the most creative one.

TEACHING OPTIONS

Game Play a game of continuous narration. One student begins with: **Voy a preparar** (*name of dish*) **y voy al mercado. Necesito comprar...** and names one food item. The next student then repeats the entire narration, adding another food item. Continue on with various students. When the possibilities for that particular dish are used up, have another student begin with another dish.

 Communication 1.1, 1.2

9 Teaching Tip Ask the same questions of individual students. Ask other students to restate what their partners answered.

9 Virtual Chat You can also assign activity 9 on the Supersite. Students record individual responses that appear in your gradebook.

9 Expansion Have pairs join other pairs and share their answers to items 6 and 7. Then have them decide which student is the most adventurous eater of the group and report back to the class. You may wish to teach the phrase **el/la más aventurero/a del grupo,** thus previewing superlatives, which are presented in **Estructura 8.4**.

 **21st CENTURY SKILLS**

9 Technology Literacy Ask students to prepare a digital presentation to show the whole-class preferences for several of the items in this activity.

10 Expansion Add an additional visual aspect to this vocabulary practice. Using magazine pictures that show dining situations, have students describe what is going on: who the people are, what they are eating and drinking, and so forth.

11 Teaching Tip Divide the class into pairs and distribute the Communication Activities worksheets from the ***Cuaderno de práctica y actividades comunicativas*** that correspond to this activity. Give students ten minutes to complete this activity.

11 Expansion Have groups create another type of word puzzle, such as a word-find, to share with the class. It should contain additional food- and meal-related vocabulary.

Section Goals

In **Fotonovela**, students will:
- receive comprehensible input from free-flowing discourse
- learn functional phrases that preview lesson grammatical structures

Communication 1.2
Cultures 2.1, 2.2

Instructional Resources
v̂Text
Cuaderno de práctica y actividades comunicativas, pp. 100–101
e-Cuaderno
Supersite/DVD: ***Fotonovela***
Supersite/TRCD: ***Fotonovela*** Video Script & Translation, Answer Keys

Video Recap: Lección 7
Before doing this **Fotonovela** section, review the previous episode with these questions:
1. ¿Adónde va a ir Marissa? (Va al cine.) 2. ¿Qué necesita hacer antes de salir? (Necesita arreglarse el pelo.) 3. ¿Qué está haciendo Felipe en el baño? (Está afeitándose.) 4. ¿Qué planes tiene Jimena? ¿Adónde decide ir al final? (Tiene que estudiar en la biblioteca. Decide ir al cine con Marissa.)

Video Synopsis **Miguel** and **Maru** are at one of Mexico City's best restaurants enjoying a romantic dinner to celebrate their second anniversary. **Felipe** and **Juan Carlos** show up and, while **Juan Carlos** distracts the waiter, **Felipe** serves the couple their food, making a mess of the table. To set things right with the manager, they must pay for dinner and wash the dishes.

Teaching Tips
- Hand out the **Antes de ver el video** and the **Mientras ves el video** activities from the ***Cuaderno de práctica y actividades comunicativas*** and go over the **Antes de ver** questions before starting the **Fotonovela.**
- Have the class predict the content of this episode based on its title and the video stills.

Una cena... romántica

Maru y Miguel quieren tener una cena romántica, pero les espera una sorpresa.

PERSONAJES

MARU

MIGUEL

Video: *Fotonovela*
Record and Compare

1

MARU No sé qué pedir. ¿Qué me recomiendas?

MIGUEL No estoy seguro. Las chuletas de cerdo se ven muy buenas.

MARU ¿Vas a pedirlas?

MIGUEL No sé.

2

MIGUEL ¡Qué bonitos! ¿Quién te los dio?

MARU Me los compró un chico muy guapo e inteligente.

MIGUEL ¿Es tan guapo como yo?

MARU Sí, como tú, guapísimo.

3

(El camarero llega a la mesa.)

CAMARERO ¿Les gustaría saber nuestras especialidades del día?

MARU Sí, por favor.

CAMARERO Para el entremés, tenemos ceviche de camarón. De plato principal ofrecemos bistec con verduras a la plancha.

6

(en otra parte del restaurante)

JUAN CARLOS Disculpe. ¿Qué me puede contar del pollo? ¿Dónde lo consiguió el chef?

CAMARERO ¡Oiga! ¿Qué está haciendo?

7

FELIPE Los espárragos están sabrosísimos esta noche. Usted pidió el pollo, señor. Estos champiñones saben a mantequilla.

8

GERENTE ¿Qué pasa aquí, Esteban?

CAMARERO Lo siento señor. Me quitaron la comida.

GERENTE *(a Felipe)* Señor, ¿quién es usted? ¿Qué cree que está haciendo?

TEACHING OPTIONS

Una cena... romántica Play the first half of the **Una cena... romántica** segment and have the class give you a description of what they see. Write their observations on the board, pointing out any inaccuracies. Repeat this process to allow the class to pick up more details of the plot. Then ask students to use the information they have accumulated to guess what happens in the rest of the segment. Write their predictions on the board. Then play the entire segment and, through discussion, help the class summarize the plot.

CAMARERO

JUAN CARLOS

FELIPE

GERENTE

4

MARU Voy a probar el jamón.

CAMARERO Perfecto. ¿Y para usted, caballero?

MIGUEL Pollo asado con champiñones y papas, por favor.

CAMARERO Excelente.

5

MIGUEL Por nosotros.

MARU Dos años.

9

JUAN CARLOS Felipe y yo les servimos la comida a nuestros amigos. Pero desafortunadamente, salió todo mal.

FELIPE Soy el peor camarero del mundo. ¡Lo siento! Nosotros vamos a pagar la comida.

JUAN CARLOS ¿Nosotros?

10

FELIPE Todo esto fue idea tuya, Juan Carlos.

JUAN CARLOS ¿Mi idea? ¡Felipe! (*al gerente*) Señor, él es más responsable que yo.

GERENTE Tú y tú, vamos.

recursos: vText | CPA pp. 100–101 | vhlcentral.com

Expresiones útiles

Ordering food

¿Qué me recomiendas?
What do you recommend?
Las chuletas de cerdo se ven muy buenas.
The pork chops look good.
¿Les gustaría saber nuestras especialidades del día?
Would you like to hear our specials?
Para el entremés, tenemos ceviche de camarón.
For an appetizer, we have shrimp ceviche.
De plato principal ofrecemos bistec con verduras a la plancha.
For a main course, we have beef with grilled vegetables.
Voy a probar el jamón.
I am going to try the ham.

Describing people and things

¡Qué bonitos! ¿Quién te los dio?
How pretty! Who gave them to you?
Me los compró un chico muy guapo e inteligente.
A really handsome, intelligent guy bought them for me.
¿Es tan guapo como yo?
Is he as handsome as I am?
Sí, como tú, guapísimo.
Yes, like you, gorgeous.
Soy el peor camarero del mundo.
I am the worst waiter in the world.
Él es más responsable que yo.
He is more responsible than I am.

Additional vocabulary

el/la gerente *manager*
caballero *gentleman, sir*

TEACHING OPTIONS

Pairs Have students work in pairs to create original mini-dialogues, using sentences in **Expresiones útiles** with other words and expressions they know. Ex: **—¿Qué tal la hamburguesa? —Perdón, pero no sabe a nada. Quisiera pedir otro plato.**

EXPANSION

Extra Practice Photocopy the **Fotonovela** Video Script (Supersite/TRCD) and white out words related to food, meals, and other key vocabulary in order to create a master for a cloze activity. Distribute the photocopies and have students fill in the target words as they watch the episode.

Expresiones útiles Point out some of the unfamiliar structures, which will be taught in detail in **Estructura**. Have the class read the caption for video still 2, and draw attention to the double object pronouns **te los** and **Me los**. Explain that these are examples of indirect object pronouns and direct object pronouns used together. Then point out that **tan guapo** como is an example of a comparison of two things that are equal. Have the class read the caption for video still 10 and tell them that **más responsable que** is an example of a comparison of two unequal things. Then, for video still 9, point out **el peor camarero del mundo** and explain that this is an example of a superlative. Finally, draw attention to **guapísimo** in video still 2, and **sabrosísimos** in video still 7, and explain that these are absolute superlatives. Tell students that they will learn more about these concepts in **Estructura**.

Teaching Tips

- Have the class read through the entire **Fotonovela**, with volunteers playing the parts of **Miguel, Maru, Felipe, Juan Carlos,** the waiter, and the manager. Have students take turns playing the roles so more students participate.
- For video still 2, point out the question **¿Quién te los dio?** and explain that **dio** is the third-person preterite form of the verb **dar**. You may want to tell them that **dar** has the same preterite endings as **ver**. Students will learn the remaining preterite forms of **dar** in **Lección 9**.

Nota cultural The precise origins of **ceviche** are unknown, but each former Spanish colony has its own version of this dish, which consists of seafood marinated in citrus juices, usually lemon or lime, which "cook" the protein.

Communication 1.1, 1.2

1 Teaching Tip To challenge students, give them these items as cloze sentences.

2 Teaching Tip Add an auditory aspect to this exercise. Have students close their books. Then read each item aloud and have the class identify the character.

2 Expansion Give the class these sentences as items 7–9: **7. ¡Qué ricos estos espárragos! (Felipe, Maru) 8. No sé qué pasó. Me quitaron la comida. (camarero) 9. Quiero saber dónde consigue el pollo el chef. ¿Me lo puede explicar? (Juan Carlos)**

3 Expansion In pairs, have students write a follow-up question for each item, and exchange papers with another pair. Ex: **1. ¿Cuánto tiempo llevan juntos? 2. ¿Cuál es el otro especial del día?**

4 Possible Conversations
Conversation 1:
E1: Oye, María, ¿conoces un buen restaurante en esta ciudad?
E2: Sí… el restaurante El Pescador sirve comida riquísima.
E1: ¿Por qué no vamos a El Pescador esta noche?
E2: ¿A qué hora?
E1: ¿A las ocho?
E2: Perfecto.
E1: Está bien. Nos vemos a las ocho.
E2: Adiós.
Conversation 2:
E1: ¿Qué le puedo traer?
E2: Bueno, ¿cuáles los especiales del día?
E1: Hay ceviche de atún. También le recomiendo la langosta con arroz y verduras.
E2: Mmm… voy a pedir el ceviche y el bistec con verduras. De tomar, voy a pedir el jugo de piña.
[LATER…]
E1: Aquí tiene.
E2: Gracias, señor.

¿Qué pasó?

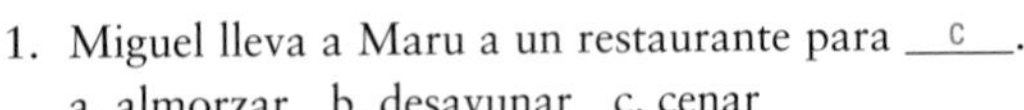

1 Escoger Escoge la respuesta que completa mejor cada oración.

1. Miguel lleva a Maru a un restaurante para __c__.
   a. almorzar b. desayunar c. cenar
2. El camarero les ofrece __b__ como plato principal.
   a. ceviche de camarón b. bistec con verduras a la plancha
   c. pescado, arroz y ensalada
3. Miguel va a pedir __a__.
   a. pollo asado con champiñones y papas
   b. langosta al horno c. pescado con verduras a la mantequilla
4. Felipe les lleva la comida a sus amigos y prueba __c__.
   a. el jamón y los vinos b. el atún y la lechuga
   c. los espárragos y los champiñones

2 Identificar Indica quién puede decir estas oraciones.

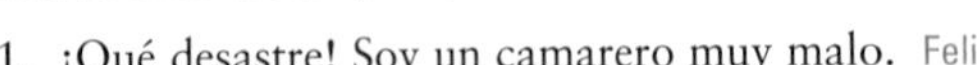

1. ¡Qué desastre! Soy un camarero muy malo. Felipe
2. Les recomiendo el bistec con verduras a la plancha. camarero
3. Tal vez escoja las chuletas de cerdo, creo que son muy sabrosas. Miguel
4. ¿Qué pasa aquí? gerente
5. Dígame las especialidades del día, por favor. Maru/Miguel
6. No fue mi idea. Felipe es más responsable que yo. Juan Carlos

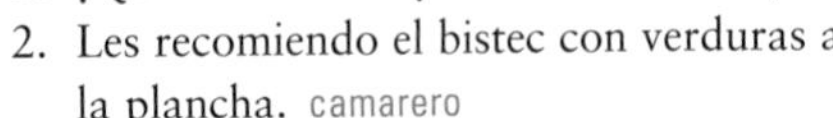

FELIPE

MARU

JUAN CARLOS

CAMARERO

MIGUEL

GERENTE

3 Preguntas Contesta estas preguntas sobre la **Fotonovela**. Some answers may vary. Sample answers:

1. ¿Por qué fueron Maru y Miguel a un restaurante?
   Maru y Miguel fueron a un restaurante para tener una cena romántica.
2. ¿Qué entremés es una de las especialidades del día?
   El ceviche de camarón es el entremés del día.
3. ¿Qué pidió Maru?
   Maru pidió vino, sopa de frijoles y jamón con espárragos.
4. ¿Quiénes van a pagar la cuenta?
   Juan Carlos y Felipe van a pagar la cuenta.

4 En el restaurante Answers will vary.

1. Prepara con un(a) compañero/a una conversación en la que le preguntas si conoce algún buen restaurante en tu comunidad. Tu compañero/a responde que él/ella sí conoce un restaurante que sirve una comida deliciosa. Lo/La invitas a cenar y tu compañero/a acepta. Determinan la hora para verse en el restaurante y se despiden.
2. Trabaja con un(a) compañero/a para representar los papeles de un(a) cliente/a y un(a) camarero/a en un restaurante. El/La camarero/a te pregunta qué te puede servir y tú preguntas cuál es la especialidad de la casa. El/La camarero/a te dice cuál es la especialidad y te recomienda algunos platos del menú. Tú pides entremeses, un plato principal y escoges una bebida. El/La camarero/a te sirve la comida y tú le das las gracias.

Practice more at **vhlcentral.com.**

NOTA CULTURAL

El **ceviche** es un plato típico de varios países hispanos como México, Perú y Costa Rica. En México, se prepara con pescado o mariscos frescos, jugo de limón, tomate, cebolla, chile y cilantro. Se puede comer como plato principal, pero también como entremés o merienda. Casi siempre se sirve con tostadas (*fried tortillas*) o galletas saladas (*crackers*).

CONSULTA

To review indefinite words like **algún**, see **Estructura 7.2**, p. 240.

EXPANSION

Extra Practice Ask students questions about the **Fotonovela** episode. Ex: **1. ¿Qué pidió de entremés Miguel? (Pidió ensalada de pera y queso.) 2. ¿Pidió Maru algún plato de pescado o mariscos? (No, pidió el jamón.) 3. ¿Se enoja Maru durante la cena? (No, no se enoja.) 4. ¿Es romántico Miguel? (Sí, es romántico.) 5. ¿Quién creen que es más responsable del problema en el restaurante, Juan Carlos o Felipe? (Answers will vary.)**

PRE-AP*

Interpersonal Speaking Have students work in groups of five or six to prepare a skit in which a family goes to a restaurant, is seated by a server, reads and discusses the menu, and orders dinner. Each family member should ask a question about the menu and then order an entree and a beverage. Encourage students to use humor and incorporate into the skit a mishap that threatens to ruin dinner. Ask one or two groups to perform the skit for the class.

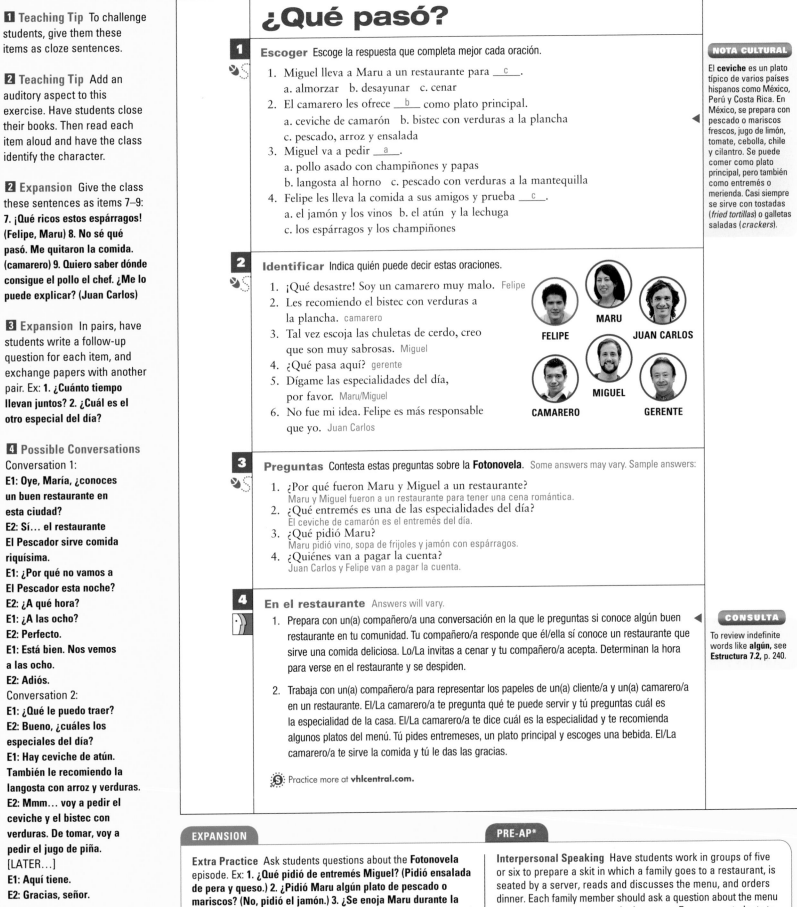

Pronunciación  

ll, ñ, c, and z

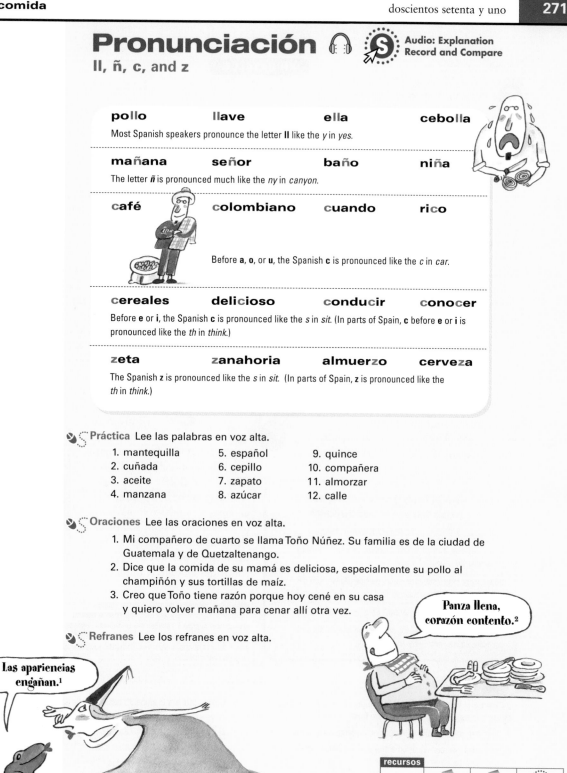

pollo **llave** **ella** **cebolla**

Most Spanish speakers pronounce the letter **ll** like the *y* in *yes.*

mañana **señor** **baño** **niña**

The letter **ñ** is pronounced much like the *ny* in *canyon.*

café  **colombiano** **cuando** **rico**

Before **a**, **o**, or **u**, the Spanish **c** is pronounced like the *c* in *car.*

cereales **delicioso** **conducir** **conocer**

Before **e** or **i**, the Spanish **c** is pronounced like the *s* in *sit.* (In parts of Spain, **c** before **e** or **i** is pronounced like the *th* in *think.*)

zeta **zanahoria** **almuerzo** **cerveza**

The Spanish **z** is pronounced like the *s* in *sit.* (In parts of Spain, **z** is pronounced like the *th* in *think.*)

Práctica Lee las palabras en voz alta.

1. mantequilla
2. cuñada
3. aceite
4. manzana
5. español
6. cepillo
7. zapato
8. azúcar
9. quince
10. compañera
11. almorzar
12. calle

Oraciones Lee las oraciones en voz alta.

1. Mi compañero de cuarto se llama Toño Núñez. Su familia es de la ciudad de Guatemala y de Quetzaltenango.
2. Dice que la comida de su mamá es deliciosa, especialmente su pollo al champiñón y sus tortillas de maíz.
3. Creo que Toño tiene razón porque hoy cené en su casa y quiero volver mañana para cenar allí otra vez.

Refranes Lee los refranes en voz alta.

1 Looks can be deceiving.
2 A full belly makes a happy heart.

recursos

vText	CPA p. 102	CH p. 117	vhlcentral.com

Section Goal

In **Pronunciación**, students will be introduced to the pronunciation of the letter combination **ll** and the letters **ñ**, **c**, and **z.**

 Comparisons 4.1

Instructional Resources
vText
Cuaderno de práctica y actividades comunicativas, p. 102
Cuaderno para hispanohablantes, p. 117
e-Cuaderno
Supersite: Textbook & Audio Activities MP3 Audio Files
Supersite/TRCD: Textbook Audio Script, Audio Activities Script, Answer Keys
Textbook CD
Audio Activities CD

Teaching Tips

- Ask the class how the letter **ñ** is pronounced (like the *ny* in *canyon*).
- Ask the class how most Spanish speakers pronounce the letter **c** when it appears before **e** or **i** (like the English *s in sit*). Then point out that **c** before **e** or **i** is pronounced like the English *th in think* in some parts of Spain.
- Explain that the Spanish **z** is usually pronounced like the English *s* in *some.* Mention that in parts of Spain, **z** is pronounced like the English *th* in *think.*
- As you explain the pronunciation of these sounds, write a few of the example words on the board and have students pronounce them.

Práctica/Oraciones/Refranes These exercises are recorded on the *Textbook* and *Audio Activities* CDs. You may want to play the audio so that students practice listening to Spanish spoken by speakers other than yourself.

EXPANSION

Extra Practice Write the names of a few distinguished Guatemalans on the board and ask for a volunteer to pronounce each one. Ex: **Luis Cardoza y Aragón** (writer), **Carlos Mérida** (painter), **Enrique Gómez Carrillo** (writer), **José Milla** (writer), **Alonso de la Paz** (sculptor). Repeat the process with a few city names: **Villanueva, Zacapa, Escuintla, Cobán.**

TEACHING OPTIONS

Pairs Have the class work in pairs to practice the pronunciation of the **Fotonovela** captions. Assign different episodes to different pairs. Encourage students to help their partner if he or she has trouble pronouncing a particular word. Circulate around the class and model correct pronunciation as needed, focusing on the letter combination **ll** and the letters **ñ**, **c**, and **z**.

Section Goals

In **Cultura**, students will:
- read about fruits and vegetables native to the Americas
- learn food-related terms
- read about Spanish chef **Ferran Adrià**
- read about typical dishes from Peru, Spain, and Colombia

Communication 1.1, 1.2
Cultures 2.1, 2.2
Connections 3.1, 3.2
Comparisons 4.2

21st CENTURY SKILLS

Global Awareness
Students will gain perspectives on the Spanish-speaking world to develop respect and openness to others and to interact appropriately and effectively with citizens of Spanish-speaking cultures.

Instructional Resources
vText
Cuaderno para hispanohablantes, p. 118

En detalle

Antes de leer Ask students if they can name any crops that are native to North America.

Lectura
- Point out that many words, such as **tomate, chocolate, aguacate, tamal,** and **mole** are of Nahuatl origin, the language of the Aztecs. Explain that **salsa** is a general term for *sauce*.
- **Tamales** are corn dough (usually filled with meat or cheese), steamed inside a leaf wrapper. **Arepas** are a type of thin corn cake, and **mole** is a Mexican sauce made of chile peppers, spices, and unsweetened chocolate.

Después de leer Ask students if they were surprised to learn that these foods were unknown to the rest of the world until 500 years ago.

1 Expansion Ask students to write three additional true/false statements.

EN DETALLE

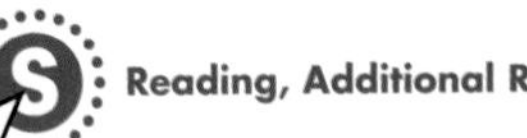

Frutas y verduras de América

Imagínate una pizza sin salsa° de tomate o una hamburguesa sin papas fritas. Ahora piensa que quieres ver una película, pero las palomitas de maíz° y el chocolate no existen. ¡Qué mundo° tan insípido°! Muchas de las comidas más populares del mundo tienen ingredientes esenciales que son originarios del continente llamado Nuevo Mundo. Estas frutas y verduras no fueron introducidas en Europa sino hasta° el siglo° XVI.

El tomate, por ejemplo, era° usado como planta ornamental cuando llegó por primera vez a Europa porque pensaron que era venenoso°. El maíz, por su parte, era ya la base de la comida de muchos países latinoamericanos muchos siglos antes de la llegada de los españoles.

La papa fue un alimento° básico para los incas. Incluso consiguieron deshidratarla para almacenarla° por largos períodos de tiempo. El cacao (planta con la que se hace el chocolate) fue muy importante para los aztecas y los mayas. Ellos usaban sus semillas° como moneda° y como ingrediente de diversas salsas. También las molían° para preparar una bebida, mezclándolas° con agua ¡y con chile!

El aguacate°, la guayaba°, la papaya, la piña y el maracuyá (o fruta de la pasión) son otros ejemplos de frutas originarias de América que son hoy día conocidas en todo el mundo.

Mole

¿En qué alimentos encontramos estas frutas y verduras?

Tomate: pizza, ketchup, salsa de tomate, sopa de tomate

Maíz: palomitas de maíz, tamales, tortillas, arepas (Colombia y Venezuela), pan

Papa: papas fritas, frituras de papa°, puré de papas°, sopa de papas, tortilla de patatas (España)

Cacao: mole (México), chocolatinas°, cereales, helados°, tartas°

Aguacate: guacamole (México), coctel de camarones, sopa de aguacate, nachos, enchiladas hondureñas

salsa *sauce* **palomitas de maíz** *popcorn* **mundo** *world* **insípido** *flavorless* **hasta** *until* **siglo** *century* **era** *was* **venenoso** *poisonous* **alimento** *food* **almacenarla** *to store it* **semillas** *seeds* **moneda** *currency* **las molían** *they used to grind them* **mezclándolas** *mixing them* **aguacate** *avocado* **guayaba** *guava* **frituras de papa** *chips* **puré de papas** *mashed potatoes* **chocolatinas** *chocolate bars* **helados** *ice cream* **tartas** *cakes*

ACTIVIDADES

1 ¿Cierto o falso? Indica si lo que dicen las oraciones es cierto o falso. Corrige la información falsa.

1. El tomate se introdujo a Europa como planta ornamental. Cierto.
2. Los incas sólo consiguieron almacenar las papas por poco tiempo. Falso. Los incas pudieron almacenar las papas por largo tiempo.
3. Los aztecas y los mayas usaron las papas como moneda. Falso. Los aztecas y los mayas usaron las semillas de cacao como moneda.
4. El maíz era una comida poco popular en Latinoamérica. Falso. El maíz era muy popular en Latinoamérica.
5. El aguacate era el alimento básico de los incas. Falso. La papa era el alimento básico de los incas.
6. En México se hace una salsa con chocolate. Cierto.
7. El aguacate, la guayaba, la papaya, la piña y el maracuyá son originarios de América. Cierto.
8. Las arepas se hacen con cacao. Falso. Las arepas se hacen con maíz.
9. El aguacate es un ingrediente del cóctel de camarones. Cierto.
10. En España hacen una tortilla con papas. Cierto.

TEACHING OPTIONS

Game Have students make a Bingo card of fruits and vegetables mentioned on this page, with one "free" square in the middle. From a hat, draw cards with different dishes and call them out. Have students cover the square on their card that contains the fruit or vegetable used in that dish. Ex: **tortilla de patatas** (Student covers **la papa**.) The winner is the first student to fill a row (horizontally, vertically, or diagonally) and yell **¡Bingo!**

EXPANSION

Extra Practice Tell students to imagine they are Europeans who traveled to the Americas 500 years ago and are tasting a fruit or vegetable for the first time. Have them write a letter to a friend or family member describing the look and taste of the fruit or vegetable. Encourage them to use verbs like **gustar** in the letter. You may want to brainstorm a list of possible adjectives on the board for students to use in their descriptions.

ASÍ SE DICE

Viajes y turismo

el banano (Col.), el cambur (Ven.), el guineo (Nic.), el plátano (Amér. L., Esp.)	la banana
el choclo (Amér. S.), el elote (Méx.), el jojoto (Ven.), la mazorca (Esp.)	*corncob*
las caraotas (Ven.), los porotos (Amér. S.), las habichuelas (P. R.)	los frijoles
el durazno (Méx.)	el melocotón
el jitomate (Méx.)	el tomate

EL MUNDO HISPANO

Algunos platos típicos

- **Ceviche peruano:** Es un plato de pescado crudo° que se marina° en jugo de limón, con sal, pimienta, cebolla y ají°. Se sirve con lechuga, maíz, camote° y papa amarilla.
- **Gazpacho andaluz:** Es una sopa fría típica del sur de España. Se hace con verduras crudas y molidas°: tomate, ají, pepino° y ajo. También lleva pan, sal, aceite y vinagre.
- **Sancocho colombiano:** Es una sopa de pollo, pescado o carne con plátano, maíz, zanahoria, yuca, papas, cebolla, cilantro y ajo. Se sirve con arroz blanco.

crudo *raw* se marina *gets marinated* ají *pepper* camote *sweet potato* molidas *mashed* pepino *cucumber*

PERFIL

Ferran Adrià: arte en la cocina°

¿Qué haces si un amigo te invita a comer croquetas líquidas o paella de *Kellogg's*? ¿Piensas que es una broma°? ¡Cuidado! Puedes estar perdiendo la oportunidad de probar los platos de uno de los chefs más innovadores del mundo°: **Ferran Adrià.**

Este artista de la cocina basa su éxito° en la creatividad y en la química. Adrià modifica combinaciones de ingredientes y juega con contrastes de gustos y sensaciones: frío-caliente, crudo-cocido°, dulce°-salado°... A partir de nuevas técnicas, altera la textura de los alimentos sin alterar su sabor°. Sus platos sorprendentes° y divertidos atraen a muchos nuevos chefs a su academia de cocina experimental. Quizás un día compraremos° en el supermercado té esférico°, carne líquida y espuma° de tomate.

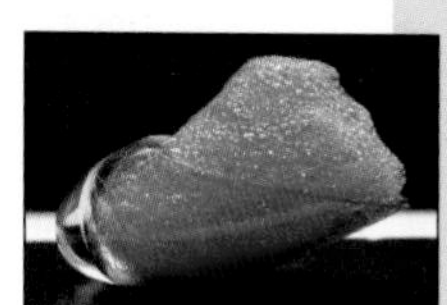

Aire de zanahorias

cocina *kitchen* broma *joke* mundo *world* éxito *success* cocido *cooked* dulce *sweet* salado *savory* sabor *taste* sorprendentes *surprising* compraremos *we will buy* esférico *spheric* espuma *foam*

Conexión Internet

¿Qué platos comen los hispanos en los Estados Unidos?

Go to **vhlcentral.com** to find more cultural information related to this **Cultura** section.

ACTIVIDADES

2 Comprensión Empareja cada palabra con su definición.

1. fruta amarilla d
2. sopa típica de Colombia c
3. ingrediente del ceviche e
4. chef español b

a. gazpacho
b. Ferran Adrià
c. sancocho
d. guineo
e. pescado

3 ¿Qué plato especial hay en tu región? Escribe cuatro oraciones sobre un plato típico de tu región. Explica los ingredientes que contiene y cómo se sirve. Answers will vary.

Practice more at **vhlcentral.com.**

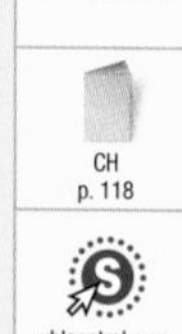

TEACHING OPTIONS

Large Group Give volunteers each a name of a fruit or vegetable (tell them to keep it secret) and have them stand at different points in the classroom. Then have the rest of the class circulate around the room and ask questions to guess what the volunteer represents. Ex: **¿Es fruta o verdura? ¿De qué color? ¿En qué platos se come?**

TEACHING OPTIONS

Game Play a *Jeopardy*-style game. Divide the class into three teams and have one representative from each team stand up. Read a definition and the first team representative to raise his or her hand must answer in the form of a question. Ex: **Es una sopa típica de Colombia. (¿Qué es el sancocho?)** Each correct answer earns one point. The team with the most points at the end wins.

Así se dice
- Model the pronunciation of each term and have students repeat it.
- To challenge students, add these words to the list: **el chícharo, el guisante** (*pea*); **el hongo, la seta** (*mushroom*); **el melón de agua (Cuba), la patilla (Col.)** (*watermelon*).
- Point out that **plátano** is also used for *plantain.*

Perfil *Time Magazine* named Ferran Adrià one of the most innovative people of the twenty-first century for his unique food creations and cooking style, known as molecular gastronomy. His meals typically consist of 30 small courses, allowing diners to try a variety of flavors and textures in one sitting. During Adrià's 24-year tenure as head chef at El Bulli, the restaurant was named the best in the world a record five times by *Restaurant* magazine.

El mundo hispano
- Point out that in **ceviche,** the fish or seafood gets "cooked" by the acidity of the lemon or lime juice.
- Ask students: **¿Alguna vez probaron el ceviche, el gazpacho o el sancocho? De los ingredientes que tienen, ¿cuáles son originarios de las Américas? ¿Conocen platos similares?**

21st CENTURY SKILLS

Information and Media Literacy: Conexión Internet Students access and critically evaluate information from the Internet.

2 Expansion Have pairs choose one of the dishes or ingredients from the activity and ask them to create a recipe using the item. Ask volunteers to present their recipes to the class.

3 Expansion Ask students to create a **menú del día** in which they describe the dishes and suggest complementary items (appetizers, drinks, or dessert).

Section Goal

In **Estructura 8.1**, students will be introduced to the preterite of stem-changing verbs.

Communication 1.1
Comparisons 4.1

Instructional Resources
vText
Cuaderno de práctica y actividades comunicativas, pp. 103–105
Cuaderno para hispanohablantes, pp. 119–120
e-Cuaderno
Supersite: Audio Activities MP3 Audio Files
Supersite/TRCD: Grammar Slides, Audio Activities Script, Answer Keys, Testing Program Quizzes
Audio Activities CD
Activity Pack
Middle School Activity Pack

Teaching Tips

- Review present-tense forms of **-ir** stem-changing verbs like **pedir** and **dormir**. Also review formation of the preterite of regular **-ir** verbs, using **escribir** and **recibir**.
- Give model sentences that use these verbs in the preterite, emphasizing stem-changing forms. Ex: **Me dormí temprano anoche, pero mi esposo/a se durmió muy tarde.**
- Ask students questions using stem-changing **-ir** verbs in the preterite. Ex: **¿Cuántas horas dormiste anoche?** Then have other students summarize the answers. Ex: ____ **durmió seis horas, pero** ____ **durmió ocho.** ____ **y** ____ **durmieron cinco horas.**
- Give examples using stem-changing preterite forms of **morir**. Ex: **No tengo bisabuelos. Ya murieron.**
- Other **-ir** verbs that change their stem vowel in the preterite are **conseguir, despedirse, divertirse, pedir, preferir, repetir, seguir, sentir, sugerir,** and **vestirse.**

8.1 Preterite of stem-changing verbs

Explanation Tutorial

ANTE TODO As you learned in **Lección 6**, **–ar** and **–er** stem-changing verbs have no stem change in the preterite. **–Ir** stem-changing verbs, however, do have a stem change. Study the following chart and observe where the stem changes occur.

CONSULTA
There are a few high-frequency irregular verbs in the preterite. You will learn more about them in **Estructura 9.1**, p. 310.

Preterite of –ir stem-changing verbs

		servir *(to serve)*	**dormir** *(to sleep)*
SINGULAR FORMS	yo	serví	dormí
	tú	serviste	dormiste
	Ud./él/ella	s**i**rvió	d**u**rmió
PLURAL FORMS	nosotros/as	servimos	dormimos
	vosotros/as	servisteis	dormisteis
	Uds./ellos/ellas	s**i**rvieron	d**u**rmieron

▶ Stem-changing **–ir** verbs, in the preterite only, have a stem change in the third-person singular and plural forms. The stem change consists of either **e** to **i** or **o** to **u**.

(e → i) pedir: p**i**dió, p**i**dieron (o → u) morir (*to die*): m**u**rió, m**u**rieron

¿Quién pidió el jamón?

Yo lo pedí.

¡INTÉNTALO! Cambia cada infinitivo al pretérito.

1. Yo *serví, dormí, pedí...* preferí, repetí, seguí. (servir, dormir, pedir, preferir, repetir, seguir)
2. Usted murió, consiguió, pidió, se sintió, se despidió, se vistió. (morir, conseguir, pedir, sentirse, despedirse, vestirse)
3. Tú conseguiste, serviste, moriste, pediste, dormiste, repetiste. (conseguir, servir, morir, pedir, dormir, repetir)
4. Ellas repitieron, durmieron, siguieron, prefirieron, murieron, sirvieron. (repetir, dormir, seguir, preferir, morir, servir)
5. Nosotros seguimos, preferimos, servimos, nos vestimos, nos despedimos, nos dormimos. (seguir, preferir, servir, vestirse, despedirse, dormirse)
6. Ustedes se sintieron, se vistieron, consiguieron, pidieron, se despidieron, se durmieron. (sentirse, vestirse, conseguir, pedir, despedirse, dormirse)
7. Él durmió, murió, prefirió, repitió, siguió, pidió. (dormir, morir, preferir, repetir, seguir, pedir)

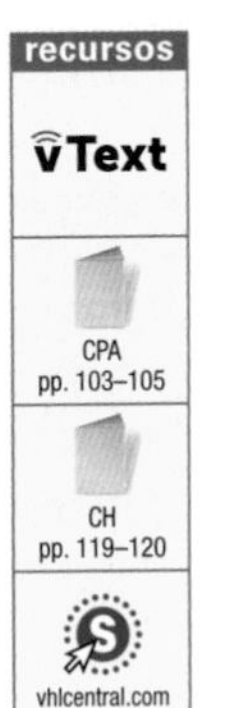
recursos
vText
CPA pp. 103–105
CH pp. 119–120
vhlcentral.com

TEACHING OPTIONS

TPR Have the class stand and form a circle. Call out a name or subject pronoun and an infinitive that has a stem change in the preterite (Ex: **Miguel/seguir**). Toss a ball to a student, who will say the correct form (Ex: **siguió**) and toss the ball back to you. Then name another pronoun and infinitive and throw the ball to another student. To challenge students, include some infinitives without a stem change in the preterite.

TEACHING OPTIONS

Pairs Ask students to work in pairs to come up with ten original sentences in which they use the **Ud./él/ella** and **Uds./ellos/ellas** preterite forms of stem-changing **-ir** verbs. Point out that students should try to use vocabulary items from **Contextos** in their sentences. Ask pairs to share their sentences with the class.

Communication 1.1
Comparisons 4.1

1 Teaching Tip To challenge students, provide two infinitives per blank.

1 Expansion Ask students to work in pairs to come up with an alternate ending to the narration, using stem-changing **-ir** verbs in the preterite. Pairs then share their endings with the class. The class can vote on the most original ending.

Práctica

1

Completar Completa estas oraciones para describir lo que pasó anoche en el restaurante El Famoso.

1. Paula y Humberto Suárez llegaron al restaurante El Famoso a las ocho y ___siguieron___ (seguir) al camarero a una mesa en la sección de no fumar.
2. El señor Suárez ___pidió___ (pedir) una chuleta de cerdo.
3. La señora Suárez ___prefirió___ (preferir) probar los camarones.
4. De tomar, los dos ___pidieron___ (pedir) vino tinto.
5. El camarero ___repitió___ (repetir) el pedido (*the order*) para confirmarlo.
6. La comida tardó mucho (*took a long time*) en llegar y los señores Suárez ___se durmieron___ (dormirse) esperando la comida.
7. A las nueve y media el camarero les ___sirvió___ (servir) la comida.
8. Después de comer la chuleta, el señor Suárez ___se sintió___ (sentirse) muy mal.
9. Pobre señor Suárez... ¿por qué no ___pidió___ (pedir) los camarones?

2

El camarero loco En el restaurante La Hermosa trabaja un camarero muy loco que siempre comete muchos errores. Indica lo que los clientes pidieron y lo que el camarero les sirvió.

modelo

Armando / papas fritas
Armando pidió papas fritas, pero el camarero le sirvió maíz.

1. nosotros / jugo de naranja Nosotros pedimos jugo de naranja, pero el camarero nos sirvió papas.
2. Beatriz / queso Beatriz pidió queso, pero el camarero le sirvió uvas.
3. tú / arroz Tú pediste arroz, pero el camarero te sirvió arvejas/sopa.

4. Elena y Alejandro / atún Elena y Alejandro pidieron atún, pero el camarero les sirvió camarones/mariscos.
5. usted / refresco Usted pidió un refresco, pero el camarero le sirvió leche/agua.
6. yo / hamburguesa Yo pedí una hamburguesa, pero el camarero me sirvió zanahorias.

 Practice more at **vhlcentral.com.**

2 Teaching Tip As a transition to this activity, have students form small groups and share stories about when they or someone they know had a mishap while dining or serving food in a restaurant.

2 Expansion In pairs, students redo the activity, this time role-playing the customer and the server. Model the possible interaction between the students. Ex: **E1: Perdón, pero pedí papas fritas y usted me sirvió maíz. E2: ¡Ay, perdón! Le traigo papas fritas enseguida.** Have students take turns playing the role of the customer and server.

EXPANSION

Video Show the **Fotonovela** again to give students more input with stem-changing **-ir** verbs in the preterite. Have them write down the stem-changing forms they hear. Stop the video where appropriate to discuss how certain verbs were used and to ask comprehension questions. Ex: **¿Qué pidió Maru? ¿Quién les sirvió la comida a Maru y a Miguel?**
Extra Practice Add an auditory aspect to this grammar practice.

EXPANSION

Prepare descriptions of five easily recognizable people in which you use the stem-changing forms of **-ir** verbs in the preterite. Write their names on the board. Then read the descriptions aloud and have students match each one to the appropriate name. Ex: **Murió por sobredosis de medicamentos en 2009. Se durmió en su cama y su médico no consiguió resucitarlo. Los aficionados al Rey del Pop se sintieron muy mal cuando oyeron la noticia. (Michael Jackson)**

Communication 1.1
Comparisons 4.1

3 Expansion Have students share their sentences with the class. Ask other students comprehension questions based on what was said.

4 Virtual Chat You can also assign activity 4 on the Supersite. Students record individual responses that appear in your gradebook.

4 Expansion
- To practice the formal register, have students ask you the same questions.
- After interviewing a classmate, have students form new pairs and report on their interviewee's answers.

Communication 1.1

5 Expansion
- Have groups present their description to the class in the form of a narration.
- Have students imagine that, in the middle of the date, either César or Libertad leaves the table to phone a friend. In pairs, have students write the dialogue of the phone call. Have a few volunteers role-play their conversations for the class.

Consulta In addition to pointing out words and expressions that may signal the preterite, remind students about transition words that help to move the flow of a narration (Ex: **primero, después, luego, también**).

21st CENTURY SKILLS

5 Collaboration
If you have access to students in a Spanish-speaking country, ask pairs to complete a description. Then, ask pairs of students to read their counterparts' answers and prepare a comparison of the responses for both classes.

Comunicación

3 **El almuerzo** Trabajen en parejas. Túrnense para completar las oraciones de César de una manera lógica. Answers will vary.

modelo
Mi abuelo se despertó temprano, pero yo...
Mi abuelo se despertó temprano, pero yo me desperté tarde.

1. Yo llegué al restaurante a tiempo, pero mis amigos...
2. Beatriz pidió la ensalada de frutas, pero yo...
3. Yolanda les recomendó el bistec, pero Eva y Paco...
4. Nosotros preferimos las papas fritas, pero Yolanda...
5. El camarero sirvió la carne, pero yo...
6. Beatriz y yo pedimos café, pero Yolanda y Paco...
7. Eva se sintió enferma, pero Paco y yo...
8. Nosotros repetimos postre (*dessert*), pero Eva...
9. Ellos salieron tarde, pero yo...
10. Yo me dormí temprano, pero mi hermano...

¡LENGUA VIVA!
In Spanish, the verb **repetir** is used to express *to have a second helping (of something)*.
Cuando mi mamá prepara sopa de champiñones, yo siempre repito.
When my mom makes mushroom soup, I always have a second helping.

4  **Entrevista** Trabajen en parejas y túrnense para entrevistar a su compañero/a. Answers will vary.

1. ¿Te acostaste tarde o temprano anoche? ¿A qué hora te dormiste? ¿Dormiste bien?
2. ¿A qué hora te despertaste esta mañana? Y, ¿a qué hora te levantaste?
3. ¿A qué hora vas a acostarte esta noche?
4. ¿Qué almorzaste ayer? ¿Quién te sirvió el almuerzo?
5. ¿Qué cenaste ayer?
6. ¿Cenaste en un restaurante recientemente? ¿Con quién(es)?
7. ¿Qué pediste en el restaurante? ¿Qué pidieron los demás?
8. ¿Se durmió alguien en alguna de tus clases la semana pasada? ¿En qué clase?

Síntesis

5  **Describir** En grupos, estudien la foto y las preguntas. Luego, describan la primera (¿y la última?) cita de César y Libertad. Answers will vary.

- ¿Adónde salieron a cenar?
- ¿Qué pidieron?
- ¿Les gustó la comida?
- ¿Quién prefirió una comida vegetariana? ¿Por qué?
- ¿Cómo se vistieron?
- ¿De qué hablaron? ¿Les gustó la conversación?
- ¿Van a volver a verse? ¿Por qué?

CONSULTA
To review words commonly associated with the preterite, such as **anoche**, see **Estructura 6.3**, p. 207.

TEACHING OPTIONS

Pairs In pairs, have students take turns telling each other about a memorable experience in a restaurant, whether it was someone's birthday, dinner with family or friends, and so forth. Encourage students to take notes as their partners narrate. Then have students reveal what their partners told them.

EXPANSION

Extra Practice Add a visual aspect to this grammar practice. As you hold up magazine pictures that show restaurant scenes, have students describe them in the past tense, using the preterite. You may want to write on the board some stem-changing **-ir** verbs that might apply to the situations pictured in the photographs.

8.2 Double object pronouns

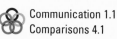

ANTE TODO In **Lecciones 5** and **6**, you learned that direct and indirect object pronouns replace nouns and that they often refer to nouns that have already been referenced. You will now learn how to use direct and indirect object pronouns together. Observe the following diagram.

Indirect Object Pronouns			Direct Object Pronouns	
me	nos	+	lo	los
te	os		la	las
le (se)	les (se)			

- When direct and indirect object pronouns are used together, the indirect object pronoun always precedes the direct object pronoun.

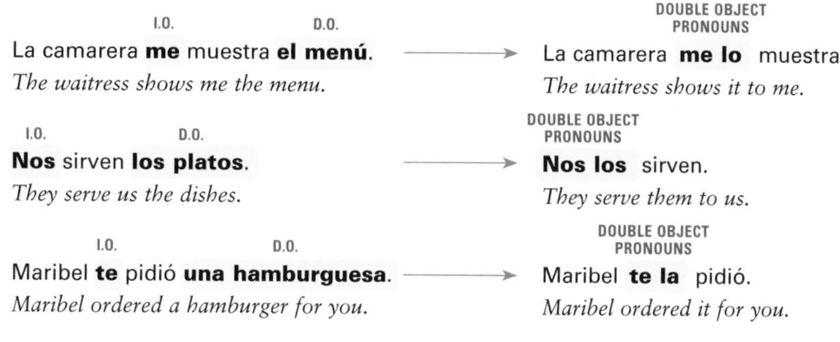

		DOUBLE OBJECT PRONOUNS
La camarera **me** (I.O.) muestra **el menú** (D.O.). *The waitress shows me the menu.*	→	La camarera **me lo** muestra. *The waitress shows it to me.*
Nos (I.O.) sirven **los platos** (D.O.). *They serve us the dishes.*	→	**Nos los** sirven. *They serve them to us.*
Maribel **te** (I.O.) pidió **una hamburguesa** (D.O.). *Maribel ordered a hamburger for you.*	→	Maribel **te la** pidió. *Maribel ordered it for you.*

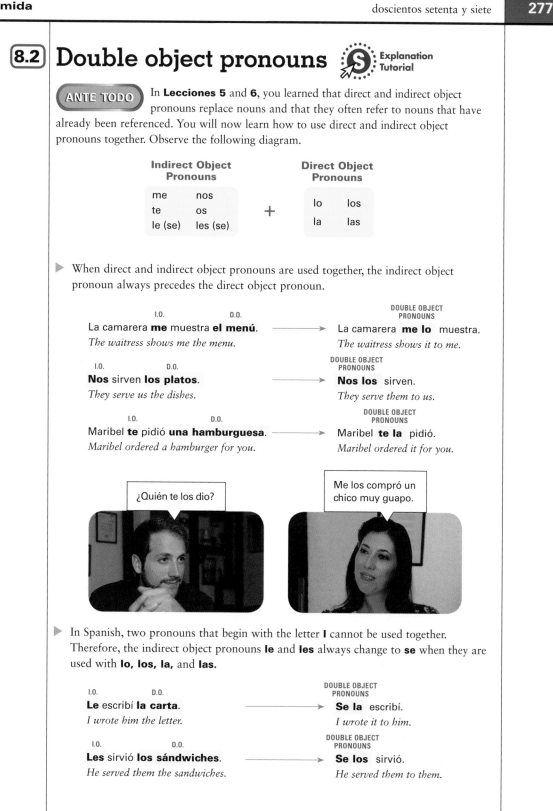

- In Spanish, two pronouns that begin with the letter **l** cannot be used together. Therefore, the indirect object pronouns **le** and **les** always change to **se** when they are used with **lo, los, la,** and **las.**

		DOUBLE OBJECT PRONOUNS
Le (I.O.) escribí **la carta** (D.O.). *I wrote him the letter.*	→	**Se la** escribí. *I wrote it to him.*
Les (I.O.) sirvió **los sándwiches** (D.O.). *He served them the sandwiches.*	→	**Se los** sirvió. *He served them to them.*

Section Goals

In **Estructura 8.2**, students will be introduced to:
- the use of double object pronouns
- converting **le** and **les** into **se** when used with direct object pronouns **lo, la, los,** and **las**

Communication 1.1
Comparisons 4.1

Instructional Resources
vText
Cuaderno de práctica y actividades comunicativas, pp. 106–110
Cuaderno para hispanohablantes, pp. 121–122
e-Cuaderno
Supersite: Audio Activities MP3 Audio Files
Supersite/TRCD: Grammar Slides, Audio Activities Script, Answer Keys, Testing Program Quizzes
Audio Activities CD
Activity Pack
Middle School Activity Pack

Teaching Tips
- Briefly review direct object pronouns (**Estructura 5.4**) and indirect object pronouns (**Estructura 6.2**). Give sentences and have students convert objects into object pronouns. Ex: **Sara escribió la carta. (Sara la escribió.) Mis padres escribieron una carta. (yo) (Mis padres me escribieron una carta.)**
- Model additional examples for students, asking them to make the conversion with **se.** Ex: **Le pedí papas fritas. (Se las pedí.) Les servimos café. (Se lo servimos.)**
- Emphasize that, with double object pronouns, the indirect object pronoun always precedes the direct object pronoun.

EXPANSION

Extra Practice Write six sentences on the board for students to restate using double object pronouns. Ex: **Rita les sirvió la cena a los clientes. (Rita se la sirvió.)**
Pairs In pairs, ask students to write five sentences that contain both direct and indirect objects (not pronouns). Have them exchange papers with another pair, who will restate the sentences using double object pronouns.

EXPANSION

Video Show the **Fotonovela** again to give students more input containing double object pronouns. Stop the video where appropriate to discuss how double object pronouns were used and to ask comprehension questions.

Teaching Tips

- Ask students questions to which they respond with third-person double object pronouns. Ex: **¿Le recomiendas el ceviche a ____? (Sí, se lo recomiendo.) ¿Les traes sándwiches a tus compañeros? (Sí, se los traigo.)**
- Practice pronoun placement with infinitives and present participles by giving sentences that show one method of pronoun placement and asking students to restate them another way. Ex: **Se lo voy a mandar. (Voy a mandárselo.)**
- Have students hand each other items in full view of the class, then ask comprehension questions. Ex: **¿Quién le dio el libro a Kevin? (____ se lo dio.)**

▶ Because **se** has multiple meanings, Spanish speakers often clarify to whom the pronoun refers by adding **a usted, a él, a ella, a ustedes, a ellos,** or **a ellas.**

¿El sombrero? Carlos **se** lo vendió **a ella.**
The hat? Carlos sold it to her.

¿Las verduras? Ellos **se** las compran **a usted.**
The vegetables? They are buying them for you.

▶ Double object pronouns are placed before a conjugated verb. With infinitives and present participles, they may be placed before the conjugated verb or attached to the end of the infinitive or present participle.

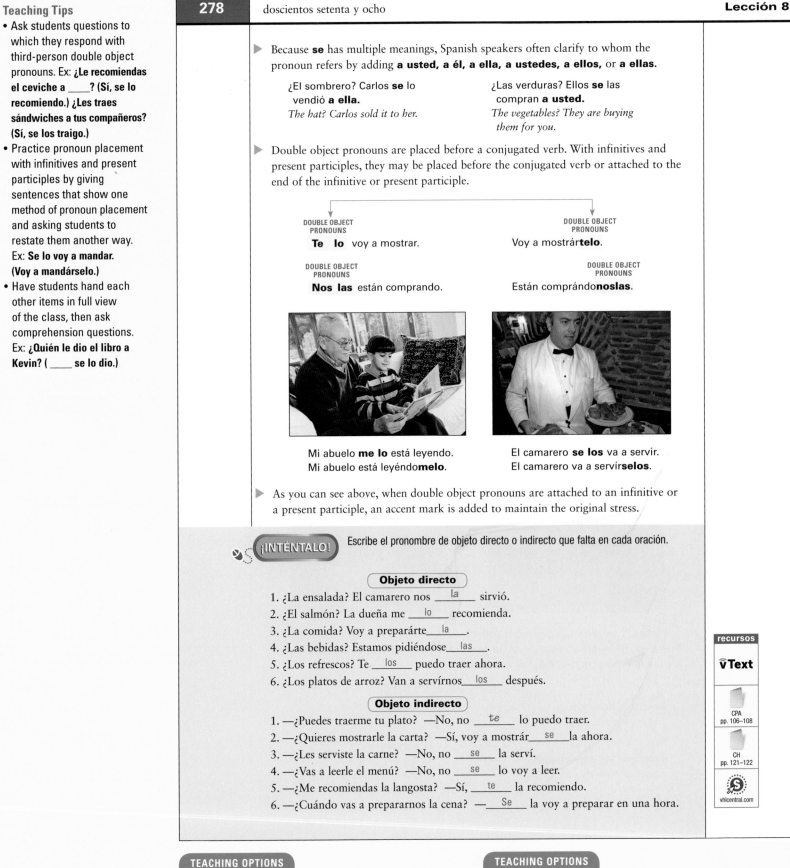

DOUBLE OBJECT PRONOUNS
Te lo voy a mostrar.

DOUBLE OBJECT PRONOUNS
Voy a mostrár**telo**.

DOUBLE OBJECT PRONOUNS
Nos las están comprando.

DOUBLE OBJECT PRONOUNS
Están comprándo**noslas**.

Mi abuelo **me lo** está leyendo.
Mi abuelo está leyéndo**melo**.

El camarero **se los** va a servir.
El camarero va a servír**selos**.

▶ As you can see above, when double object pronouns are attached to an infinitive or a present participle, an accent mark is added to maintain the original stress.

¡INTÉNTALO! Escribe el pronombre de objeto directo o indirecto que falta en cada oración.

Objeto directo

1. ¿La ensalada? El camarero nos __la__ sirvió.
2. ¿El salmón? La dueña me __lo__ recomienda.
3. ¿La comida? Voy a preparárte__la__.
4. ¿Las bebidas? Estamos pidiéndose__las__.
5. ¿Los refrescos? Te __los__ puedo traer ahora.
6. ¿Los platos de arroz? Van a servírnos__los__ después.

Objeto indirecto

1. —¿Puedes traerme tu plato? —No, no __te__ lo puedo traer.
2. —¿Quieres mostrarle la carta? —Sí, voy a mostrár__se__la ahora.
3. —¿Les serviste la carne? —No, no __se__ la serví.
4. —¿Vas a leerle el menú? —No, no __se__ lo voy a leer.
5. —¿Me recomiendas la langosta? —Sí, __te__ la recomiendo.
6. —¿Cuándo vas a prepararnos la cena? —__Se__ la voy a preparar en una hora.

recursos

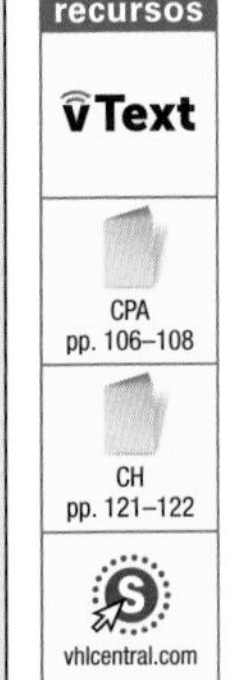

vText
CPA pp. 106–108
CH pp. 121–122
vhlcentral.com

TEACHING OPTIONS

Pairs Have students create five dehydrated sentences for their partner to complete. They should include the following elements: subject / action / direct object / indirect object (name or pronoun). Ex: **Carlos / escribe / carta / Sonia** Their partners should "hydrate" the sentences using double object pronouns. Ex: **Carlos se la escribe (a Sonia).**

TEACHING OPTIONS

Large Groups Split the class into two groups. Give cards that contain verbs that can take a direct object to one group. The other group gets cards containing nouns. Then select one member from each group to stand up and show his or her card. Another student converts the two elements into a sentence using double object pronouns. Ex: **mostrar / el libro →** [*Name of student*] **se lo va a mostrar.**

Communication 1.1
Comparisons 4.1

Práctica

1 **Responder** Imagínate que trabajas de camarero/a en un restaurante. Responde a los pedidos (*requests*) de estos clientes usando pronombres.

modelo
Sra. Gómez: Una ensalada, por favor.
Sí, señora. Enseguida (Right away) se la traigo.

1. Sres. López: La mantequilla, por favor. Sí, señores. Enseguida se la traigo.
2. Srta. Rivas: Los camarones, por favor. Sí, señorita. Enseguida se los traigo.
3. Sra. Lugones: El pollo asado, por favor. Sí, señora. Enseguida se lo traigo.
4. Tus compañeros/as de clase: Café, por favor. Sí, chicos. Enseguida se lo traigo.
5. Tu profesor(a) de español: Papas fritas, por favor. Sí, profesor(a). Enseguida se las traigo.
6. Dra. González: La chuleta de cerdo, por favor. Sí, doctora. Enseguida se la traigo.
7. Tu padre: Los champiñones, por favor. Sí, papá. Enseguida te los traigo.
8. Dr. Torres: La cuenta (*check*), por favor. Sí, doctor. Enseguida se la traigo.

AYUDA

Here are some other useful expressions:

ahora mismo *right now*
inmediatamente *immediately*
¡A la orden! *At your service!*
¡Ya voy! *I'm on my way!*

2 **¿Quién?** La señora Cevallos está planeando una cena. Se pregunta cómo va a resolver ciertas situaciones. En parejas, túrnense para decir lo que ella está pensando. Cambien los sustantivos subrayados por pronombres de objeto directo y hagan los otros cambios necesarios.

modelo
¡No tengo carne! ¿Quién va a traerme <u>la carne</u> del supermercado? (mi esposo)
Mi esposo va a traérmela./Mi esposo me la va a traer.

1. ¡Las invitaciones! ¿Quién les manda <u>las invitaciones</u> a los invitados (*guests*)? (mi hija) Mi hija se las manda.
2. No tengo tiempo de ir a la tienda. ¿Quién me puede comprar <u>el vinagre</u>? (mi hijo) Mi hijo puede comprármelo./Mi hijo me lo puede comprar.
3. ¡Ay! No tengo suficientes platos (*plates*). ¿Quién puede prestarme <u>los platos</u> que necesito? (mi mamá) Mi mamá puede prestármelos./Mi mamá me los puede prestar.
4. Nos falta mantequilla. ¿Quién nos trae <u>la mantequilla</u>? (mi cuñada) Mi cuñada nos la trae.
5. ¡Los entremeses! ¿Quién está preparándonos <u>los entremeses</u>? (Silvia y Renata) Silvia y Renata están preparándonoslos./Silvia y Renata nos los están preparando.
6. No hay suficientes sillas. ¿Quién nos trae <u>las sillas</u> que faltan? (Héctor y Lorena) Héctor y Lorena nos las traen.
7. No tengo tiempo de pedirle el aceite a Mónica. ¿Quién puede pedirle <u>el aceite</u>? (mi hijo) Mi hijo puede pedírselo./Mi hijo se lo puede pedir.
8. ¿Quién va a servirles <u>la cena</u> a los invitados? (mis hijos) Mis hijos van a servírsela./Mis hijos se la van a servir.
9. Quiero poner buena música de fondo (*background*). ¿Quién me va a recomendar <u>la música</u>? (mi esposo) Mi esposo va a recomendármela./Mi esposo me la va a recomendar.
10. ¡Los postres! ¿Quién va a preparar <u>los postres</u> para los invitados? (Sra. Villalba) La señora Villalba va a preparáselos./La señora Villalba se los va a preparar.

 Practice more at **vhlcentral.com.**

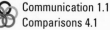

1 Teaching Tip Do the activity with the whole class, selecting a student to play the role of customer and another to play the role of server for each item.

Ayuda Model the helpful phrases in sentences. Point out that **Ahora mismo, Inmediatamente,** and **Ya** can replace **Enseguida** in the **modelo** for **Actividad 1.**

2 Expansion

- For each item, change the subject in parentheses so that students practice different forms of the verbs.
- Add a visual aspect to this activity. Hold up magazine pictures and ask students to state who is doing what to or for whom. Ex: **La señora les muestra la casa a los jóvenes. Se la muestra a los jóvenes.**

DIFFERENTIATION

Heritage Speakers Ask heritage speakers to talk about a favorite gift they received. Write **regalar** on the board and explain that it means *to give* (*a gift*). Have students talk about what they received, who gave it to them (**regalar**), and why. Ask the rest of the class comprehension questions.

Game Play **Concentración.** Write sentences that use double object pronouns on each of eight cards. Ex: **Óscar se las muestra.** On another eight cards, draw or paste a picture that matches each sentence. Ex: A photo of a boy showing photos to his grandparents. Place the cards face-down in four rows of four. In pairs, students select two cards. If the two cards match, the pair keeps them. If they do not match, students replace them in their original position. The pair with the most cards at the end wins.

Communication 1.1
Comparisons 4.1

3 Teaching Tips
- To simplify, begin by reading through the items and guiding students in choosing **quién** or **cuándo** for each one.
- Continue the **modelo** exchange by asking: **¿Cuándo nos lo enseña? (Nos lo enseña los lunes, miércoles, jueves y viernes.)**
- To challenge students, have them ask follow-up questions using other interrogative words.

3 Expansion Ask questions of individual students. Then ask them why they answered as they did. Students answer using double object pronouns. Ex: **¿Quién te enseña español? (Usted me lo enseña.) ¿Por qué? (Usted me lo enseña porque es profesor(a) de español.)**

4 Teaching Tip Ask the questions of individual students. Then verify class comprehension by asking other students to repeat the information given.

4 Virtual Chat You can also assign activity 4 on the Supersite. Students record individual responses that appear in your gradebook.

Communication 1.1

5 Teaching Tip Divide the class into pairs and distribute the Communication Activities worksheets from the ***Cuaderno de práctica y actividades comunicativas*** that correspond to this activity. Give students ten minutes to complete this activity.

5 Partner Chat You can also assign activity 5 on the Supersite. Students work in pairs to record the activity online. The pair's recorded conversation will appear in your gradebook.

Comunicación

3 **Contestar** Trabajen en parejas. Túrnense para hacer preguntas, usando las palabras interrogativas **¿Quién?** o **¿Cuándo?**, y para responderlas. Sigan el modelo. Answers will vary.

modelo
nos enseña español
Estudiante 1: *¿Quién nos enseña español?*
Estudiante 2: *La profesora Camacho nos lo enseña.*

1. te puede explicar la tarea cuando no la entiendes
2. les vende el almuerzo a los estudiantes
3. vas a comprarme boletos para un concierto
4. te escribe mensajes de texto
5. nos prepara los entremeses
6. me vas a prestar tu computadora
7. te compró esa bebida
8. nos va a recomendar el menú de la cafetería
9. le enseñó español al/a la profesor(a)
10. me vas a mostrar tu casa o apartamento

4 **Preguntas** En parejas, túrnense para hacerse estas preguntas. Answers will vary.

modelo
Estudiante 1: *¿Les prestas tu computadora a tus amigos?*
Estudiante 2: *No, no se la presto a mis amigos porque no son muy responsables.*

1. ¿Me prestas tu chaqueta? ¿Ya le prestaste tu chaqueta a otro/a amigo/a?
2. ¿Quién te presta dinero cuando lo necesitas?
3. ¿Les prestas dinero a tus amigos? ¿Por qué?
4. ¿Nos compras el almuerzo a mí y a los otros compañeros de clase?
5. ¿Les mandas correo electrónico a tus amigos? ¿Y a tu familia?
6. ¿Les das regalos a tus amigos? ¿Cuándo?
7. ¿Quién te va a preparar la cena esta noche?
8. ¿Quién te va a preparar el desayuno mañana?

Síntesis

5 **Regalos de Navidad** Tu profesor(a) te va a dar a ti y a un(a) compañero/a una parte de la lista de los regalos de Navidad (*Christmas gifts*) que Berta pidió y los regalos que sus parientes le compraron. Conversen para completar sus listas. Answers will vary.

modelo
Estudiante 1: *¿Qué le pidió Berta a su mamá?*
Estudiante 2: *Le pidió una computadora. ¿Se la compró?*
Estudiante 1: *Sí, se la compró.*

recursos
vText
CPA pp. 109–110

DIFFERENTIATION

Heritage Speakers Ask heritage speakers if they or their families celebrate **el Día de los Reyes Magos** (The Feast of the Epiphany, January 6). Ask them to tell whether **el Día de los Reyes** is more important for them than **la Navidad**.

TEACHING OPTIONS

Large Groups Divide the class into two groups. Give each member of the first group a strip of paper with a question on it. Ex: **¿Te compró ese suéter tu novia?** Give each member of the second group a piece of paper with an answer to one of the questions. Ex: **Sí, ella me lo compró.** Students must find their partners. Take care not to create sentences that can have more than one match.

8.3 Comparisons

Both Spanish and English use comparisons to indicate which of two people or things has a lesser, equal, or greater degree of a quality.

Comparisons

menos interesante	**más grande**	**tan sabroso como**
less interesting	*bigger*	*as delicious as*

Comparisons of inequality

- Comparisons of inequality are formed by placing **más** (*more*) or **menos** (*less*) before adjectives, adverbs, and nouns and **que** (*than*) after them.

más/menos + [*adjective* / *adverb* / *noun*] + **que**

- **¡Atención!** Note that while English has a comparative form for short adjectives (*taller*), such forms do not exist in Spanish (**más** alto).

adjectives

Los bistecs son **más caros que** el pollo.
Steaks are more expensive than chicken.

Estas uvas son **menos ricas que** esa pera.
These grapes are less tasty than that pear.

adverbs

Me acuesto **más tarde que** tú.
I go to bed later than you (do).

Luis se despierta **menos temprano que** yo.
Luis wakes up less early than I (do).

nouns

Juan prepara **más platos que** José.
Juan prepares more dishes than José (does).

Susana come **menos carne que** Enrique.
Susana eats less meat than Enrique (does).

La ensalada es menos cara que la sopa.

¿El pollo es más rico que el jamón?

- When the comparison involves a numerical expression, **de** is used before the number instead of **que**.

Hay más **de** cincuenta naranjas.
There are more than fifty oranges.

Llego en menos **de** diez minutos.
I'll be there in less than ten minutes.

- With verbs, this construction is used to make comparisons of inequality.

[*verb*] + **más/menos que**

Mis hermanos **comen más que** yo.
My brothers eat more than I (do).

Arturo **duerme menos que** su padre.
Arturo sleeps less than his father (does).

Section Goals

In **Estructura 8.3**, students will be introduced to:
- comparisons of inequality
- comparisons of equality
- irregular comparative words

Communication 1.1
Comparisons 4.1

Instructional Resources
vText
Cuaderno de práctica y actividades comunicativas, pp. 111–113
Cuaderno para hispanohablantes, pp. 123–124
e-Cuaderno
Supersite: Audio Activities MP3 Audio Files
Supersite/TRCD: Grammar Slides, Audio Activities Script, Answer Keys, Testing Program Quizzes
Audio Activities CD
Activity Pack
Middle School Activity Pack

Teaching Tips

- Write **más** + [*adjective*] + **que** and **menos** + [*adjective*] + **que** on the board, explaining their meaning. Illustrate with examples. Ex: **Esta clase es más grande que la clase de la tarde. La clase de la tarde es menos trabajadora que ésta.**
- Practice the structures by asking volunteers questions about classroom objects. **El lápiz de ____, ¿es más largo que el lápiz de ____? (No, es menos largo que el lápiz de ____.)**
- Point out that **que** and what follows it are optional if the items being compared are evident. Ex: **Los bistecs son más caros (que el pollo).**

EXPANSION

Extra Practice Ask students questions that make comparisons of inequality using adjectives, adverbs, and nouns. Ex: **¿Qué es más sabroso que una ensalada de frutas? ¿Quién se despierta más tarde que tú? ¿Quién tiene más libros que yo?** Then ask questions that use verbs in their construction. Ex: **¿Quién habla más que yo en la clase?**

DIFFERENTIATION

Heritage Speakers Ask heritage speakers to give four to five sentences in which they compare themselves to members of their families. Make sure that they use comparisons of inequality. To verify comprehension, ask other students in the class to report what the heritage speakers said.

Teaching Tips

- Ask the class questions to elicit comparisons of equality. Ex: **¿Quién es tan guapa como Scarlett Johansson? ¿Quién tiene tanto dinero como Mark Zuckerberg?**
- Ask questions that involve comparisons with yourself. Ex: **¿Quién es tan alto/a como yo? ¿Quién se acostó tan tarde como yo?**
- Involve the class in a conversation about themselves and classroom objects. Ex: ____, **¿por qué tienes tantas plumas?** ____, **¡tu mochila es tan grande! Puedes llevar muchos libros, ¿no? ¿Quién más tiene una mochila tan grande?**

Comparisons of equality

▶ This construction is used to make comparisons of equality.

tan + [*adjective* / *adverb*] + **como**   **tanto/a(s)** + [*singular noun* / *plural noun*] + **como**

¿Es tan guapo como yo?

¿Aquí vienen tantos mexicanos como extranjeros?

▶ **¡Atención!** Note that unlike **tan**, **tanto** acts as an adjective and therefore agrees in number and gender with the noun it modifies.

Estas uvas son **tan ricas como** aquéllas.
These grapes are as tasty as those ones (are).

Yo probé **tantos platos como** él.
I tried as many dishes as he did.

▶ **Tan** and **tanto** can also be used for emphasis, rather than to compare, with these meanings: **tan** *so*, **tanto** *so much*, **tantos/as** *so many*.

¡Tu almuerzo es **tan** grande!
Your lunch is so big!

¡Comes **tanto**!
You eat so much!

¡Comes **tantas** manzanas!
You eat so many apples!

¡Preparan **tantos** platos!
They prepare so many dishes!

▶ Comparisons of equality with verbs are formed by placing **tanto como** after the verb. Note that in this construction **tanto** does not change in number or gender.

[*verb*] + **tanto como**

Tú viajas **tanto como** mi tía.
You travel as much as my aunt (does).

Ellos hablan **tanto como** mis hermanas.
They talk as much as my sisters.

Sabemos **tanto como** ustedes.
We know as much as you (do).

No estudio **tanto como** Felipe.
I don't study as much as Felipe (does).

EXPANSION

Extra Practice Have students write three original comparative sentences that describe themselves. Ex: **Soy tan baja como Ellen Page.** Then collect the papers, shuffle them, and read the sentences aloud. See if the rest of the class can guess who wrote each description.

TEACHING OPTIONS

Game Divide the class into two teams, A and B. Place the names of twenty famous people into a hat. Select a member from each team to draw a name. The student from team A then has ten seconds to compare those two famous people. If the student has made a logical comparison, team A gets a point. Then it is team B's turn to make a different comparison. The team with the most points at the end wins.

Irregular comparisons

- Some adjectives have irregular comparative forms.

Irregular comparative forms

Adjective		Comparative form	
bueno/a	*good*	**mejor**	*better*
malo/a	*bad*	**peor**	*worse*
grande	*big*	**mayor**	*bigger*
pequeño/a	*small*	**menor**	*smaller*
joven	*young*	**menor**	*younger*
viejo/a	*old*	**mayor**	*older*

- When **grande** and **pequeño/a** refer to age, the irregular comparative forms, **mayor** and **menor**, are used. However, when these adjectives refer to size, the regular forms, **más grande** and **más pequeño/a**, are used.

Yo soy **menor** que tú.
I'm younger than you.

Pedí un plato **más pequeño**.
I ordered a smaller dish.

Nuestro hijo es **mayor** que el hijo de los Andrade.
Our son is older than the Andrades' son.

La ensalada de Isabel es **más grande** que ésa.
Isabel's salad is bigger than that one.

- The adverbs **bien** and **mal** have the same irregular comparative forms as the adjectives **bueno/a** and **malo/a**.

Julio nada **mejor** que los otros chicos.
Julio swims better than the other boys.

Ellas cantan **peor** que las otras chicas.
They sing worse than the other girls.

recursos

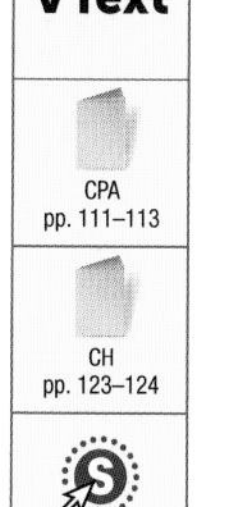

vText
CPA pp. 111–113
CH pp. 123–124
vhlcentral.com

¡INTÉNTALO! Escribe el equivalente de las palabras en inglés.

1. Ernesto mira más televisión ___que___ (*than*) Alberto.
2. Tú eres ___menos___ (*less*) simpático que Federico.
3. La camarera sirve ___tanta___ (*as much*) carne como pescado.
4. Conozco ___más___ (*more*) restaurantes que tú.
5. No estudio ___tanto como___ (*as much as*) tú.
6. ¿Sabes jugar al tenis tan bien ___como___ (*as*) tu hermana?
7. ¿Puedes beber ___tantos___ (*as many*) refrescos como yo?
8. Mis amigos parecen ___tan___ (*as*) simpáticos como ustedes.

Teaching Tips

- Practice the differences between **grande—mayor** and **pequeño/a—menor** when referring to age by having two students stand. Ask **E1: ____, ¿cuántos años tienes? (E1: Tengo catorce años.)** Then ask **E2: Y tú, ____, ¿cuántos años tienes? (E2: Tengo quince años.)** Now ask the class: **¿Quién es mayor? ¿Y quién es más grande?**
- Ask questions and give examples to practice irregular comparative forms. Ex: (Pointing to two students) **Lisa tiene trece años y Shawn tiene catorce años. ¿Lisa es mayor que Shawn? (No, Lisa es menor que Shawn.)** Then ask questions about celebrities. Ex: **¿Quién canta mejor, Adele o Beyoncé?** Have students state their opinions in complete sentences. Ex: **Adele canta mejor que Beyoncé.**

TEACHING OPTIONS

Large Groups Divide the class into groups of six. Give cards with adjectives listed on this page to one group. Give cards with the corresponding irregular comparative form to another group. Students must find their partners. To avoid confusion, make duplicate cards of **mayor** and **menor**.

TEACHING OPTIONS

Pairs Write on the board the heading **Nuestra escuela vs.** [*another nearby school*]. Underneath, write a list of categories. Ex: **el campus, los estudiantes, el equipo de fútbol americano.** Have pairs take turns making comparisons about the schools. Encourage them to be creative and to use a variety of comparative forms. Ex: **Los estudiantes de nuestra escuela estudian tanto como los estudiantes de** [*other school*].

Communication 1.1
Comparisons 4.1

1 Teaching Tip Quickly review the use of **de** before numerals in comparisons.

1 Expansion
- Ask two students a question, then have another student compare them. Ex: **¿Cuántas horas de televisión miras cada día? ¿Y tú, ____? ____, haz una comparación.**
- Ask several pairs of students different types of questions for later comparison. Ex: **¿Cuáles prefieres, las películas de aventuras o los dramas? ¿Estudias más para la clase de español o para la clase de matemáticas?**

2 Expansion Turn the activity statements into questions and ask them of students. Have them make up answers that involve comparisons. Ex: **¿Cómo es Mario?**

3 Teaching Tips
- Have a student read the **modelo** aloud. Emphasize that students' comparisons can begin with an element from either column A or C.
- To simplify, guide students in pairing up elements from columns A and C and brainstorming possible infinitives for each pair of elements.

Práctica

1 **Escoger** Escoge la palabra correcta para comparar a dos hermanas muy diferentes. Haz los cambios necesarios.

1. Lucila es más alta y más bonita ___que___ Tita. (de, más, menos, que)
2. Tita es más delgada porque come ___más___ verduras que su hermana. (de, más, menos, que)
3. Lucila es más ___simpática___ que Tita porque es alegre. (listo, simpático, bajo)
4. A Tita le gusta comer en casa. Va a ___menos___ restaurantes que su hermana. (más, menos, que) Es tímida, pero activa. Hace ___más___ ejercicio (*exercise*) que su hermana. (más, tanto, menos) Todos los días toma más ___de___ cinco vasos (*glasses*) de agua mineral. (que, tan, de)
5. Lucila come muchas papas fritas y se preocupa ___menos___ que Tita por comer frutas. (de, más, menos) ¡Son ___tan___ diferentes! Pero se llevan (*they get along*) muy bien. (como, tan, tanto)

2 **Emparejar** Compara a Mario y a Luis, los novios de Lucila y Tita, completando las oraciones de la columna A con las palabras o frases de la columna B.

A

1. Mario es ___tan interesante___ como Luis.
2. Mario viaja tanto ___como___ Luis.
3. Luis toma ___tantas___ clases de cocina (*cooking*) como Mario.
4. Luis habla ___francés___ tan bien como Mario.
5. Mario tiene tantos ___amigos extranjeros___ como Luis.
6. ¡Qué casualidad (*coincidence*)! Mario y Luis también son hermanos, pero no hay tanta ___diferencia___ entre ellos como entre Lucila y Tita.

B

tantas
diferencia
tan interesante
amigos extranjeros
como
francés

3 **Oraciones** Combina elementos de las columnas A, B y C para hacer comparaciones. Escribe oraciones completas. Answers will vary.

modelo

George Clooney tiene tantos autos como el presidente de los EE.UU.
Emma Stone es menor que George Clooney.

A	B	C
la comida japonesa	costar	la gente de Montreal
el fútbol	saber	la música *country*
George Clooney	ser	el brócoli
el pollo	tener	el presidente de los EE.UU.
la gente de Vancouver	¿?	la comida italiana
la primera dama (*lady*) de los EE.UU.		el hockey
las escuelas privadas		Emma Stone
las espinacas		las escuelas públicas
la música rap		la carne de res

Practice more at **vhlcentral.com.**

EXPANSION

Extra Practice Add a visual aspect to this grammar practice. Using magazine pictures or drawings, show a family whose members vary widely in different aspects: age (write a number on each person that indicates how old he or she is), height, weight, and so forth. Ask students to make comparisons about that family. Give names to each family member so that the people are easier to identify.

TEACHING OPTIONS

Large Groups Divide the class into two groups. Survey each group to get information about various topics. Ex: **¿Quiénes hacen ejercicio todos los días? ¿Quiénes van al cine cada fin de semana? ¿Quiénes comen comida rápida tres veces a la semana?** Ask for a show of hands and tally the number of hands. Then have students make comparisons between the two groups based on the information given.

Comunicación

4 **Intercambiar** En parejas, hagan comparaciones sobre diferentes cosas. Pueden usar las sugerencias de la lista u otras ideas. Answers will vary.

AYUDA

You can use these adjectives in your comparisons:
bonito/a
caro/a
elegante
interesante
inteligente

modelo

Estudiante 1: Los pollos de *Pollitos del Corral* son muy ricos.
Estudiante 2: Pues yo creo que los pollos de *Rostipollos* son tan buenos como los pollos de *Pollitos del Corral*.
Estudiante 1: Mmm... no tienen tanta mantequilla como los pollos de *Pollitos del Corral*. Tienes razón. Son muy sabrosos.

restaurantes en tu ciudad/pueblo
cafés en tu comunidad
tiendas en tu ciudad/pueblo

periódicos en tu ciudad/pueblo
revistas favoritas
libros favoritos

comidas favoritas
los profesores
las clases que toman

5   **Conversar** En grupos, túrnense para hacer comparaciones entre ustedes mismos (*yourselves*) y una persona de cada categoría de la lista. Answers will vary.

- una persona de tu familia
- un(a) amigo/a especial
- una persona famosa

Síntesis

6  **La familia López** En grupos, túrnense para hablar de Sara, Sabrina, Cristina, Ricardo y David y hacer comparaciones entre ellos. Answers will vary.

modelo

Estudiante 1: Sara es tan alta como Sabrina.
Estudiante 2: Sí, pero David es más alto que ellas.
Estudiante 3: En mi opinión, él es guapo también.

 Communication 1.1
Comparisons 4.1

4 Expansion Ask pairs of volunteers to present one of their conversations to the class. Then survey the class to see with which of the students the class agrees more.

5 Teaching Tip Model the activity by making a few comparisons between yourself and a celebrity.

5 Partner Chat You can also assign activity 5 on the Supersite. Students work in pairs to record the activity online. The pair's recorded conversation will appear in your gradebook.

5 Expansion Ask a volunteer to share his or her comparisons. Then make comparisons between yourself and the student or yourself and the person the student mentioned. Continue to do this with different students, asking them to make similar comparisons as well.

 Communication 1.1

6 Expansion Have students create a drawing of a family similar to the one on this page. Tell them not to let anyone see their drawings. Then divide the class into pairs and have them describe their drawings to one another. Each student must draw the family described by his or her partner.

EXPANSION

Extra Practice Add an auditory aspect to this grammar practice. Prepare short descriptions of five easily recognizable people in which you compare them to other well-known people. Write their names on the board in random order. Then read the descriptions aloud and have students match them to the appropriate name. Ex: **Esta persona trabaja en películas de Hollywood. Es tan buen actor como Tom Cruise, pero tiene más hijos que él. Su pareja es más bonita que Jennifer Aniston. (Brad Pitt)**

TEACHING OPTIONS

Extra Practice Give the same types of objects to different students but in different numbers. For example, hand out three books to one student, one book to another, and four to another. Then call on individuals to make comparisons between the students based on the number of objects they have.

Section Goals

In **Estructura 8.4**, students will be introduced to:
- superlatives
- irregular superlative forms

Communication 1.1
Comparisons 4.1

Instructional Resources
vText
Cuaderno de práctica y actividades comunicativas, pp. 114–117
Cuaderno para hispanohablantes, pp. 125–126
e-Cuaderno
Supersite: Audio Activities MP3 Audio Files
Supersite/TRCD: Grammar Slides, Audio Activities Script, Answer Keys, Testing Program Quizzes
Audio Activities CD
Activity Pack
Middle School Activity Pack

Teaching Tips
- Give names of famous people or places and have students make superlative statements about their most obvious quality. Ex: **Bill Gates (Es uno de los hombres más ricos del mundo.); el monte McKinley (Es la montaña más alta de Norteamérica.)**
- Ask questions and give examples to practice irregular superlative forms. Ex: **¿Quién es el menor de tu familia? ¿Ah, sí? ¿Cuántos hermanos mayores tienes?**
- Practice superlative questions by asking for students' opinions. Ex: **¿Cuál es la clase más difícil de esta escuela? ¿Y la más fácil?**
- Use magazine pictures to compare and contrast absolute superlatives. Ex: **Este edificio parece modernísimo, pero éste no. Parece viejísimo.**
- Ask volunteers to identify people you describe using absolute superlatives. Ex: **Tiene un canal de televisión. Se le conoce por ser una filántropa muy generosa. Es riquísima. (Oprah Winfrey)**

8.4 Superlatives

Explanation Tutorial

Both English and Spanish use superlatives to express the highest or lowest degree of a quality.

el/la mejor	**el/la peor**	**el/la más alto/a**
the best	*the worst*	*the tallest*

- This construction is used to form superlatives. Note that the noun is always preceded by a definite article and that **de** is equivalent to the English *in* or *of*.

el/la/los/las + [noun] + **más/menos** + [adjective] + **de**

- The noun can be omitted if the person, place, or thing referred to is clear.

¿El restaurante Las Delicias?
Es **el más elegante** de la ciudad.
The restaurant Las Delicias?
It's the most elegant (one) in the city.

Recomiendo el pollo asado.
Es **el más sabroso** del menú.
I recommend the roast chicken.
It's the most delicious on the menu.

- Here are some irregular superlative forms.

Irregular superlatives

Adjective		Superlative form	
bueno/a	*good*	**el/la mejor**	*(the) best*
malo/a	*bad*	**el/la peor**	*(the) worst*
grande	*big*	**el/la mayor**	*(the) biggest*
pequeño/a	*small*	**el/la menor**	*(the) smallest*
joven	*young*	**el/la menor**	*(the) youngest*
viejo/a	*old*	**el/la mayor**	*(the) eldest*

- The absolute superlative is equivalent to *extremely, super,* or *very*. To form the absolute superlative of most adjectives and adverbs, drop the final vowel, if there is one, and add **-ísimo/a(s)**.

malo → **mal-** → **malísimo**
¡El bistec está **malísimo**!

mucho → **much-** → **muchísimo**
Comes **muchísimo**.

- Note these spelling changes.

rico → **riquísimo** **largo** → **larguísimo** **feliz** → **felicísimo**
fácil → **facilísimo** **joven** → **jovencísimo** **trabajador** → **trabajadorcísimo**

¡INTÉNTALO! Escribe el equivalente de las palabras en inglés.

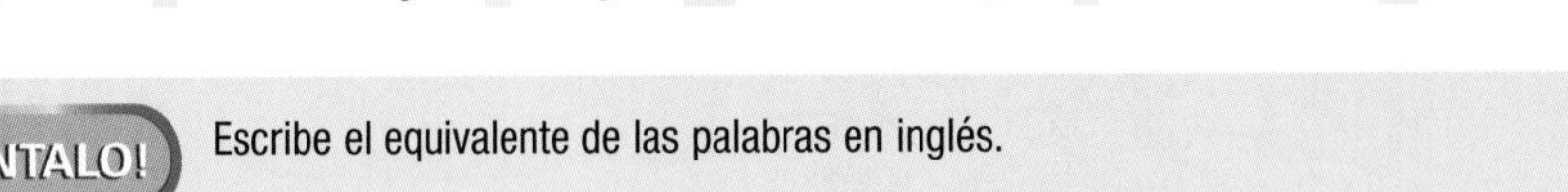

1. Marisa es la más inteligente (*the most intelligent*) de todas.
2. Ricardo y Tomás son los menos aburridos (*the least boring*) de la fiesta.
3. Miguel y Antonio son los peores (*the worst*) estudiantes de la clase.
4. Mi profesor de biología es el mayor (*the oldest*) de la escuela.

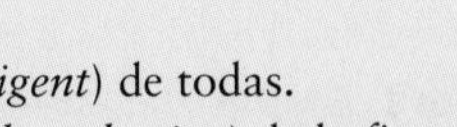

¡ATENCIÓN!
While **más** alone means *more*, after **el**, **la**, **los** or **las**, it means *most*. Likewise, **menos** can mean *less* or *least*.
Es **el café más rico del** país.
It's the most delicious coffee in the country.
Es **el menú menos caro de** todos éstos.
It is the least expensive menu of all of these.

CONSULTA
The rule you learned in **Estructura 8.3** (p. 283) regarding the use of **mayor/menor** with age, but not with size, is also true with superlative forms.

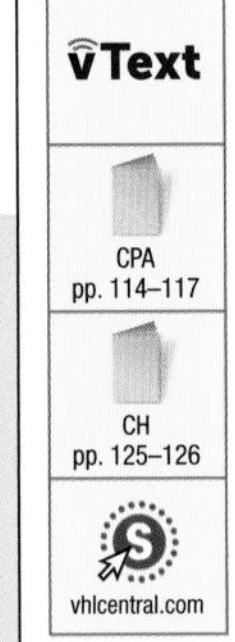
recursos
vText
CPA pp. 114–117
CH pp. 125–126
vhlcentral.com

DIFFERENTIATION

Heritage Speakers Ask heritage speakers to discuss whether absolute superlatives are common in their culture (some regions and countries use them less frequently than others). Also have them discuss under what circumstances absolute superlatives are most frequently used, such as when talking about food, people, events, and so forth. Then have the class work in pairs to create mini-conversations based on the superlatives mentioned.

EXPANSION

Extra Practice Ask students questions with superlatives about things and places at your school, in your community, in the class, and so forth. Include a mix of regular and irregular superlative forms. Ex: **¿Cuál es el edificio más grande del campus? ¿Cuál es la peor clase de la escuela?**

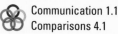

Práctica y Comunicación

1 

El más... Responde a las preguntas afirmativamente. Usa las palabras entre paréntesis.

modelo

El cuarto está sucísimo, ¿no? (casa)
Sí, es el más sucio de la casa.

1. El almacén Velasco es buenísimo, ¿no? (centro comercial) Sí, es el mejor del centro comercial.
2. La silla de tu madre es comodísima, ¿no? (casa) Sí, es la más cómoda de la casa.
3. Ángela y Julia están nerviosísimas por el examen, ¿no? (clase) Sí, son las más nerviosas de la clase.
4. Jorge es jovencísimo, ¿no? (mis amigos) Sí, es el menor de mis amigos.

2

Completar Tu profesor(a) te va a dar una hoja de actividades con descripciones de José Valenzuela Carranza y Ana Orozco Hoffman. Completa las oraciones con las palabras de la lista.
Some answers may vary. Suggested answers:

altísima	del	mayor	peor
atlética	guapísimo	mejor	periodista
bajo	la	menor	trabajadorcísimo
de	más	Orozco	Valenzuela

1. José tiene 22 años; es el __menor__ y el más __bajo__ de su familia. Es __guapísimo__ y __trabajadorcísimo__. Es el mejor __periodista__ de la ciudad y el __peor__ jugador de baloncesto.
2. Ana es la más __atlética__ y __la__ mejor jugadora de baloncesto del estado. Es la __mayor__ de sus hermanos (tiene 28 años) y es __altísima__. Estudió la profesión __más__ difícil __de__ todas: medicina.
3. Jorge es el __mejor__ jugador de videojuegos de su familia.
4. Mauricio es el menor de la familia __Orozco__.
5. El abuelo es el __mayor__ de todos los miembros de la familia Valenzuela.
6. Fifí es la perra más antipática __del__ mundo.

3

Superlativos Trabajen en parejas para hacer comparaciones. Usen superlativos.
Answers will vary.

modelo

Angelina Jolie, Bill Gates, Jimmy Carter
Estudiante 1: *Bill Gates es el más rico de los tres.*
Estudiante 2: *Sí, ¡es riquísimo! Y Jimmy Carter es el mayor de los tres.*

1. Guatemala, Argentina, España
2. Jaguar, Prius, Smart
3. la comida mexicana, la comida francesa, la comida árabe
4. Paris Hilton, Meryl Streep, Ellen Page
5. Ciudad de México, Buenos Aires, Nueva York
6. *Don Quijote de la Mancha, Cien años de soledad, Como agua para chocolate*
7. el fútbol americano, el golf, el béisbol
8. las películas románticas, las películas de acción, las películas cómicas

Practice more at **vhlcentral.com.**

Communication 1.1
Comparisons 4.1

1 Expansion

- Give these sentences to students as items 5–7: **5. Esas películas son malísimas, ¿no? (Hollywood) (Sí, son las peores de Hollywood.) 6. El centro comercial Galerías es grandísimo, ¿no? (ciudad) (Sí, es el mayor de la ciudad.) 7. Tus bisabuelos son viejísimos, ¿no? (familia) (Sí, son los mayores de mi familia.)**
- To challenge students, after they have completed the activity, have them repeat it by answering in the negative. Ex: **1. No, es el peor del centro comercial.**

2 Teaching Tip Distribute the Communication Activities worksheets from the ***Cuaderno de práctica y actividades comunicativas*** that correspond to this activity.

2 Expansion In pairs, have students select a family member or a close friend and describe him or her using comparatives and superlatives. Ask volunteers to share their description with the class.

3 Teaching Tips

- To simplify, read through the items with students and, in English, brainstorm points of comparison between the three people or things. For item 6, briefly describe these novels for students who are not familiar with them.
- Encourage students to create as many superlatives as they can for each item. Have volunteers share their most creative statements with the class.

EXPANSION

Extra Practice Add an auditory aspect to this grammar practice. Prepare ten superlative sentences and read them aloud slowly, pausing after each sentence to allow students to write the direct opposite. Ex: **Ernesto es el menor de la familia. (Ernesto es el mayor de la familia.)**

TEACHING OPTIONS

Pairs Bring in clothing catalogs and have students work in pairs to create superlative statements about the prices of different items. Ask volunteers to share some of their statements with the class. You may want to have students review clothing-related vocabulary from **Lección 6.**

Section Goal

In **Recapitulación**, students will review the grammar concepts from this lesson.

Instructional Resources
vText
Supersite
Testing Program

1 Teaching Tip Before beginning the activity, ask students to identify which verb forms have stem changes.

1 Expansion To challenge students, add columns for **tú** and **nosotros**.

2 Expansion Have students create questions about the dialogue. Ex: **¿Cómo se vistieron Marta y Daniel el sábado? ¿Por qué?** Call on volunteers to answer the questions.

3 Teaching Tips
- Remind students that indirect object pronouns always precede direct object pronouns.
- To simplify, have students identify the direct object and the indirect object in each question.

3 Expansion For additional practice, have pairs write a brief dialogue from the point of view of two of the restaurant's customers, using indirect and direct object pronouns. Then have pairs role-play their dialogues for the class.

Recapitulación

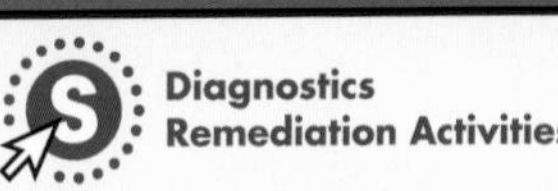

Completa estas actividades para repasar los conceptos de gramática que aprendiste en esta lección.

1 Completar Completa la tabla con la forma correcta del pretérito. 9 pts.

Infinitive	yo	usted	ellos
dormir	dormí	durmió	durmieron
servir	serví	sirvió	sirvieron
vestirse	me vestí	se vistió	se vistieron

2 La cena Completa la conversación con el pretérito de los verbos. 7 pts.

PAULA ¡Hola, Daniel! ¿Qué tal el fin de semana?

DANIEL Muy bien. Marta y yo (1) conseguimos (conseguir) hacer muchas cosas, pero lo mejor fue la cena del sábado.

PAULA Ah, ¿sí? ¿Adónde fueron?

DANIEL Al restaurante Vistahermosa. Es elegante, así que (nosotros) (2) nos vestimos (vestirse) bien.

PAULA Y ¿qué platos (3) pidieron (pedir, ustedes)?

DANIEL Yo (4) pedí (pedir) camarones y Marta (5) prefirió (preferir) el pollo. Y al final, el camarero nos (6) sirvió (servir) flan.

PAULA ¡Qué rico!

DANIEL Sí. Pero después de la cena Marta no (7) se sintió (sentirse) bien.

3 Camareros Genaro y Úrsula son camareros en un restaurante. Usa pronombres para completar la conversación que tienen con su jefe. 8 pts.

JEFE Úrsula, ¿le ofreciste agua fría al cliente de la mesa 22?

ÚRSULA Sí, (1) se la ofrecí de inmediato.

JEFE Genaro, ¿los clientes de la mesa 5 te pidieron ensaladas?

GENARO Sí, (2) me las pidieron.

ÚRSULA Genaro, ¿recuerdas si ya me mostraste los vinos nuevos?

GENARO Sí, ya (3) te los mostré.

JEFE Genaro, ¿van a pagarte la cuenta (*bill*) los clientes de la mesa 5?

GENARO Sí, (4) me la van a pagar/ van a pagármela ahora mismo.

RESUMEN GRAMATICAL

8.1 Preterite of stem-changing verbs *p. 274*

servir	dormir
serví	dormí
serviste	dormiste
sirvió	durmió
servimos	dormimos
servisteis	dormisteis
sirvieron	durmieron

8.2 Double object pronouns *pp. 277–278*

Indirect Object Pronouns: **me, te, le (se), nos, os, les (se)**

Direct Object Pronouns: **lo, la, los, las**

Le escribí la carta. → Se la escribí.

Nos van a servir los platos. → Nos los van a servir./ Van a servírnoslos.

8.3 Comparisons *pp. 281–283*

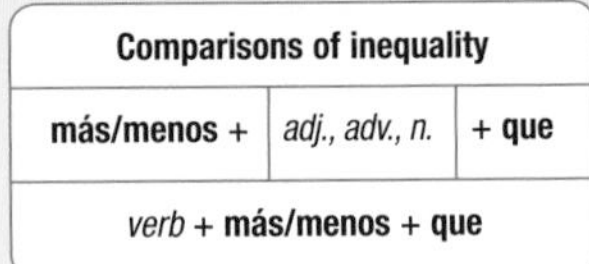

Comparisons of inequality

más/menos +	*adj., adv., n.*	+ que
verb + más/menos + que		

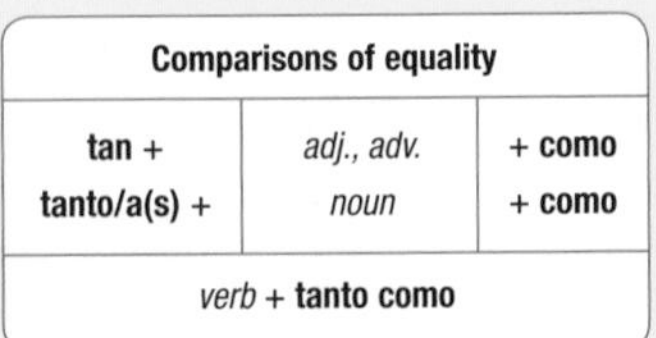

Comparisons of equality

tan +	*adj., adv.*	+ como
tanto/a(s) +	*noun*	+ como
verb + tanto como		

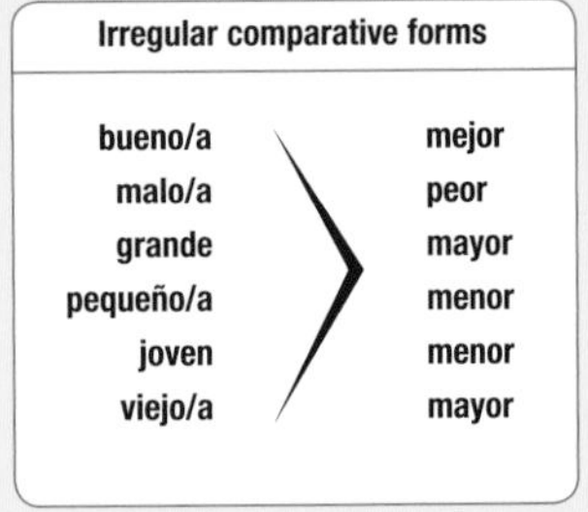

Irregular comparative forms

bueno/a	mejor
malo/a	peor
grande	mayor
pequeño/a	menor
joven	menor
viejo/a	mayor

EXPANSION

Game Divide the class into two teams and have them line up. Name a preterite stem-changing verb in the infinitive as well as a subject pronoun (Ex: **conseguir/ustedes**). The first team member to reach the board and correctly write the subject pronoun and the conjugated verb form earns one point for their team (Ex: **consiguieron**). The team with the most points at the end wins.

TEACHING OPTIONS

TPR Have the class stand in a circle. Have two students step forward into the circle. Toss a ball to another student, who must make a comparison between the students inside the circle. Ex: **Ian es más alto que Omar.** Have students continue tossing the ball to each other and making original comparisons, until you tell them to pause. Then have another student join the middle of the circle and have students make superlative statements. Repeat the process by indicating two new students to stand inside the circle.

8.4 Superlatives *p. 286*

el/la/ los/las +	*noun*	+ más/ menos +	*adjective*	+ de

► Irregular superlatives follow the same pattern as irregular comparatives.

4 **El menú** Observa el menú y sus características. Completa las oraciones basándote en los elementos dados. Usa comparativos y superlativos. 14 pts.

Ensaladas	*Precio*	*Calorías*
Ensalada de tomates	$9.00	170
Ensalada de mariscos	$12.99	325
Ensalada de zanahorias	$9.00	200
Platos principales		
Pollo con champiñones	$13.00	495
Cerdo con papas	$10.50	725
Atún con espárragos	$18.95	495

1. ensalada de mariscos / otras ensaladas / costar
   La ensalada de mariscos ___cuesta más que___ las otras ensaladas.
2. pollo con champiñones / cerdo con papas / calorías
   El pollo con champiñones tiene ___menos calorías que___ el cerdo con papas.
3. atún con espárragos / pollo con champiñones / calorías
   El atún con espárragos tiene ___tantas calorías como___ el pollo con champiñones.
4. ensalada de tomates / ensalada de zanahorias / caro
   La ensalada de tomates es ___tan cara como___ la ensalada de zanahorias.
5. cerdo con papas / platos principales / caro
   El cerdo con papas es ___el menos caro de___ los platos principales.
6. ensalada de zanahorias / ensalada de tomates / costar
   La ensalada de zanahorias ___cuesta tanto como___ la ensalada de tomates.
7. ensalada de mariscos / ensaladas / caro
   La ensalada de mariscos es ___la más cara de___ las ensaladas.

5 **Dos restaurantes** ¿Cuál es el mejor restaurante que conoces? ¿Y el peor? Escribe un párrafo de por lo menos (*at least*) seis oraciones donde expliques por qué piensas así. Puedes hablar de la calidad de la comida, el ambiente, los precios, el servicio, etc. 12 pts. Answers will vary.

6 **Adivinanza** Completa la adivinanza y adivina la respuesta. ¡2 puntos EXTRA!

"En el campo yo nací°,
mis hermanos son
los ___ajos___ (*garlic, pl.*),
y aquél que llora° por mí
me está partiendo°
en pedazos°".
¿Quién soy? ___La cebolla___

nací *was born* llora *cries* partiendo *cutting* pedazos *pieces*

recursos
vText
vhlcentral.com

Practice more at **vhlcentral.com.**

4 Teaching Tips
- Remind students that the comparative **tanto/a** must agree in gender and number with the noun it modifies.
- To challenge students, have pairs ask each other questions about the menu using comparatives and superlatives. Ex: **¿Qué ensalada cuesta tanto como la ensalada de tomates? (La ensalada de zanahorias cuesta tanto como la ensalada de tomates.)**

5 Teaching Tip To help students organize their ideas, have them divide their paper into two columns: **mejor** and **peor.** Under each category, have students list the different reasons why their chosen restaurants are the best or worst.

6 Expansion Have students work in small groups to create an original riddle related to food. Have groups read their riddles for the class to guess.

TEACHING OPTIONS

Game Have students write a celebrity's name, a place, and a thing on separate slips of paper. Collect the papers in three envelopes, separated by category. Then divide the class into two teams, **comparativos** and **superlativos**, and have them line up. Draw out two or three slips of paper (alternate randomly) and read the terms aloud. The corresponding team member has five seconds to step forward and create a logical comparison or superlative statement.

TEACHING OPTIONS

Pairs Have pairs imagine they went to a restaurant where the server mixed up all the orders. Call on pairs to share their experiences, using **pedir** and **servir** as well as double object pronouns. Ex: **Fui a un restaurante italiano. Pedí la pasta primavera. ¡El camarero me sirvió la sopa de mariscos! ¡Y me la sirvió fría! Mi compañero pidió langosta, pero el camarero no se la sirvió. ¡Le sirvió una chuleta de cerdo!**

Section Goals

In **Lectura**, students will:
- learn to identify the main idea in a text
- read a content-rich menu and restaurant review

Communication 1.1, 1.2, 1.3
Cultures 2.1, 2.2
Connections 3.1, 3.2
Comparisons 4.2

Instructional Resources
vText
Cuaderno para hispanohablantes, pp. 127–128
Supersite

PRE-AP*

Interpretive Reading: Estrategia Tell students that recognizing the main idea of a text will help them unlock the meaning of unfamiliar words and phrases they come across while reading. Tell them to first check the title, where the main idea is often expressed. Then have them read the topic sentence of each paragraph before they read the full text to get a sense of the main idea.

Examinar el texto First, have students scan the menu. Ask how the title and subheadings help predict the content. Ask volunteers to state the meaning of each category of food served. Then have students scan the restaurant review. Ask them how the title and the format (the box with ratings) of the text give clues to the content.

Identificar la idea principal Ask students to read the column heading and the title of the review and predict the subject of the review and the author's purpose. Then have students read the topic sentence of the first paragraph and state the main idea. Finally, have them read the entire paragraph.

Lectura

Audio: Synched Reading
Additional Reading

Antes de leer

Estrategia
Reading for the main idea

As you know, you can learn a great deal about a reading selection by looking at the format and looking for cognates, titles, and subtitles. You can skim to get the gist of the reading selection and scan it for specific information. Reading for the main idea is another useful strategy; it involves locating the topic sentences of each paragraph to determine the author's purpose for writing a particular piece. Topic sentences can provide clues about the content of each paragraph, as well as the general organization of the reading. Your choice of which reading strategies to use will depend on the style and format of each reading selection.

Examinar el texto

En esta sección tenemos dos textos diferentes. ¿Qué estrategias puedes usar para leer la crítica culinaria°? ¿Cuáles son las apropiadas para familiarizarte con el menú? Utiliza las estrategias más eficaces° para cada texto. ¿Qué tienen en común? ¿Qué tipo de comida sirven en el restaurante?

Identificar la idea principal

Lee la primera frase de cada párrafo de la crítica culinaria del restaurante **La feria del maíz.** Apunta° el tema principal de cada párrafo. Luego lee todo el primer párrafo. ¿Crees que el restaurante le gustó al autor de la crítica culinaria? ¿Por qué? Ahora lee la crítica entera. En tu opinión, ¿cuál es la idea principal de la crítica? ¿Por qué la escribió el autor? Compara tus opiniones con las de un(a) compañero/a.

crítica culinaria *restaurant review* eficaces *efficient* Apunta *Jot down*

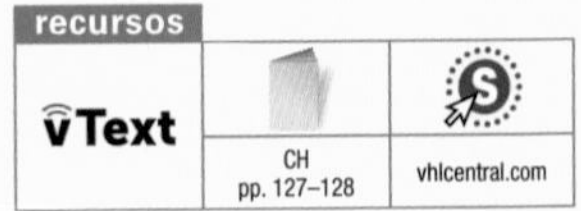

M E N Ú

Entremeses

Tortilla servida con
• Ajiaceite (chile, aceite) • Ajicomino (chile, comino)

Pan tostado servido con
• Queso frito a la pimienta • Salsa de ajo y mayonesa

Sopas

• Tomate • Cebolla • Verduras • Pollo y huevo
• Carne de res • Mariscos

Entradas

Tomaticán
(tomate, papas, maíz, chile, arvejas y zanahorias)

Tamales
(maíz, azúcar, ajo, cebolla)

Frijoles enchilados
(frijoles negros, carne de cerdo o de res, arroz, chile)

Chilaquil
(tortilla de maíz, queso, hierbas y chile)

Tacos
(tortillas, pollo, verduras y salsa)

Cóctel de mariscos
(camarones, langosta, vinagre, sal, pimienta, aceite)

Postres°

• Plátanos caribeños • Cóctel de frutas al ron°
• Uvate (uvas, azúcar de caña y ron) • Flan napolitano
• Helado° de piña y naranja • Pastel° de yogur

Después de leer

Preguntas 

En parejas, contesten estas preguntas sobre la crítica culinaria de **La feria del maíz.**

1. ¿Quién es el dueño y chef de **La feria del maíz**? Ernesto Sandoval
2. ¿Qué tipo de comida se sirve en el restaurante? tradicional
3. ¿Cuál es el problema con el servicio? Se necesitan más camareros.
4. ¿Cómo es el ambiente del restaurante? agradable
5. ¿Qué comidas probó el autor? las tortillas, el ajiaceite, la sopa de mariscos, los tamales, los tacos de pollo y los plátanos caribeños
6. ¿Quieren ir ustedes al restaurante **La feria del maíz**? ¿Por qué? Answers will vary.

TEACHING OPTIONS

Small Groups Ask groups to create a dinner menu featuring their favorite dishes, including lists of ingredients similar to those in the menu above. Have groups present their menus to the class.

DIFFERENTIATION

Heritage Speakers Ask a heritage speaker of Guatemalan origin or a student who has visited Guatemala and dined in restaurants or cafés to prepare a short presentation about his or her experiences there. Of particular interest would be a comparison and contrast of city vs. small-town restaurants. If possible, the presentation should be illustrated with menus from the restaurants, advertisements, or photos of and articles about the country.

23F

Gastronomía

Por Eduardo Fernández

La feria del maíz

La feria del maíz
13 calle 4-41 Zona 1
La Antigua, Guatemala
2329912

lunes a sábado
10:30am-11:30pm
domingo 10:00am-10:00pm

Comida 🍴🍴🍴🍴🍴
Servicio 🍴🍴🍴
Ambiente 🍴🍴🍴🍴
Precio 🍴🍴🍴

Sobresaliente°. En el nuevo restaurante **La feria del maíz** va a encontrar la perfecta combinación entre la comida tradicional y el encanto° de la vieja ciudad de Antigua. Ernesto Sandoval, antiguo jefe de cocina° del famoso restaurante **El fogón**, está teniendo mucho éxito° en su nueva aventura culinaria.

El gerente°, el experimentado José Sierra, controla a la perfección la calidad del servicio. El camarero que me atendió esa noche fue muy amable en todo momento. Sólo hay que comentar que, debido al éxito inmediato de **La feria del maíz**, se necesitan más camareros para atender a los clientes de una forma más eficaz. En esta ocasión, el mesero se tomó unos veinte minutos en traerme la bebida.

Afortunadamente, no me importó mucho la espera entre plato y plato, pues el ambiente es tan agradable que me sentí como en casa. El restaurante mantiene el estilo colonial de Antigua. Por dentro°, es elegante y rústico a la vez. Cuando el tiempo lo permite, se puede comer también en el patio, donde hay muchas flores.

El servicio de camareros y el ambiente agradable del local pasan a un segundo plano cuando llega la comida, de una calidad extraordinaria. Las tortillas de casa se sirven con un ajiaceite delicioso. La sopa de mariscos es excelente y los tamales, pues, tengo que confesar que son mejores que los de mi abuelita. También recomiendo los tacos de pollo, servidos con un mole buenísimo. De postre, don Ernesto me preparó su especialidad, unos plátanos caribeños sabrosísimos.

Los precios pueden parecer altos° para una comida tradicional, pero la calidad de los productos con que se cocinan los platos y el exquisito ambiente de **La feria del maíz** garantizan° una experiencia inolvidable°.

Bebidas

- Cerveza negra
- Chilate (bebida de maíz, chile y cacao)
- Jugos de fruta
- Agua mineral
- Té helado
- Vino tinto/blanco
- Ron

Postres *Desserts* ron *rum* Helado *Ice cream* Pastel *Cake* Sobresaliente *Outstanding* encanto *charm* jefe de cocina *head chef* éxito *success* gerente *manager* Por dentro *Inside* altos *high* garantizan *guarantee* inolvidable *unforgettable*

Un(a) guía turístico/a

Tú eres un(a) guía turístico/a en Guatemala. Estás en el restaurante **La feria del maíz** con un grupo de turistas norteamericanos. Ellos no hablan español y quieren pedir de comer, pero necesitan tu ayuda. Lee nuevamente el menú e indica qué error comete cada turista.

1. La señora Johnson es diabética y no puede comer azúcar. Pide sopa de verduras y tamales. No pide nada de postre.
   No debe pedir los tamales porque tienen azúcar.
2. Los señores Petit son vegeterianos y piden sopa de tomate, frijoles enchilados y plátanos caribeños.
   No deben pedir los frijoles enchilados porque tienen carne.
3. El señor Smith, que es alérgico al chocolate, pide tortilla servida con ajiaceite, chilaquil y chilate para beber.
   No debe pedir chilate porque tiene cacao.
4. La adorable hija del señor Smith tiene sólo cuatro años y le gustan mucho las verduras y las frutas naturales. Su papá le pide tomaticán y un cóctel de frutas.
   No debe pedir el cóctel de frutas porque tiene ron.
5. La señorita Jackson está a dieta y pide uvate, flan napolitano y helado.
   No debe pedir postres porque está a dieta.

Practice more at **vhlcentral.com.**

TEACHING OPTIONS

Large Groups Ask students to review the items in **Un(a) guía turístico/a**, write a conversation, and role-play the scene involving a tour guide eating lunch in a Guatemalan restaurant with several tourists. Have them work in groups of eight to assign the following roles: **camarero, guía turístico/a, la señora Johnson, los señores Petit, el señor Smith, la hija del señor Smith, and la señorita Jackson.** Have groups perform their skits for the class.

EXPANSION

Variación léxica Tell students that the adjective of place or nationality for Guatemala is **guatemalteco/a**. Guatemalans often use a more colloquial term, **chapín**, as a synonym for **guatemalteco/a.**

Preguntas

- Have students quickly review the article before answering the questions. Suggest that pairs take turns answering them. The student who does not answer a question should find the line of text that contains the answer.
- Give students these questions as items 7–9: **7. ¿Cómo fue el camarero que atendió al crítico? (Fue muy amable, pero estaba muy ocupado con otros clientes del restaurante.) 8. ¿Cuál fue la opinión del crítico con respecto a la comida? (La encontró toda de una extraordinaria calidad.) 9. ¿Cómo son los precios de La feria del maíz? (Son altos, pero la calidad de la comida garantiza una experiencia inolvidable.)**

Un(a) guía turístico/a Have students select an alternative food for the customer to order that would better suit his/her dietary needs.

The Affective Dimension Unfamiliar foods can be source of discomfort in travel. Tell students that by learning about the foods of a country they are going to visit they can make that part of their visit even more enjoyable.

21st CENTURY SKILLS

Creativity and Innovation Ask students to prepare a presentation on the ideal restaurant, inspired by the information on these two pages.

Section Goals

In **Escritura**, students will:
- learn to express and support opinions
- integrate in written form vocabulary and structures taught in **Lección 8**
- write a restaurant review

 Communication 1.3

Instructional Resources
vText
Cuaderno de práctica y actividades comunicativas, pp. 118–119
Cuaderno para hispanohablantes, pp. 129–130
Supersite

PRE-AP*

Interpersonal Writing: Estrategia Go over the strategy as a class. Encourage students to give examples of how they will use the suggestions for this activity.

Tema Go over the directions with the class, explaining that each student will rate (**puntuar**) a local restaurant and write a review of a meal there, including a recommendation for future patrons.

PRE-AP*

Presentational Writing
Remind students that they are writing with the purpose of persuading readers to try or to avoid a particular restaurant. Encourage them rate each aspect of the restaurant experience (food, service, etc.) individually.

21st CENTURY SKILLS

Leadership and Responsibility
Have the class compile their restaurant reviews as a local restaurant guide for Spanish-speakers in your community. Distribute the guide to your area's community center, library, etc.

Escritura

Estrategia

Expressing and supporting opinions

Written reviews are just one of the many kinds of writing which require you to state your opinions. In order to convince your reader to take your opinions seriously, it is important to support them as thoroughly as possible. Details, facts, examples, and other forms of evidence are necessary. In a restaurant review, for example, it is not enough just to rate the food, service, and atmosphere. Readers will want details about the dishes you ordered, the kind of service you received, and the type of atmosphere you encountered. If you were writing a concert or album review, what kinds of details might your readers expect to find?

It is easier to include details that support your opinions if you plan ahead. Before going to a place or event that you are planning to review, write a list of questions that your readers might ask. Decide which aspects of the experience you are going to rate and list the details that will help you decide upon a rating. You can then organize these lists into a questionnaire and a rating sheet. Bring these forms with you to help you make your opinions and to remind you of the kinds of information you need to gather in order to support those opinions. Later, these forms will help you organize your review into logical categories. They can also provide the details and other evidence you need to convince your readers of your opinions.

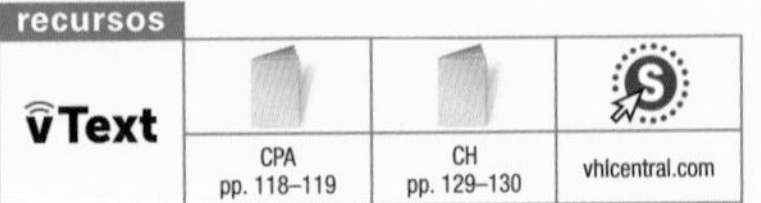

Tema

Escribir una crítica

Escribe una crítica culinaria° sobre un restaurante local para el periódico de la escuela. Clasifica el restaurante, dándole de una a cinco estrellas°, y anota tus recomendaciones para futuros clientes del restaurante. Incluye tus opiniones acerca de°:

- La comida
  ¿Qué tipo de comida es? ¿Qué tipo de ingredientes usan? ¿Es de buena calidad? ¿Cuál es el mejor plato? ¿Y el peor? ¿Quién es el/la chef?
- El servicio
  ¿Es necesario esperar mucho para conseguir una mesa? ¿Tienen los camareros un buen conocimiento del menú? ¿Atienden° a los clientes con rapidez° y cortesía?
- El ambiente
  ¿Cómo es la decoración del restaurante? ¿Es el ambiente informal o elegante? ¿Hay música o algún tipo de entretenimiento°? ¿Hay un balcón? ¿Un patio?
- Información práctica
  ¿Cómo son los precios? ¿Se aceptan tarjetas de crédito? ¿Cuál es la dirección° y el número de teléfono? ¿Quién es el/la dueño/a? ¿El/La gerente?

crítica culinaria *restaurant review* **estrellas** *stars* **acerca de** *about* **Atienden** *They take care of* **rapidez** *speed* **entretenimiento** *entertainment* **dirección** *address*

EVALUATION: Crítica culinaria

Criteria	Scale
Content	1 2 3 4 5
Organization	1 2 3 4 5
Use of details to support opinions	1 2 3 4 5
Accuracy	1 2 3 4 5

Scoring	
Excellent	18–20 points
Good	14–17 points
Satisfactory	10–13 points
Unsatisfactory	< 10 points

Escuchar

Estrategia

Jotting down notes as you listen

Jotting down notes while you listen to a conversation in Spanish can help you keep track of the important points or details. It will help you to focus actively on comprehension rather than on remembering what you have heard.

 To practice this strategy, you will now listen to a paragraph. Jot down the main points you hear.

Preparación

Mira la foto. ¿Dónde están estas personas y qué hacen? ¿Sobre qué crees que están hablando?

Ahora escucha  

Rosa y Roberto están en un restaurante. Escucha la conversación entre ellos y la camarera y toma nota de cuáles son los especiales del día, qué pidieron y qué bebidas se mencionan.

Especiales del día

Entremeses
salmón y langosta

Plato principal
arroz con pollo
cerdo con salsa de champiñones y papas
bistec a la criolla

¿Qué pidieron?

Roberto
cerdo con salsa de champiñones y papas

Rosa
especial de arroz con pollo

Bebidas

Inca Kola
jugo de naranja

recursos

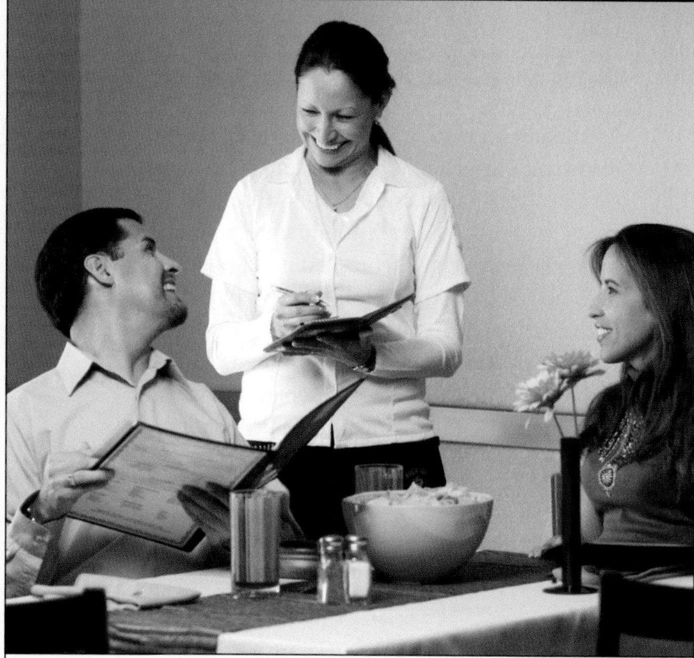

Comprensión

Seleccionar 

Usa tus notas para seleccionar la opción correcta para completar cada oración.

1. Dos de los mejores platos del restaurante son __c__.
   a. los entremeses del día y el cerdo
   b. el salmón y el arroz con pollo
   c. la carne y el arroz con pollo
2. La camarera __b__.
   a. los lleva a su mesa, les muestra el menú y les sirve el postre
   b. les habla de los especiales del día, les recomienda unos platos y ellos deciden qué van a comer
   c. les lleva unas bebidas, les recomienda unos platos y les sirve pan
3. Roberto va a comer __a__ Rosa.
   a. tantos platos como
   b. más platos que
   c. menos platos que

Preguntas 

En grupos de tres o cuatro, respondan a las preguntas: ¿Conocen los platos que Rosa y Roberto pidieron? ¿Conocen platos con los mismos ingredientes? ¿En qué son diferentes o similares? ¿Cuál les gusta más? ¿Por qué? Answers will vary.

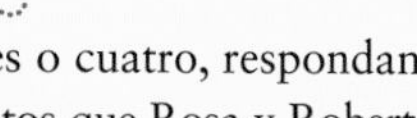

Section Goals

In **Escuchar**, students will:
- use the strategy of jotting down notes
- listen to a short paragraph and write down its main points
- answer questions based on a recorded conversation

 Communication 1.2

 21st CENTURY SKILLS

Critical Thinking and Problem Solving
Students practice aural comprehension as a tool to negotiate meaning in Spanish.

Instructional Resources
vText
Supersite: Textbook MP3 Audio Files
Supersite/TRCD: Textbook Audio Script
Textbook CD

Estrategia
Script Sandra está avergonzada. Ayer fue a sus clases sin peinarse ni maquillarse. ¡Y la ropa que llevaba! ¡Una camiseta vieja con unos pantalones morados y unas sandalias rosadas! Hablé con ella y me contó que tiene muchos problemas. Salió muy mal en el examen, su abuela está enferma y también su novio se enojó con ella anteayer.

Ahora escucha
Script CAMARERA: Buenas noches y bienvenidos a El Chaltén. Aquí les traigo el menú y también les cuento cuáles son los especiales del día. Para empezar, hay entremeses de salmón y langosta. Los especiales para plato principal son: arroz con pollo, cerdo con salsa de champiñones acompañado de papas y, finalmente, bistec a la criolla, que es carne con una salsa de tomates y cebollas.
ROSA: Hmm... ¡Qué delicia!
ROBERTO: Sí, muy rico. ¿Qué nos recomiendas tú?

(Script continues at far left in the bottom panels.)

CAMARERA: Definitivamente, recomiendo los entremeses de salmón y langosta. ¡Son deliciosos! Como plato principal, el especial de arroz con pollo es muy bueno. El especial de carne es también uno de los mejores platos de este restaurante.
ROSA: Bueno, yo voy a pedir el especial de arroz con pollo. Y tú, Roberto, ¿sabes lo que vas a pedir?
ROBERTO: Voy a pedir el cerdo con salsa de champiñones y papas.
CAMARERA: Muy bien. ¿Y para tomar?
ROBERTO: Yo quiero una Inca Kola.
ROSA: Y yo quiero jugo de naranja.
CAMARERA: Muy bien. Ya les traigo el pedido.
ROSA: Ah, por favor, ¿nos puede traer un poco de pan con mantequilla?
CAMARERA: Sí, claro, enseguida.

Section Goals

In **En pantalla**, students will:
- read about traditional soups in the cuisines of Spanish-speaking countries
- watch a television commercial for **Sopas Roa**, a Colombian brand of packaged soups

Communication 1.1, 1.2
Cultures 2.1, 2.2
Connections 3.2
Comparisons 4.2

Instructional Resources
vText
Supersite: ***En pantalla***
Transcript & Translation

Introduction
Guide students to think about how traditional foods play a role in countries' identities: **Identifica los ingredientes de las sopas tradicionales mencionadas en la lectura. ¿Qué dice los ingredientes de los productos típicos del país? ¿Cuáles son unos platos tradicionales de los EE.UU.? Descríbelos.**

PRE-AP*

Audiovisual Interpretive Communication
***Antes de ver* Strategy**
- Have students look at the video stills and captions and, in pairs, identify the verbs and predict what the child is doing.
- Before showing the clip, direct students to be ready to write down the verbs that they hear as they watch the video.

¿Qué pasa? Have student pairs or small groups list the verbs they took notes on (from **Antes de ver**) and then write a narrative in the present tense telling the video's story, then present their version to the class.

21st CENTURY SKILLS

Social and Cross-Cultural Skills
Have students choose one or two aspects of the ad that are different from their daily life. Ask students to write two to three sentences about the difference.

En pantalla

Video: TV Clip

La sopa es un plato muy importante en las cocinas° del mundo hispano. Se pueden tomar° frías, como el famoso gazpacho español, a base de tomate y otras verduras y servida totalmente líquida. La mayoría se sirven calientes, como el pozole de México, un plato precolombino preparado con nixtamal°, cerdo, chiles y otras especias°. Otra sopa de origen indígena es la changua, de la región andina central de Colombia. Aunque° las sopas normalmente forman parte del almuerzo, la changua siempre se toma en el desayuno: se hace con agua, leche, huevo y cilantro.

Vocabulario útil

bajar	*to descend*
la escalera	*staircase*
lo que yo quiera	*whatever I want*
sabor marinero	*seafood flavor*

Ordenar

Ordena cronológicamente estas oraciones.

__3__ a. El niño abre la puerta.
__5__ b. El niño decide almorzar.
__1__ c. El niño baja la escalera con una maleta.
__4__ d. El niño se va a lavar las manos.
__2__ e. La madre dice que la sopa está servida.

Sopas

En parejas, túrnense para describir su sopa favorita. ¿Cuál es tu sopa favorita? ¿Quién la prepara o dónde la compras? ¿Qué ingredientes tiene? ¿Con qué se sirve? ¿Cómo la prefieres, caliente o fría? ¿La tomas en el almuerzo o en la cena? ¿En invierno o en verano?
Answers will vary.

cocinas *cuisines* tomar *to eat (soup)* nixtamal *hominy* especias *spices* Aunque *Although* está servida *it is served*

Anuncio de Sopas Roa

Me voy de esta casa.

Ya está servida° la sopa...

...y lavarme las manos.

Practice more at **vhlcentral.com.**

recursos

vText

vhlcentral.com

EXPANSION

Extra Practice Have students bring in a favorite recipe. Have students in small groups share in Spanish why they picked this recipe (family tradition? travel? regional favorite?) and what ingredients make it their favorite. Have students label the recipe with a title, the key ingredients and the reason they shared it. Collect and display recipes and have students discuss what patterns of ingredients, events, etc. they observe.

EXPANSION

Small Groups Have students in small groups identify as many favorite foods of young children as they can and place these foods into categories. Then have the groups share out, capturing both the items and the most effective categories into which to classify them. What are the most popular foods and categories and why? Are these the same foods and categories that they would choose?

Los países hispanos tienen una producción muy abundante de frutas y verduras. Por eso, en los hogares° hispanos se cocina° con productos frescos° más que con alimentos° que vienen en latas° o frascos°. Las salsas mexicanas, el gazpacho español y el sancocho colombiano, por ejemplo, deben prepararse con ingredientes frescos para que mantengan° su sabor° auténtico. Actualmente, en los Estados Unidos está creciendo el interés en cocinar con productos frescos y orgánicos. Cada vez hay más mercados° donde los agricultores° pueden vender sus frutas y verduras directamente° al público. En este episodio de *Flash cultura* vas a ver algunos ingredientes típicos de la comida hispana.

Vocabulario útil

blanda	*soft*
cocinar	*to cook*
dura	*hard*
¿Está lista para ordenar?	*Are you ready to order?*
el plato	*dish (in a meal)*
pruébala	*try it, taste it*
las ventas	*sales*

Preparación

¿Probaste alguna vez comida latina? ¿La compraste en un supermercado o fuiste a un restaurante? ¿Qué plato(s) probaste? ¿Te gustó? Answers will vary.

¿Cierto o falso?

Indica si cada oración es **cierta** o **falsa**.

1. En Los Ángeles hay comida de países latinoamericanos y de España. Cierto.
2. Leticia explica que la tortilla del taco americano es blanda y la del taco mexicano es dura. Falso.
3. Las ventas de salsa son bajas en los Estados Unidos. Falso.
4. Leticia fue a un restaurante ecuatoriano. Falso.
5. Leticia probó Inca Kola en un supermercado. Cierto.

hogares *homes* **se cocina** *they cook* **frescos** *fresh* **alimentos** *foods* **latas** *cans* **frascos** *jars* **para que mantengan** *so that they keep* **sabor** *flavor* **mercados** *markets* **agricultores** *farmers* **directamente** *directly* **mostrará** *will show*

La comida latina

La mejor comida latina no sólo se encuentra en los grandes restaurantes.

Marta nos mostrará° algunos de los platos de la comida mexicana.

... hay más lugares donde podemos comprar productos hispanos.

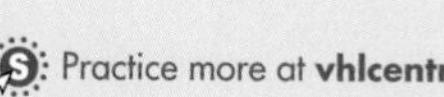

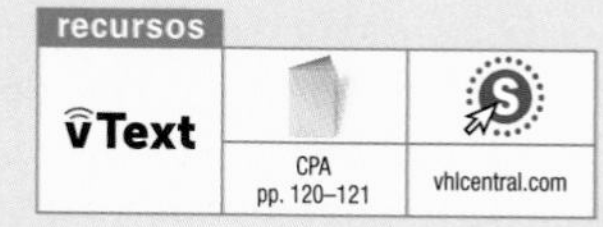

Section Goals

In **Flash cultura**, students will:
- read about the importance of fresh produce in the Spanish-speaking world
- watch a video about Latin food in the U.S.

Cultures 2.1, 2.2
Comparisons 4.2

Instructional Resources
vText
Cuaderno de práctica y actividades comunicativas, pp. 120–121
Supersite/DVD: ***Flash cultura***
Supersite/TRCD: ***Flash cultura*** Video Script & Translation, Answer Key

Introduction To check comprehension, give students these true/false statements: **1. No hay buena producción de frutas y verduras en Suramérica. (Falso.) 2. En los países hispanos no es común cocinar con productos de lata. (Cierto.) 3. En los Estados Unidos hay lugares donde la gente puede conseguir frutas y verduras directamente con los agricultores. (Cierto.)**

Antes de ver
- Have students look at the video stills, read the captions, and predict the content of the video.
- Read through **Vocabulario útil** with students. Model the pronunciation.

Preparación Ask students if their families purchase any food items that are imported from Spanish-speaking countries.

¿Cierto o falso? Have students work in pairs and correct the false statements.

21st CENTURY SKILLS

Information and Media Literacy
Go to the Supersite to complete the **Conexión Internet** activity associated with **En pantalla** and **Flash cultura** for additional practice accessing and using culturally authentic sources.

EXPANSION

Extra Practice Ask students to imagine that they are immigrants from a Spanish-speaking country who have recently arrived in your community. Have them draft a letter to a friend or family member in their home country, describing their first culinary experiences in comparison with those back home. Encourage them to describe the food available here and to use as many comparatives and superlatives as they can.

EXPANSION

Small Groups Have students search the Internet for a typical recipe from a Spanish-speaking country. Have them make a list of the ingredients that can be found in their regular local supermarket. Then have them find out where in the community they can purchase the remaining items.

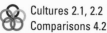

Section Goal

In **Panorama**, students will read about the geography, history, and culture of Guatemala.

Communication 1.3
Cultures 2.1, 2.2
Connections 3.1, 3.2
Comparisons 4.2

21st CENTURY SKILLS

Global Awareness
Students will gain perspectives on the Spanish-speaking world.

Instructional Resources

vText
Cuaderno de práctica y actividades comunicativas, pp. 122–125
e-Cuaderno
Supersite/DVD: ***Panorama cultural***
Supersite/TRCD: Presentation PDF #35, ***Panorama cultural*** Video Script & Translation, Answer Keys

Teaching Tips

- Use the **Lección 8 Panorama** Presentation PDFs to assist with this presentation.
- As students examine the map in their books, point out that Guatemala has three main climatic regions: the tropical Pacific and Caribbean coasts, the highlands (southwest), and jungle lowlands (north). Point out that indigenous languages are the source of many place names.

El país en cifras As you read about the languages of Guatemala, point out that many Guatemalans are bilingual, speaking an indigenous language and Spanish.

¡Increíble pero cierto! Guatemala is internationally renowned for the wealth and diversity of its textile arts. Each village has a traditional, "signature" weaving style that allows others to quickly identify where each beautiful piece comes from.

Guatemala

Interactive Map
Video: *Panorama cultural*

El país en cifras

- **Área:** 108.890 km² (42.042 millas²), *un poco más pequeño que Tennessee*
- **Población:** 14.389.000
- **Capital:** Ciudad de Guatemala—1.110.000
- **Ciudades principales:** Quetzaltenango, Escuintla, Mazatenango, Puerto Barrios

SOURCE: Population Division, UN Secretariat

- **Moneda:** quetzal
- **Idiomas:** español (oficial), lenguas mayas, xinca, garífuna

El español es la lengua de un 60 por ciento° de la población; el otro 40 por ciento tiene como lengua materna el xinca, el garífuna o, en su mayoría°, una de las lenguas mayas (cakchiquel, quiché y kekchícomo, entre otras). Una palabra que las lenguas mayas tienen en común es ixim, que significa "maíz", un cultivo° de mucha importancia en estas culturas.

Bandera de Guatemala

Guatemaltecos célebres

- **Carlos Mérida,** pintor (1891–1984)
- **Miguel Ángel Asturias,** escritor (1899–1974)
- **Margarita Carrera,** poeta y ensayista (1929–)
- **Rigoberta Menchú Tum,** activista (1959–), premio Nobel de la Paz° en 1992

por ciento *percent* **en su mayoría** *most of them* **cultivo** *crop* **Paz** *Peace* **telas** *fabrics* **tinte** *dye* **aplastados** *crushed* **hace... destiñan** *keeps the colors from running*

ESTADOS UNIDOS
OCÉANO ATLÁNTICO
GUATEMALA
OCÉANO PACÍFICO
AMÉRICA DEL SUR

Palacio Nacional de la Cultura en la Ciudad de Guatemala

Mujeres indígenas limpiando cebollas

MÉXICO
Sierra de Lacandón
Río Usumacinta
Lago Petén Itzá
Río de la Pasión
BELICE
Lago de Izabal
Sierra de las Minas
Quetzaltenango
Sierra Madre
Lago de Atitlán
Guatemala
Río Motagua
Mazatenango
Antigua Guatemala
Escuintla
EL SALVADOR
Océano Pacífico

Iglesia de la Merced en Antigua Guatemala

recursos
vText
CPA pp. 122–125
vhlcentral.com

¡Increíble pero cierto!

¿Qué "ingrediente" secreto se encuentra en las telas° tradicionales de Guatemala? ¡El mosquito! El excepcional tinte° de estas telas es producto de una combinación de flores y de mosquitos aplastados°. El insecto hace que los colores no se destiñan°. Quizás es por esto que los artesanos representan la figura del mosquito en muchas de sus telas.

EXPANSION

Worth Noting Although the indigenous population of Guatemala is Mayan, many place names in southwestern Guatemala are in Nahuatl, the language of the Aztecs of central Mexico. In the sixteenth century, Guatemala was conquered by Spaniards who came from the Valley of Mexico after having overthrown the Aztec rulers there. The Spanish were accompanied by large numbers of Nahuatl-speaking allies, who renamed the captured Mayan strongholds with Nahuatl names. The suffix **-tenango**, which appears in many of these names, means *place with a wall*, that is, a fortified place. **Quetzaltenango**, then, means *fortified place of the quetzal bird*; **Mazatenango** means *fortified place of the deer.*

Ciudades • Antigua Guatemala

Antigua Guatemala fue fundada en 1543. Fue una capital de gran importancia hasta 1773, cuando un terremoto° la destruyó. Sin embargo, conserva el carácter original de su arquitectura y hoy es uno de los centros turísticos del país. Su celebración de la Semana Santa° es, para muchas personas, la más importante del hemisferio.

Naturaleza • El quetzal

El quetzal simbolizó la libertad para los antiguos° mayas porque creían° que este pájaro° no podía° vivir en cautiverio°. Hoy el quetzal es el símbolo nacional. El pájaro da su nombre a la moneda nacional y aparece también en los billetes° del país. Desafortunadamente, está en peligro° de extinción. Para su protección, el gobierno mantiene una reserva ecológica especial.

Mar Caribe

Golfo de Honduras

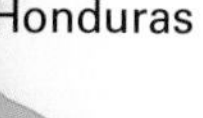

Puerto Barrios

HONDURAS

Historia • Los mayas

Desde 1500 a.C. hasta 900 d.C., los mayas habitaron gran parte de lo que ahora es Guatemala. Su civilización fue muy avanzada. Los mayas fueron arquitectos y constructores de pirámides, templos y observatorios. También descubrieron° y usaron el cero antes que los europeos, e inventaron un calendario complejo° y preciso.

Artesanía • La ropa tradicional

La ropa tradicional de los guatemaltecos se llama *huipil* y muestra el amor° de la cultura maya por la naturaleza. Ellos se inspiran en las flores°, plantas y animales para crear sus diseños° de colores vivos° y formas geométricas. El diseño y los colores de cada *huipil* indican el pueblo de origen y a veces también el sexo y la edad° de la persona que lo lleva.

¿Qué aprendiste? Responde a cada pregunta con una oración completa.

1. ¿Qué significa la palabra *ixim*? La palabra *ixim* significa maíz.
2. ¿Quién es Rigoberta Menchú? Rigoberta Menchú es una activista de Guatemala.
3. ¿Qué pájaro representa a Guatemala? El quetzal representa a Guatemala.
4. ¿Qué simbolizó el quetzal para los mayas? El quetzal simbolizó la libertad para los mayas.
5. ¿Cuál es la moneda nacional de Guatemala? La moneda nacional de Guatemala es el quetzal.
6. ¿De qué fueron arquitectos los mayas? Los mayas fueron arquitectos de pirámides, templos y observatorios.
7. ¿Qué celebración de la Antigua Guatemala es la más importante del hemisferio para muchas personas? La celebración de la Semana Santa de la Antigua Guatemala es la más importante del hemisferio.
8. ¿Qué descubrieron los mayas antes que los europeos? Los mayas descubrieron el cero antes que los europeos.
9. ¿Qué muestra la ropa tradicional de los guatemaltecos? La ropa muestra el amor por la naturaleza.
10. ¿Qué indica un *huipil* con su diseño y sus colores? Con su diseño y colores, un *huipil* indica el pueblo de origen, el sexo y la edad de la persona.

Conexión Internet Investiga estos temas en **vhlcentral.com**.

1. Busca información sobre Rigoberta Menchú. ¿De dónde es? ¿Qué libros publicó? ¿Por qué es famosa?
2. Estudia un sitio arqueológico de Guatemala para aprender más sobre los mayas y prepara un breve informe para tu clase.

Practice more at **vhlcentral.com**.

terremoto *earthquake* Semana Santa *Holy Week* antiguos *ancient* creían *they believed* pájaro *bird* no podía *couldn't* cautiverio *captivity* los billetes *bills* peligro *danger* descubrieron *they discovered* complejo *complex* amor *love* flores *flowers* diseños *designs* vivos *bright* edad *age*

Antigua Guatemala Have students use tour books and the Internet to read more about **Semana Santa** celebrations in this Guatemalan city, usually referred to simply as Antigua. Also, you may want to play the ***Panorama cultural*** video footage for this lesson that focuses on Antigua and Chichicastenango.

El quetzal Recent conservation efforts in Guatemala, Costa Rica, and other Central American nations have focused on preserving the cloud forests (**bosques nubosos**) that are home to the **quetzal**.

Los mayas Today ethnobotanists work with Mayan traditional healers to learn about medicinal uses of plants of the region.

La ropa tradicional Many indigenous Guatemalans still wear traditional clothing richly decorated with embroidery.The **huipil** is a long, sleeveless tunic worn by women. A distinctively woven **faja**, or waist sash, identifies the town or village each woman comes from.

Conexión Internet Students will find supporting Internet activities and links at **vhlcentral.com.**

21st CENTURY SKILLS

Information and Media Literacy: Conexión Internet Students access and critically evaluate information from the Internet.

EXPANSION

Worth Noting Spanish is a second language for more than 40% of Guatemalans. Students may be interested to learn that Guatemala has many bilingual education programs, where native languages are used in addition to Spanish for instructional purposes. There are also many government-sponsored Spanish as a Second Language (SSL) programs, offered through schools and radio or television. Speakers of Guatemala's indigenous languages often encounter problems similar to those found by other learners of Spanish: difficulty with agreement of number and gender.

Instructional Resources

vText
Cuaderno de práctica y actividades comunicativas, p. 116
e-Cuaderno
Supersite: Textbook & Vocabulary MP3 Audio Files
Supersite/TRCD: Answer Keys, Testing Program (**Lección 8** Tests, Testing Program MP3 Audio Files)
Textbook CD
Audio Activities CD
Testing Program CD
Activity Pack: ***Atrévete*** game

21st CENTURY SKILLS

Creativity and Innovation
Ask students to prepare a list of the three products or perspectives they learned about in this lesson to share with the class. You may ask them to focus specifically on the **Cultura** and **Panorama** sections.

21st CENTURY SKILLS

Leadership and Responsibility Extension Project
As a class, have students decide on three questions they want to ask the partner class related to the topic of the lesson they have just completed. Based on the responses they receive, work as a class to explain to the Spanish-speaking partners one aspect of their responses that surprised the class and why.

Las comidas

el/la camarero/a	*waiter/waitress*
la comida	*food; meal*
el/la dueño/a	*owner; landlord*
el menú	*menu*
la sección de (no) fumar	*(non) smoking section*
el almuerzo	*lunch*
la cena	*dinner*
el desayuno	*breakfast*
los entremeses	*hors d'oeuvres; appetizers*
el plato (principal)	*(main) dish*
delicioso/a	*delicious*
rico/a	*tasty; delicious*
sabroso/a	*tasty; delicious*

Las frutas

la banana	*banana*
las frutas	*fruits*
el limón	*lemon*
la manzana	*apple*
el melocotón	*peach*
la naranja	*orange*
la pera	*pear*
la uva	*grape*

Las verduras

las arvejas	*peas*
la cebolla	*onion*
el champiñón	*mushroom*
la ensalada	*salad*
los espárragos	*asparagus*
los frijoles	*beans*
la lechuga	*lettuce*
el maíz	*corn*
las papas/patatas (fritas)	*(fried) potatoes; French fries*
el tomate	*tomato*
las verduras	*vegetables*
la zanahoria	*carrot*

La carne y el pescado

el atún	*tuna*
el bistec	*steak*
los camarones	*shrimp*
la carne	*meat*
la carne de res	*beef*
la chuleta (de cerdo)	*(pork) chop*
la hamburguesa	*hamburger*
el jamón	*ham*
la langosta	*lobster*
los mariscos	*shellfish*
el pavo	*turkey*
el pescado	*fish*
el pollo (asado)	*(roast) chicken*
la salchicha	*sausage*
el salmón	*salmon*

Otras comidas

el aceite	*oil*
el ajo	*garlic*
el arroz	*rice*
el azúcar	*sugar*
los cereales	*cereal; grains*
el huevo	*egg*
la mantequilla	*butter*
la margarina	*margarine*
la mayonesa	*mayonnaise*
el pan (tostado)	*(toasted) bread*
la pimienta	*black pepper*
el queso	*cheese*
la sal	*salt*
el sándwich	*sandwich*
la sopa	*soup*
el vinagre	*vinegar*
el yogur	*yogurt*

Las bebidas

el agua (mineral)	*(mineral) water*
la bebida	*drink*
el café	*coffee*
la cerveza	*beer*
el jugo (de fruta)	*(fruit) juice*
la leche	*milk*
el refresco	*soft drink; soda*
el té (helado)	*(iced) tea*
el vino (blanco/tinto)	*(white/red) wine*

recursos
vText | CPA p. 116 | vhlcentral.com

Verbos

escoger	*to choose*
merendar (e:ie)	*to snack*
morir (o:ue)	*to die*
pedir (e:i)	*to order (food)*
probar (o:ue)	*to taste; to try*
recomendar (e:ie)	*to recommend*
saber	*to taste; to know*
saber a	*to taste like*
servir (e:i)	*to serve*

Las comparaciones

como	*like; as*
más de *(+ number)*	*more than*
más… que	*more… than*
menos de *(+ number)*	*fewer than*
menos… que	*less… than*
tan… como	*as… as*
tantos/as… como	*as many… as*
tanto… como	*as much… as*
el/la mayor	*the eldest*
el/la mejor	*the best*
el/la menor	*the youngest*
el/la peor	*the worst*
mejor	*better*
peor	*worse*

Expresiones útiles	*See page 269.*

Las fiestas

9

Communicative Goals

I will be able to:

- **Express congratulations**
- **Express gratitude**
- **Ask for and pay the bill at a restaurant**

contextos

pages 300–303
- Parties and celebrations
- Personal relationships
- Stages of life

fotonovela

pages 304–307

The Díaz family gets ready for their annual **Día de Muertos** celebration. The whole family participates in the preparations, and even friends are invited to the main event.

cultura

pages 308–309
- **Semana Santa** celebrations
- The International Music Festival in **Viña del Mar**

estructura

pages 310–321
- Irregular preterites
- Verbs that change meaning in the preterite
- **¿Qué?** and **¿cuál?**
- Pronouns after prepositions
- **Recapitulación**

adelante

pages 322–329

Lectura: The society section of a newspaper
Escritura: An essay about celebrations
Escuchar: A conversation about an anniversary party
En pantalla
Flash cultura
Panorama: Chile

A PRIMERA VISTA

- **¿Se conocen ellos?**
- **¿Cómo se sienten, alegres o tristes?**
- **¿Está el hombre más contento que la mujer?**
- **¿De qué color es su ropa?**

Lesson Goals

In **Lección 9**, students will be introduced to the following:

- terms for parties and celebrations
- words for stages of life and personal relationships
- **Semana Santa** celebrations
- Chile's International Music Festival in **Viña del Mar**
- irregular preterites
- verbs that change meaning in the preterite
- uses of **¿qué?** and **¿cuál?**
- pronouns after prepositions
- recognizing word families
- using a Venn diagram to organize information
- writing a comparative analysis
- using context to infer the meaning of unfamiliar words
- a television commercial about **las Fiestas Patrias** and other celebrations in Chile
- a video about **las fiestas de la calle San Sebastián** in San Juan, Puerto Rico
- cultural, geographic, and economic information about Chile

21st CENTURY SKILLS

Initiative and Self-Direction
Students can monitor their progress online using the Supersite activities and assessments.

A primera vista Here are some additional questions you can ask based on the photo: **¿Fuiste a una fiesta importante el año pasado? ¿Cuál fue la ocasión? ¿Sirvieron comida en la fiesta? ¿Qué sirvieron? En tu opinión, ¿son divertidos los matrimonios? ¿Por qué?**

INSTRUCTIONAL RESOURCES

DESCUBRE 1B Supersite: vhlcentral.com

Student Materials
Print: Student Book, Workbooks (*Cuaderno de práctica y actividades comunicativas, Cuaderno para hispanohablantes*)
Technology: **vText**, *e-Cuaderno* and Supersite (Audio, Video, Practice)

Teacher Materials
DVDs (*Fotonovela, Flash cultura, Panorama cultural*); Teacher's Resource CD-ROM (Activity Pack, Scripts, Answer Keys, Grammar Slides, Presentation PDFs, Testing Program); Testing Program, Textbook, Audio Activities CDs; Supersite: Resources (Planning and Teaching Resources from Teacher's Resource CD-ROM), Learning Management System (Gradebook, Assignments), Lesson Plans, Middle School Activity Pack

Activity Pack and Testing Program also available in print

Voice boards on the Supersite allow you and your students to record and share up to five minutes of audio. Use voice boards for presentations, oral assessments, discussions, directions, etc.

Section Goals

In **Contextos**, students will learn and practice:
- vocabulary related to parties and celebrations
- vocabulary used to talk about stages of life and personal relationships

Communication 1.2
Comparisons 4.1

Instructional Resources
vText
Cuaderno de práctica y actividades comunicativas, pp. 127–130
Cuaderno para hispanohablantes, pp. 131–132
e-Cuaderno
Supersite: Textbook, Vocabulary, & Audio Activities MP3 Audio Files
Supersite/TRCD: Presentation PDF #36, Textbook Audio Script, Audio Activities Script, Answer Keys, Testing Program Quizzes
Textbook CD
Audio Activities CD
Activity Pack
Middle School Activity Pack

Teaching Tips
- Ask about parties. Ex: **¿Fuiste a una fiesta el fin de semana pasado? ¿Qué tomaste allí? ¿Comiste algo? ¿Bailaste? ¿Escuchaste música?** Write **divertirse** on the board and explain what it means. Ask: **¿Te divertiste?** Also write **pasarlo bien** on the board. Say: **Ah, te divertiste mucho allí. Entonces, lo pasaste bien, ¿no? No lo pasaste mal.**
- Use the **Lección 9 Contextos** Presentation PDFs to assist with this presentation.
- Have students respond to your true/false statements about the illustrations in **Contextos.** Ex: **1. Es una fiesta de cumpleaños. (Cierto.) 2. Muchas personas lo pasan mal en la fiesta. (Falso.)** Next, ask students about parties. Ex: **¿Qué tipo de fiesta te gusta más? ¿Te gusta recibir regalos?**

Las fiestas

Audio: Vocabulary Tutorials, Games

Más vocabulario

la alegría	*happiness*
la amistad	*friendship*
el amor	*love*
el beso	*kiss*
la sorpresa	*surprise*
el aniversario (de bodas)	*(wedding) anniversary*
la boda	*wedding*
el cumpleaños	*birthday*
el día de fiesta	*holiday*
el divorcio	*divorce*
el matrimonio	*marriage*
la Navidad	*Christmas*
la quinceañera	*young woman celebrating her fifteenth birthday*
el/la recién casado/a	*newlywed*
cambiar (de)	*to change*
celebrar	*to celebrate*
divertirse (e:ie)	*to have fun*
graduarse (de/en)	*to graduate (from/in)*
invitar	*to invite*
jubilarse	*to retire (from work)*
nacer	*to be born*
odiar	*to hate*
pasarlo bien/mal	*to have a good/bad time*
reírse (e:i)	*to laugh*
relajarse	*to relax*
sonreír (e:i)	*to smile*
sorprender	*to surprise*
juntos/as	*together*

Variación léxica

pastel ⟷ torta (*Arg., Col., Venez.*)
comprometerse ⟷ prometerse (*Esp.*)

recursos

vText	CPA pp. 127–129	CH pp. 131–132	vhlcentral.com

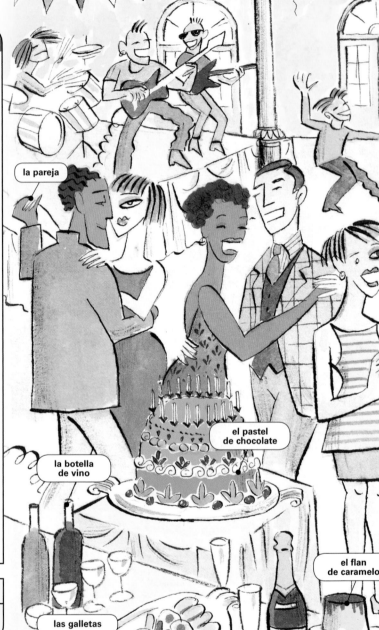

EXPANSION

Extra Practice Ask students questions about birthdays and other celebrations and what days and months they fall on. Ask: ____, **¿cuándo es tu cumpleaños? (¿Qué día naciste?) ¿Cuándo es el aniversario de bodas de tus padres?** Verify comprehension by asking other students to repeat. Then ask more general questions.

EXPANSION

Worth Noting Point out that in addition to or instead of celebrating their birthday, many Hispanics celebrate their **día del santo**, or Saint's Day. This is the day that celebrates the saint for whom a person was named. In many Hispanic countries, the **día del santo** is just as important and significant in an individual's life as his or her birthday.

Relaciones personales

casarse (con)	*to get married (to)*
comprometerse (con)	*to get engaged (to)*
divorciarse (de)	*to get divorced (from)*
enamorarse (de)	*to fall in love (with)*
llevarse bien/mal (con)	*to get along well/ badly (with)*
romper (con)	*to break up (with)*
salir (con)	*to go out (with); to date*
separarse (de)	*to separate (from)*
tener una cita	*to have a date; to have an appointment*

Práctica

1 Escuchar Escucha la conversación e indica si las oraciones son **ciertas** o **falsas**.

1. A Silvia no le gusta mucho el chocolate. Falsa.
2. Silvia sabe que sus amigos le van a hacer una fiesta. Falsa.
3. Los amigos de Silvia le compraron un pastel de chocolate. Cierta.
4. Los amigos brindan por Silvia con refrescos. Falsa.
5. Silvia y sus amigos van a comer helado. Cierta.
6. Los amigos de Silvia le van a servir flan y galletas. Falsa.

2 Ordenar Escucha la narración y ordena las oraciones de acuerdo con los eventos de la vida de Beatriz.

5 a. Beatriz se compromete con Roberto.
4 b. Beatriz se gradúa.
3 c. Beatriz sale con Emilio.
2 d. Sus padres le hacen una gran fiesta.
6 e. La pareja se casa.
1 f. Beatriz nace en Montevideo.

3 Emparejar Indica la letra de la frase que mejor completa cada oración.

a. cambió de	d. nos divertimos	g. se llevan bien
b. lo pasaron mal	e. se casaron	h. sonrió
c. nació	f. se jubiló	i. tenemos una cita

1. María y sus compañeras de clase __g__. Son buenas amigas.
2. Pablo y yo __d__ en la fiesta. Bailamos y comimos mucho.
3. Manuel y Felipe __b__ en el cine. La película fue muy mala.
4. ¡Tengo una nueva sobrina! Ella __c__ ayer por la mañana.
5. Mi madre __a__ profesión. Ahora es artista.
6. Mi padre __f__ el año pasado. Ahora no trabaja.
7. Jorge y yo __i__ esta noche. Vamos a ir a un restaurante muy elegante.
8. Jaime y Laura __e__ el septiembre pasado. La boda fue maravillosa.

4 Definiciones En parejas, definan las palabras y escriban una oración para cada ejemplo. Answers will vary.

modelo

romper (con) *una pareja termina la relación*
Marta rompió con su novio.

1. regalar dar un regalo
2. helado una comida fría y dulce
3. pareja dos personas enamoradas
4. invitado una persona que va a una fiesta
5. casarse ellos deciden estar juntos para siempre
6. pasarlo bien divertirse
7. sorpresa la persona no sabe lo que va a pasar
8. amistad la relación entre dos personas que se llevan bien

DIFFERENTIATION

Heritage Speakers Ask heritage speakers about some Hispanic holidays or other celebrations that they or their families typically celebrate, such as **el Día de los Reyes Magos, el día del santo, la fiesta de quince años, Carnaval,** and **el Día de Muertos**. Ask speakers to elaborate on what the celebrations are like: who attends, what they eat and drink, why those days are celebrated, and so forth.

TEACHING OPTIONS

Game Play **Concentración**. Write vocabulary items that pertain to parties and celebrations on each of eight cards. On another eight cards, draw or paste a picture that matches each description. Place the cards facedown in four rows of four. In pairs, students select two cards. If the two cards match, the pair keeps them. If the two cards do not match, students replace them in their original position. The pair with the most cards at the end wins.

Communication 1.1

1 Teaching Tip Before playing the audio, have students read through the statements.

1 Script E1: ¿Estamos listos, amigos? E2: Creo que sí. Aquí tenemos el pastel y el helado… E3: De chocolate, espero. Ustedes saben cómo le encanta a Silvia el chocolate… E2: Por supuesto, el chocolate para Silvia. Bueno, un pastel de chocolate, el helado…
Script continues on page 302.

2 Teaching Tip Before listening, point out that although the items are in the present tense, students will hear a mix of present indicative and preterite in the audio.

2 Script Beatriz García nace en Montevideo, Uruguay. Siempre celebra su cumpleaños con pastel y helado. Para su cumpleaños número veinte, sus padres la sorprendieron y le organizaron una gran fiesta. Beatriz se divirtió muchísimo y conoció a Emilio, un chico muy simpático. Después de varias citas, Beatriz rompió con Emilio porque no fueron compatibles. Luego de dos años Beatriz conoció a Roberto en su fiesta de graduación y se enamoraron. En Navidad se comprometieron y celebraron su matrimonio un año más tarde, al que asistieron más de cien invitados. Los recién casados son muy felices juntos y ya están planeando otra gran fiesta para celebrar su primer aniversario de bodas.
Textbook CD

3 Expansion Have students write three cloze sentences based on the drawing on pages 300–301 for a partner to complete.

4 Expansion Ask students questions using verbs from the **Relaciones personales** box. Ex: **¿Con quién te llevas mal?**

1 Script (continued) E3: ¿El helado es de la cafetería o lo compraste cerca de la residencia estudiantil? E2: Lo compré en la tienda que está al lado de nuestra residencia. Es mejor que el helado de la cafetería. E1: Psstt… aquí viene Silvia… E1, E2, E3: ¡Sorpresa! ¡Sorpresa, Silvia! ¡Felicidades! E4: ¡Qué sorpresa! ¡Gracias, amigos, muchas gracias! E1: Y ahora, ¡brindamos por nuestra amiga! E3: ¿Con qué brindamos? ¿Con el champán? E1: ¡Cómo no! ¡Por nuestra amiga Silvia, la más joven de todos nosotros! *Textbook CD*

Teaching Tips

- Engage students in a conversation about the stages in Sergio's life. Say: **Miren al bebé en el primer dibujo. ¡Qué contento está! ¿Qué hace en el segundo dibujo? Está paseando en un triciclo, ¿no? ¿Quiénes se acuerdan de su niñez?** Continue until you have covered all the vocabulary in **Más vocabulario**.
- Make true/false statements and have students correct the false ones. Ex: **Un soltero es un hombre que no está casado. (Cierto.) La vejez ocurre antes de la niñez. (Falso. La vejez ocurre después de la madurez.)**

5 Expansion Have students create three original sentences that describe events from **Más vocabulario** on page 300. Their partner has to name each event. Ex: **Lourdes y Mario llevan diez años de casados. (el aniversario de bodas)**

¡Lengua viva! In the U.S., **fiestas de quince años** are big business. For many immigrants, giving an elaborate party represents a way to affirm both cultural identity and socioeconomic status.

6 Expansion In pairs, have students take turns making statements about celebrities, using the answers. Ex: **1. La muerte de Heath Ledger fue en el 2008.**

Las etapas de la vida de Sergio

Audio: Vocabulary

el nacimiento

la niñez

la adolescencia

la juventud

la madurez

la vejez

Más vocabulario

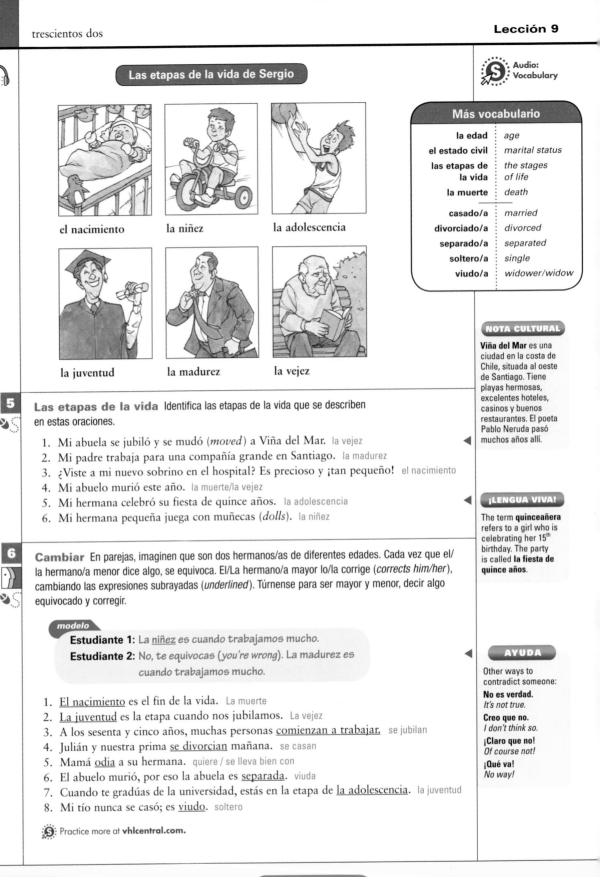

la edad	*age*
el estado civil	*marital status*
las etapas de la vida	*the stages of life*
la muerte	*death*
casado/a	*married*
divorciado/a	*divorced*
separado/a	*separated*
soltero/a	*single*
viudo/a	*widower/widow*

NOTA CULTURAL

Viña del Mar es una ciudad en la costa de Chile, situada al oeste de Santiago. Tiene playas hermosas, excelentes hoteles, casinos y buenos restaurantes. El poeta Pablo Neruda pasó muchos años allí.

5 **Las etapas de la vida** Identifica las etapas de la vida que se describen en estas oraciones.

1. Mi abuela se jubiló y se mudó (*moved*) a Viña del Mar. la vejez
2. Mi padre trabaja para una compañía grande en Santiago. la madurez
3. ¿Viste a mi nuevo sobrino en el hospital? Es precioso y ¡tan pequeño! el nacimiento
4. Mi abuelo murió este año. la muerte/la vejez
5. Mi hermana celebró su fiesta de quince años. la adolescencia
6. Mi hermana pequeña juega con muñecas (*dolls*). la niñez

¡LENGUA VIVA!

The term **quinceañera** refers to a girl who is celebrating her 15th birthday. The party is called **la fiesta de quince años**.

6  **Cambiar** En parejas, imaginen que son dos hermanos/as de diferentes edades. Cada vez que el/la hermano/a menor dice algo, se equivoca. El/La hermano/a mayor lo/la corrige (*corrects him/her*), cambiando las expresiones subrayadas (*underlined*). Túrnense para ser mayor y menor, decir algo equivocado y corregir.

modelo

Estudiante 1: *La niñez es cuando trabajamos mucho.*
Estudiante 2: *No, te equivocas (you're wrong). La madurez es cuando trabajamos mucho.*

1. El nacimiento es el fin de la vida. La muerte
2. La juventud es la etapa cuando nos jubilamos. La vejez
3. A los sesenta y cinco años, muchas personas comienzan a trabajar. se jubilan
4. Julián y nuestra prima se divorcian mañana. se casan
5. Mamá odia a su hermana. quiere / se lleva bien con
6. El abuelo murió, por eso la abuela es separada. viuda
7. Cuando te gradúas de la universidad, estás en la etapa de la adolescencia. la juventud
8. Mi tío nunca se casó; es viudo. soltero

Practice more at **vhlcentral.com.**

AYUDA

Other ways to contradict someone:

No es verdad. *It's not true.*
Creo que no. *I don't think so.*
¡Claro que no! *Of course not!*
¡Qué va! *No way!*

TEACHING OPTIONS

Small Groups In small groups, have students perform a skit whose content describes and/or displays a particular stage of life (youth, old age, etc.) or marital status (married, single, divorced). The rest of the class has to try to figure out what the group is describing.

TEACHING OPTIONS

Game Play a modified version of **20 Preguntas**. Ask a volunteer to think of a famous person. Other students get one chance each to ask a yes/no question until someone guesses the name correctly. Limit attempts to ten questions per famous person. Point out that students can narrow down their selection by using vocabulary about the stages of life and marital status.

Communication 1.1, 1.2

Comunicación

7 Una cena especial Planea con dos compañeros/as una cena para celebrar la graduación de tu hermano/a mayor de la escuela secundaria. Recuerda incluir la siguiente información. Answers will vary.

1. ¿Qué tipo de cena es? ¿Dónde va a ser? ¿Cuándo va a ser?
2. ¿A cuántas personas piensan invitar? ¿A quiénes van a invitar?
3. ¿Van a pedir un menú especial? ¿Qué van a comer?
4. ¿Cuánto dinero piensan gastar? ¿Cómo van a compartir los gastos?
5. ¿Qué van a hacer todos durante la fiesta?
6. Después de la cena, ¿quiénes van a limpiar (*to clean*)?

8 Encuesta Tu profesor(a) va a darte una hoja. Haz las preguntas de la hoja a dos o tres compañeros/as de clase para saber qué actitudes tienen en sus relaciones personales. Luego comparte los resultados de la encuesta con la clase y comenta tus conclusiones. Answers will vary.

recursos
vText
CPA p. 130

Preguntas	Nombres	Actitudes
1. ¿Te importa la amistad? ¿Por qué?		
2. ¿Es mejor tener un(a) buen(a) amigo/a o muchos/as amigos/as?		
3. ¿Cuáles son las características que buscas en tus amigos/as?		
4. ¿A qué edad es posible enamorarse?		
5. ¿Deben las parejas hacer todo juntos? ¿Deben tener las mismas opiniones? ¿Por qué?		

¡LENGUA VIVA!
While a **buen(a) amigo/a** is a *good friend*, the term **amigo/a íntimo/a** refers to a *close friend*, or a very good friend, without any romantic overtones.

9 Minidrama En parejas, consulten la ilustración de la página 302 y luego, usando las palabras de la lista, preparen un minidrama para representar las etapas de la vida de Sergio. Pueden inventar más información sobre su vida. Answers will vary.

amor	celebrar	enamorarse	romper
boda	comprometerse	graduarse	salir
cambiar	cumpleaños	jubilarse	separarse
casarse	divorciarse	nacer	tener una cita

7 Teaching Tip To simplify, create a five-column chart on the board, with the headings **Lugar, Fecha y hora, Invitados, Comida, Actividades,** and **Limpieza.** Have groups brainstorm a few items for each category.

7 Expansion
- Ask volunteer groups to describe the party they have just planned.
- Have students make invitations for their dinner. Ask the class to judge which invitation is the cleverest, funniest, most elegant, etc.

8 Teaching Tip Distribute the Communication Activities worksheets from the ***Cuaderno de práctica y actividades comunicativas.*** Give students eight minutes to ask other group members the questions.

8 Expansion Take a survey of the attitudes found in the entire class. Ex: **¿Quiénes creen que es más importante tener un buen amigo que muchos amigos? ¿Quiénes creen que es más importante tener muchos amigos que un buen amigo?**

21st CENTURY SKILLS

8 Collaboration
If you have access to students in a Spanish-speaking country, ask them to fill out the worksheet. Then, ask groups of students to read their counterparts' responses and prepare a comparison of the results for both classes.

9 Teaching Tip To simplify, read through the word list as a class and have students name the stage(s) of life that correspond to each word.

9 Expansion After all skits have been presented, have the class vote on the most original, funniest, truest to life, etc.

EXPANSION

Extra Practice Add a visual aspect to this vocabulary practice. Using magazine pictures, display images that pertain to parties or celebrations, stages of life, or interpersonal relations. Have students describe the pictures and make guesses about who the people are, how they are feeling, and so forth.
Extra Practice Add an auditory aspect to this vocabulary practice. As a listening comprehension activity, prepare short descriptions of five easily recognizable people. Use as much active lesson vocabulary as possible. Write their names on the board in random order. Then read the descriptions aloud and have students match each one to the appropriate name. Ex: **Me casé tres veces y me divorcié tres veces. Mis hijos nacieron en el 2008. Canto y bailo muy bien, y también soy actriz y salgo en la televisión. (Jennifer López)**

Section Goals

In **Fotonovela**, students will:
- receive comprehensible input from free-flowing discourse
- learn functional phrases that preview lesson grammatical structures

Communication 1.2
Cultures 2.1, 2.2

Instructional Resources
vText
Cuaderno de práctica y actividades comunicativas, pp. 131–132
e-Cuaderno
Supersite/DVD: ***Fotonovela***
Supersite/TRCD: ***Fotonovela*** Video Script & Translation, Answer Keys

Video Recap: Lección 8
Before doing this **Fotonovela** section, review the previous episode with these questions:
1. ¿Cuáles son los especiales del día en el restaurante? (El ceviche de camarón y el bistec con verduras a la plancha.)
2. ¿Qué pidió de plato principal Maru? ¿Y Miguel? (Maru pidió el jamón y Miguel pidió el pollo asado con champiñones y papas.) 3. ¿Quiénes le quitaron la comida al camarero? (Juan Carlos y Felipe se la quitaron.)
4. ¿Quiénes pagaron la comida de Maru y Miguel? (Felipe y Juan Carlos la pagaron.)

Video Synopsis The **Díaz** family gets ready for their annual **Día de Muertos** celebration. The whole family participates in the preparations, and **Ana María** shows **Marissa** and **Jimena** how to make **mole. Juan Carlos** is invited to accompany the family to the cemetery, where **Ana María, Ramón,** and **Roberto** remember their parents.

El Día de Muertos

La familia Díaz conmemora el Día de Muertos.

PERSONAJES

MARISSA

JIMENA

FELIPE

JUAN CARLOS

Video: ***Fotonovela***
Record and Compare

1

MAITE FUENTES El Día de Muertos se celebra en México el primero y el segundo de noviembre. Como pueden ver, hay calaveras de azúcar, flores, música y comida por todas partes. Ésta es una fiesta única que todos deben ver por lo menos una vez en la vida.

2

MARISSA *Holy moley!* ¡Está delicioso!

TÍA ANA MARÍA Mi mamá me enseñó a prepararlo. El mole siempre fue el plato favorito de mi papá. Mi hijo Eduardo nació el día de su cumpleaños. Por eso le pusimos su nombre.

3

TÍO RAMÓN ¿Dónde están mis hermanos?

JIMENA Mi papá y Felipe están en el otro cuarto. Esos dos antipáticos no quieren decirnos qué están haciendo. Y la tía Ana María...

TÍO RAMÓN ... está en la cocina.

6

TÍA ANA MARÍA Ramón, ¿cómo estás?

TÍO RAMÓN Bien, gracias. ¿Y Mateo? ¿No vino contigo?

TÍA ANA MARÍA No. Ya sabes que me casé con un doctor y, pues, trabaja muchísimo.

7

SR. DÍAZ Familia Díaz, deben prepararse...

FELIPE ... ¡para la sorpresa de sus vidas!

8

JUAN CARLOS Gracias por invitarme.

SR. DÍAZ Juan Carlos, como eres nuestro amigo, ya eres parte de la familia.

TEACHING OPTIONS

El Día de Muertos Ask students to brainstorm a list of things that might happen during a celebration honoring deceased ancestors. Then play the **El Día de Muertos** episode once, asking students to take notes about what they see and hear.

After viewing, have students use their notes to tell you what happened in this episode. Then play the segment again to allow students to refine their notes. Repeat the discussion process and guide the class to an accurate summary of the plot.

SRA. DÍAZ

SR. DÍAZ

TÍA ANA MARÍA

TÍO RAMÓN
TÍA NAYELI
DON DIEGO
MARTA
VALENTINA
MAITE FUENTES

4

TÍA ANA MARÍA Marissa, ¿le puedes llevar esa foto que está ahí a Carolina? La necesita para el altar.

MARISSA Sí. ¿Son sus padres?

TÍA ANA MARÍA Sí, el día de su boda.

5

MARISSA ¿Cómo se conocieron?

TÍA ANA MARÍA En la fiesta de un amigo. Fue amor a primera vista.

MARISSA (*Señala la foto.*) La voy a llevar al altar.

9

(*En el cementerio*)

JIMENA Yo hice las galletas y el pastel. ¿Dónde los puse?

MARTA Postres... ¿Cuál prefiero? ¿Galletas? ¿Pastel? ¡Dulces!

VALENTINA Me gustan las galletas.

10

SR. DÍAZ Brindamos por ustedes, mamá y papá.

TÍO RAMÓN Todas las otras noches estamos separados. Pero esta noche estamos juntos.

TÍA ANA MARÍA Con gratitud y amor.

Expresiones útiles

Discussing family history

El mole siempre fue el plato favorito de mi papá.
Mole was always my dad's favorite dish.
Mi hijo Eduardo nació el día de su cumpleaños.
My son Eduardo was born on his birthday.
Por eso le pusimos su nombre.
That's why we named him after him (after my father).
¿Cómo se conocieron sus padres?
How did your parents meet?
En la fiesta de un amigo. Fue amor a primera vista.
At a friend's party. It was love at first sight.

Talking about a party/celebration

Ésta es una fiesta única que todos deben ver por lo menos una vez.
This is a unique celebration that everyone should see at least once.
Gracias por invitarme.
Thanks for inviting me.
Brindamos por ustedes.
A toast to you.

Additional vocabulary

alma *soul*
altar *altar*
ángel *angel*
calavera de azúcar *skull made out of sugar*
cementerio *cemetery*
cocina *kitchen*
disfraz *costume*

recursos
vText | CPA pp. 131–132 | vhlcentral.com

PRE-AP*

Presentational Speaking with Cultural Comparison Have students research a **Día de Muertos** celebration in another Spanish-speaking country, such as Bolivia, Ecuador, or Guatemala, and prepare a brief report in which they compare it to Mexico's celebration of **Día de Muertos**.

EXPANSION

Game Divide the class into two teams, A and B. Give a member from team A a card with the name of an item from the **Fotonovela** or **Expresiones útiles** (Ex: **flores, cocina, foto**). He or she has thirty seconds to draw the item, while team A has to guess what it is. Award one point per correct answer. If team A cannot guess the item within the time limit, team B may try to "steal" the point.

Teaching Tips

- Hand out the **Antes de ver el video** and the **Mientras ves el video** activities from the ***Cuaderno de práctica y actividades comunicativas*** and go over the **Antes de ver** questions before starting the **Fotonovela**.
- Have students read the first line of dialogue in each caption and guess what happens in this episode.

Expresiones útiles Draw attention to **pusimos** and explain that it is an irregular preterite form of the verb **poner**. Then point out the forms **vino** (video still 6) and **hice** and **puse** (video still 9) and tell students that these are irregular preterite forms of the verbs **venir, hacer,** and **poner**. Finally, draw attention to the phrase **Cómo se conocieron** and explain that **conocer** in the preterite means *to meet*. Tell students that they will learn more about these concepts in **Estructura**.

Teaching Tip Go through the **Fotonovela**, asking volunteers to read the various parts.

Nota cultural **El Día de Muertos** is an example of a holiday that blends indigenous and Catholic customs and beliefs. In pre-Columbian times, this celebration of deceased ancestors was a month-long festival that fell in the ninth month of the Aztec calendar, in August. The Spaniards moved it to coincide with the Catholic holidays of All Saints' Day and All Souls' Day.

Communication 1.1, 1.2

1 Expansion Have students work in pairs or small groups and write questions that would have elicited these statements.

Nota cultural **Mole** is a thick, rich sauce usually served over chicken. Though recipes can vary greatly, it generally includes dried chili peppers, ground nuts or seeds, chocolate, onions, garlic, and crushed toasted tortillas. Due to the labor involved, homemade **mole** is reserved for special occasions, such as religious holidays, birthdays, or weddings.

2 Teaching Tip To simplify, before doing this activity, ask these questions: **¿Quién trabaja en la televisión? (Maite Fuentes) ¿Quién no forma parte de la familia Díaz? (Juan Carlos/Maite Fuentes)**

2 Expansion Give these sentences to students as items 7–8: **7. Mi esposo trabaja demasiado. (tía Ana María) 8. Con la ayuda de mi hijo, preparé una sorpresa para la familia. (Sr. Díaz)**

3 Teaching Tip Before doing this activity, have the class review the vocabulary on pages 300–301.

3 Expansion Have pairs create additional sentences with the leftover items from the word bank.

4 Teaching Tip Read through the bulleted items with the class and brainstorm two verbs, words, or phrases for each one. Then remind students of "filler" words that help conversation flow, such as **pues** and **bueno**.

¿Qué pasó?

1 **Completar** Completa las oraciones con la información correcta, según la **Fotonovela**.

1. El Día de Muertos es una ___fiesta___ única que todos deben ver.
2. La tía Ana María preparó ___mole___ para celebrar.
3. Marissa lleva la ___foto___ al altar.
4. Jimena hizo las ___galletas___ y el ___pastel___.
5. Marta no sabe qué ___postre___ prefiere.

2 **Identificar** Identifica quién puede decir estas oraciones. Vas a usar un nombre dos veces.

1. Mis padres se conocieron en la fiesta de un amigo. tía Ana María
2. El Día de Muertos se celebra con flores, calaveras de azúcar, música y comida. Maite Fuentes
3. Gracias por invitarme a celebrar este Día de Muertos. Juan Carlos
4. Los de la foto son mis padres el día de su boda. tía Ana María
5. A mí me gustan mucho las galletas. Valentina
6. ¡Qué bueno que estás aquí, Juan Carlos! Eres uno más de la familia. Sr. Díaz

SR. DÍAZ

MAITE FUENTES

JUAN CARLOS

VALENTINA

TÍA ANA MARÍA

3 **Seleccionar** Selecciona algunas de las opciones de la lista para completar las oraciones.

amor	días de fiesta	pasarlo bien	salieron
el champán	divorciarse	postres	se enamoraron
cumpleaños	flan	la quinceañera	una sorpresa

1. El Sr. Díaz y Felipe prepararon ___una sorpresa___ para la familia.
2. Los ___días de fiesta___, como el Día de Muertos, se celebran con la familia.
3. Eduardo, el hijo de Ana María, nació el día del ___cumpleaños___ de su abuelo.
4. La tía Ana María siente gratitud y ___amor___ hacia (*toward*) sus padres.
5. Los días de fiesta también son para ___pasarlo bien___ con los amigos.
6. El Día de Muertos se hacen muchos ___postres___.
7. Los padres de la tía Ana María ___se enamoraron___ a primera vista.

4 **Una cena** Trabajen en grupos para representar una conversación en una cena de Año Nuevo. Answers will vary.

- Una persona brinda por el año que está por comenzar y por estar con su familia y amigos.
- Cada persona del grupo habla de cuál es su comida favorita en año nuevo.
- Después de la cena, una persona del grupo dice que es hora de (*it's time to*) comer las uvas.
- Cada persona del grupo dice qué desea para el año que empieza.
- Después, cada persona del grupo debe desear Feliz Año Nuevo a las demás.

Practice more at **vhlcentral.com.**

NOTA CULTURAL

Comer doce uvas a las doce de la noche del 31 de diciembre de cada año es una costumbre que nació en España y que también se observa en varios países de Latinoamérica. Se debe comer una uva por cada una de las 12 campanadas (*strokes*) del reloj y se cree que (*it's believed that*) quien lo hace va a tener un año próspero.

PRE-AP*

Interpersonal Speaking In groups, have students ad-lib the **Fotonovela** episode. Assure them that it is not necessary to memorize the episode or stick strictly to its content. They should try to get the general meaning across with the vocabulary and expressions they know, and they should also feel free to be creative. Then have volunteers act out the episode for the class.

TEACHING OPTIONS

Pairs Have students work in pairs to tell each other about celebrations in their families. Remind them to use as many expressions as possible from the **Expresiones útiles** on page 305, as well as the vocabulary on pages 300–301. Follow up by asking a few students to describe celebrations in their partners' families.

Pronunciación  

Audio: Explanation Record and Compare

The letters h, j, and g

helado **hombre** **hola** **hermosa**

The Spanish **h** is always silent.

José **jubilarse** **dejar** **pareja**

The letter **j** is pronounced much like the English *h* in *his*.

agencia **general** **Gil** **Gisela**

The letter **g** can be pronounced three different ways. Before **e** or **i**, the letter **g** is pronounced much like the English *h*.

Gustavo, gracias por llamar el domingo.

At the beginning of a phrase or after the letter **n**, the Spanish **g** is pronounced like the English *g* in *girl*.

Me gradué en agosto.

In any other position, the Spanish **g** has a somewhat softer sound.

guerra **conseguir** **guantes** **agua**

In the combinations **gue** and **gui**, the **g** has a hard sound and the **u** is silent. In the combination **gua**, the **g** has a hard sound and the **u** is pronounced like the English *w*.

Práctica Lee las palabras en voz alta, prestando atención a la **h**, la **j** y la **g**.

1. hamburguesa
2. jugar
3. oreja
4. guapa
5. geografía
6. magnífico
7. espejo
8. hago
9. seguir
10. gracias
11. hijo
12. galleta
13. Jorge
14. tengo
15. ahora
16. guantes

Oraciones Lee las oraciones en voz alta, prestando atención a la **h**, la **j** y la **g**.

1. Hola. Me llamo Gustavo Hinojosa Lugones y vivo en Santiago de Chile.
2. Tengo una familia grande; somos tres hermanos y tres hermanas.
3. Voy a graduarme en mayo.
4. Para celebrar mi graduación, mis padres van a regalarme un viaje a Egipto.
5. ¡Qué generosos son!

Refranes Lee los refranes en voz alta, prestando atención a la **h**, la **j** y la **g**.

A la larga, lo más dulce amarga.¹
El hábito no hace al monje.²

1 Too much of a good thing.
2 The clothes don't make the man.

recursos: vText | CPA p. 133 | CH p. 133 | vhlcentral.com

Section Goal

In **Pronunciación**, students will be introduced to the pronunciation of **h, j,** and **g**.

 Comparisons 4.1

Instructional Resources
vText
Cuaderno de práctica y actividades comunicativas, p. 133
Cuaderno para hispanohablantes, p. 133
e-Cuaderno
Supersite: Textbook & Audio Activities MP3 Audio Files
Supersite/TRCD: Textbook Audio Script, Audio Activities Script, Answer Keys
Textbook CD
Audio Activities CD

Teaching Tips

- Ask the class how the Spanish **h** is pronounced. Ask volunteers to pronounce the example words. Contrast the pronunciations of the English *hotel* and the Spanish **hotel.**
- Explain that **j** is pronounced much like the English *h*.
- Draw attention to the fact that the letter **g** is pronounced like the English *h* before **e** or **i**. Write the example words on the board and ask volunteers to pronounce them.
- Point out that the letter **g** is pronounced like the English *g* in *good* at the beginning of a phrase or after the letter **n**.
- Tell the class that in the combinations **gue** and **gui**, **g** has a hard sound and **u** is not pronounced. Explain that in the combinations **gua** and **guo**, the **u** sounds like the English *w*.

Práctica/Oraciones/Refranes

These exercises are recorded on the *Textbook* and *Audio Activities* CDs. You may want to play the audio so that students practice listening to Spanish spoken by speakers other than yourself.

EXPANSION

Extra Practice Write the names of these Chilean cities on the board and ask for a volunteer to pronounce each one: **Santiago, Antofagasta, Rancagua, Coihaique.** Repeat the process with the names of these Chilean writers: **Alberto Blest Gana, Vicente Huidobro, Gabriela Mistral, Juan Modesto Castro.**

TEACHING OPTIONS

Pairs Have students work in pairs to read aloud the sentences in **Actividad 6, Cambiar,** page 302. Encourage students to help their partners if they have trouble pronouncing a particular word.

Section Goals

In **Cultura**, students will:

- read about **Semana Santa** celebrations in the Spanish-speaking world
- learn terms related to parties and celebrations
- read about the International Music Festival in **Viña del Mar,** Chile
- read about Latin American celebrations

Communication 1.1, 1.2
Cultures 2.1, 2.2
Connections 3.1, 3.2
Comparisons 4.2

21st CENTURY SKILLS

Global Awareness
Students will gain perspectives on the Spanish-speaking world.

Instructional Resources
vText
Cuaderno para hispanohablantes, p. 134

En detalle

Lectura

- Point out that most Spanish-speaking countries have a Catholic background and that many national holidays coincide with Catholic ones.
- As students read, have them make a list of traditional **Semana Santa** activities.
- Point out that the processions of **Sevilla** and **Antigua** not only attract the locals, but also international tourists.

Después de leer Have students share the **Semana Santa** traditions that are most **interesting to them.** Ask: **Si un amigo quiere ir a un país hispano durante Semana Santa, ¿qué le recomiendas? ¿Adónde debe ir?**

1 Expansion Give students these true/false statements as items 11–12: **11. La Pascua conmemora la Pasión de Jesucristo. (Cierto.) 12. En Antigua hay una tradición llamada "quema de la chamiza". (Falso. En Ayacucho, Perú, hay una tradición llamada "quema de la chamiza".)**

EN DETALLE

Reading, Additional Reading

Semana Santa: vacaciones y tradición

¿Te imaginas pasar veinticuatro horas tocando un tambor° entre miles de personas? Así es como mucha gente celebra el Viernes Santo° en el pequeño pueblo de **Calanda,** España.

De todas las celebraciones hispanas, la Semana Santa° es una de las más espectaculares y únicas. Semana Santa es la semana antes de Pascua°, una celebración religiosa que conmemora la Pasión de Jesucristo. Generalmente, la gente tiene unos días de vacaciones en esta semana. Algunas personas aprovechan° estos días para viajar, pero otras prefieren participar en las tradicionales celebraciones religiosas en las calles. En **Antigua,** Guatemala, hacen alfombras° de flores° y altares; también organizan Vía Crucis° y danzas. En las famosas procesiones y desfiles° religiosos de **Sevilla,** España, los fieles° sacan a las calles imágenes religiosas. Las imágenes van encima de plataformas ricamente decoradas con abundantes flores y velas°. En la procesión, los penitentes llevan túnicas y unos sombreros cónicos que les cubren° la cara°. En sus manos llevan faroles° o velas encendidas.

Procesión en Sevilla, España

Alfombra de flores en Antigua, Guatemala

Si visitas algún país hispano durante la Semana Santa, debes asistir a un desfile. Las playas pueden esperar hasta la semana siguiente.

Otras celebraciones famosas

Ayacucho, Perú: Además de alfombras de flores y procesiones,aquí hay una antigua tradición llamada "quema de la chamiza"°.

Iztapalapa, Ciudad de México: Es famoso el Vía Crucis del cerro° de la Estrella. Es una representación del recorrido° de Jesucristo con la cruz°

Popayán, Colombia: En las procesiones "chiquitas" los niños llevan imágenes que son copias pequeñas de las que llevan los mayores.

tocando un tambor *playing a drum* Viernes Santo *Good Friday* Semana Santa *Holy Week* Pascua *Easter Sunday* aprovechan *take advantage of* alfombras *carpets* flores *flowers* Vía Crucis *Stations of the Cross* desfiles *parades* fieles *faithful* velas *candles* cubren *cover* cara *face* faroles *lamps* quema de la chamiza *burning of brushwood* cerro *hill* recorrido *route* cruz *cross*

ACTIVIDADES

1 **¿Cierto o falso?** Indica si lo que dicen las oraciones sobre Semana Santa en países hispanos es **cierto** o **falso.** Corrige las falsas.

1. La Semana Santa se celebra después de Pascua. Falso. La Semana Santa es la semana antes de Pascua.
2. Las personas tienen días libres durante la Semana Santa. Cierto.
3. Todas las personas asisten a las celebraciones religiosas. Falso. Algunas personas aprovechan estos días para viajar.
4. En los países hispanos, las celebraciones se hacen en las calles. Cierto.
5. En Antigua y en Ayacucho es típico hacer alfombras de flores. Cierto.
6. En Sevilla, sacan imágenes religiosas a las calles. Cierto.
7. En Sevilla, las túnicas cubren la cara. Falso. Los sombreros cónicos cubren la cara.
8. En la procesión en Sevilla algunas personas llevan flores en sus manos. Falso. En sus manos llevan faroles o velas encendidas.
9. El Vía Crucis de Iztapalapa es en el interior de una iglesia. Falso. Es en el cerro de la Estrella.
10. Las procesiones "chiquitas" son famosas en Sevilla, España. Falso. Son famosas en Popayán, Colombia.

TEACHING OPTIONS

TPR Make two or three sets of six cards, each with the name of a place noted for its **Semana Santa** celebration (**Calanda, Antigua, Sevilla, Ayacucho, Iztapalapa, Popayán**). Shuffle the cards, hand them out, and have students stand. In order to find their partners, students must circulate around the classroom, asking questions without mentioning the city. Ex: **¿Hay alfombras de flores? ¿La gente lleva túnicas y sombreros cónicos?**

TEACHING OPTIONS

Pairs In pairs, have students research one of the **Semana Santa** celebrations on the Internet. Students should present their findings to the class. Ask them to include typical activities that take place that week and encourage them to bring in maps or photos.

Heritage Speakers Ask heritage speakers to share **Semana Santa** traditions from their families' countries of origin.

ASÍ SE DICE

Fiestas y celebraciones

la despedida de soltero/a	*bachelor(ette) party*
el día feriado/festivo	el día de fiesta
disfrutar	*to enjoy*
festejar	celebrar
los fuegos artificiales	*fireworks*
pasarlo en grande	divertirse mucho
la vela	*candle*

EL MUNDO HISPANO

Celebraciones latinoamericanas

- **Oruro, Bolivia** Durante el carnaval de Oruro se realiza la famosa Diablada, una antigua danza° que muestra la lucha° entre el Bien y el Mal: ángeles contra° demonios.
- **Panchimalco, El Salvador** La primera semana de mayo, Panchimalco se cubre de flores y de color. También hacen el Desfile de las palmas° y bailan danzas antiguas.
- **Quito, Ecuador** El mes de agosto es el Mes de las Artes. Danza, teatro, música, cine, artesanías° y otros eventos culturales inundan la ciudad.
- **San Pedro Sula, Honduras** En junio se celebra la Feria Juniana. Hay comida típica, bailes, desfiles, conciertos, rodeos, exposiciones ganaderas° y eventos deportivos y culturales.

danza *dance* lucha *fight* contra *versus* palmas palm *leaves* artesanías *handcrafts* exposiciones ganaderas *cattle shows*

PERFIL

Festival de Viña del Mar

En 1959 unos estudiantes de **Viña del Mar**, Chile, celebraron una fiesta en una casa de campo conocida como la Quinta Vergara donde hubo° un espectáculo° musical. En 1960 repitieron el evento. Asistió tanta gente que muchos vieron el espectáculo parados° o sentados en el suelo°. Algunos se subieron a los árboles°.

Años después, se convirtió en el **Festival Internacional de la Canción.** Se celebra en febrero, en el mismo lugar donde empezó. ¡Pero ahora nadie necesita subirse a un árbol para verlo! Hay un anfiteatro con capacidad para quince mil personas y el evento se transmite por la televisión.

Nelly Furtado

En el festival hay concursos° musicales y conciertos de artistas famosos como Calle 13 y Nelly Furtado.

hubo *there was* espectáculo *show* parados *standing* suelo *floor* se subieron a los árboles *climbed trees* concursos *competitions*

Conexión Internet

¿Qué celebraciones hispanas hay en los Estados Unidos y Canadá?

Go to **vhlcentral.com** to find more cultural information related to this **Cultura** section.

ACTIVIDADES

2 Comprensión Responde a las preguntas.

1. ¿Cuántas personas por día pueden asistir al Festival de Viña del Mar? quince mil
2. ¿Qué es la Diablada? Es una antigua danza que muestra la lucha entre el bien y el mal.
3. ¿Qué celebran en Quito en agosto? Celebran el Mes de las Artes.
4. Nombra dos atracciones en la Feria Juniana de San Pedro Sula. Answers will vary.
5. ¿Qué es la Quinta Vergara? una casa de campo donde empezó el Festival de Viña del Mar

3 ¿Cuál es tu celebración favorita?
Escribe un pequeño párrafo sobre la celebración que más te gusta de tu comunidad. Explica cómo se llama, cuándo ocurre y cómo es.
Answers will vary.

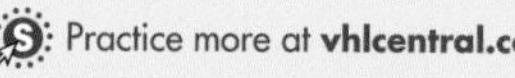

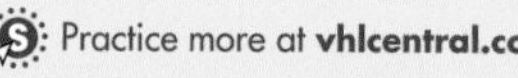

Practice more at **vhlcentral.com.**

recursos

vText

CH p. 134

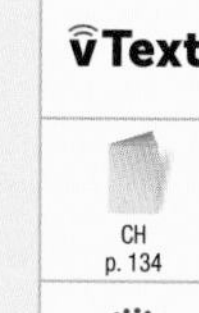

vhlcentral.com

TEACHING OPTIONS

Pairs Have students work in pairs to research and plan a class trip to a festival mentioned in the reading. Students should explain why they want to visit that particular festival and how they will get there, then present an itinerary to the class.

TEACHING OPTIONS

TPR Divide the class into five groups: **Viña del Mar, Oruro, Panchimalco, Quito,** and **San Pedro Sula.** Call out a series of statements about the festivals without mentioning the city in which they take place. Have groups stand up when the festival refers to their city. Ex: **Su festival tiene lugar la primera semana de mayo.** (Group **Panchimalco** stands.)

Así se dice

- Explain that it is common in the Spanish-speaking world to **hacer puente** (have a four-day weekend, literally *to make a bridge*) if a holiday falls on a Thursday or Tuesday.
- To challenge students, add these celebration-related words to the list: **la carroza** (*float*); **el desfile** (*parade*); **la feria** (*fair*); **pasarlo bomba/pipa (Esp.)** (*to have a great time*).

Perfil **Viña del Mar,** commonly called **Viña** or **La Ciudad Jardín,** is a thriving coastal city in central Chile and, apart from the **Festival Internacional de la Canción,** it is best known for its beaches. During the six days of the festival, lesser-known artists participate in musical competitions, with winners receiving the coveted statuette **La Gaviota de Plata.** International superstars of all musical genres also make special appearances.

El mundo hispano Ask students to compare the festivals. Ex: **¿Qué festival les parece el más interesante? ¿Creen que el carnaval de Oruro es tan divertido como el desfile de Panchimalco? ¿Por qué?**

21st CENTURY SKILLS

Information and Media Literacy: Conexión Internet Students access and critically evaluate information from the Internet.

2 Expansion Give students these questions as items 6–7:
6. ¿Qué fiesta puede celebrar una mujer antes de casarse? (la despedida de soltera)
7. ¿Cuándo es el festival de Panchimalco? (la primera semana de mayo)

3 Expansion Have students exchange papers with a classmate for peer editing. When finished, have a few volunteers read their paragraphs aloud for the class.

Section Goal

In **Estructura 9.1**, students will be introduced to the irregular preterites of several common verbs.

Communication 1.1
Comparisons 4.1

Instructional Resources

vText
Cuaderno de práctica y actividades comunicativas, pp. 134–137
Cuaderno para hispanohablantes, pp. 135–138
e-Cuaderno
Supersite: Audio Activities MP3 Audio Files
Supersite/TRCD: Grammar Slides, Audio Activities Script, Answer Keys, Testing Program Quizzes
Audio Activities CD
Activity Pack
Middle School Activity Pack

Teaching Tips

- Quickly review the present tense of a stem-changing verb such as **pedir**. Write the paradigm on the board and ask volunteers to point out the stem-changing forms.
- Work through the preterite paradigms of **tener, venir,** and **decir**, modeling the pronunciation.
- Add a visual aspect to this grammar presentation. Use magazine pictures to ask about social events in the past. Ex: **¿Con quién vino este chico a la fiesta? (Vino con esa chica rubia.) ¿Qué se puso esta señora para ir a la boda? (Se puso un sombrero.) ¿Qué trajo esta chica a clase? (Trajo una mochila.) ¿Y qué hizo? (Se durmió.)**
- Write the preterite paradigm for **estar** on the board. Then erase the initial **es-** for each form and point out that the preterite of **estar** and **tener** are identical except for the initial **es-**.

9.1 Irregular preterites

Explanation Tutorial

ANTE TODO You already know that the verbs **ir** and **ser** are irregular in the preterite. You will now learn other verbs whose preterite forms are also irregular.

Preterite of tener, venir, and decir

		tener (**u**-stem)	**venir** (**i**-stem)	**decir** (**j**-stem)
SINGULAR FORMS	yo	tuve	vine	dije
	tú	tuv**iste**	vin**iste**	dij**iste**
	Ud./él/ella	tuv**o**	vin**o**	dij**o**
PLURAL FORMS	nosotros/as	tuv**imos**	vin**imos**	dij**imos**
	vosotros/as	tuv**isteis**	vin**isteis**	dij**isteis**
	Uds./ellos/ellas	tuv**ieron**	vin**ieron**	dij**eron**

▶ **¡Atención!** The endings of these verbs are the regular preterite endings of **-er/-ir** verbs, except for the **yo** and **usted/él/ella** forms. Note that these two endings are unaccented.

▶ These verbs observe similar stem changes to **tener, venir,** and **decir**.

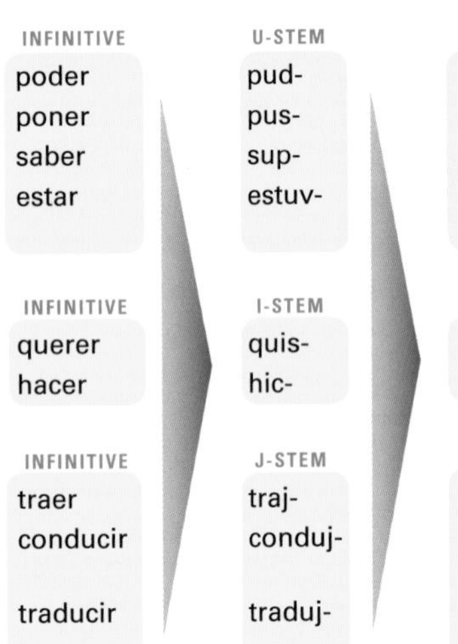

INFINITIVE	U-STEM	PRETERITE FORMS
poder	pud-	pude, pudiste, pudo, pudimos, pudisteis, pudieron
poner	pus-	puse, pusiste, puso, pusimos, pusisteis, pusieron
saber	sup-	supe, supiste, supo, supimos, supisteis, supieron
estar	estuv-	estuve, estuviste, estuvo, estuvimos, estuvisteis, estuvieron

INFINITIVE	I-STEM	PRETERITE FORMS
querer	quis-	quise, quisiste, quiso, quisimos, quisisteis, quisieron
hacer	hic-	hice, hiciste, hizo, hicimos, hicisteis, hicieron

INFINITIVE	J-STEM	PRETERITE FORMS
traer	traj-	traje, trajiste, trajo, trajimos, trajisteis, trajeron
conducir	conduj-	conduje, condujiste, condujo, condujimos, condujisteis, condujeron
traducir	traduj-	traduje, tradujiste, tradujo, tradujimos, tradujisteis, tradujeron

▶ **¡Atención!** Most verbs that end in **-cir** are **j**-stem verbs in the preterite. For example, **producir** → **produje, produjiste,** etc.

Produjimos un documental sobre los accidentes en la casa.
We produced a documentary about accidents in the home.

▶ Notice that the preterites with **j**-stems omit the letter **i** in the **ustedes/ellos/ellas** form.

Mis amigos **trajeron** comida a la fiesta.
My friends brought food to the party.

Ellos **dijeron** la verdad.
They told the truth.

EXPANSION

Extra Practice Do a pattern practice drill. Name an infinitive and ask individuals to provide conjugations for the different subject pronouns and/or names you provide. Reverse the activity by saying a conjugated form and asking students to give an appropriate subject pronoun.

TEACHING OPTIONS

Game Divide the class into two teams. Indicate one team member at a time, alternating between teams. Give a verb in its infinitive form and a subject pronoun (Ex: **querer/tú**). The team member should give the correct preterite form (Ex: **quisiste**). Give one point per correct answer. Deduct one point for each wrong answer. The team with the most points at the end wins.

The preterite of dar

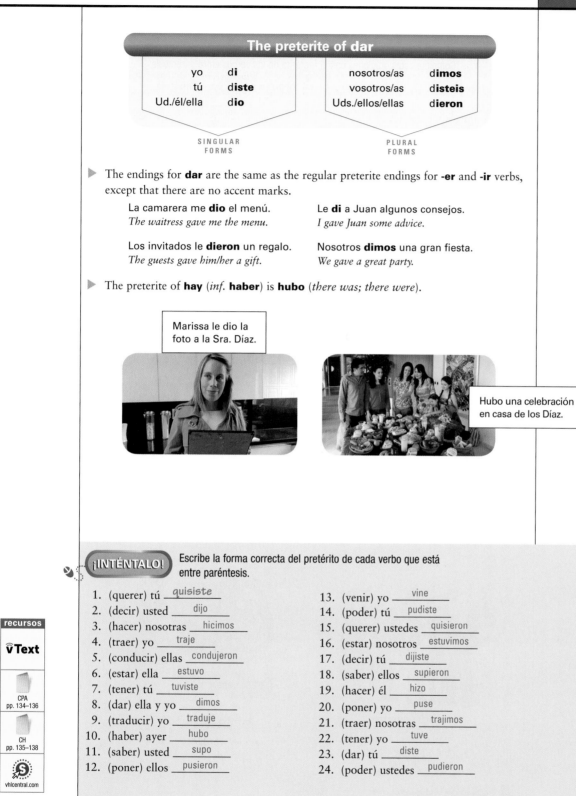

SINGULAR FORMS		PLURAL FORMS	
yo	**di**	nosotros/as	**dimos**
tú	**diste**	vosotros/as	**disteis**
Ud./él/ella	**dio**	Uds./ellos/ellas	**dieron**

- The endings for **dar** are the same as the regular preterite endings for **-er** and **-ir** verbs, except that there are no accent marks.

La camarera me **dio** el menú.
The waitress gave me the menu.

Le **di** a Juan algunos consejos.
I gave Juan some advice.

Los invitados le **dieron** un regalo.
The guests gave him/her a gift.

Nosotros **dimos** una gran fiesta.
We gave a great party.

- The preterite of **hay** (*inf.* **haber**) is **hubo** (*there was; there were*).

Marissa le dio la foto a la Sra. Díaz.

Hubo una celebración en casa de los Díaz.

¡INTÉNTALO! Escribe la forma correcta del pretérito de cada verbo que está entre paréntesis.

1. (querer) tú quisiste
2. (decir) usted dijo
3. (hacer) nosotras hicimos
4. (traer) yo traje
5. (conducir) ellas condujeron
6. (estar) ella estuvo
7. (tener) tú tuviste
8. (dar) ella y yo dimos
9. (traducir) yo traduje
10. (haber) ayer hubo
11. (saber) usted supo
12. (poner) ellos pusieron
13. (venir) yo vine
14. (poder) tú pudiste
15. (querer) ustedes quisieron
16. (estar) nosotros estuvimos
17. (decir) tú dijiste
18. (saber) ellos supieron
19. (hacer) él hizo
20. (poner) yo puse
21. (traer) nosotras trajimos
22. (tener) yo tuve
23. (dar) tú diste
24. (poder) ustedes pudieron

recursos
vText
CPA pp. 134–136
CH pp. 135–138
vhlcentral.com

Teaching Tips

- Use the preterite forms of all these verbs by talking about what you did in the recent past and then asking students questions that involve them in a conversation about what they did in the recent past. You may want to avoid the preterite of **poder, saber,** and **querer** for the moment. Ex: **El sábado pasado tuve que ir a la fiesta de cumpleaños de mi sobrina. Cumplió siete años. Le di un bonito regalo. ____, ¿tuviste que ir a una fiesta el sábado? ¿No? Pues, ¿qué hiciste el sábado?**
- Point out that **dar** has the same preterite endings as **ver**.
- Drill the preterite of **dar** by asking students about what they gave their family members for their last birthdays or other special occasion. Ex: **¿Qué le diste a tu hermano para su cumpleaños?** Then ask what other family members gave them. Ex: **¿Qué te dio tu padre? ¿Y tu madre?**
- In a dramatically offended tone, say: **Di una fiesta el sábado. Los invité a todos ustedes y ¡no vino nadie!** Complain about all the work you did to prepare for the party. Ex: **Limpié toda la casa, preparé tortilla española, fui al supermercado y compré refrescos, puse la mesa con platos bonitos, puse música salsa...** Then write **¿Por qué no viniste a mi fiesta?** and **Lo siento, profesor(a), no pude venir a su fiesta porque tuve que...** on the board and give students one minute to write a creative or humorous excuse. Have volunteers read their excuses aloud. Ex: **Lo siento, profesor, no pude venir a su fiesta porque tuve que lavarme el pelo...**

EXPANSION

Video Show the **Fotonovela** again to give students more input containing irregular preterite forms. Stop the video where appropriate to discuss how certain verbs were used and to ask comprehension questions.

EXPANSION

Extra Practice Have students write down six things they brought to class today. Then have them circulate around the room, asking other students if they also brought those items (**¿Trajiste tus llaves a clase hoy?**). When they find a student that answers **sí,** they ask that student to sign his or her name next to that item (**Firma aquí, por favor.**). Can students get signatures for all the items they brought to class?

Communication 1.1
Comparisons 4.1

1 Teaching Tip To simplify, have students begin by identifying the subject in each sentence. Help them see that for item 1, the subject is implied.

1 Expansion
- Ask individual students about the last time their family threw a party. Ex: **La última vez que tu familia dio una fiesta, ¿quiénes estuvieron allí? ¿Fue alguien que no invitaron? ¿Qué llevaron los invitados?**
- Assign students to groups of three. Tell them they are going to write a narrative about a wedding. You will begin the story, then each student will add a sentence using an irregular verb in the preterite. Each group member should have at least two turns. Ex: **El domingo se casaron Carlos y Susana. (E1: Tuvieron una boda muy grande. E2: Vinieron muchos invitados. E3: Hubo un pastel enorme y elegante.)**

2 Teaching Tip To challenge students, have them see how many sentences they can come up with to describe each drawing using the target verbs.

2 Expansion Using magazine pictures, show images similar to those in the activity. Have students narrate what happened in the images using irregular preterite verb forms.

Práctica

1 **Completar** Completa estas oraciones con el pretérito de los verbos entre paréntesis.

1. El sábado __hubo__ (haber) una fiesta sorpresa para Elsa en mi casa.
2. Sofía __hizo__ (hacer) un pastel para la fiesta y Miguel __trajo__ (traer) un flan.
3. Los amigos y parientes de Elsa __vinieron__ (venir) y __trajeron__ (traer) regalos.
4. El hermano de Elsa no __vino__ (venir) porque __tuvo__ (tener) que trabajar.
5. Su tía María Dolores tampoco __pudo__ (poder) venir.
6. Cuando Elsa abrió la puerta, todos gritaron: "¡Feliz cumpleaños!" y su esposo le __dio__ (dar) un beso.
7. Elsa no __supo__ (saber) cómo reaccionar (*to react*). __Estuvo__ (Estar) un poco nerviosa al principio, pero pronto sus amigos __pusieron__ (poner) música y ella __pudo__ (poder) relajarse bailando con su esposo.
8. Al final de la noche, todos __dijeron__ (decir) que se divirtieron mucho.

NOTA CULTURAL

El **flan** es un postre muy popular en los países de habla hispana. Se prepara con huevos, leche y azúcar y se sirve con salsa de caramelo. Existen variedades deliciosas como el flan de chocolate o el flan de coco.

2 **Describir** En parejas, usen verbos de la lista para describir lo que estas personas hicieron. Deben dar por lo menos dos oraciones por cada dibujo. Some answers may vary. Suggested answers:

dar	estar	poner	traer
decir	hacer	tener	venir

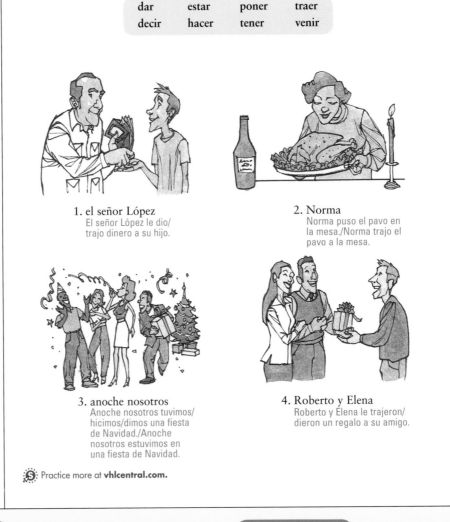

1. el señor López
El señor López le dio/trajo dinero a su hijo.

2. Norma
Norma puso el pavo en la mesa./Norma trajo el pavo a la mesa.

3. anoche nosotros
Anoche nosotros tuvimos/hicimos/dimos una fiesta de Navidad./Anoche nosotros estuvimos en una fiesta de Navidad.

4. Roberto y Elena
Roberto y Elena le trajeron/dieron un regalo a su amigo.

 Practice more at **vhlcentral.com.**

EXPANSION

Extra Practice Ask students to write a description of a party they once attended. They should include information on what kind of party it was, who was there, what people brought, what the guests did, and so forth. Have students exchange papers with a classmate for peer editing.

TEACHING OPTIONS

Small Groups In small groups, have each student write three sentences using irregular preterites. Two of the sentences should be true and the third should be false. The other members of the group have to guess which of the sentences is the false one, discussing their reasoning with the group.

Communication 1.1
Comparisons 4.1

Comunicación

3 **Preguntas** En parejas, túrnense para hacerse y responder a estas preguntas. Answers will vary.

1. ¿Fuiste a una fiesta de cumpleaños el año pasado? ¿De quién?
2. ¿Quiénes fueron a la fiesta?
3. ¿Quién condujo el auto?
4. ¿Cómo estuvo el ambiente de la fiesta?
5. ¿Quién llevó regalos, bebidas o comida? ¿Llevaste algo especial?
6. ¿Hubo comida? ¿Quién la hizo?
7. ¿Qué regalo hiciste tú? ¿Qué otros regalos trajeron los invitados?
8. ¿Cuántos invitados hubo en la fiesta?
9. ¿Qué tipo de música hubo?
10. ¿Qué te dijeron algunos invitados de la fiesta?

3 Expansion To practice the formal register, call on different students to ask you the questions in the activity. Ex: **¿Fue usted a una fiesta de cumpleaños el año pasado? (Sí, fui a la fiesta de cumpleaños de Lisa.)**

3 Virtual Chat You can also assign activity 3 on the Supersite. Students record individual responses that appear in your gradebook.

recursos

vText

CPA p. 137

4 **Encuesta** Tu profesor(a) va a darte una hoja de actividades. Para cada una de las actividades de la lista, encuentra a alguien que hizo esa actividad en el tiempo indicado. Answers will vary.

modelo

traer dulces a clase
Estudiante 1: ¿Trajiste dulces a clase?
Estudiante 2: Sí, traje galletas y helado a la fiesta del fin del semestre.

Actividades	Nombres
1. ponerse un disfraz (*costume*) de Halloween	
2. traer dulces a clase	
3. llegar a la escuela en auto	
4. estar en la biblioteca ayer	
5. dar un regalo a alguien ayer	
6. poder levantarse temprano esta mañana	
7. hacer un viaje a un país hispano en el verano	
8. ver una película anoche	
9. ir a una fiesta el fin de semana pasado	
10. tener que estudiar el sábado pasado	

4 Teaching Tip Distribute the Communication Activities worksheets from the ***Cuaderno de práctica y actividades comunicativas.*** Point out that to get information, students must form questions using the **tú** forms of the infinitives. Ex: **¿Trajiste dulces a clase?**

Nota cultural Halloween is celebrated in some Spanish-speaking countries, but it is not part of Hispanic culture. However, **El Día de todos los Santos** (November 1st) and **el Día de Muertos** (November 2nd), which was featured in the **Fotonovela**, are two fall holidays that are deeply rooted in the culture.

Síntesis

5 **Conversación** En parejas, preparen una conversación en la que uno/a de ustedes va a visitar a su hermano/a para explicarle por qué no fue a su fiesta de graduación y para saber cómo estuvo la fiesta. Incluyan esta información en la conversación: Answers will vary.

- cuál fue el menú
- quiénes vinieron a la fiesta y quiénes no pudieron venir
- quiénes prepararon la comida o trajeron algo
- si él/ella tuvo que preparar algo
- lo que la gente hizo antes y después de comer
- cómo lo pasaron, bien o mal

Communication 1.1

5 Expansion Have pairs work in groups of four to write a paragraph combining the most interesting or unusual aspects of each pair's conversation. Ask a group representative to read the paragraph to the class, who will vote for the most creative or funniest paragraph.

5 Partner Chat You can also assign activity 5 on the Supersite. Students work in pairs to record the activity online. The pair's recorded conversation will appear in your gradebook.

EXPANSION

Extra Practice Ask students to write a brief composition on the **Fotonovela** from this lesson. Students should write about where the characters went, what they did, what they said to each other, and so forth. (Note: Students should stick to completed actions in the past [*preterite*]. The use of the imperfect for narrating a story will not be presented until **Descubre,** Level 2.)

TEACHING OPTIONS

Large Groups Divide the class into two groups. Give each member of the first group a strip of paper with a question. Ex: **¿Quién me trajo el pastel de cumpleaños?** Give each member of the second group a strip of paper with the answer to that question. Ex: **Marta te lo trajo.** Students must find their partners.

Section Goal

In **Estructura 9.2**, students will be introduced to verbs that change meaning in the preterite tense.

Communication 1.1
Comparisons 4.1

Instructional Resources
vText
Cuaderno de práctica y actividades comunicativas, pp. 138–139
Cuaderno para hispanohablantes, pp. 139–140
e-Cuaderno
Supersite: Audio Activities MP3 Audio Files
Supersite/TRCD: Grammar Slides, Audio Activities Script, Answer Keys, Testing Program Quizzes
Audio Activities CD
Activity Pack
Middle School Activity Pack

Teaching Tips

- Introduce the preterite of **conocer**. Say: **Ahora los conozco a ustedes muy bien. Pero me acuerdo del día en que los conocí. ¿Ustedes se acuerdan del día en que nos conocimos? ¿Cuándo fue?** Ask volunteers to compare and contrast the meanings of **conocer** in your example.
- Stress the meaning of **poder** in the preterite by giving both affirmative (*to manage; to succeed*) and negative (*to try and fail*) examples. Ex: **Pude leer todas sus composiciones anoche, pero no pude leer las composiciones de la otra clase.**
- Stress the meaning of **querer** in the preterite by giving both affirmative (*to try*) and negative (*to refuse*) examples. Ex: **Quisimos ver una película el sábado, pero no quise ver ninguna película violenta.**

9.2 Verbs that change meaning in the preterite

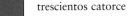

Explanation Tutorial

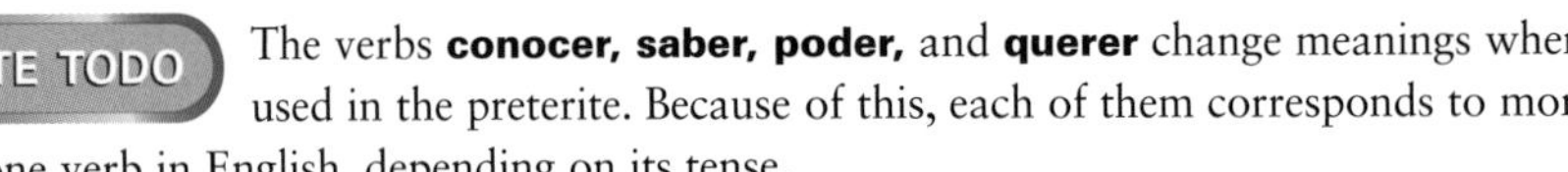

ANTE TODO The verbs **conocer, saber, poder,** and **querer** change meanings when used in the preterite. Because of this, each of them corresponds to more than one verb in English, depending on its tense.

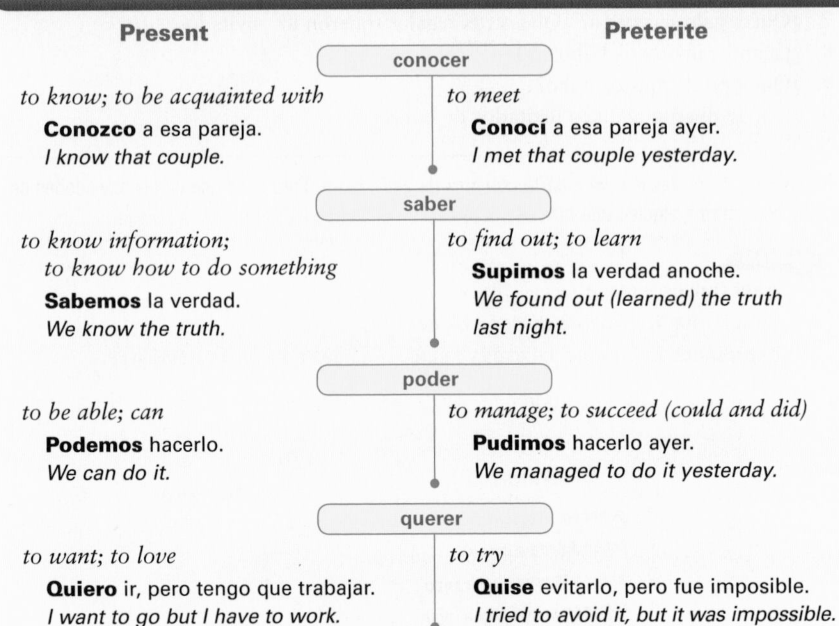

Verbs that change meaning in the preterite

	Present	Preterite
conocer	*to know; to be acquainted with* **Conozco** a esa pareja. *I know that couple.*	*to meet* **Conocí** a esa pareja ayer. *I met that couple yesterday.*
saber	*to know information; to know how to do something* **Sabemos** la verdad. *We know the truth.*	*to find out; to learn* **Supimos** la verdad anoche. *We found out (learned) the truth last night.*
poder	*to be able; can* **Podemos** hacerlo. *We can do it.*	*to manage; to succeed (could and did)* **Pudimos** hacerlo ayer. *We managed to do it yesterday.*
querer	*to want; to love* **Quiero** ir, pero tengo que trabajar. *I want to go but I have to work.*	*to try* **Quise** evitarlo, pero fue imposible. *I tried to avoid it, but it was impossible.*

¡ATENCIÓN!

In the preterite, the verbs **poder** and **querer** have different meanings when they are used in affirmative or negative sentences.
pude / *succeeded*
no pude / *failed (to)*
quise / *tried (to)*
no quise / *refused (to)*

¡INTÉNTALO! Elige la respuesta más lógica.

1. Yo no hice lo que me pidieron mis padres. ¡Tengo mis principios! a
   a. No quise hacerlo. b. No supe hacerlo.
2. Hablamos por primera vez con Nuria y Ana en la boda. a
   a. Las conocimos en la boda. b. Les dijimos en la boda.
3. Por fin hablé con mi hermano después de llamarlo siete veces. b
   a. No quise hablar con él. b. Pude hablar con él.
4. Josefina se acostó para relajarse. Se durmió inmediatamente. a
   a. Pudo relajarse. b. No pudo relajarse.
5. Después de mucho buscar, encontraste la definición en el diccionario. b
   a. No supiste la respuesta. b. Supiste la respuesta.
6. Las chicas fueron a la fiesta. Cantaron y bailaron mucho. a
   a. Ellas pudieron divertirse. b. Ellas no supieron divertirse.

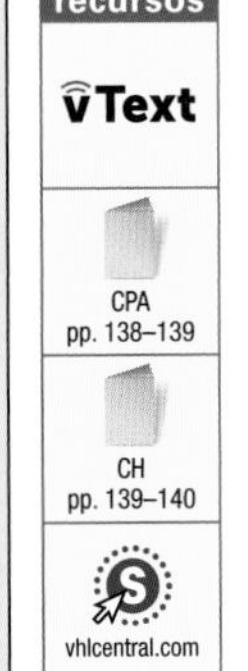

EXPANSION

Extra Practice Prepare sentences using **conocer, saber, poder,** and **querer** in the present tense that will be logical when converted into the preterite. Have students convert them and explain how the meanings of the sentences change. Ex: **Sé la fecha de la fiesta. (Supe la fecha de la fiesta.)**

DIFFERENTIATION

Heritage Speakers Ask heritage speakers to talk about one of these situations in the past: (1) when they found out there was no Santa Claus (**saber**), (2) when they met their best friend (**conocer**), or (3) something they tried to do but could not (**querer/no poder**). Verify student comprehension by asking other students to relate what was said.

Práctica y Comunicación

1 **Carlos y Eva** Forma oraciones con los siguientes elementos. Usa el pretérito y haz todos los cambios necesarios. Al final, inventa la razón del divorcio de Carlos y Eva.

1. anoche / mi esposa y yo / saber / que / Carlos y Eva / divorciarse
   Anoche mi esposa y yo supimos que Carlos y Eva se divorciaron.
2. los / conocer / viaje / isla de Pascua
   Los conocimos en un viaje a la isla de Pascua.
3. no / poder / hablar / mucho / con / ellos / ese día
   No pudimos hablar mucho con ellos ese día.
4. pero / ellos / ser / simpático / y / nosotros / hacer planes / vernos / con más / frecuencia
   Pero ellos fueron simpáticos y nosotros hicimos planes para vernos con más frecuencia.
5. yo / poder / encontrar / su / número / teléfono / páginas / amarillo
   Yo pude encontrar su número de teléfono en las páginas amarillas.
6. (yo) querer / llamar / los / ese día / pero / no / tener / tiempo
   Quise llamarlos ese día pero no tuve tiempo.
7. cuando / los / llamar / nosotros / poder / hablar / Eva
   Cuando los llamé, nosotros pudimos hablar con Eva.
8. nosotros / saber / razón / divorcio / después / hablar / ella
   Nosotros supimos la razón del divorcio después de hablar con ella.
9. ______________________________
   Answers will vary.

NOTA CULTURAL

La isla de Pascua es un remoto territorio chileno situado en el océano Pacífico Sur. Sus inmensas estatuas son uno de los mayores misterios del mundo: nadie sabe cómo o por qué se crearon. Para más información, véase **Panorama**, p. 329.

2 **Completar** Completa estas frases de una manera lógica. Answers will vary.

1. Ayer mi compañero/a de clase supo...
2. Esta mañana no pude...
3. Conocí a mi mejor amigo/a en...
4. Mis padres no quisieron...
5. Mi mejor amigo/a no pudo...
6. Mi novio/a y yo nos conocimos en...
7. La semana pasada supe...
8. Ayer mis amigos quisieron...

3 **Telenovela** En parejas, escriban el diálogo para una escena de una telenovela (*soap opera*). La escena trata de una situación amorosa entre tres personas: Mirta, Daniel y Raúl. Usen el pretérito de **conocer, poder, querer** y **saber** en su diálogo. Answers will vary.

 Practice more at **vhlcentral.com.**

Síntesis

4 **Conversación** En una hoja de papel, escribe dos listas: las cosas que hiciste durante el fin de semana y las cosas que quisiste hacer, pero no pudiste. Luego, compara tu lista con la de un(a) compañero/a, y expliquen ambos por qué no pudieron hacer esas cosas. Answers will vary.

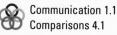

 Communication 1.1
Comparisons 4.1

1 Expansion In pairs, students create five additional dehydrated sentences for their partner to complete, using the verbs **conocer, saber, poder,** and **querer**. After pairs have finished, ask volunteers to share some of their dehydrated sentences. Write them on the board and have the rest of the class "hydrate" them.

2 Teaching Tip Before assigning the activity, share with the class some recent things you found out, tried to do but could not, or the names of people you met, inviting students to respond.

3 Teaching Tips

- Explain that **telenovelas** are soap operas aired in a miniseries format. They typically run for a limited duration (averaging 120 episodes) and have a conclusion. In Mexico, historical romances are very popular, usually set in the colonial or revolutionary periods.
- Before students begin writing, brainstorm as a class some of the characteristics of soap operas, including how they create suspense and melodrama.

 Communication 1.1

4 Expansion Have pairs repeat the activity, this time describing another person. Ask students to share their descriptions with the class, who will guess the person being described.

4 Partner Chat You can also assign activity 4 on the Supersite. Students work in pairs to record the activity online. The pair's recorded conversation will appear in your gradebook.

EXPANSION

Video Show the **Fotonovela** again to give students more input modeling verbs that change meaning in the preterite. Stop the video where appropriate to discuss how certain verbs were used and to ask comprehension questions.

TEACHING OPTIONS

Pairs In pairs, have students write three sentences using verbs that change meaning in the preterite. Two of the sentences should be true and the third should be false. Their partner has to guess which of the sentences is the false one.

Section Goals

In **Estructura 9.3**, students will review:
- the uses of **¿qué?** and **¿cuál?**
- interrogative words and phrases

Communication 1.1
Comparisons 4.1

Instructional Resources
vText
Cuaderno de práctica y actividades comunicativas, pp. 140–143
Cuaderno para hispanohablantes, pp. 141–142
e-Cuaderno
Supersite: Audio Activities MP3 Audio Files
Supersite/TRCD: Grammar Slides, Audio Activities Script, Answer Keys, Testing Program Quizzes
Audio Activities CD
Activity Pack
Middle School Activity Pack

Teaching Tips
- Review the question words **¿qué?** and **¿cuál?** Write incomplete questions on the board and ask students which interrogative word best completes each sentence.
- Point out that while both question words mean *what?* or *which?*, **¿qué?** is used with a noun, whereas **¿cuál?** is used with a verb. Ex: **¿Qué clase te gusta más? ¿Cuál es tu clase favorita?**
- Review the chart of interrogative words and phrases. Ask students personalized questions and invite them to ask you questions. Ex: **¿Cuál es tu película favorita? ¿Qué director es su favorito?**
- Give students pairs of questions and have them explain the difference in meaning. Ex: **¿Qué es tu número de teléfono? ¿Cuál es tu número de teléfono?** Emphasize that the first question asks for a definition and, in the second question, someone wants to know *which* number is yours.

9.3 ¿Qué? and ¿cuál?

Explanation Tutorial

ANTE TODO You've already learned how to use interrogative words and phrases. As you know, **¿qué?** and **¿cuál?** or **¿cuáles?** mean *what?* or *which?* However, they are not interchangeable.

▶ **¿Qué?** is used to ask for a definition or an explanation.

¿**Qué** es el flan?
What is flan?

¿**Qué** estudias?
What do you study?

▶ **¿Cuál(es)?** is used when there is more than one possibility to choose from.

¿**Cuál** de los dos prefieres, las galletas o el helado?
Which of these (two) do you prefer, cookies or ice cream?

¿**Cuáles** son tus medias, las negras o las blancas?
Which ones are your socks, the black ones or the white ones?

▶ **¿Cuál?** cannot be used before a noun; in this case, **¿qué?** is used.

¿**Qué** sorpresa te dieron tus amigos?
What surprise did your friends give you?

¿**Qué** colores te gustan?
What colors do you like?

▶ **¿Qué?** used before a noun has the same meaning as **¿cuál?**

¿**Qué regalo** te gusta?
What (Which) gift do you like?

¿**Qué dulces** quieren ustedes?
What (Which) sweets do you want?

Review of interrogative words and phrases

¿a qué hora?	*at what time?*	**¿cuántos/as?**	*how many?*
¿adónde?	*(to) where?*	**¿de dónde?**	*from where?*
¿cómo?	*how?*	**¿dónde?**	*where?*
¿cuál(es)?	*what?; which?*	**¿por qué?**	*why?*
¿cuándo?	*when?*	**¿qué?**	*what?; which?*
¿cuánto/a?	*how much?*	**¿quién(es)?**	*who?*

¡INTÉNTALO! Completa las preguntas con **¿qué?** o **¿cuál(es)?**, según el contexto.

1. ¿ Cuál de los dos te gusta más?
2. ¿ Cuál es tu teléfono?
3. ¿ Qué tipo de pastel pediste?
4. ¿ Qué es una galleta?
5. ¿ Qué haces ahora?
6. ¿ Cuáles son tus platos favoritos?
7. ¿ Qué bebidas te gustan más?
8. ¿ Qué es esto?
9. ¿ Cuál es el mejor?
10. ¿ Cuál es tu opinión?
11. ¿ Qué fiestas celebras tú?
12. ¿ Qué regalo prefieres?
13. ¿ Cuál es tu helado favorito?
14. ¿ Qué pones en la mesa?
15. ¿ Qué restaurante prefieres?
16. ¿ Qué estudiantes estudian más?
17. ¿ Qué quieres comer esta noche?
18. ¿ Cuál es la sorpresa mañana?
19. ¿ Qué postre prefieres?
20. ¿ Qué opinas?

recursos
vText
CPA pp. 140–141
CH pp. 141–142
vhlcentral.com

EXPANSION

Extra Practice Ask questions of individual students, using **¿qué?** and **¿cuál?** Make sure a portion of the questions are general and information-seeking in nature (**¿qué?**). Ex: **¿Qué es una guitarra? ¿Qué es un elefante?** This is also a good way for students to practice circumlocution (**Es algo que…**).
Pairs Ask students to write one question using each of the interrogative words or phrases in the chart on this page. Then have them ask those questions of a partner, who must answer in complete sentences.

TEACHING OPTIONS

TPR Divide the class into two teams, **qué** and **cuál**, and have them line up. Indicate the first member of each team and call out a question in English that uses *what* or *which*. Ex: What is your favorite ice cream? The first team member who steps forward and can provide a correct Spanish translation earns a point for his or her team.

Communication 1.1
Comparisons 4.1

Práctica y Comunicación

1 **Completar** Tu clase de español va a crear un sitio web. Completa estas preguntas con palabras interrogativas. Luego, con un(a) compañero/a, hagan y contesten las preguntas para obtener la información para el sitio web.

1. ¿__Cuál__ es la fecha de tu cumpleaños?
2. ¿__Dónde__ naciste?
3. ¿__Cuál__ es tu estado civil?
4. ¿__Cómo/Cuándo/Dónde__ te relajas?
5. ¿__Quién__ es tu mejor amigo/a?
6. ¿__Qué__ cosas te hacen reír?
7. ¿__Qué__ postres te gustan? ¿__Cuál__ te gusta más?
8. ¿__Qué__ problemas tuviste el primer día en esta escuela?

2 **Una invitación** En parejas, lean esta invitación. Luego, túrnense para hacer y contestar preguntas con **qué** y **cuál** basadas en la información de la invitación. Answers will vary.

modelo

Estudiante 1: ¿Cuál es el nombre del padre de la novia?
Estudiante 2: Su nombre es Fernando Sandoval Valera.

Fernando Sandoval Valera — *Lorenzo Vásquez Amaral*
Isabel Arzipe de Sandoval — *Elena Soto de Vásquez*

tienen el agrado de invitarlos
a la boda de sus hijos

María Luisa y José Antonio

La ceremonia religiosa tendrá lugar
el sábado 10 de junio a las dos de la tarde
en el Templo de Santo Domingo
(Calle Santo Domingo, 961).

Después de la ceremonia, sírvanse pasar a la recepción en el salón de baile del Hotel Metrópoli (Sotero del Río, 465).

¡LENGUA VIVA!

The word **invitar** is not always used exactly like *invite*. Sometimes, if you say **Te invito un café,** it means that you are offering to buy that person a coffee.

3 **Quinceañera** Trabaja con un(a) compañero/a. Uno/a de ustedes es el/la director(a) del salón de fiestas "Renacimiento". La otra persona es el padre/la madre de Sandra, quien quiere hacer la fiesta de quince años de su hija gastando menos de $25 por invitado. Su profesor(a) va a darles la información necesaria para confirmar la reservación. Answers will vary.

modelo

Estudiante 1: ¿Cuánto cuestan los entremeses?
Estudiante 2: Depende. Puede escoger champiñones por 50 centavos o camarones por dos dólares.
Estudiante 1: ¡Uf! A mi hija le gustan los camarones, pero son muy caros.
Estudiante 2: Bueno, también puede escoger quesos por un dólar por invitado.

Practice more at **vhlcentral.com.**

recursos

vText

CPA
pp. 142–143

1 Expansion Conduct a conversation with the whole class to find consensus on some of the questions.

2 Expansion

- Add a visual aspect to this activity. Bring in images showing a group of people at a wedding reception. Have pairs of students imagine they are sitting at a table at the reception and ask each other questions about the attendees. Encourage creativity. Ex: **¿Quién es esa mujer que baila con el señor alto y delgado? ¿Qué postres van a servir? ¿Dónde está el novio?**
- Have pairs design an invitation to a party, wedding, **fiesta de quince años,** or other social event. Then have them answer questions from the class about their invitation without showing it. The class guesses what kind of social event is announced. Ex: **¿Dónde es el evento? (en el salón de baile "Cosmopolita") ¿A qué hora es? (a las ocho de la noche) ¿De quiénes es la invitación? (de los señores López Pujol) Es una fiesta de quince años. (Sí.)** Finally, have pairs reveal their design to the class.

3 Teaching Tip Divide the class into pairs and distribute the Communication Activities worksheets from the ***Cuaderno de práctica y actividades comunicativas*** that correspond to this activity. Give students ten minutes to complete this activity.

3 Expansion With the same partner, have students prepare a **telenovela** skit with characters from this activity. Encourage them to use interrogative words and verbs that change meaning in the preterite. Ask pairs to role-play their skits for the class.

TEACHING OPTIONS

Pairs In pairs, students prepare a conversation between two friends. One of the friends is planning a surprise party (**fiesta sorpresa**) for a mutual friend. However, the other person reveals that he or she does not care much for the party honoree and tells why. The class can vote for the funniest or most original skit.

TEACHING OPTIONS

Game Play a *Jeopardy*-style game. Prepare five answers for each of six categories (30 answers in all), in varying degrees of difficulty. Ex: **una celebración para una quinceañera.** Ask for three volunteers to play. Students must give their answers in the form of a question. Ex: **¿Qué es una fiesta de quince años?** You may want to decrease the number of questions and have additional volunteers participate in the game.

Section Goals

In **Estructura 9.4**, students will be introduced to:
- pronouns as objects of prepositions
- the preposition-pronoun combinations **conmigo** and **contigo**

Communication 1.1
Comparisons 4.1

Instructional Resources
vText
Cuaderno de práctica y actividades comunicativas, pp. 144–148
Cuaderno para hispanohablantes, p. 143
e-Cuaderno
Supersite: Audio Activities MP3 Audio Files
Supersite/TRCD: Grammar Slides, Audio Activities Script, Answer Keys, Testing Program Quizzes
Audio Activities CD
Activity Pack
Middle School Activity Pack

Teaching Tips

- Use prepositional pronouns as you describe yourself and others in relation to people and things. Say: **¿Quién está delante de mí? Sí, ____ está delante de mí. ¿Y quién está detrás de ella? Sí, ____ está detrás de ella.**
- Ask students which pronouns they recognize and which are new. Ask the class to deduce the rules for pronouns after prepositions.
- Point out that students have been using these pronouns with the preposition **a** since they learned the verb **gustar**.
- Practice **conmigo** and **contigo** by making invitations and having students decline. Ex: ____, **¿quieres ir conmigo al museo? (No, no quiero ir contigo.)** In a sad tone, say: **Nadie quiere ir conmigo a ningún lado.**

9.4 Pronouns after prepositions

Explanation Tutorial

In Spanish, as in English, the object of a preposition is the noun or pronoun that follows the preposition. Observe the following diagram.

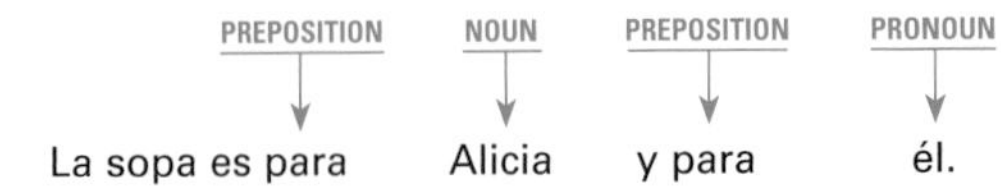

Prepositional pronouns

	Singular		Plural	
	mí	*me*	**nosotros/as**	*us*
	ti	*you (fam.)*	**vosotros/as**	*you (fam.)*
preposition +	**Ud.**	*you (form.)*	**Uds.**	*you (form.)*
	él	*him*	**ellos**	*them (m.)*
	ella	*her*	**ellas**	*them (f.)*

- Note that, except for **mí** and **ti,** these pronouns are the same as the subject pronouns. **¡Atención! Mí** (*me*) has an accent mark to distinguish it from the possessive adjective **mi** (*my*).
- The preposition **con** combines with **mí** and **ti** to form **conmigo** and **contigo,** respectively.

—¿Quieres venir **conmigo** a Concepción?
Do you want to come with me to Concepción?

—Sí, gracias, me gustaría ir **contigo.**
Yes, thanks, I would like to go with you.

- The preposition **entre** is followed by **tú** and **yo** instead of **ti** and **mí.**

Papá va a sentarse **entre tú y yo.**
Dad is going to sit between you and me.

Completa estas oraciones con las preposiciones y los pronombres apropiados.

1. *(with him)* No quiero ir con él.
2. *(for her)* Las galletas son para ella.
3. *(for me)* Los mariscos son para mí.
4. *(with you,* pl. form.*)* Preferimos estar con ustedes.
5. *(with you,* sing. fam.*)* Me gusta salir contigo.
6. *(with me)* ¿Por qué no quieres tener una cita conmigo?
7. *(for her)* La cuenta es para ella.
8. *(for them,* m.*)* La habitación es muy pequeña para ellos.
9. *(with them,* f.*)* Anoche celebré la Navidad con ellas.
10. *(for you,* sing. fam.*)* Este beso es para ti.
11. *(with you,* sing. fam.*)* Nunca me aburro contigo.
12. *(with you,* pl. form.*)* ¡Qué bien que vamos con ustedes!
13. *(for you,* sing. fam.*)* Para ti la vida es muy fácil.
14. *(for them,* f.*)* Para ellas no hay sorpresas.

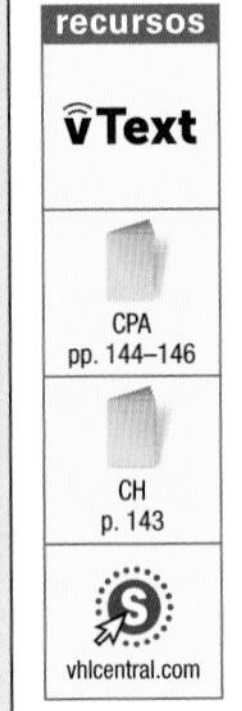

EXPANSION

Extra Practice Describe someone in the classroom using prepositions of location, without saying the student's name. Ex: **Esta persona está entre la ventana y ____. No está al lado de ____. Y está enfrente de mí.** The rest of the class has to guess the person being described. Once students have this model, ask individuals to create similar descriptions so that their classmates may guess.

TEACHING OPTIONS

Game Divide the class into two teams. One student from the first team chooses an item in the classroom and writes it down. Call on five students from the other team to ask questions about the item's location. Ex: **¿Está cerca de mí?** The first student can respond with **sí, no, caliente,** or **frío.** If a team guesses the item within five tries, give them a point. If not, give the other team a point. The team with the most points wins.

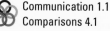

Práctica y Comunicación

1 **Completar** David sale con sus amigos a comer. Para saber quién come qué, lee el mensaje electrónico que David le envió (*sent*) a Cecilia dos días después y completa el diálogo en el restaurante con los pronombres apropiados.

modelo

Camarero: Los camarones en salsa verde, ¿para quién son?
David: Son para ___ella___.

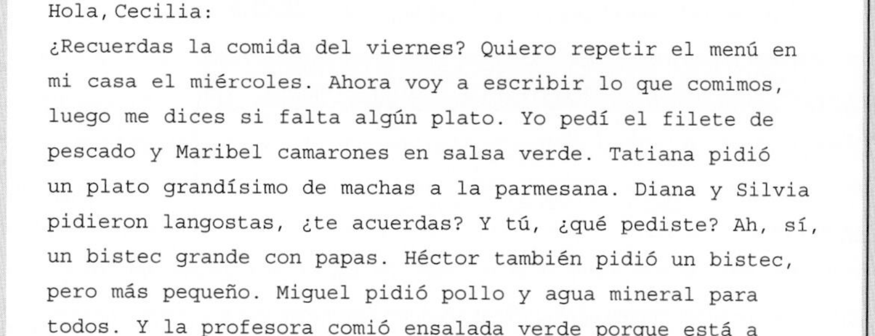

Para: Cecilia | Asunto: El menú

Hola, Cecilia:
¿Recuerdas la comida del viernes? Quiero repetir el menú en mi casa el miércoles. Ahora voy a escribir lo que comimos, luego me dices si falta algún plato. Yo pedí el filete de pescado y Maribel camarones en salsa verde. Tatiana pidió un plato grandísimo de machas a la parmesana. Diana y Silvia pidieron langostas, ¿te acuerdas? Y tú, ¿qué pediste? Ah, sí, un bistec grande con papas. Héctor también pidió un bistec, pero más pequeño. Miguel pidió pollo y agua mineral para todos. Y la profesora comió ensalada verde porque está a dieta. ¿Falta algo? Espero tu mensaje. Hasta pronto. David.

NOTA CULTURAL

Las **machas a la parmesana** son un plato muy típico de Chile. Se prepara con machas, un tipo de almeja (*clam*) que se encuentra en Suramérica. Las machas a la parmesana se hacen con queso parmesano, limón, sal, pimienta y mantequilla, y luego se ponen en el horno (*oven*).

CAMARERO	El filete de pescado, ¿para quién es?
DAVID	Es para (1) ___mí___.
CAMARERO	Aquí está. ¿Y las machas a la parmesana y las langostas?
DAVID	Las machas son para (2) ___ella___.
SILVIA Y DIANA	Las langostas son para (3) ___nosotras___.
CAMARERO	Tengo un bistec grande...
DAVID	Cecilia, es para (4) ___ti___, ¿no es cierto? Y el bistec más pequeño es para (5) ___él___.
CAMARERO	¿Y la botella de agua mineral?
MIGUEL	Es para todos (6) ___nosotros___, y el pollo es para (7) ___mí___.
CAMARERO	(*a la profesora*) Entonces la ensalada verde es para (8) ___usted___.

recursos

vText

CPA pp. 147–148

2 **Compartir** Tu profesor(a) va a darte una hoja de actividades en la que hay un dibujo. En parejas, hagan preguntas para saber dónde está cada una de las personas en el dibujo. Ustedes tienen dos versiones diferentes de la ilustración. Al final deben saber dónde está cada persona.

modelo

Estudiante 1: *¿Quién está al lado de Óscar?*
Estudiante 2: *Alfredo está al lado de él.*

Alfredo	Dolores	Graciela	Raúl
Sra. Blanco	Enrique	Leonor	Rubén
Carlos	Sra. Gómez	Óscar	Yolanda

AYUDA

Here are some other useful prepositions: **al lado de, debajo de, a la derecha de, a la izquierda de, cerca de, lejos de, delante de, detrás de, entre.**

Practice more at **vhlcentral.com.**

Communication 1.1
Comparisons 4.1

1 Teaching Tips

- Remind students that they are to fill in the blanks with prepositional pronouns, not names of the characters in the conversation.
- To simplify, have students begin by scanning the e-mail message. On the board, list the people who ate at the restaurant (starting with the sender of the e-mail and its recipient). Then guide students in matching each name with the dish ordered. Have students refer to the list as they complete the dialogue.

1 Expansion In small groups, have students play the roles of the people mentioned in the e-mail message. Ex: **E1: ¿Para quién son los camarones? E2: Son para mí. E1: ¿Y el bistec? E2: Es para él.**

2 Teaching Tip Divide the class into pairs and distribute the Communication Activities worksheets from the ***Cuaderno de práctica y actividades comunicativas*** that correspond to this activity. Give students ten minutes to complete this activity.

2 Expansion

- Using both versions of the drawing as a guide, ask questions of the class to find out where the people are. Ex: **¿Quién sabe dónde está la señora Blanco?**
- Verify that all students labeled the characters correctly by suggesting changes to the drawing and using prepositions to ask about their new locations. Ex: **Yolanda y Carlos cambian de lugar. ¿Quién está al lado de Yolanda ahora? (Rubén)**

EXPANSION

Video Show the **Fotonovela** again to refresh the class's memory of the lesson's episode. Then, have pairs write three sentences from the point of view of the characters in the video, using prepositional pronouns. Have them exchange papers with another pair, who will identify the character. Ex: **Marissa trajo una foto para mí. (Carolina)**

TEACHING OPTIONS

Large Groups Divide the class into two groups. Give group A cards that contain an activity (Ex: **jugar al baloncesto**) and give group B cards that contain a place (Ex: **el gimnasio**). Have students circulate around the room to find places that match their activities. Ex: **E1: Voy a jugar al baloncesto. ¿Puedo ir contigo? E2: Pues, yo voy al museo. No puedes ir conmigo.** or **Voy al gimnasio. Sí, puedes ir conmigo.**

Section Goal

In **Recapitulación**, students will review the grammar concepts from this lesson.

Instructional Resources
vText
Supersite
Testing Program CD

1 Teaching Tip Ask students to identify which verb changes meaning in the preterite.

1 Expansion
- To challenge students, ask them to provide the **tú** and **ustedes** forms of the verbs.
- Have students provide the conjugations of **conocer, dar,** and **venir.**

2 Teaching Tip To simplify, have students identify the subject of each verb before filling in the blanks.

2 Expansion Have students work in pairs to write a response e-mail from **Omar**. Tell them to use the preterite tense to ask for more details about the party. Ex: **¿Qué más tuviste que hacer para preparar la fiesta? ¿Qué regalos te dieron tus amigos?**

Recapitulación

Diagnostics
Remediation Activities

Completa estas actividades para repasar los conceptos de gramática que aprendiste en esta lección.

1 Completar Completa la tabla con el pretérito de los verbos. 9 pts.

Infinitive	yo	ella	nosotros
conducir	conduje	condujo	condujimos
hacer	hice	hizo	hicimos
saber	supe	supo	supimos

2 Mi fiesta Completa este mensaje electrónico con el pretérito de los verbos de la lista. Vas a usar cada verbo sólo una vez. 10 pts.

dar	haber	tener
decir	hacer	traer
estar	poder	venir
	poner	

Hola, Omar:

Como tú no (1) pudiste venir a mi fiesta de cumpleaños, quiero contarte cómo fue. El día de mi cumpleaños, muy temprano por la mañana, mis hermanos me (2) dieron una gran sorpresa: ellos (3) pusieron un regalo delante de la puerta de mi habitación: ¡una bicicleta roja preciosa! Mi madre nos preparó un desayuno riquísimo. Después de desayunar, mis hermanos y yo (4) tuvimos que limpiar toda la casa, así que (*therefore*) no (5) hubo más celebración hasta la tarde. A las seis y media (nosotros) (6) hicimos una barbacoa en el patio de la casa. Todos los invitados (7) trajeron bebidas y regalos. (8) Vinieron todos mis amigos, excepto tú, ¡qué pena! :-(La fiesta (9) estuvo muy animada hasta las diez de la noche, cuando mis padres (10) dijeron que los vecinos (*neighbors*) iban a (*were going to*) protestar y entonces todos se fueron a sus casas.

Tu amigo,
Andrés

RESUMEN GRAMATICAL

9.1 Irregular preterites *pp. 310–311*

u-stem	estar poder poner saber tener	estuv- pud- pus- sup- tuv-	
i-stem	hacer querer venir	hic- quis- vin-	-e, -iste, -o, -imos, -isteis, -(i)eron
j-stem	conducir decir traducir traer	conduj- dij- traduj- traj-	

- ▸ Preterite of **dar: di, diste, dio, dimos, disteis, dieron**
- ▸ Preterite of **hay** (*inf.* **haber**): **hubo**

9.2 Verbs that change meaning in the preterite *p. 3*

Present	Preterite
conocer	
to know; to be acquainted with	*to meet*
saber	
to know info.; to know how to do something	*to find out; to learn*
poder	
to be able; can	*to manage; to succeed*
querer	
to want; to love	*to try*

9.3 ¿Qué? and ¿cuál? *p. 316*

- ▸ Use **¿qué?** to ask for a definition or an explanation.
- ▸ Use **¿cuál(es)?** when there is more than one possibility to choose from.
- ▸ **¿Cuál?** cannot be used before a noun; use **¿qué?** instead.
- ▸ **¿Qué?** used before a noun has the same meaning as **¿cuál?**

TEACHING OPTIONS

TPR Have students stand and form a circle. Call out an infinitive from **Resumen gramatical** and a subject pronoun (Ex: **poder/ nosotros**) and toss a ball to a student, who will give the correct preterite form (Ex: **pudimos**). He or she then tosses the ball to another student, who must use the verb correctly in a sentence before throwing the ball back to you. Ex: **No pudimos comprar los regalos**.

TEACHING OPTIONS

Small Groups Tell small groups to imagine that one of them has received an anonymous birthday gift from a secret admirer. Have them create a dialogue in which friends ask questions about the gift and the potential admirer. Students must use at least two irregular preterites, two examples of **¿qué?** or **¿cuál?**, and three pronouns after prepositions.

9.4 Pronouns after prepositions *p. 318*

Prepositional pronouns

	Singular	Plural
Preposition +	mí	nosotros/as
	ti	vosotros/as
	Ud.	Uds.
	él	ellos
	ella	ellas

▸ Exceptions: **conmigo, contigo, entre tú y yo**

3 **¿Presente o pretérito?** Escoge la forma correcta de los verbos entre paréntesis. 6 pts.

1. Después de muchos intentos (*tries*), (podemos/pudimos) hacer una piñata.
2. —¿Conoces a Pepe?
   —Sí, lo (conozco/conocí) en tu fiesta.
3. Como no es de aquí, Cristina no (sabe/supo) mucho de las celebraciones locales.
4. Yo no (quiero/quise) ir a un restaurante grande, pero tú decides.
5. Ellos (quieren/quisieron) darme una sorpresa, pero Nina me lo dijo todo.
6. Mañana se terminan las vacaciones; por fin (podemos/pudimos) volver a la escuela.

4 **Preguntas** Escribe una pregunta para cada respuesta con los elementos dados. Empieza con **qué**, **cuál** o **cuáles** de acuerdo con el contexto y haz los cambios necesarios. 8 pts.

1. —¿? / pastel / querer —Quiero el pastel de chocolate. 1. ¿Qué pastel quieres?
2. —¿? / ser / flan —El flan es un postre típico hispano. 2. ¿Qué es el flan?
3. —¿? / ser / restaurante favorito —Mis restaurantes favoritos son Dalí y Jaleo. 3. ¿Cuáles son tus restaurantes favoritos?
4. —¿? / ser / dirección electrónica —Mi dirección electrónica es paco@email.com. 4. ¿Cuál es tu dirección electrónica?

5 **¿Dónde me siento?** Completa la conversación con los pronombres apropiados. 7 pts.

JUAN A ver, te voy a decir dónde te vas a sentar. Manuel, ¿ves esa silla? Es para __ti__. Y esa otra silla es para tu novia, que todavía no está aquí.

MANUEL Muy bien, yo la reservo para __ella__.

HUGO ¿Y esta silla es para __mí__?

JUAN No, Hugo. No es para __ti__. Es para Carmina, que viene con Julio.

HUGO No, Carmina y Julio no pueden venir. Hablé con __ellos__ y me avisaron.

JUAN Pues ellos se lo pierden (*it's their loss*). ¡Más comida para __nosotros__ (*us*)!

CAMARERO Aquí tienen el menú. Les doy un minuto y enseguida estoy con __ustedes__.

6 **Cumpleaños feliz** Escribe cinco oraciones que describan cómo celebraste tu último cumpleaños. Usa el pretérito y los pronombres que aprendiste en esta lección. 10 pts. Answers will vary.

7 **Adivinanza** Completa la adivinanza con la palabra que falta y adivina la respuesta. ¡2 puntos EXTRA!

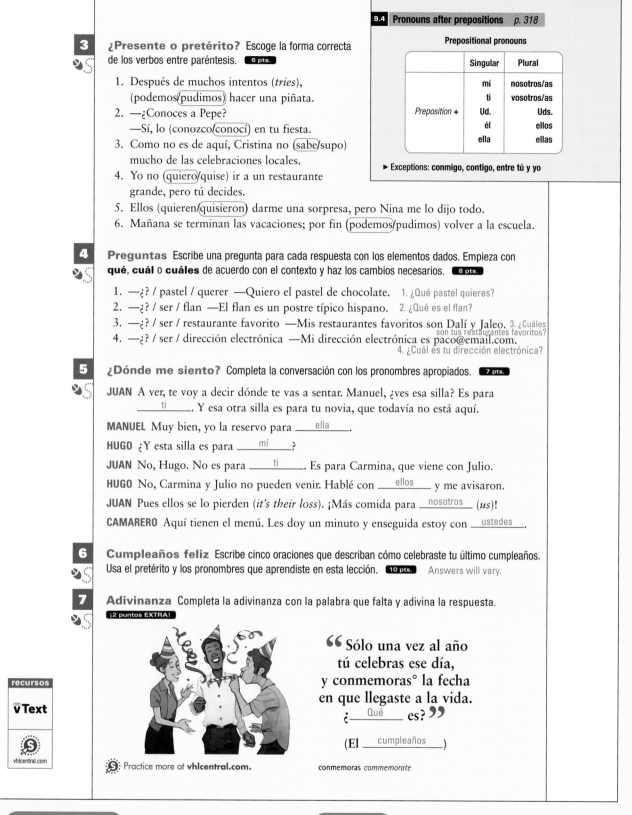

"Sólo una vez al año
tú celebras ese día,
y conmemoras° la fecha
en que llegaste a la vida.
¿__Qué__ es?"

(El __cumpleaños__)

conmemoras *commemorate*

Practice more at **vhlcentral.com.**

recursos
vText
vhlcentral.com

3 Teaching Tip To challenge students, ask them to explain why they chose the preterite or present tense in each case.

4 Expansion Give students these answers as items 5–8: **5. —¿? / libro / comprar —Voy a comprar el libro de viajes. (¿Qué libro vas a comprar?) 6. —¿? / ser / última película / ver —Vi la película *El Hobbit*. (¿Cuál fue la última película que viste?) 7. —¿? / ser / número de la suerte —Mi número de la suerte es el ocho. (¿Cuál es tu número de la suerte?) 8. —¿? / ser / nacimiento —El nacimiento es la primera etapa de la vida. (¿Qué es el nacimiento?)**

5 Expansion Have four volunteers role-play the dialogue for the class. Encourage them to ad-lib as they present.

6 Teaching Tip To simplify, have students begin by making an idea map. In the center circle, have them write **Mi último cumpleaños**. Help them brainstorm labels for the surrounding circles, such as **lugar, invitados, comida, regalos,** etc. You also may want to provide a list of infinitives that students may use in their descriptions.

7 Teaching Tips
- Tell students to read through the whole **adivinanza** before filling in the blanks.
- Have a volunteer read the **adivinanza** aloud.

TEACHING OPTIONS

TPR Divide the class into two teams and have them line up. Indicate the first member of each team and call out a sentence. Ex: **Me gusta el color gris.** The first student to reach the board and write a corresponding question using the proper interrogative form earns a point for his or her team. Ex: **¿Qué color te gusta?** or **¿Cuál es tu color preferido?** The team with the most points at the end wins.
Pairs Add a visual aspect to this grammar review. Have pairs choose a photo of a person from a magazine and invent an imaginary list of the ten most important things that happened to that person in his or her lifetime. Tell them to use at least four preterites from this lesson. Ex: **Conoció al presidente de los Estados Unidos. Ganó la lotería y le dio todo el dinero a su mejor amigo.** Have pairs present their photos and lists to the class, who will ask follow-up questions. Ex: **¿Por qué le dio todo el dinero a un amigo?**

EXPANSION

Section Goals

In **Lectura**, students will:
- learn to use word families to infer meaning in context
- read content-rich texts

Communication 1.1, 1.2, 1.3
Cultures 2.1, 2.2
Connections 3.1, 3.2
Comparisons 4.2

Instructional Resources
vText
Cuaderno para hispanohablantes, pp. 144–145
Supersite

PRE-AP*

Interpretive Reading: Estrategia Write **conocer** on the board and remind students of the meaning *to know, be familiar with.* Next to it, write **conocimiento** and **conocido**. Tell students that recognizing the family relationship between a known word and unfamiliar words can help them infer the meaning of the words they do not yet know. Guide students to see that **conocimiento** is a noun meaning *knowledge, familiarity* and **conocido** is an adjective form of the verb meaning *known* or *well-known*.

Examinar el texto Have students scan the text for clues to its contents. Ask volunteers to tell what kind of text it is and how they know. Headlines (**titulares**), photos, and layout (**diseño de la página**) reveal that it is the society section (**notas sociales**) of a newspaper.

Raíces Have students fill in the rest of the chart after they have read **Vida social**.

21st CENTURY SKILLS

Creativity and Innovation Ask students to prepare a presentation on the family gathering or event, inspired by the information on these two pages.

Lectura

Audio: Synched Reading
Additional Reading

Antes de leer

Estrategia
Recognizing word families

Recognizing root words can help you guess the meaning of words in context, ensuring better comprehension of a reading selection. Using this strategy will enrich your Spanish vocabulary as you will see below.

Examinar el texto

Familiarízate con el texto usando las estrategias de lectura más efectivas para ti. ¿Qué tipo de documento es? ¿De qué tratan° las cuatro secciones del documento? Explica tus respuestas.

Raíces°

Completa el siguiente cuadro° para ampliar tu vocabulario. Usa palabras de la lectura de esta lección y vocabulario de las lecciones anteriores. ¿Qué significan las palabras que escribiste en el cuadro? Some answers may vary. Suggested answers:

Verbo	Sustantivos	Otras formas
1. agradecer *to thank, to be grateful for*	*agradecimiento/gracias* *gratitude/thanks*	*agradecido* *grateful, thankful*
2. estudiar	estudiante *student*	estudiado *studied*
3. celebrar *to celebrate*	celebración *celebration*	celebrado
4. bailar *to dance*	baile	bailable *danceable*
5. bautizar	bautismo *baptism*	bautizado *baptized*

¿De qué tratan...? *What are... about?* Raíces *Roots* cuadro *chart*

recursos

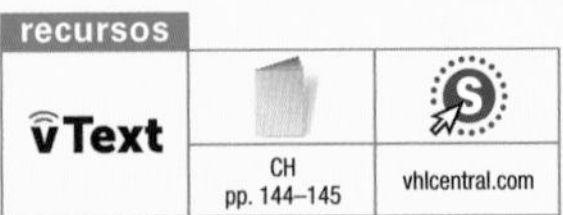

VIDA SOCIAL

Matrimonio
Espinoza Álvarez–Reyes Salazar

El día sábado 17 de junio a las 19 horas, se celebró el matrimonio de Silvia Reyes y Carlos Espinoza en la catedral de Santiago. La ceremonia fue oficiada por el pastor Federico Salas y participaron los padres de los novios, el señor Jorge Espinoza y señora, y el señor José Alfredo Reyes y señora. Después de la ceremonia, los padres de los recién casados ofrecieron una fiesta bailable en el restaurante La Misión.

Bautismo
José María recibió el bautismo el 26 de junio.

Sus padres, don Roberto Lagos Moreno y doña María Angélica Sánchez, compartieron la alegría de la fiesta con todos sus parientes y amigos. La ceremonia religiosa tuvo lugar° en la catedral de Aguas Blancas. Después de la ceremonia, padres, parientes y amigos celebraron una fiesta en la residencia de la familia Lagos.

DIFFERENTIATION

Heritage Speakers Ask heritage speakers to share with the class other terms they use to refer to various types of celebrations. Possible responses: wedding: **boda, casamiento**; graduation: **graduación, promoción**; baptism: **bautizo**; birthday: **cumpleaños, día del santo.**

TEACHING OPTIONS

Extra Practice Here are some related words of which at least one form will be familiar to students. Guide them to recognize the relationship between words and meanings. **idea, ideal, idealismo, idealizar, idear, ideario, idealista • conservar, conservación, conserva, conservador • bueno, bondad, bondadoso, bonito • habla, hablador, hablar, hablante, hablado**

32B

Fiesta de quince años

El doctor don Amador Larenas Fernández y la señora Felisa Vera de Larenas celebraron los quince años de su hija Ana Ester junto a sus parientes y amigos. La quinceañera reside en la ciudad de Valparaíso y es estudiante del Colegio Francés. La fiesta de presentación en sociedad de la señorita Ana Ester fue el día viernes 2 de mayo a las 19 horas en el Club Español. Entre los invitados especiales asistieron el alcalde° de la ciudad, don Pedro Castedo, y su esposa. La música estuvo a cargo de la Orquesta Americana. ¡Feliz cumpleaños, le deseamos a la señorita Ana Ester en su fiesta bailable!

Expresión de gracias
Carmen Godoy Tapia

Agradecemos° sinceramente a todas las personas que nos acompañaron en el último adiós a nuestra apreciada esposa, madre, abuela y tía, la señora Carmen Godoy Tapia. El funeral tuvo lugar el día 28 de junio en la ciudad de Viña del Mar. La vida de Carmen Godoy fue un ejemplo de trabajo, amistad, alegría y amor para todos nosotros. Su esposo, hijos y familia agradecen de todo corazón° su asistencia° al funeral a todos los parientes y amigos.

tuvo lugar *took place* **alcalde** *mayor* **Agradecemos** *We thank* **de todo corazón** *sincerely* **asistencia** *attendance*

Después de leer

Corregir

Escribe estos comentarios otra vez para corregir la información errónea.

1. El alcalde y su esposa asistieron a la boda de Silvia y Carlos. El alcalde y su esposa asistieron a la fiesta de quince años de Ana Ester.
2. Todos los anuncios (*announcements*) describen eventos felices. Tres de los anuncios tratan de eventos felices. Uno trata de una muerte.
3. Felisa Vera de Larenas cumple quince años. Ana Ester Larenas cumple quince años.
4. Roberto Lagos y María Angélica Sánchez son hermanos. Roberto Lagos y María Angélica Sánchez están casados/son esposos.
5. Carmen Godoy Tapia les dio las gracias a las personas que asistieron al funeral. La familia de Carmen Godoy Tapia les dio las gracias a las personas que asistieron al funeral.

Identificar

Escribe los nombres de la(s) persona(s) descrita(s) (*described*).

1. Dejó viudo a su esposo el 28 de junio. Carmen Godoy Tapia
2. Sus padres y todos los invitados brindaron por él, pero él no entendió por qué. José María
3. El Club Español les presentó una cuenta considerable. don Amador Larenas Fernández y doña Felisa Vera de Larenas
4. Unió a los novios en santo matrimonio. el pastor Federico Salas
5. Su fiesta de cumpleaños se celebró en Valparaíso. Ana Ester

Un anuncio

Trabajen en grupos pequeños para inventar un anuncio breve sobre una celebración importante. Puede ser una graduación, un cumpleaños o una gran fiesta en la que ustedes participan. Incluyan la siguiente información. Answers will vary.

1. nombres de los participantes
2. la fecha, la hora y el lugar
3. qué se celebra
4. otros detalles de interés

Practice more at **vhlcentral.com.**

Teaching Tip You may want to discuss other aspects of **fiesta de quince años** celebrations. Point out that a **fiesta de quince años** has elements of a Sweet Sixteen or bat mitzvah, an American prom, and a wedding. For example, often there is a church ceremony followed by a reception with a catered dinner, live music or DJ, and dancing. The birthday girl may have a court made up of **damas de honor** and **chambelanes**. In some cases, the girl may wear flat shoes at the church mass and at the reception, to symbolize her transition into adulthood, her father will change the shoes to high heels. Ask students if they have seen elements related to this celebration in North America, such as Hallmark cards or **quinceañera** Barbie dolls.

Corregir Ask volunteers to correct each false statement and point out the location in the text where they found the correct answer.

Identificar
- If students have trouble inferring the meaning of any word or phrase, help them identify the corresponding context clues.
- Have pairs write one question for each of the five items and exchange them with another pair, who will answer them.

Un anuncio
- Provide students with additional examples of announcements from Spanish-language newspapers to analyze and use as models.
- Have heritage speakers work with students who are being exposed to Spanish for the first time. When students have finished writing, ask them to read their announcements aloud. Have students combine the articles to create their own **Vida social** page for a class newspaper.

EXPANSION

Extra Practice Have pairs visit the website of a small Spanish-speaking newspaper, such as ***El Heraldo*** (Colombia), ***El Informador*** (Mexico), or ***El Norte*** (Mexico). Tell them to look for sections called **Gente, Sociedad,** or **Sociales**. Have them print the photos and present the events to the class, using the preterite tense and vocabulary from this lesson.

TEACHING OPTIONS

Game Have students describe the people mentioned in the announcements they wrote for the above activity **Un anuncio**; their classmates will guess the event they are describing.

Section Goals

In **Escritura**, students will:

- create a Venn diagram to organize information
- learn words and phrases that signal similarity and difference
- write a comparative analysis

 Communication 1.3

Instructional Resources
vText
Cuaderno de práctica y actividades comunicativas, pp. 149–150
Cuaderno para hispanohablantes, pp. 146–148
Supersite

PRE-AP*

Presentational Writing: Estrategia Go over the strategy as a class. Encourage students to give examples of how they will use the suggestions for this activity.

Tema Explain to students that to write a comparative analysis, they will need to use words or phrases that signal similarities **(similitudes)** and differences **(diferencias)**. Model the pronunciation of the words and expressions under **Escribir una composición**. Then have volunteers use them in sentences to express the similarities and differences listed in the Venn diagram.

 **21st CENTURY SKILLS**

Leadership and Responsibility
If you have access to students in a Spanish-speaking country, ask your students to partner with one student from the partner class and share their compositions.

 **21st CENTURY SKILLS**

Productivity and Accountability
Provide the rubric to students before they hand their work in for grading. Ask students to make sure they have met the highest standard possible on the rubric before submitting their work.

Escritura

Estrategia

Planning and writing a comparative analysis

Writing any kind of comparative analysis requires careful planning. Venn diagrams are useful for organizing your ideas visually before comparing and contrasting people, places, objects, events, or issues. To create a Venn diagram, draw two circles that overlap one another and label the top of each circle. List the differences between the two elements in the outer rings of the two circles, then list their similarities where the two circles overlap. Review the following example.

Diferencias y similitudes

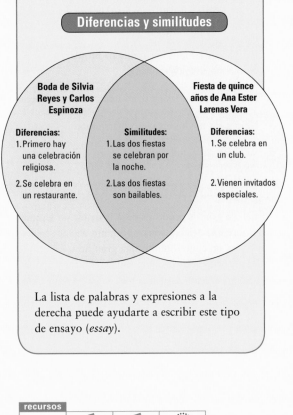

Boda de Silvia Reyes y Carlos Espinoza
Diferencias:
1. Primero hay una celebración religiosa.
2. Se celebra en un restaurante.
Similitudes:
1. Las dos fiestas se celebran por la noche.
2. Las dos fiestas son bailables.
Fiesta de quince años de Ana Ester Larenas Vera
Diferencias:
1. Se celebra en un club.
2. Vienen invitados especiales.

La lista de palabras y expresiones a la derecha puede ayudarte a escribir este tipo de ensayo (*essay*).

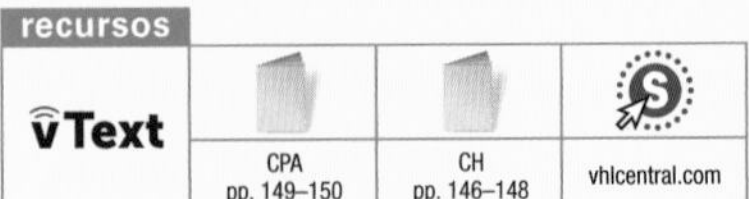
recursos
vText
CPA pp. 149–150
CH pp. 146–148
vhlcentral.com

Tema

Escribir una composición

Compara una celebración familiar (como una boda, una fiesta de cumpleaños o una graduación) a la que tú asististe recientemente con otro tipo de celebración. Utiliza palabras y expresiones de esta lista.

Para expresar similitudes

además; también	*in addition; also*
al igual que	*the same as*
como	*as; like*
de la misma manera	*in the same manner (way)*
del mismo modo	*in the same manner (way)*
tan + [*adjetivo*] + como	*as* + [adjective] + *as*
tanto/a(s) + [*sustantivo*] + como	*as many/much* + [noun] + *as*

Para expresar diferencias

a diferencia de	*unlike*
a pesar de	*in spite of*
aunque	*although*
en cambio	*on the other hand*
más/menos… que	*more/less . . . than*
no obstante	*nevertheless; however*
por otro lado	*on the other hand*
por el contrario	*on the contrary*
sin embargo	*nevertheless; however*

EVALUATION: Composición

Criteria	Scale
Content	1 2 3 4
Organization	1 2 3 4
Use of comparisons/contrasts	1 2 3 4
Use vocabulary	1 2 3 4
Accuracy	1 2 3 4

Scoring	
Excellent	18–20 points
Good	14–17 points
Satisfactory	10–13 points
Unsatisfactory	< 10 points

Escuchar

Estrategia

Guessing the meaning of words through context

When you hear an unfamiliar word, you can often guess its meaning by listening to the words and phrases around it.

To practice this strategy, you will now listen to a paragraph. Jot down the unfamiliar words that you hear. Then listen to the paragraph again and jot down the word or words that give the most useful clues to the meaning of each unfamiliar word.

Preparación

Lee la invitación. ¿De qué crees que van a hablar Rosa y Josefina?

Ahora escucha 

Ahora escucha la conversación entre Josefina y Rosa. Cuando oigas una de las palabras de la columna A, usa el contexto para identificar el sinónimo o la definición en la columna B.

A	B
d festejar	a. conmemoración religiosa de una muerte
c dicha	b. tolera
h bien parecido	c. suerte
g finge (fingir)	d. celebrar
b soporta (soportar)	e. me divertí
e yo lo disfruté (disfrutar)	f. horror
	g. crea una ficción
	h. guapo

recursos

vText | vhlcentral.com

Margarita Robles de García
y Roberto García Olmos

Piden su presencia en la celebración
del décimo aniversario de bodas
el día 13 de marzo
con una misa en la Iglesia Virgen del Coromoto
a las 6:30

seguida por cena y baile
en el restaurante El Campanero,
Calle Principal, Las Mercedes
a las 8:30

Comprensión

¿Cierto o falso?

Lee cada oración e indica si lo que dice es **cierto** o **falso**. Corrige las oraciones falsas.

1. No invitaron a mucha gente a la fiesta de Margarita y Roberto porque ellos no conocen a muchas personas. **Falso.** Fueron muchos invitados.
2. Algunos fueron a la fiesta con pareja y otros fueron sin compañero/a. **Cierto.**
3. Margarita y Roberto decidieron celebrar el décimo aniversario porque no hicieron una fiesta el día de su boda. **Falso.** Celebraron el décimo aniversario porque les gustan las fiestas.
4. Rafael les parece interesante a Rosa y a Josefina. **Cierto.**
5. Josefina se divirtió mucho en la fiesta porque bailó toda la noche con Rafael. **Falso.** Josefina se divirtió mucho pero bailó con otros, no con Rafael.

Preguntas

Responde a estas preguntas con oraciones completas. Answers will vary.

1. ¿Son solteras Rosa y Josefina? ¿Cómo lo sabes?
2. ¿Tienen las chicas una amistad de mucho tiempo con la pareja que celebra su aniversario? ¿Cómo lo sabes?

Section Goals

In **Escuchar**, students will:

- use context to infer meaning of unfamiliar words
- answer questions based on a recorded conversation

 Communication 1.2

Instructional Resources
vText
Supersite: Textbook MP3 Audio Files
Supersite/TRCD: Textbook Audio Script
Textbook CD

Estrategia
Script Hoy mi sobrino Gabriel cumplió seis años. Antes de la fiesta, ayudé a mi hermana a decorar la sala con globos de todos los colores, pero ¡qué bulla después!, cuando los niños se pusieron a estallarlos todos. El pastel de cumpleaños estaba riquísimo, y cuando Gabriel sopló las velas, apagó las seis. Los otros niños le regalaron un montón de juguetes, y nos divertimos mucho.

Ahora escucha
Script JOSEFINA: Rosa, ¿te divertiste anoche en la fiesta? ROSA: Sí, me divertí más en el aniversario que en la boda. ¡La fiesta estuvo fenomenal! Fue buena idea festejar el aniversario en un restaurante. Así todos pudieron relajarse. J: En parte, yo lo disfruté porque son una pareja tan linda; qué dicha que estén tan enamorados después de diez años de matrimonio. Me gustaría tener una relación como la de ellos. Y también saberlo celebrar con tanta alegría. ¡Pero qué cantidad de comida y bebida! R: Es verdad que Margarita y Roberto exageran un poco con sus fiestas, pero son de la clase de gente que le gusta celebrar los eventos de la vida. Y como tienen tantas amistades y dos familias tan grandes...

(Script continues at far left in the bottom panels.)

J: Oye, Rosa, hablando de familia, ¿llegaste a conocer al cuñado de Magali? Es soltero, ¿no? Quise bailar con él, pero no me sacó a bailar.
R: Hablas de Rafael. Es muy bien parecido; ¡ese pelo...! Estuve hablando con él después del brindis. Me dijo que no le gusta ni el champán ni el vino; él finge tomar cuando brindan porque no lo soporta. No te sacó a bailar porque él y Susana estaban juntos en la fiesta.
J: De todos modos, aun sin Rafael, bailé toda la noche. Lo pasé muy, pero muy bien.

Section Goals

In **En pantalla**, students will:
- read about **las Fiestas Patrias** in Chile
- watch a television commercial about **las Fiestas Patrias** and other celebrations in Chile

Communication 1.1, 1.2
Cultures 2.1, 2.2
Connections 3.2
Comparisons 4.2

Instructional Resources
vText
Supersite: ***En pantalla***
Transcript & Translation

Introduction To check comprehension, have students indicate whether these statements are **cierto** or **falso** and have them correct the false statements. **1. Durante las Fiestas Patrias todos los niños tienen que ir a la escuela. (Falso. Durante las Fiestas Patrias se cierran casi todas las escuelas.) 2. Las empanadas y los asados son bailes típicos de Chile. (Falso. Son platos tradicionales de Chile.) 3. Los chilenos vuelan volantines durante las Fiestas Patrias. (Cierto.)**

PRE-AP*

Audiovisual Interpretive Communication
Antes de ver **Strategy**
- Have students look at the video stills, read the captions, and predict what is being celebrated in each visual.
- Read through the **Vocabulario útil** with students and model the pronunciation.

Seleccionar
- For items 1–3, have students name a holiday that they associate with the three related words.
- Have students write a sentence using each of the words that don't belong.

Fiesta Have students imagine that one of their friends is timid and reluctant to come to the party. Ask them to write a dialogue in which they try to convince their friend to come.

En pantalla

Video: TV Clip

Desfiles°, música, asados°, fuegos artificiales° y baile son los elementos de una buena fiesta. ¿Celebrar durante toda una semana? ¡Eso sí que es una fiesta espectacular! El 18 de septiembre Chile conmemora su independencia de España y los chilenos demuestran su orgullo° nacional durante una semana llena° de celebraciones. Durante las Fiestas Patrias° casi todas las oficinas° y escuelas se cierran para que la gente se reúna° a festejar. Desfiles y rodeos representan la tradición de los vaqueros° del país, y la gente baila cueca, el baile nacional. Las familias y los amigos se reúnen para preparar y disfrutar platos tradicionales como las empanadas y asados. Otra de las tradiciones de estas fiestas es hacer volar cometas°, llamadas volantines. Mira el video para descubrir cómo se celebran otras fiestas en Chile.

Vocabulario útil

conejo	*bunny*
disfraces	*costumes*
mariscal	*traditional Chilean soup with raw seafood*
sustos	*frights*
vieja (Chi.)	*mother*

Seleccionar

Selecciona la palabra que no está relacionada con cada grupo.

1. disfraces • noviembre • arbolito • sustos arbolito
2. volantines • arbolito • regalos • diciembre volantines
3. conejo • enero • huevitos • chocolates enero
4. septiembre • volantines • disfraces • asado disfraces

Fiesta

Trabajen en grupos de tres. Imaginen que van a organizar una fiesta para celebrar el 4 de julio. Escriban una invitación electrónica para invitar a sus parientes y amigos a la fiesta. Describan los planes que tienen para la fiesta y díganles a sus amigos qué tiene que traer cada uno. Answers will vary.

Desfiles/Paradas *Parades* **asados** *barbecues* **fuegos artificiales** *fireworks* **orgullo** *pride* **llena** *full* **Fiestas Patrias** *Independence Day celebrations* **oficinas** *offices* **se reúna** *would get together* **vaqueros** *cowboys* **cometas/volantines** *kites*

Fiestas patrias: Chilevisión

Noviembre: disfraces, dulces...

Mayo: besito, tarjeta, tecito con la mamá...

Septiembre... Septiembre: familia, parada militar...

Practice more at **vhlcentral.com.**

recursos
vText
vhlcentral.com

TEACHING OPTIONS

Small Groups Have small groups create a commercial similar to the one for **Chilevisión**, but that includes other important holidays. Allow groups to choose any Spanish-speaking country they want, including the U.S. and Canada. Have groups bring in visuals to represent each celebration and hold up the visuals as they read the script aloud for the class. Each group member should read a portion of the script.

DIFFERENTIATION

Heritage Speakers If heritage speakers have attended parties for young people in a Spanish-speaking country (such as a **miniteca** in Colombia), have them describe certain aspects of the party. Is it common to bring food or drink to a friend's party? Are parties more or less formal than in the U.S.? Do people dance or just listen to music? Have the rest of the class compare and contrast these customs with their own.

El Día de los Reyes Magos* es una celebración muy popular en muchos países hispanos. No sólo es el día en que los reyes les traen regalos a los niños, también es una fiesta llena° de tradiciones. La tarde del 5 de enero, en muchas ciudades como Barcelona, España, se hace un desfile° en que los reyes regalan dulces a los niños y reciben sus cartas con peticiones. Esa noche, antes de irse a dormir, los niños deben dejar° un zapato junto a la ventana y un bocado° para los reyes. En Puerto Rico, por ejemplo, los niños ponen una caja con hierba° bajo su cama para alimentar a los camellos° de los reyes.

Vocabulario útil

los cabezudos	*carnival figures with large heads*
los carteles	*posters*
fiesta de pueblo	*popular celebration*
santos de palo	*wooden saints*

Preparación

¿Se celebra la Navidad en tu país? ¿Qué otras fiestas importantes se celebran? En cada caso, ¿cuántos días dura la fiesta? ¿Cuáles son las tradiciones y actividades típicas? ¿Hay alguna comida típica en esa celebración? Answers will vary.

Elegir

Indica cuál de las dos opciones resume mejor este episodio.

ⓐ Las Navidades puertorriqueñas son las más largas y terminan después de las fiestas de la calle San Sebastián. Esta fiesta de pueblo se celebra con baile, música y distintas expresiones artísticas típicas.

b. En la celebración de las Navidades puertorriqueñas, los cabezudos son una tradición de España y son el elemento más importante de la fiesta. A la gente le gusta bailar y hacer procesiones por la noche.

** According to the Christian tradition, the Three Wise Men were the three kings that traveled to Bethlehem after the birth of Baby Jesus, carrying with them gifts of gold, frankincense, and myrrh to pay him homage.*

llena *full* desfile *parade* dejar *leave* bocado *snack* hierba *grass* alimentar los camellos *feed the camels*

Las fiestas

1 **Los cabezudos son una tradición [...] de España.**

2 **Hay mucha gente y mucho arte.**

3 **Es una fiesta de pueblo... una tradición. Vengo todos los años.**

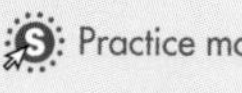

Practice more at **vhlcentral.com.**

recursos: vText | CPA pp. 151–152 | vhlcentral.com

Section Goals

In **Flash cultura**, students will:
- read about el **Día de los Reyes Magos**
- watch a video about **las fiestas de la calle San Sebastián** in San Juan, Puerto Rico

Cultures 2.1, 2.2
Comparisons 4.2

Instructional Resources
vText
Cuaderno de práctica y actividades comunicativas, pp. 151–152
Supersite/DVD: *Flash cultura*
Supersite/TRCD: *Flash cultura* Video Script & Translation, Answer Key

Introduction To check comprehension, give students these true/false statements: **1. Los niños reciben regalos el Día de los Reyes Magos. (Cierto.) 2. El Día de los Reyes Magos es el 5 de enero. (Falso.) 3. Los niños típicamente dejan algo de comer para los reyes o para sus camellos. (Cierto.)**

Antes de ver
- Have students look at the video stills, read the captions, and predict the content of the video.
- Read through **Vocabulario útil** with students. Model the pronunciation. Explain that **los cabezudos** are made of papier-mâché and are usually caricatures, and that **santos de palo** refers to figurines.

Preparación Have students work in pairs to answer the questions.

Elegir To challenge students, have them write a brief summary, in their own words, of the video.

21st CENTURY SKILLS

Information and Media Literacy Go to the Supersite to complete the **Conexión Internet** activity associated with **En pantalla** and **Flash cultura** for additional practice accessing and using culturally authentic sources.

EXPANSION

Extra Practice Ask students to choose one element from the celebrations that they saw in the video (Ex: **los cabezudos, las frituras puertorriqueñas**) and research more about it. Have them prepare a short oral presentation on the subject.

TEACHING OPTIONS

Pairs In pairs, have students research more about **el Día de los Reyes Magos**, including **la rosca de reyes.** Have them write a paragraph comparing and contrasting the customs surrounding this holiday with those of Christmas.

Section Goal

In **Panorama**, students will read about the geography, culture, and economy of Chile.

Communication 1.3
Cultures 2.1, 2.2
Connections 3.1, 3.2
Comparisons 4.2

21st CENTURY SKILLS

Global Awareness
Students will gain perspectives on the Spanish-speaking world.

Instructional Resources
vText
Cuaderno de práctica y actividades comunicativas, pp. 153–156
e-Cuaderno
Supersite/DVD: ***Panorama cultural***
Supersite/TRCD: Presentation PDF #37, ***Panorama cultural*** Video Script & Translation, Answer Keys

Teaching Tips

- Use the **Lección 9 Panorama** Presentation PDF to assist with this presentation.
- Point out that Chile is about 2,700 miles from north to south, but no more than 276 miles from east to west. Explain that Chile has an estimated 6,000 islands.

El país en cifras Tell students **Bernardo O'Higgins** was the son of an Irish immigrant, and is considered one of the founders of modern Latin America, along with **Simón Bolívar** and **José de San Martín**.

¡Increíble pero cierto! The Atacama Desert covers the northern third of the country. It is considered one of the best places in the world for astronomical observations, due to its high altitude, absence of cloud cover, dry air, and lack of light pollution and radio interference.

Chile

Interactive Map
Video: Panorama cultural

El país en cifras

- **Área:** 756.950 km² (292.259 millas²), *dos veces el área de Montana*
- **Población:** 17.926.000 *Aproximadamente el 80 por ciento de la población del país es urbana.*
- **Capital:** Santiago de Chile—6.237.000
- **Ciudades principales:** Valparaíso—911.000, Concepción, Viña del Mar, Temuco

SOURCE: Population Division, UN Secretariat

- **Moneda:** peso chileno
- **Idiomas:** español (oficial), mapuche

Bandera de Chile

Chilenos célebres

- **Bernardo O'Higgins,** militar° y héroe nacional (1778–1842)
- **Gabriela Mistral,** Premio Nobel de Literatura, 1945; poeta y diplomática (1889–1957)
- **Pablo Neruda,** Premio Nobel de Literatura, 1971; poeta (1904–1973)
- **Isabel Allende,** novelista (1942–)

Pablo Neruda

militar *soldier* terremoto *earthquake* heridas *wounded* hogar *home* desierto *desert* más seco *driest* mundo *world* han tenido *have had* ha sido usado *has been used* Marte *Mars*

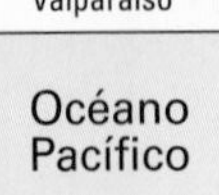

El puerto de Valparaíso

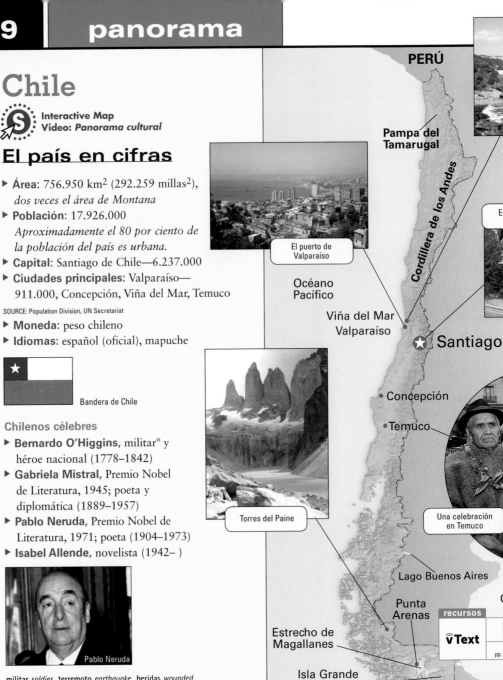

La costa de Viña del Mar

Edificio antiguo en Santiago

Torres del Paine

Una celebración en Temuco

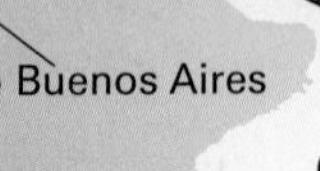

¡Increíble pero cierto!

El desierto° de Atacama, en el norte de Chile, es el más seco° del mundo°. Con más de cien mil km² de superficie, algunas zonas de este desierto nunca han tenido° lluvia. Atacama ha sido usado° como escenario para representar a Marte° en películas y series de televisión.

DIFFERENTIATION

Heritage Speakers Invite heritage speakers to select a poem by Pablo Neruda to read aloud for the class. Many of the ***Odas elementales***, such as ***"Oda a la alcachofa"***, ***"Oda al tomate"***, and ***"Oda a la cebolla"***, are written in simple language. Prepare copies of the poem beforehand and go over unfamiliar vocabulary.

EXPANSION

Worth Noting Though Chile is the second smallest Spanish-speaking country in South America, it has about 2,700 miles of coastline. Some of the highest peaks in the Andes lie on the border with Argentina, and the volcanoes that lie along the Atacama Desert are the tallest in the world. Chile's agricultural region is a valley the size of central California's. The southern archipelago is cool, foggy, and rainy, like the Alaska panhandle.

Lugares • **La isla de Pascua**

La isla de Pascua° recibió ese nombre porque los exploradores holandeses° llegaron a la isla por primera vez el día de Pascua de 1722. Ahora es parte del territorio de Chile. La isla de Pascua es famosa por los *moái*, estatuas enormes que representan personas con rasgos° muy exagerados. Estas estatuas las construyeron los *rapa nui*, los antiguos habitantes de la zona. Todavía no se sabe mucho sobre los *rapa nui*, ni tampoco se sabe por qué decidieron abandonar la isla.

Deportes • **Los deportes de invierno**

Hay muchos lugares para practicar deportes de invierno en Chile porque las montañas nevadas de los Andes ocupan gran parte del país. El Parque Nacional Villarrica, por ejemplo, situado al pie de un volcán y junto a° un lago, es un sitio popular para el esquí y el *snowboard*. Para los que prefieren deportes más extremos, el centro de esquí Valle Nevado organiza excursiones para practicar heliesquí.

Ciencias • **Astronomía**

Los observatorios chilenos, situados en los Andes, son lugares excelentes para las observaciones astronómicas. Científicos° de todo el mundo van a Chile para estudiar las estrellas° y otros cuerpos celestes°. Hoy día Chile está construyendo nuevos observatorios y telescopios para mejorar las imágenes del universo.

Economía • **El vino**

La producción de vino comenzó en Chile en el siglo° XVI. Ahora la industria del vino constituye una parte importante de la actividad agrícola del país y la exportación de sus productos está aumentando° cada vez más. Los vinos chilenos son muy apreciados internacionalmente por su gran variedad, sus ricos y complejos sabores° y su precio moderado. Los más conocidos son los vinos de Aconcagua y del valle del Maipo.

¿Qué aprendiste? Responde a cada pregunta con una oración completa.

1. ¿Qué porcentaje (*percentage*) de la población chilena es urbana?
   El 80 por ciento de la población chilena es urbana.
2. ¿Qué son los *moái*? ¿Dónde están? Los *moái* son estatuas enormes. Están en la isla de Pascua.
3. ¿Qué deporte extremo ofrece el centro de esquí Valle Nevado?
   Ofrece la práctica de heliesquí.
4. ¿Por qué van a Chile científicos de todo el mundo? Porque los observatorios chilenos son excelentes para las observaciones astronómicas.
5. ¿Cuándo comenzó la producción de vino en Chile?
   Comenzó en el siglo XVI.
6. ¿Por qué son apreciados internacionalmente los vinos chilenos? Son apreciados por su variedad, sus ricos y complejos sabores y su precio moderado.

Conexión Internet Investiga estos temas en **vhlcentral.com**.

1. Busca información sobre Pablo Neruda e Isabel Allende. ¿Dónde y cuándo nacieron? ¿Cuáles son algunas de sus obras (*works*)? ¿Cuáles son algunos de los temas de sus obras?
2. Busca información sobre sitios donde los chilenos y los turistas practican deportes de invierno en Chile. Selecciona un sitio y descríbeselo a tu clase.

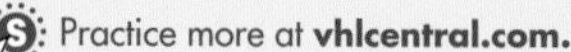
Practice more at vhlcentral.com.

La isla de Pascua *Easter Island* holandeses *Dutch* rasgos *features* junto a *beside* Científicos *Scientists* estrellas *stars* cuerpos celestes *celestial bodies* siglo *century* aumentando *increasing* complejos sabores *complex flavors*

La isla de Pascua With its vibrant Polynesian culture, Easter Island is unlike anywhere else in Chile. Located 2,000 miles from the nearest island and 4,000 from the Chilean coast, it is one of the most isolated places on earth. Until the 1960s, it was visited once a year by a Chilean warship bringing supplies. Now there are regular air connections to Santiago. For more information about **la isla de Pascua**, you may want to play the ***Panorama cultural*** video footage for this lesson.

Los deportes de invierno Remind students that some of the highest mountains in South America lie along the border Chile shares with Argentina. In the south is the **Parque Nacional Torres del Paine**, a national park featuring ice caverns, deep glacial trenches, and other spectacular features.

Astronomía In 1962, the Cerro Tololo Inter-American Observatory was founded as a joint project between Chilean and American astronomers. Since that time, so many other major telescopes have been installed for research purposes that Chile is home to the highest concentration of telescopes in the world.

El vino Invite students to research the wine-growing regions of Chile and to compare them to those of California, Spain, or other wine-producing areas. Encourage students to share their findings with the class.

Conexión Internet Students will find supporting Internet activities and links at **vhlcentral.com**.

21st CENTURY SKILLS

Information and Media Literacy: Conexión Internet Students access and critically evaluate information from the Internet.

EXPANSION

Worth Noting The native Mapuche people of southern Chile are a small minority of the Chilean population today, but have maintained a strong cultural identity since the time of their first contact with Europeans. In fact, they resisted conquest so well that it was only in the late nineteenth century that the government of Chile could assert sovereignty over the region south of the Bío-Bío River. However, the majority of Chileans are of European descent. Chilean Spanish is much less infused with indigenous lexical items than the Spanish of countries such as Guatemala and Mexico, where the larger indigenous population has made a greater impact on the language.

Instructional Resources
vText
Cuaderno de práctica y actividades comunicativas, p. 146
e-Cuaderno
Supersite: Textbook & Vocabulary MP3 Audio Files
Supersite/TRCD: Answer Keys, Testing Program (**Lección 9** Tests, Testing Program MP3 Audio Files)
Textbook CD
Audio Activities CD
Testing Program CD
Activity Pack

21st CENTURY SKILLS

Creativity and Innovation
Ask students to prepare a list of the three products or perspectives they learned about in this lesson to share with the class. You may ask them to focus specifically on the **Cultura** and **Panorama** sections.

21st CENTURY SKILLS

Leadership and Responsibility Extension Project
As a class, have students decide on three questions they want to ask the partner class related to the topic of the lesson they have just completed. Based on the responses they receive, work as a class to explain to the Spanish-speaking partners one aspect of their responses that surprised the class and why.

Las celebraciones

el aniversario (de bodas)	*(wedding) anniversary*
la boda	*wedding*
el cumpleaños	*birthday*
el día de fiesta	*holiday*
la fiesta	*party*
el/la invitado/a	*guest*
la Navidad	*Christmas*
la quinceañera	*young woman celebrating her fifteenth birthday*
la sorpresa	*surprise*
brindar	*to toast* (drink)
celebrar	*to celebrate*
divertirse (e:ie)	*to have fun*
invitar	*to invite*
pasarlo bien/mal	*to have a good/bad time*
regalar	*to give* (a gift)
reírse (e:i)	*to laugh*
relajarse	*to relax*
sonreír (e:i)	*to smile*
sorprender	*to surprise*

Los postres y otras comidas

la botella (de vino)	*bottle (of wine)*
el champán	*champagne*
los dulces	*sweets; candy*
el flan (de caramelo)	*baked (caramel) custard*
la galleta	*cookie*
el helado	*ice cream*
el pastel (de chocolate)	*(chocolate) cake; pie*
el postre	*dessert*

Las relaciones personales

la amistad	*friendship*
el amor	*love*
el divorcio	*divorce*
el estado civil	*marital status*
el matrimonio	*marriage*
la pareja	(married) *couple; partner*
el/la recién casado/a	*newlywed*
casarse (con)	*to get married (to)*
comprometerse (con)	*to get engaged (to)*
divorciarse (de)	*to get divorced (from)*
enamorarse (de)	*to fall in love (with)*
llevarse bien/mal (con)	*to get along well/ badly (with)*
odiar	*to hate*
romper (con)	*to break up (with)*
salir (con)	*to go out (with); to date*
separarse (de)	*to separate (from)*
tener una cita	*to have a date; to have an appointment*
casado/a	*married*
divorciado/a	*divorced*
juntos/as	*together*
separado/a	*separated*
soltero/a	*single*
viudo/a	*widower/widow*

Las etapas de la vida

la adolescencia	*adolescence*
la edad	*age*
el estado civil	*marital status*
las etapas de la vida	*the stages of life*
la juventud	*youth*
la madurez	*maturity; middle age*
la muerte	*death*
el nacimiento	*birth*
la niñez	*childhood*
la vejez	*old age*
cambiar (de)	*to change*
graduarse (de/en)	*to graduate (from/in)*
jubilarse	*to retire (from work)*
nacer	*to be born*

Palabras adicionales

la alegría	*happiness*
el beso	*kiss*
conmigo	*with me*
contigo	*with you*

Expresiones útiles	*See page 305.*

Apéndice A
Glossary of Grammatical Terms — pages 332–335

Apéndice B
Verb Conjugation Tables — pages 336–345

Vocabulario
Spanish–English — pages 346–356
English–Spanish — pages 357–367

References — pages 368–379

Índice — pages 380–381

Credits — pages 382–383

Glossary of Grammatical Terms

ADJECTIVE A word that modifies, or describes, a noun or pronoun.

muchos libros
many books

un hombre **rico**
a rich man

las mujeres **altas**
the tall women

Demonstrative adjective An adjective that specifies which noun a speaker is referring to.

esta fiesta
this party

ese chico
that boy

aquellas flores
those flowers

Possessive adjective An adjective that indicates ownership or possession.

mi mejor vestido
my best dress

Éste es **mi** hermano.
This is my brother.

Stressed possessive adjective A possessive adjective that emphasizes the owner or possessor.

Es un libro **mío**.
It's my book./It's a book of mine.

Es amiga **tuya**; yo no la conozco.
She's a friend of yours; I don't know her.

ADVERB A word that modifies, or describes, a verb, adjective, or other adverb.

Pancho escribe **rápidamente**.
Pancho writes quickly.

Este cuadro es **muy** bonito.
This picture is very pretty.

ARTICLE A word that points out a noun in either a specific or a non-specific way.

Definite article An article that points out a noun in a specific way.

el libro
the book

la maleta
the suitcase

los diccionarios
the dictionaries

las palabras
the words

Indefinite article An article that points out a noun in a general, non-specific way.

un lápiz
a pencil

una computadora
a computer

unos pájaros
some birds

unas escuelas
some schools

CLAUSE A group of words that contains both a conjugated verb and a subject, either expressed or implied.

Main (or Independent) clause A clause that can stand alone as a complete sentence.

Pienso ir a cenar pronto.
I plan to go to dinner soon.

Subordinate (or Dependent) clause A clause that does not express a complete thought and therefore cannot stand alone as a sentence.

Trabajo en la cafetería **porque necesito dinero para la escuela.**
I work in the cafeteria ***because I need money for school.***

COMPARATIVE A construction used with an adjective or adverb to express a comparison between two people, places, or things.

Este programa es **más interesante que** el otro.
This program is ***more interesting than*** *the other one.*

Tomás no es **tan alto como** Alberto.
Tomás is not ***as tall as*** *Alberto.*

CONJUGATION A set of the forms of a verb for a specific tense or mood or the process by which these verb forms are presented.

Preterite conjugation of **cantar:**

cant**é** — cant**amos**
cant**aste** — cant**asteis**
cant**ó** — cant**aron**

CONJUNCTION A word used to connect words, clauses, or phrases.

Susana es de Cuba **y** Pedro es de España.
Susana is from Cuba ***and*** *Pedro is from Spain.*

No quiero estudiar **pero** tengo que hacerlo.
I don't want to study, ***but*** *I have to.*

CONTRACTION The joining of two words into one. The only contractions in Spanish are **al** and **del**.

Mi hermano fue **al** concierto ayer.
My brother went ***to the*** *concert yesterday.*

Saqué dinero **del** banco.
I took money ***from the*** *bank.*

DIRECT OBJECT A noun or pronoun that directly receives the action of the verb.

Tomás lee **el libro**. *Tomás reads* ***the book****.*	**La** pagó ayer. *She paid* ***it*** *yesterday.*

GENDER The grammatical categorizing of certain kinds of words, such as nouns and pronouns, as masculine, feminine, or neuter.

Masculine
articles **el, un**
pronouns **él, lo, mío, éste, ése, aquél**
adjective **simpático**

Feminine
articles **la, una**
pronouns **ella, la, mía, ésta, ésa, aquélla**
adjective **simpática**

IMPERSONAL EXPRESSION A third-person expression with no expressed or specific subject.

Es muy importante. ***It's very important.***	**Llueve** mucho. ***It's raining*** *hard.*

Aquí **se habla** español.
Spanish ***is spoken*** *here.*

INDIRECT OBJECT A noun or pronoun that receives the action of the verb indirectly; the object, often a living being, to or for whom an action is performed.

Eduardo **le** dio un libro **a Linda**.
Eduardo gave a book ***to Linda****.*

La profesora **me** puso una C en el examen.
The professor gave ***me*** *a C on the test.*

INFINITIVE The basic form of a verb. Infinitives in Spanish end in **-ar**, **-er**, or **-ir**.

hablar *to speak*	**correr** *to run*	**abrir** *to open*

INTERROGATIVE An adjective or pronoun used to ask a question.

¿**Quién** habla? ***Who*** *is speaking?*	¿**Cuántos** compraste? ***How many*** *did you buy?*

¿**Qué** piensas hacer hoy?
What *do you plan to do today?*

INVERSION Changing the word order of a sentence, often to form a question.

Statement: Elena pagó la cuenta del restaurante.

Inversion: ¿Pagó Elena la cuenta del restaurante?

MOOD A grammatical distinction of verbs that indicates whether the verb is intended to make a statement or command or to express a doubt, emotion, or condition contrary to fact.

Imperative mood Verb forms used to make commands.

Di la verdad. ***Tell*** *the truth.*	**Caminen** ustedes conmigo. ***Walk*** *with me.*

¡**Comamos** ahora!
Let's eat *now!*

Indicative mood Verb forms used to state facts, actions, and states considered to be real.

Sé que **tienes** el dinero.
I know *that* ***you have*** *the money.*

Subjunctive mood Verb forms used principally in subordinate (dependent) clauses to express wishes, desires, emotions, doubts, and certain conditions, such as contrary-to-fact situations.

Prefieren que **hables** en español.
They prefer that ***you speak*** *in Spanish.*

Dudo que Luis **tenga** el dinero necesario.
I doubt that Luis ***has*** *the necessary money.*

NOUN A word that identifies people, animals, places, things, and ideas.

hombre ***man***	**gato** ***cat***
México ***Mexico***	**casa** ***house***
libertad ***freedom***	**libro** ***book***

NUMBER A grammatical term that refers to singular or plural. Nouns in Spanish and English have number. Other parts of a sentence, such as adjectives, articles, and verbs, can also have number.

Singular	Plural
una cosa *a thing*	**unas** cosas *some things*
el profesor ***the** professor*	**los** profesores ***the** professors*

NUMBERS Words that represent amounts.

Cardinal numbers Words that show specific amounts.

cinco minutos
***five** minutes*

el año **dos mil veintitrés**
*the year **2023***

Ordinal numbers Words that indicate the order of a noun in a series.

el **cuarto** jugador — *the **fourth** player*
la **décima** hora — *the **tenth** hour*

PAST PARTICIPLE A past form of the verb used in compound tenses. The past participle may also be used as an adjective, but it must then agree in number and gender with the word it modifies.

Han **buscado** por todas partes.
*They have **searched** everywhere.*

Yo no había **estudiado** para el examen.
*I hadn't **studied** for the exam.*

Hay una **ventana abierta** en la sala.
*There is an **open window** in the living room.*

PERSON The form of the verb or pronoun that indicates the speaker, the one spoken to, or the one spoken about. In Spanish, as in English, there are three persons: first, second, and third.

Person	Singular	Plural
1st	**yo** *I*	**nosotros/as** *we*
2nd	**tú, Ud.** *you*	**vosotros/as, Uds.** *you*
3rd	**él, ella** *he, she*	**ellos, ellas** *they*

PREPOSITION A word or words that describe(s) the relationship, most often in time or space, between two other words.

Anita es **de** California.
*Anita is **from** California.*

La chaqueta está **en** el carro.
*The jacket is **in** the car.*

Marta se peinó **antes de** salir.
*Marta combed her hair **before** going out.*

PRESENT PARTICIPLE In English, a verb form that ends in *-ing*. In Spanish, the present participle ends in **-ndo**, and is often used with **estar** to form a progressive tense.

Mi hermana está **hablando** por teléfono ahora mismo.
*My sister is **talking** on the phone right now.*

PRONOUN A word that takes the place of a noun or nouns.

Demonstrative pronoun A pronoun that takes the place of a specific noun.

Quiero **ésta**.
*I want **this one**.*

¿Vas a comprar **ése**?
*Are you going to buy **that one**?*

Juan prefirió **aquéllos**.
*Juan preferred **those** (over there).*

Object pronoun A pronoun that functions as a direct or indirect object of the verb.

Te digo la verdad.
*I'm telling **you** the truth.*

Me lo trajo Juan.
*Juan brought **it** to **me**.*

Reflexive pronoun A pronoun that indicates that the action of a verb is performed by the subject on itself. These pronouns are often expressed in English with *-self: myself, yourself*, etc.

Yo **me bañé** antes de salir.
***I bathed (myself)** before going out.*

Elena **se acostó** a las once y media.
*Elena **went to bed** at eleven-thirty.*

Relative pronoun A pronoun that connects a subordinate clause to a main clause.

El chico **que** nos escribió viene a visitar mañana.
*The boy **who** wrote us is coming to visit tomorrow.*

Ya sé **lo que** tenemos que hacer.
*I already know **what** we have to do.*

Subject pronoun A pronoun that replaces the name or title of a person or thing, and acts as the subject of a verb.

Tú debes estudiar más.
***You** should study more.*

Él llegó primero.
***He** arrived first.*

SUBJECT A noun or pronoun that performs the action of a verb and is often implied by the verb.

María va al supermercado.
***María** goes to the supermarket.*

(**Ellos**) Trabajan mucho.
***They** work hard.*

Esos **libros** son muy caros.
*Those **books** are very expensive.*

SUPERLATIVE A word or construction used with an adjective or adverb to express the highest or lowest degree of a specific quality among three or more people, places, or things.

De todas mis clases, ésta es la **más interesante**.
*Of all my classes, this is the **most interesting**.*

Raúl es el **menos simpático** de los chicos.
*Raúl is the **least pleasant** of the boys.*

TENSE A set of verb forms that indicates the time of an action or state: past, present, or future.

Compound tense A two-word tense made up of an auxiliary verb and a present or past participle. In Spanish, there are two auxiliary verbs: **estar** and **haber**.

En este momento, **estoy estudiando**.
*At this time, **I am studying**.*

El paquete no **ha llegado** todavía.
*The package **has** not **arrived** yet.*

Simple tense A tense expressed by a single verb form.

María **estaba** enferma anoche.
*María **was** sick last night.*

Juana **hablará** con su mamá mañana.
*Juana **will speak** with her mom tomorrow.*

VERB A word that expresses actions or states-of-being.

Auxiliary verb A verb used with a present or past participle to form a compound tense. **Haber** is the most commonly used auxiliary verb in Spanish.

Los chicos **han** visto los elefantes.
*The children **have** seen the elephants.*

Espero que **hayas** comido.
*I hope you **have** eaten.*

Reflexive verb A verb that describes an action performed by the subject on itself and is always used with a reflexive pronoun.

Me compré un carro nuevo.
*I **bought myself** a new car.*

Pedro y Adela **se levantan** muy temprano.
*Pedro and Adela **get (themselves) up** very early.*

Spelling-change verb A verb that undergoes a predictable change in spelling, in order to reflect its actual pronunciation in the various conjugations.

practicar	c→qu	practico	practi**qué**
dirigir	g→j	dirigí	diri**j**o
almorzar	z→c	almorzó	almor**c**é

Stem-changing verb A verb whose stem vowel undergoes one or more predictable changes in the various conjugations.

entender (i:ie)	ent**ie**ndo
pedir (e:i)	p**i**den
dormir (o:ue, u)	d**ue**rmo, d**u**rmieron

Verb Conjugation Tables

The verb lists

The list of verbs below and the model verb tables that start on page 338 show you how to conjugate every verb taught in **DESCUBRE**. Each verb in the list is followed by a model verb conjugated according to the same pattern. The number in parentheses indicates where in the verb tables you can find the conjugated forms of the model verb. If you want to find out how to conjugate **divertirse**, for example, look up number 33, **sentir**, the model for verbs that follow the **e:ie** stem-change pattern.

How to use the verb tables

In the tables you will find the infinitive, present and past participles, and all the simple forms of each model verb. The formation of the compound tenses of any verb can be inferred from the table of compound tenses, pages 338–339, either by combining the past participle of the verb with a conjugated form of **haber** or by combining the present participle with a conjugated form of **estar**.

abrazar (z:c) like cruzar (37)
abrir like vivir (3) *except* past participle is abierto
aburrir(se) like vivir (3)
acabar de like hablar (1)
acampar like hablar (1)
acompañar like hablar (1)
aconsejar like hablar (1)
acordarse (o:ue) like contar (24)
acostarse (o:ue) like contar (24)
adelgazar (z:c) like cruzar (37)
afeitarse like hablar (1)
ahorrar like hablar (1)
alegrarse like hablar (1)
aliviar like hablar (1)
almorzar (o:ue) like contar (24) *except* (z:c)
alquilar like hablar (1)
andar like hablar (1) *except* preterite stem is anduv-
anunciar like hablar (1)
apagar (g:gu) like llegar (41)
aplaudir like vivir (3)
apreciar like hablar (1)
aprender like comer (2)
apurarse like hablar (1)
arrancar (c:qu) like tocar (43)
arreglar like hablar (1)
asistir like vivir (3)
aumentar like hablar (1)
ayudar(se) like hablar (1)
bailar like hablar (1)
bajar(se) like hablar (1)
bañarse like hablar (1)
barrer like comer (2)
beber like comer (2)
besar(se) like hablar (1)
borrar like hablar (1)
brindar like hablar (1)
bucear like hablar (1)
buscar (c:qu) like tocar (43)
caber (4)
caer(se) (5)
calentarse (e:ie) like pensar (30)
calzar (z:c) like cruzar (37)
cambiar like hablar (1)
caminar like hablar (1)
cantar like hablar (1)
casarse like hablar (1)
cazar (z:c) like cruzar (37)
celebrar like hablar (1)
cenar like hablar (1)
cepillarse like hablar (1)
cerrar (e:ie) like pensar (30)
cobrar like hablar (1)
cocinar like hablar (1)
comenzar (e:ie) (z:c) like empezar (26)
comer (2)
compartir like vivir (3)
comprar like hablar (1)
comprender like comer (2)
comprometerse like comer (2)
comunicarse (c:qu) like tocar (43)
conducir (c:zc) (6)
confirmar like hablar (1)
conocer (c:zc) (35)
conseguir (e:i) (gu:g) like seguir (32)
conservar like hablar (1)
consumir like vivir (3)
contaminar like hablar (1)
contar (o:ue) (24)
contestar like hablar (1))
contratar like hablar (1)
controlar like hablar (1)
conversar like hablar (1)
correr like comer (2)
costar (o:ue) like contar (24)
creer (y) (36)
cruzar (z:c) (37)
cuidar like hablar (1)
cumplir like vivir (3)
dañar like hablar (1)
dar (7)
deber like comer (2)
decidir like vivir (3)
decir (e:i) (8)
declarar like hablar (1)
dejar like hablar (1)
depositar like hablar (1)
desarrollar like hablar (1)
desayunar like hablar (1)
descansar like hablar (1)
descargar (g:gu) like llegar (41)
describir like vivir (3) *except* past participle is descrito
descubrir like vivir (3) *except* past participle is descubierto
desear like hablar (1)
despedirse (e:i) like pedir (29)
despertarse (e:ie) like pensar (30)
destruir (y) (38)
dibujar like hablar (1)
dirigir like vivir (3) *except* (g:j)
disfrutar like hablar (1)
divertirse (e:ie) like sentir (33)
divorciarse like hablar (1)
doblar like hablar (1)
doler (o:ue) like volver (34) *except* past participle is regular
dormir(se) (o:ue) (25)
ducharse like hablar (1)
dudar like hablar (1)
durar like hablar (1)
echar like hablar (1)
elegir (e:i) like pedir (29) *except* (g:j)
emitir like vivir (3)
empezar (e:ie) (z:c) (26)

enamorarse like hablar (1)
encantar like hablar (1)
encontrar(se) (o:ue) like contar (24)
enfermarse like hablar (1)
engordar like hablar (1)
enojarse like hablar (1)
enseñar like hablar (1)
ensuciar like hablar (1)
entender (e:ie) (27)
entrenarse like hablar (1)
entrevistar like hablar (1)
enviar (envío) (39)
escalar like hablar (1)
escanear like hablar (1)
escoger (g:j) like proteger (42)
escribir like vivir (3) *except* past participle is escrito
escuchar like hablar (1)
esculpir like vivir (3)
esperar like hablar (1)
esquiar (esquío) like enviar (39)
establecer (c:zc) like conocer (35)
estacionar like hablar (1)
estar (9)
estornudar like hablar (1)
estudiar like hablar (1)
evitar like hablar (1)
explicar (c:qu) like tocar (43)
faltar like hablar (1)
fascinar like hablar (1)
firmar like hablar (1)
fumar like hablar (1)
funcionar like hablar (1)
ganar like hablar (1)
gastar like hablar (1)
grabar like hablar (1)
graduarse (gradúo) (40)
guardar like hablar (1)
gustar like hablar (1)
haber (hay) (10)
hablar (1)
hacer (11)
importar like hablar (1)
imprimir like vivir (3)
indicar (c:qu) like tocar (43)
informar like hablar (1)
insistir like vivir (3)
interesar like hablar (1)
invertir (e:ie) like sentir (33)
invitar like hablar (1)
ir(se) (12)
jubilarse like hablar (1)
jugar (u:ue) (g:gu) (28)
lastimarse like hablar (1)
lavar(se) like hablar (1)
leer (y) like creer (36)
levantar(se) like hablar (1)
limpiar like hablar (1)
llamar(se) like hablar (1)
llegar (g:gu) (41)
llenar like hablar (1)
llevar(se) like hablar (1)
llover (o:ue) like volver (34) *except* past participle is regular
luchar like hablar (1)
mandar like hablar (1)
manejar like hablar (1)
mantener(se) like tener (20)
maquillarse like hablar (1)
mejorar like hablar (1)
merendar (e:ie) like pensar (30)
mirar like hablar (1)
molestar like hablar (1)
montar like hablar (1)
morir (o:ue) like dormir (25) *except* past participle is *muerto*
mostrar (o:ue) like contar (24)
mudarse like hablar (1)
nacer (c:zc) like conocer (35)
nadar like hablar (1)
navegar (g:gu) like llegar (41)
necesitar like hablar (1)
negar (e:ie) like pensar (30) *except* (g:gu)
nevar (e:ie) like pensar (30)
obedecer (c:zc) like conocer (35)
obtener like tener (20)
ocurrir like vivir (3)
odiar like hablar (1)
ofrecer (c:zc) like conocer (35)
oír (y) (13)
olvidar like hablar (1)
pagar (g:gu) like llegar (41)
parar like hablar (1)
parecer (c:zc) like conocer (35)
pasar like hablar (1)
pasear like hablar (1)
patinar like hablar (1)
pedir (e:i) (29)
peinarse like hablar (1)
pensar (e:ie) (30)
perder (e:ie) like entender (27)
pescar (c:qu) like tocar (43)
pintar like hablar (1)
planchar like hablar (1)
poder (o:ue) (14)
poner(se) (15)
practicar (c:qu) like tocar (43)
preferir (e:ie) like sentir (33)
preguntar like hablar (1)
prender like comer (2)
preocuparse like hablar (1)
preparar like hablar (1)
presentar like hablar (1)
prestar like hablar (1)
probar(se) (o:ue) like contar (24)
prohibir like vivir (3)
proteger (g:j) (42)
publicar (c:qu) like tocar (43)
quedar(se) like hablar (1)
querer (e:ie) (16)
quitar(se) like hablar (1)
recetar like hablar (1)
recibir like vivir (3)
reciclar like hablar (1)
recoger (g:j) like proteger (42)
recomendar (e:ie) like pensar (30)
recordar (o:ue) like contar (24)
reducir (c:zc) like conducir (6)
regalar like hablar (1)
regatear like hablar (1)
regresar like hablar (1)
reír(se) (e:i) (31)
relajarse like hablar (1)
renunciar like hablar (1)
repetir (e:i) like pedir (29)
resolver (o:ue) like volver (34)
respirar like hablar (1)
revisar like hablar (1)
rogar (o:ue) like contar (24) *except* (g:gu)
romper(se) like comer (2) *except* past participle is roto
saber (17)
sacar (c:qu) like tocar (43)
sacudir like vivir (3)
salir (18)
saludar(se) like hablar (1)
secar(se) (c:q) like tocar (43)
seguir (e:i) (32)
sentarse (e:ie) like pensar (30)
sentir(se) (e:ie) (33)
separarse like hablar (1)
ser (19)
servir (e:i) like pedir (29)
solicitar like hablar (1)
sonar (o:ue) like contar (24)
sonreír (e:i) like reír(se) (31)
sorprender like comer (2)
subir like vivir (3)
sudar like hablar (1)
sufrir like vivir (3)
sugerir (e:ie) like sentir (33)
suponer like poner (15)
temer like comer (2)
tener (20)
terminar like hablar (1)
tocar (c:qu) (43)
tomar like hablar (1)
torcerse (o:ue) like volver (34) *except* (c:z) and past participle is regular; e.g. yo tuerzo
toser like comer (2)
trabajar like hablar (1)
traducir (c:zc) like conducir (6)
traer (21)
transmitir like vivir (3)
tratar like hablar (1)
usar like hablar (1)
vender like comer (2)
venir (22)
ver (23)
vestirse (e:i) like pedir (29)
viajar like hablar (1)
visitar like hablar (1)
vivir (3)
volver (o:ue) (34)
votar like hablar (1)

Regular verbs: simple tenses

	Infinitive	INDICATIVE					SUBJUNCTIVE		IMPERATIVE
		Present	Imperfect	Preterite	Future	Conditional	Present	Past	
1	hablar **Participles:** hablando hablado	hablo hablas habla hablamos habláis hablan	hablaba hablabas hablaba hablábamos hablabais hablaban	hablé hablaste habló hablamos hablasteis hablaron	hablaré hablarás hablará hablaremos hablaréis hablarán	hablaría hablarías hablaría hablaríamos hablaríais hablarían	hable hables hable hablemos habléis hablen	hablara hablaras hablara habláramos hablarais hablaran	habla tú (no hables) hable Ud. hablemos hablad (no habléis) hablen Uds.
2	comer **Participles:** comiendo comido	como comes come comemos coméis comen	comía comías comía comíamos comíais comían	comí comiste comió comimos comisteis comieron	comeré comerás comerá comeremos comeréis comerán	comería comerías comería comeríamos comeríais comerían	coma comas coma comamos comáis coman	comiera comieras comiera comiéramos comierais comieran	come tú (no comas) coma Ud. comamos comed (no comáis) coman Uds.
3	vivir **Participles:** viviendo vivido	vivo vives vive vivimos vivís viven	vivía vivías vivía vivíamos vivíais vivían	viví viviste vivió vivimos vivisteis vivieron	viviré vivirás vivirá viviremos viviréis vivirán	viviría vivirías viviría viviríamos viviríais vivirían	viva vivas viva vivamos viváis vivan	viviera vivieras viviera viviéramos vivierais vivieran	vive tú (no vivas) viva Ud. vivamos vivid (no viváis) vivan Uds.

All verbs: compound tenses

PERFECT TENSES											
INDICATIVE								SUBJUNCTIVE			
Present Perfect		Past Perfect		Future Perfect		Conditional Perfect		Present Perfect		Past Perfect	
he has ha hemos habéis han	hablado comido vivido	había habías había habíamos habíais habían	hablado comido vivido	habré habrás habrá habremos habréis habrán	hablado comido vivido	habría habrías habría habríamos habríais habrían	hablado comido vivido	haya hayas haya hayamos hayáis hayan	hablado comido vivido	hubiera hubieras hubiera hubiéramos hubierais hubieran	hablado comido vivido

PROGRESSIVE TENSES					
INDICATIVE				SUBJUNCTIVE	
Present Progressive	**Past Progressive**	**Future Progressive**	**Conditional Progressive**	**Present Progressive**	**Past Progressive**
estoy estás está estamos estáis están } hablando, comiendo, viviendo	estaba estabas estaba estábamos estabais estaban } hablando, comiendo, viviendo	estaré estarás estará estaremos estaréis estarán } hablando, comiendo, viviendo	estaría estarías estaría estaríamos estaríais estarían } hablando, comiendo, viviendo	esté estés esté estemos estéis estén } hablando, comiendo, viviendo	estuviera estuvieras estuviera estuviéramos estuvierais estuvieran } hablando, comiendo, viviendo

Irregular verbs

		INDICATIVE					SUBJUNCTIVE		IMPERATIVE
	Infinitive	**Present**	**Imperfect**	**Preterite**	**Future**	**Conditional**	**Present**	**Past**	
4	caber **Participles:** cabiendo cabido	**quepo** cabes cabe cabemos cabéis caben	cabía cabías cabía cabíamos cabíais cabían	**cupe** **cupiste** **cupo** **cupimos** **cupisteis** **cupieron**	**cabré** **cabrás** **cabrá** **cabremos** **cabréis** **cabrán**	**cabría** **cabrías** **cabría** **cabríamos** **cabríais** **cabrían**	**quepa** **quepas** **quepa** **quepamos** **quepáis** **quepan**	**cupiera** **cupieras** **cupiera** **cupiéramos** **cupierais** **cupieran**	cabe tú (no **quepas**) **quepa** Ud. **quepamos** cabed (no **quepáis**) **quepan** Uds.
5	caer(se) **Participles:** **cayendo** **caído**	**caigo** caes cae caemos caéis caen	caía caías caía caíamos caíais caían	caí **caíste** **cayó** **caímos** **caísteis** **cayeron**	caeré caerás caerá caeremos caeréis caerán	caería caerías caería caeríamos caeríais caerían	**caiga** **caigas** **caiga** **caigamos** **caigáis** **caigan**	**cayera** **cayeras** **cayera** **cayéramos** **cayerais** **cayeran**	cae tú (no **caigas**) **caiga** Ud. **caigamos** caed (no **caigáis**) **caigan** Uds.
6	conducir (c:zc) **Participles:** conduciendo conducido	**conduzco** conduces conduce conducimos conducís conducen	conducía conducías conducía conducíamos conducíais conducían	**conduje** **condujiste** **condujo** **condujimos** **condujisteis** **condujeron**	conduciré conducirás conducirá conduciremos conduciréis conducirán	conduciría conducirías conduciría conduciríamos conduciríais conducirían	**conduzca** **conduzcas** **conduzca** **conduzcamos** **conduzcáis** **conduzcan**	**condujera** **condujeras** **condujera** **condujéramos** **condujerais** **condujeran**	conduce tú (no **conduzcas**) **conduzca** Ud. **conduzcamos** conducid (no **conduzcáis**) **conduzcan** Uds.

	Infinitive	INDICATIVE					SUBJUNCTIVE		IMPERATIVE
		Present	Imperfect	Preterite	Future	Conditional	Present	Past	
7	dar **Participles:** dando dado	**doy** das da damos **dais** dan	daba dabas daba dábamos dabais daban	**di** **diste** **dio** **dimos** **disteis** **dieron**	daré darás dará daremos daréis darán	daría darías daría daríamos daríais darían	**dé** des **dé** demos **deis** den	**diera** **dieras** **diera** **diéramos** **dierais** **dieran**	da tú (no des) **dé** Ud. **demos** dad (no **deis**) **den** Uds.
8	decir (e:i) **Participles:** **diciendo** **dicho**	**digo** **dices** **dice** decimos decís **dicen**	decía decías decía decíamos decíais decían	**dije** **dijiste** **dijo** **dijimos** **dijisteis** **dijeron**	**diré** **dirás** **dirá** **diremos** **diréis** **dirán**	**diría** **dirías** **diría** **diríamos** **diríais** **dirían**	**diga** **digas** **diga** **digamos** **digáis** **digan**	**dijera** **dijeras** **dijera** **dijéramos** **dijerais** **dijeran**	**di** tú (no **digas**) **diga** Ud. **digamos** decid (no **digáis**) **digan** Uds.
9	estar **Participles:** estando estado	**estoy** **estás** **está** estamos estáis **están**	estaba estabas estaba estábamos estabais estaban	**estuve** **estuviste** **estuvo** **estuvimos** **estuvisteis** **estuvieron**	estaré estarás estará estaremos estaréis estarán	estaría estarías estaría estaríamos estaríais estarían	**esté** **estés** **esté** estemos estéis **estén**	**estuviera** **estuvieras** **estuviera** **estuviéramos** **estuvierais** **estuvieran**	está tú (no estés) esté Ud. estemos estad (no estéis) estén Uds.
10	haber **Participles:** habiendo habido	**he** **has** **ha** **hemos** habéis **han**	había habías había habíamos habíais habían	**hube** **hubiste** **hubo** **hubimos** **hubisteis** **hubieron**	**habré** **habrás** **habrá** **habremos** **habréis** **habrán**	**habría** **habrías** **habría** **habríamos** **habríais** **habrían**	**haya** **hayas** **haya** **hayamos** **hayáis** **hayan**	**hubiera** **hubieras** **hubiera** **hubiéramos** **hubierais** **hubieran**	
11	hacer **Participles:** haciendo **hecho**	**hago** haces hace hacemos hacéis hacen	hacía hacías hacía hacíamos hacíais hacían	**hice** **hiciste** **hizo** **hicimos** **hicisteis** **hicieron**	**haré** **harás** **hará** **haremos** **haréis** **harán**	**haría** **harías** **haría** **haríamos** **haríais** **harían**	**haga** **hagas** **haga** **hagamos** **hagáis** **hagan**	**hiciera** **hicieras** **hiciera** **hiciéramos** **hicierais** **hicieran**	**haz** tú (no **hagas**) **haga** Ud. **hagamos** haced (no **hagáis**) **hagan** Uds.
12	ir **Participles:** **yendo** ido	**voy** **vas** **va** **vamos** **vais** **van**	**iba** **ibas** **iba** **íbamos** **ibais** **iban**	**fui** **fuiste** **fue** **fuimos** **fuisteis** **fueron**	iré irás irá iremos iréis irán	iría irías iría iríamos iríais irían	**vaya** **vayas** **vaya** **vayamos** **vayáis** **vayan**	**fuera** **fueras** **fuera** **fuéramos** **fuerais** **fueran**	**ve** tú (no **vayas**) **vaya** Ud. **vamos** (no **vayamos**) id (no **vayáis**) **vayan** Uds.
13	oír (y) **Participles:** **oyendo** **oído**	**oigo** **oyes** **oye** **oímos** oís **oyen**	oía oías oía oíamos oíais oían	oí **oíste** **oyó** **oímos** **oísteis** **oyeron**	oiré oirás oirá oiremos oiréis oirán	oiría oirías oiría oiríamos oiríais oirían	**oiga** **oigas** **oiga** **oigamos** **oigáis** **oigan**	**oyera** **oyeras** **oyera** **oyéramos** **oyerais** **oyeran**	**oye** tú (no **oigas**) **oiga** Ud. **oigamos** **oíd** (no **oigáis**) **oigan** Uds.

	Infinitive	INDICATIVE					SUBJUNCTIVE		IMPERATIVE
		Present	Imperfect	Preterite	Future	Conditional	Present	Past	
14	poder (o:ue) **Participles:** **pudiendo** podido	**puedo** **puedes** **puede** podemos podéis **pueden**	podía podías podía podíamos podíais podían	**pude** **pudiste** **pudo** **pudimos** **pudisteis** **pudieron**	**podré** **podrás** **podrá** **podremos** **podréis** **podrán**	**podría** **podrías** **podría** **podríamos** **podríais** **podrían**	**pueda** **puedas** **pueda** podamos podáis **puedan**	**pudiera** **pudieras** **pudiera** **pudiéramos** **pudierais** **pudieran**	**puede** tú (no **puedas**) **pueda** Ud. podamos poded (no podáis) **puedan** Uds.
15	poner **Participles:** poniendo **puesto**	**pongo** pones pone ponemos ponéis ponen	ponía ponías ponía poníamos poníais ponían	**puse** **pusiste** **puso** **pusimos** **pusisteis** **pusieron**	**pondré** **pondrás** **pondrá** **pondremos** **pondréis** **pondrán**	**pondría** **pondrías** **pondría** **pondríamos** **pondríais** **pondrían**	**ponga** **pongas** **ponga** **pongamos** **pongáis** **pongan**	**pusiera** **pusieras** **pusiera** **pusiéramos** **pusierais** **pusieran**	**pon** tú (no **pongas**) **ponga** Ud. **pongamos** poned (no **pongáis**) **pongan** Uds.
16	querer (e:ie) **Participles:** queriendo querido	**quiero** **quieres** **quiere** queremos queréis **quieren**	quería querías quería queríamos queríais querían	**quise** **quisiste** **quiso** **quisimos** **quisisteis** **quisieron**	**querré** **querrás** **querrá** **querremos** **querréis** **querrán**	**querría** **querrías** **querría** **querríamos** **querríais** **querrían**	**quiera** **quieras** **quiera** queramos queráis **quieran**	**quisiera** **quisieras** **quisiera** **quisiéramos** **quisierais** **quisieran**	**quiere** tú (no **quieras**) **quiera** Ud. queramos quered (no queráis) **quieran** Uds.
17	saber **Participles:** sabiendo sabido	**sé** sabes sabe sabemos sabéis saben	sabía sabías sabía sabíamos sabíais sabían	**supe** **supiste** **supo** **supimos** **supisteis** **supieron**	**sabré** **sabrás** **sabrá** **sabremos** **sabréis** **sabrán**	**sabría** **sabrías** **sabría** **sabríamos** **sabríais** **sabrían**	**sepa** **sepas** **sepa** **sepamos** **sepáis** **sepan**	**supiera** **supieras** **supiera** **supiéramos** **supierais** **supieran**	sabe tú (no **sepas**) **sepa** Ud. **sepamos** sabed (no **sepáis**) **sepan** Uds.
18	salir **Participles:** saliendo salido	**salgo** sales sale salimos salís salen	salía salías salía salíamos salíais salían	salí saliste salió salimos salisteis salieron	**saldré** **saldrás** **saldrá** **saldremos** **saldréis** **saldrán**	**saldría** **saldrías** **saldría** **saldríamos** **saldríais** **saldrían**	**salga** **salgas** **salga** **salgamos** **salgáis** **salgan**	saliera salieras saliera saliéramos salierais salieran	**sal** tú (no **salgas**) **salga** Ud. **salgamos** salid (no **salgáis**) **salgan** Uds.
19	ser **Participles:** siendo sido	**soy** **eres** **es** **somos** **sois** **son**	**era** **eras** **era** **éramos** **erais** **eran**	**fui** **fuiste** **fue** **fuimos** **fuisteis** **fueron**	seré serás será seremos seréis serán	sería serías sería seríamos seríais serían	**sea** **seas** **sea** **seamos** **seáis** **sean**	**fuera** **fueras** **fuera** **fuéramos** **fuerais** **fueran**	**sé** tú (no **seas**) **sea** Ud. **seamos** sed (no **seáis**) **sean** Uds.
20	tener **Participles:** teniendo tenido	**tengo** **tienes** **tiene** tenemos tenéis **tienen**	tenía tenías tenía teníamos teníais tenían	**tuve** **tuviste** **tuvo** **tuvimos** **tuvisteis** **tuvieron**	**tendré** **tendrás** **tendrá** **tendremos** **tendréis** **tendrán**	**tendría** **tendrías** **tendría** **tendríamos** **tendríais** **tendrían**	**tenga** **tengas** **tenga** **tengamos** **tengáis** **tengan**	**tuviera** **tuvieras** **tuviera** **tuviéramos** **tuvierais** **tuvieran**	**ten** tú (no **tengas**) **tenga** Ud. **tengamos** tened (no **tengáis**) **tengan** Uds.

	Infinitive	INDICATIVE					SUBJUNCTIVE		IMPERATIVE
		Present	Imperfect	Preterite	Future	Conditional	Present	Past	
21	traer	**traigo**	traía	**traje**	traeré	traería	**traiga**	**trajera**	
		traes	traías	**trajiste**	traerás	traerías	**traigas**	**trajeras**	trae tú (no **traigas**)
	Participles:	trae	traía	**trajo**	traerá	traería	**traiga**	**trajera**	**traiga** Ud.
	trayendo	traemos	traíamos	**trajimos**	traeremos	traeríamos	**traigamos**	**trajéramos**	**traigamos**
	traído	traéis	traíais	**trajisteis**	traeréis	traeríais	**traigáis**	**trajerais**	traed (no **traigáis**)
		traen	traían	**trajeron**	traerán	traerían	**traigan**	**trajeran**	**traigan** Uds.
22	venir	**vengo**	venía	**vine**	**vendré**	**vendría**	**venga**	**viniera**	
		vienes	venías	**viniste**	**vendrás**	**vendrías**	**vengas**	**vinieras**	**ven** tú (no **vengas**)
	Participles:	**viene**	venía	**vino**	**vendrá**	**vendría**	**venga**	**viniera**	**venga** Ud.
	viniendo	venimos	veníamos	**vinimos**	**vendremos**	**vendríamos**	**vengamos**	**viniéramos**	**vengamos**
	venido	venís	veníais	**vinisteis**	**vendréis**	**vendríais**	vengáis	**vinierais**	venid (no **vengáis**)
		vienen	venían	**vinieron**	**vendrán**	**vendrían**	**vengan**	**vinieran**	**vengan** Uds.
23	ver	**veo**	**veía**	**vi**	veré	vería	**vea**	viera	
		ves	**veías**	viste	verás	verías	**veas**	vieras	ve tú (no **veas**)
	Participles:	ve	**veía**	**vio**	verá	vería	**vea**	viera	**vea** Ud.
	viendo	vemos	**veíamos**	vimos	veremos	veríamos	**veamos**	viéramos	**veamos**
	visto	**veis**	**veíais**	visteis	veréis	veríais	**veáis**	vierais	ved (no **veáis**)
		ven	**veían**	vieron	verán	verían	**vean**	vieran	**vean** Uds.

Stem-changing verbs

	Infinitive	INDICATIVE					SUBJUNCTIVE		IMPERATIVE
		Present	Imperfect	Preterite	Future	Conditional	Present	Past	
24	contar (o:ue)	**cuento**	contaba	conté	contaré	contaría	**cuente**	contara	
		cuentas	contabas	contaste	contarás	contarías	**cuentes**	contaras	**cuenta** tú (no **cuentes**)
	Participles:	**cuenta**	contaba	contó	contará	contaría	**cuente**	contara	**cuente** Ud.
	contando	contamos	contábamos	contamos	contaremos	contaríamos	contemos	contáramos	contemos
	contado	contáis	contabais	contasteis	contaréis	contaríais	contéis	contarais	contad (no contéis)
		cuentan	contaban	contaron	contarán	contarían	**cuenten**	contaran	**cuenten** Uds.
25	dormir (o:ue)	**duermo**	dormía	dormí	dormiré	dormiría	**duerma**	**durmiera**	
		duermes	dormías	dormiste	dormirás	dormirías	**duermas**	**durmieras**	**duerme** tú (no **duermas**)
	Participles:	**duerme**	dormía	**durmió**	dormirá	dormiría	**duerma**	**durmiera**	**duerma** Ud.
	durmiendo	dormimos	dormíamos	dormimos	dormiremos	dormiríamos	**durmamos**	**durmiéramos**	**durmamos**
	dormido	dormís	dormíais	dormisteis	dormiréis	dormiríais	**durmáis**	**durmierais**	dormid (no **durmáis**)
		duermen	dormían	**durmieron**	dormirán	dormirían	**duerman**	**durmieran**	**duerman** Uds.
26	empezar	**empiezo**	empezaba	**empecé**	empezaré	empezaría	**empiece**	empezara	
	(e:ie) (z:c)	**empiezas**	empezabas	empezaste	empezarás	empezarías	**empieces**	empezaras	**empieza** tú (no **empieces**)
		empieza	empezaba	empezó	empezará	empezaría	**empiece**	empezara	**empiece** Ud.
	Participles:	empezamos	empezábamos	empezamos	empezaremos	empezaríamos	**empecemos**	empezáramos	**empecemos**
	empezando	empezáis	empezabais	empezasteis	empezaréis	empezaríais	**empecéis**	empezarais	empezad (no **empecéis**)
	empezado	**empiezan**	empezaban	empezaron	empezarán	empezarían	**empiecen**	empezaran	**empiecen** Uds.

	Infinitive	INDICATIVE					SUBJUNCTIVE		IMPERATIVE
		Present	Imperfect	Preterite	Future	Conditional	Present	Past	
27	entender (e:ie) **Participles:** entendiendo entendido	**entiendo** **entiendes** **entiende** entendemos entendéis **entienden**	entendía entendías entendía entendíamos entendíais entendían	entendí entendiste entendió entendimos entendisteis entendieron	entenderé entenderás entenderá entenderemos entenderéis entenderán	entendería entenderías entendería entenderíamos entenderíais entenderían	**entienda** **entiendas** **entienda** entendamos entendáis **entiendan**	entendiera entendieras entendiera entendiéramos entendierais entendieran	**entiende** tú (no **entiendas**) **entienda** Ud. entendamos entended (no entendáis) **entiendan** Uds.
28	jugar (u:ue) (g:gu) **Participles:** jugando jugado	**juego** **juegas** **juega** jugamos jugáis **juegan**	jugaba jugabas jugaba jugábamos jugabais jugaban	**jugué** jugaste jugó jugamos jugasteis jugaron	jugaré jugarás jugará jugaremos jugaréis jugarán	jugaría jugarías jugaría jugaríamos jugaríais jugarían	**juegue** **juegues** **juegue** **juguemos** **juguéis** **jueguen**	jugara jugaras jugara jugáramos jugarais jugaran	**juega** tú (no **juegues**) **juegue** Ud. **juguemos** jugad (no juguéis) **jueguen** Uds.
29	pedir (e:i) **Participles:** **pidiendo** pedido	**pido** **pides** **pide** pedimos pedís **piden**	pedía pedías pedía pedíamos pedíais pedían	pedí pediste **pidió** pedimos pedisteis **pidieron**	pediré pedirás pedirá pediremos pediréis pedirán	pediría pedirías pediría pediríamos pediríais pedirían	**pida** **pidas** **pida** **pidamos** **pidáis** **pidan**	**pidiera** **pidieras** **pidiera** **pidiéramos** **pidierais** **pidieran**	**pide** tú (no **pidas**) **pida** Ud. **pidamos** pedid (no **pidáis**) **pidan** Uds.
30	pensar (e:ie) **Participles:** pensando pensado	**pienso** **piensas** **piensa** pensamos pensáis **piensan**	pensaba pensabas pensaba pensábamos pensabais pensaban	pensé pensaste pensó pensamos pensasteis pensaron	pensaré pensarás pensará pensaremos pensaréis pensarán	pensaría pensarías pensaría pensaríamos pensaríais pensarían	**piense** **pienses** **piense** pensemos penséis **piensen**	pensara pensaras pensara pensáramos pensarais pensaran	**piensa** tú (no **pienses**) **piense** Ud. pensemos pensad (no penséis) **piensen** Uds.
31	reír (e:i) **Participles:** **riendo** **reído**	**río** **ríes** **ríe** **reímos** reís **ríen**	reía reías reía reíamos reíais reían	reí **reíste** **rió** **reímos** **reísteis** **rieron**	reiré reirás reirá reiremos reiréis reirán	reiría reirías reiría reiríamos reiríais reirían	**ría** **rías** **ría** **riamos** **riáis** **rían**	**riera** **rieras** **riera** **riéramos** **rierais** **rieran**	**ríe** tú (no **rías**) **ría** Ud. **riamos** reíd (no **riáis**) **rían** Uds.
32	seguir (e:i) (gu:g) **Participles:** **siguiendo** seguido	**sigo** **sigues** **sigue** seguimos seguís **siguen**	seguía seguías seguía seguíamos seguíais seguían	seguí seguiste **siguió** seguimos seguisteis **siguieron**	seguiré seguirás seguirá seguiremos seguiréis seguirán	seguiría seguirías seguiría seguiríamos seguiríais seguirían	**siga** **sigas** **siga** **sigamos** **sigáis** **sigan**	**siguiera** **siguieras** **siguiera** **siguiéramos** **siguierais** **siguieran**	**sigue** tú (no **sigas**) **siga** Ud. **sigamos** seguid (no **sigáis**) **sigan** Uds.
33	sentir (e:ie) **Participles:** **sintiendo** sentido	**siento** **sientes** **siente** sentimos sentís **sienten**	sentía sentías sentía sentíamos sentíais sentían	sentí sentiste **sintió** sentimos sentisteis **sintieron**	sentiré sentirás sentirá sentiremos sentiréis sentirán	sentiría sentirías sentiría sentiríamos sentiríais sentirían	**sienta** **sientas** **sienta** **sintamos** **sintáis** **sientan**	**sintiera** **sintieras** **sintiera** **sintiéramos** **sintierais** **sintieran**	**siente** tú (no **sientas**) **sienta** Ud. **sintamos** sentid (no **sintáis**) **sientan** Uds.

	Infinitive	INDICATIVE					SUBJUNCTIVE		IMPERATIVE
		Present	Imperfect	Preterite	Future	Conditional	Present	Past	
34	volver (o:ue)	**vuelvo**	volvía	volví	volveré	volvería	**vuelva**	volviera	
		vuelves	volvías	volviste	volverás	volverías	**vuelvas**	volvieras	**vuelve** tú (no **vuelvas**)
	Participles:	**vuelve**	volvía	volvió	volverá	volvería	**vuelva**	volviera	**vuelva** Ud.
	volviendo	volvemos	volvíamos	volvimos	volveremos	volveríamos	volvamos	volviéramos	volvamos
	vuelto	volvéis	volvíais	volvisteis	volveréis	volveríais	volváis	volvierais	volved (no volváis)
		vuelven	volvían	volvieron	volverán	volverían	**vuelvan**	volvieran	**vuelvan** Uds.

Verbs with spelling changes only

	Infinitive	INDICATIVE					SUBJUNCTIVE		IMPERATIVE
		Present	Imperfect	Preterite	Future	Conditional	Present	Past	
35	conocer	**conozco**	conocía	conocí	conoceré	conocería	**conozca**	conociera	
	(c:zc)	conoces	conocías	conociste	conocerás	conocerías	**conozcas**	conocieras	conoce tú (no **conozcas**)
		conoce	conocía	conoció	conocerá	conocería	**conozca**	conociera	**conozca** Ud.
	Participles:	conocemos	conocíamos	conocimos	conoceremos	conoceríamos	**conozcamos**	conociéramos	**conozcamos**
	conociendo	conocéis	conocíais	conocisteis	conoceréis	conoceríais	**conozcáis**	conocierais	conoced (no **conozcáis**)
	conocido	conocen	conocían	conocieron	conocerán	conocerían	**conozcan**	conocieran	**conozcan** Uds.
36	creer (y)	creo	creía	creí	creeré	creería	crea	**creyera**	
		crees	creías	**creíste**	creerás	creerías	creas	**creyeras**	cree tú (no creas)
	Participles:	cree	creía	**creyó**	creerá	creería	crea	**creyera**	crea Ud.
	creyendo	creemos	creíamos	**creímos**	creeremos	creeríamos	creamos	**creyéramos**	creamos
	creído	creéis	creíais	**creísteis**	creeréis	creeríais	creáis	**creyerais**	creed (no creáis)
		creen	creían	**creyeron**	creerán	creerían	crean	**creyeran**	crean Uds.
37	cruzar (z:c)	cruzo	cruzaba	**crucé**	cruzaré	cruzaría	**cruce**	cruzara	
		cruzas	cruzabas	cruzaste	cruzarás	cruzarías	**cruces**	cruzaras	cruza tú (no **cruces**)
	Participles:	cruza	cruzaba	cruzó	cruzará	cruzaría	**cruce**	cruzara	**cruce** Ud.
	cruzando	cruzamos	cruzábamos	cruzamos	cruzaremos	cruzaríamos	**crucemos**	cruzáramos	**crucemos**
	cruzado	cruzáis	cruzabais	cruzasteis	cruzaréis	cruzaríais	**crucéis**	cruzarais	cruzad (no **crucéis**)
		cruzan	cruzaban	cruzaron	cruzarán	cruzarían	**crucen**	cruzaran	**crucen** Uds.
38	destruir (y)	**destruyo**	destruía	destruí	destruiré	destruiría	**destruya**	**destruyera**	
		destruyes	destruías	destruiste	destruirás	destruirías	**destruyas**	**destruyeras**	**destruye** tú (no **destruyas**)
	Participles:	**destruye**	destruía	**destruyó**	destruirá	destruiría	**destruya**	**destruyera**	**destruya** Ud.
	destruyendo	destruimos	destruíamos	destruimos	destruiremos	destruiríamos	**destruyamos**	**destruyéramos**	**destruyamos**
	destruido	destruís	destruíais	destruisteis	destruiréis	destruiríais	**destruyáis**	**destruyerais**	destruid (no **destruyáis**)
		destruyen	destruían	**destruyeron**	destruirán	destruirían	**destruyan**	**destruyeran**	**destruyan** Uds.
39	enviar	**envío**	enviaba	envié	enviaré	enviaría	**envíe**	enviara	
	(envío)	**envías**	enviabas	enviaste	enviarás	enviarías	**envíes**	enviaras	**envía** tú (no **envíes**)
		envía	enviaba	envió	enviará	enviaría	**envíe**	enviara	**envíe** Ud.
	Participles:	enviamos	enviábamos	enviamos	enviaremos	enviaríamos	enviemos	enviáramos	enviemos
	enviando	enviáis	enviabais	enviasteis	enviaréis	enviaríais	enviéis	enviarais	enviad (no enviéis)
	enviado	**envían**	enviaban	enviaron	enviarán	enviarían	**envíen**	enviaran	**envíen** Uds.

	Infinitive	INDICATIVE					SUBJUNCTIVE		IMPERATIVE
		Present	Imperfect	Preterite	Future	Conditional	Present	Past	
40	graduarse	**gradúo**	graduaba	gradué	graduaré	graduaría	**gradúe**	graduara	
	(gradúo)	**gradúas**	graduabas	graduaste	graduarás	graduarías	**gradúes**	graduaras	**gradúa** tú (no **gradúes**)
		gradúa	graduaba	graduó	graduará	graduaría	**gradúe**	graduara	**gradúe** Ud.
	Participles:	graduamos	graduábamos	graduamos	graduaremos	graduaríamos	graduemos	graduáramos	graduemos
	graduando	graduáis	graduabais	graduasteis	graduaréis	graduaríais	graduéis	graduarais	graduad (no graduéis)
	graduado	**gradúan**	graduaban	graduaron	graduarán	graduarían	**gradúen**	graduaran	**gradúen** Uds.
41	llegar (g:gu)	llego	llegaba	**llegué**	llegaré	llegaría	**llegue**	llegara	
		llegas	llegabas	llegaste	llegarás	llegarías	**llegues**	llegaras	llega tú (no **llegues**)
	Participles:	llega	llegaba	llegó	llegará	llegaría	**llegue**	llegara	**llegue** Ud.
	llegando	llegamos	llegábamos	llegamos	llegaremos	llegaríamos	**lleguemos**	llegáramos	**lleguemos**
	llegado	llegáis	llegabais	llegasteis	llegaréis	llegaríais	**lleguéis**	llegarais	llegad (no **lleguéis**)
		llegan	llegaban	llegaron	llegarán	llegarían	**lleguen**	llegaran	**lleguen** Uds.
42	proteger (g:j)	**protejo**	protegía	protegí	protegeré	protegería	**proteja**	protegiera	
		proteges	protegías	protegiste	protegerás	protegerías	**protejas**	protegieras	protege tú (no **protejas**)
	Participles:	protege	protegía	protegió	protegerá	protegería	**proteja**	protegiera	**proteja** Ud.
	protegiendo	protegemos	protegíamos	protegimos	protegeremos	protegeríamos	**protejamos**	protegiéramos	**protejamos**
	protegido	protegéis	protegíais	protegisteis	protegeréis	protegeríais	**protejáis**	protegierais	proteged (no **protejáis**)
		protegen	protegían	protegieron	protegerán	protegerían	**protejan**	protegieran	**protejan** Uds.
43	tocar (c:qu)	toco	tocaba	**toqué**	tocaré	tocaría	**toque**	tocara	
		tocas	tocabas	tocaste	tocarás	tocarías	**toques**	tocaras	toca tú (no **toques**)
	Participles:	toca	tocaba	tocó	tocará	tocaría	**toque**	tocara	**toque** Ud.
	tocando	tocamos	tocábamos	tocamos	tocaremos	tocaríamos	**toquemos**	tocáramos	**toquemos**
	tocado	tocáis	tocabais	tocasteis	tocaréis	tocaríais	**toquéis**	tocarais	tocad (no **toquéis**)
		tocan	tocaban	tocaron	tocarán	tocarían	**toquen**	tocaran	**toquen** Uds.

Guide to Vocabulary

Contents of the glossary

This glossary contains the words and expressions listed on the **Vocabulario** page found at the end of each lesson in **DESCUBRE** as well as other useful vocabulary. The number following an entry indicates the **DESCUBRE** level and lesson where the word or expression was introduced. Check the **Estructura** sections of each lesson for words and expressions related to those grammar topics.

Abbreviations used in this glossary

adj.	adjective	*f.*	feminine	*m.*	masculine	*prep.*	preposition
adv.	adverb	*fam.*	familiar	*n.*	noun	*pron.*	pronoun
art.	article	*form.*	formal	*obj.*	object	*ref.*	reflexive
conj.	conjunction	*indef.*	indefinite	*p.p.*	past participle	*sing.*	singular
def.	definite	*interj.*	interjection	*pl.*	plural	*sub.*	subject
d.o.	direct object	*i.o.*	indirect object	*poss.*	possessive	*v.*	verb

Note on alphabetization

In current practice, for purposes of alphabetization, **ch** and **ll** are not treated as separate letters, but **ñ** still follows **n**. Therefore, in this glossary you will find that **año**, for example, appears after **anuncio**.

Spanish-English

A

a *prep.* at; to 1.1
a bordo aboard 1.1
a la derecha to the right 1.2
a la izquierda to the left 1.2
a la(s) + ***time*** at + *time* 1.1
a nombre de in the name of 1.5
¿A qué hora...? At what time...? 1.1
a ver let's see 1.2
abeja *f.* bee
abierto/a *adj.* open 1.5
abrazo *m.* hug
abrigo *m.* coat 1.6
abril *m.* April 1.5
abrir *v.* to open 1.3
abuelo/a *m., f.* grandfather; grandmother 1.3
abuelos *pl.* grandparents 1.3
aburrido/a *adj.* bored; boring 1.5
aburrir *v.* to bore 1.7
acabar de (+ ***inf.*****)** *v.* to have just (*done something*) 1.6
acampar *v.* to camp 1.5
aceite *m.* oil 1.8
acordarse (de) (o:ue) *v.* to remember 1.7
acostarse (o:ue) *v.* to go to bed 1.7
acuático/a *adj.* aquatic 1.4
adicional *adj.* additional
adiós *m.* good-bye 1.1
adjetivo *m.* adjective
administración de empresas *f.* business administration 1.2
adolescencia *f.* adolescence 1.9
¿adónde? *adv.* where (to)? (*destination*) 1.2
aduana *f.* customs 1.5
aeropuerto *m.* airport 1.5
afeitarse *v.* to shave 1.7
aficionado/a *adj.* fan 1.4
afirmativo/a *adj.* affirmative
agencia de viajes *f.* travel agency 1.5
agente de viajes *m., f.* travel agent 1.5
agosto *m.* August 1.5
agradable *adj.* pleasant
agua *f.* water 1.8
agua mineral mineral water 1.8
ahora *adv.* now 1.2
ahora mismo right now 1.5
aire *m.* air 1.5
ajo *m.* garlic 1.8
al (*contraction of* **a + el**) 1.2
al aire libre open-air 1.6
al lado de beside 1.2
alegre *adj.* happy; joyful 1.5
alegría *f.* happiness 1.9
alemán, alemana *adj.* German 1.3
algo *pron.* something; anything 1.7
algodón *m.* cotton 1.6
alguien *pron.* someone; somebody; anyone 1.7
algún, alguno/a(s) *adj.* any; some 1.7
alimento *m.* food
alimentación *f.* diet
allá *adv.* over there 1.2
allí *adv.* there 1.2
almacén *m.* department store 1.6
almorzar (o:ue) *v.* to have lunch 1.4
almuerzo *m.* lunch 1.8
alto/a *adj.* tall 1.3
amable *adj.* nice; friendly 1.5
amarillo/a *adj.* yellow 1.3
amigo/a *m., f.* friend 1.3
amistad *f.* friendship 1.9
amor *m.* love 1.9
anaranjado/a *adj.* orange 1.6
andar *v.* **en patineta** to skateboard 1.4
aniversario (de bodas) *m.* (wedding) anniversary 1.9
anoche *adv.* last night 1.6
anteayer *adv.* the day before yesterday 1.6
antes *adv.* before 1.7
antes de *prep.* before 1.7
antipático/a *adj.* unpleasant 1.3
año *m.* year 1.5
año pasado last year 1.6
aparato *m.* appliance
apellido *m.* last name 1.3
aprender (a + ***inf.*****)** *v.* to learn 1.3
aquel, aquella *adj.* that 1.6
aquél, aquélla *pron.* that 1.6
aquello *neuter pron.* that; that thing; that fact 1.6
aquellos/as *pl. adj.* those (over there) 1.6
aquéllos/as *pl. pron.* those (ones) (over there) 1.6
aquí *adv.* here 1.1
Aquí está... Here it is... 1.5
Aquí estamos en... Here we are at/in...
Argentina *f.* Argentina 1.1
argentino/a *adj.* Argentine 1.3

arqueología *f.* archaeology 1.2
arriba *adv.* up
arroz *m.* rice 1.8
arte *m.* art 1.2
artista *m., f.* artist 1.3
arveja *m.* pea 1.8
asado/a *adj.* roast 1.8
ascensor *m.* elevator 1.5
asistir (a) *v.* to attend 1.3
atún *m.* tuna 1.8
aunque *conj.* although
autobús *m.* bus 1.1
automático/a *adj.* automatic
auto(móvil) *m.* auto(mobile) 1.5
avenida *f.* avenue
avergonzado/a *adj.* embarrassed 1.5
avión *m.* airplane 1.5
¡Ay! *interj.* Oh!
  ¡Ay, qué dolor! Oh, what pain!
ayer *adv.* yesterday 1.6
azúcar *m.* sugar 1.8
azul *adj.* blue 1.3

B

bailar *v.* to dance 1.2
bajo/a *adj.* short (*in height*) 1.3
bajo control under control 1.7
baloncesto *m.* basketball 1.4
banana *f.* banana 1.8
bandera *f.* flag
bañarse *v.* to bathe; to take a bath 1.7
baño *m.* bathroom 1.7
barato/a *adj.* cheap 1.6
barco *m.* boat 1.5
beber *v.* to drink 1.3
bebida *f.* drink 1.8
béisbol *m.* baseball 1.4
beso *m.* kiss 1.9
biblioteca *f.* library 1.2
bicicleta *f.* bicycle 1.4
bien *adj., adv.* well 1.1
billete *m.* paper money; ticket
billón *m.* trillion
biología *f.* biology 1.2
bisabuelo/a *m.* great-grandfather; great-grandmother 1.3
bistec *m.* steak 1.8
bizcocho *m.* biscuit
blanco/a *adj.* white 1.3
(blue)jeans *m., pl.* jeans 1.6
blusa *f.* blouse 1.6
boda *f.* wedding 1.9
bolsa *f.* purse, bag 1.6
bonito/a *adj.* pretty 1.3
borrador *m.* eraser 1.2
bota *f.* boot 1.6
botella *f.* bottle 1.9
  botella de vino bottle of wine 1.9
botones *m., f. sing* bellhop 1.5
brindar *v.* to toast (*drink*) 1.9
bucear *v.* to scuba dive 1.4
bueno *adv.* well 1.2
buen, bueno/a *adj.* good 1.3, 1.6
  ¡Buen viaje! Have a good trip! 1.1
  Buena idea. Good idea. 1.4
  Buenas noches. Good evening.; Good night. 1.1
  Buenas tardes. Good afternoon. 1.1
  buenísimo extremely good
  ¿Bueno? Hello. (*on telephone*)
  Buenos días. Good morning. 1.1
bulevar *m.* boulevard
buscar *v.* to look for 1.2

C

caballo *m.* horse 1.5
cada *adj.* each 1.6
café *m.* café 1.4; *adj.* brown 1.6; *m.* coffee 1.8
cafetería *f.* cafeteria 1.2
caja *f.* cash register 1.6
calcetín (calcetines) *m.* sock(s) 1.6
calculadora *f.* calculator 1.2
caldo *m.* soup
calidad *f.* quality 1.6
calor *m.* heat 1.4
calzar *v.* to take size... shoes 1.6
cama *f.* bed 1.5
camarero/a *m., f.* waiter/ waitress 1.8
camarón *m.* shrimp 1.8
cambiar (de) *v.* to change 1.9
cambio *m.* **de moneda** currency exchange
caminar *v.* to walk 1.2
camino *m.* road
camión *m* truck; bus
camisa *f.* shirt 1.6
camiseta *f.* t-shirt 1.6
campo *m.* countryside 1.5
canadiense *adj.* Canadian 1.3
cansado/a *adj.* tired 1.5
cantar *v.* to sing 1.2
capital *f.* capital city 1.1
cara *f.* face 1.7
caramelo *m.* caramel 1.9
carne *f.* meat 1.8
  carne de res *f.* beef 1.8
caro/a *adj.* expensive 1.6
carta *f.* letter 1.4; (*playing*) card 1.5
cartera *f.* wallet 1.6
casa *f.* house; home 1.2
casado/a *adj.* married 1.9
casarse (con) *v.* to get married (to) 1.9
catorce *n., adj.* fourteen 1.1
cebolla *f.* onion 1.8
celebrar *v.* to celebrate 1.9
cena *f.* dinner 1.8
cenar *v.* to have dinner 1.2
centro *m.* downtown 1.4
  centro comercial shopping mall 1.6
cepillarse los dientes/el pelo *v.* to brush one's teeth/one's hair 1.7
cerca de *prep.* near 1.2
cerdo *m.* pork 1.8
cereales *m., pl.* cereal; grains 1.8
cero *m.* zero 1.1
cerrado/a *adj.* closed 1.5
cerrar (e:ie) *v.* to close 1.4
cerveza *f.* beer 1.8
ceviche *m.* marinated fish dish 1.8
  ceviche de camarón *m.* lemon-marinated shrimp 1.8
chaleco *m.* vest
champán *m.* champagne 1.9
champiñón *m.* mushroom 1.8
champú *m.* shampoo 1.7
chaqueta *f.* jacket 1.6
chau *fam. interj.* bye 1.1
chévere *adj., fam.* terrific
chico/a *m., f.* boy; girl 1.1
chino/a *adj.* Chinese 1.3
chocar (con) *v.* to run into
chocolate *m.* chocolate 1.9
chuleta *f.* chop (*food*) 1.8
  chuleta de cerdo *f.* pork chop 1.8
cibercafé *m.* cybercafé
ciclismo *m.* cycling 1.4
cien(to) *n., adj.* one hundred 1.2
ciencia *f.* science 1.2
cinco *n., adj.* five 1.1
cincuenta *n., adj.* fifty 1.2
cine *m.* movie theater 1.4
cinta *f.* (audio)tape
cinturón *m.* belt 1.6
cita *f.* date; appointment 1.9
ciudad *f.* city 1.4
clase *f.* class 1.2
cliente/a *m., f.* customer 1.6
color *m.* color 1.3, 1.6
comenzar (e:ie) *v.* to begin 1.4
comer *v.* to eat 1.3
comida *f.* food; meal 1.8
como *prep., conj.* like; as 1.8
¿cómo? *adv.* what?; how? 1.1
  ¿Cómo es...? What's... like? 1.3
  ¿Cómo está usted? *form.* How are you? 1.1
  ¿Cómo estás? *fam.* How are you? 1.1
  ¿Cómo se llama (usted)? *form.* What's your name? 1.1
  ¿Cómo te llamas (tú)? *fam.* What's your name? 1.1
cómodo/a *adj.* comfortable 1.5
compañero/a de clase *m., f.* classmate 1.2
compañero/a de cuarto *m., f.* roommate 1.2

compartir *v.* to share 1.3
completamente *adv.* completely 1.5
comprar *v.* to buy 1.2
compras *f., pl.* purchases 1.5
ir de compras to go shopping 1.5
comprender *v.* to understand 1.3
comprobar (o:ue) *v.* to check
comprometerse (con) *v.* to get engaged (to) 1.9
computación *f.* computer science 1.2
computadora *f.* computer 1.1
comunidad *f.* community 1.1
con *prep.* with 1.2
Con permiso. Pardon me.; Excuse me. 1.1
concordar (o:ue) *v.* to agree
conducir *v.* to drive 1.6
conductor(a) *m., f.* driver 1.1
confirmar *v.* to confirm 1.5
confirmar *v.* **una reservación** *f.* to confirm a reservation 1.5
confundido/a *adj.* confused 1.5
conmigo *pron.* with me 1.4, 1.9
conocer *v.* to know; to be acquainted with 1.6
conocido/a *adj.; p.p.* known
conseguir (e:i) *v.* to get; to obtain 1.4
consejo *m.* advice
construir *v.* to build
contabilidad *f.* accounting 1.2
contar (o:ue) *v.* to count; to tell 1.4
contento/a *adj.* happy; content 1.5
contestar *v.* to answer 1.2
contigo *fam. pron.* with you 1.9
control *m.* control 1.7
conversación *f.* conversation 1.1
conversar *v.* to converse, to chat 1.2
corbata *f.* tie 1.6
correo electrónico *m.* e-mail 1.4
correr *v.* to run 1.3
cortesía *f.* courtesy
corto/a *adj.* short (in length) 1.6
cosa *f.* thing 1.1
Costa Rica *f.* Costa Rica 1.1
costar (o:ue) *f.* to cost 1.6
costarricense *adj.* Costa Rican 1.3
creer (en) *v.* to believe (in) 1.3
crema de afeitar *f.* shaving cream 1.7
cuaderno *m.* notebook 1.1
¿cuál(es)? *pron.* which?; which one(s)? 1.2
¿Cuál es la fecha de hoy? What is today's date? 1.5
cuando *conj.* when 1.7
¿cuándo? *adv.* when? 1.2
¿cuánto(s)/a(s)? *adj.* how much/how many? 1.1
¿Cuánto cuesta...? How much does... cost? 1.6
¿Cuántos años tienes? How old are you? 1.3
cuarenta *n., adj.* forty 1.2
cuarto *m.* room 1.2; 1.7
cuarto de baño *m.* bathroom 1.7
cuarto/a *n., adj.* fourth 1.5
menos cuarto quarter to (*time*)
y cuarto quarter after (*time*) 1.1
cuatro *n., adj.* four 1.1
cuatrocientos/as *n., adj.* four hundred 1.2
Cuba *f.* Cuba 1.1
cubano/a *adj.* Cuban 1.3
cubiertos *m., pl.* silverware
cubierto/a *p.p.* covered
cubrir *v.* to cover
cultura *f.* culture 1.2
cuenta *f.* bill 1.8
cuidado *m.* care 1.3
cumpleaños *m., sing.* birthday 1.9
cumplir años *v.* to have a birthday 1.9
cuñado/a *m., f.* brother-in-law; sister-in-law 1.3
curso *m.* course 1.2

D

dar *v.* to give 1.6, 1.9
dar un consejo *v.* to give advice
de *prep.* of; from 1.1
¿De dónde eres? *fam.* Where are you from? 1.1
¿De dónde es usted? *form.* Where are you from? 1.1
¿de quién...? whose...? *sing.* 1.1
¿de quiénes...? whose...? *pl.* 1.1
de algodón (made) of cotton 1.6
de buen humor in a good mood 1.5
de compras shopping 1.5
de cuadros plaid 1.6
de excursión hiking 1.4
de hecho in fact
de ida y vuelta roundtrip 1.5
de la mañana in the morning; A.M. 1.1
de la noche in the evening; at night; P.M. 1.1
de la tarde in the afternoon; in the early evening; P.M. 1.1
de lana (made) of wool 1.6
de lunares polka-dotted 1.6
de mal humor in a bad mood 1.5
de moda in fashion 1.6
De nada. You're welcome. 1.1
de rayas striped 1.6
de repente *adv.* suddenly 1.6
de seda (made) of silk 1.6
debajo de *prep.* below; under 1.2
deber (+ *inf.***)** *v.* should; must; ought to 1.3
Debe ser... It must be... 1.6
decidir (+ *inf.***)** *v.* to decide 1.3
décimo/a *adj.* tenth 1.5
decir (e:i) *v.* to say; to tell 1.4, 1.9
decir la respuesta to say the answer 1.4
decir la verdad to tell the truth 1.4
decir mentiras to tell lies 1.4
dejar una propina *v.* to leave a tip 1.9
del (contraction of **de + el)** of the; from the
delante de *prep.* in front of 1.2
delgado/a *adj.* thin; slender 1.3
delicioso/a *adj.* delicious 1.8
demás *adj.* the rest
demasiado *adj., adv.* too much 1.6
dependiente/a *m., f.* clerk 1.6
deporte *m.* sport 1.4
deportista *m.* sports person
deportivo/a *adj.* sports-related 1.4
derecha *f.* right 1.2
a la derecha de to the right of 1.2
derecho *adj.* straight (ahead)
desayunar *v.* to have breakfast 1.2
desayuno *m.* breakfast 1.8
descansar *v.* to rest 1.2
describir *v.* to describe 1.3
desde *prep.* from 1.6
desear *v.* to wish; to desire 1.2
desordenado/a *adj.* disorderly 1.5
despedida *f.* farewell; good-bye
despedirse (e:i) (de) *v.* to say good-bye (to) 1.7
despejado/a *adj.* clear (*weather*)
despertador *m.* alarm clock 1.7
despertarse (e:ie) *v.* to wake up 1.7
después *adv.* afterwards; then 1.7

después de *prep.* after 1.7
detrás de *prep.* behind 1.2
día *m.* day 1.1
día de fiesta holiday 1.9
diario/a *adj.* daily 1.7
diccionario *m.* dictionary 1.1
diciembre *m.* December 1.5
diecinueve *n., adj.* nineteen 1.1
dieciocho *n., adj.* eighteen 1.1
dieciséis *n., adj.* sixteen 1.1
diecisiete *n., adj.* seventeen 1.1
diente *m.* tooth 1.7
diez *n., adj.* ten 1.1
difícil *adj.* difficult; hard 1.3
dinero *m.* money 1.6
diseño *m.* design
diversión *f.* fun activity; entertainment; recreation 1.4
divertido/a *adj.* fun 1.7
divertirse (e:ie) *v.* to have fun 1.9
divorciado/a *adj.* divorced 1.9
divorciarse (de) *v.* to get divorced (from) 1.9
divorcio *m.* divorce 1.9
doble *adj.* double
doce *n., adj.* twelve 1.1
doctor(a) *m., f.* doctor 1.3
documentos de viaje *m., pl.* travel documents
domingo *m.* Sunday 1.2
don *m.* Mr.; sir 1.1
doña *m.* Mrs.; ma'am 1.1
donde *prep.* where
¿dónde? *adv.* where? 1.1
¿Dónde está...? Where is...? 1.2
dormir (o:ue) *v.* to sleep 1.4
dormirse (o:ue) *v.* to go to sleep; to fall asleep 1.7
dos *n., adj.* two 1.1
dos veces *f.* twice; two times 1.6
doscientos/as *n., adj.* two hundred 1.2
ducha *f.* shower 1.7
ducharse *v.* to shower; to take a shower 1.7
dueño/a *m., f.* owner; landlord 1.8
dulces *m., pl.* sweets; candy 1.9
durante *prep.* during 1.7

E

e *conj.* (used instead of **y** before words beginning with ***i*** and ***hi***) and 1.4
economía *f.* economics 1.2
Ecuador *m.* Ecuador 1.1
ecuatoriano/a *adj.* Ecuadorian 1.3
edad *f.* age 1.9
(en) efectivo *m.* cash 1.6
el *m., sing., def. art.* the 1.1
él *sub. pron.* he 1.1; *pron., obj. of prep.* him 1.9
elegante *adj.* elegant 1.6
ella *sub. pron.* she 1.1; *pron., obj. of prep.* her 1.9
ellos/as *sub. pron.* they 1.1; *pron., obj. of prep.* them 1.9
emocionante *adj.* exciting
empezar (e:ie) *v.* to begin 1.4
empleado/a *m., f.* employee 1.5
en *prep.* in; on; at 1.2
en casa at home 1.7
en línea inline 1.4
en mi nombre in my name
en punto on the dot; exactly; sharp (*time*) 1.1
en qué in what; how 1.2
¿En qué puedo servirles? How can I help you? 1.5
enamorado/a (de) *adj.* in love (with) 1.5
enamorarse (de) *v.* to fall in love (with) 1.9
encantado/a *adj.* delighted; pleased to meet you 1.1
encantar *v.* to like very much; to love (*inanimate objects*) 1.7
encima de *prep.* on top of 1.2
encontrar (o:ue) *v.* to find 1.4
enero *m.* January 1.5
enojado/a *adj.* mad; angry 1.5
enojarse (con) *v.* to get angry (with) 1.7
ensalada *f.* salad 1.8
enseguida *adv.* right away 1.8
enseñar *v.* to teach 1.2
entender (e:ie) *v.* to understand 1.4
entonces *adv.* then 1.7
entre *prep.* between; among 1.2
entremeses *m., pl.* hors d'oeuvres; appetizers 1.8
equipaje *m.* luggage 1.5
equipo *m.* team 1.4
equivocado/a *adj.* wrong 1.5
eres *fam.* you are 1.1
es he/she/it is 1.1
Es de... He/She is from... 1.1
Es la una. It's one o'clock. 1.1
esa(s) *f., adj.* that; those 1.6
ésa(s) *f., pron.* those (ones) 1.6
escalar *v.* to climb 1.4
escalar montañas *v.* to climb mountains 1.4
escoger *v.* to choose 1.8
escribir *v.* to write 1.3
escribir un mensaje electrónico to write an e-mail message 1.4
escribir una carta to write a letter 1.4
escribir una postal to write a postcard
escritorio *m.* desk 1.2
escuchar *v.* to listen (to) 1.2
escuchar la radio to listen to the radio 1.2
escuchar música to listen to music 1.2
escuela *f.* school 1.1
ese *m., sing., adj.* that 1.6
ése *m., sing., pron.* that (one) 1.6
eso *neuter pron.* that; that thing 1.6
esos *m., pl., adj.* those 1.6
ésos *m., pl., pron.* those (ones) 1.6
España *f.* Spain 1.1
español *m.* Spanish (language) 1.2
español(a) *adj.* Spanish 1.3
espárragos *m., pl.* asparagus 1.8
especialización *f.* major 1.2
espejo *m.* mirror 1.7
esperar (+ *inf.*) *v.* to wait (for); to hope 1.2
esposo/a *m., f.* husband; wife; spouse 1.3
esquí (acuático) *m.* (water) skiing 1.4
esquiar *v.* to ski 1.4
está he/she/it is, you are 1.2
Está (muy) despejado. It's (very) clear. (*weather*)
Está lloviendo. It's raining. 1.5
Está nevando. It's snowing. 1.5
Está (muy) nublado. It's (very) cloudy. (*weather*) 1.5
esta(s) *f., adj.* this; these 1.6
esta noche tonight 1.4
ésta(s) *f., pron.* this (one); these (ones) 1.6
Ésta es... *f.* This is... (*introducing someone*) 1.1
estación *f.* station; season 1.5
estación de autobuses bus station 1.5
estación del metro subway station 1.5
estación de tren train station 1.5
estadio *m.* stadium 1.2
estado civil *m.* marital status 1.9
Estados Unidos *m.* (EE.UU.; E.U.) United States 1.1
estadounidense *adj.* from the United States 1.3
estampado/a *adj.* print
estar *v.* to be 1.2
estar aburrido/a to be bored 1.5
estar bajo control to be under control 1.7
estar de moda to be in fashion 1.6

estar de vacaciones to be on vacation 1.5
estar seguro/a to be sure 1.5
No está nada mal. It's not bad at all. 1.5
este *m., sing., adj.* this 1.6
éste *m., sing., pron.* this (one) 1.6
Éste es... *m.* This is... (*introducing someone*) 1.1
estilo *m.* style
esto *neuter pron.* this; this thing 1.6
estos *m., pl., adj.* these 1.6
éstos *m., pl., pron.* these (ones) 1.6
estudiante *m., f.* student 1.1, 1.2
estudiantil *adj.* student 1.2
estudiar *v.* to study 1.2
estupendo/a *adj.* stupendous 1.5
etapa *f.* stage 1.9
examen *m.* test; exam 1.2
excelente *adj.* excellent 1.5
excursión *f.* hike; tour; excursion 1.4
excursionista *m., f.* hiker
explicar *v.* to explain 1.2
explorar *v.* to explore
expresión *f.* expression

F

fabuloso/a *adj.* fabulous 1.5
fácil *adj.* easy 1.3
falda *f.* skirt 1.6
faltar *v.* to lack; to need 1.7
familia *f.* family 1.3
fascinar *v.* to fascinate 1.7
favorito/a *adj.* favorite 1.4
febrero *m.* February 1.5
fecha *f.* date 1.5
feliz *adj.* happy 1.5
¡Feliz cumpleaños! Happy birthday! 1.9
¡Felicidades! Congratulations! 1.9
¡Felicitaciones! Congratulations! 1.9
fenomenal *adj.* great, phenomenal 1.5
feo/a *adj.* ugly 1.3
fiesta *f.* party 1.9
fijo/a *adj.* fixed, set 1.6
fin *m.* end 1.4
fin de semana weekend 1.4
física *f.* physics 1.2
flan (de caramelo) *m.* baked (caramel) custard 1.9
folleto *m.* brochure
foto(grafía) *f.* photograph 1.1
francés, francesa *adj.* French 1.3
frenos *m., pl.* brakes
fresco/a *adj.* cool 1.5
frijoles *m., pl.* beans 1.8
frío/a *adj.* cold 1.5
frito/a *adj.* fried 1.8
fruta *f.* fruit 1.8
frutilla *f.* strawberry
fuera *adv.* outside
fútbol *m.* soccer 1.4
fútbol americano *m.* football 1.4

G

gafas (de sol) *f., pl.* (sun)glasses 1.6
gafas (oscuras) *f., pl.* (sun)glasses
galleta *f.* cookie 1.9
ganar *v.* to win 1.4
ganga *f.* bargain 1.6
gastar *v.* to spend (*money*) 1.6
gemelo/a *m., f.* twin 1.3
gente *f.* people 1.3
geografía *f.* geography 1.2
gimnasio *m.* gymnasium 1.4
golf *m.* golf 1.4
gordo/a *adj.* fat 1.3
gracias *f., pl.* thank you; thanks 1.1
Gracias por todo. Thanks for everything. 1.9
Gracias una vez más. Thanks again. 1.9
graduarse (de/en) *v.* to graduate (from/in) 1.9
gran, grande *adj.* big; large 1.3
grillo *m.* cricket
gris *adj.* gray 1.6
gritar *v.* to scream 1.7
guantes *m., pl.* gloves 1.6
guapo/a *adj.* handsome; good-looking 1.3
guía *m., f.* guide
gustar *v.* to be pleasing to; to like 1.2
Me gustaría... I would like...
gusto *m.* pleasure 1.1
El gusto es mío. The pleasure is mine. 1.1
Mucho gusto. Pleased to meet you. 1.1

H

habitación *f.* room 1.5
habitación doble double room 1.5
habitación individual single room 1.5
hablar *v.* to talk; to speak 1.2
hacer *v.* to do; to make 1.4
Hace buen tiempo. The weather is good. 1.5
Hace (mucho) calor. It's (very) hot. (*weather*) 1.5
Hace fresco. It's cool. (*weather*) 1.5
Hace (mucho) frío. It's very cold. (*weather*) 1.5
Hace mal tiempo. The weather is bad. 1.5
Hace (mucho) sol. It's (very) sunny. (*weather*) 1.5
Hace (mucho) viento. It's (very) windy. (*weather*) 1.5
hacer juego (con) to match (with) 1.6
hacer las maletas to pack (one's) suitcases 1.5
hacer (wind)surf to (wind) surf 1.5
hacer turismo to go sightseeing
hacer un viaje to take a trip 1.5
hacer una excursión to go on a hike; to go on a tour
hambre *f.* hunger 1.3
hamburguesa *f.* hamburger 1.8
hasta *prep.* until 1.6; toward
Hasta la vista. See you later. 1.1
Hasta luego. See you later. 1.1
Hasta mañana. See you tomorrow. 1.1
Hasta pronto. See you soon. 1.1
hay *v.* there is; there are 1.1
Hay (mucha) contaminación. It's (very) smoggy.
Hay (mucha) niebla. It's (very) foggy.
No hay de qué. You're welcome. 1.1
helado/a *adj.* iced 1.8
helado *m.* ice cream 1.9
hermanastro/a *m., f.* stepbrother; stepsister 1.3
hermano/a *m., f.* brother; sister 1.3
hermano/a mayor/menor *m., f.* older/younger brother/sister 1.3
hermanos *m., pl.* siblings (brothers and sisters) 1.3
hermoso/a *adj.* beautiful 1.6
hijastro/a *m., f.* stepson; stepdaughter 1.3
hijo/a *m., f.* son; daughter 1.3
hijo/a único/a *m., f.* only child 1.3
hijos *m., pl.* children 1.3
historia *f.* history 1.2
hockey *m.* hockey 1.4
hola *interj.* hello; hi 1.1
hombre *m.* man 1.1

hora *f.* hour 1.1; the time
horario *m.* schedule 1.2
hotel *m.* hotel 1.5
hoy *adv.* today 1.2
  hoy día *adv.* nowadays
  Hoy es... Today is... 1.2
huésped *m., f.* guest 1.5
huevo *m.* egg 1.8
humanidades *f., pl.* humanities 1.2

I

ida *f.* one way (*travel*)
idea *f.* idea 1.4
iglesia *f.* church 1.4
igualmente *adv.* likewise 1.1
impermeable *m.* raincoat 1.6
importante *adj.* important 1.3
importar *v.* to be important to; to matter 1.7
increíble *adj.* incredible 1.5
individual *adj.* private (*room*) 1.5
ingeniero/a *m., f.* engineer 1.3
inglés *m.* English (*language*) 1.2
inglés, inglesa *adj.* English 1.3
inodoro *m.* toilet 1.7
inspector(a) de aduanas *m., f.* customs inspector 1.5
inteligente *adj.* intelligent 1.3
intercambiar *v.* to exchange
interesante *adj.* interesting 1.3
interesar *v.* to be interesting to; to interest 1.7
invierno *m.* winter 1.5
invitado/a *m., f.* guest 1.9
invitar *v.* to invite 1.9
ir *v.* to go 1.4
  ir a (+ *inf.*) to be going to *do something* 1.4
  ir de compras to go shopping 1.5
  ir de excursión (a las montañas) to go on a hike (in the mountains) 1.4
  ir de pesca to go fishing
  ir de vacaciones to go on vacation 1.5
  ir en autobús to go by bus 1.5
  ir en auto(móvil) to go by car 1.5
  ir en avión to go by plane 1.5
  ir en barco to go by boat 1.5
  ir en metro to go by subway
  ir en motocicleta to go by motorcycle 1.5
  ir en taxi to go by taxi 1.5
  ir en tren to go by train
irse *v.* to go away; to leave 1.7

italiano/a *adj.* Italian 1.3
izquierdo/a *adj.* left 1.2
  a la izquierda de to the left of 1.2

J

jabón *m.* soap 1.7
jamás *adv.* never; not ever 1.7
jamón *m.* ham 1.8
japonés, japonesa *adj.* Japanese 1.3
joven *adj. m., f., sing.* (**jóvenes** *pl.*) young 1.3
joven *m., f., sing.* (**jóvenes** *pl.*) youth; young person 1.1
jubilarse *v.* to retire (*from work*) 1.9
juego *m.* game
jueves *m., sing.* Thursday 1.2
jugador(a) *m., f.* player 1.4
jugar (u:ue) *v.* to play 1.4
  jugar a las cartas to play cards 1.5
jugo *m.* juice 1.8
  jugo de fruta *m.* fruit juice 1.8
julio *m.* July 1.5
junio *m.* June 1.5
juntos/as *adj.* together 1.9
juventud *f.* youth 1.9

L

la *f., sing., def. art.* the 1.1
la *f., sing., d.o. pron.* her, it; *form.* you 1.5
laboratorio *m.* laboratory 1.2
lana *f.* wool 1.6
langosta *f.* lobster 1.8
lápiz *m.* pencil 1.1
largo/a *adj.* long 1.6
las *f., pl., def. art.* the 1.1
las *f., pl., d.o. pron.* them; *form.* you 1.5
lavabo *m.* sink 1.7
lavarse *v.* to wash oneself 1.7
  lavarse la cara to wash one's face 1.7
  lavarse las manos to wash one's hands 1.7
le *sing., i.o. pron.* to/for him, her; *form.* you 1.6
  Le presento a... *form.* I would like to introduce you to (name). 1.1
lección *f.* lesson 1.1
leche *f.* milk 1.8
lechuga *f.* lettuce 1.8
leer *v.* to read 1.3
  leer correo electrónico to read e-mail 1.4
  leer un periódico to read a newspaper 1.4
  leer una revista to read a magazine 1.4
lejos de *prep.* far from 1.2
lengua *f.* language 1.2
  lenguas extranjeras *f., pl.* foreign languages 1.2
lentes (de sol) (sun)glasses
lentes de contacto *m., pl.* contact lenses
les *pl., i.o. pron.* to/for them; *form.* you 1.6
levantarse *v.* to get up 1.7
libre *adj.* free 1.4
librería *f.* bookstore 1.2
libro *m.* book 1.2
limón *m.* lemon 1.8
limpio/a *adj.* clean 1.5
línea *f.* line
listo/a *adj.* ready; smart 1.5
literatura *f.* literature 1.2
llamarse *v.* to be called; to be named 1.7
llave *f.* key 1.5
llegada *f.* arrival 1.5
llegar *v.* to arrive 1.2
llevar *v.* to carry 1.2; to wear; to take 1.6
  llevarse bien/mal (con) to get along well/badly (with) 1.9
llover (o:ue) *v.* to rain 1.5
  Llueve. It's raining. 1.5
lo *m., sing., d.o. pron.* him, it; *form.* you 1.5
  Lo siento. I'm sorry. 1.1
  Lo siento muchísimo. I'm so sorry. 1.4
loco/a *adj.* crazy 1.6
los *m., pl., def. art.* the 1.1
los *m., pl., d.o. pron.* them; *form.* you 1.5
luego *adv.* then 1.7; *adv.* later 1.1
lugar *m.* place 1.4
lunares *m.* polka dots 1.6
lunes *m., sing.* Monday 1.2

M

madrastra *f.* stepmother 1.3
madre *f.* mother 1.3
madurez *f.* maturity; middle age 1.9
magnífico/a *adj.* magnificent 1.5
maíz *m.* corn 1.8
mal, malo/a *adj.* bad 1.3
maleta *f.* suitcase 1.1
mamá *f.* mom 1.3
mano *f.* hand 1.1
  ¡Manos arriba! Hands up!
mantequilla *f.* butter 1.8
manzana *f.* apple 1.8
mañana *f.* morning, A.M. 1.1; tomorrow 1.1

mapa *m.* map 1.2
maquillaje *m.* makeup 1.7
maquillarse *v.* to put on makeup 1.7
mar *m.* sea 1.5
maravilloso/a *adj.* marvelous 1.5
margarina *f.* margarine 1.8
mariscos *m., pl.* shellfish 1.8
marrón *adj.* brown 1.6
martes *m., sing.* Tuesday 1.2
marzo *m.* March 1.5
más *pron.* more 1.2
  más de (+ ***number*****)** more than 1.8
  más tarde later (on) 1.7
  más... que more... than 1.8
matemáticas *f., pl.* mathematics 1.2
materia *f.* course 1.2
matrimonio *m.* marriage 1.9
mayo *m.* May 1.5
mayonesa *f.* mayonnaise 1.8
mayor *adj.* older 1.3
  el/la mayor *adj.* the eldest 1.8; the oldest
me *sing., d.o. pron.* me 1.5; *sing. i.o. pron.* to/for me 1.6
  Me gusta... I like... 1.2
  No me gustan nada. I don't like them at all. 1.2
  Me llamo... My name is... 1.1
  Me muero por... I'm dying to (for)...
mediano/a *adj.* medium
medianoche *f.* midnight 1.1
medias *f., pl.* pantyhose, stockings 1.6
médico/a *m., f.* doctor 1.3
medio/a *adj.* half 1.3
  medio/a hermano/a *m., f.* half-brother; half-sister 1.3
  mediodía *m.* noon 1.1
  y media thirty minutes past the hour (*time*) 1.1
mejor *adj.* better 1.8
  el/la mejor *adj.* the best 1.8
melocotón *m.* peach 1.8
menor *adj.* younger 1.3
  el/la menor *adj.* the youngest 1.8
menos *adv.* less
  menos cuarto..., menos quince... quarter to... (*time*) 1.1
  menos de (+ ***number*****)** fewer than 1.8
  menos... que less... than 1.8
mensaje electrónico *m.* e-mail message 1.4
mentira *f.* lie 1.4
menú *m.* menu 1.8
mercado *m.* market 1.6
  mercado al aire libre *m.* open-air market 1.6
merendar (e:ie) *v.* to snack 1.8; to have an afternoon snack
mes *m.* month 1.5
mesa *f.* table 1.2
metro *m.* subway 1.5
mexicano/a *adj.* Mexican 1.3
México *m.* Mexico 1.1
mí *pron., obj. of prep.* me 1.9
mi(s) *poss. adj.* my 1.3
miedo *m.* fear 1.3
miércoles *m., sing.* Wednesday 1.2
mil *m.* one thousand 1.2
  Mil perdones. I'm so sorry. (*lit. A thousand pardons.*) 1.4
mil millones *m.* billion
millón *m.* million 1.2
millones (de) *m.* millions (of)
minuto *m.* minute 1.1
mirar *v.* to look (at); to watch 1.2
  mirar (la) televisión to watch television 1.2
mismo/a *adj.* same 1.3
mochila *f.* backpack 1.2
moda *f.* fashion 1.6
módem *m.* modem
molestar *v.* to bother; to annoy 1.7
montaña *f.* mountain 1.4
montar a caballo *v.* to ride a horse 1.5
monumento *m.* monument 1.4
mora *f.* blackberry 1.8
morado/a *adj.* purple 1.6
moreno/a *adj.* brunet(te) 1.3
morir (o:ue) *v.* to die 1.8
mostrar (o:ue) *v.* to show 1.4
motocicleta *f.* motorcycle 1.5
motor *m.* motor
muchacho/a *m., f.* boy; girl 1.3
mucho/a *adj., adv.* a lot of; much 1.2; many 1.3
  (Muchas) gracias. Thank you (very much).; Thanks (a lot). 1.1
  Muchísimas gracias. Thank you very, very much. 1.9
  Mucho gusto. Pleased to meet you. 1.1
muchísimo very much 1.2
muela *f.* tooth; molar
muerte *f.* death 1.9
mujer *f.* woman 1.1
  mujer policía *f.* female police officer
multa *f.* fine
mundial *adj.* worldwide
municipal *adj.* municipal
museo *m.* museum 1.4
música *f.* music 1.2
muy *adv.* very 1.1
  Muy amable. That's very kind of you. 1.5
  (Muy) bien, gracias. (Very) well, thanks. 1.1

N

nacer *v.* to be born 1.9
nacimiento *m.* birth 1.9
nacionalidad *f.* nationality 1.1
nada *pron., adv.* nothing 1.1; not anything 1.7
  nada mal not bad at all 1.5
nadar *v.* to swim 1.4
nadie *pron.* no one, nobody, not anyone 1.7
naranja *f.* orange 1.8
natación *f.* swimming 1.4
Navidad *f.* Christmas 1.9
necesitar (+ ***inf.*****)** *v.* to need 1.2
negativo/a *adj.* negative
negro/a *adj.* black 1.3
nervioso/a *adj.* nervous 1.5
nevar (e:ie) *v.* to snow 1.5
  Nieva. It's snowing. 1.5
ni... ni neither... nor 1.7
niebla *f.* fog
nieto/a *m., f.* grandson; granddaughter 1.3
nieve *f.* snow
ningún, ninguno/a(s) *adj., pron.* no; none; not any 1.7
  ningún problema no problem
niñez *f.* childhood 1.9
niño/a *m., f.* child 1.3
no *adv.* no; not 1.1
  ¿no? right? 1.1
  No está nada mal. It's not bad at all. 1.5
  no estar de acuerdo to disagree
  No estoy seguro. I'm not sure.
  no hay there is not; there are not 1.1
  No hay de qué. You're welcome. 1.1
  No hay problema. No problem. 1.7
  No me gustan nada. I don't like them at all. 1.2
  no muy bien not very well 1.1
  No quiero. I don't want to. 1.4
  No sé. I don't know.
  No se preocupe. *(form.)* Don't worry. 1.7
  No te preocupes. *(fam.)* Don't worry. 1.7
  no tener razón to be wrong 1.3

noche *f.* night 1.1
nombre *m.* name 1.1
norteamericano/a *adj.* (North) American 1.3
nos *pl., d.o. pron.* us 1.5; *pl., i.o. pron.* to/for us 1.6
Nos vemos. See you. 1.1
nosotros/as *sub. pron.* we 1.1; *pron., obj. of prep.* us 1.9
novecientos/as *n., adj.* nine hundred 1.2
noveno/a *n., adj.* ninth 1.5
noventa *n., adj.* ninety 1.2
noviembre *m.* November 1.5
novio/a *m., f.* boyfriend/ girlfriend 1.3
nublado/a *adj.* cloudy 1.5
Está (muy) nublado. It's very cloudy. 1.5
nuera *f.* daughter-in-law 1.3
nuestro(s)/a(s) *poss. adj.* our 1.3
nueve *n., adj.* nine 1.1
nuevo/a *adj.* new 1.6
número *m.* number 1.1; (shoe) size 1.6
nunca *adv.* never; not ever 1.7

O

o *conj.* or 1.7
o... o; either... or 1.7
océano *m.* ocean
ochenta *n., adj.* eighty 1.2
ocho *n., adj.* eight 1.1
ochocientos/as *n., adj.* eight hundred 1.2
octavo/a *n., adj.* eighth 1.5
octubre *m.* October 1.5
ocupado/a *adj.* busy 1.5
odiar *v.* to hate 1.9
ofrecer *v.* to offer 1.6
oír *v.* to hear 1.4
Oiga./Oigan. *form., sing./pl.* Listen. (*in conversation*) 1.1
Oye. *fam., sing.* Listen. (*in conversation*) 1.1
once *n., adj.* eleven 1.1
ordenado/a *adj.* orderly 1.5
ordinal *adj.* ordinal (number)
ortografía *f.* spelling
ortográfico/a *adj.* spelling
os *fam., pl., d.o. pron.* you 1.5; *fam., pl., i.o. pron.* to/for you 1.6
otoño *m.* autumn 1.5
otro/a *adj.* other; another 1.6
otra vez *adv.* again

P

padrastro *m.* stepfather 1.3
padre *m.* father 1.3
padres *m., pl.* parents 1.3
pagar *v.* to pay 1.6, 1.9
pagar la cuenta to pay the bill 1.9
país *m.* country 1.1
paisaje *m.* landscape 1.5
palabra *f.* word 1.1
pan *m.* bread 1.8
pan tostado *m.* toasted bread 1.8
pantalones *m., pl.* pants 1.6
pantalones cortos *m., pl.* shorts 1.6
pantuflas *f., pl.* slippers 1.7
papa *f.* potato 1.8
papas fritas *f., pl.* fried potatoes; French fries 1.8
papá *m.* dad 1.3
papás *m., pl.* parents 1.3
papel *m.* paper 1.2
papelera *f.* wastebasket 1.2
par *m.* pair 1.6
par de zapatos *m.* pair of shoes 1.6
parecer *v.* to seem 1.6
pareja *f.* (married) couple; partner 1.9
parientes *m., pl.* relatives 1.3
parque *m.* park 1.4
párrafo *m.* paragraph
partido *m.* game; match (*sports*) 1.4
pasado/a *adj.* last; past 1.6
pasado *p.p.* passed
pasaje *m.* ticket 1.5
pasaje de ida y vuelta *m.* roundtrip ticket 1.5
pasajero/a *m., f.* passenger 1.1
pasaporte *m.* passport 1.5
pasar *v.* to go through 1.5
pasar por la aduana to go through customs
pasar tiempo to spend time
pasarlo bien/mal to have a good/bad time 1.9
pasatiempo *m.* pastime; hobby 1.4
pasear *v.* to take a walk; to stroll 1.4
pasear en bicicleta to ride a bicycle 1.4
pasear por to walk around 1.4
pasta *f.* **de dientes** toothpaste 1.7
pastel *m.* cake; pie 1.9
pastel de chocolate *m.* chocolate cake 1.9
pastel de cumpleaños *m.* birthday cake
patata *f.* potato 1.8
patatas fritas *f., pl.* fried potatoes; French fries 1.8
patinar (en línea) *v.* to (inline) skate 1.4
patineta *f.* skateboard 1.4
pavo *m.* turkey 1.8
pedir (e:i) *v.* to ask for; to request 1.4; to order (*food*) 1.8
peinarse *v.* to comb one's hair 1.7
película *f.* movie 1.4
pelirrojo/a *adj.* red-haired 1.3
pelo *m.* hair 1.7
pelota *f.* ball 1.4
pensar (e:ie) *v.* to think 1.4
pensar (+ *inf.***)** *v.* to intend to; to plan to (*do something*) 1.4
pensar en *v.* to think about 1.4
pensión *f.* boardinghouse
peor *adj.* worse 1.8
el/la peor *adj.* the worst 1.8
pequeño/a *adj.* small 1.3
pera *f.* pear 1.8
perder (e:ie) *v.* to lose; to miss 1.4
Perdón. Pardon me.; Excuse me. 1.1
perezoso/a *adj.* lazy
perfecto/a *adj.* perfect 1.5
periódico *m.* newspaper 1.4
periodismo *m.* journalism 1.2
periodista *m., f.* journalist 1.3
permiso *m.* permission
pero *conj.* but 1.2
persona *f.* person 1.3
pesca *f.* fishing
pescado *m.* fish (*cooked*) 1.8
pescador(a) *m., f.* fisherman/ fisherwoman
pescar *v.* to fish 1.5
pimienta *f.* black pepper 1.8
piña *f.* pineapple 1.8
piscina *f.* swimming pool 1.4
piso *m.* floor (*of a building*) 1.5
pizarra *f.* blackboard 1.2
planes *m., pl.* plans
planta baja *f.* ground floor 1.5
plato *m.* dish (*in a meal*) 1.8
plato principal *m.* main dish 1.8
playa *f.* beach 1.5
plaza *f.* city or town square 1.4
pluma *f.* pen 1.2
pobre *adj.* poor 1.6
pobreza *f.* poverty
poco/a *adj.* little; few 1.5
poder (o:ue) *v.* to be able to; can 1.4
pollo *m.* chicken 1.8
pollo asado *m.* roast chicken 1.8
ponchar *v.* to go flat
poner *v.* to put; to place 1.4
ponerse (+ *adj.***)** *v.* to become (+ *adj.*) 1.7; to put on 1.7

por *prep.* in exchange for; for; by; in; through; around; along; during; because of; on account of; on behalf of; in search of; by way of
  por avión by plane
  por favor please 1.1
  por la mañana in the morning 1.7
  por la noche at night 1.7
  por la tarde in the afternoon 1.7
  ¿por qué? why? 1.2
  por teléfono by phone; on the phone
  por último finally 1.7
porque *conj.* because 1.2
posesivo/a *adj.* possessive 1.3
postal *f.* postcard
postre *m.* dessert 1.9
practicar *v.* to practice 1.2
  practicar deportes *m., pl.* to play sports 1.4
precio (fijo) *m.* (fixed; set) price 1.6
preferir (e:ie) *v.* to prefer 1.4
pregunta *f.* question
preguntar *v.* to ask (*a question*) 1.2
preocupado/a (por) *adj.* worried (about) 1.5
preocuparse (por) *v.* to worry (about) 1.7
preparar *v.* to prepare 1.2
preposición *f.* preposition
presentación *f.* introduction
presentar *v.* to introduce
  Le presento a... I would like to introduce you to (name). 1.1
  Te presento a... I would like to introduce you to (name). *(fam.)* 1.1
prestado/a *adj.* borrowed
prestar *v.* to lend; to loan 1.6
primavera *f.* spring 1.5
primer, primero/a *n., adj.* first 1.5
primo/a *m., f.* cousin 1.3
principal *adj.* main 1.8
prisa *f.* haste 1.3
probar (o:ue) *v.* to taste; to try 1.8
probarse (o:ue) *v.* to try on 1.7
problema *m.* problem 1.1
profesión *f.* profession 1.3
profesor(a) *m., f.* teacher 1.1, 1.2
programa *m.* 1.1
programador(a) *m., f.* computer programmer 1.3
pronombre *m.* pronoun
propina *f.* tip 1.8
prueba *f.* test; quiz 1.2
psicología *f.* psychology 1.2
pueblo *m.* town 1.4
puerta *f.* door 1.2
Puerto Rico *m.* Puerto Rico 1.1
puertorriqueño/a *adj.* Puerto Rican 1.3
pues *conj.* well 1.2

Q

que *conj.* that; which
  ¡Qué...! How...! 1.3
  ¡Qué dolor! What pain!
  ¡Qué ropa más bonita! What pretty clothes! 1.6
  ¡Qué sorpresa! What a surprise!
  ¿qué? *pron.* what? 1.1
  ¿Qué día es hoy? What day is it? 1.2
  ¿Qué hay de nuevo? What's new? 1.1
  ¿Qué hora es? What time is it? 1.1
  ¿Qué les parece? What do you (*pl.*) think?
  ¿Qué pasa? What's happening?; What's going on? 1.1
  ¿Qué precio tiene? What is the price?
  ¿Qué tal...? How are you?; How is it going? 1.1; How is/are...? 1.2
  ¿Qué talla lleva/usa? What size do you wear? (*form.*) 1.6
  ¿Qué tiempo hace? How's the weather? 1.5
  ¿En qué...? In which...? 1.2
quedar *v.* to be left over; to fit (*clothing*) 1.7
quedarse *v.* to stay; to remain 1.7
querer (e:ie) *v.* to want; to love 1.4
queso *m.* cheese 1.8
quien(es) *pron.* who; whom
  ¿Quién es...? Who is...? 1.1
  ¿quién(es)? *pron.* who?; whom? 1.1
química *f.* chemistry 1.2
quince *n., adj.* fifteen 1.1
  menos quince quarter to (*time*) 1.1
  y quince quarter after (*time*) 1.1
quinceañera *f.* young woman celebrating her fifteenth birthday 1.9
quinientos/as *n., adj.* five hundred 1.2
quinto/a *n., adj.* fifth 1.5
quitarse *v.* to take off 1.7
quizás *adv.* maybe 1.5

R

radio *f.* radio (*medium*) 1.2
  radio *m.* radio (*set*) 1.2
ratos libres *m., pl.* spare (*free*) time 1.4
raya *f.* stripe 1.6
razón *f.* reason 1.3
rebaja *f.* sale 1.6
recibir *v.* to receive 1.3
recién casado/a *m., f.* newlywed 1.9
recomendar (e:ie) *v.* to recommend 1.8
recordar (o:ue) *v.* to remember 1.4
recorrer *v.* to tour an area
refresco *m.* soft drink 1.8
regalar *v.* to give (a gift) 1.9
regalo *m.* gift 1.6
regatear *v.* to bargain 1.6
regresar *v.* to return 1.2
regular *adj.* so-so; OK 1.1
reírse (e:i) *v.* to laugh 1.9
relaciones *f., pl.* relationships
relajarse *v.* to relax 1.9
reloj *m.* clock; watch 1.2
repetir (e:i) *v.* to repeat 1.4
residencia estudiantil *f.* dormitory 1.2
respuesta *f.* answer
restaurante *m.* restaurant 1.4
revista *f.* magazine 1.4
rico/a *adj.* rich 1.6; tasty; delicious 1.8
riquísimo/a *adj.* extremely delicious 1.8
rojo/a *adj.* red 1.3
romper (con) *v.* to break up (with) 1.9
ropa *f.* clothing; clothes 1.6
  ropa interior *f.* underwear 1.6
rosado/a *adj.* pink 1.6
rubio/a *adj.* blond(e) 1.3
ruso/a *adj.* Russian 1.3
rutina *f.* routine 1.7
  rutina diaria *f.* daily routine 1.7

S

sábado *m.* Saturday 1.2
saber *v.* to know; to know how 1.6; to taste 1.8
  saber a to taste like 1.8
sabrosísimo/a *adj.* extremely delicious 1.8
sabroso/a *adj.* tasty; delicious 1.8
sacar *v.* to take out
  sacar fotos to take photos 1.5
sal *f.* salt 1.8
salchicha *f.* sausage 1.8

salida *f.* departure; exit 1.5
salir *v.* to leave 1.4; to go out
salir (con) to go out (with); to date 1.9
salir de to leave from
salir para to leave for (*a place*)
salmón *m.* salmon 1.8
saludo *m.* greeting 1.1
saludos a... greetings to... 1.1
sandalia *f.* sandal 1.6
sandía *f.* watermelon
sándwich *m.* sandwich 1.8
se *ref. pron.* himself, herself, itself; *form.* yourself, themselves, yourselves 1.7
secarse *v.* to dry oneself 1.7
sección de (no) fumar *f.* (non) smoking section 1.8
secuencia *f.* sequence
sed *f.* thirst 1.3
seda *f.* silk 1.6
seguir (e:i) *v.* to follow; to continue 1.4
según *prep.* according to
segundo/a *n., adj.* second 1.5
seguro/a *adj.* sure; safe 1.5
seis *n., adj.* six 1.1
seiscientos/as *n., adj.* six hundred 1.2
semana *f.* week 1.2
fin *m.* **de semana** weekend 1.4
semana *f.* **pasada** last week 1.6
semestre *m.* semester 1.2
sentarse (e:ie) *v.* to sit down 1.7
sentir(se) (e:ie) *v.* to feel 1.7
señor (Sr.) *m.* Mr.; sir 1.1
señora (Sra.) *f.* Mrs.; ma'am 1.1
señorita (Srta.) *f.* Miss 1.1
separado/a *adj.* separated 1.9
separarse (de) *v.* to separate (from) 1.9
septiembre *m.* September 1.5
séptimo/a *adj.* seventh 1.5
ser *v.* to be 1.1
ser aficionado/a (a) to be a fan (of) 1.4
serio/a *adj.* serious
servir (e:i) *v.* to serve 1.8; to help 1.5
sesenta *n., adj.* sixty 1.2
setecientos/as *n., adj.* seven hundred 1.2
setenta *n., adj.* seventy 1.2
sexto/a *n., adj.* sixth 1.5
sí *adv.* yes 1.1
si *conj.* if 1.4
siempre *adv.* always 1.7
siete *n., adj.* seven 1.1
silla *f.* seat 1.2
similar *adj.* similar
simpático/a *adj.* nice; likeable 1.3
sin *prep.* without 1.2
sin duda without a doubt
sin embargo however
sino *conj.* but (rather) 1.7
situado/a *adj., p.p.* located
sobre *prep.* on; over 1.2
sobrino/a *m., f.* nephew; niece 1.3
sociología *f.* sociology 1.2
sol *m.* sun 1.4; 1.5
soleado/a *adj.* sunny
sólo *adv.* only 1.3
solo *adj.* alone
soltero/a *adj.* single 1.9
sombrero *m.* hat 1.6
Son las dos. It's two o'clock. 1.1
sonreír (e:i) *v.* to smile 1.9
sopa *f.* soup 1.8
sorprender *v.* to surprise 1.9
sorpresa *f.* surprise 1.9
soy I am 1.1
Soy yo. That's me. 1.1
Soy de... I'm from... 1.1
su(s) *poss. adj.* his, her, its; *form.* your, their 1.3
sucio/a *adj.* dirty 1.5
suegro/a *m., f.* father-in-law; mother-in-law 1.3
sueño *m.* sleep 1.3
suerte *f.* luck 1.3
suéter *m.* sweater 1.6
suponer *v.* to suppose 1.4
sustantivo *m.* noun

T

tabla de (wind)surf *f.* surf board/sailboard 1.5
tal vez *adv.* maybe 1.5
talla *f.* size 1.6
talla grande *f.* large
también *adv.* also; too 1.2; 1.7
tampoco *adv.* neither; not either 1.7
tan *adv.* so 1.5
tan... como as... as 1.8
tanto *adv.* so much
tanto... como as much... as 1.8
tantos/as... como as many... as 1.8
tarde *adv.* late 1.7
tarde *f.* afternoon; evening; P.M. 1.1
tarea *f.* homework 1.2
tarjeta *f.* card
tarjeta de crédito *f.* credit card 1.6
tarjeta postal *f.* postcard
taxi *m.* taxi 1.5
te *sing., fam., d.o. pron.* you 1.5; *sing., fam., i.o. pron.* to/for you 1.6
Te presento a... *fam.* I would like to introduce you to (name). 1.1
¿Te gusta(n)...? Do you like...? 1.2
té *m.* tea 1.8
té helado *m.* iced tea 1.8
televisión *f.* television 1.2
temprano *adv.* early 1.7
tener *v.* to have 1.3
tener... años to be... years old 1.3
Tengo... años. I'm... years old. 1.3
tener (mucho) calor to be (very) hot 1.3
tener (mucho) cuidado to be (very) careful 1.3
tener (mucho) frío to be (very) cold 1.3
tener ganas de (+ *inf.*) to feel like (*doing something*) 1.3
tener (mucha) hambre to be (very) hungry 1.3
tener (mucho) miedo (de) to be (very) afraid (of); to be (very) scared (of) 1.3
tener miedo (de) que to be afraid that
tener planes to have plans
tener (mucha) prisa to be in a (big) hurry 1.3
tener que (+ *inf.*) *v.* to have to (*do something*) 1.3
tener razón to be right 1.3
tener (mucha) sed to be (very) thirsty 1.3
tener (mucho) sueño to be (very) sleepy 1.3
tener (mucha) suerte *f.* to be (very) lucky 1.3
tener tiempo to have time 1.4
tener una cita to have a date; to have an appointment 1.9
tenis *m.* tennis 1.4
tercer, tercero/a *n., adj.* third 1.5
terminar *v.* to end; to finish 1.2
terminar de (+ *inf.*) *v.* to finish (*doing something*) 1.4
ti *pron., obj. of prep., fam.* you 1.9
tiempo *m.* time 1.4; weather 1.5
tiempo libre free time
tienda *f.* shop; store 1.6
tienda de campaña tent
tinto/a *adj.* red (wine) 1.8
tío/a *m., f.* uncle; aunt 1.3
tíos *m.* aunts and uncles 1.3
título *m.* title
tiza *f.* chalk 1.2
toalla *f.* towel 1.7
todavía *adv.* yet; still 1.5

todo *m.* everything 1.5
Todo está bajo control. Everything is under control. 1.7
todo(s)/a(s) *adj.* all; whole 1.4
todos *m., pl.* all of us; everybody; everyone
tomar *v.* to take; to drink 1.2
tomar clases to take classes 1.2
tomar el sol to sunbathe 1.4
tomar en cuenta to take into account
tomar fotos to take photos 1.5
tomate *m.* tomato 1.8
tonto/a *adj.* silly; foolish 1.3
tortilla *f.* tortilla 1.8
tortilla de maíz corn tortilla 1.8
tostado/a *adj.* toasted 1.8
trabajador(a) *adj.* hard-working 1.3
trabajar *v.* to work 1.2
traducir *v.* to translate 1.6
traer *v.* to bring 1.4
traje *m.* suit 1.6
traje de baño *m.* bathing suit 1.6
tranquilo/a *adj.* calm
Tranquilo. Relax. 1.7
trece *n., adj.* thirteen 1.1
treinta *n., adj.* thirty 1.1, 1.2
y treinta thirty minutes past the hour (*time*) 1.1
tren *m.* train 1.5
tres *n., adj.* three 1.1
trescientos/as *n., adj.* three hundred 1.2
trimestre *m.* trimester; quarter 1.2
triste *adj.* sad 1.5
tú *fam. sub. pron.* you 1.1
Tú eres... You are... 1.1
tu(s) *fam. poss. adj.* your 1.3
turismo *m.* tourism 1.5
turista *m., f.* tourist 1.1
turístico/a *adj.* touristic

U

Ud. *form. sing.* you 1.1
Uds. *form., pl.* you 1.1
último/a *adj.* last
un, uno/a *indef. art.* a, an; one 1.1
uno/a *m., f., sing. pron.* one 1.1
a la una at one o'clock 1.1
una vez *adv.* once; one time 1.6
una vez más one more time 1.9
unos/as *m., f., pl. indef. art.* some; *pron.* some 1.1
único/a *adj.* only 1.3
universidad *f.* university; college 1.2
usar *v.* to wear; to use 1.6
usted (Ud.) *form. sing.* you 1.1
ustedes (Uds.) *form., pl.* you 1.1
útil *adj.* useful
uva *f.* grape 1.8

V

vacaciones *f. pl.* vacation 1.5
vamos let's go 1.4
varios/as *adj., pl.* various; several 1.8
veces *f., pl.* times 1.6
veinte *n., adj.* twenty 1.1
veinticinco *n., adj.* twenty-five 1.1
veinticuatro *n., adj.* twenty-four 1.1
veintidós *n., adj.* twenty-two 1.1
veintinueve *n., adj.* twenty-nine 1.1
veintiocho *n., adj.* twenty-eight 1.1
veintiséis *n., adj.* twenty-six 1.1
veintisiete *n., adj.* twenty-seven 1.1
veintitrés *n., adj.* twenty-three 1.1
veintiún, veintiuno/a *n., adj.* twenty-one 1.1
vejez *f.* old age 1.9
vendedor(a) *m., f.* salesperson 1.6
vender *v.* to sell 1.6
venir *v.* to come 1.3
ventana *f.* window 1.2
ver *v.* to see 1.4
a ver let's see 1.2
ver películas to see movies 1.4
verano *m.* summer 1.5
verbo *m.* verb
verdad *f.* truth
¿verdad? right? 1.1
verde *adj.* green 1.3
verduras *f., pl.* vegetables 1.8
vestido *m.* dress 1.6
vestirse (e:i) *v.* to get dressed 1.7
vez *f.* time 1.6
viajar *v.* to travel 1.2
viaje *m.* trip 1.5
viajero/a *m., f.* traveler 1.5
vida *f.* life 1.9
video *m.* video 1.1
videojuego *m.* video game 1.4
viejo/a *adj.* old 1.3
viento *m.* wind 1.5
viernes *m., sing.* Friday 1.2
vinagre *m.* vinegar 1.8
vino *m.* wine 1.8
vino blanco *m.* white wine 1.8
vino tinto *m.* red wine 1.8
visitar *v.* to visit 1.4
visitar monumentos to visit monuments 1.4
viudo/a *adj.* widower; widow 1.9
vivir *v.* to live 1.3
vivo/a *adj.* bright; lively; living
vóleibol *m.* volleyball 1.4
volver (o:ue) *v.* to return 1.4
vos *pron.* you
vosotros/as *pron., form., pl.* you 1.1
vuelta *f.* return trip
vuestro(s)/a(s) *form., poss. adj.* your 1.3

W

walkman *m.* walkman

Y

y *conj.* and 1.1
y cuarto quarter after (*time*) 1.1
y media half-past (*time*) 1.1
y quince quarter after (*time*) 1.1
y treinta thirty (minutes past the hour) 1.1
¿Y tú? *fam.* And you? 1.1
¿Y usted? *form.* And you? 1.1
ya *adv.* already 1.6
yerno *m.* son-in-law 1.3
yo *sub. pron.* I 1.1
Yo soy... I'm... 1.1
yogur *m.* yogurt 1.8

Z

zanahoria *f.* carrot 1.8
zapatos *m., pl.* shoes
zapatos de tenis tennis shoes, sneakers 1.6

English-Spanish

A

a **un, uno/a** *m., f., sing.; indef. art.* 1.1
A.M. **mañana** *f.* 1.1
able: be able to **poder (o:ue)** *v.* 1.4
aboard **a bordo** 1.1
accounting **contabilidad** *f.* 1.2
acquainted: be acquainted with **conocer** *v.* 1.6
additional **adicional** *adj.*
adjective **adjetivo** *m.*
adolescence **adolescencia** *f.* 1.9
advice **consejo** *m.* 1.6
give advice **dar consejos** 1.6
affirmative **afirmativo/a** *adj.*
afraid: be (very) afraid (of) **tener (mucho) miedo (de)** 1.3
be afraid that **tener miedo (de) que**
after **después de** *prep.* 1.7
afternoon **tarde** *f.* 1.1
afterward **después** *adv.* 1.7
again *adv.* **otra vez**
age **edad** *f.* 1.9
agree **concordar (o:ue)** *v.*
airplane **avión** *m.* 1.5
airport **aeropuerto** *m.* 1.5
alarm clock **despertador** *m.* 1.7
all **todo(s)/a(s)** *adj.* 1.4
all of us **todos** 1.1
all over the world **en todo el mundo**
alleviate **aliviar** *v.*
alone **solo/a** *adj.*
already **ya** *adv.* 1.6
also **también** *adv.* 1.2; 1.7
although *conj.* **aunque**
always **siempre** *adv.* 1.7
American (North) **norteamericano/a** *adj.* 1.3
among **entre** *prep.* 1.2
amusement **diversión** *f.*
and **y** 1.1, **e** (before words beginning with *i* or *hi*) 1.4
And you? **¿Y tú?** *fam.* 1.1; **¿Y usted?** *form.* 1.1
angry **enojado/a** *adj.* 1.5
get angry (with) **enojarse** *v.* **(con)** 1.7
anniversary **aniversario** *m.* 1.9
(wedding) anniversary **aniversario** *m.* (de bodas) 1.9
annoy **molestar** *v.* 1.7
another **otro/a** *adj.* 1.6
answer **contestar** *v.* 1.2; **respuesta** *f.*
any **algún, alguno/a(s)** *adj.* 1.7
anyone **alguien** *pron.* 1.7
anything **algo** *pron.* 1.7
appear **parecer** *v.*
appetizers **entremeses** *m., pl.* 1.8
apple **manzana** *f.* 1.8
appointment **cita** *f.* 1.9
have an appointment **tener** *v.* **una cita** 1.9
April **abril** *m.* 1.5
aquatic **acuático/a** *adj.* 1.4
archaeology **arqueología** *f.* 1.2
Argentina **Argentina** *f.* 1.1
Argentine **argentino/a** *adj.* 1.3
arrival **llegada** *f.* 1.5
arrive **llegar** *v.* 1.2
art **arte** *m.* 1.2
artist **artista** *m., f.* 1.3
as **como** 1.8
as… as **tan… como** 1.8
as many… as **tantos/as… como** 1.8
as much… as **tanto… como** 1.8
ask (a question) **preguntar** *v.* 1.2
ask for **pedir (e:i)** *v.* 1.4
asparagus **espárragos** *m., pl.* 1.8
at **a** *prep.* 1.1; **en** *prep.* 1.2
at + *time* **a la(s)** + *time* 1.1
at home **en casa** 1.7
at night **por la noche** 1.7
At what time…? **¿A qué hora…?** 1.1
attend **asistir (a)** *v.* 1.3
attract **atraer** *v.* 1.4
August **agosto** *m.* 1.5
aunt **tía** *f.* 1.3
aunts and uncles **tíos** *m., pl.* 1.3
automatic **automático/a** *adj.*
automobile **automóvil** *m.* 1.5
autumn **otoño** *m.* 1.5
avenue **avenida** *f.*

B

backpack **mochila** *f.* 1.2
bad **mal, malo/a** *adj.* 1.3
It's not at all bad. **No está nada mal.** 1.5
bag **bolsa** *f.* 1.6
ball **pelota** *f.* 1.4
banana **banana** *f.* 1.8
bargain **ganga** *f.* 1.6; **regatear** *v.* 1.6
baseball (*game*) **béisbol** *m.* 1.4
basketball (*game*) **baloncesto** *m.* 1.4
bathe **bañarse** *v.* 1.7
bathing suit **traje** *m.* **de baño** 1.6
bathroom **baño** *m.* 1.7; **cuarto de baño** *m.* 1.7
be **ser** *v.* 1.1; **estar** *v.* 1.2
be… years old **tener… años** 1.3
beach **playa** *f.* 1.5
beans **frijoles** *m., pl.* 1.8
beautiful **hermoso/a** *adj.* 1.6
because **porque** *conj.* 1.2
become (+ *adj.*) **ponerse (+** *adj.***)** 1.7; **convertirse (e:ie)** *v.*
bed **cama** *f.* 1.5
go to bed **acostarse (o:ue)** *v.* 1.7
beef **carne de res** *f.* 1.8
before **antes** *adv.* 1.7; **antes de** *prep.* 1.7
begin **comenzar (e:ie)** *v.* 1.4; **empezar (e:ie)** *v.* 1.4
behind **detrás de** *prep.* 1.2
believe (in) **creer** *v.* **(en)** 1.3
bellhop **botones** *m., f. sing.* 1.5
below **debajo de** *prep.* 1.2
belt **cinturón** *m.* 1.6
beside **al lado de** *prep.* 1.2
best **mejor** *adj.*
the best **el/la mejor** *adj.* 1.8
better **mejor** *adj.* 1.8
between **entre** *prep.* 1.2
bicycle **bicicleta** *f.* 1.4
big **gran, grande** *adj.* 1.3
bill **cuenta** *f.* 1.9
billion *m.* **mil millones**
biology **biología** *f.* 1.2
birth **nacimiento** *m.* 1.9
birthday **cumpleaños** *m., sing.* 1.9
have a birthday **cumplir** *v.* **años** 1.9
biscuit **bizcocho** *m.*
black **negro/a** *adj.* 1.3
blackberry **mora** *f.* 1.8
blackboard **pizarra** *f.* 1.2
blond(e) **rubio/a** *adj.* 1.3
blouse **blusa** *f.* 1.6
blue **azul** *adj.* 1.3
boardinghouse **pensión** *f.*
boat **barco** *m.* 1.5
book **libro** *m.* 1.2
bookstore **librería** *f.* 1.2
boot **bota** *f.* 1.6
bore **aburrir** *v.* 1.7
bored **aburrido/a** *adj.* 1.5
be bored **estar** *v.* **aburrido/a** 1.5
boring **aburrido/a** *adj.* 1.5
born: be born **nacer** *v.* 1.9
borrowed **prestado/a** *adj.*
bother **molestar** *v.* 1.7
bottle **botella** *f.* 1.9
bottom **fondo** *m.*
boulevard **bulevar** *m.*
boy **chico** *m.* 1.1; **muchacho** *m.* 1.3
boyfriend **novio** *m.* 1.3
brakes **frenos** *m., pl.*
bread **pan** *m.* 1.8
break up (with) **romper** *v.* **(con)** 1.9
breakfast **desayuno** *m.* 1.2, 1.8
have breakfast **desayunar** *v.* 1.2
bring **traer** *v.* 1.4

brochure **folleto** *m.*
brother **hermano** *m.* 1.3
brothers and sisters **hermanos** *m., pl.* 1.3
brother-in-law **cuñado** *m.* 1.3
brown **café** *adj.* 1.6; **marrón** *adj.* 1.6
brunet(te) **moreno/a** *adj.* 1.3
brush **cepillar** *v.* 1.7
brush one's hair **cepillarse el pelo** 1.7
brush one's teeth **cepillarse los dientes** 1.7
build **construir** *v.* 1.4
bus **autobús** *m.* 1.1
bus station **estación** *f.* **de autobuses** 1.5
business administration **administración** *f.* **de empresas** 1.2
busy **ocupado/a** *adj.* 1.5
but **pero** *conj.* 1.2; (*rather*) **sino** *conj.* (*in negative sentences*) 1.7
butter **mantequilla** *f.* 1.8
buy **comprar** *v.* 1.2
by plane **en avión** 1.5
bye **chau** *interj. fam.* 1.1

C

café **café** *m.* 1.4
cafeteria **cafetería** *f.* 1.2
cake **pastel** *m.* 1.9
chocolate cake **pastel de chocolate** *m.* 1.9
calculator **calculadora** *f.* 1.2
call **llamar** *v.*
call on the phone **llamar por teléfono**
be called **llamarse** *v.* 1.7
camp **acampar** *v.* 1.5
can **poder (o:ue)** *v.* 1.4
Canadian **canadiense** *adj.* 1.3
candy **dulces** *m., pl.* 1.9
capital city **capital** *f.* 1.1
car **auto(móvil)** *m.* 1.5
caramel **caramelo** *m.* 1.9
card **tarjeta** *f.*; (*playing*) **carta** *f.* 1.5
care **cuidado** *m.* 1.3
careful: be (very) careful **tener** *v.* (mucho) **cuidado** 1.3
carrot **zanahoria** *f.* 1.8
carry **llevar** *v.* 1.2
cash **(en) efectivo** 1.6
cash register **caja** *f.* 1.6
cashier **cajero/a** *m., f.*
celebrate **celebrar** *v.* 1.9
celebration **celebración** *f.*
young woman's fifteenth birthday celebration **quinceañera** *f.* 1.9
cereal **cereales** *m., pl.* 1.8
chalk **tiza** *f.* 1.2
champagne **champán** *m.* 1.9
change **cambiar** *v.* **(de)** 1.9
chat **conversar** *v.* 1.2
chauffeur **conductor(a)** *m., f.* 1.1
cheap **barato/a** *adj.* 1.6
cheese **queso** *m.* 1.8
chemistry **química** *f.* 1.2
chicken **pollo** *m.* 1.8
child **niño/a** *m., f.* 1.3
childhood **niñez** *f.* 1.9
children **hijos** *m., pl.* 1.3
Chinese **chino/a** *adj.* 1.3
chocolate **chocolate** *m.* 1.9
chocolate cake **pastel** *m.* **de chocolate** 1.9
choose **escoger** *v.* 1.8
chop (*food*) **chuleta** *f.* 1.8
Christmas **Navidad** *f.* 1.9
church **iglesia** *f.* 1.4
city **ciudad** *f.* 1.4
class **clase** *f.* 1.2
take classes **tomar clases** 1.2
classmate **compañero/a** *m., f.* **de clase** 1.2
clean **limpio/a** *adj.* 1.5
clear (*weather*) **despejado/a** *adj.*
It's (very) clear. (*weather*) **Está (muy) despejado.**
clerk **dependiente/a** *m., f.* 1.6
climb **escalar** *v.* 1.4
climb mountains **escalar montañas** 1.4
clock **reloj** *m.* 1.2
close **cerrar (e:ie)** *v.* 1.4
closed **cerrado/a** *adj.* 1.5
clothes **ropa** *f.* 1.6
clothing **ropa** *f.* 1.6
cloudy **nublado/a** *adj.* 1.5
It's (very) cloudy. **Está (muy) nublado.** 1.5
coat **abrigo** *m.* 1.6
coffee **café** *m.* 1.8
cold **frío** *m.* 1.5;
be (feel) (very) cold **tener (mucho) frío** 1.3
It's (very) cold. (*weather*) **Hace (mucho) frío.** 1.5
college **universidad** *f.* 1.2
color **color** *m.* 1.3, 1.6
comb one's hair **peinarse** *v.* 1.7
come **venir** *v.* 1.3
comfortable **cómodo/a** *adj.* 1.5
community **comunidad** *f.* 1.1
comparison **comparación** *f.*
computer **computadora** *f.* 1.1
computer disc **disco** *m.*
computer programmer **programador(a)** *m., f.* 1.3
computer science **computación** *f.* 1.2
confirm **confirmar** *v.* 1.5
confirm a reservation **confirmar una reservación** 1.5
confused **confundido/a** *adj.* 1.5
Congratulations! **¡Felicidades!; ¡Felicitaciones!** *f. pl.* 1.9
contamination **contaminación** *f.*
content **contento/a** *adj.* 1.5
continue **seguir (e:i)** *v.* 1.4
control **control** *m.*
be under control **estar bajo control** 1.7
conversation **conversación** *f.* 1.1
converse **conversar** *v.* 1.2
cookie **galleta** *f.* 1.9
cool **fresco/a** *adj.* 1.5
Be cool. **Tranquilo/a.**
It's cool. (*weather*) **Hace fresco.** 1.5
corn **maíz** *m.* 1.8
cost **costar (o:ue)** *v.* 1.6
Costa Rica **Costa Rica** *f.* **1.1**
Costa Rican **costarricense** *adj.* 1.3
cotton **algodón** *f.* 1.6
(made of) cotton **de algodón** 1.6
count (on) **contar (o:ue)** *v.* **(con)** 1.4
country (*nation*) **país** *m.* 1.1
countryside **campo** *m.* 1.5
couple (married) **pareja** *f.* 1.9
course **curso** *m.* 1.2; **materia** *f.* 1.2
courtesy **cortesía** *f.*
cousin **primo/a** *m., f.* 1.3
cover **cubrir** *v.*
covered **cubierto** *p.p.*
crazy **loco/a** *adj.* 1.6
create **crear** *v.*
credit **crédito** *m.* 1.6
credit card **tarjeta** *f.* **de crédito** 1.6
Cuba **Cuba** *f.* **1.1**
Cuban **cubano/a** *adj.* **1.3**
culture **cultura** *f.* **1.2**
currency exchange **cambio** *m.* **de moneda**
custard (*baked*) **flan** *m.* 1.9
custom **costumbre** *f.* 1.1
customer **cliente/a** *m., f.* 1.6
customs **aduana** *f.* 1.5
customs inspector **inspector(a)** *m., f.* **de aduanas** 1.5
cycling **ciclismo** *m.* 1.4

D

dad **papá** *m.* 1.3
daily **diario/a** *adj.* 1.7
daily routine **rutina** *f.* **diaria** 1.7
dance **bailar** *v.* 1.2
date *(appointment)* **cita** *f.* 1.9; *(calendar)* **fecha** *f.* 1.5; *(someone)* **salir** *v.* **con (alguien)** 1.9
have a date **tener una cita** 1.9
daughter **hija** *f.* 1.3
daughter-in-law **nuera** *f.* 1.3
day **día** *m.* 1.1

day before yesterday **anteayer** *adv.* 1.6
death **muerte** *f.* 1.9
December **diciembre** *m.* 1.5
decide **decidir** *v.* **(+** *inf.***)** 1.3
delicious **delicioso/a** *adj.* 1.8; **rico/a** *adj.* 1.8; **sabroso/a** *adj.* 1.8
delighted **encantado/a** *adj.* 1.1
department store **almacén** *m.* 1.6
departure **salida** *f.* 1.5
describe **describir** *v.* 1.3
design **diseño** *m.*
desire **desear** *v.* 1.2
desk **escritorio** *m.* 1.2
dessert **postre** *m.* 1.9
diary **diario** *m.* 1.1
dictionary **diccionario** *m.* 1.1
die **morir (o:ue)** *v.* 1.8
difficult **difícil** *adj.* 1.3
dinner **cena** *f.* 1.2, 1.8
have dinner **cenar** *v.* 1.2
dirty **ensuciar** *v.*; **sucio/a** *adj.* 1.5
disagree **no estar de acuerdo**
dish **plato** *m.* 1.8
main dish *m.* **plato principal** 1.8
disk **disco** *m.*
disorderly **desordenado/a** *adj.* 1.5
dive **bucear** *v.* 1.4
divorce **divorcio** *m.* 1.9
divorced **divorciado/a** *adj.* 1.9
get divorced (from) **divorciarse** *v.* **(de)** 1.9
do **hacer** *v.* 1.4
(I) don't want to. **No quiero.** 1.4
doctor **doctor(a)** *m., f.* 1.3; **médico/a** *m., f.* 1.3
domestic **doméstico/a** *adj.*
domestic appliance **electrodoméstico** *m.*
door **puerta** *f.* 1.2
dormitory **residencia** *f.* **estudiantil** 1.2
double **doble** *adj.* 1.5
double room **habitación** *f.* **doble** 1.5
downtown **centro** *m.* 1.4
draw **dibujar** *v.* 1.2
dress **vestido** *m.* 1.6
get dressed **vestirse (e:i)** *v.* 1.7
drink **beber** *v.* 1.3; **tomar** *v.* 1.2
bebida *f.* 1.8
drive **conducir** *v.* 1.6
driver **conductor(a)** *m., f.* 1.1
dry oneself **secarse** *v.* 1.7
during **durante** *prep.* 1.7

E

each **cada** *adj.* 1.6
eagle **águila** *f.*
early **temprano** *adv.* 1.7
ease **aliviar** *v.*
easy **fácil** *adj.* 1.3
eat **comer** *v.* 1.3
economics **economía** *f.* 1.2
Ecuador **Ecuador** *m.* 1.1
Ecuadorian **ecuatoriano/a** *adj.* 1.3
effective **eficaz** *adj.*
egg **huevo** *m.* 1.8
eight **ocho** *n., adj.* 1.1
eight hundred **ochocientos/as** *n., adj.* 1.2
eighteen **dieciocho** *n., adj.* 1.1
eighth **octavo/a** *adj.* 1.5
eighty **ochenta** *n., adj.* 1.2
either... or **o... o** *conj.* 1.7
eldest **el/la mayor** *adj.* 1.8
elegant **elegante** *adj.* 1.6
elevator **ascensor** *m.* 1.5
eleven **once** *n., adj.* 1.1
e-mail **correo** *m.* **electrónico** 1.4
e-mail message **mensaje** *m.* **electrónico** 1.4
read e-mail **leer** *v.* **el correo electrónico** 1.4
embarrassed **avergonzado/a** *adj.* 1.5
employee **empleado/a** *m., f.* 1.5
end **fin** *m.* 1.4; **terminar** *v.* 1.2
engaged: get engaged (to) **comprometerse** *v.* **(con)** 1.9
engineer **ingeniero/a** *m., f.* 1.3
English (*language*) **inglés** *m.* 1.2; **inglés, inglesa** *adj.* 1.3
entertainment **diversión** *f.* 1.4
eraser **borrador** *m.* 1.2
establish **establecer** *v.*
evening **tarde** *f.* 1.1
everybody **todos** *m., pl.*
everything **todo** *m.* 1.5
Everything is under control. **Todo está bajo control.** 1.7
exactly **en punto** 1.1
exam **examen** *m.* 1.2
excellent **excelente** *adj.* 1.5
exciting **emocionante** *adj.*
excursion **excursión** *f.*
excuse **disculpar** *v.*
Excuse me. (*May I?*) **Con permiso.** 1.1; (*I beg your pardon.*) **Perdón.** 1.1
exit **salida** *f.* 1.5
expensive **caro/a** *adj.* 1.6
explain **explicar** *v.* 1.2
explore **explorar** *v.*
expression **expresión** *f.*
extremely delicious **riquísimo/a** *adj.* 1.8

F

fabulous **fabuloso/a** *adj.* 1.5
face **cara** *f.* 1.7
fact: in fact **de hecho**
fall (*season*) **otoño** *m.* 1.5
fall: fall asleep **dormirse (o:ue)** *v.* 1.7
fall in love (with) **enamorarse** *v.* **(de)** 1.9
family **familia** *f.* 1.3
fan **aficionado/a** *adj.* 1.4
be a fan (of) **ser aficionado/a (a)** 1.4
far from **lejos de** *prep.* 1.2
farewell **despedida** *f.* 1.1
fascinate **fascinar** *v.* 1.7
fashion **moda** *f.* 1.6
be in fashion **estar de moda** 1.6
fast **rápido/a** *adj.*
fat **gordo/a** *adj.* 1.3
father **padre** *m.* 1.3
father-in-law **suegro** *m.* 1.3
favorite **favorito/a** *adj.* 1.4
fear **miedo** *m.* 1.3
February **febrero** *m.* 1.5
feel **sentir(se) (e:ie)** *v.* 1.7
feel like (*doing something*) **tener ganas de (+** *inf.***)** 1.3
few **pocos/as** *adj., pl.*
fewer than **menos de** (*+ number*) 1.8
field: major field of study **especialización** *f.*
fifteen *n., adj.* **quince** 1.1
fifteen-year-old girl **quinceañera** *f.* 1.9
young woman celebrating her fifteenth birthday **quinceañera** *f.* 1.9
fifth **quinto/a** *n., adj.* 1.5
fifty **cincuenta** *n., adj.* 1.2
figure (*number*) **cifra** *f.*
finally **por último** 1.7
find **encontrar (o:ue)** *v.* 1.4
find (each other) **encontrar(se)** *v.*
fine **multa** *f.*
finish **terminar** *v.* 1.2
finish (*doing something*) **terminar** *v.* **de (+** *inf.***)** 1.4
first **primer, primero/a** *n., adj.* 1.5
fish (*food*) **pescado** *m.* 1.8
fisherman **pescador** *m.*
fisherwoman **pescadora** *f.*
fishing **pesca** *f.* 1.5
fit (*clothing*) **quedar** *v.* 1.7
five **cinco** *n., adj.* 1.1
five hundred **quinientos/as** *n., adj.* 1.2
fixed **fijo/a** *adj.* 1.6
flag **bandera** *f.*
flank steak **lomo** *m.* 1.8

floor (*of a building*) **piso** *m.* 1.5
ground floor **planta** *f.* **baja** 1.5
top floor **planta** *f.* **alta**
fog **niebla** *f.*
follow **seguir (e:i)** *v.* 1.4
food **comida** *f.* 1.8; **alimento** *m.*
foolish **tonto/a** *adj.* 1.3
football **fútbol** *m.* **americano** 1.4
for me **para mí** 1.8
forbid **prohibir** *v.*
foreign languages **lenguas** *f. pl.* **extranjeras** 1.2
forty **cuarenta** *n., adj.* 1.2
four **cuatro** *n., adj.* 1.1
four hundred **cuatrocientos/as** *n., adj.* 1.2
fourteen **catorce** *n., adj.* 1.1
fourth **cuarto/a** *n., adj.* 1.5
free **libre** *adj.* 1.4
free time **tiempo libre; ratos libres** 1.4
French **francés, francesa** *adj.* 1.3
French fries **papas** *f., pl.* **fritas** 1.8; **patatas** *f., pl.* **fritas** 1.8
Friday **viernes** *m., sing.* 1.2
fried **frito/a** *adj.* 1.8
fried potatoes **papas** *f., pl.* **fritas** 1.8; **patatas** *f., pl.* **fritas** 1.8
friend **amigo/a** *m., f.* 1.3
friendly **amable** *adj.* 1.5
friendship **amistad** *f.* 1.9
from **de** *prep.* 1.1; **desde** *prep.* 1.6
from the United States **estadounidense** *adj.* 1.3
He/She/It is from... **Es de....** 1.1
I'm from... **Soy de...** 1.1
fruit **fruta** *f.* 1.8
fruit juice **jugo** *m.* **de fruta** 1.8
fun **divertido/a** *adj.* 1.7
fun activity **diversión** *f.* 1.4
have fun **divertirse (e:ie)** *v.* 1.9
function **funcionar** *v.*

G

game **juego** *m.; (match)* **partido** *m.* 1.4
garlic **ajo** *m.* 1.8
geography **geografía** *f.* 1.2
German **alemán, alemana** *adj.* 1.3
get **conseguir (e:i)** *v.* 1.4
get along well/badly (with) **llevarse bien/mal (con)** 1.9
get up **levantarse** *v.* 1.7
gift **regalo** *m.* 1.6
girl **chica** *f.* 1.1; **muchacha** *f.* 1.3
girlfriend **novia** *f.* 1.3
give **dar** *v.* 1.6, 1.9; (*as a gift*) **regalar** 1.9
glasses **gafas** *f., pl.* 1.6
sunglasses **gafas** *f., pl.* **de sol** 1.6
gloves **guantes** *m., pl.* 1.6
go **ir** *v.* 1.4
go away **irse** 1.7
go by boat **ir en barco** 1.5
go by bus **ir en autobús** 1.5
go by car **ir en auto(móvil)** 1.5
go by motorcycle **ir en motocicleta** 1.5
go by taxi **ir en taxi** 1.5
go down **bajar(se)** *v.*
go on a hike (in the mountains) **ir de excursión (a las montañas)** 1.4
go out **salir** *v.* 1.9
go out (with) **salir** *v.* **(con)** 1.9
go up **subir** *v.*
Let's go. **Vamos.** 1.4
be going to (*do something*) **ir a (+ *inf.*)** 1.4
golf **golf** *m.* 1.4
good **buen, bueno/a** *adj.* 1.3, 1.6
Good afternoon. **Buenas tardes.** 1.1
Good evening. **Buenas noches.** 1.1
Good idea. **Buena idea.** 1.4
Good morning. **Buenos días.** 1.1
Good night. **Buenas noches.** 1.1
good-bye **adiós** *m.* 1.1
say good-bye (to) **despedirse (e:i) (de)** *v.* 1.7
good-looking **guapo/a** *adj.* 1.3
graduate (from/in) **graduarse** *v.* **(de/en)** 1.9
grains **cereales** *m., pl.* 1.8
granddaughter **nieta** *f.* 1.3
grandfather **abuelo** *m.* 1.3
grandmother **abuela** *f.* 1.3
grandparents **abuelos** *m. pl.* 1.3
grandson **nieto** *m.* 1.3
grape **uva** *f.* 1.8
gray **gris** *adj.* 1.6
great **fenomenal** *adj.* 1.5
great-grandfather **bisabuelo** *m.* 1.3
great-grandmother **bisabuela** *f.* 1.3
green **verde** *adj.* 1.3
greeting **saludo** *m.* 1.1
Greetings to... **Saludos a...** 1.1
grilled flank steak **lomo** *m.* **a la plancha** 1.8
ground floor **planta baja** *f.* 1.5
guest (at a house/hotel) **huésped** *m., f.* 1.5; *(invited to a function)* **invitado/a** *m., f.* 1.9
gymnasium **gimnasio** *m.* 1.4

H

hair **pelo** *m.* 1.7
half **medio/a** *adj.* 1.3
half-past... (*time*) **...y media** 1.1
half-brother **medio hermano** 1.3
half-sister **media hermana** 1.3
ham **jamón** *m.* 1.8
hamburger **hamburguesa** *f.* 1.8
hand **mano** *f.* 1.1
Hands up! **¡Manos arriba!**
handsome **guapo/a** *adj.* 1.3
happiness **alegría** *v.* 1.9
happy **alegre** *adj.* 1.5; **contento/a** *adj.* 1.5; **feliz** *adj.* 1.5
Happy birthday! **¡Feliz cumpleaños!** 1.9
hard **difícil** *adj.* 1.3
hard-working **trabajador(a)** *adj.* 1.3
haste **prisa** *f.* 1.3
hat **sombrero** *m.* 1.6
hate **odiar** *v.* 1.9
have **tener** *v.* 1.3
Have a good trip! **¡Buen viaje!** 1.1
have time **tener tiempo** 1.4
have to (*do something*) **tener que (+ *inf.*)** 1.3; **deber (+ *inf.*)**
he **él** *sub. pron.* 1.1
hear **oír** *v.* 1.4
heat **calor** *m.* 1.5
Hello. **Hola.** 1.1
help **servir (e:i)** *v.* 1.5
her **su(s)** *poss. adj.* 1.3; **la** *f., sing., d.o. pron.* 1.5
to/for her **le** *f., sing., i.o. pron.* 1.6
here **aquí** *adv.* 1.1
Here it is. **Aquí está.** 1.5
Here we are at/in... **Aquí estamos en...**
Hi. **Hola.** 1.1
hike **excursión** *f.* 1.4
go on a hike **hacer una excursión; ir de excursión** 1.4
hiker **excursionista** *m., f.*
hiking **de excursión** 1.4
him **lo** *m., sing., d.o. pron.* 1.5
to/for him **le** *m., sing., i.o. pron.* 1.6
his **su(s)** *poss. adj.* 1.3
history **historia** *f.* 1.2
hobby **pasatiempo** *m.* 1.4

hockey **hockey** *m.* 1.4
holiday **día** *m.* **de fiesta** 1.9
home **casa** *f.* 1.2
homework **tarea** *f.* 1.2
hope **esperar** *v.* **(+** *inf.***)** 1.2
hors d'oeuvres **entremeses** *m., pl.* 1.8
horse **caballo** *m.* 1.5
hot: be *(feel)* (very) hot **tener (mucho) calor** 1.3
  It's (very) hot **Hace (mucho) calor** 1.5
hotel **hotel** *m.* 1.5
hour **hora** *f.* 1.1
house **casa** *f.* 1.2
How...! **¡Qué...!** 1.3
  how? **¿cómo?** *adv.* 1.1
  How are you? **¿Qué tal?** 1.1
  How are you? **¿Cómo estás?** *fam.* 1.1
  How are you? **¿Cómo está usted?** *form.* 1.1
  How can I help you? **¿En qué puedo servirles?** 1.5
  How is it going? **¿Qué tal?** 1.1
  How is/are...? **¿Qué tal...?** 1.2
  How much/many? **¿Cuánto(s)/a(s)?** 1.1
  How much does... cost? **¿Cuánto cuesta...?** 1.6
  How old are you? **¿Cuántos años tienes?** *fam.* 1.3
however **sin embargo**
humanities **humanidades** *f., pl.* 1.2
hundred **cien, ciento** *n., adj.* 1.2
hunger **hambre** *f.* 1.3
hungry: be (very) hungry **tener** *v.* **(mucha) hambre** 1.3
hurry
  be in a (big) hurry **tener** *v.* **(mucha) prisa** 1.3
husband **esposo** *m.* 1.3

I

I **Yo** *sub. pron.* 1.1
  I am... **Yo soy...** 1.1
ice cream **helado** *m.* 1.9
iced **helado/a** *adj.* 1.8
  iced tea **té** *m.* **helado** 1.8
idea **idea** *f.* 1.4
if **si** *conj.* 1.4
important **importante** *adj.* 1.3
  be important to **importar** *v.* 1.7
in **en** *prep.* 1.2
  in a bad mood **de mal humor** 1.5
  in a good mood **de buen humor** 1.5
in front of **delante de** *prep.* 1.2
  in love (with) **enamorado/a (de)** 1.5
  in the afternoon **de la tarde** 1.1; **por la tarde** 1.7
  in the direction of **para** *prep.* 1.1
  in the early evening **de la tarde** 1.1
  in the evening **de la noche** 1.1; **por la tarde** 1.7
  in the morning **de la mañana** 1.1; **por la mañana** 1.7
incredible **increíble** *adj.* 1.5
inside **dentro** *adv.*
intelligent **inteligente** *adj.* 1.3
intend to **pensar** *v.* **(+** *inf.***)** 1.4
interest **interesar** *v.* 1.7
interesting **interesante** *adj.* 1.3
  be interesting to **interesar** *v.* 1.7
introduction **presentación** *f.*
  I would like to introduce you to (name). **Le presento a...** *form.* 1.1; **Te presento a...** *fam.* 1.1
invite **invitar** *v.* 1.9
it **lo/la** *sing., d.o., pron.* 1.5
  It's me. **Soy yo.** 1.1
Italian **italiano/a** *adj.* 1.3
its **su(s)** *poss. adj.* 1.3

J

jacket **chaqueta** *f.* 1.6
January **enero** *m.* 1.5
Japanese **japonés, japonesa** *adj.* 1.3
jeans **(blue)jeans** *m., pl.* 1.6
jog **correr** *v.*
journalism **periodismo** *m.* 1.2
journalist **periodista** *m., f.* 1.3
joy **alegría** *f.* 1.9
  give joy **dar** *v.* **alegría** 1.9
joyful **alegre** *adj.* 1.5
juice **jugo** *m.* 1.8
July **julio** *m.* 1.5
June **junio** *m.* 1.5
just **apenas** *adv.*
  have just *(done something)* **acabar de** *(+ inf.)* 1.6

K

key **llave** *f.* 1.5
kind: That's very kind of you. **Muy amable.** 1.5
kiss **beso** *m.* 1.9
know **saber** *v.* 1.6; **conocer** *v.* 1.6
  know how **saber** *v.* 1.6

L

laboratory **laboratorio** *m.* 1.2
lack **faltar** *v.* 1.7
landlord **dueño/a** *m., f.* 1.8
landscape **paisaje** *m.* 1.5
language **lengua** *f.* 1.2
large **grande** *adj.* 1.3; *(clothing size)* **talla grande**
last **pasado/a** *adj.* 1.6; **último/a** *adj.*
  last name **apellido** *m.* 1.3
  last night **anoche** *adv.* 1.6
  last week **semana** *f.* **pasada** 1.6
  last year **año** *m.* **pasado** 1.6
late **tarde** *adv.* 1.7
later (on) **más tarde** 1.7
  See you later. **Hasta la vista.** 1.1; **Hasta luego.** 1.1
laugh **reírse (e:i)** *v.* 1.9
lazy **perezoso/a** *adj.*
learn **aprender** *v.* **(a +** *inf.***)** 1.3
leave **salir** *v.* 1.4; **irse** *v.* 1.7
  leave a tip **dejar una propina** 1.9
  leave for *(a place)* **salir para**
  leave from **salir de**
left **izquierdo/a** *adj.* 1.2
  be left over **quedar** *v.* 1.7
  to the left of **a la izquierda de** 1.2
lemon **limón** *m.* 1.8
lend **prestar** *v.* 1.6
less **menos** *adv.*
  less... than **menos... que** 1.8
  less than **menos de** **(+** *number***)** 1.8
lesson **lección** *f.* 1.1
let's see **a ver** 1.2
letter **carta** *f.* 1.4
lettuce **lechuga** *f.* 1.8
library **biblioteca** *f.* 1.2
lie **mentira** *f.* 1.4
life **vida** *f.* 1.9
like **como** *prep.* 1.8; **gustar** *v.* 1.2
  Do you like...? **¿Te gusta(n)...?** 1.2
  I don't like them at all. **No me gustan nada.** 1.2
  I like... **Me gusta(n)...** 1.2
  like very much **encantar** *v.;* **fascinar** *v.* 1.7
likeable **simpático/a** *adj.* 1.3
likewise **igualmente** *adv.* 1.1
line **línea** *f.*
listen (to) **escuchar** *v.* 1.2
  Listen! *(command)* **¡Oye!** *fam., sing.* 1.1; **¡Oiga/Oigan!** *form., sing./pl.* 1.1
  listen to music **escuchar música** 1.2
  listen (to) the radio **escuchar la radio** 1.2
literature **literatura** *f.* 1.2
little *(quantity)* **poco/a** *adj.* 1.5
live **vivir** *v.* 1.3
loan **prestar** *v.* 1.6
lobster **langosta** *f.* 1.8

long **largo/a** *adj.* 1.6
look (at) **mirar** *v.* 1.2
look for **buscar** *v.* 1.2
lose **perder (e:ie)** *v.* 1.4
lot of, a **mucho/a** *adj.* 1.2, 1.3
love (*another person*) **querer (e:ie)** *v.* 1.4; *(inanimate objects)* **encantar** *v.* 1.7; **amor** *m.* 1.9
in love **enamorado/a** *adj.* 1.5
luck **suerte** *f.* 1.3
lucky: be (very) lucky **tener (mucha) suerte** 1.3
luggage **equipaje** *m.* 1.5
lunch **almuerzo** *m.* 1.8
have lunch **almorzar (o:ue)** *v.* 1.4

M

ma'am **señora (Sra.)** *f.* 1.1
mad **enojado/a** *adj.* 1.5
magazine **revista** *f.* 1.4
magnificent **magnífico/a** *adj.* 1.5
main **principal** *adj.* 1.8
major **especialización** *f.* 1.2
make **hacer** *v.* 1.4
makeup **maquillaje** *m.* 1.7
put on makeup **maquillarse** *v.* 1.7
man **hombre** *m.* 1.1
many **mucho/a** *adj.* 1.3
map **mapa** *m.* 1.2
March **marzo** *m.* 1.5
margarine **margarina** *f.* 1.8
marinated fish **ceviche** *m.* 1.8
lemon-marinated shrimp **ceviche** *m.* **de camarón** 1.8
marital status **estado** *m.* **civil** 1.9
market **mercado** *m.* 1.6
open-air market **mercado al aire libre** 1.6
marriage **matrimonio** *m.* 1.9
married **casado/a** *adj.* 1.9
get married (to) **casarse** *v.* **(con)** 1.9
marvelous **maravilloso/a** *adj.* 1.5
match (*sports*) **partido** *m.* 1.4
match (with) **hacer** *v.* **juego (con)** 1.6
mathematics **matemáticas** *f., pl.* 1.2
matter **importar** *v.* 1.7
maturity **madurez** *f.* 1.9
May **mayo** *m.* 1.5
maybe **tal vez** *adv.* 1.5; **quizás** *adv.* 1.5
mayonnaise **mayonesa** *f.* 1.8
me **me** *sing., d.o. pron.* 1.5; *mí pron., obj. of prep.* 1.9
to/for me **me** *sing., i.o. pron.* 1.6
meal **comida** *f.* 1.8
meat **carne** *f.* 1.8
medium **mediano/a** *adj.*
meet (*each other*) **conocer(se)** *v.* 1.8
menu **menú** *m.* 1.8
message **mensaje** *m.*
Mexican **mexicano/a** *adj.* 1.3
Mexico **México** *m.* 1.1
middle age **madurez** *f.* 1.9
midnight **medianoche** *f.* 1.1
milk **leche** *f.* 1.8
million **millón** *m.* 1.2
million of **millón de** *m.* 1.2
mineral water **agua** *f.* **mineral** 1.8
minute **minuto** *m.* 1.1
mirror **espejo** *m.* 1.7
Miss **señorita (Srta.)** *f.* 1.1
miss **perder (e:ie)** *v.* 1.4
mistaken **equivocado/a** *adj.*
modem **módem** *m.*
mom **mamá** *f.* 1.3
Monday **lunes** *m., sing.* 1.2
money **dinero** *m.* 1.6
month **mes** *m.* 1.5
monument **monumento** *m.* 1.4
more **más** 1.2
more... than **más... que** 1.8
more than **más de (+ *number*)** 1.8
morning **mañana** *f.* 1.1
mother **madre** *f.* 1.3
mother-in-law **suegra** *f.* 1.3
motor **motor** *m.*
motorcycle **motocicleta** *f.* 1.5
mountain **montaña** *f.* 1.4
movie **película** *f.* 1.4
movie theater **cine** *m.* 1.4
Mr. **señor (Sr.); don** *m.* 1.1
Mrs. **señora (Sra.); doña** *f.* 1.1
much **mucho/a** *adj.* 1.2, 1.3
very much **muchísimo/a** *adj.* 1.2
municipal **municipal** *adj. m., f.*
museum **museo** *m.* 1.4
mushroom **champiñón** *m.* 1.8
music **música** *f.* 1.2
must **deber** *v.* **(+ *inf.*)** 1.3
It must be... **Debe ser...** 1.6
my **mi(s)** *poss. adj.* 1.3

N

name **nombre** *m.* 1.1
be named **llamarse** *v.* 1.7
in the name of **a nombre de** 1.5
last name *m.* **apellido**
My name is... **Me llamo...** 1.1
nationality **nacionalidad** *f.* 1.1
near **cerca de** *prep.* 1.2
need **faltar** *v.* 1.7; **necesitar** *v.* **(+ *inf.*)** 1.2
negative **negativo/a** *adj.*
neither **tampoco** *adv.* 1.7
neither... nor **ni... ni** *conj.* 1.7
nephew **sobrino** *m.* 1.3
nervous **nervioso/a** *adj.* 1.5
never **nunca** *adv.* 1.7; **jamás** *adv.* 1.7
new **nuevo/a** *adj.* 1.6
newlywed **recién casado/a** *m., f.* 1.9
newspaper **periódico** *m.* 1.4
next to **al lado de** *prep.* 1.2
nice **simpático/a** *adj.* 1.3; **amable** *adj.* 1.5
niece **sobrina** *f.* 1.3
night **noche** *f.* 1.1
nine **nueve** *n., adj.* 1.1
nine hundred **novecientos/as** *n., adj.* 1.2
nineteen **diecinueve** *n., adj.* 1.1
ninety **noventa** *n., adj.* 1.2
ninth **noveno/a** *n., adj.* 1.5
no **no** *adv.* 1.1; **ningún, ninguno/a(s)** *adj.* 1.7
no one **nadie** *pron.* 1.7
No problem. **No hay problema.** 1.7
nobody **nadie** *pron.* 1.7
none **ningún, ninguno/a(s)** *pron.* 1.7
noon **mediodía** *m.* 1.1
nor **ni** *conj.* 1.7
not **no** 1.1
not any **ningún, ninguno/a(s)** *adj.* 1.7
not anyone **nadie** *pron.* 1.7
not anything **nada** *pron.* 1.7
not bad at all **nada mal** 1.5
not either **tampoco** *adv.* 1.7
not ever **nunca** *adv.* 1.7; **jamás** *adv.* 1.7
Not very well. **No muy bien.** 1.1
notebook **cuaderno** *m.* 1.1
nothing **nada** *pron.* 1.1; 1.7
noun **sustantivo** *m.*
November **noviembre** *m.* 1.5
now **ahora** *adv.* 1.2
nowadays **hoy día** *adv.*
number **número** *m.* 1.1

O

obtain **conseguir (e:i)** *v.* 1.4
o'clock: It's... o'clock. **Son las...** 1.1
It's one o'clock. **Es la una.** 1.1
October **octubre** *m.* 1.5
of **de** *prep.* 1.1
offer **ofrecer** *v.* 1.6
Oh! **¡Ay!**
oil **aceite** *m.* 1.8
OK **regular** *adj.* 1.1
It's okay. **Está bien.**
old **viejo/a** *adj.* 1.3

old age **vejez** *f.* 1.9
older **mayor** *adj.* 1.3
 older brother/sister **hermano/a mayor** *m., f.* 1.3
oldest **el/la mayor** *adj.* 1.8
on **en** *prep.* 1.2; **sobre** *prep.* 1.2
 on the dot **en punto** 1.1
 on top of **encima de** 1.2
once **una vez** 1.6
one **un, uno/a** *m., f., sing. pron.* 1.1
 one hundred **cien(to)** *n., adj.* 1.2
 one million **un millón** *m.* 1.2
 one more time **una vez más** 1.9
 one thousand **mil** *n., adj.* 1.2
 one time **una vez** 1.6
onion **cebolla** *f.* 1.8
only **sólo** *adv.* 1.3; **único/a** *adj.* 1.3
 only child **hijo/a único/a** *m., f.* 1.3
open **abierto/a** *adj.* 1.5; **abrir** *v.* 1.3
open-air **al aire libre** 1.6
or **o** *conj.* 1.7
orange **anaranjado/a** *adj.* 1.6; **naranja** *f.* 1.8
order (*food*) **pedir (e:i)** *v.* 1.8
orderly **ordenado/a** *adj.* 1.5
ordinal (*numbers*) **ordinal** *adj.*
other **otro/a** *adj.* 1.6
ought to **deber** *v.* **(+** *inf.***)** 1.3
our **nuestro(s)/a(s)** *poss. adj.* 1.3
over **sobre** *prep.* 1.2
over there **allá** *adv.* 1.2
owner **dueño/a** *m., f.* 1.8

P

P.M. **tarde** *f.* 1.1
pack (one's suitcases) **hacer** *v.* **las maletas** 1.5
pair **par** *m.* 1.6
 pair of shoes **par de zapatos** *m.* 1.6
pants **pantalones** *m., pl.* 1.6
pantyhose **medias** *f., pl.* 1.6
paper **papel** *m.* 1.2
Pardon me. (*May I?*) **Con permiso.** 1.1; (*Excuse me.*)
 Pardon me. **Perdón.** 1.1
parents **padres** *m., pl.* 1.3; **papás** *m., pl.* 1.3
park **parque** *m.* 1.4
partner (*one of a married couple*) **pareja** *f.* 1.9
party **fiesta** *f.* 1.9
passed **pasado/a** *adj., p.p.*
passenger **pasajero/a** *m., f.* 1.1
passport **pasaporte** *m.* 1.5
past **pasado/a** *adj.* 1.6
pastime **pasatiempo** *m.* 1.4
pay **pagar** *v.* 1.6
 pay the bill **pagar la cuenta** 1.9
pea **arveja** *m.* 1.8
peach **melocotón** *m.* 1.8
pear **pera** *f.* 1.8
pen **pluma** *f.* 1.2
pencil **lápiz** *m.* 1.1
people **gente** *f.* 1.3
pepper (*black*) **pimienta** *f.* 1.8
perfect **perfecto/a** *adj.* 1.5
perhaps **quizás** *adv.;* **tal vez** *adv.*
permission **permiso** *m.*
person **persona** *f.* 1.3
phenomenal **fenomenal** *adj.* 1.5
photograph **foto(grafía)** *f.* 1.1
physician **doctor(a)** *m., f.,* **médico/a** *m., f.* 1.3
physics **física** *f. sing.* 1.2
pie **pastel** *m.* 1.9
pineapple **piña** *f.* 1.8
pink **rosado/a** *adj.* 1.6
place **lugar** *m.* 1.4; **poner** *v.* 1.4
plaid **de cuadros** 1.6
plans **planes** *m., pl.*
 have plans **tener planes**
play **jugar (u:ue)** *v.* 1.4; (cards) **jugar a (las cartas)** 1.5
 play sports **practicar deportes** 1.4
player **jugador(a)** *m., f.* 1.4
pleasant **agradable** *adj.*
please **por favor** 1.1
 Pleased to meet you. **Mucho gusto.** 1.1; **Encantado/a.** *adj.* 1.1
pleasing: be pleasing to **gustar** *v.* 1.2, 1.7
pleasure **gusto** *m.* 1.1
 The pleasure is mine. **El gusto es mío.** 1.1
polka-dotted **de lunares** 1.6
pool **piscina** *f.* 1.4
poor **pobre** *adj.* 1.6
pork **cerdo** *m.* 1.8
 pork chop **chuleta** *f.* **de cerdo** 1.8
possessive **posesivo/a** *adj.* 1.3
postcard **postal** *f.*
potato **papa** *f.* 1.8; **patata** *f.* 1.8
practice **practicar** *v.* 1.2
prefer **preferir (e:ie)** *v.* 1.4
prepare **preparar** *v.* 1.2
preposition **preposición** *f.*
pretty **bonito/a** *adj.* 1.3
price **precio** *m.* 1.6
 (fixed, set) price **precio** *m.* **fijo** 1.6
print **estampado/a** *adj*
private (*room*) **individual** *adj.*
problem **problema** *m.* 1.1
profession **profesión** *f.* 1.3
professor **profesor(a)** *m., f.*
program **programa** *m.* 1.1
programmer **programador(a)** *m., f.* 1.3
pronoun **pronombre** *m.*
psychology **psicología** *f.* 1.2
Puerto Rican **puertorriqueño/a** *adj.* 1.3
Puerto Rico **Puerto Rico** *m.* 1.1
pull a tooth **sacar una muela**
purchases **compras** *f., pl.* 1.5
purple **morado/a** *adj.* 1.6
purse **bolsa** *f.* 1.6
put **poner** *v.* 1.4
 put on (*clothing*) **ponerse** *v.* 1.7
 put on makeup **maquillarse** *v.* 1.7

Q

quality **calidad** *f.* 1.6
quarter **trimestre** *m.* 1.2
 quarter after (*time*) **y cuarto** 1.1; **y quince** 1.1
 quarter to (*time*) **menos cuarto** 1.1; **menos quince** 1.1
question **pregunta** *f.* 1.2
quiz **prueba** *f.* 1.2

R

radio (*medium*) **radio** *f.* 1.2
rain **llover (o:ue)** *v.* 1.5
 It's raining. **Llueve.** 1.5; **Está lloviendo.** 1.5
raincoat **impermeable** *m.* 1.6
read **leer** *v.* 1.3.
 read e-mail **leer correo electrónico** 1.4
 read a magazine **leer una revista** 1.4
 read a newspaper **leer un periódico** 1.4
ready **listo/a** *adj.* 1.5
receive **recibir** *v.* 1.3
recommend **recomendar (e:ie)** *v.* 1.8
recreation **diversión** *f.* 1.4
red **rojo/a** *adj.* 1.3
red-haired **pelirrojo/a** *adj.* 1.3
relatives **parientes** *m., pl.* 1.3
relax **relajarse** *v.* 1.9; **Tranquilo/a.** 1.7
remain **quedarse** *v.* 1.7
remember **acordarse (o:ue)** *v.* **(de)** 1.7; **recordar (o:ue)** *v.* 1.4
repeat **repetir (e:i)** *v.* 1.4
request **pedir (e:i)** *v.* 1.4
reservation **reservación** *f.* 1.5
rest **descansar** *v.* 1.2
restaurant **restaurante** *m.* 1.4
retire (*from work*) **jubilarse** *v.* 1.9
return **regresar** *v.* 1.2; **volver**

(o:ue) *v.* 1.4
return trip **vuelta** *f.*
rice **arroz** *m.* 1.8
rich **rico/a** *adj.* 1.6
ride: ride a bicycle **pasear** *v.* **en bicicleta** 1.4
ride a horse **montar** *v.* **a caballo** 1.5
right **derecha** *f.* 1.2
be right **tener razón** 1.3
right away **enseguida** *adv.* 1.9
right now **ahora mismo** 1.5
to the right of **a la derecha de** 1.2
right? (*question tag*) **¿no?** 1.1; **¿verdad?** 1.1
road **camino** *m.*
roast **asado/a** *adj.* 1.8
roast chicken **pollo** *m.* **asado** 1.8
rollerblade **patinar en línea** *v.*
room **habitación** *f.* 1.5; **cuarto** *m.* 1.2; 1.7
roommate **compañero/a** *m., f.* **de cuarto** 1.2
roundtrip **de ida y vuelta** 1.5
roundtrip ticket **pasaje** *m.* **de ida y vuelta** 1.5
routine **rutina** *f.* 1.7
run **correr** *v.* 1.3
Russian **ruso/a** *adj.* 1.3

S

sad **triste** *adj.* 1.5
safe **seguro/a** *adj.* 1.5
sailboard **tabla de windsurf** *f.* 1.5
salad **ensalada** *f.* 1.8
sale **rebaja** *f.* 1.6
salesperson **vendedor(a)** *m., f.* 1.6
salmon **salmón** *m.* 1.8
salt **sal** *f.* 1.8
same **mismo/a** *adj.* 1.3
sandal **sandalia** *f.* 1.6
sandwich **sándwich** *m.* 1.8
Saturday **sábado** *m.* 1.2
sausage **salchicha** *f.* 1.8
say **decir** *v.* 1.4
say (that) **decir (que)** *v.* 1.4, 1.9
say the answer **decir la respuesta** 1.4
scared: be (very) scared (of) **tener (mucho) miedo (de)** 1.3
schedule **horario** *m.* 1.2
school **escuela** *f.* 1.1
science *f.* **ciencia** 1.2
scuba dive **bucear** *v.* 1.4
sea **mar** *m.* 1.5
season **estación** *f.* 1.5
seat **silla** *f.* 1.2
second **segundo/a** *n., adj.* 1.5
see **ver** *v.* 1.4
see movies **ver películas** 1.4
See you. **Nos vemos.** 1.1
See you later. **Hasta la vista.** 1.1; **Hasta luego.** 1.1
See you soon. **Hasta pronto.** 1.1
See you tomorrow. **Hasta mañana.** 1.1
seem **parecer** *v.* 1.6
sell **vender** *v.* 1.6
semester **semestre** *m.* 1.2
separate (from) **separarse** *v.* **(de)** 1.9
separated **separado/a** *adj.* 1.9
September **septiembre** *m.* 1.5
sequence **secuencia** *f.*
serve **servir (e:i)** *v.* 1.8
set (*fixed*) **fijo/a** *adj.* 1.6
seven **siete** *n., adj.* 1.1
seven hundred **setecientos/as** *n., adj.* 1.2
seventeen **diecisiete** *n., adj.* 1.1
seventh **séptimo/a** *n., adj.* 1.5
seventy **setenta** *n., adj.* 1.2
several **varios/as** *adj. pl.* 1.8
shampoo **champú** *m.* 1.7
share **compartir** *v.* 1.3
sharp (*time*) **en punto** 1.1
shave **afeitarse** *v.* 1.7
shaving cream **crema** *f.* **de afeitar** 1.7
she **ella** *sub. pron.* 1.1
shellfish **mariscos** *m., pl.* 1.8
ship **barco** *m.*
shirt **camisa** *f.* 1.6
shoe **zapato** *m.* 1.6
shoe size **número** *m.* 1.6
tennis shoes **zapatos** *m., pl.* **de tenis** 1.6
shop **tienda** *f.* 1.6
shopping: to go shopping **ir de compras** 1.5
shopping mall **centro comercial** *m.* 1.6
short (*in height*) **bajo/a** *adj.* 1.3; (*in length*) **corto/a** *adj.* 1.6
shorts **pantalones cortos** *m., pl.* 1.6
should (*do something*) **deber** *v.* **(+ *inf.*)** 1.3
show **mostrar (o:ue)** *v.* 1.4
shower **ducha** *f.* 1.7; **ducharse** *v.* 1.7
shrimp **camarón** *m.* 1.8
siblings **hermanos/as** *m., f. pl.* 1.3
silk **seda** *f.* 1.6
(made of) silk **de seda** 1.6
silly **tonto/a** *adj.* 1.3
since **desde** *prep.*
sing **cantar** *v.* 1.2
single **soltero/a** *adj.* 1.9
single room **habitación** *f.* **individual** 1.5
sink **lavabo** *m.* 1.7
sir **señor (Sr.)** *m.* 1.1
sister **hermana** *f.* 1.3
sister-in-law **cuñada** *f.* 1.3
sit down **sentarse (e:ie)** *v.* 1.7
six **seis** *n., adj.* 1.1
six hundred **seiscientos/as** *n., adj.* 1.2
sixteen **dieciséis** *n., adj.* 1.1
sixth **sexto/a** *n., adj.* 1.5
sixty **sesenta** *n., adj.* 1.2
size **talla** *f.* 1.6
shoe size **número** *m.* 1.6
skate (in-line) **patinar** *v.* **(en línea)** 1.4
skateboard **andar en patineta** *v.* 1.4
ski **esquiar** *v.* 1.4
skiing **esquí** *m.* 1.4
waterskiing **esquí** *m.* **acuático** 1.4
skirt **falda** *f.* 1.6
sleep **dormir (o:ue)** *v.* 1.4; **sueño** *m.* 1.3
go to sleep **dormirse (o:ue)** *v.* 1.7
sleepy: be (very) sleepy **tener (mucho) sueño** 1.3
slender **delgado/a** *adj.* 1.3
slippers **pantuflas** *f.* 1.7
small **pequeño/a** *adj.* 1.3
smart **listo/a** *adj.* 1.5
smile **sonreír (e:i)** *v.* 1.9
smoggy: It's (very) smoggy. **Hay (mucha) contaminación.**
smoke **fumar** *v.* 1.8
smoking section **sección** *f.* **de fumar** 1.8
nonsmoking section *f.* **sección de no fumar** 1.8
snack **merendar** *v.* 1.8
sneakers **los zapatos de tenis** 1.6
snow **nevar (e:ie)** *v.* 1.5; **nieve** *f.*
snowing: It's snowing. **Nieva.** 1.5; **Está nevando.** 1.5
so **tan** *adv.* 1.5
so much **tanto** *adv.*
so-so **regular** 1.1
soap **jabón** *m.* 1.7
soccer **fútbol** *m.* 1.4
sociology **sociología** *f.* 1.2
sock(s) **calcetín (calcetines)** *m.* 1.6
soft drink **refresco** *m.* 1.8
some **algún, alguno/a(s)** *adj.* 1.7; **unos/as** *pron. m., f. pl.; indef. art.* 1.1
somebody **alguien** *pron.* 1.7
someone **alguien** *pron.* 1.7
something **algo** *pron.* 1.7
son **hijo** *m.* 1.3
son-in-law **yerno** *m.* 1.3
soon **pronto** *adv.*
See you soon. **Hasta pronto.** 1.1
sorry

I'm sorry. **Lo siento.** 1.4
I'm so sorry. **Mil perdones.** 1.4; **Lo siento muchísimo.** 1.4
soup **sopa** *f.* 1.8
Spain **España** *f.* 1.1
Spanish (*language*) **español** *m.* 1.2; **español(a)** *adj.* 1.3
spare time **ratos libres** 1.4
speak **hablar** *v.* 1.2
spelling **ortografía** *f.*; **ortográfico/a** *adj.*
spend (*money*) **gastar** *v.* 1.6
sport **deporte** *m.* 1.4
sports-related **deportivo/a** *adj.* 1.4
spouse **esposo/a** *m., f.* 1.3
spring **primavera** *f.* 1.5
square (city or town) **plaza** *f.* 1.4
stadium **estadio** *m.* 1.2
stage **etapa** *f.* 1.9
station **estación** *f.* 1.5
status: marital status **estado** *m.* **civil** 1.9
stay **quedarse** *v.* 1.7
steak **bistec** *m.* 1.8
step **etapa** *f.*
stepbrother **hermanastro** *m.* 1.3
stepdaughter **hijastra** *f.* 1.3
stepfather **padrastro** *m.* 1.3
stepmother **madrastra** *f.* 1.3
stepsister **hermanastra** *f.* 1.3
stepson **hijastro** *m.* 1.3
still **todavía** *adv.* 1.5
stockings **medias** *f., pl.* 1.6
store **tienda** *f.* 1.6
strawberry **frutilla** *f.*; **fresa** *f.*
stripe **raya** *f.* 1.6
striped **de rayas** 1.6
stroll **pasear** *v.* 1.4
student **estudiante** *m., f.* 1.1, 1.2; **estudiantil** *adj.* 1.2
study **estudiar** *v.* 1.2
stupendous **estupendo/a** *adj.* 1.5
style **estilo** *m.*
subway **metro** *m.* 1.5
subway station **estación** *f.* **del metro** 1.5
such as **tales como**
suddenly **de repente** *adv.* 1.6
sugar **azúcar** *m.* 1.8
suit **traje** *m.* 1.6
suitcase **maleta** *f.* 1.1
summer **verano** *m.* 1.5
sun **sol** *m.* 1.5
sunbathe **tomar** *v.* **el sol** 1.4
Sunday **domingo** *m.* 1.2
sunglasses **gafas** *f., pl.* **de sol** 1.6
sunny: It's (very) sunny. **Hace (mucho) sol.** 1.5
suppose **suponer** *v.* 1.4
sure **seguro/a** *adj.* 1.5
be sure **estar seguro/a** 1.5
surfboard **tabla de surf** *f.* 1.5
surprise **sorprender** *v.* 1.9; **sorpresa** *f.* 1.9
sweater **suéter** *m.* 1.6
sweets **dulces** *m., pl.* 1.9
swim **nadar** *v.* 1.4
swimming **natación** *f.* 1.4
swimming pool **piscina** *f.* 1.4

T

table **mesa** *f.* 1.2
take **tomar** *v.* 1.2; **llevar** *v.* 1.6
take a bath **bañarse** *v.* 1.7
take (*wear*) a shoe size *v.* **calzar** 1.6
take a shower **ducharse** *v.* 1.7
take off **quitarse** *v.* 1.7
take photos **tomar fotos** 1.5; **sacar fotos** 1.5
talk *v.* **hablar** 1.2
tall **alto/a** *adj.* 1.3
tape (*audio*) **cinta** *f.*
taste **probar (o:ue)** *v.* 1.8; **saber** *v.* 1.8
taste like **saber a** 1.8
tasty **rico/a** *adj.* 1.8; **sabroso/a** *adj.* 1.8
taxi **taxi** *m.* 1.5
tea **té** *m.* 1.8
teach **enseñar** *v.* 1.2
teacher **profesor(a)** *m., f.* 1.1, 1.2
team **equipo** *m.* 1.4
television **televisión** *f.* 1.2
tell **contar (o:ue)** *v.* 1.4; **decir** *v.* 1.4
tell (that) **decir** *v.* **(que)** 1.4, 1.9
tell lies **decir mentiras** 1.4
tell the truth **decir la verdad** 1.4
ten **diez** *n., adj.* 1.1
tennis **tenis** *m.* 1.4
tennis shoes **zapatos** *m., pl.* **de tenis** 1.6
tent **tienda** *f.* **de campaña**
tenth **décimo/a** *n., adj.* 1.5
terrific **chévere** *adj.*
test **prueba** *f.* 1.2; **examen** *m.* 1.2
Thank you. **Gracias.** 1.1
Thank you (very much). **(Muchas) gracias.** 1.1
Thank you very, very much. **Muchísimas gracias.** 1.9
Thanks (a lot). **(Muchas) gracias.** 1.1
Thanks again. (*lit. Thanks one more time.*) **Gracias una vez más.** 1.9
Thanks for everything. **Gracias por todo.** 1.9
that (one) **ése, ésa, eso** *pron.* 1.6; **ese, esa** *adj.* 1.6
that (*over there*) **aquél, aquélla, aquello** *pron.* 1.6; **aquel, aquella** *adj.* 1.6
that's me **soy yo** 1.1
the **el** *m., sing.* **la** *f. sing.*, **los** *m., pl.* **las** *f., pl.*
their **su(s)** *poss. adj.* 1.3
them **los/las** *pl., d.o. pron.* 1.5; **ellos/as** *pron., obj. of prep.* 1.9
to/for them **les** *pl., i.o. pron.* 1.6
then **después** (*afterward*) *adv.* 1.7; **entonces** (*as a result*) *adv.* 1.7; **luego** (*next*) *adv.* 1.7
there **allí** *adv.* 1.2
There is/are... **Hay...** 1.1
There is/are not... **No hay...** 1.1
these **éstos, éstas** *pron.* 1.6; **estos, estas** *adj.* 1.6
they **ellos** *m., pron.* **ellas** *f., pron.*
thin **delgado/a** *adj.* 1.3
thing **cosa** *f.* 1.1
think **pensar (e:ie)** *v.* 1.4; (*believe*) **creer** *v.*
think about **pensar en** *v.* 1.4
third **tercero/a** *n., adj.* 1.5
thirst **sed** *f.* 1.3
thirsty: be (very) thirsty **tener (mucha) sed** 1.3
thirteen **trece** *n., adj.* 1.1
thirty **treinta** *n., adj.* 1.1; 1.2
thirty minutes past the hour **y treinta; y media** 1.1
this **este, esta** *adj.*; **éste, ésta, esto** *pron.* 1.6
This is... (*introduction*) **Éste/a es...** 1.1
those **ésos, ésas** *pron.* 1.6; **esos, esas** *adj.* 1.6
those (*over there*) **aquéllos, aquéllas** *pron.* 1.6; **aquellos, aquellas** *adj.* 1.6
thousand **mil** *n., adj.* 1.6
three **tres** *n., adj.* 1.1
three hundred **trescientos/as** *n., adj.* 1.2
Thursday **jueves** *m., sing.* 1.2
thus (*in such a way*) **así** *adj.*
ticket **pasaje** *m.* 1.5
tie **corbata** *f.* 1.6
time **vez** *f.* 1.6; **tiempo** *m.* 1.4
have a good/bad time **pasarlo bien/mal** 1.9
What time is it? **¿Qué hora es?** 1.1
(At) What time...? **¿A qué hora...?** 1.1
times **veces** *f., pl.* 1.6
two times **dos veces** 1.6
tip **propina** *f.* 1.9
tired **cansado/a** *adj.* 1.5
be tired **estar cansado/a** 1.5

to **a** *prep.* 1.1
toast (*drink*) **brindar** *v.* 1.9
toasted **tostado/a** *adj.* 1.8
toasted bread **pan tostado** *m.* 1.8
today **hoy** *adv.* 1.2
Today is... **Hoy es...** 1.2
together **juntos/as** *adj.* 1.9
toilet **inodoro** *m.* 1.7
tomato **tomate** *m.* 1.8
tomorrow **mañana** *f.* 1.1
See you tomorrow. **Hasta mañana.** 1.1
tonight **esta noche** *adv.* 1.4
too **también** *adv.* 1.2; 1.7
too much **demasiado** *adv.* 1.6
tooth **diente** *m.* 1.7
toothpaste **pasta** *f.* **de dientes** 1.7
tortilla **tortilla** *f.* 1.8
tour **excursión** *f.* 1.4
tour an area **recorrer** *v.*
tourism **turismo** *m.* 1.5
tourist **turista** *m., f.* 1.1; **turístico/a** *adj.*
towel **toalla** *f.* 1.7
town **pueblo** *m.* 1.4
train **tren** *m.* 1.5
train station **estación** *f.* **(de) tren** *m.* 1.5
translate **traducir** *v.* 1.6
travel **viajar** *v.* 1.2
travel agent **agente** *m., f.* **de viajes** 1.5
traveler **viajero/a** *m., f.* 1.5
trillion **billón** *m.*
trimester **trimestre** *m.* 1.2
trip **viaje** *m.* 1.5
take a trip **hacer un viaje** 1.5
truth **verdad** *f.*
try **intentar** *v.*; **probar (o:ue)** *v.* 1.8
try on **probarse (o:ue)** *v.* 1.7
t-shirt **camiseta** *f.* 1.6
Tuesday **martes** *m., sing.* 1.2
tuna **atún** *m.* 1.8
turkey **pavo** *m.* 1.8
twelve **doce** *n., adj.* 1.1
twenty **veinte** *n., adj.* 1.1
twenty-eight **veintiocho** *n., adj.* 1.1
twenty-five **veinticinco** *n., adj.* 1.1
twenty-four **veinticuatro** *n., adj.* 1.1
twenty-nine **veintinueve** *n., adj.* 1.1
twenty-one **veintiún, veintiuno/a** *n., adj.* 1.1
twenty-seven **veintisiete** *n., adj.* 1.1
twenty-six **veintiséis** *n., adj.* 1.1
twenty-three **veintitrés** *n., adj.* 1.1
twenty-two **veintidós** *n., adj.* 1.1
twice **dos veces** *adv.* 1.6
twin **gemelo/a** *m., f.* 1.3
two **dos** *n., adj.* 1.1
two hundred **doscientos/as** *n., adj.* 1.2
two times **dos veces** *adv.* 1.6

U

ugly **feo/a** *adj.* 1.3
uncle **tío** *m.* 1.3
under **bajo** *adv.* 1.7; **debajo de** *prep.* 1.2
understand **comprender** *v.* 1.3; **entender (e:ie)** *v.* 1.4
underwear **ropa interior** *f.* 1.6
United States **Estados Unidos (EE.UU.)** *m. pl.* 1.1
university **universidad** *f.* 1.2
unmarried **soltero/a** *adj.*
unpleasant **antipático/a** *adj.* 1.3
until **hasta** *prep.* 1.6
us **nos** *pl., d.o. pron.* 1.5
to/for us **nos** *pl., i.o. pron.* 1.6
use **usar** *v.* 1.6
useful **útil** *adj.*

V

vacation **vacaciones** *f. pl.* 1.5
be on vacation **estar de vacaciones** 1.5
go on vacation **ir de vacaciones** 1.5
various **varios/as** *adj., pl.* 1.8
vegetables **verduras** *pl., f.* 1.8
verb **verbo** *m.*
very **muy** *adv.* 1.1
very much **muchísimo** *adv.* 1.2
(Very) well, thank you. **(Muy) bien gracias.** 1.1
video **video** *m.* 1.1
video game **videojuego** *m.* 1.4
vinegar **vinagre** *m.* 1.8
visit **visitar** *v.* 1.4
visit monuments **visitar monumentos** 1.4
volleyball **vóleibol** *m.* 1.4

W

wait (for) **esperar** *v.* (+ *inf.*) 1.2
waiter/waitress **camarero/a** *m., f.* 1.8
wake up **despertarse (e:ie)** *v.* 1.7
walk **caminar** *v.* 1.2
take a walk **pasear** *v.* 1.4
walk around **pasear por** 1.4
walkman **walkman** *m.*
wallet **cartera** *f.* 1.6
want **querer (e:ie)** *v.* 1.4
wash **lavar** *v.*
wash one's face/hands **lavarse la cara/las manos** 1.7
wash oneself **lavarse** *v.* 1.7
wastebasket **papelera** *f.* 1.2
watch **mirar** *v.* 1.2; **reloj** *m.* 1.2
watch television **mirar (la) televisión** 1.2
water **agua** *f.* 1.8
waterskiing *m.* **esquí acuático** 1.4
we **nosotros(as)** *m., f. sub. pron.* 1.1
wear **llevar** *v.* 1.6; **usar** *v.* 1.6
weather **tiempo** *m.*
The weather is bad. **Hace mal tiempo.** 1.5
The weather is good. **Hace buen tiempo.** 1.5
wedding **boda** *f.* 1.9
Wednesday **miércoles** *m., sing.* 1.2
week **semana** *f.* 1.2
weekend **fin** *m.* **de semana** 1.4
well **pues** *adv.* 1.2; **bueno** *adv.* 1.2
(Very) well, thanks. **(Muy) bien, gracias.** 1.1
well organized **ordenado/a** *adj.*
what? **¿qué?** *pron.* 1.1
At what time...? **¿A qué hora...?** 1.1
What day is it? **¿Qué día es hoy?** 1.2
What do you guys think? **¿Qué les parece?** 1.9
What is today's date? **¿Cuál es la fecha de hoy?** 1.5
What nice clothes! **¡Qué ropa más bonita!** 1.6
What size do you take? **¿Qué talla lleva (usa)?** 1.6
What time is it? **¿Qué hora es?** 1.1
What's going on? **¿Qué pasa?** 1.1
What's happening? **¿Qué pasa?** 1.1
What's... like? **¿Cómo es...?** 1.3
What's new? **¿Qué hay de nuevo?** 1.1
What's the weather like? **¿Qué tiempo hace?** 1.5
What's your name? **¿Cómo se llama usted?** *form.* 1.1
What's your name? **¿Cómo te llamas (tú)?** *fam.* 1.1
when **cuando** *conj.* 1.7
When? **¿Cuándo?** *adv.* 1.2
where **donde** *prep.*
where (to)? (*destination*)

¿adónde? *adv.* 1.2; (*location*) **¿dónde?** *adv.* 1.1
Where are you from? **¿De dónde eres (tú)?** *fam.* 1.1; **¿De dónde es (usted)?** *form.* 1.1
Where is...? **¿Dónde está...?** 1.2
which? **¿cuál?** *pron.* 1.2; **¿qué?** *adj.* 1.2
In which...? **¿En qué...?** 1.2
which one(s)? **¿cuál(es)?** *pron.* 1.2
white **blanco/a** *adj.* 1.3
white wine **vino blanco** 1.8
who? **¿quién(es)?** *pron.* 1.1
Who is...? **¿Quién es...?** 1.1
whole **todo/a** *adj.*
whose **¿de quién(es)?** *pron., adj.* 1.1
why? **¿por qué?** *adv.* 1.2
widower/widow **viudo/a** *adj.* 1.9
wife **esposa** *f.* 1.3
win **ganar** *v.* 1.4
wind **viento** *m.* 1.5
window **ventana** *f.* 1.2
windy: It's (very) windy. **Hace (mucho) viento.** 1.5
wine **vino** *m.* 1.8
red wine **vino tinto** 1.8
white wine **vino blanco** 1.8
winter **invierno** *m.* 1.5
wish **desear** *v.* 1.2
with **con** *prep.* 1.2
with me **conmigo** 1.4; 1.9
with you **contigo** *fam.* 1.9
without **sin** *prep.* 1.2
woman **mujer** *f.* 1.1
wool **lana** *f.* 1.6
(made of) wool **de lana** 1.6
word **palabra** *f.* 1.1
work **trabajar** *v.* 1.2
worldwide **mundial** *adj.*
worried (about) **preocupado/a (por)** *adj.* 1.5
worry (about) **preocuparse** *v.* **(por)** 1.7
Don't worry. **No se preocupe.** *form.* 1.7; **No te preocupes.** *fam.* 1.7; **Tranquilo.** *adj.*
worse **peor** *adj.* 1.8
worst **el/la peor** *adj.* **lo peor** *n.* 1.8
Would you like to...? **¿Te gustaría...?** *fam.* 1.4
write **escribir** *v.* 1.3
write a letter/e-mail message **escribir una carta/un mensaje electrónico** 1.4
wrong **equivocado/a** *adj.* 1.5
be wrong **no tener razón** 1.3

X

x-ray **radiografía** *f.*

Y

year **año** *m.* 1.5
be... years old **tener... años** 1.3
yellow **amarillo/a** *adj.* 1.3
yes **sí** *interj.* 1.1
yesterday **ayer** *adv.* 1.6
yet **todavía** *adv.* 1.5
yogurt **yogur** *m.* 1.8
you *sub pron.* **tú** *fam. sing.,* **usted (Ud.)** *form. sing.,* **vosotros/as** *fam. pl.,* **ustedes (Uds.)** *form. pl.* 1.1; *d. o. pron.* **te** *fam. sing.,* **lo/la** *form. sing.,* **os** *fam. pl.,* **los/las** *form. pl.* 1.5; *obj. of prep.* **ti** *fam. sing.,* **usted (Ud.)** *form. sing.,* **vosotros/as** *fam. pl.,* **ustedes (Uds.)** *form. pl.* 1.9
(to, for) you *i.o. pron.* **te** *fam. sing.,* **le** *form. sing.,* **os** *fam. pl.,* **les** *form. pl.* 1.6
You are... **Tú eres...** 1.1
You're welcome. **De nada.** 1.1; **No hay de qué.** 1.1
young **joven** *adj., sing.* (**jóvenes** *pl.*) 1.3
young person **joven** *m., f., sing.* (**jóvenes** *pl.*) 1.1
young woman **señorita (Srta.)** *f.*
younger **menor** *adj.* 1.3
younger brother/sister *m., f.* **hermano/a menor** 1.3
youngest **el/la menor** *m., f.* 1.8
your **su(s)** *poss. adj. form.* 1.3; **tu(s)** *poss. adj. fam. sing.* 1.3; **vuestro/a(s)** *poss. adj. form. pl.* 1.3
youth *f.* **juventud** 1.9

Z

zero **cero** *m.* 1.1

MATERIAS	ACADEMIC SUBJECTS
la administración de empresas	business administration
la agronomía	agriculture
el alemán	German
el álgebra	algebra
la antropología	anthropology
la arqueología	archaeology
la arquitectura	architecture
el arte	art
la astronomía	astronomy
la biología	biology
la bioquímica	biochemistry
la botánica	botany
el cálculo	calculus
el chino	Chinese
las ciencias políticas	political science
la computación	computer science
las comunicaciones	communications
la contabilidad	accounting
la danza	dance
el derecho	law
la economía	economics
la educación	education
la educación física	physical education
la enfermería	nursing
el español	Spanish
la filosofía	philosophy
la física	physics
el francés	French
la geografía	geography
la geología	geology
el griego	Greek
el hebreo	Hebrew
la historia	history
la informática	computer science
la ingeniería	engineering
el inglés	English
el italiano	Italian
el japonés	Japanese
el latín	Latin
las lenguas clásicas	classical languages
las lenguas romances	Romance languages
la lingüística	linguistics
la literatura	literature
las matemáticas	mathematics
la medicina	medicine
el mercadeo/ la mercadotecnia	marketing
la música	music
los negocios	business
el periodismo	journalism
el portugués	Portuguese
la psicología	psychology
la química	chemistry
el ruso	Russian
los servicios sociales	social services
la sociología	sociology
el teatro	theater
la trigonometría	trigonometry

LOS ANIMALES	ANIMALS
la abeja	bee
la araña	spider
la ardilla	squirrel
el ave (*f.*), el pájaro	bird
la ballena	whale
el burro	donkey
la cabra	goat
el caimán	alligator
el camello	camel
la cebra	zebra
el ciervo, el venado	deer
el cochino, el cerdo, el puerco	pig
el cocodrilo	crocodile
el conejo	rabbit
el coyote	coyote
la culebra, la serpiente, la víbora	snake
el elefante	elephant
la foca	seal
la gallina	hen
el gallo	rooster
el gato	cat
el gorila	gorilla
el hipopótamo	hippopotamus
la hormiga	ant
el insecto	insect
la jirafa	giraffe
el lagarto	lizard
el león	lion
el lobo	wolf
el loro, la cotorra, el papagayo, el perico	parrot
la mariposa	butterfly
el mono	monkey
la mosca	fly
el mosquito	mosquito
el oso	bear
la oveja	sheep
el pato	duck
el perro	dog
el pez	fish
la rana	frog
el ratón	mouse
el rinoceronte	rhinoceros
el saltamontes, el chapulín	grasshopper
el tiburón	shark
el tigre	tiger
el toro	bull
la tortuga	turtle
la vaca	cow
el zorro	fox

EL CUERPO HUMANO Y LA SALUD — THE HUMAN BODY AND HEALTH

El cuerpo humano — The human body

la barba	beard
el bigote	mustache
la boca	mouth
el brazo	arm
la cabeza	head
la cadera	hip
la ceja	eyebrow
el cerebro	brain
la cintura	waist
el codo	elbow
el corazón	heart
la costilla	rib
el cráneo	skull
el cuello	neck
el dedo	finger
el dedo del pie	toe
la espalda	back
el estómago	stomach
la frente	forehead
la garganta	throat
el hombro	shoulder
el hueso	bone
el labio	lip
la lengua	tongue
la mandíbula	jaw
la mejilla	cheek
el mentón, la barba, la barbilla	chin
la muñeca	wrist
el músculo	muscle
el muslo	thigh
las nalgas, el trasero, las asentaderas	buttocks
la nariz	nose
el nervio	nerve
el oído	(inner) ear
el ojo	eye
el ombligo	navel, belly button
la oreja	(outer) ear
la pantorrilla	calf
el párpado	eyelid
el pecho	chest
la pestaña	eyelash
el pie	foot
la piel	skin
la pierna	leg
el pulgar	thumb
el pulmón	lung
la rodilla	knee
la sangre	blood
el talón	heel
el tobillo	ankle
el tronco	torso, trunk
la uña	fingernail
la uña del dedo del pie	toenail
la vena	vein

Los cinco sentidos — The five senses

el gusto	taste
el oído	hearing
el olfato	smell
el tacto	touch
la vista	sight

La salud — Health

el accidente	accident
alérgico/a	allergic
el antibiótico	antibiotic
la aspirina	aspirin
el ataque cardiaco, el ataque al corazón	heart attack
el cáncer	cancer
la cápsula	capsule
la clínica	clinic
congestionado/a	congested
el consultorio	doctor's office
la curita	adhesive bandage
el/la dentista	dentist
el/la doctor(a), el/la médico/a	doctor
el dolor (de cabeza)	(head)ache, pain
embarazada	pregnant
la enfermedad	illness, disease
el/la enfermero/a	nurse
enfermo/a	ill, sick
la erupción	rash
el examen médico	physical exam
la farmacia	pharmacy
la fiebre	fever
la fractura	fracture
la gripe	flu
la herida	wound
el hospital	hospital
la infección	infection
el insomnio	insomnia
la inyección	injection
el jarabe	(cough) syrup
mareado/a	dizzy, nauseated
el medicamento	medication
la medicina	medicine
las muletas	crutches
la operación	operation
el/la paciente	patient
el/la paramédico/a	paramedic
la pastilla, la píldora	pill, tablet
los primeros auxilios	first aid
la pulmonía	pneumonia
los puntos	stitches
la quemadura	burn
el quirófano	operating room
la radiografía	x-ray
la receta	prescription
el resfriado	cold (illness)
la sala de emergencia(s)	emergency room
saludable	healthy, healthful
sano/a	healthy
el seguro médico	medical insurance
la silla de ruedas	wheelchair
el síntoma	symptom
el termómetro	thermometer
la tos	cough
la transfusión	transfusion

la vacuna	vaccination
la venda	bandage
el virus	virus

---

cortar(se)	to cut (oneself)
curar	to cure, to treat
desmayar(se)	to faint
enfermarse	to get sick
enyesar	to put in a cast
estornudar	to sneeze
guardar cama	to stay in bed
hinchar(se)	to swell
internar(se) en el hospital	to check into the hospital
lastimarse (el pie)	to hurt (one's foot)
mejorar(se)	to get better; to improve
operar	to operate
quemar(se)	to burn
respirar (hondo)	to breathe (deeply)
romperse (la pierna)	to break (one's leg)
sangrar	to bleed
sufrir	to suffer
tomarle la presión a alguien	to take someone's blood pressure
tomarle el pulso a alguien	to take someone's pulse
torcerse (el tobillo)	to sprain (one's ankle)
vendar	to bandage

EXPRESIONES ÚTILES PARA LA CLASE / USEFUL CLASSROOM EXPRESSIONS

Palabras útiles / Useful words

ausente	absent
el departamento	department
el dictado	dictation
la conversación, las conversaciones	conversation(s)
la expresión, las expresiones	expression(s)
el examen, los exámenes	test(s), exam(s)
la frase	sentence
la hoja de actividades	activity sheet
el horario de clases	class schedule
la oración, las oraciones	sentence(s)
el párrafo	paragraph
la persona	person
presente	present
la prueba	test, quiz
siguiente	following
la tarea	homework

Expresiones útiles / Useful expressions

Abra(n) su(s) libro(s).	Open your book(s).
Cambien de papel.	Change roles.
Cierre(n) su(s) libro(s).	Close your book(s).
¿Cómo se dice ___ en español?	How do you say ___ in Spanish?
¿Cómo se escribe ___ en español?	How do you write ___ in Spanish?
¿Comprende(n)?	Do you understand?
(No) comprendo.	I (don't) understand.
Conteste(n) las preguntas.	Answer the questions.
Continúe(n), por favor.	Continue, please.
Escriba(n) su nombre.	Write your name.
Escuche(n) el audio.	Listen to the audio.
Estudie(n) la Lección tres.	Study Lesson three.
Haga(n) la actividad (el ejercicio) número cuatro.	Do activity (exercise) number four.
Lea(n) la oración en voz alta.	Read the sentence aloud.
Levante(n) la mano.	Raise your hand(s).
Más despacio, por favor.	Slower, please.
No sé.	I don't know.
Páse(n)me los exámenes.	Pass me the tests.
¿Qué significa ___?	What does ___ mean?
Repita(n), por favor.	Repeat, please.
Siénte(n)se, por favor.	Sit down, please.
Siga(n) las instrucciones.	Follow the instructions.
¿Tiene(n) alguna pregunta?	Do you have any questions?
Vaya(n) a la página dos.	Go to page two.

COUNTRIES & NATIONALITIES / PAÍSES Y NACIONALIDADES

North America / Norteamérica

Canada	**Canadá**	***canadiense***
Mexico	**México**	***mexicano/a***
United States	**Estados Unidos**	***estadounidense***

Central America / Centroamérica

Belize	**Belice**	***beliceño/a***
Costa Rica	**Costa Rica**	***costarricense***
El Salvador	**El Salvador**	***salvadoreño/a***
Guatemala	**Guatemala**	***guatemalteco/a***
Honduras	**Honduras**	***hondureño/a***
Nicaragua	**Nicaragua**	***nicaragüense***
Panama	**Panamá**	***panameño/a***

The Caribbean	**El Caribe**	
Cuba	**Cuba**	***cubano/a***
Dominican Republic	**República Dominicana**	***dominicano/a***
Haiti	**Haití**	***haitiano/a***
Puerto Rico	**Puerto Rico**	***puertorriqueño/a***
South America	**Suramérica**	
Argentina	**Argentina**	***argentino/a***
Bolivia	**Bolivia**	***boliviano/a***
Brazil	**Brasil**	***brasileño/a***
Chile	**Chile**	***chileno/a***
Colombia	**Colombia**	***colombiano/a***
Ecuador	**Ecuador**	***ecuatoriano/a***
Paraguay	**Paraguay**	***paraguayo/a***
Peru	**Perú**	***peruano/a***
Uruguay	**Uruguay**	***uruguayo/a***
Venezuela	**Venezuela**	***venezolano/a***
Europe	**Europa**	
Armenia	**Armenia**	***armenio/a***
Austria	**Austria**	***austríaco/a***
Belgium	**Bélgica**	***belga***
Bosnia	**Bosnia**	***bosnio/a***
Bulgaria	**Bulgaria**	***búlgaro/a***
Croatia	**Croacia**	***croata***
Czech Republic	**República Checa**	***checo/a***
Denmark	**Dinamarca**	***danés, danesa***
England	**Inglaterra**	***inglés, inglesa***
Estonia	**Estonia**	***estonio/a***
Finland	**Finlandia**	***finlandés, finlandesa***
France	**Francia**	***francés, francesa***
Germany	**Alemania**	***alemán, alemana***
Great Britain (United Kingdom)	**Gran Bretaña (Reino Unido)**	***británico/a***
Greece	**Grecia**	***griego/a***
Hungary	**Hungría**	***húngaro/a***
Iceland	**Islandia**	***islandés, islandesa***
Ireland	**Irlanda**	***irlandés, irlandesa***
Italy	**Italia**	***italiano/a***
Latvia	**Letonia**	***letón, letona***
Lithuania	**Lituania**	***lituano/a***
Netherlands (Holland)	**Países Bajos (Holanda)**	***holandés, holandesa***
Norway	**Noruega**	***noruego/a***
Poland	**Polonia**	***polaco/a***
Portugal	**Portugal**	***portugués, portuguesa***
Romania	**Rumania**	***rumano/a***
Russia	**Rusia**	***ruso/a***
Scotland	**Escocia**	***escocés, escocesa***
Serbia	**Serbia**	***serbio/a***
Slovakia	**Eslovaquia**	***eslovaco/a***
Slovenia	**Eslovenia**	***esloveno/a***
Spain	**España**	***español(a)***
Sweden	**Suecia**	***sueco/a***
Switzerland	**Suiza**	***suizo/a***
Ukraine	**Ucrania**	***ucraniano/a***
Wales	**Gales**	***galés, galesa***
Asia	**Asia**	
Bangladesh	**Bangladés**	***bangladesí***
Cambodia	**Camboya**	***camboyano/a***
China	**China**	***chino/a***
India	**India**	***indio/a***
Indonesia	**Indonesia**	***indonesio/a***
Iran	**Irán**	***iraní***
Iraq	**Iraq, Irak**	***iraquí***

Israel	**Israel**	***israelí***
Japan	**Japón**	***japonés, japonesa***
Jordan	**Jordania**	***jordano/a***
Korea	**Corea**	***coreano/a***
Kuwait	**Kuwait**	***kuwaití***
Lebanon	**Líbano**	***libanés, libanesa***
Malaysia	**Malasia**	***malasio/a***
Pakistan	**Pakistán**	***pakistaní***
Russia	**Rusia**	***ruso/a***
Saudi Arabia	**Arabia Saudí**	***saudí***
Singapore	**Singapur**	***singapurés, singapuresa***
Syria	**Siria**	***sirio/a***
Taiwan	**Taiwán**	***taiwanés, taiwanesa***
Thailand	**Tailandia**	***tailandés, tailandesa***
Turkey	**Turquía**	***turco/a***
Vietnam	**Vietnam**	***vietnamita***
Africa	**África**	
Algeria	**Argelia**	***argelino/a***
Angola	**Angola**	***angoleño/a***
Cameroon	**Camerún**	***camerunés, camerunesa***
Congo	**Congo**	***congolés, congolesa***
Egypt	**Egipto**	***egipcio/a***
Equatorial Guinea	**Guinea Ecuatorial**	***ecuatoguineano/a***
Ethiopia	**Etiopía**	***etíope***
Ivory Coast	**Costa de Marfil**	***marfileño/a***
Kenya	**Kenia, Kenya**	***keniano/a, keniata***
Libya	**Libia**	***libio/a***
Mali	**Malí**	***maliense***
Morocco	**Marruecos**	***marroquí***
Mozambique	**Mozambique**	***mozambiqueño/a***
Nigeria	**Nigeria**	***nigeriano/a***
Rwanda	**Ruanda**	***ruandés, ruandesa***
Somalia	**Somalia**	***somalí***
South Africa	**Sudáfrica**	***sudafricano/a***
Sudan	**Sudán**	***sudanés, sudanesa***
Tunisia	**Tunicia, Túnez**	***tunecino/a***
Uganda	**Uganda**	***ugandés, ugandesa***
Zambia	**Zambia**	***zambiano/a***
Zimbabwe	**Zimbabue**	***zimbabuense***
Australia and the Pacific	**Australia y el Pacífico**	
Australia	**Australia**	***australiano/a***
New Zealand	**Nueva Zelanda**	***neozelandés, neozelandesa***
Philippines	**Filipinas**	***filipino/a***

MONEDAS DE LOS PAÍSES HISPANOS

CURRENCIES OF HISPANIC COUNTRIES

País Country	**Moneda** Currency
Argentina	el peso
Bolivia	el boliviano
Chile	el peso
Colombia	el peso
Costa Rica	el colón
Cuba	el peso
Ecuador	el dólar estadounidense
El Salvador	el dólar estadounidense
España	el euro
Guatemala	el quetzal
Guinea Ecuatorial	el franco
Honduras	el lempira
México	el peso
Nicaragua	el córdoba
Panamá	el balboa, el dólar estadounidense
Paraguay	el guaraní
Perú	el nuevo sol
Puerto Rico	el dólar estadounidense
República Dominicana	el peso
Uruguay	el peso
Venezuela	el bolívar

EXPRESIONES Y REFRANES / EXPRESSIONS AND SAYINGS

Expresiones y refranes con partes del cuerpo / Expressions and sayings with parts of the body

Expresiones y refranes con partes del cuerpo	Expressions and sayings with parts of the body
A cara o cruz	Heads or tails
A corazón abierto	Open heart
A ojos vistas	Clearly, visibly
Al dedillo	Like the back of one's hand
¡Choca/Vengan esos cinco!	Put it there!/Give me five!
Codo con codo	Side by side
Con las manos en la masa	Red-handed
Costar un ojo de la cara	To cost an arm and a leg
Darle a la lengua	To chatter/To gab
De rodillas	On one's knees
Duro de oído	Hard of hearing
En cuerpo y alma	In body and soul
En la punta de la lengua	On the tip of one's tongue
En un abrir y cerrar de ojos	In a blink of the eye
Entrar por un oído y salir por otro	In one ear and out the other
Estar con el agua al cuello	To be up to one's neck with/in
Estar para chuparse los dedos	To be delicious/To be finger-licking good
Hablar entre dientes	To mutter/To speak under one's breath
Hablar por los codos	To talk a lot/To be a chatterbox
Hacer la vista gorda	To turn a blind eye on something
Hombro con hombro	Shoulder to shoulder
Llorar a lágrima viva	To sob/To cry one's eyes out
Metérsele (a alguien) algo entre ceja y ceja	To get an idea in your head
No pegar ojo	Not to sleep a wink
No tener corazón	Not to have a heart
No tener dos dedos de frente	Not to have an ounce of common sense
Ojos que no ven, corazón que no siente	Out of sight, out of mind
Perder la cabeza	To lose one's head
Quedarse con la boca abierta	To be thunderstruck
Romper el corazón	To break someone's heart
Tener buen/mal corazón	Have a good/bad heart
Tener un nudo en la garganta	Have a knot in your throat
Tomarse algo a pecho	To take something too seriously
Venir como anillo al dedo	To fit like a charm/To suit perfectly

Expresiones y refranes con animales / Expressions and sayings with animals

Expresiones y refranes con animales	Expressions and sayings with animals
A caballo regalado no le mires el diente.	Don't look a gift horse in the mouth.
Comer como un cerdo	To eat like a pig
Cuando menos se piensa, salta la liebre.	Things happen when you least expect it.
Llevarse como el perro y el gato	To fight like cats and dogs
Perro ladrador, poco mordedor./Perro que ladra no muerde.	His/her bark is worse than his/her bite.
Por la boca muere el pez.	Talking too much can be dangerous.
Poner el cascabel al gato	To stick one's neck out
Ser una tortuga	To be a slowpoke

Expresiones y refranes con alimentos / Expressions and sayings with food

Expresiones y refranes con alimentos	Expressions and sayings with food
Agua que no has de beber, déjala correr.	If you're not interested, don't ruin it for everybody else.
Con pan y vino se anda el camino.	Things never seem as bad after a good meal.
Contigo pan y cebolla.	You are all I need.
Dame pan y dime tonto.	I don't care what you say, as long as I get what I want.
Descubrir el pastel	To let the cat out of the bag
Dulce como la miel	Sweet as honey
Estar como agua para chocolate	To furious/To be at the boiling point
Estar en el ajo	To be in the know
Estar en la higuera	To have one's head in the clouds
Estar más claro que el agua	To be clear as a bell
Ganarse el pan	To earn a living/To earn one's daily bread
Llamar al pan, pan y al vino, vino.	Not to mince words.
No hay miel sin hiel.	Every rose has its thorn./There's always a catch.
No sólo de pan vive el hombre.	Man doesn't live by bread alone.
Pan con pan, comida de tontos.	Variety is the spice of life.
Ser agua pasada	To be water under the bridge
Ser más bueno que el pan	To be kindness itself
Temblar como un flan	To shake/tremble like a leaf

Expresiones y refranes con colores / Expressions and sayings with colors

Expresiones y refranes con colores	Expressions and sayings with colors
Estar verde	To be inexperienced/wet behind the ears
Poner los ojos en blanco	To roll one's eyes
Ponerle a alguien un ojo morado	To give someone a black eye
Ponerse rojo	To turn red/To blush
Ponerse rojo de ira	To turn red with anger
Ponerse verde de envidia	To be green with envy
Quedarse en blanco	To go blank
Verlo todo de color de rosa	To see the world through rose-colored glasses

Refranes	Sayings
A buen entendedor, pocas palabras bastan.	A word to the wise is enough.
Ande o no ande, caballo grande.	Bigger is always better.
A quien madruga, Dios le ayuda.	The early bird catches the worm.
Cuídate, que te cuidaré.	Take care of yourself, and then I'll take care of you.
De tal palo tal astilla.	A chip off the old block.
Del dicho al hecho hay mucho trecho.	Easier said than done.
Dime con quién andas y te diré quién eres.	A man is known by the company he keeps.
El saber no ocupa lugar.	One never knows too much.
Lo que es moda no incomoda.	You have to suffer in the name of fashion.
Más vale maña que fuerza.	Brains are better than brawn.
Más vale prevenir que curar.	Prevention is better than cure.
Más vale solo que mal acompañado.	Better alone than with people you don't like.
Más vale tarde que nunca.	Better late than never.
No es oro todo lo que reluce.	All that glitters is not gold.
Poderoso caballero es don Dinero.	Money talks.

COMMON FALSE FRIENDS

False friends are Spanish words that look similar to English words but have very different meanings. While recognizing the English relatives of unfamiliar Spanish words you encounter is an important way of constructing meaning, there are some Spanish words whose similarity to English words is deceptive. Here is a list of some of the most common Spanish false friends.

actualmente ≠ actually
actualmente = nowadays, currently
actually = **de hecho, en realidad, en efecto**

argumento ≠ argument
argumento = plot
argument = **discusión, pelea**

armada ≠ army
armada = navy
army = **ejército**

balde ≠ bald
balde = pail, bucket
bald = **calvo/a**

batería ≠ battery
batería = drum set
battery = **pila**

bravo ≠ brave
bravo = wild; fierce
brave = **valiente**

cándido/a ≠ candid
cándido/a = innocent
candid = **sincero/a**

carbón ≠ carbon
carbón = coal
carbon = **carbono**

casual ≠ casual
casual = accidental, chance
casual = **informal, despreocupado/a**

casualidad ≠ casualty
casualidad = chance, coincidence
casualty = **víctima**

colegio ≠ college
colegio = school
college = **universidad**

collar ≠ collar (of a shirt)
collar = necklace
collar = **cuello (de camisa)**

comprensivo/a ≠ comprehensive
comprensivo/a = understanding
comprehensive = **completo, extensivo**

constipado ≠ constipated
estar constipado/a = to have a cold
to be constipated = **estar estreñido/a**

crudo/a ≠ crude
crudo/a = raw, undercooked
crude = **burdo/a, grosero/a**

divertir ≠ to divert
divertirse = to enjoy oneself
to divert = **desviar**

educado/a ≠ educated
educado/a = well-mannered
educated = **culto/a, instruido/a**

embarazada ≠ embarrassed
estar embarazada = to be pregnant
to be embarrassed = **estar avergonzado/a; dar/tener vergüenza**

eventualmente ≠ eventually
eventualmente = possibly
eventually = **finalmente, al final**

éxito ≠ exit
éxito = success
exit = **salida**

físico/a ≠ physician
físico/a = physicist
physician = **médico/a**

fútbol ≠ football
fútbol = soccer
football = **fútbol americano**

lectura ≠ lecture
lectura = reading
lecture = **conferencia**

librería ≠ library
librería = bookstore
library = **biblioteca**

máscara ≠ mascara
máscara = mask
mascara = **rímel**

molestar ≠ to molest
molestar = to bother, to annoy
to molest = **abusar**

oficio ≠ office
oficio = trade, occupation
office = **oficina**

rato ≠ rat
rato = while, time
rat = **rata**

realizar ≠ to realize
realizar = to carry out; to fulfill
to realize = **darse cuenta de**

red ≠ red
red = net
red = **rojo/a**

revolver ≠ revolver
revolver = to stir, to rummage through
revolver = **revólver**

sensible ≠ sensible
sensible = sensitive
sensible = **sensato/a, razonable**

suceso ≠ success
suceso = event
success = **éxito**

sujeto ≠ subject (topic)
sujeto = fellow; individual
subject = **tema, asunto**

LOS ALIMENTOS — FOODS

Frutas — Fruits

la aceituna	olive
el aguacate	avocado
el albaricoque, el damasco	apricot
la banana, el plátano	banana
la cereza	cherry
la ciruela	plum
el dátil	date
la frambuesa	raspberry
la fresa, la frutilla	strawberry
el higo	fig
el limón	lemon; lime
el melocotón, el durazno	peach
la mandarina	tangerine
el mango	mango
la manzana	apple
la naranja	orange
la papaya	papaya
la pera	pear
la piña	pineapple
el pomelo, la toronja	grapefruit
la sandía	watermelon
las uvas	grapes

Vegetales — Vegetables

la alcachofa	artichoke
el apio	celery
la arveja, el guisante	pea
la berenjena	eggplant
el brócoli	broccoli
la calabaza	squash; pumpkin
la cebolla	onion
el champiñón, la seta	mushroom
la col, el repollo	cabbage
la coliflor	cauliflower
los espárragos	asparagus
las espinacas	spinach
los frijoles, las habichuelas	beans
las habas	fava beans
las judías verdes, los ejotes	string beans, green beans
la lechuga	lettuce
el maíz, el choclo, el elote	corn
la papa, la patata	potato
el pepino	cucumber
el pimentón	bell pepper
el rábano	radish
la remolacha	beet
el tomate, el jitomate	tomato
la zanahoria	carrot

El pescado y los mariscos — Fish and shellfish

la almeja	clam
el atún	tuna
el bacalao	cod
el calamar	squid
el cangrejo	crab
el camarón, la gamba	shrimp
la langosta	lobster
el langostino	prawn
el lenguado	sole; flounder
el mejillón	mussel
la ostra	oyster
el pulpo	octopus
el salmón	salmon
la sardina	sardine
la vieira	scallop

La carne — Meat

la albóndiga	meatball
el bistec	steak
la carne de res	beef
el chorizo	hard pork sausage
la chuleta de cerdo	pork chop
el cordero	lamb
los fiambres	cold cuts, food served cold
el filete	fillet
la hamburguesa	hamburger
el hígado	liver
el jamón	ham
el lechón	suckling pig, roasted pig
el pavo	turkey
el pollo	chicken
el cerdo	pork
la salchicha	sausage
la ternera	veal
el tocino	bacon

Otras comidas — Other foods

el ajo	garlic
el arroz	rice
el azúcar	sugar
el batido	milkshake
el budín	pudding
el cacahuete, el maní	peanut
el café	coffee
los fideos	noodles, pasta
la harina	flour
el huevo	egg
el jugo, el zumo	juice
la leche	milk
la mermelada	marmalade, jam
la miel	honey
el pan	bread
el queso	cheese
la sal	salt
la sopa	soup
el té	tea
la tortilla	omelet (Spain), tortilla (Mexico)
el yogur	yogurt

Cómo describir la comida — Ways to describe food

a la plancha, a la parrilla	grilled
ácido/a	sour
al horno	baked
amargo/a	bitter
caliente	hot
dulce	sweet
duro/a	tough
frío/a	cold
frito/a	fried
fuerte	strong, heavy
ligero/a	light
picante	spicy
sabroso/a	tasty
salado/a	salty

DÍAS FESTIVOS / HOLIDAYS

DÍAS FESTIVOS	HOLIDAYS
enero	**January**
Año Nuevo (1)	New Year's Day
Día de los Reyes Magos (6)	Three Kings Day (Epiphany)
Día de Martin Luther King, Jr.	Martin Luther King, Jr. Day
febrero	**February**
Día de San Blas (Paraguay) (3)	St. Blas Day (Paraguay)
Día de San Valentín, Día de los Enamorados (14)	Valentine's Day
Día de los Presidentes	Presidents' Day
Carnaval	Carnival (Mardi Gras)
marzo	**March**
Día de San Patricio (17)	St. Patrick's Day
Nacimiento de Benito Juárez (México) (21)	Benito Juárez's Birthday (Mexico)
abril	**April**
Semana Santa	Holy Week
Pésaj	Passover
Pascua	Easter
Declaración de la Independencia de Venezuela (19)	Declaration of Independence of Venezuela
Día de la Tierra (22)	Earth Day
mayo	**May**
Día del Trabajo (1)	Labor Day
Cinco de Mayo (5) (México)	Cinco de Mayo (May 5th) (Mexico)
Día de las Madres	Mother's Day
Independencia Patria (Paraguay) (15)	Independence Day (Paraguay)
Día Conmemorativo	Memorial Day
junio	**June**
Día de los Padres	Father's Day
Día de la Bandera (14)	Flag Day
Día del Indio (Perú) (24)	Native People's Day (Peru)
julio	**July**
Día de la Independencia de los Estados Unidos (4)	Independence Day (United States)
Día de la Independencia de Venezuela (5)	Independence Day (Venezuela)
Día de la Independencia de la Argentina (9)	Independence Day (Argentina)
Día de la Independencia de Colombia (20)	Independence Day (Colombia)
Nacimiento de Simón Bolívar (24)	Simón Bolívar's Birthday
Día de la Revolución (Cuba) (26)	Revolution Day (Cuba)
Día de la Independencia del Perú (28)	Independence Day (Peru)
agosto	**August**
Día de la Independencia de Bolivia (6)	Independence Day (Bolivia)
Día de la Independencia del Ecuador (10)	Independence Day (Ecuador)
Día de San Martín (Argentina) (17)	San Martín Day (anniversary of his death) (Argentina)
Día de la Independencia del Uruguay (25)	Independence Day (Uruguay)
septiembre	**September**
Día del Trabajo (EE. UU.)	Labor Day (U.S.)
Día de la Independencia de Costa Rica, El Salvador, Guatemala, Honduras y Nicaragua (15)	Independence Day (Costa Rica, El Salvador, Guatemala, Honduras, Nicaragua)
Día de la Independencia de México (16)	Independence Day (Mexico)
Día de la Independencia de Chile (18)	Independence Day (Chile)
Año Nuevo Judío	Jewish New Year
Día de la Virgen de las Mercedes (Perú) (24)	Day of the Virgin of Mercedes (Peru)
octubre	**October**
Día de la Raza (12)	Columbus Day
Noche de Brujas (31)	Halloween
noviembre	**November**
Día de los Muertos (2)	All Souls Day
Día de los Veteranos (11)	Veterans' Day
Día de la Revolución Mexicana (20)	Mexican Revolution Day
Día de Acción de Gracias	Thanksgiving
Día de la Independencia de Panamá (28)	Independence Day (Panama)
diciembre	**December**
Día de la Virgen (8)	Day of the Virgin
Día de la Virgen de Guadalupe (México) (12)	Day of the Virgin of Guadalupe (Mexico)
Janucá	Chanukah
Nochebuena (24)	Christmas Eve
Navidad (25)	Christmas
Año Viejo (31)	New Year's Eve

NOTE: In Spanish, dates are written with the day first, then the month. Christmas Day is **el 25 de diciembre**. In Latin America and in Europe, abbreviated dates also follow this pattern. Halloween, for example, falls on 31/10. You may also see the numbers in dates separated by periods: 27.4.16. When referring to centuries, roman numerals are always used. The 16th century, therefore, is **el siglo XVI**.

PESOS Y MEDIDAS / WEIGHTS AND MEASURES

Longitud / Length

El sistema métrico Metric system	**El equivalente estadounidense** U.S. equivalent
milímetro = 0,001 metro millimeter = 0.001 meter	= 0.039 inch
centímetro = 0,01 metro centimeter = 0.01 meter	= 0.39 inch
decímetro = 0,1 metro decimeter = 0.1 meter	= 3.94 inches
metro meter	= 39.4 inches
decámetro = 10 metros dekameter = 10 meters	= 32.8 feet
hectómetro = 100 metros hectometer = 100 meters	= 328 feet
kilómetro = 1.000 metros kilometer = 1,000 meters	= .62 mile

U.S. system **El sistema estadounidense**	Metric equivalent **El equivalente métrico**
inch **pulgada**	= 2.54 centimeters **= 2,54 centímetros**
foot = 12 inches **pie = 12 pulgadas**	= 30.48 centimeters **= 30,48 centímetros**
yard = 3 feet **yarda = 3 pies**	= 0.914 meter **= 0,914 metro**
mile = 5,280 feet **milla = 5.280 pies**	= 1.609 kilometers **= 1,609 kilómetros**

Superficie / Surface Area

El sistema métrico Metric system	**El equivalente estadounidense** U.S. equivalent
metro cuadrado square meter	= 10.764 square feet
área = 100 metros cuadrados area = 100 square meters	= 0.025 acre
hectárea = 100 áreas hectare = 100 ares	= 2.471 acres

U.S. system **El sistema estadounidense**	Metric equivalent **El equivalente métrico**

yarda cuadrada = 9 pies cuadrados = 0,836 metros cuadrados
square yard = 9 square feet = 0.836 square meters
acre = 4.840 yardas cuadradas = 0,405 hectáreas
acre = 4,840 square yards = 0.405 hectares

Capacidad / Capacity

El sistema métrico Metric system	**El equivalente estadounidense** U.S. equivalent
mililitro = 0,001 litro milliliter = 0.001 liter	= 0.034 ounces
centilitro = 0,01 litro centiliter = 0.01 liter	= 0.34 ounces
decilitro = 0,1 litro deciliter = 0.1 liter	= 3.4 ounces
litro liter	= 1.06 quarts
decalitro = 10 litros dekaliter = 10 liters	= 2.64 gallons
hectolitro = 100 litros hectoliter = 100 liters	= 26.4 gallons
kilolitro = 1.000 litros kiloliter = 1,000 liters	= 264 gallons

U.S. system **El sistema estadounidense**	Metric equivalent **El equivalente métrico**
ounce **onza**	= 29.6 milliliters **= 29,6 mililitros**
cup = 8 ounces **taza = 8 onzas**	= 236 milliliters **= 236 mililitros**
pint = 2 cups **pinta = 2 tazas**	= 0.47 liters **= 0,47 litros**
quart = 2 pints **cuarto = 2 pintas**	= 0.95 liters **= 0,95 litros**
gallon = 4 quarts **galón = 4 cuartos**	= 3.79 liters **= 3,79 litros**

Peso / Weight

El sistema métrico Metric system	**El equivalente estadounidense** U.S. equivalent
miligramo = 0,001 gramo milligram = 0.001 gram	
gramo gram	= 0.035 ounce
decagramo = 10 gramos dekagram = 10 grams	= 0.35 ounces
hectogramo = 100 gramos hectogram = 100 grams	= 3.5 ounces
kilogramo = 1.000 gramos kilogram = 1,000 grams	= 2.2 pounds
tonelada (métrica) = 1.000 kilogramos metric ton = 1,000 kilograms	= 1.1 tons

U.S. system **El sistema estadounidense**	Metric equivalent **El equivalente métrico**
ounce **onza**	= 28.35 grams **= 28,35 gramos**
pound = 16 ounces **libra = 16 onzas**	= 0.45 kilograms **= 0,45 kilogramos**
ton = 2,000 pounds **tonelada = 2.000 libras**	= 0.9 metric tons **= 0,9 toneladas métricas**

Temperatura / Temperature

Grados centígrados
Degrees Celsius
To convert from Celsius to Fahrenheit, multiply by $\frac{9}{5}$ and add 32.

Grados Fahrenheit
Degrees Fahrenheit
To convert from Fahrenheit to Celsius, subtract 32 and multiply by $\frac{5}{9}$.

NÚMEROS / NUMBERS

Números ordinales / Ordinal numbers

Números ordinales		Ordinal numbers	
primer, primero/a	**$1^{o}/1^{a}$**	first	1st
segundo/a	**$2^{o}/2^{a}$**	second	2nd
tercer, tercero/a	**$3^{o}/3^{a}$**	third	3rd
cuarto/a	**$4^{o}/4^{a}$**	fourth	4th
quinto/a	**$5^{o}/5^{a}$**	fifth	5th
sexto/a	**$6^{o}/6^{a}$**	sixth	6th
séptimo/a	**$7^{o}/7^{a}$**	seventh	7th
octavo/a	**$8^{o}/8^{a}$**	eighth	8th
noveno/a	**$9^{o}/9^{a}$**	ninth	9th
décimo/a	**$10^{o}/10^{a}$**	tenth	10th

Fracciones / Fractions

Fracciones		Fractions
$\frac{1}{2}$	**un medio, la mitad**	one half
$\frac{1}{3}$	**un tercio**	one third
$\frac{1}{4}$	**un cuarto**	one fourth (quarter)
$\frac{1}{5}$	**un quinto**	one fifth
$\frac{1}{6}$	**un sexto**	one sixth
$\frac{1}{7}$	**un séptimo**	one seventh
$\frac{1}{8}$	**un octavo**	one eighth
$\frac{1}{9}$	**un noveno**	one ninth
$\frac{1}{10}$	**un décimo**	one tenth
$\frac{2}{3}$	**dos tercios**	two thirds
$\frac{3}{4}$	**tres cuartos**	three fourths (quarters)
$\frac{5}{8}$	**cinco octavos**	five eighths

Decimales / Decimals

Decimales		Decimals	
un décimo	**0,1**	one tenth	0.1
un centésimo	**0,01**	one hundredth	0.01
un milésimo	**0,001**	one thousandth	0.001

OCUPACIONES	OCCUPATIONS
el/la abogado/a	lawyer
el actor, la actriz	actor
el/la administrador(a) de empresas	business administrator
el/la agente de bienes raíces	real estate agent
el/la agente de seguros	insurance agent
el/la agricultor(a)	farmer
el/la arqueólogo/a	archaeologist
el/la arquitecto/a	architect
el/la artesano/a	artisan
el/la auxiliar de vuelo	flight attendant
el/la basurero/a	garbage collector
el/la bibliotecario/a	librarian
el/la bombero/a	firefighter
el/la cajero/a	bank teller, cashier
el/la camionero/a	truck driver
el/la cantinero/a	bartender
el/la carnicero/a	butcher
el/la carpintero/a	carpenter
el/la científico/a	scientist
el/la cirujano/a	surgeon
el/la cobrador(a)	bill collector
el/la cocinero/a	cook, chef
el/la comprador(a)	buyer
el/la consejero/a	counselor, advisor
el/la contador(a)	accountant
el/la corredor(a) de bolsa	stockbroker
el/la diplomático/a	diplomat
el/la diseñador(a) (gráfico/a)	(graphic) designer
el/la electricista	electrician
el/la empresario/a de pompas fúnebres	funeral director
el/la especialista en dietética	dietician
el/la fisioterapeuta	physical therapist
el/la fotógrafo/a	photographer
el/la higienista dental	dental hygienist
el hombre/la mujer de negocios	businessperson
el/la ingeniero/a en computación	computer engineer
el/la intérprete	interpreter
el/la juez(a)	judge
el/la maestro/a	elementary school teacher
el/la marinero/a	sailor
el/la obrero/a	manual laborer
el/la obrero/a de la construcción	construction worker
el/la oficial de prisión	prision guard
el/la optometrista	optometrist
el/la panadero/a	baker
el/la paramédico/a	paramedic
el/la peluquero/a	hairdresser
el/la piloto	pilot
el/la pintor(a)	painter
el/la plomero/a	plumber
el/la político/a	politician
el/la programador(a)	computer programer
el/la psicólogo/a	psychologist
el/la quiropráctico/a	chiropractor
el/la redactor(a)	editor
el/la reportero/a	reporter
el/la sastre	tailor
el/la secretario/a	secretary
el/la supervisor(a)	supervisor
el/la técnico/a (en computación)	(computer) technician
el/la vendedor(a)	sales representative
el/la veterinario/a	veterinarian

Índice

A

absolute superlatives (8) **286**
acabar de + *infinitive* (6) **207**
academic courses (2) **40, 41, 76**
accents (4) **123**
adjectives
  demonstrative (6) **210**
  descriptive (3), (6) **88, 114, 192, 224**
  nationality (3) **89, 114**
  position (3) **90**
  possessive (3) **93**
  ser with adjectives (3) **88**
age questions (3) **83, 101**
al (contraction) (4) **126**
alphabet, Spanish (1) **9**
articles, definite and indefinite (1) **14**

B

b (5) **161**
bathroom objects (7) **226, 260**
birthdays (9) **300, 330**
body parts (7) **226, 260**
buildings
  campus (2) **40, 76**
  general (4) **118, 150**

C

c (8) **271**
campus buildings (2) **40, 76**
celebrations (9) **300, 330**
classroom objects and people (2) **40, 76**
clothing (6) **190, 224**
colors (3), (6) **89, 114, 192, 224**
comparisons (8) **281**
conducir
  present tense (6) **200**
  preterite tense (9) **310**
conocer and **saber** (6) **200**
courses (academic) (2) **40, 76**
courtesy expressions (1) **2, 7, 38**
Cultura
  Carolina Herrera (6) **199**
  Las cataratas del Iguazú (5) **162**
  ¿Cómo te llamas? (3) **86**
  La escuela secundaria (2) **48**
  La familia real española (3) **87**
  Ferran Adrià: arte en la cocina (8) **273**
  Festival de Viña del Mar (9) **309**
  Frutas y verduras de América (8) **272**
  El INFRAMEN (2) **49**
  Lionel Messi y Lorena Ochoa (4) **125**
  El mate (7) **235**
  Los mercados al aire libre (6) **198**
  La plaza principal (1) **11**
  Punta del Este (5) **163**
  Real Madrid y Barça: rivalidad total (4) **124**
  Saludos y besos en los países hispanos (1) **10**
  Semana Santa: vacaciones y tradición (9) **308**
  La siesta (7) **234**

D

d (6) **197**
daily schedules (7) **226, 260**
dar
  expressions (6) **203**
  present tense (6) **203**
  preterite tense (9) **311**
dates (months) (5) **154**
days of the week (2) **42, 76**
decir
  expressions (4) **136**
  present tense (4) **133**
  preterite tense (9) **310**
definite articles (1) **14**
del (contraction) (1) **20**
demonstrative adjectives and pronouns (6) **210**
describing clothes (6) **190, 195, 224**
describing routines (7) **226, 260**
descriptive adjectives (3), (6) **88, 114, 192, 224**
diphthongs and linking (3) **85**
direct objects: nouns and pronouns (5) **174**
diversions, related verbs (9) **300, 330**
double object pronouns (8) **277**

E

entertainment, related verbs (9) **300, 330**
estar
  comparing **ser** and **estar** (5) **170**
  present tense (2) **59**
  preterite tense (9) **310**
  with conditions (5) **164**
  with emotions (5) **164**
  with health conditions (2) **59**
  with location (2) **59**

F

family members and relatives (3) **78, 114**
farewells (1) **2, 38**
food and drink (8) **262, 264, 298**
  parties, related foods (9) **300, 330**
forming questions (2) **55**

G

g (9) **307**
greetings and introductions (1) **2, 38**
grooming, personal (7) **226, 260**
gusta(n), me/te (2) **45, 52**
gustar (2) **52**
  verbs like **gustar** (7) **246**

H

h (9) **307**
hacer
  present tense (4) **136**
  preterite tense (9) **310**
hay (1) **16**
health
  conditions with **estar** (5) **164**
  questions (1) **2, 38**
hotels (5) **152, 188**
hygiene, personal (7) **226, 260**

I

indefinite articles (1) **14**
indefinite words (7) **240**
indirect object pronouns (6) **202**
information questions (2) **55**
interrogative words (2) **56**
intonation, question (2) **55**
introductions (1) **2, 38**
ir
  present tense (4) **126**
  preterite tense (7) **244**
  ir a + *infinitive* (4) **126**
irregular verbs
  preterite tense (9) **310**

J

j (9) **307**

L

life's stages (9) **302, 330**
linking (3) **85**
ll (8) **271**
location with **estar** (2) **59**

M

meals (8) **264, 298**
months of the year (5) **154**

N

names of Spanish-speaking countries (1) **38**
negation with **no** (2) **51**
negative words (7) **240**
nouns (1) **12**
numbers
  0–30 (1) **16**

31 and higher (2) **63**
ordinal (5) **155, 188**

Ñ

ñ (8) **271**

O

object pronouns
direct (5) **174**
double (8) **277**
indirect (6) **202**
prepositional (9) **318**
reflexive (7) **236**
occupations (3) **78, 114**
ofrecer, present tense (6) **200**
oír, present tense (4) **137**
ordinal numbers (5) **155, 188**

P

Panorama
Canadá (1) **36**
Chile (9) **328**
Cuba (6) **222**
Ecuador (3) **112**
España (2) **74**
Estados Unidos (1) **36**
Guatemala (8) **296**
México (4) **148**
Perú (7) **258**
Puerto Rico (5) **186**
participles
present with progressive tenses (5) **166**
parties, related people, items, foods (9) **300, 330**
parts of the body (7) **226, 260**
pastimes (4) **116, 150**
pero vs. **sino** (7) **241**
personal **a** (5) **174**
pluralization of nouns (1) **13**
poder
present tense (4) **130**
preterite tense (9) **310**
poner
present tense (4) **136**
preterite tense (9) **310**
position of adjectives (3) **90**
possessive adjectives (3) **93**
prepositions often used with **estar** (2) **60**
prepositional object pronouns (9) **318**
preterite tense
regular verbs (6) **206**
irregular verbs (9) **310**
verbs that change meaning (9) **314**
professions (3) **78, 114**
progressive tense
present (5) **166**
pronouns
demonstratives (6) **210**
direct object (5) **174**
double object (8) **277**
indirect object (6) **202**
prepositional object (9) **318**
reflexive (7) **236**
subject (1) **19**
use and omission of subject pronouns (2) **52**

Q

querer, preterite tense (9) **310**
questions, forming (2) **55**
age (3) **83**
information questions (2) **55**
intonation for questions (2) **55, 56**
¿qué? and **¿cuál?** (9) **316**
question words (2) **56**
tag questions (2) **55**

R

r and **rr** (7) **233**
reflexive verbs (7) **236**
regular verbs
present tense
-ar verbs (2) **50**
-er and **-ir** verbs (3) **96**
preterite (6) **206**
restaurants (8) **269**
routines (7) **226, 260**

S

saber
and **conocer** (6) **200**
preterite tense (9) **310**
salir, present tense (4) **136**
school vocabulary (2) **40, 76**
se constructions
reflexive verbs (7) **236**
seasons of the year (5) **154**
sequencing actions, words for (7) **226, 260**
ser
comparing **ser** and **estar** (5) **170**
present tense (1) **20**
preterite tense (7) **244**
to show identification (1) **20**
to show origin (1) **21**
to show possession (1) **20**
with adjectives (3) **88**
with nationalities (3) **89**
with professions (1) **21**
shopping (6) **190, 224**
Spanish alphabet (1) **9**
Spanish-speaking countries, names of (1) **38**
sports and leisure activities (4) **116, 150**
stages of life (9) **302, 330**
stem-changing verbs
present tense (4) **129, 133**
preterite tense (8) **274**
stress and accent marks (4) **123**
subject pronouns (1) **19**
use and omission (2) **52**
superlatives (8) **286**
absolute superlatives (8) **286**

T

t (6) **197**
tag questions (2) **55**
tener
expressions with (3) **101**
present tense (3) **100**
preterite tense (9) **310**
telling time (1) **24**
town places (4) **118, 150**
traducir
present tense (6) **200**
preterite tense (9) **310**
traer
present tense (4) **136**
preterite tense (9) **310**
travel terms (5) **152, 188**

V

v (5) **161**
vacation vocabulary (5) **152, 188**
venir
present tense (3) **100**
preterite tense (9) **310**
ver
present tense (4) **137**
verbs describing routines and personal grooming (7) **226, 260**
verbs like **gustar** (7) **246**
verbs that change meaning in the preterite (9) **314**
verbs with irregular **yo** forms (**hacer, oír, poner, salir, traer,** and **ver**) (4) **136, 137**
vowels (2) **47**

W

weather expressions (5) **154**
work-related terms (3) **78, 114**

Y

years (e.g. 2007) (2) **64**

Z

z (8) **271**

Television Credits

184 By permission of Univision.com.
220 By permission of Jean Marie Boursicot.
256 By permission of Sancor Seguros.
294 By permission of Andres Felipe Roa.
326 By permission of Javier Ugarte (director).

Photo and Art Credits

All images © Vista Higher Learning unless otherwise noted. Fotonovela photos provided by Carolina Zapata.

Cover: (full pg) © Aurora Open/Getty Images.

Front Matter (SE): i © Aurora Open/Getty Images; **xx** (l) © Bettmann/Corbis; (r) © Ann Cecil/Lonely Planet Images/Getty Images; **xxi** (l) © Lawrence Manning/Corbis; (r) © Design Pics Inc./Alamy; **xxii** Carlos Gaudier; **xxiii** (l) © Digital Vision/Getty Images; (r) © andres/Big Stock Photo; **xxiv** © Fotolia IV/Fotolia.com; **xxv** (l) © Goodshoot/Corbis; (r) © Ian Shaw/Alamy; **xxvi** © Shelly Wall/Shutterstock.com; **xxvii** (t) © Colorblind/Corbis; (b) © moodboard/Fotolia.com; **xxviii** (t) © Digital Vision/Getty Images; (b) © Purestock/Getty Images.

Front Matter (TAE): T1 © Aurora Open/Getty Images; **T8** (l) © Jose Luis Pelaez Inc/Getty Images; (r) © Mike Flippo/Shutterstock.com; **T9** (l) © Jordache/Dreamstime.com; **T23** © SimmiSimons/iStockphoto; **T24** © monkeybusinessimages/Big Stock Photo.

Lección preliminar: 1 (full pg) © Somos/Media Bakery; **8** The Encounter between Hernando Cortes (1485–1547) and Montezuma II (1466–1520), from 'Le Costume Ancien et Moderne', Volume I, plate 63, by Jules Ferrario, published c.1820s-30s (colour engraving) © Gallo Gallina/Getty Images; **9** © Craig Lovell/Eagle Visions Photography/Alamy; **16** © Images.com/Corbis.

Lesson Five: 151 (full pg) © Godfer/Fotolia.com; **162** © Gary Cook/Alamy; **163** (t) © AFP/Getty Images; (b) © Mark A. Johnson/Corbis; **167** © iofoto/Fotolia.com; **180** Carlos Gaudier; **181** (tl, tr, m, b) Carlos Gaudier; **182** Carolina Zapata; **186** (tl) © Nanniqui/Dreamstime.com; (tr) José Blanco; (ml) Carlos Gaudier; (mr) © Capricornis Photographic Inc./Shutterstock.com; (b) © Dave G. Houser/Corbis; **187** (tl, bl) Carlos Gaudier; (tr) © Lawrence Manning/Corbis; (br) © PhotoDisc/Getty Images.

Lesson Six: 189 (full pg) © Asiapix Royalty-Free/Inmagine; **198** (l) © Jose Caballero Digital Press Photos/Newscom; (r) Janet Dracksdorf; **199** (t) © Carlos Alvarez/Getty Images; (bl) © Guiseppe Carace/Getty Images; (br) © Mark Mainz/Getty Images; **201** © Jack Hollingsworth/Corbis; **204** (tl, tm, tr, bl, bm, br) Pascal Pernix; **209** (tl, tr, bl, br) Martín Bernetti; **210** (t, b) Paula Díez; **211** Paula Díez; **216** Paula Díez; **217** Paula Díez; **218** © Chris Schmidt/iStockphoto; **219** Martín Bernetti; **222** (t, mtl, mtr, mb) Pascal Pernix; (b) © PhotoDisk/Getty Images; **223** (tl) © Don Emmert/AFP/Getty Images; (tr, bl) Pascal Pernix; (br) The Kobal Collection at Art Resource.

Lesson Seven: 225 (full pg) Karen Montoya Betancur; **234** © Stewart Cohen/Blend Images/Corbis; **235** (t) Ali Burafi; (b) Janet Dracksdorf; **237** (l) © Blend Images/Alamy; (r) © Arekmalang/Dreamstime.com; **239** (l) Martín Bernetti; (r) © Ariel Skelley/Corbis; **242** José Blanco; **243** © Monkeybusinessimages/Dreamstime.com; **252–253** © DIDEM HIZAR/Fotolia.com; **254** © Traveler_no1/Dreamstime.com; **255** © Blend Images/Alamy; **258** (t, mtl, mtr) Martín Bernetti; (mbl) © Richard Smith/Corbis; (mbr) © Charles & Josette Lenars/Corbis; (b) © Yann Arthus-Bertrand/Corbis; **259** (tl) Martín Bernetti; (tr) © Mick Roessler/Corbis; (bl) © Jeremy Horner/Corbis; (br) © Marshall Bruce/iStockphoto.

Lesson Eight: 261 (full pg) Liliana P. Bobadilla; **267** (l) © Somos Images/Alamy; (r) © Monkeybusinessimages/Big Stock Photo; **272** (t) Rachel Distler; (b) © Greg Elms/Lonely Planet Images/Getty Images; **273** (t, br) © Carlos Cazalis/Corbis; (bl) © Studio Bonisolli/Stockfood; **276** Paula Díez; **278** (l) © Pixtal/Age Fotostock; (r) José Blanco; **282** (l) Ventus Pictures; (r) José Blanco; **283** (l) José Blanco; (r) Ventus Pictures; **292** Vanessa Bertozzi; **293** © Jack Hollingsworth/Getty Images; **296** (t) © Henryk Sadura/Shutterstock.com; (mt, b) © Dave G. Houser/Corbis; (mb) © Henryk Sadura/Shutterstock.com; (b) © Dave G. Houser/Corbis; **297** (tl) © Jenkedco/Shutterstock.com; (tr) © Michael & Patricia Fogden/Corbis; (bl) © Vladimir Korostyshevskiy/Shutterstock.com; (br) © Paul W. Liebhardt/Corbis.

Lesson Nine: 299 (full pg) © Susana/Fotocolombia.com; **303** © Image Source/Age Fotostock; **308** (l) © Sylwia Blaszczyszyn/Dreamstime.com; (r) © PictureNet/Corbis; **309** (t) © Simon Cruz/AP Wide World Photos; (b) © Rune Hellestad/Corbis; **322** (t) © Katrina Brown/123RF; (b) Esteban Corbo; **323** Armando Brito; **324** © Monkeybusinessimages/Big Stock Photo; **328** (tl, tr, mtr) Lauren Krolick; (mtl) Kathryn Alena Korf; (mbl) © Bettmann/Corbis; (mbr) © MACARENA MINGUELL/AFP/Getty Images; (b) Bruce R. Korf; **329** (tl) Lars Rosen Gunnilstam; (tr, br) Lauren Krolick; (bl) © Nikolay Starchenko/Shutterstock.com.